U0918503

唐山港京唐港区史

（2009—2018）

文 卷

唐山港口实业集团有限公司
唐山港集团股份有限公司 编著

燕山大学出版社
2019 · 秦皇岛

图书在版编目（CIP）数据

唐山港京唐港区史（2009—2018）/ 唐山港口实业集团有限公司，唐山港集团股份有限公司编著. —秦皇岛：燕山大学出版社，2019.6

ISBN 978-7-81142-813-1

Ⅰ. ①唐… Ⅱ. ①唐… ②唐… Ⅲ. ①港口建设－概况－唐山 Ⅳ.①F552.722.3

中国版本图书馆 CIP 数据核字（2019）第 091836 号

唐山港京唐港区史（2009—2018）

唐山港口实业集团有限公司
唐山港集团股份有限公司 编著

出 版 人：陈 玉
责任编辑：孙志强
美术编辑：赵雨琪
封面设计：朱玉慧
出版发行：燕山大学出版社 YANSHAN UNIVERSITY PRESS
地 址：河北省秦皇岛市河北大街西段 438 号
邮政编码：066004
电 话：0335-8387555
印 刷：秦皇岛墨缘彩印有限公司
经 销：全国新华书店

开 本：787mm×1092mm 1/16　　字 数：700 千字
印 张：41.25　　插 页：26 页
版 次：2019 年 6 月第 1 版　　印 次：2019 年 6 月第 1 次印刷
书 号：ISBN 978-7-81142-813-1
定 价：398.00 元

《唐山港京唐港区史（2009—2018）》
编纂委员会
（文　卷）

编 委 会：
主　　任：宣国宝
成　　员：张志辉　张小强　赵长玺　刘树叁　杨　光

特邀编审：王士立　王振良

主　　编：张志辉

执行主编：王长胜

编　　辑：马志刚　孙淑存　赵胜军　梁志强　徐田辉　刘力勤
王凤利　贾润贤　谷新德　任小霞　赵雅洁　张美玉

资　　料：王国增　赵　辉　付　太　周立占　杨立光　崔建伟
李宏民　张广敏　王晓辉　李鸿博　董　浩　姚志华
殷振兴　刘玉川　赵伟娜　周丽娟　王思怡　商艳丽
张　龙

摄　　影：李　磊　段卫民　田必成　于　杨　张椿雨　张冬鸽

唐山港京唐港区（左上图为20万吨级矿石码头）

唐山港京唐港区集装箱码头（右下图为无人驾驶电动集卡车）

唐山港地理位置图

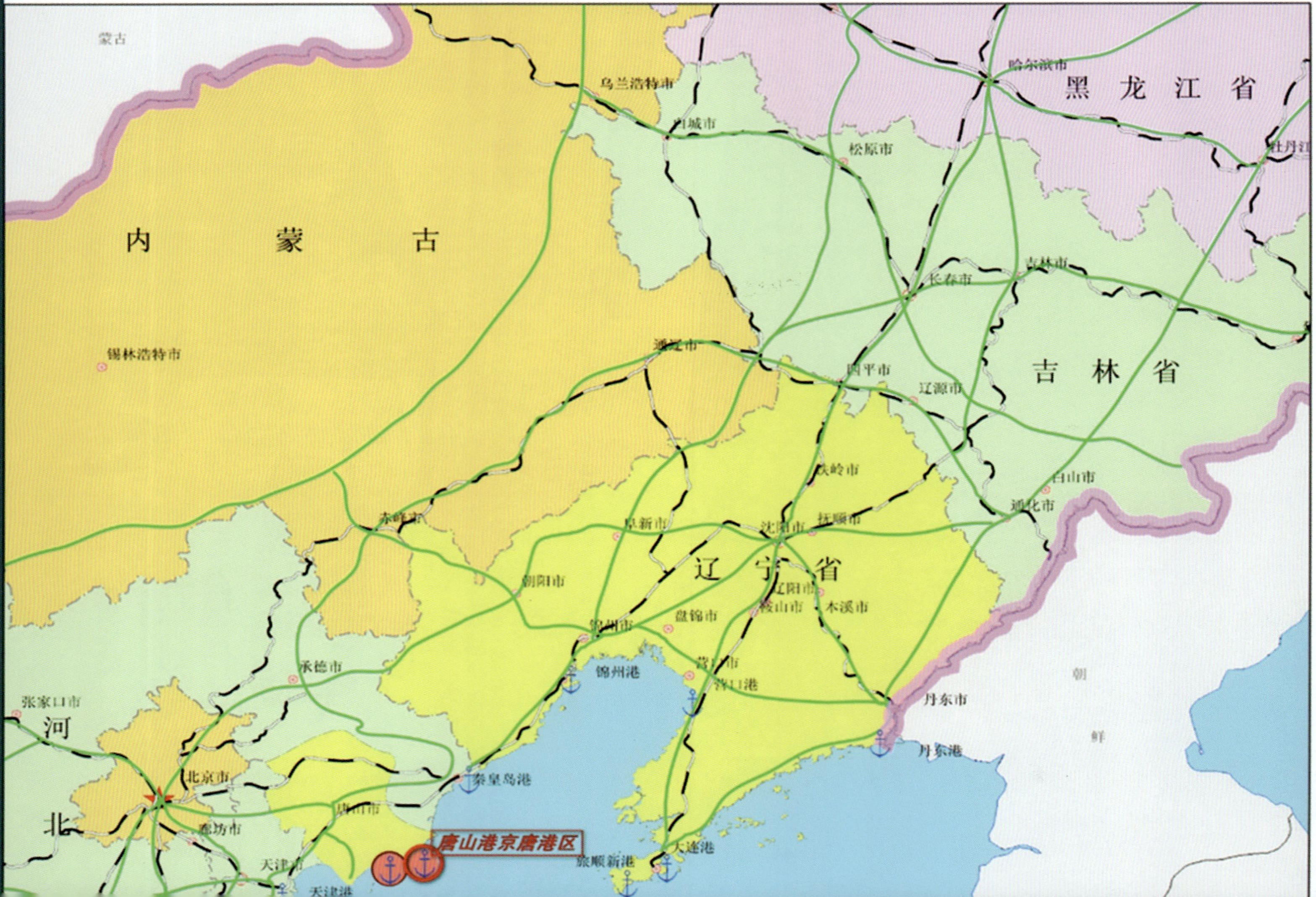

蒙古
内蒙古
黑龙江省
吉林省
辽宁省
河北
乌兰浩特市
白城市
松原市
哈尔滨市
长春市
吉林市
锡林浩特市
通辽市
四平市
辽源市
铁岭市
白山市
通化市
赤峰市
阜新市
沈阳市
抚顺市
朝阳市
辽阳市
鞍山市
本溪市
盘锦市
锦州市
锦州港
营口市
营口港
丹东市
丹东港
朝鲜
承德市
张家口市
北京市
唐山市
廊坊市
秦皇岛港
唐山港京唐港区
天津市
天津港
旅顺新港
大连港

唐山港京唐港区地理位置图

沿海高速公路
沿海公路
滨海大道
丰南港区
曹妃甸港区
2m
10m
交通运输部规划研究院
Transport Planning and Research Institute,Ministry of Transport

唐山港港口布局及集疏运规划示意图

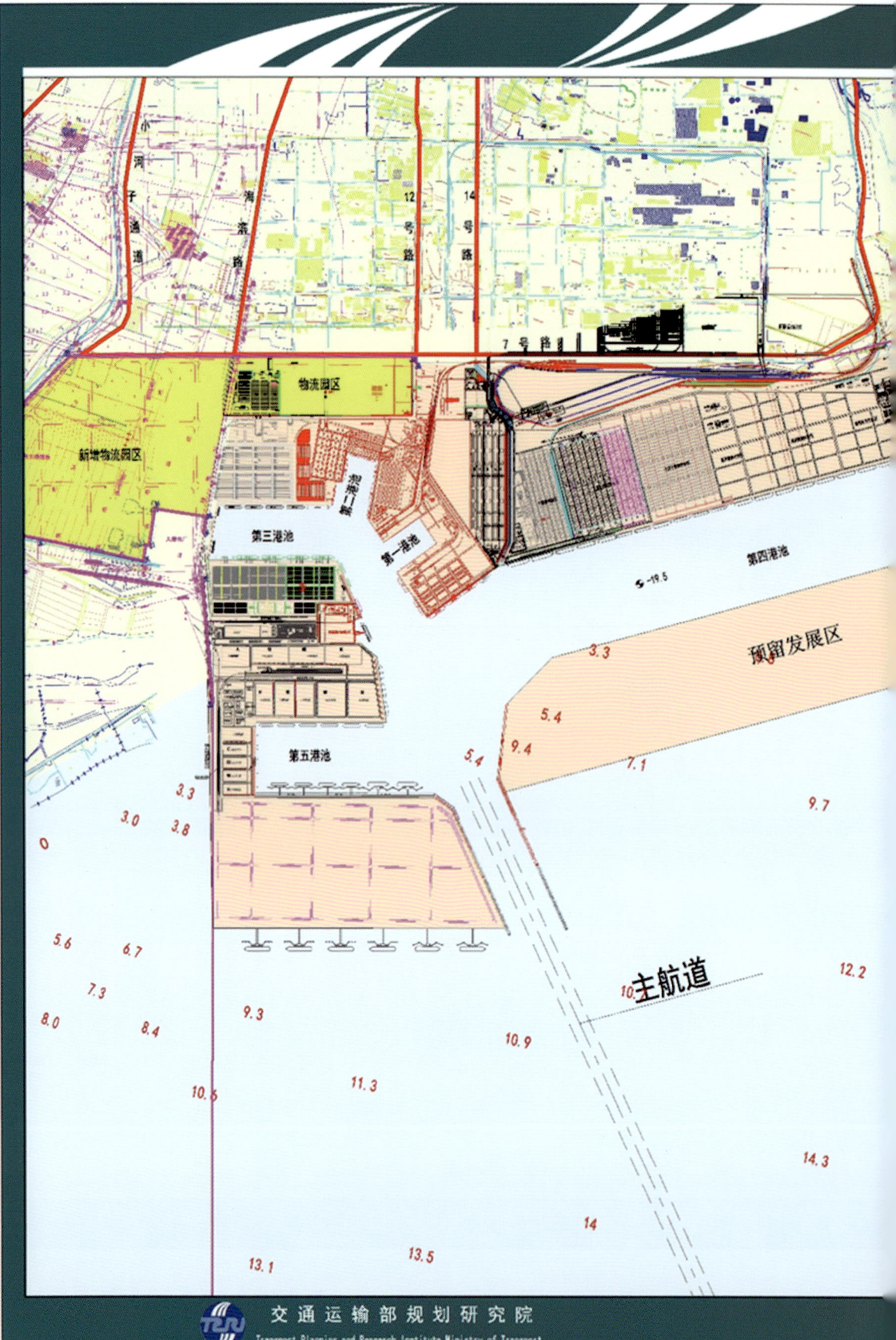
小河子通道
海滨路
12号路
14号路
7号路
物流园区
新增物流园区
第三港池
第二港池
第一港池
第四港池
第五港池
预留发展区
主航道
3.3
5.4
9.4
5.4
7.1
9.7
3.3
3.0
3.8
0
5.6
6.7
7.3
8.0
8.4
9.3
10.9
12.2
11.3
10.6
14.3
14
13.5
13.1

京唐港区规划方案图

预留区
预留区
1400
预留区
预留区
第六港池
预留发展区
预留发展区
第二条航道
1.3
1.3
5.4
1.8
3.6
4.3
8.6
2.8
1.8
7.6
5.9
8.2
9.6
9.1
10
8.2
11
11.4
11.1
10.6
14
13.7
13
15.1
15.3
15.3
15.4
16.5
16.8
6

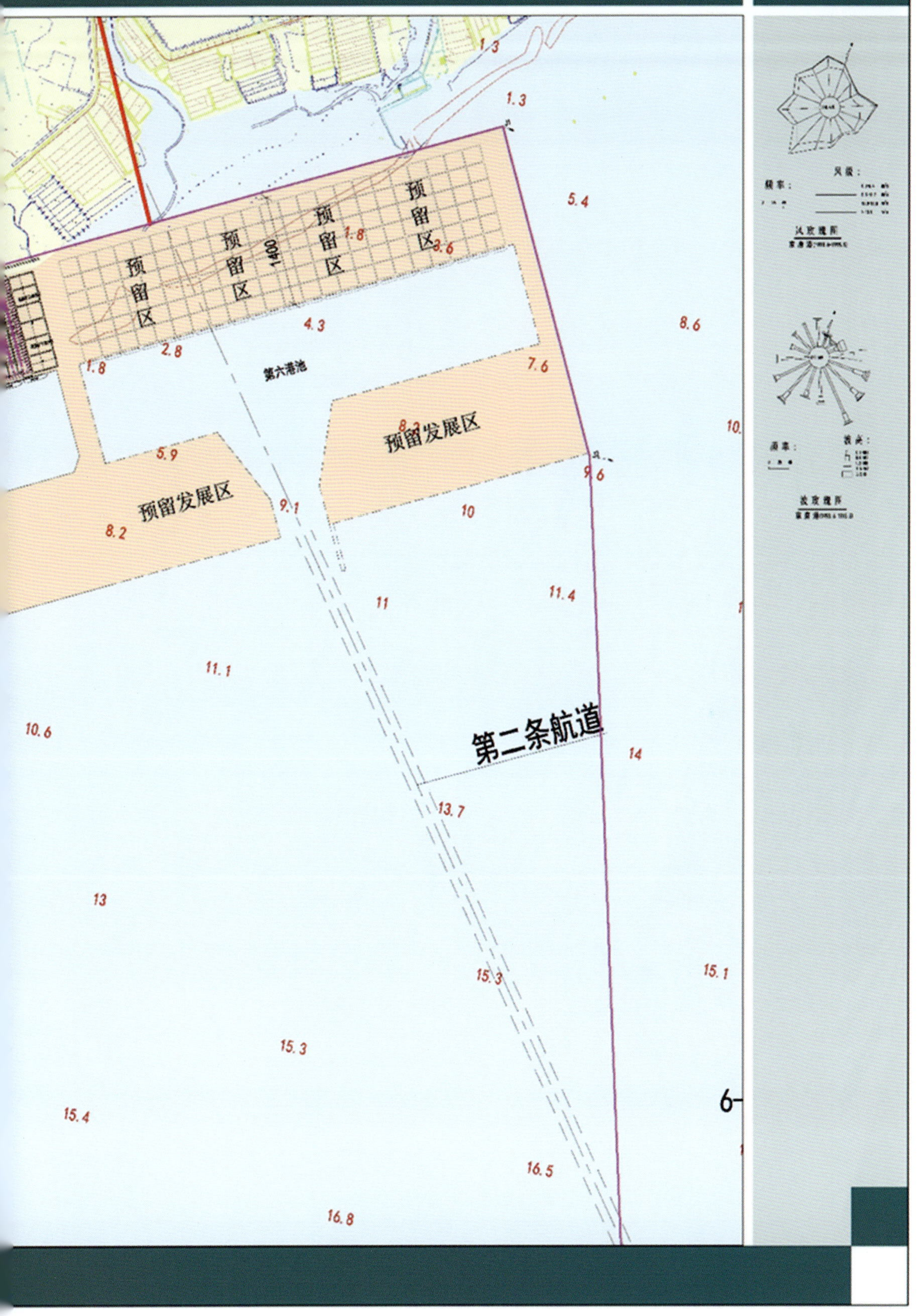

京唐港区水域规划图

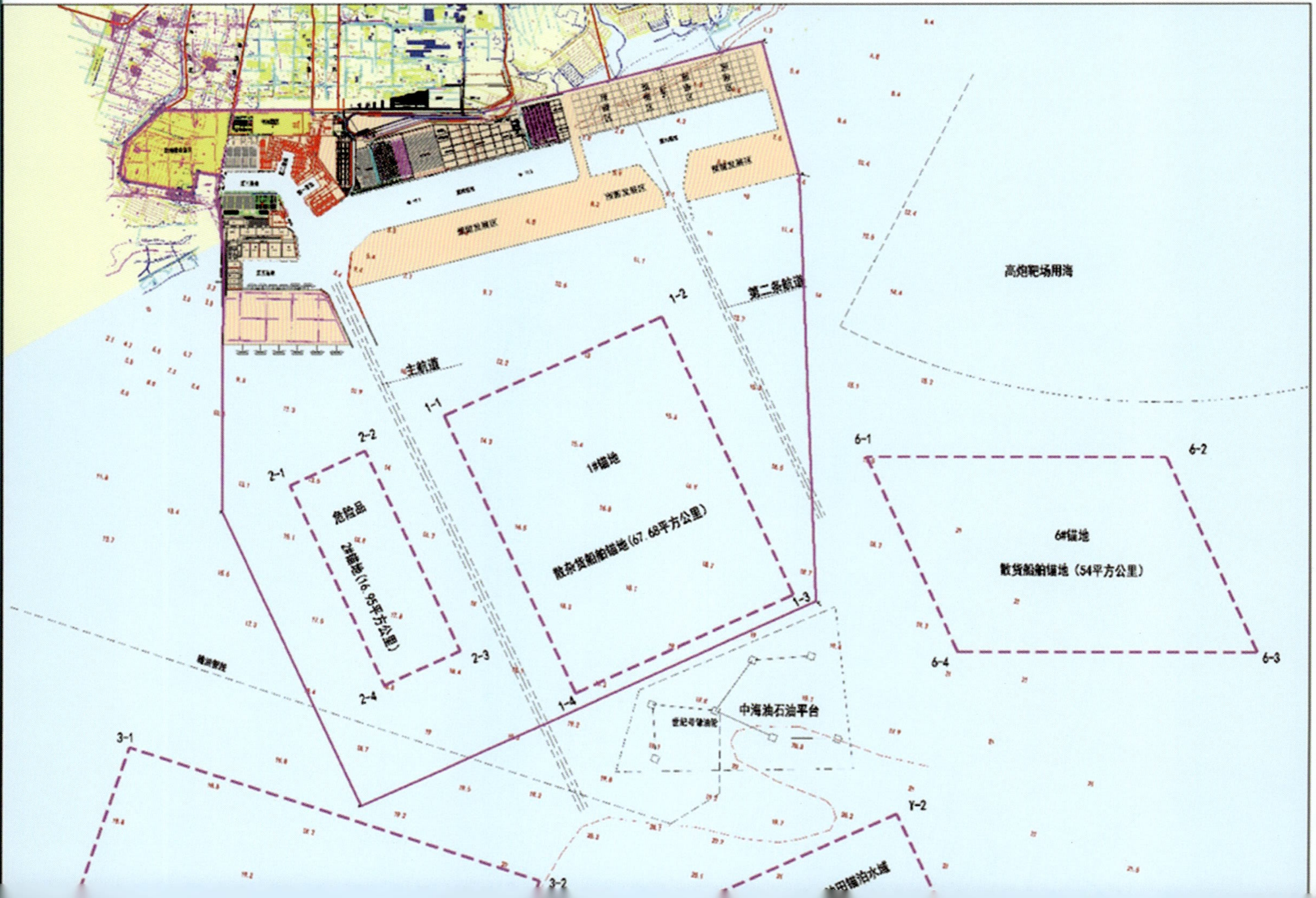

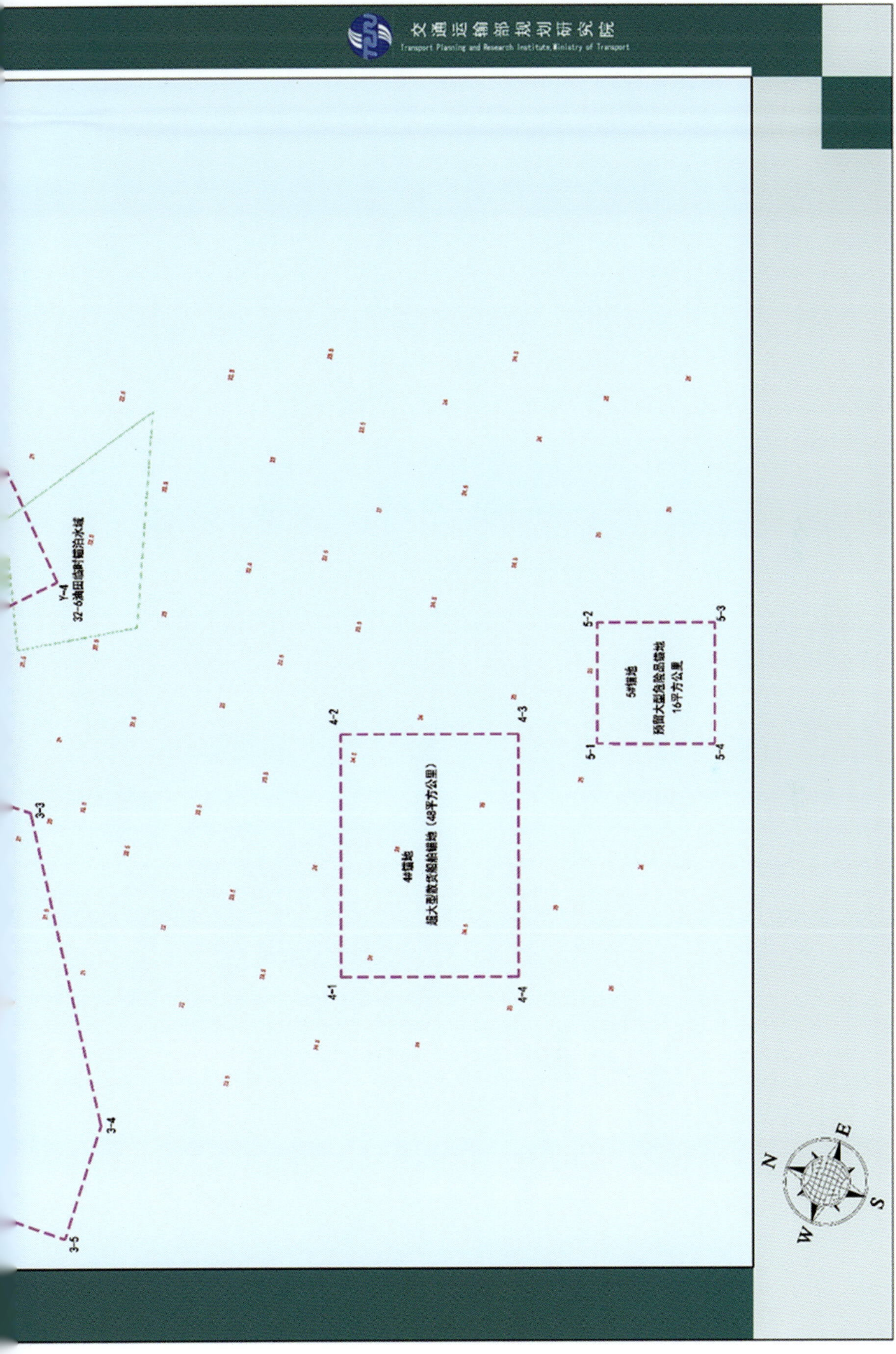

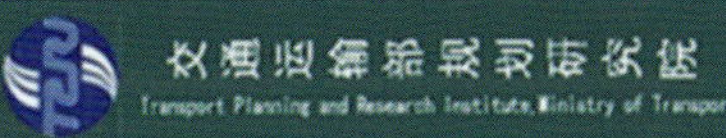

Y-4
32-6油田临时锚泊水域

4#锚地
超大型散货船舶锚地（48平方公里）

5#锚地
预留大型危险品锚地
16平方公里

唐山港京唐港区水域规划图

序

港口，在一个国家城市经济的发展和区域经济的发展中都起着非常重要的作用。当今全球的国际化大都市中，大部分是因为有港口而发展起来的。有资料显示，全球财富的约 50% 集中在沿海港口城市。

正因为如此，30 年前，唐山市委市政府领导运筹帷幄决策建港，立志结束唐山有海无港的历史。如今，经过 30 年筚路蓝缕、矢志不渝的奋斗，唐山港京唐港区已经拥有运营泊位 44 座，吞吐量突破 3 亿吨，集装箱运量达到 233 万 TEU，跻身全国集装箱 20 强、世界百强；唐山港集团经营业绩始终保持行业领先水平，公司利润、净利润在全国 A 股上市港口企业中，连续多年名列前茅。“北方大港”傲然屹立在渤海之滨。

卅载辉煌路，世界已惊殊！唐山港京唐港区的辉煌，是党的坚强领导和改革开放政策的胜利，是中国港口发展史上的成功范例，也是世界港口发展史上的惊世奇迹。

建港 30 周年之际，我们在《唐山港京唐港区史（1984—2008）》一书出版之后，组织编纂了这部《唐山港京唐港区史（2009—2018）》，以文卷、画卷和电子书三种形式，记录京唐港人的奋斗足迹，存史当代，启迪后人。

文卷运用翔实的资料，讲述唐山港京唐港区最近十年的发展历程：面对 2008 年国际金融危机带来的市场严冬和后危机时期国内港口复杂的经济形势，港区上下同心、迎难而上，运营生产逆势上扬，一举成为全国最年轻的亿吨大港、河北省首家上市港口企业，把一个又一个“不可能”令人难以置信地变成现实！全书共 25 章，前 24 章讲述了港口在国家

“十一五”规划后两年（2009—2010）、“十二五”规划（2011—2015）和“十三五”规划前三年（2016—2018）遇到的问题、战胜的困难、取得的成就。从中可以清晰地看到，只要全面贯彻党的政策，并在实践中结合自身实际创造性落实，就能无往而不胜。第 25 章从关键节点集中展示了十年发展的“一步一层楼”，以及对未来“再续新辉煌”的展望。结语部分以《砥砺奋进谱华章》为题，对京唐港区建港 30 年来取得辉煌成就的内因，从“拥抱蔚蓝，走向世界”“发挥优势，定位准确”“抢抓机遇，乘势而上”“锐意创新，敢为人先”“直面竞争，弄潮瀚海”“党建领航，兼济担当”六个方面进行了概括。

画卷分三部分：绪篇从世纪伟人孙中山提出建设“北方大港”开始，用珍贵的图片形象地叙述了从 1919 年到 2019 年一个世纪以来，“北方大港”建设经历的风风雨雨和走过的光辉历程。透过时空，再次雄辩地证明“只有共产党才能救中国，只有共产党才能发展中国”这个颠扑不破的真理。主体部分上中下三篇用大量精美的图片从备受关注、跨越发展、风清气正三个方面，生动形象地展示 10 年来京唐港区不平凡的发展历程，令人振奋。展望篇诠释了京唐港人传承弘扬、创新提高、接续奋斗的美好愿景和壮志雄心。

电子书让读者动动鼠标，便可浏览这座现代化港口的风姿。

30 年已成历史，新时代正在召唤。在习近平新时代中国特色社会主义思想光辉指引下，京唐港人将不忘初心，牢记使命，大力弘扬“艰苦奋斗、自强不息、事事求好、敢为人先”的企业精神，以唐山“三个努力建成”为己任，向着科技一流、管理一流、服务一流、品牌一流的综合型国际化贸易大港，重整行装再出发！

编　者

目　录

上编　直面危机　抢抓机遇　实现港口发展新跨越
（2009—2010）

目录

目 录

目录
TSP MU LU

目 录
MU LU TSP

目录

MU LU

目 录
TSP MU LU

下编　全面协调　面向未来　开启高质量发展新征程
（2016—2018）

目 录

目录

MU LU

上 编

直面危机 抢抓机遇
实现港口发展新跨越

（2009—2010）

第一章
国际金融危机与港口发展思路的调整

2008年末，当唐山港京唐港区即将跨入建港第三个十年时，迎接她的并不是鲜花和掌声，而是席卷全球的国际金融危机，是航运业的严冬。

坐以待毙还是迎难而上？京唐港区没有低头、没有退缩，“1128”工程的实施，全港上下的努力，到2009年下半年，实现了逆势上扬，以坚定而稳健的脚步迈向亿吨大港……

——题记

第一节 金融危机冲击海运市场

2008年，国际金融危机迅速从华尔街蔓延到全世界，从金融界到实体经济，各国政府都在面临着严重的经济危机，也严重影响着全球的航运形势。国内外市场需求萎缩，国内港口主要货种吞吐量增幅呈现下降趋势。

一、全球金融危机爆发

美国金融危机是由2007年8月爆发的次贷危机引起的。次级房屋信贷危机爆发后，投资者开始对按揭证券的价值失去信心，引发流动性危机。

2008年8月，美国房贷两大巨头——房利美和房地美股价暴跌，2008年9月，这场金融危机开始失控，迅速从华尔街扩展到全世界，从金融界到实体经济，各国政府都在面临着严重的经济危机，并导致多个大型的金融机构倒闭或被政府接管。

美国、日本、欧盟等主要发达经济体都陷入了衰退，发展中国家经济增速减缓，愈演愈烈的金融危机已经严重影响到了全球经济的健康发展。世界经济面临着20世纪30年代以来最严峻的挑战。

二、严重冲击海运市场

国际金融危机严重影响着航运形势。受危机影响，国内外市场需求萎缩，国内港口主要货种吞吐量增幅呈现下降趋势，2008年10月29日，反映国际干散货海运价格的波罗的海综合运价指数（BDI），从当年5月的11793点跌落至925点。铁矿石运价巴西到中国跌至每吨11.3美元，澳大利亚到中国跌至每吨5美元。据挪威奥斯陆海运衍生交易所统计，全球有800艘海岬型船，其中40艘面临停航。

据交通运输部水运司快报，2008年10月份，全国规模以上港口货物

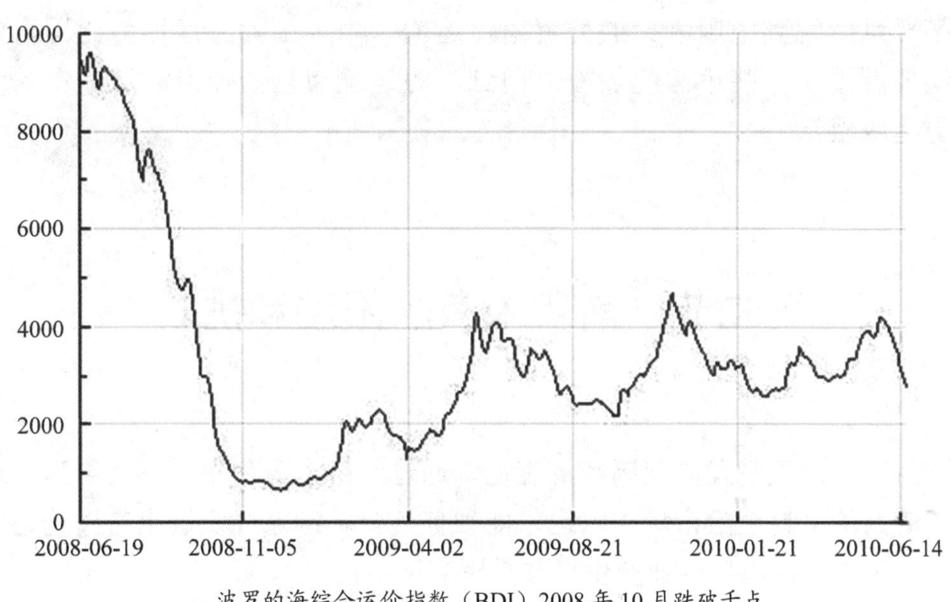

波罗的海综合运价指数（BDI）2008 年 10 月跌破千点

吞吐量预计完成 4.7 亿吨，同比增长 6%，增幅比上个月减少 2.1 个百分点，已连续 3 个月下降，为 2008 年最低水平。

受市场需求下降影响，国内钢材价格自 2008 年第三季度以来下跌近三成，部分钢铁企业限产或停产，由于矿石进口大多为长期合同，受短期市场波动影响较小，但矿石进口增幅仍出现小幅回落。

受国内经济增长放缓影响，南方电煤需求下降明显，2008 年 10 月份，港口煤炭发运量首次出现负增长，增幅比上月减少 7.6 个百分点，下降幅度之大，为近年少有。虽然冬季储煤工作即将展开，但并未出现电煤需求上升的迹象。国内沿海运输市场由于煤炭需求萎缩，煤炭运价暴跌，跌幅达到 69%，以致许多船舶在港外水域抛锚待命，航运形势十分严峻。同时，由于煤炭需求不足，全球煤炭价格大幅下降，加上出口配额未下达等因素，外贸煤炭出口再创当年新低。此外，国内成品油市场需求不旺，市场出现饱和，原油加工量减少。

每年的 12 月份，通常是港口运输一年中最旺的月份，但 2008 年 12 月却一反常态，市场“严冬”一片萧条。由于船舶不能满载，不少船公司采取了航线削减、撤并的办法，或者干脆把欧洲和地中海航线合并在一起运输。对于一些已经没有订单的航线，只能停驶船舶。

美国、欧洲、日本这三个对中国出口最重要的经济体消费需求的下降，严重影响到中国港口的外贸出口运输。由于国际海运形势比国内沿海还要严峻，一些远洋船舶被迫回到沿海运输市场，使沿海运输市场竞争更趋激烈。

第二节　前所未有的困难和挑战

由次贷危机引发的美国经济衰退，通过经济全球化渠道迅速蔓延，中国在动荡的世界金融市场中，也未能独善其身。国家外贸进出口增速逐步放缓，对中国的港口行业产生了严重影响。

一、运量下降

（一）运营生产徘徊

港口属于一个地区发展的基础设施，它的拉动和带动作用是潜移默化的、长远性的。

京唐港区是国家一类对外开放口岸，是国内西煤东送、北煤南运的重要港口之一。大背景作用着小环境，在危机面前，京唐港区运营生产也呈下滑之势。最明显的是2008年的9月、10月、11月，煤炭运量连续下降，从高峰的单月780万吨跌至11月份的500万吨，外贸煤炭单月运量不到前8个月均值的一半，单月核算甚至呈亏损状态。运营生产的不景气，连带着在项目建设中也显现出它的影响和制约。然而，除了危机冲击严重，制约京唐港区的不利因素还有很多。

（二）不利制约因素显现

一是港口竞争越来越激烈。京唐港区的基础设施没有明显优势，缺少大型化、深水化、专业化码头；缺少明显特质性的客户服务及响当当的服务品牌；缺少国家计划内的长线物资运输份额保障。

二是货种结构单一，抗击市场风险能力薄弱。主力货种矿石、钢铁实质上是站在同一产业链上的两个端口，互相纠葛，一荣俱荣、一损俱损，成为生产经营中的高风险之源。

三是市场货源压力加大，不确定性明显，开发具有规模运量的货种、客户的难度越来越大。

四是港口设施相对不足，影响和抑制了非煤、非矿、非钢类货物的在港运输。

五是资金链条脆弱，资金压力突出。特别是码头项目建设对资金的需求非常紧迫，资金管理进入高风险、高需求的特殊时期。

由于金融危机对国内出口型企业和航运行业的冲击比较严重，京唐港区谋划的部分招商项目和码头建设项目进度受到影响，有的合作方将港口投资项目列入储备项目范围。

二、上市受阻

2006 年 9 月，经第二次股东会审议通过，京唐港股份有限公司（简称“股份公司”，下同）启动了公司上市工作，初步规划通过 IPO 方式实现公司上市。

自启动上市以来，国家有关部委和省、市领导通过不同形式、不同方式给予了极大支持和帮助，中共唐山市委、市政府及省金融办等有关领导多次到港区现场办公，作出重要指示，并亲自出面协调，在上市申请、资产重组、确定募投项目、完善权证、办理土地和海域手续、税收缴纳、工商注册等重大事项上一路绿灯，为上市各阶段工作顺利推进提供了重要保证和先决条件。

到 2006 年年底，已经完成中介机构的前期尽职调查。唐山港口投资公司（简称“港投公司”，下同）和股份公司就股份公司上市工作达成了共识，市政府主管部门同意股份公司的上市计划。根据申银万国及其他中介机构对股份公司的尽职调查情况，各中介一致认为，股份公司资产、人员、财务、设备、业务均独立于港投公司，且经营业绩良好，股权清晰，内部管理制度健全，无重大违规事项。

2008 年 3 月 28 日，河北省工商行政管理局为京唐港股份有限公司换发了企业法人营业执照，“京唐港股份有限公司”名称变更为“唐山港集团股份有限公司”（简称“唐山港集团”，下同），同时，公司的注册资本金由 6 亿元增加到 8 亿元。

但由于世界金融危机的影响，中国股市从2007年10月16日一路下滑，上证指数从 6124 点下降到 2008 年 10 月 28 日的 1749 点。中国证监会发行和审核委员会从 2008 年 9 月暂时停止了对拟上市公司的申报审核工作。

在这种背景下，唐山港集团原计划 2008 年完成首发上市（IPO）的申报工作搁浅。

第三节　调整思路从容应对

进入 2009 年，对中国港口行业来说，到了最困难、最关键的一年。唐山港集团坚定把全球金融风暴的不利影响降到最低程度的自信心，紧紧抓住中央扩大内需政策措施的新机遇，作出了一系列重大决策，打响了应对金融风暴的突击战。

一、调整思路

（一）把危机作为常态背景

面对国际金融危机给国内水运业带来的严重影响，唐山港集团调整思路，拓展市场，狠抓管理，强化服务。

在应对危机中，唐山港集团坚持以科学发展观为指导，坚定信心，迎难而上，抢抓机遇，把运营生产作为当前工作的首要任务，把港口建设作为更好发展的战略支撑，把凝聚人心、鼓舞士气、促进和谐发展作为港口一切工作的出发点和落脚点，努力推进集团协调、持续发展，把企业管理水平提高到了一个新的层次。

集团董事长孙文仲提出：“把金融危机作为京唐港区经营的背景，把危机作为企业经营的常态背景。”

把金融危机作为企业经营的新背景，依靠职工，坚定信心，全力推进企业科学发展、和谐发展、快速发展。随着国家应对金融危机措施的出台和实施，经济发展停滞的局面逐步改观。港口行业在国家扩大内需政策的影响下，迎来新的机遇。

2008 年 10 月 14 日到 11 月 5 日，唐山港集团连续召开生产业务工作专题会议，分析金融危机影响和当前业务形势，就如何应对危机、做好下一阶段工作做出具体安排。集团上下加强管理，挖潜增效，积极应对，协调联动，加大业务市场的扩展力度。

金融危机的冲击下，京唐港区运营生产依旧热火朝天

（二）提出“1128”工程

2009 年年初，在唐山港集团总结表彰动员大会上，集团领导以全新的思路和高度进一步明确了企业发展方向，提出实施“1128”工程，即“围绕一个总目标，坚持一个总方针，创造两个发展新模式，实现八个方面的战略性新突破”。

“围绕一个总目标”，就是要把京唐港建成科学发展的综合性生态型国际大港。

“坚持一个总方针”，就是要深入贯彻落实科学发展观，围绕唐山科学发展示范区建设战略部署，以解放思想为武器，以更新观念为先导，以

2009年年初，在唐山港集团总结表彰动员大会上，集团领导以全新的思路和高度提出实施“1128”工程

开放创新为途径，以科学管理为手段，固本强基，开源节流，进一步完善法人治理结构，拓展发展空间，打造港口品牌，提高经济效益，加快港口深水化、专业化、集装箱化、园区化、生态化建设，提高现代物流服务能力，增强实力、活力、竞争力，为把京唐港早日建成科技一流、管理一流、服务一流、品牌一流、环保一流的科学发展的综合性生态型国际大港而奋斗，确保京唐港全面、协调、可持续、长远发展。

“创造两个发展新模式”，就是要创造绿色港口发展模式与和谐港口示范模式。

“实现八个方面的战略性新突破”，一是实施市场开发和品牌化战略，着力港口服务范围和服务领域的新突破；二是实施规划布局结构调整战略，着力港口规划建设的新突破；三是实施开放合作和多渠道融资战略，着力港口规模、功能、档次的新突破；四是实施管理创新战略，着力经济效益和社会效益的新突破；五是实施科技兴港和人才强港战略，着力创建学习型、知识型、技术型、创新型港口的新突破；六是实施环境保护战略和绿色港口发展模式战略，着力科学发展示范港口建设的新突破；七是实施企业文化发展战略，着力文明和谐港口建设的新突破；八是全面加强企业党的建设和干部队伍建设，着力“三个文明”协调发展的新突破。

实施“1128”工程，目标催人奋进，方针扼要明确，模式新颖务实，措施具体有力，为集团上下理清了思路、坚定了信心、鼓舞了干劲。

推进“1128”工程，建设生态国际大港是历史的必然要求。2008 年年底召开的中共唐山市委八届五次全会上，省委常委、市委书记赵勇指出，要加快唐山湾“四点一带”开发建设，努力把唐山湾打造成“中国的东京湾”。京唐港区作为唐山湾建设的重要依托，责无旁贷地要承担历史重任，在唐山湾战略中发挥应有作用，成为带动全市发展的强大经济增长极，进一步起到开放带动、经济拉动、窗口示范、信息沟通和优化投资环境等重要作用。

推进“1128”工程，建设生态国际大港是攻坚克难、再创辉煌的必然途径。积极应对当前金融危机对京唐港区造成的不良影响，全体干部员工深刻理解“1128”工程的内涵，把握好“1128”工程中各项措施的关键点，从实际出发，从现在做起，从自身做起，在各项具体工作中加以实践、逐步提高。团结拼搏，创新进取，努力抓好各项工作，全力推进“1128”工程，以时不我待的精神状态投入京唐港的建设中来，以更加积极有为的姿态使各项工作再上新台阶。

二、多措并举

（一）赴沿海六港学习考察

2008 年 9 月全球金融危机对港口的负面影响显现之初，唐山港集团组织中层以上管理人员 20 余人赴营口、大连、烟台、青岛、日照、连云港六个沿海港口学习考察，相互交流港口应对危机的思路和措施，使广大干部职工树立应对这次金融风暴的必胜信心。

（二）建设进出口“两仓”[①]

通过建设进口保税仓库和出口监管仓库，使进口矿石、焦煤等大宗散货享受关税交纳优惠政策，发挥进出口货物保税功能对货源的拉动作用。2008 年 10 月 24 日，石家庄海关批准了京唐港区“两仓”申请，京

① 两仓：公用型保税仓库和配送型出口监管仓库。

唐港区的功能进一步完善，成为京唐港区最大的保税仓库及唐山市首家出口监管仓库。

唐山港集团党委书记赵治川（右二）率中层以上管理人员赴沿海六港学习考察，图为考察团在烟台港学习考察

“两仓”的设立为周边企业暂缓缴纳关税和增值税、改善经营性现金流、实现企业资金的有效利用、为企业规避因价格上涨而导致经营成本增加的经营风险提供了一定保障。“两仓”的投用，大大缩短了企业产品的生产经营周期，简化了企业进口通关手续，从而为港口吸引了更多货源。“两仓”的设立还进一步完善了港口功能，优化了京唐港区的投资环境，促进了进口业务的发展，改善了进出口企业的经营环境。同时对推动京唐港区的招商引资工作、完善保税物流服务起到了较大的促进作用。

（三）加快物流网络建设

唐山港集团通过物流网络建设，在直接腹地和其他货源地建立物流公司或物流场站，把港口服务送到客户家门口，主动与大客户、重要固定客户、新客户、重点船主联系，详细了解其需求，急客户之所急，想客户之所想，在国家法律法规允许的情况下，尽全力满足其要求，用优质的服务拓展市场，拓展服务内容，广开门路，多揽货源，做到港口服务真正让客户放心，把“客户价值最大化”落到实处。

搭建港口信息电子平台，建立公开、公正的调度管理体系，船舶进港靠泊计划上网公布，方便了客户查询；在危机中不降低港口服务质量，与客户抱团共赢发展，不断提升客户信心；建设、培育钢材班轮航线，打造北方最密集的钢材航线下水港口，保障唐山及其他地区钢材的南运需求；密切关注市场变化，利用国内外矿石价差，吸引外贸矿源上岸，理顺货物运输的上下游关系，做到矿船来多少、卸多少、疏多少；关注国际焦煤供求与价格信息，根据腹地焦煤需求与价格信息，培育北方焦煤集散市场，实现港口运量新的增长。

（四）完善五大管理体系

进一步优化五大管理体系，即ISO9000质量管理体系、职业健康安全管理体系、全面预算管理体系、绩效管理体系、信息化建设体系，逐步实现企业管理工作的流程化、标准化、过程可控化，向加强管理要效益，向提高服务质量要市场；加快集团化进程，进一步壮大发展实力。通过加强集团化制度体系建设，进一步清晰责任职能，强化投资企业管控和国有资产管理，着力建设高效的集团化企业运行机制和责权利相统一的激励约束机制。

唐山港集团始终把“客户至上”作为港口经营的最高准则，秉承客户满意的服务标准，把诚信经营的理念融入企业基础管理之中，打造富有特色的服务品牌。“客户满意是京唐港人的服务标准”这一经营理念已经成为全港职工的自觉行动，对港口的发展起到了强大的推动作用，京唐港区与客户实现了互惠双赢、共同发展。

进一步完善“一条龙服务”，体现对客户的细致关怀，提高装卸效率，打破常规，特事特办。协调联检相关部门，压缩船舶候泊、候检及进出港时间，进一步提高装卸效率，最大限度地减少客户的物流节点时间和成本，为客户物流链增值。

在京唐港区内初步区分散、杂货物作业区。成立了专门负责散货的作业公司和专门负责件杂货物的作业公司，初步实现港口作业的专业化管理、流程化管理，2009年港口作业效率得到了进一步提高，货物在港周转速度不断加快，钢材船舶千吨在港停时同比降低16.2%，矿石船舶千吨在港停时同比降低38.8%。

增建堆场，扩大有效堆存空间近60万平方米。通过租赁场地满足客户利用物价和海运费两低的机会大量进口矿石和焦煤的场地需求。通过关税代垫，协助银行实现对相关货物监管，帮助钢铁企业、贸易商解决资金链难题，进一步增强了在京唐港区物流运作的信心。

（五）厉行节约　节能降耗

发动全体员工从细节入手，从基础抓起，厉行节约，节能降耗。集团和各部门本着该花的钱往细里算、不该花的钱一分钱也不能动的原则，把好财务消耗审批关，深入开展“我为公司节约一元钱”活动。

加强成本控制，厉行节约，为企业的增收创收拓展更大的空间。加强预算管理，更好地实施全面预算，把一切工作纳入预算管理当中；严格预算，每个环节、每项工作都要依据定额；科学预算，坚持量入为出的原则，实行对标管理，力争使各项预算指标处于行业领先水平。

（六）加大招商引资力度

港投公司超前推进项目前期工作，加大招商引资力度，利用国家刺激经济发展的各种优惠政策和措施，积极编制项目，充实项目储备，提高了项目前期工作的深度。提高港口航道等级、建设大型专业化矿石泊位、建设大型专业化集装箱泊位及第五港池液体化工码头等项目取得重大进展，前期工作迅速推进，项目储备更加充足。积极推进第三港池 26 ～ 27# 集装箱泊位招商，超前谋划第四港池北岸建设项目，促成了中储粮物流加工项目在唐山海港经济开发区落户。同时适应腹地产业发展，把第五港池的液化码头招商引资作为重点工作，促使两个液化仓储项目落地，并启动唐山海港经济开发区煤化工产业管线集中布置项目，加快了区域性液化产品产业集群和贸易市场的建设步伐。通过项目谋划，为唐山湾“四点一带”开发战略做出了新的贡献。

瞄准国际航运发展大势，着眼腹地经济社会发展需求，把推进港口深水化、专业化发展，作为京唐港区增运量、上档次的重要支撑。借力大秦铁路扩容分流，促成 3000 万吨煤炭专业码头建设；与世界 500 强之一的西班牙德佳德斯公司合作，成立了京唐港国际集装箱码头有限公司；与首钢总公司合作，建设 20 万吨级矿石专业码头；超前谋划组织建设 20 万吨级航道。通过对外合作、功能调整，加快完善港口功能，着力调结构、转方式、提质量，走科学发展道路，走绿色发展道路。第一、第二港池实现“黑白分家、散杂分置”，大宗散货作业加快向第四港池转移，码头、航道深水化、专业化步伐不断加快，形成了集装箱作业区、矿石作业区、煤炭作业区、液体化工功能区、件杂货作业区和保税物流功能区的规划建设雏形。

加强融资管理，加大资本运作力度，确保项目建设资金需求，增强企业发展活力。通过与银行充分沟通，多渠道、多方式融资，保证项目建设资金需求。加强与上市中介机构的协调，完善上市申报材料，2009 年 6 月，唐山港集团 IPO 申报材料正式上报国家证监会。

（七）进行应对金融危机教育

参加“应对国际金融危机”讲座，进行应对金融危机、调整企业经营思路的教育。为有效应对国际金融危机，在危机中寻找商机、抢抓机遇，促进集团科学发展、和谐发展、快速发展，2009 年 6 月 30 日，集团组织中层正职及以上干部参加市国资委统一组织的世界著名经济学家的“应对国际金融危机”专题讲座。

讲座的主要内容有四方面：在当前国家加大宏观经济调控力度的情况下，企业面临的机遇与挑战；国际金融危机还将给企业造成哪些冲击和影响；在当前经济环境下，企业应采取哪些应对措施；企业应如何调整经营思路和经营战略。

通过专题讲座，大家受到了一次如何应对当前全球金融危机、调整企业经营思路的深层次的启发和教育。

三、逆势上扬

2009 年上半年，面对国际金融危机带来的严重冲击，在全国港口吞吐量增势锐减的严峻形势下，京唐港区顶住压力，以危机为发展的新背景，拓展思维，聚力奋进，夺取了港口运营生产的新胜利。1—6 月，全港累计接卸船舶 2813 艘次，完成货物吞吐量 4836.6 万吨，同比增长 26.1％，完成年度计划的 64.5％，超过了 2007 年全年 4750 万吨的运量水平，以增倍的速度实现大步跨越，运量增幅在全国沿海港口中遥遥领先。唐山港集团自营泊位完成货物吞吐量 2884 万吨，同比增长 45％，完成年度计划的 87.4％。其中，大宗货物运量持续稳定增长，矿石运量完成 1807 万吨，同比增长 65.5％，在全港运量增长中占主导地位；煤炭（含焦煤、焦炭）运量完成 2200 万吨，同比增长 19.6％；钢铁运量完成 541 万吨，略逊于上年同期；新兴货种运输异军突起，特别是焦煤的运量攀升至历史最高位，依托腹地需求成为港区潜力型货种，单月运量屡创新高，6 月份达到 882.7 万吨；新客户开发呈现新局面，废钢、石料、进口面包铁等货种落户京唐港区，首钢内贸转水矿石、太钢矿石和钢铁、

京唐港区电煤南运

石钢钢材陆续在京唐港运作。京唐港区以稳健有力的发展节奏展示出应对危机的从容和旺盛的市场活力。

2009 年前 10 个月，京唐港区锚地候泊船舶日均量保持在 60 艘次左右，进出港船舶日均量在 40 艘次以上，码头生产呈现繁忙景象，全港上下稳扎稳打，奋力拼争，以市场为核心、服务为宗旨、安全为保障，努力实现港口货物吞吐量稳定快速增长，确保全年货物吞吐量亿吨目标如期达成。

京唐港区在经济危机中运营生产逆势上扬，成为全国港口发展的一大亮点。

第二章

港口发展史上新的里程碑 跻身亿吨大港行列

一个港口，从建港到亿吨大港需要多少年？京唐港区的回答是：20年。而在世界港口发展史上，这一过程往往是几十年甚至一个多世纪！

全港动员，应对危机；服务创优，占领市场；主动出击，扩大腹地和业务范围……一系列的举措成就了京唐港速度，成就了全国最年轻的亿吨大港！这是中国港口发展史上浓墨重彩的一笔，也是世界港口发展史上的奇迹。

——题记

第一节　创新理念　应对危机

2008 年 9 月，来势凶猛的国际金融危机将世界航运业迅速推入低谷，港口业也不例外。面对激烈的市场竞争及金融危机的严重冲击，唐山港集团以科学发展观为指导，围绕一流服务型港口建设，以人为本，解放思想，抢抓机遇，全力应对危机，进一步加快建设综合性、生态型、国际化大港的进程。

一、“危机不是完不成任务的借口”

全国港口货物吞吐量同比增幅不同程度放缓，不少港口的货物吞吐量比高峰时期下降了一半，全球航运市场 9 月份提前进入“寒冬”。

京唐港区的发展面临沉重的市场压力。周边有百年老港秦皇岛港、天津港，还有正在兴起的曹妃甸港区，再加上金融危机对海运业的冲击，港口的发展压力巨大。

在危机面前，京唐港区运营生产也呈下滑之势。这一年的 11 月份，港口运量从高峰的单月 780 万吨跌至 500 万吨，单月核算甚至呈亏损状态。资金压力突出，特别是码头项目建设对资金的需求非常紧迫。

不等不靠。董事长孙文仲提出：“把危机作为发展的新背景”“危机不是完不成任务的借口”，并提出了货物吞吐量冲刺亿吨的目标。唐山港口实业集团有限公司（唐山港口投资有限公司 2009 年 11 月 18 日更名“唐山港口实业集团有限公司”，简称“唐山港口实业集团”，下同）、唐山港集团两个公司迅速调整工作思路，共同应对金融危机的挑战，在港口建设、运营生产实践中，两个公司提振信心，加压奋进，同心同德，奋力拼搏，并采取了一系列的措施来保证这一目标完成。

二、以新视角冷静审视

（一）形成组合优势

加强市场调研，应对市场变化，及时跟进政策。积极发展“金融港口”模式，扩大银行监管范围，促进保税业务、关税代垫、银行监管有机结合，努力形成市场竞争的组合优势。搭建融资平台、电子商务平台和信息平台，更好地服务客户市场和腹地经济。

（二）着力结构调整

面对金融危机，唐山港集团坚持以中共十七大精神为指导，认真贯彻落实中共唐山市委八届五次全会精神，以科学发展观统揽工作全局，以加快发展为首要任务，以结构调整为主攻方向，着力构建高效有序的集团化经营机制，着力推进和谐示范企业和绿色港口模式创建活动，着力建设品质一流的服务型港口，朝着亿吨、和谐、示范港口目标前进。

保运量增长是一切工作的中心。加快集团化揽货体系的建设，大力开拓市场，提升物流网络优势，努力转变服务方式，加强以客户为中心的港口服务能力建设。

（三）调整业务管理体制

按照集团化发展要求，建立两级业务体系。生产业务部制订业务计划，进行业务工作的指导监督。业务重心下移，加强第一港埠公司、第二港埠公司、煤炭公司和液化码头公司的业务工作，各公司独立承担业务市场工作。部分办事处划归物流公司，壮大物流公司实力，把物流公司逐步建设成为公司市场业务主体、公司市场战略的实施平台。

（四）优化物流网络

加快建设自己的内陆港体系，优化完善物流网络。有计划、有步骤地增强场站装卸配置能力，通过加强物流网点能力建设，提升物流网络的营运效果。加强包头、太原集装箱班列维护，积极推进货物集装箱化，与集装箱公司网络资源共享、业务并行、信息互通、设施共享。

三、以新举措化解风险

（一）实施绩效激励机制

细分市场，推行包量到人、分片管理负责制、代表制，实施紧密挂钩政策，对业绩出色的业务人员予以特殊绩效奖励，对各级业务人员实行绩效工资与业务量挂钩，形成市场化责任绩效激励机制。

（二）大力发展水铁联运[①]

促进港口与铁路合作，挖掘铁路近距优势，促进水铁联运发展。抓住当前航运市场形势，着力建设品牌班轮、精品航线和友好港关系，全面促进港口物流的延伸与发展。

（三）靠服务赢得市场

加快调整货种结构，加强焦炭、粮食、滚装汽车、大件设备、化肥的重点开发，切实解决货种结构单一的问题。

全体干部员工认识到位，创新理念，措施得力。充分发挥五大管理体系的作用，坚持一手抓市场，一手抓服务，用真诚打动客户，靠服务赢得市场，使港口的运营生产在经过 2008 年 9、10、11 月份的低迷之后，12 月份快速走出徘徊，货物吞吐量达 688 万吨，回升的速度、幅度、质量都比其他港口好得多，喜人地在年底“收关”。2008 年完成货物吞吐量 7645 万吨，同比增长 60.9%，超全国沿海港口平均增幅 48 个百分点，运量排名全国沿海港口第十六位。

京唐港区的集装箱码头

① 水铁联运：水路、铁路联合运输。

第二节 创优服务 占领市场

唐山港集团围绕客户的需求，打造“一流装卸效率、一流作业质量、一流服务水平”的服务型港口，推进港口品牌建设深入开展，成为港口增量的可靠支撑。

一、完善硬件设施 提升竞争实力

唐山港集团干部职工直面危机，认清形势，统一思想，坚定信心，真抓实干，在大环境不利的情况下，切实加强硬件设施建设，进一步提升集团的核心竞争力。

（一）成立保税储运公司

2008 年 10 月 14 日，唐山港京唐港区进出口保税储运有限公司（简称“保税储运公司”，下同）成立，负责京唐港区“两仓”项目的运营。保税储运公司主营业务有转口贸易业务、国际间的转口贸易、来料加工和 MRO（维护维修备件）保税业务，使小批量的进口料件得以集中进口，能够有效避免造成用料企业的资金积压，减少了分批进货所增加的风险。更重要的是将进口原料存入保税仓库，缩短了到货时间，减少了企业库存，提高了经济效益，进一步增强了加工企业参与国际市场竞争的能力。

公司还提供航行物料保税业务，为提高对到港船舶的服务能力、满足船舶物品的供应奠定了基础。同时利用国家给予保税仓库的各项优惠政策，吸引更多的国内外企业进入本地区，以带动整个地区经济的快速发展。

（二）搞好“立港”项目建设

项目建设是运营的先导，更是应对危机、成就亿吨大港的重要支撑。京唐港区先后组织开发了一系列具有立港意义的建设项目。这些项目的建设与投产，把握了经济社会的发展大势，抓住了稍纵即逝的市场机遇，提升了京唐港区应对危机的底蕴，奠定了京唐港区亿吨大港的基础。7万吨级航道、30#、31#、18#、19#泊位、3000万吨级专业化煤炭码头和可以承运2万吨重载大列双线电气化的后方铁路大通道等项目，提升了港口的档次，创造了港口新的发展活力。这些项目无一不是抢抓机遇的丰硕成果，无一不是支撑运营生产的好项目。特别是10万吨级航道建设比合同工期整整提前了5个月交工，创下京唐港区建设史上的又一个奇迹。这些立港项目的建设适应了船舶大型化要求，增强了港口的市场竞争力，促进了港口运营生产的良好发展和运量的快速增长。

2010年2月9日，京唐港区10万吨级航道通航验收会现场

二、创优服务环境　拓展市场空间

进一步创优服务环境，抓现场，树品牌，拓展业务思路，打造港口比较优势，高效、服务型港口建设取得新成效。

（一）优化业务体系

推进集团业务体系的网络化、运输的物流化。业务端口前移，将业务员分派到各子公司，让业务员进驻各大客户，及时了解客户需求，及时反馈客户意见。提升服务质量，强化措施，体现特色服务、个性服务，工作中认真倾听客户的意见和建议，对客户实行跟踪服务、全程服务，甘当合作伙伴的“马前卒”，保证服务水准的不断升级，从而为港口赢得更多的客户和更好的经济、社会效益。

（二）加强现场管理

加强现场作业和设备管理是提高生产能力的保障。实施标准化作业，进一步提高货物在港周转效率和质量的保障，维护客户利益，特别是门机、拖轮等大型设备的完好率在98%以上，为生产运营提供了硬件支撑。

（三）拓宽市场空间

拓宽市场空间，开发新客户，组织新货源，开辟新航线成效显著。着力培育的焦煤运输市场，2009年运输完成量是上年同期的5倍以上，成为有效应对金融危机和实现运营增量的一大亮点。同时废钢、石料、进口面包铁等一批新货种也在京唐港区落户。唐山港集团还密切关注市场变化，紧紧抓住国家实行扩大内需政策、钢铁市场升温的机遇，利用国内外矿石的价差，加强与钢铁企业、矿石贸易商的沟通协调，充分发挥集团代理贸易市场的职能作用，大力吸引外贸矿上岸，对全港的运量增长起到了促进作用。大力发展班轮运输，着力建设品牌班轮、精品航线，班轮运输成为应对危机的支点，同时也进一步扩展了港口的市场空间。

（四）创新港口服务

一是强化生产调度指挥，释放港口潜能，港口实际通过能力进一步提高。建立公开、公正的调度管理体系，船舶计划上网公布，港口的服务更加直观、透明，公信度进一步提高。

二是优化生产布局，打造效率品牌，整体效能明显提高。狠抓现场管理，倾力打造一流作业公司，现场管理的规范化、标准化、精细化程度明显提高。

三是加强铁路方面沟通，积极争取铁路支持，利用铁路运输和设备优势，成功吸引C80、C70型万吨煤炭大列到港卸车，适应了铁路运输及市场需求，以现场保市场，增加了港口运量。铁路运输公司2009年作业火车3429列，总运量1239万吨，完成全年任务的117%。在全国港口铁路货运量锐减的形势下，C80型大列的加入标志着京唐港区铁路运量实现跨越式增长，同时为港区铁路服务品牌建设扩建了平台。

四是加强客户资源统筹。多次组织货主座谈会，多层次征求客户意

见，积极主动上门服务，加强物流网络的建设；大力发展内陆港建设，成立了承德市内陆港物流有限公司，同时注重作业效率，加强单船绩效考核，极大地调动了职工的积极性，作业效率也大幅提高，单船速率同比提高了 18%；加强与海事、边检等口岸单位密切协调，千方百计缩短船舶在港停时；加强货运质量和安全管理，特别是加强岸机设备的维保，保证了港口生产作业安全高效地运行。

三、联检单位支持　促进港区发展

创造内外和谐环境，与海关、海事、边检等口岸联检单位密切合作，把提高效率、挖掘潜力的工作进一步做实。

（一）海关优化通关环境

唐山海关秉持“港兴关荣”理念，以港口发展为己任，从服务唐山经济的大局出发，促进京唐港区外贸货物运量的增长。

在国际金融风暴突袭京唐港区的运营生产时，唐山海关急企业之所急，想企业之所想，首先帮助京唐港区解决外贸货物堆场问题，由唐山港集团在开发区内设立封闭的区外堆场，海关制定严密的监管措施，确保“管得住”。以大型生产型企业为服务对象，所有入场货物由港口公司出具税收凭证，货物由海关全程监管，使卸下来的货物有地方存放，大大缓解了堆存压力。为解决货物压港问题，海关港口物流监控科密切关注船舶动态，准确掌握货物信息，采取提前确认舱单、提前申报、车船直取的方式，加快货物通关速度，尽最大努力降低船舶在港口的滞留时间和货物堆存周期，确保“通得快”。在“两仓”项目建设中，唐山海关特事特办，很快就为京唐港区办理了保税仓库和出口监管仓库的审批事宜，完善了京唐港区的保税物流功能。

唐山海关主动适应港口业务量快速增长的需求，推进多项业务整合创新，努力打造优质高效的通关环境。为了方便港口货物查验放行，授权港口物流监控科行使港口货物查验职能，避免了市区查验科派人查验因往返耽误时间。为了缩短船舶靠泊和卸货时间，经现场报关员审核同意，允许企业凭有效证件提前办理卸货手续。一线报关员克服多种困难，不辞辛苦，加班加点，保证了日常监管时，特别是节假日的港口正常生产。

唐山海关领导到京唐港区指导工作

唐山海关在审单环节上实行“限时办结时效承诺”制，出口报关单当日放行率达到100%；在证明联签发环节，对于直接关乎企业利润的出口退税证明联，将正常签发时限从5个工作日缩短至1个工作日，方便了企业办理出口退税和出口收结汇手续，缓解了资金压力，提高了通关效率。2009年1—11月份，唐山海关港口全部进口报关单的通关时效为6.46小时，90%的进口报关单通关时效为4.28小时；全部出口报关单的通关时效为5.1小时，90%的出口报关单通关时效为3.37小时，各项通关时效参数均处于关区优秀水平。

（二）海事局优化通航服务

唐山海事局以港口发展为己任，多措并举，为京唐港区亿吨大港助力。一是实施京唐港区7万吨级航道的双向通航。优化交通组织，充分利用潮水，使大型船舶赶潮水进港；充分利用泊位，在码头设计范围内允许一定程度超规范船舶靠泊，并为其加固安全靠泊措施。科学布控航行间距，多方面提升通航效率。二是严密监控航道、锚地、施工作业区等重点水域，及时排查险情，加强船舶寒潮大风期间锚泊安全监管，及时检查到港船舶锚泊设施。三是开辟绿色通道，为船舶实施预约签证、预约安检、预约报备等预约服务和业务办理“一条龙”服务，精简程序，随到随办，随办随走，确保船舶在港“零待时”，提高泊位周转效率和船舶进出港效率。

唐山海事局还及时了解港口的生产需求，定期召开水上安全生产协调会，突出解决港航矛盾、渔港矛盾，为港口的健康、持续、稳定发展营造了良好的海上交通环境。

（三）检验检疫创新服务模式

河北检验检疫局京唐港办事处一如既往地支持京唐港区发展，积极协调，采取措施，打造服务新模式。积极导入17020标准体系和现场执法流程系统，进一步规范内部管理和业务流程，使其不断向规范化、标准化方向发展。他们在海港电视台公开服务承诺，将第一时间解决企业进出口业务所反映的问题作为服务企业的重要模式。检验鉴定工作实行 24 小时待班轮岗、预约报检。建设高标准实验室，各种检测仪器设备 54 台（套）安装到位，检测人员配备到位，可开展检测项目数十项，大大加快了货物通关速度。2009 年 6 月份，河北检验检疫局京唐港办事处化矿实验室通过了中国合格评定国家认可委员会（CNAS）和中国计量认证（CMA）“二合一”监督扩项评审，实验室在新的标准下全面运行，大大增强了京唐港区化矿实验室在同行业中的竞争力和知名度。

（四）边检服务紧扣港区发展

多年来，唐山边防检查站推行驻区勤务模式，打造“一站式”服务亮点。将警务室建成集边检手续办理、在港船舶监护、行政案件处理、突发事件处置、法律法规宣传等于一体的综合性服务平台。在勤务区安装标准化执勤服务设施和视频监控系统，配备了执法办案和应急处突装备，全天候开展边防检查、巡查执法等工作，随时处置各类突发警情，实现了口岸的虚拟封闭和边检勤务的分区管理。服务对象可 24 小时到警务室办理船舶手续、签发证件，使入出境船舶在港停泊时间同比缩短 2.5 小时，作业效率提高 19%。

唐山边检站还打破了以往执勤业务科检查员办理业务、监护中队战士实施监护的“两元”执勤模式，合理编排巡查、监控、前台执勤组，推行了科队联合驻勤、站领导轮流带班、警务室警长驻点管理的新勤务模式。增设站驻勤值班领导、指挥中心值班员、警务室警长、码头巡查 4 个岗位，建立了警务室与站指挥中心“三网对接”指挥机制，实现了指挥中枢与执勤岗位点对点、扁平化可视指挥，提升了警务效能。警务室监护模式的运行，真正实现了“服务前移、管控前移”的整体目标，打造了口岸管控工作站、便民服务亲情站、警情处置先锋站、船舶检查加速站和法律法规宣传站工作模式，在为服务对象提供便利的同时，也大大提升了口岸通关效率。

（五）引航站优质高效的引航服务

唐山港引航站承担着唐山港和渤海 32-6 油田的船舶引航工作，本着“安全引航无事故，优质服务无投诉”的宗旨，坚持“安全、及时、优质、高效”的原则，凭借出色的专业技能、良好的服务意识和顽强拼搏的工作精神，为国内外进出唐山港京唐港区的船舶提供优质引航服务。

唐山边防检查站的官兵在港区内巡逻

唐山港引航站从建立规章制度抓起，先后制定了一整套引航管理规定，包括财务管理制度、各项工作制度、各种管理办法、引航业务方面和安全方面的规章制度，使引航工作更加规范化、制度化，安全工作更有保障，服务更规范、更到位。该站逐步增加硬件设施投入，引进 DGPS、AIS 导助航设备和其他设施，大大提高了船舶进出港的安全性和及时性，使引航服务工作更加贴近用户的需求。

唐山港引航站处处为用户着想，开通了夜航和放宽平潮船舶吃水限制，有效地提高了京唐港码头利用率，对提高港口货物吞吐量、增强港口竞争力起到了很好的促进作用。

引航站的引航员曾在 21 个小时内，集中引领了 12 艘大型 CAPE 船舶，创下了单日引领 CAPE 船最多纪录，有效地缓解了船舶压港给港口带来的压力，缩短了船舶在港停时，为船方节约了成本。

唐山港引航站多次刷新京唐港区最大载重吨船舶的引航纪录，为京唐港区实现亿吨大港做出了积极的贡献。

第三节　主动出击　拓展业务

唐山港集团以金融危机为新背景，把运量增长作为首要任务，深入市场调研，关注市场变化，着力构筑复式多元化货源结构，增加新货种，开发新客源。

一、拓展腹地　延伸港口功能

唐山港集团相继在太原、兰州、北京、唐山等地建立物流分公司；在迁安、承德建立陆港物流场站；在唐山开设业务大厅，现场办理港口物流业务手续。

为加强冀东区域经济合作，促进区域经济发展，唐山市政府、承德市政府于 2008 年 12 月签署了《关于唐山市和承德市联合设立内陆港框架协议》。唐山市与承德市有关领导就建设内陆港的具体事项进行了多次沟通，双方认为，建设内陆港对促进承德市外向型经济发展、加快承德地区物流产业发展具有特殊意义，并可促进唐山与承德的经济合作和冀东经济圈的加速发展。

在 2009 年 6 月 16 日召开的第二届河北·曹妃甸临港产业国际合作会议上，唐山港集团董事长孙文仲代表唐山港集团与承德相关领导签署了《关于设立承德内陆港物流有限公司协议书》，标志着唐山、承德两市合作建设承德内陆港项目正式启动。这是京唐港区实施优势互补、加快向外发展的一项战略性举措。

2009 年 6 月 16 日，在第二届河北·曹妃甸临港产业国际合作会议上，唐山港集团与承德市政府签署了《关于设立承德内陆港物流有限公司协议书》

二、增加货种　扩大业务范围

2009 年，中共唐山市委书记赵勇在市委常委会上提出，要把唐山港打造成国际航运中心。这对于京唐港区来说，是一个机遇，也是一种责任。唐山港集团以市委部署为行动指南，完善港口功能，扩大业务范围，提升港口品质。

1月5日，经过两年多的紧张施工建设，京唐港液体化工码头迎来了竣工后试运营的第一艘油轮——“太阳希望”号。该船长度为89.30米，宽14米，装载了唐山佳华煤化工有限公司3000吨煤焦油后顺利驶往日本笠冈。

液体化工码头岸线长340米，前沿水深13米，按一个4万吨级泊位并兼顾两个5000吨级泊位设计，年吞吐能力180万吨，初期试运营阶段以甲醇、煤焦油、粗苯等货物为主。

液体化工码头投入试运营，填补了京唐港区专业液体化工码头的空白，进一步完善了港区的口岸功能。该码头的建成投产，大大降低了港口周边地区化工企业进出口液化产品的运输成本，为唐山市煤化工企业和陕西、内蒙古等地的化工产品进出口贸易提供了方便、快捷的海运服务。

3月2日，载着8万吨铁矿砂的“真理”号巨轮，安全靠泊京唐港区31#泊位。这笔业务是唐山港集团进出口保税储运公司与新加坡嘉吉投资有限公司的第一次合作，也是公司成立后的首笔业务。经过近40个小时的紧张作业，克服各种困难，顺利完成了接卸任务。“真理”号安全离港，标志着第一批保税货物正式在京唐港区进出口保税储运有限公司的保税货物堆场运作。

12月23日，满载5000吨柴油的“建桥518”轮安全靠泊液化码头，液化公司历时20小时顺利完成接卸作业，这标志着京唐港区新增了成品油业务。

2010年12月25日，由加拿大进口原木的“爱河”轮安全靠泊京唐港12#泊位，并迅速开展木材作业，这是京唐港区首次接卸进口木材。

2011年1月9日，“帮洋17”轮载着3000吨纯苯起锚缓缓驶离液化码头，这是液化码头首次纯苯装船作业，实现了京唐港区在货种上的又一

2009年12月23日，京唐港区液化码头首次接卸成品油

新突破。

7月26日，“克龙纳斯”轮由乌拉圭装载5.857万吨大豆途经新加坡港，随后到达京唐港区，这是唐山港集团首次与中央储备粮唐山直属库联合作业。

11月4日，“鸭绿江”轮在京唐港区11#泊位顺利完成91个标准箱装船任务之后，离泊启航驶往韩国釜山港，开始京唐港—釜山港外贸集装箱班轮航线的处女航。这是河北省港口第一条真正意义上的外贸集装箱班轮航线，标志着京唐港区在开辟外贸集装箱班轮航线上实现了新的突破。

第四节　全国最年轻的亿吨大港

“亿吨大港”令京唐港人魂牵梦萦。梦想的实现，是中共唐山市委、市政府正确领导的结果，是港口决策者集体智慧的结晶，是全港干部职工团结一致、共同拼搏的硕果。

一、“唐山港做得好，很好！”

2009年5月，中共唐山市委督查室关于京唐港区的调研材料《唐山港集团公司多措并举，化危为机，港口运营呈现逆势上扬的良好局面》引起了中共河北省委常委、唐山市委书记赵勇的重视，当月21日，他在调研材料上批示：“唐山港做得好，很好！请办公厅转发各地，以鼓舞人心。”

赵勇书记的批示，是市委对唐山港集团的充分肯定，体现了对京唐港区工作的高度重视，这既是对唐山港集团干部员工的关怀和鼓舞，更是对进一步做好今后各项工作的鼓励和鞭策。孙文仲董事长要求全体干部员工以赵勇书记的表扬和鼓励为动力，认真总结前一阶段的工作经验，在取得应对危机初步胜利的基础上，继续落实好各项工作举措，争取更大成绩，为全市经济社会发展做出更大贡献。

在市委领导的激励下，唐山港集团的各项工作继续快速开展。7月1

日，董事长孙文仲在中共唐山港口投资有限公司委员会和中共唐山港集团股份有限公司委员会纪念建党88周年暨“七一”表彰大会上的讲话，对京唐港区的工作成绩作了简要的概括：

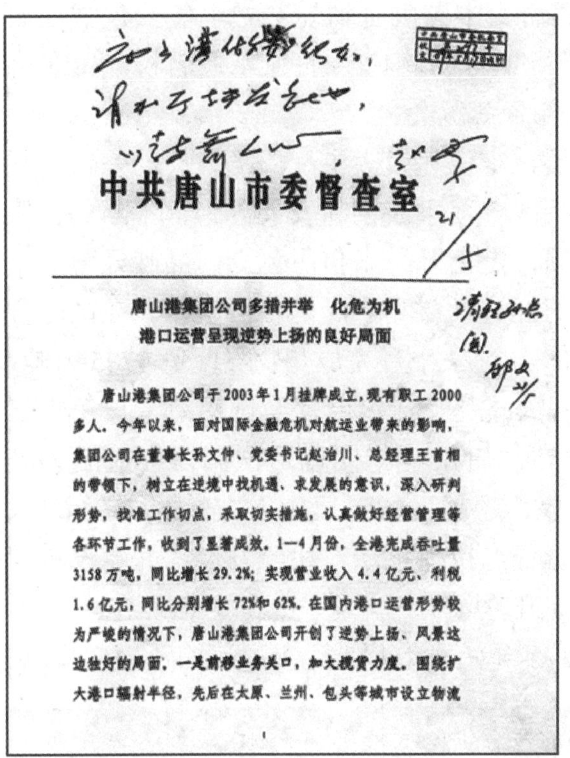

中共唐山市委督查室

唐山港集团公司多措并举　化危为机

港口运营呈现逆势上扬的良好局面

唐山港集团公司于2003年1月挂牌成立，现有职工2000多人。今年以来，面对国际金融危机对航运业带来的影响，集团公司在董事长孙文仲、党委书记赵治川、总经理王首相的带领下，树立在逆境中找机遇、求发展的意识，深入研判形势，找准工作切点，采取切实措施，认真做好经营管理等各环节工作，收到了显著成效。1—4月份，全港完成吞吐量3158万吨，同比增长29.2%；实现营业收入4.4亿元、利税1.6亿元，同比分别增长72%和62%。在国内港口运营形势较为严峻的情况下，唐山港集团公司开创了逆势上扬、风景这边独好的局面。一是前移业务关口，加大揽货力度。围绕扩大港口辐射半径，先后在太原、兰州、包头等城市设立物流

中共河北省委常委、唐山市委书记赵勇在调研材料上作出重要批示

一是推进了集团业务体制改革，建立了两级业务揽货体系。二是密切关注市场变化，抢抓市场机遇，组织焦煤、矿石大宗货源进口。上半年焦煤上岸量突破了500万吨，矿石进口达到了1800多万吨。今年我们焦煤的进口应该说是一个历史性的突破，已经达到了400万吨。到现在为止，矿石增长的幅度也非常大，这也是今年在国际经济危机的背景下我们公司依然取得非常好的业绩的一个主要原因。三是创新港口服务，想客户所想，谋客户所谋，扩大银行监管范围，促进保税业务，合理布设物流网点，建设承德内陆港。截至目前，通过外贸监管方式，监管货物价值超过3亿元，通过电子信息平台建设，交易矿石突破100万吨。四是发挥铁路运输优势，成功利用既有设备、线路接卸C80型万吨煤炭列车，为公司带来了新的增长点。五是大力发展班轮运输，着力建设品牌班轮、精品航线。班轮运输成为应对危机的支点。六是建立了公开、公正的调度管理体系，船舶计划网上公布，港口的服务更加直观、透明，京唐港的公信度进一步提高。七是加强了综合协作，积极创造内外和谐环境，特别是与海事、边检等口岸单位密切协调，提高效率，挖掘潜力，努力缩短船舶在港停时。八是进一步强化五大管理体系建设，公司各项工作沿着规范化

方向扎实推进。

二、冠名陶博会　扩大影响力

2009 年 8 月 26 日，第十二届唐山中国陶瓷博览会冠名签约仪式在唐山锦江饭店举行，唐山港集团获得了本届陶博会的独家冠名权，定名为“唐山港之光”第十二届唐山中国陶瓷博览会。

唐山港集团放眼区域经济发展，牢记建设大港、服务社会的宗旨，艰苦创业，拼搏进取，不断深化体制改革，不断创新发展思路，不断创优服务手段，创造了令世人瞩目的成绩，走出了一条自主创新、品牌经营的市场化特色发展道路，赢得了良好的经济效益和广泛的社会赞誉。在国际金融危机严重冲击下，京唐港区 2009 年前 7 个月完成货物吞吐量 5785 万吨，同比增长 27.9%，呈逆势上扬的喜人态势，排名跃居全国沿海港口第十三位。作为唐山对外开放的重要窗口，唐山港集团以这次陶博会冠名为契机，大力弘扬“感恩、博爱、开放、超越”的新唐山人文精神，在市委、市政府的正确领导下，认真履行责任，抢抓机遇，科学发展，为建设科学发展示范区和人民群众幸福之都做出了贡献。

唐山中国陶瓷博览会自 1998 年开始举办以来，规模逐年扩大，影响

2009 年 9 月 16 日，“唐山港之光”第十二届唐山中国陶瓷博览会隆重开幕

力和知名度越来越大，全社会关心、参与、支持陶博会的积极性越来越高。唐山港集团作为这次陶瓷博览会冠名企业，充分展示了自身的良好形象，创造了良好商机，增强了市场竞争力。

三、建港20年　奋进新征程

2009年8月28日，唐山市政府在海港开发区文化中心礼堂组织召开了唐山港京唐港区建港运营20周年座谈会。

中共河北省委常委、唐山市委书记赵勇发来贺信，市委副书记、市长陈国鹰，市政协主席张国栋，市人大常委会副主任董宝泉，副市长辛志纯出席座谈会。唐山港集团领导孙文仲、赵治川、董文才、王首相、李贵琢参加会议。有关县、区、市直有关单位，口岸联检单位以及有关科研、设计、施工单位的负责同志和唐山港客户代表应邀参加座谈会。会议由副市长辛志纯主持。

会上，市政协主席张国栋宣读了赵勇书记的贺信。信中指出，开发建设京唐港是新唐山建设史上的一个里程碑，正是因为有了京唐港，唐山才结束了有海无港的历史，打开了通向世界的海上通道，迈出了以港兴市的坚实脚步。京唐港的建设与发展，已经成为新唐山快速崛起的一个重要标志，为全市经济社会发展做出了突出贡献。赵勇在贺信中强调，京唐港广大干部职工要深入贯彻落实科学发展观，继续发扬抢抓机遇、敢闯敢拼、科学求实、无私奉献的精神，进一步拓展港口发展空间，进一步打造港口品牌，进一步提高经济效益，不断增强实力、活力、竞争力，努力把唐山港建成国内一流、世界知名的综合性、生态型大港，为唐山科学发展示范区建设做出新的更大的贡献。

陈国鹰市长代表市委、市政府向京唐港建港运营20周年表示热烈祝贺，向辛勤奋战在一线的京唐港广大干部职工表示诚挚问候。他指出，京唐港的建设发展，圆了唐山几代人走向海洋的梦想，实现了由单纯依靠国内资源的封闭式发展向开放式发展的历史性转变，推动了唐山产业结构和生产力布局的调整，开启了唐山科学发展的新征程。他强调，面对唐山建设科学发展示范区和人民群众幸福之都以及唐山湾“四点一带”开发建设等一系列重大战略机遇，京唐港区要站在新的历史起点上，充分认清肩负的重大责任和使命，继续发扬优良传统和顽强作风，加压奋进，对标赶超，加快临港产业聚集发展，加快推进港、区一体化，加快建设国际一流的绿色生态港口。

中交一航院、中远集装箱公司、开滦集团、河钢唐钢公司等单位有关领导在座谈会上先后发言，纷纷对京唐港的发展速度表示惊叹，对京唐港的服务质量表示赞赏，希望今后继续与京唐港区保持密切合作和业务往来。

2009 年 8 月 28 日，唐山港京唐港区建港运营 20 周年座谈会在海港开发区文化中心礼堂举行

董事长孙文仲在会上汇报了京唐港区基本情况及下一步的工作重点和近期工作目标。他指出，京唐港区将围绕冲击亿吨大港目标，发扬“白加黑”“五加二”的精神，推进港口建设运营协调发展，努力夺取应对危机、科学发展的新胜利。他指出，京唐港区的发展目标是走深水化、集装箱化、专业化、园区化、生态化的发展道路，建成兼备水运、铁路、公路、管道等多种运输方式以及黑白分家、散杂分置、分区布局、功能多样、专业运作、环保高效、管理一流、服务一流、品牌一流的综合性、生态型、国际化的现代化大港。

四、跨入全国亿吨大港行列

（一）主力货种运量稳中有升

京唐港区抢抓内外贸矿石差价和腹地钢企恢复生产商机，发挥物流网络机构“前沿阵地”作用，积极疏通船、货、代、路、检等物流环节和关卡，加大矿石上岸、钢铁下水组织力度，2009 年创造了装卸矿石 3200 万吨、钢铁 1225 万吨的佳绩，同比分别增长 57.6%和 11.8%。

创优服务环境，完备配套措施。全力加强物流链上下游沟通，搭建供需接洽平台，形成供货商、港口、用户三方信息及时交流机制，构建矿石、煤炭等大宗货物交易平台，开通煤炭物流网，满足上下游客户信息需求，加快货物在港中转速度；扩大物流公司经营资质，取得火车发运煤炭、钢材资质和外贸进出口经营权，初步形成以物流公司为基础的物流网络体系。

拓展业务思路，培育新的比较优势。加大火车班列货物运输力度，在开通钢铁班列的基础上，又开通了煤炭运输班列；积极拓展班轮运输业务，钢铁班轮航线已覆盖华东、华南五省市、七港区，稳定了货运通道；进一步扩大内贸集装箱运输的辐射面，提高航线密度，在航运市场萎缩的形势下，完成集装箱运量 24 万 TEU。

作为国家北煤南运的重要输出港，京唐港区始终高度重视煤炭运输，积极发挥大通道作用，加强煤炭运输管理，优先安排电煤运输计划，港口煤炭运量实现连年稳定增长，在国家重要物资运输中发挥的作用越来越明显。

京唐港区密切与煤炭资源型大客户的业务合作关系，2009 年完成煤炭运量 4159.6 万吨，同比增长 12.5%，发挥了北方煤炭重要输出港作用。抓住腹地焦煤需求增长及国内外价差较大有利时机，做大进口焦煤业务，全

国投中煤同煤京唐港口有限公司 3000 万吨煤码头堆场

年完成焦煤运量1202万吨，是上年运量的6倍，成为增量的一大亮点。

国投中煤同煤京唐港口有限公司3000万吨煤炭泊位的运营，提高了京唐港区煤炭专业化运输水平，增添了港区滚动发展的后劲，顺应了国家交通、能源发展战略，对于缓解南方地区煤炭供应紧张、推进区域间战略资源平衡、促进国民经济协调健康发展具有重要意义。该泊位2009年完成煤炭吞吐量2439.06万吨，超出年度目标的8.40%，为京唐港区跨入亿吨大港行列发挥了重要作用。

（二）众志成城 突破亿吨

在向亿吨港口目标冲击的日子里，京唐港区干部职工拧成一股劲，各种资源、各种力量集聚在一起，为了一个共同的目标、共同的期盼，工人们在寒风酷暑中，在码头、堆场、货船、岸机上摸爬滚打，一斗一斗卸下矿石、焦煤，一吊一吊装上钢材、煤炭，仔细地清点着每一车货物，精心填写着每一张票据，有序地调动着各类船舶，科学地指挥着各种车辆，各种货物源源不断地进出港口、进出堆场，他们用自己的双手和汗水，描绘着港口快速发展的精美画卷。

广大干部员工用自己的智慧和热情，辛勤地为港口的信息化建设、工艺改造和技术创新劳作，不辞辛苦地奔波在组织货源、开辟市场的战场上，忠诚地坚守在一处处工地上，全力以赴地创造着港口新的希望。

2009年12月17日早8点，是京唐港发展史上一个具有里程碑意义的日子：京唐港区货物吞吐量突破1亿吨。全年完成1.0541亿吨，同比增长38%，光荣地跨入了全国亿吨大港行列。

第三章
紧张有序的上市前期准备

进入股票市场，广泛筹措资金，从而迅速扩大企业规模，增强产品的竞争力和市场占有率，是世界上多数成功企业的共同点。

京唐港区要上市，靠什么？靠深远的决策、优秀的管理、优质的服务、优良的信誉——总之，靠优异的业绩。成立机构、精心谋划、沟通协调……上市前的准备有条不紊。

——题记

第一节　申请上市——着眼未来的重大决策

如何谋求更大、更广范围的社会资源，如何在市场竞争中提高京唐港区品牌的知名度，从而赢得主动，如何更好地推进港口的持续发展、跨越发展，是京唐港人一直思考和面对的问题。着眼于新的发展形势，京唐港股份有限公司（为唐山港集团股份有限公司的前身，简称“股份公司”，下同）决策层把目光投向了资本市场。经过充分研究和论证，公司领导班子在谋划上市问题上排除了质疑，达成了高度统一，把上市作为头等大事提上重要议事日程。

一、申请上市工作正式启动

（一）审议通过股东大会议案

2006 年年初，股份公司做出了申请上市的战略安排。同年 9 月 5 日，召开了 2006 年第二次股东大会，审议通过了《关于公司申请上市的议案》。

关于公司申请上市的议案

各位董事、各位监事：

京唐港股份有限公司自 2003 年成立以来，港口货物吞吐量从 1000 万吨跃升到 2005 年的 3322 万吨，2006 年上半年货物吞吐量完成 1942.5 万吨，预计全年可突破 4000 万吨。净利润从 2003 年的 692 万元猛增到 2005 年的 4882 万元。可以说企业改制以来，公司在运营和发展两方面都取得了巨大的突破。

一方面，目前公司正面临着长足发展的机遇期，国家“十一五”规划已将京唐港区列入沿海港口布局规划范围，国家沿海发展战略将逐步实施，港口已面临难得的机遇期，机遇稍纵即逝，在市场的大潮中，企业发展不进则退；另一方面，当前传统的生产经营模式已不能满足公司跨越式发展的要求，因此，公司正面临着从传统的生产经营模式向资本经营模式的转型期。

按照京唐港区建设地主型码头的战略思想，港投公司建设码头、港池、航道，股份公司配套陆上设施，并尽可能实现控股经营的模式已经形成。按目前公司财务状况，资金成为限制公司进一步发展和做大做强的关键因素。企业筹集资金的方式主要有3种：一是招商引资，寻找战略投资者；二是向银行贷款；三是公司上市向社会募集资金。招商引资需要一个较长的过程，银行贷款受国家宏观经济政策调整的影响，港口项目投资贷款亦将受到限制，而公司上市则有前两种融资方式不具备的优点：

1. 有利于公司增加融资渠道，可以比较方便地进行再融资（增发股票，配售股票，发行可转换债券与普通债券等）；

2. 有利于公司盘活资产，降低资产负债率，降低市场经营风险；

3. 有利于公司建立现代企业治理结构，建立有效的激励机制，提高公司的运行效率；

4. 有利于提升公司的声誉及地位，为拓展海内外市场创造条件；

5. 能够扩大公司的股东范围，有利于吸引国内外战略投资者；

6. 原始股东的每股净资产可以增值。

根据公司当前的经营情况，考虑公司上市已具备条件，也是十分必要的。

以上议案，请审议。

2006年9月5日

第二次股东大会在审议《关于公司申请上市的议案》的同时，还全面分析、深入研究了与上市有关的企业管理等问题。

会议要求，在具体操作中，要明确公司的发展定位，着力建设清晰的管理制度和产权制度，切实增强公司的核心竞争力。公司要做好观念转变、战略转变。与会人员认为，谋划上市是公司新的融资举措，是公司着眼长期、健康发展的现实选择。通过上市实现融资，扩展公司资金募集的广度和深度，这对公司的发展将产生重要的积极影响。要加强上市运作机制管理，做好专门管理人员培养工作，加强财务战略管理，积极按照上市公司的要求

2006年9月5日，京唐港股份有限公司召开2006年度第二次股东大会，审议通过了《关于公司申请上市的议案》

进行准备。同时要做好上市后项目跟进管理，注重融资成本管理。

会议认为，“十一五”期间国家鼓励港口建设，是港口建设发展的一个重要时期，要切实抓好这个重要的机遇期。

10月初，公司董事长刘卫民、总经理孙文仲亲自赴上海、北京进行考察咨询。

（二）遴选上市中介机构

2006年10月19日，股份公司组织召开申请上市中介机构第一次协调会。参加会议的中介机构有申银万国证券股份有限公司（简称“申银万国”）、信永中和会计师事务所（简称“信永中和”）、北京中企华咨询有限公司（简称“北京中企华”）、北京市天元律师事务所（简称“北京天元”）等相关中介机构代表。公司领导孙文仲、李贵琢、李建振、葛素霞、赵坤、安祥光、张志辉、王瑞杰、单利霞和相关中介机构代表参加会议。孙文仲总经理在会上致辞，并对公司上市工作提出具体要求，各中介机构代表详细了解了公司的发展历程、管理构架和资产运行等相关情况。

会议认真分析了公司上市工作形势，研究了当前公司资产结构和资金走向在上市工作中的问题。中介机构代表对公司上市工作提出了建议：一是建议公司成立上市领导小组，全面协调、指挥上市工作，并配合中介机构开展工作；二是各方要全面确定工作调查范围；三是在上市工作中确立“基准日”，增强时间紧迫感，并请求公司设置档案组，随时提供上市需要的各类证件，并做好与大股东的沟通工作，同时争取政府主管部门的支持、配合，以保障各类证件的合法、健全。

孙文仲总经理代表公司对参与公司上市工作的中介方提出要求：一是各

方要加强交流沟通，努力工作，尽快做出工作方案及时间安排，确保工作进度；二是各方要确定有相应资质的项目经理人组成专家项目组，确保公司上市工作顺利、高效；三是要制订多套上市方案，比较选优。

2006年10月19日，京唐港股份有限公司召开申请上市中介机构第一次协调会

启动上市工作是股份公司进一步加快发展的重要战略举措。公司上市后，将借助强大的资本市场支持，按照上市公司的要求规范管理，提高港口竞争力，做大做强京唐港区。

（三）召开上市工作启动大会

2006年10月23日，股份公司召开了上市筹备工作布置会。11月1日，股份公司上市工作启动大会在唐山港大厦召开。刘卫民董事长在会上指出，实现公司上市是京唐港区着眼“十一五”期间乃至更长时间可持续发展、加快建设和谐亿吨大港的一项战略举措。通过上市，拓宽融资渠道，募集社会资金，进一步扩展港口的规模和能力。他还对公司各部门、中介机构提出要求和希望。孙文仲总经理在会议总结时说，公司上市启动大会的召开，标志着上市工作全面铺开，进入了实际操作阶段，也意味着公司以上市为契机，开始向更高、更深层次的企业管理目标发起冲击。同时也是我们与专家咨询组、中介机构正式联手合作的开始，通过共同努力、共同付出，必将共同分享成功的硕果。

（四）申请上市获市政府批准

2007年2月，股份公司申请上市的请示获得了唐山市人民政府的批准。

二、组建上市工作领导机构

为加强对上市准备工作的组织领导，强化工作协调，港投公司于2007

年9月专门组建了以港投公司总经理董文才为组长、股份公司总经理卢泽祥任副组长、两公司相关领导和部门负责人参加的上市准备工作领导小组，下设办公室，全面领导和协调与上市有关的各项工作，及时解决和处理相关问题。上市准备领导小组组织相关部门制订了多套上市方案，对各种方案可能产生的利弊进行了深入研究和分析，并与河北省金融办、唐山市金融办、申银万国等上市审批机构和中介机构的领导、专家一起，对上市方案不断修改、完善。同时港投公司积极主动向省、市国资委主管领导和主管部门汇报上市方案，就上市审批程序办理等问题积极进行请示，为实现股份公司尽早成功上市争取时间。

三、港投公司力推上市工作

股份公司上市，建立新的融资和发展平台，是京唐港区发展的一件大事、要事。港投公司作为股份公司的控股股东，充分发挥和利用自身优势，与股份公司、中介机构一起积极研究论证上市资产重组方案、关联交易与同业竞争问题处理意见，协调解决上市过程中遇到的各种复杂问题。按股份公司上市筹备工作进程，做好港投公司所属资产的评估工作，并积极向省、市主管部门汇报，争取上级的大力支持，加快推进股份公司的上市步伐。

港投公司总经理董文才按照公司安排，主持了股份公司上市方案制订工作，对有关工作进行了全面安排和部署，迅速组织专门人员集中时间、集中精力，对与股份公司上市有关的资产进行了全面清查，为下一步确定资产出资、收购方案和开展资产评估奠定了坚实的基础。

四、择优确定中介合作机构

（一）确定中介机构合作方

2006年11月1日，港投公司对全国优秀上市咨询团队进行综合考虑、认真比选，最终确定申银万国、信永中和、北京天元、北京中企华、北京国友大正资产评估有限公司等5家上市中介机构为合作方，并初步确定公司的上市方案和尽职调查工作。同时按照中国证监会的要求，在中国证监会河北监管局进行了上市辅导备案，正式进入上市辅导期。经市国资委确认批准，资产评估机构于2007年4月3日正式进驻公司，开展相关资产评估工作。

（二）争取对上市工作的指导

2008年10月9日，上海证券交易所常务副总裁刘孝东一行在河北证监局副局长李庆应、唐山市政府财办主任兼金融证券办主任刘从庆等陪同下，来港指导上市筹备工作。京唐港区领导向刘孝东一行汇报了公司上市的准备情况。

2008年10月9日，上交所有关领导来港指导上市筹备工作

第二节　做好上市前的各项工作

上市是一个对标先进、规范管理、全面盘整的过程，也是一个明晰产权、摸清底数、理顺关系的过程，一个承前启后、自我加压、拓业奋进的过程。

一、开展尽职调查①

股份公司按照上市初步方案开始全面尽职调查，并于2007年4月向河北证监局报送了尽职调查辅导工作报告。在此期间，公司上市准备工

① 尽职调查：是指保荐人对拟推荐公开发行证券的公司进行全面调查，充分了解发行人的经营情况及其面临的风险和问题，并有充分理由确信发行人符合《证券法》等法律法规及中国证监会规定的发行条件以及确信发行人申请文件和公开发行募集文件真实、准确、完整。

作领导小组加大协调力度，针对存在的问题，多次组织召开中介机构协调会，确定工作方案和计划，多次召开各部门及子公司负责人参加的内部协调会，布置相关工作，倒排工期，重点开展了5个方面工作：在资产独立方面，做到权属明确、产权清晰，对公司土地、海域、房产、设备及生产辅助设施等资产办理产权手续，确保产权清晰、合法合规；在财务独立方面，做到财务内控制度健全，从新会计准则执行、历史债权债务清理、资产清查、担保、委托贷款、税收缴纳等各个方面加大力度，确保公司的会计核算符合上市公司要求，并向管理会计职能转变；在业务独立方面，做到业务体系独立完整，构建完善的营销、物流、运营、结算系统，理清与控股股东的合作经营和关联交易问题，完成公司及控股子公司的经营资质办理及更新；在机构独立方面，努力完善公司组织架构，确保各部门职责明确，保证公司正常开展生产经营；在人员独立方面，全员签订劳动合同，排除人员归属不清以及公司高管人员在外公司行政兼职问题。

二、召开临时股东大会审议议案

为了加快股份公司上市步伐，保障公司符合证监会对上市公司资产完整性和业务独立性的条件和要求，股份公司向港投公司定向增发2亿股，港投公司以部分货币和港口的土地使用权、房产等资产认购。

2007年6月22日，股份公司召开2007年第一次临时股东大会，审议通过了《关于公司上市前向唐山港口投资有限公司定向增发和收购资产的议案》等议案。

2008年2月18日，股份公司召开2008年第一次临时股东大会，审议通过了《关于调整公司上市前向唐山港口投资有限公司定向增发和收购资产范围部分内容的议案》等议案。

3月21日，股份公司召开2008年第二次临时股东大会，审议通过了《关于2008年度向唐山港口投资有限公司定向增发2亿股股份的议案》《关于向唐山港口投资有限公司购买码头相关资产的议案》《关于向唐山港口投资有限公司转让航道、挡砂堤资产的议案》《关于变更公司名称的议案》等议案。

两公司以2007年9月30日为基准日，加快推进审计评估工作，通力配合，紧抓快赶，提出了资产重组奋战100天的工作目标。

三、资产重组　企业更名

港投公司拥有的原与股份公司合作经营的核心资产分别增资、转让给股份公司，具体包括：9# 泊位、12 ~ 15# 泊位、16 ~ 19# 泊位、30 ~ 31# 泊位码头相关构筑物、房屋、设备等固定资产；上述泊位操作区域及房屋所占用的土地使用权；第二港池海域使用权；其他核心资产。

股份公司将2万吨级航道和挡砂堤一期、二期资产等公用基础设施转让给港投公司，经河北省交通厅批准，将港口建设费代征代缴主体变更为港投公司。

港投公司将30# 泊位5台40吨门机继续以合作经营方式提供给股份公司使用，合作期限自2008年4月1日起至2010年12月31日。

股份公司对需长期使用的堆场土地，与港投公司签署了20年的长期租赁协议，部分临时堆场与港投公司签署了中短期租赁协议。

本次资产重组行为经河北省国资委“冀国资发产权股权〔2007〕186号”文《关于唐山港口投资有限公司控股子公司京唐港股份有限公司增资扩股国有股权管理有关问题的批复》、唐山市国资委“国资产字〔2008〕12号”文《关于唐山港口投资有限公司向京唐港股份有限公司转让部分资产的批复》和唐山市国资委“国资产字〔2008〕36号”文《关于唐山港口投资有限公司收购京唐港股份有限公司航道、挡砂堤资产的批复》同意。

港投公司将推进股份公司上市作为压倒一切的重要任务，经营班子带领全体员工主动承担巨大压力，积极发挥主导作用。在充分分析国家宏观经济形势后，公司经营班子果断决策，组织全员奋战100天，于2008年3月底顺利完成上市资产重组工作。特别是在2008年年初，上市领导小组成员利用元旦假日期间专程奔赴日照、连云港等已上市港口考察取经，在考察期间及时调整了上市方案，并且得到了省、市主管部门以及中介机构的认可。通过大量艰苦、细致、有效的工作，全力解决上市审批及中介机构尽职调查中提出的项目审批、规划选址、土地、海域、岸线、环保、竣工验收、房产、财税等相关问题，积极帮助中介机构完善招股说明书，根据证监会审批要求规范各种申报文件，完善有关手续。

经过争分夺秒的相关准备和财务、投资等部门的通力合作，2008 年 3 月 21 日，港投公司和股份公司办理了重组资产移交手续，完成相关权证过户。3 月 28 日，股份公司在河北省工商行政管理局办理了工商变更登记手续，京唐港股份有限公司正式更名为“唐山港集团股份有限公司”（简称“唐山港集团”）。唐山港集团的注册资本金由 6 亿元增加到 8 亿元。定向增发后，港投公司持有唐山港集团的股权比例由 41.26% 增加到 55.95%，确保了唐山市政府对唐山港集团的实际控制。

四、选举产生高管团队

2008 年 12 月 30 日，唐山港集团 2008 年第四次临时股东会、第三届第一次董事会和第三届第一次监事会在北京召开。

孙文仲、钱旭、段高升、栾冰峰、刘文彬、汪文发分别代表港投公司、北京京泰投资管理中心、河北建投交通投资有限责任公司、国富投资公司、唐山市建设投资公司、国投交通公司等 6 家发起人股东出席 2008 年第四次临时股东大会。会议审议通过了《公司二届董事会工作报告》《公司二届监事会工作报告》《关于调整公司 2007 年度利润分配时间的议案》《关于公司董事会换届的议案》和《关于公司监事会换届的议案》等 5 项议案。公司第三届董事会由孙文仲、董文才、卢泽祥、李贵琢、葛素霞、孟玉梅、单利霞、王首相、钱旭、段高升 10 名非独立董事和胡汉湘、和金生、刘延平、孔令俊、商薇 5 名独立董事组成，第三届监事会由赵治川、丛春水、常玲、肖湘、李峰、栾冰峰、孙秀杰、汪文发 8 名非职工监事和王纯生、赵克飞、马志刚、杨志伟 4 名职工监事组成。

第三届第一次董事会审议通过了《关于选举唐山港集团股份有限公司董事长的议案》《关于选举唐山港集团股份有限公司副董事长的议案》《关于聘任唐山港集团股份有限公司总经理的议案》等 10 项议案，选举孙文仲为唐山港集团第三届董事会董事长，董文才、钱旭为副董事长；聘任卢泽祥为总经理，葛素霞为董事会秘书，李建振、张志辉、赵坤、王首相、宣国宝为副总经理，聘任单利霞为财务总监。

第三届第一次监事会审议通过了《关于选举唐山港集团股份有限公司三届监事会主席的议案》，选举赵治川为唐山港集团第三届监事会主席。

2009 年 5 月 7 日，唐山港集团第三届第三次董事会审议通过了关于聘任公司总经理、董事会秘书的相关议案，聘任王首相为总经理，单利霞为董事会秘书。

五、完成上市基础工作

资产重组工作完成后，唐山港集团在进一步搞好资产、财务、业务、机构、人员等“五独立”方面尽职调查工作的基础上，完成了以下工作：

一是收购港投公司持有的京唐港液体化工有限公司（以下简称“液化公司”）40% 股权、京唐港第一港埠有限责任公司（以下简称“第一港埠公司”）45% 股权，进一步减少关联交易和同业竞争。

唐山港京唐港区液体化工码头

2008 年 6 月 27 日，液化公司、第一港埠公司完成工商变更登记，成为唐山港集团的全资子公司。8 月 29 日，第一港埠公司办理完毕公司注销手续，变更为唐山港集团第一港埠生产作业部。

二是解决了公司代持北储公司股份的问题，完成了北储公司评估及股权收购工作。

三是由于首钢码头项目在资产产权方面的障碍，公司将持有京唐港首钢码头有限公司的60%股权转让给港投公司。

四是为解决与冀东水泥公司的委托贷款问题，公司积极协调市国资委、市财政局和冀东水泥公司，以1#泊位筒仓桩基评估后抵偿该债务，完成了债务重组事宜，解决了历史遗留的债权债务问题。

五是在第二届第十一次董事会上审议通过了《关于开展20～22#泊位工程项目建设的议案》，决定以20～22#泊位建设项目为公司上市募投项目，并完成了项目建设主体变更及岸线使用人变更手续。

六是积极协调政府有关部门，获得河北省国资委下发的《关于唐山港集团股份有限公司国有股权管理有关问题的批复》《关于唐山港集团股份有限公司国有股东履行国有股转持义务有关问题的批复》。

七是协调市国资委对公司2003年将集装箱设备转让给港投公司的事宜进行确认，取得市国资委《关于对京唐港股份有限公司集装箱资产转让事项进行确认的批复》。

八是公司股东河北省建设投资公司将所持公司股份全部转让给河北建投交通投资有限责任公司，北京京泰投资管理中心将所持公司8372万股股份转让给港投公司，公司配合完成了评估工作。公司股东港投公司更名为“唐山港口实业集团有限公司”，唐山市建设投资公司改制后更名为“唐山建设投资有限责任公司”，公司及时办理了产权登记和股东名册变更。

九是不断完善公司治理结构，加强内控管理，建立公司“三会”[①]及公司上市后融资担保、信息披露等制度体系，其间多次组织讨论、完善有关制度内容。

在以上重点工作之外，还进行了资质证书的更新、工商资料的完备，取得了环保、质量、税务、海关、海事、社保等有关部门的合规证明，取得了一系列财政补贴和税收优惠返还批文，制定并实施了上市前利润分配方案，签订了关联交易合同，并进行定价公允性分析，解决了华兴海运两艘船舶租赁等缴税问题。

① 三会：指股东大会、董事会、监事会。

第三节　上市申请上报证监会

按照上市的各项要求，唐山港集团一鼓作气，向着既定目标迈进。

一、审议通过上市申请议案

2009 年 5 月 27 日，唐山港集团 2008 年度股东大会和第三届第四次董事会同日召开。

2008 年度股东大会审议通过了《关于修改〈唐山港集团股份有限公司股东大会议事规则〉的议案》《关于修改〈唐山港集团股份有限公司对外担保制度〉的议案》《关于修改〈唐山港集团股份有限公司非日常经营交易事项决策制度〉的议案》《关于修改〈唐山港集团股份有限公司关联交易决策制度〉的议案》等 13 项议案。

第三届第四次董事会会议由唐山港集团董事长孙文仲主持，会议审议通过了《关于申请公开发行股票并上市的议案》《关于发行前公司滚存利润由新老股东共享的议案》《关于授权董事会办理本次发行上市具体事宜的议案》《关于修改公司章程的议案》《关于三年一期专项审计报告对外报出的议案》和《关于召开公司 2009 年第二次临时股东大会的议案》等 6 项议案，确定了唐山港集团拟向中国证监会申请公开发行股票并上市的相关工作内容。2009 年 6 月 12 日，唐山港集团召开 2009 年第二次临时股东大会审议通过了上述议案，授权由董事会具体实施。

上述会议是按照中国证监会发布的《首次公开发行股票并上市管理办法》的要求召开的，是唐山港集团申请上市工作中的一项法定程序。会议的召开标志着唐山港集团上市工作又向前迈出了重要的一步。

关于申请公开发行股票并上市的议案

本次发行相关内容如下：

1. 本次发行股票的种类：人民币普通股（A 股）；

表决情况：同意票 15 票，反对票 0 票，弃权票 0 票。

2. 股票面值：人民币 1 元；

表决情况：同意票 15 票，反对票 0 票，弃权票 0 票。

3. 本次发行股票的数量：不超过 20000 万股；

表决情况：同意票 15 票，反对票 0 票，弃权票 0 票。

4. 发行对象：符合资格的询价对象和已开立上海证券交易所证券账户的投资者（国家法律、法规禁止购买者除外）；

表决情况：同意票 15 票，反对票 0 票，弃权票 0 票。

5. 发行方式：网下向配售对象累计投标询价发行与网上资金申购定价发行相结合的方式；

表决情况：同意票 15 票，反对票 0 票，弃权票 0 票。

6. 定价方式：由董事会与主承销商通过向询价对象询价的方式确定发行价格；

表决情况：同意票 15 票，反对票 0 票，弃权票 0 票。

7. 发行与上市时间：中国证券监督管理委员会与证券交易所核准后，由董事会与相关监管机构协商确定；

表决情况：同意票 15 票，反对票 0 票，弃权票 0 票。

8. 上市地点：上海证券交易所；

表决情况：同意票 15 票，反对票 0 票，弃权票 0 票。

9. 募集资金用途：建设唐山港京唐港区 20 ～ 22# 通用杂货泊位工程。

20 ～ 22# 通用杂货泊位工程项目总投资为 115568.72 万元人民币，其中拟以募集资金投入 102305 万元，剩余 13263.12 万元由公司以项目建设所需土地使用权投入。若实际募集资金不能满足项目投资需要，不足部分将通过公司自筹和其他融资方式解决；若募集资金满足项目投资需要后有剩余，则剩余资金将用于补充公司流动资金。

本次募集资金到位前，公司将根据各项目的实际进度，通过自有资金和银行贷款支持上述项目的实施，募集资金到位后，将以募集资金置换已投入募集资金投资项目的自筹资金及偿还先期银行贷款。

本次募集资金运用项目由中交第一航务工程勘察设计院有限公司编制了工程可行性研究报告。

20～22# 泊位近期的货种以钢铁类件杂货为主，年设计通过能力 560 万吨。20～22# 泊位有效靠船段长度按停靠 3 艘 40000 吨级杂货船设计，为 565 米，码头结构按照远期可停靠 100000 吨级船舶预留，码头前沿水深 16.0 米。考虑到港区运量增长较快的趋势，以港区堆场协同使用为原则，本工程考虑将 18#、19# 泊位堆场以西至拟建第三港池南北铁路联络线间全部建设堆场，堆场区面积约 80.8 万平方米。

本次募集资金投资项目投产后，将使京唐港区的钢杂货类吞吐能力有根本性的提高，增加公司的营业收入，缓解京唐港区快速增长的钢铁类杂货运量与杂货码头泊位少、吨级偏小的矛盾，项目新建堆场能够有效改善港区杂货码头堆场面积不足的问题。本次募集资金投资项目对于增强港口自身竞争能力和实现规划布局目标具有非常重要的意义。

本工程达产期 3 年。达产率为 70%、85%、100%，按交通运输部现行港口收费标准及京唐港有关收费规定，投产第一年营业收入为 12597 万元，第二年 15296 万元，第三年达产及以后年度为每年 17996 万元。

本工程全部投资税后财务内部收益率为 8.34%，大于 8% 的港口基准收益率，投资回收期为 11.5 年（含建设期 2 年）。国民经济净现值 19533 万元，经济内部收益率 10.17%。该项目财务指标和经济指标都超过了国家

2009 年 5 月 27 日，唐山港集团召开 2008 年度股东大会

对港口项目基准收益率的要求，说明该项目的效益良好，建设该项目对企业发展和国家经济发展都有较好的促进作用，该项目是可行的。上述投资项目具有良好的市场前景，具有可行性。

表决情况：同意票 15 票，反对票 0 票，弃权票 0 票。

10. 本次发行上市决议的有效期：自公司股东大会审议通过之日起 12 个月内有效。

表决情况：同意票 15 票，反对票 0 票，弃权票 0 票。

二、上市申请呈报中国证监会

首发上市材料上报前夕，由于财政部、国资委、中国证监会、全国社会保障基金理事会于 2009 年 6 月 19 日以“财企〔2009〕94 号”文件出台《境内证券市场转持部分国有股充实全国社会保障基金实施办法》，要求唐山港集团首次公开发行股票并上市时，按实际发行股份数量的 10%，将上市公司部分国有股转由全国社会保障基金理事会持有，而唐山港集团国有股东未履行国有股划转，时间紧迫，董事会秘书单利霞等公司领导经过争分夺秒的协调与沟通，唐山港集团于 2009 年 7 月 1 日取得河北省国资委下发《关于唐山港集团股份有限公司国有股东履行国有股转持义务有关问题的批复》，并于 7 月 3 日将首次公开发行股票并上市的申请材料报送到中国证监会。

三、向唐山市发改委报告情况

7 月 21 日，唐山港集团以“唐山港〔2009〕66 号”文件向唐山市发改委呈报了《关于拟首次公开发行人民币普通股股票（A 股）的情况的报告》：

关于拟首次公开发行人民币普通股股票（A 股）的情况的报告

唐山港集团股份有限公司

唐山港〔2009〕66 号

唐山市发展和改革委员会：

感谢贵委一直以来对我公司工作的大力支持！

为拓宽企业融资渠道，增强企业发展后劲，提高公司知名度，实现国有资产的大幅增值，唐山港集团股份有限公司（以下简称“公司”）拟申请向社会首次公开发行不超过20000万股人民币普通股股票（A股）并上市，现将有关情况汇报如下：

一、公司概况

（一）公司基本情况

公司名称：唐山港集团股份有限公司

英文名称：Tangshan Port Group Co.，Ltd.

成立时间：2003年1月3日

住所：河北唐山海港经济开发区

注册资本：人民币80000万元

法定代表人：孙文仲

经营范围：码头和其他港口设施经营；在港区内从事货物装卸、驳运、仓储经营；港口拖轮经营；船舶港口服务业务经营；港口机械、设施、设备租赁、维修经营；货物和技术的进出口业务（国家限定公司经营或禁止进出口的商品和技术除外）。

（二）股东情况

目前，公司股权结构如下：

股东名称	持股数（万股）	比例（%）
唐山港口投资有限公司	53128.00	66.41
河北建投交通投资有限责任公司	11412.00	14.27
北京京泰投资管理中心	10000.00	12.50
国富投资公司	1884.00	2.36
唐山建设投资有限责任公司	1872.00	2.34
国投交通公司	1704.00	2.13
合计	80000.00	100.00

（三）公司上市进程情况

2006年9月，公司2006年第二次股东大会审议通过公司申请上市的议案。

2007年2月，公司上市申请获得唐山市政府批准。

2007年4月，公司聘请申银万国证券股份有限公司、北京市天元律师事务所、信永中和会计师事务所有限责任公司、中企华咨询管理有限公司等中介机构，对公司进行上市辅导和尽职调查。同时，按照中国证监会的要求，公司在中国证监会河北监管局进行了上市辅导备案，正式进入上市辅导期，开展尽职调查工作。

2009年6月12日，公司2009年第二次临时股东大会审议通过了公司本次申请公开发行股票并上市的议案。

2009年6月12日，中国证监会河北监管局对公司进行了上市辅导验收，公司顺利完成上市尽职调查工作。

2009年6月30日，公司将首次公开发行股票并上市申请材料报送到中国证监会。

（四）经营情况

2008年，京唐港区完成货物吞吐量达7645万吨，占我国沿海港口货物吞吐量的1.70%，其中公司完成4600.71万吨，同比增长18.50%。

2008年公司完成钢铁吞吐量1132.24万吨，根据交通运输部统计，2008年1至11月份，公司完成钢铁吞吐量1010.46万吨，位居全国沿海港口第六位、钢铁发运港口第四位。2008年公司完成进口铁矿石1642.70万吨（内外贸铁矿石吞吐总量合计1968.74万吨），约占全国沿海港口进口铁矿石总量的3.58%，位居全国沿海港口第九位，同比增长23.9%。京唐港是北方沿海7个主要煤炭下水港之一，创出了出口块煤、外贸煤炭“零杂质、零缺陷、零投诉”国际品牌，2008年京唐港区共完成煤炭吞吐量3694.20万吨（其中公司完成吞吐量1377.72万吨），占沿海主要港口煤炭输出量的7.87%，位居全国沿海港口第四位。

截至2008年12月31日，公司拥有总资产418898.54万元，净资产175248.90万元。公司2008年全年实现营业收入134675.43万元，归属于母公司所有者净利润15830.27万元。截至2009年3月31日，公司拥有总资产427205.85万元，净资产182993.59万元。

二、募集项目情况及募集资金投向

（一）本次募集资金投资项目基本情况

本次发行募集资金拟投资于唐山港京唐港区20～22#通用杂货泊位工程建设项目，项目投资总额为115568.72万元，其中拟以本次募集资金投入102305.00万元，剩余13263.72万元由公司以项目建设所需土地使用权投入。

本次募集资金到位前，公司可以根据项目的实际进度，以自有资金和银行贷款支持上述项目的实施。募集资金到位后，将以募集资金置换预先已投入募集资金投资项目的自筹资金及偿还先期银行贷款。

（二）项目可行性研究编制及项目批准情况

本次募集资金运用项目已由中交第一航务工程勘察设计院有限公司编制了工程可行性研究报告。2007年，河北省环境保护局以“冀环评〔2007〕391号”文出具了《工程环境影响报告书的批复》。2008年5月19日，该项目经河北省发展和改革委员会以《河北省固定资产投资项目核准证》（冀发改交通核字〔2008〕60号）核准，由港投公司建设。2008年6月5日，河北省发展和改革委员会以《关于唐山港京唐港区20～22#通用杂货泊位工程变更投资主体的批复》（冀发改交通〔2008〕683号），将该项目投资主体由唐山港口投资有限公司变更为唐山港集团股份有限公司。

（三）投资项目的效益分析

本工程全部投资税后财务内部收益率为8.34%，大于8%的港口基准收益率。投资回收期为11.5年（含建设期2年），国民经济净现值19533万元，投资利润率13.52%。该项目财务指标和经济指标都超过了国家对港口项目基准收益率的要求，说明该项目的效益良好，建设该项目对企业发展和国家经济发展都有较好的促进作用。

（四）本次募集资金投资项目的市场前景

建设20～22#通用杂货泊位，泊位吨级大，运输通畅，高速公路直达港区，停靠船型大，装卸效率高，既节约了货主的公路运输费，又缩短了货物周转时间，同时扩大了京唐港区通用件杂货的装卸规模，港口可以取得良好的经济效益。

本次募集资金投资项目投产后，将使京唐港区的钢杂货类吞吐能力有根本性的提高，增加公司的营业收入，缓解京唐港区快速增长的钢铁类杂货运量与杂货码头泊位少、吨级偏小的矛盾。项目新建堆场区面积80.8万平方米，能够有效改善港区杂货码头堆场面积不足的问题。本次募集资金投资项目对于增强港口自身竞争能力和实现规划布局目标具有非常重要的意义。

综上所述，公司经营状况良好，运作规范，并符合中国证监会对首次公开发行股票并上市的相关要求，公司主营业务及募投项目均符合国家产业政策投向。

请贵委尽快出具审查意见，以推进我公司上市进程。

二〇〇九年七月二十一日

四、答复中国证监会的反馈意见

2009年8月18日，公司收到中国证监会发行监管部对公司首发上市申请材料出具的反馈意见，公司及时召开中介机构协调会，就反馈意见指出的问题提出解决方案，积极着手准备反馈意见答复材料。完成了关联交易定价公允性分析，核查了公司与前十大客户、供应商、协力单位、自然人股东等对象的关联关系等20多项问题整改工作。9月11日，公司与保荐机构将补充完善的反馈意见答复材料报送至中国证监会。

第四节　上市工作得到了省、市全力支持

唐山港集团上市工作是在中共河北省委、省政府，中共唐山市委、市政府的正确领导和省、市各级主管部门无微不至的关怀指导下完成的。

一、省、市国资委的大力支持

关于增发股份报批情况。2007年6月11日，港投公司以“唐港投〔2007〕79号”文件向市国资委报送了《关于唐山港口投资有限公司向京唐港股份有限公司增资和转让资产的请示》。同年6月18日，市国资委以“国资产字〔2007〕72号”文件向省国资委报送《关于唐山港口投资有限公司向京唐港股份有限公司增资和转让资产的请示》。12月12日，省国资委以“冀国资发产权股权〔2007〕186号”文件《关于唐山港口投资有限公司控股子公司京唐港股份有限公司增资扩股国有股权管理有关问题

的批复》，同意港投公司以公司所属土地及相关资产全部认购京唐港股份有限公司定向增发的2亿股股份，认购价格以评估后股份公司每股净资产确定。

关于资产转让报批情况。2008年1月24日，港投公司以“唐港投〔2008〕6号”文件向市国资委报送了《关于向京唐港股份有限公司转让资产的请示》。1月29日，市国资委以“国资产字〔2008〕12号”文件《关于唐山港口投资有限公司向京唐港股份有限公司转让部分资产的批复》，同意港投公司进行资产转让。

首次发行募集资金投资建设的唐山港京唐港区20～22#泊位施工现场

二、中共唐山市委、市政府的大力支持

对于股份公司上市，中共唐山市委、市政府高度重视。中共河北省委常委、市委书记赵勇多次听取汇报，提出了曹妃甸港区参股、股份公司更名为唐山港集团股份有限公司等重要意见。市领导陈国鹰、张国栋、张羽、王久宗等也多次协调调度股份公司上市工作。

2008年2月15日，港投公司以“唐港投〔2008〕28号”文件向唐山市政府报送了《关于京唐港股份有限公司上市有关工作的报告》。

报告指出：“十一五”时期是唐山市沿海经济发展的关键历史时期，为加快唐山市港口开发建设，搭建更为广阔的融资平台，进一步提高港投公司国有资本的投资收益水平，港投公司控股子公司唐山港集团拟在上海证券交易所公开发行A股股票。目前，港投公司与唐山港集团正在抓紧推进上市前相关资产重组工作。

报告就拟定的上市方案、有关工作进展情况、基本进度安排以及需要市政府帮助协调解决的问题向市政府作了汇报。

唐山港集团启动上市工作，总股本设定为10亿股，拟向社会公开发行2亿股，募集资金主要用于新建京唐港区20～22#泊位项目。

报告还说明了港投公司与股份公司审计、评估工作进展情况以及上市工作时间安排。《关于京唐港股份有限公司上市有关工作的报告》还提出了需要市政府帮助协调解决的几个问题：

1.关于税收返还问题。港投公司与唐山港集团资产重组需缴纳税金总计约11508.66万元（营业税4788.59万元、所得税6653.98万元、印花税66.10万元）。其中上缴国家财政约3992.38万元（所得税3992.38万元）、上缴省财政约1809.65万元（营业税478.86万元、所得税1330.79万元）、上缴开发区财政约5706.61万元（营业税4309.73万元、所得税1330.79万元、印花税66.10万元）。请市政府协调相关部门对上缴省和开发区财政部分税金予以返还。

2.关于资产、股权协议转让问题。为加快资产重组进度，港投公司相关资产、京唐港液体化工码头有限公司、京唐港第一港埠有限责任公司股权和航道、挡砂堤的转让，拟采取协议转让方式，请市政府帮助协调省、市国资委批准此种转让方式。

3.关于募投项目建设主体变更问题。目前，上市募集资金建设20～22#泊位项目前期工作，由港投公司报批，请市政府帮助协调省发改委在批复时将该项目投资主体核准给唐山港集团，或先核准给港投公司后再变更为唐山港集团，并以此为依据办理征地、规划、环保、岸线等相关手续。

4.关于海域评估备案和出资过户问题。港投公司认购唐山港集团定向增发的资产中涉及相关码头前沿和港池海域，海域评估和过户在我市尚无先例，请市政府帮助协调市海洋局对评估值进行备案，作为确定海域出资价格和办理过户手续的依据。

5.收购唐山港集团航道、挡砂堤后，港投公司将拥有京唐港区全部航道、挡砂堤资产，航道、挡砂堤作为公用基础设施，没有经营收益。根据交通运输部相关规定，航道、挡砂堤的建设资金从交通运输部返还的港口建设费中列支。因此，港投公司拟申请交通运输部将京唐港区港建费代收单位由唐山港集团变更为港投公司。今后京唐港区航道、挡砂堤建设投资的回收和贷款的还本付息从返还的港口建设费中列支，请市政府帮助协调交通运输部和省、市港航局等有关部门予以批准。

6. 关于唐山港集团工商变更问题。唐山港集团定向增发和申请上市，需修改公司章程、变更工商注册登记，如定向增发资产无法按期完成过户，请市政府帮助协调省工商局，同意以省国资委对定向增发的批复作为依据，预先办理验资和工商登记变更。

资产重组过程中涉及海港开发区管委会、市国资委、市发改委、市财政局、市地税局、市国土局、市环保局、市规划局、市港航局、市工商局、市房管局等各政府职能部门，请市政府在近期组织召开协调会议，以督促加快各项工作进度，确保今年3月底前完成定向增发资产的转让和股份公司变更工商登记工作。

根据港投公司的报告，2008年3月3日下午，唐山市政府召开了唐山港集团上市工作协调会议。副市长王久宗及市政府有关部门负责人以及港投公司总经理董文才、副总经理刘文彬、总会计师孟玉梅和股份公司总经理卢泽祥、董事会秘书葛素霞参加了会议。会议听取了港投公司和股份公司关于唐山港集团上市工作进展情况的汇报，并就有关问题进行了研究。

会议认为，成立于2000年5月的港投公司是市国资委授权经营的国有资本运营机构。2003年1月，港投公司作为主发起人，联合北京京泰投资管理中心、河北省建设投资公司等5家股东成立了股份公司，其中港投公司占股41.26%，相对控股。2007年6月，市国资委及港投公司谋划了股份公司增资扩股和上市方案。12月，省国资委以“冀国资发产权股权〔2007〕186号”文件批复了股份公司增资扩股方案。

会议强调，股份公司上市可以搭建更为广阔的融资平台，规范股份公司管理经营行为，促进港口进一步做大做强，为唐山市沿海经济发展探索新的发展模式和路径，成为全市沿海经济发展的新引擎。市国资委、发改委、财政局、国土资源局、房管局、环保局、规划局、港航局、工商局、地税局、海港开发区、港投公司、股份公司等有关单位要站在推进沿海经济“四点一带”建设、促进资源型城市转型、建设科学发展示范区的高度，进一步强化责任感和紧迫感，按照有利于股份公司上市、有利于加快上市进度、有利于提高股份公司资产质量和竞争力的原则，明确责任，协调一致，狠抓落实，按时完成资产重组各项工作任务。

会议就有关具体事项议定如下：

1. 由市国资委会同港投公司、股份公司负责，抓紧与曹妃甸工业区管委会研究制订曹妃甸港区参股上市的具体方案。

2. 关于财政支持股份公司上市资产重组问题，由海港开发区管委会负责，按照股份公司上市资产重组上缴海港开发区财政部分的税金额度，给予港投公司及股份公司同额度财政支持；对于资产重组上缴省财政厅部分税金，由市财政局负责争取省财政厅给予同额度支持。

3. 关于资产、股权协议转让问题。由市国资委负责，于3月6日前，对港投公司以协议方式向股份公司转让相关资产和收购股份公司航道、挡砂堤给予批复；争取省国资委于3月31日前批复港投公司以协议方式向股份公司转让京唐港液体化工码头有限公司、京唐港第一港埠有限责任公司股权。

4. 关于募投项目建设主体变更问题。由市发改委牵头，市国土资源、规划、环保、港航等部门配合，争取省发改委尽快核准京唐港区20～22#泊位项目，再将投资主体由港投公司变更为股份公司，由市国土资源、规划、环保、港航等部门负责，争取国家及省有关部门支持，以省发改委变更后的批复为依据，办理相关土地、规划、环保、岸线等变更手续。

5. 关于港投公司出资土地、海域评估备案和使用权变更登记问题，由市国土资源局（海洋局）负责，于3月6日前，完成上市资产重组涉及土地、海域的评估备案工作，并于3月20日前，完成备案土地、海域的使用权变更登记，其中京唐港股份有限公司和国投中煤同煤京唐港口有限公司建设的建筑物占地，先由国土资源局办理土地使用权转让手续，再由市房管局办理房产登记，对股份公司上市资产重组涉及的海域资产可参照国内其他港口做法，由具有土地和资产评估资质的评估公司按照土地评估方法进行评估后，报海洋局备案和办理使用权转让手续。

6. 关于变更京唐港区港建费代收单位问题。由市港航局负责，争取省港航局、交通运输部支持，于3月31日前，将京唐港区港建费代收单位变更为港投公司。

7. 关于股份公司工商变更问题。由市工商局负责，争取省工商局支持，以“冀国资发产权股权〔2007〕186号”文件为依据，于3月31日前完成工商登记变更；抓紧协调省工商局完成京唐港股份有限公司更名为唐山港集团股份有限公司的相关手续。

三、中共河北省委、省政府的大力支持

2009年7月17日，河北省发改委财政金融处处长杨文生一行到京唐港区，就唐山港集团上市相关工作进行专题调研指导，市发改委有关领导陪同调研工作。集团总经理王首相、董事会秘书单利霞汇报了公司上市进展情况及相关工作。

7月24日，河北省发改委通过了唐山港集团股份有限公司上市申请的审查，并上报了国家发改委。

7月28日，唐山市人民政府以“唐〔2009〕166号”发给河北省金融工作办公室《关于同意唐山港集团股份有限公司首次向社会公开发行股票并上市的函》，请求继续给予大力支持。

关于同意唐山港集团股份有限公司首次向社会公开发行股票并上市的函

唐山市人民政府

唐〔2009〕166号

河北省金融工作办公室：

我市已收到贵办《河北省金融工作办公室关于股份有限公司首次公开发行股票征求意见的函》，经研究，同意唐山港集团股份有限公司向社会公开发行股票并上市，请贵办继续给予大力支持。

唐山市人民政府

二〇〇九年七月二十八日

7月31日，河北省人民政府出具了“冀政函〔2009〕79号”批复函件，

同意公司首次公开发行股票并上市，并请中国证监会给予大力支持。

关于同意唐山港集团股份有限公司在国内公开发行股票并上市的函

河北省人民政府

冀政函〔2009〕79号

中国证券监督管理委员会：

贵会《关于股份公司首次公开发行股票征求意见的函》(916号）收悉。经研究，同意唐山港集团股份有限公司在国内首次公开发行股票并上市，请贵会给予大力支持。

河北省人民政府

二〇〇九年七月三十一日

中共河北省委、省政府和中共唐山市委、市政府的大力支持，有力地推动了唐山港集团的上市进程。

第四章

港口发展的历史性跨越 河北省首家上市港口企业

资本市场是现代金融的核心，上市，是许多企业的梦想。在经过了顶层设计、资产重组、股权融资、税收筹划、财务规范、内控建设、项目管理、上市地点的遴选、上市时机的把握等一系列操作后，唐山港集团终于于 2010 年 7 月成功上市，成为河北省第一家上市港口企业。

中国的资本市场，一支新生力量异军突起！

——题记

第一节　上市工作抓紧进行

2008年，港投公司投资建设唐山港京唐港区20～22#通用杂货泊位工程，并取得了河北省发改委《河北省固定资产投资项目核准证》。2008年6月5日，根据河北省发改委“冀发改交通〔2008〕683号”文件《关于唐山港京唐港区20～22#通用杂货泊位工程变更投资主体的批复》，投资主体由港投公司变更为唐山港集团。

2010年2月10日，向中国证监会补充申报了唐山港集团2009年年报材料。

3月，配合协调国家发改委相关部门及时出具了关于公司募集资金投资项目的行业意见，并报至中国证监会。同月，证监会发行监管部召开了部务会，对唐山港集团上市申请材料出具了初审意见，将公司发行上市申请顺利提交发审委工作会议审核。

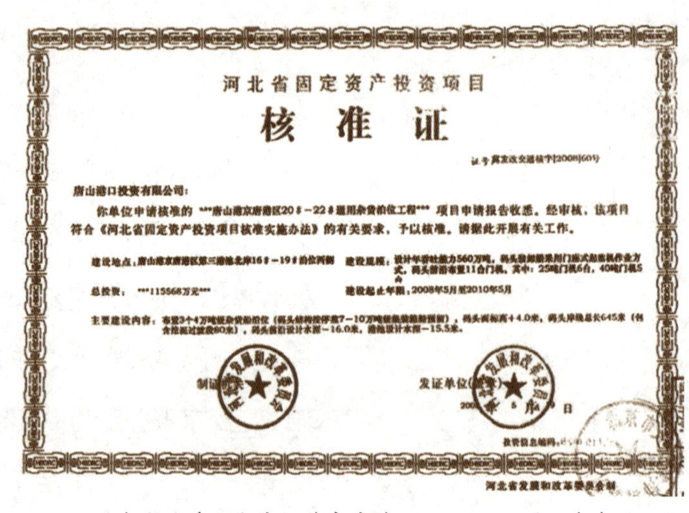
河北省固定资产投资项目

核准证

唐山港口投资有限公司：

你单位申请核准的 ***唐山港京唐港区20#－22#通用杂货泊位工程*** 项目申请报告收悉。经审核，该项目符合《河北省固定资产投资项目核准实施办法》的有关要求，予以核准，请据此开展有关工作。

建设地点：唐山港京唐港区第三港池北岸16#－19#泊位西侧

建设规模：设计年吞吐能力560万吨，码头装卸船采用门座式起重机作业方式，码头前沿布置11台门机，其中：25吨门机6台，40吨门机5台

总投资：***115568万元***

建设起止年限：2008年5月至2010年5月

发证单位

河北省发展和改革委员会制

河北省发改委下发唐山港京唐港区20～22#通用散杂泊位工程的《河北省固定资产投资项目核准证》

4月2日，协调中介机构完成了证监会的口头反馈意见答复，唐山港集团及时报送了发行上市申请材料上会稿。4月15日，中国证监会预披露唐山港集团首次公开发行股票招股说明书。

第二节 顺利通过证监会答辩

发行审核委员会的审核是决定公司首发上市能否成功的最关键一步。2010 年 4 月 19 日，中国证券监督管理委员会股票发行审核委员会 2010 年第 70 次会议审核唐山港首发上市的申请。

筹备现场答辩的相关人员在北京夜以继日，积极准备了 10 天。

唐山港集团董事长孙文仲、董事会秘书单利霞带队赴证监会发行审核委进行现场答辩。

证监会：

唐山港曹妃甸港区开发建设对发行人港口业务的影响及应对措施？

孙文仲：

1. 曹妃甸港区的开发建设给公司带来了发展的机遇和挑战。根据港区规划，两个港区各有优势，分工明确。曹妃甸港区主要是利用深水岸线资源建设业主码头（如 30 万吨级的 LNG 码头、原油码头），主要为落户于曹妃甸新区的项目服务，我公司主要是发挥区位优势，建设公用码头。

2. 就钢铁货种而言，直接腹地唐山市经济和社会快速发展，生产力布局向沿海推进，加大了对港口的需求，刺激了港口的快速发展，特别是钢铁产业淘汰落后、置换产能，实现产品升级基本完成，已经形成了稳固的钢铁发展规模优势，2009 年唐山市钢材产量 7064 万吨，占全国 12% 左右，通过港口运输总计约 2100 万吨，我公司占绝对优势的市场份额为 58%。

3. 就铁矿石货种而言，曹妃甸港区主要接卸好望角型船舶，为 20 万～25 万吨级。我公司重点接卸巴拿马型船舶，为 10 万吨级以下。

4. 煤炭货种运量主要由铁道部按照运输计划安排，曹妃甸港区主要承担接卸大秦线扩能增量的煤炭，对公司原有存量计划没有影响。公司所在地海港经济开发区的煤化工企业已经形成了规模效应，2009 年焦炭产量约 700 万吨，对主焦炭（进口冶金煤）的需求形成了基础货源，2009 年完成

了1106万吨，公司依靠基础货源，形成了全国最大的焦煤集散地。

5. 铁路运输方面，京唐港区具有明显的比较优势，铁路货物运输集疏港运距我们比曹妃甸近33千米，平均每吨运费节约5元左右。比如唐钢2009年在京唐港走的矿石大概160万吨，成本比曹妃甸低800万元。

6. 2009年，公司完成货物吞吐量6694.51万吨，同比增长了45.51%，高出全国平均增幅约37个百分点，跻身于全国港口20强，排名第十九位。

7. 我们将增强公司自身的竞争能力，未来我们不排除会参与曹妃甸港区的建设。

证监会：

发行人与同处环渤海湾港口群的天津港、青岛港、大连港、曹妃甸港等港口相比，在港口业务货种、吞吐能力、区域定位上的比较，说明发行人的竞争力。

孙文仲：

1. 根据国务院2006年审议通过的《全国沿海港口布局规划》，将全国沿海港口划分为环渤海、长江三角洲、东南沿海、珠江三角洲和西南沿海5个港口群。公司处于环渤海港口群中，规模以上港口主要有大连港、营口港、锦州港、秦皇岛港、京唐港、曹妃甸港、天津港、黄骅港、烟台港和青岛港。其中，大连港、营口港、锦州港主要服务于辽东半岛和东北地区，烟台港、青岛港主要服务于山东半岛，秦皇岛港、黄骅港是我国“北煤南运”的能源输出港，与我国煤炭运输主通道大秦铁路、朔黄铁路互为配套工程，其中黄骅港是神华集团控股的业主码头。京唐港、曹妃甸港、天津港主要服务于京津冀地区，间接覆盖山西、陕西、内蒙古、甘肃、新疆。与我港邻近的主要有天津港、曹妃甸港、秦皇岛港，各港口各有优势，互有竞争，分工明确。从全国总的港口通过能力看，基本能适应我国经济发展的需求，有一定的缺口（如2008年全国规模以上沿海港口货物吞吐量增长了4.47亿吨，新增新建改建扩建港口通过能力3.22亿吨，缺口1.25亿吨，缺口率为28%），从基本面看，港口总体通过能力不足。

2. 京唐港区位优势明显，位于环渤海经济圈的中心，地理位置优越，从海向距离看，与临近港口相比，京唐港距渤海湾出海口距离最近，有利于提高船舶运输周转率。

3. 公司的比较优势带来了运量的持续增长，在行业内形成了规模优势，2009 年全国规模以上沿海港口完成货物吞吐量 47.32 亿吨，同比增长了 7.7%。2009 年，公司完成货物吞吐量 6694.51 万吨，同比增长了 45.51%，高出全国平均增幅约 37 个百分点，跻身于全国港口 20 强，排名第十九位。其中，公司完成钢铁吞吐量 1225.86 万吨，发运量居全国第三；完成铁矿石吞吐量 3265.14 万吨，进口铁矿石吞吐量居第九位；完成煤炭吞吐量 2013 万吨，居北方煤炭七港的第四位，其中进口焦煤 1106 万吨，居全国沿海港口第一位。

4. 公司秉承社会化管理理念，人员负担轻，人工成本低，劳动生产率位居全国港口的前列。

证监会：

京唐港区的后方交通状况的优势？

孙文仲：

京唐港区主要腹地交通建设发展迅速，铁路密集，公路四通八达，属于国内交通运输较先进区域。

1. 铁路。京唐港区后方铁路交通便捷，大秦、京秦、通滦、津山四条国铁干线横贯唐山境内，并有滦港、卑水、汉张、唐遵等几条地方铁路相辅，形成了东、西、南、北交织的铁路网络，其中大秦线是重载运煤专线，京秦线是以客运为主兼顾少量货运的快速铁路，津山线是进出关货物运输的主要铁路通道。迁曹线、滦港线将京唐港区与上述各铁路干线相连。此外，还有七滦线。

2. 公路。唐山市公路运输网骨架业已形成，辖区内现有 3 条国道——京哈（102 国道）、山广（205 国道）、宣唐（112 国道）、8 条省道、33 条县道，公路的技术等级正在提高。京唐港区的主要疏港道路有滦港公路、沿海公路、唐港高速和沿海高速。其中，滦港公路全长 70 千米，由港口经乐亭、汀流河，向北至滦县与 205 国道相接；沿海公路是由秦皇岛经京唐港区至黄骅的环渤海公路；唐港高速公路由唐山至港口全长 80.1 千米，已于 1998 年 7 月 1 日正式通车运行，该高速公路在唐山与津唐、京哈高速公路连通；沿海高速连接秦、唐、津、黄骅，将于 2011 年全线建成通车。

……

经过答辩，唐山港集团首发上市申请一次性通过证监会发审会审核，成为2010年唐山市第一家、河北省第五家过会但唯一一家在主板上市的港口企业，公司上市工作取得了实质性进展。

公司首发上市申请顺利过会的消息传来，全体干部员工备受鼓舞，决心在公司董事会和经营班子的坚强领导下，认真落实中共唐山市委八届六次全会精神，以过会为契机，继续深化五大管理体系建设，创新发展思路，以更加饱满的热情投入各项工作中，创造更好的工作业绩，以安全、优质、高效的服务，进一步提升公司的知名度和社会美誉度，为公司营造更好的发展空间。

第三节　首次公开发行股票获批

2010年5月5日，公司完成首发上市申请材料的封卷工作，并着手准备公司路演发行事宜，确定公司股票简称及代码，制订发行方案，完成未来3年盈利预测、投资价值分析报告和推介演示材料、路演行程安排等工作。

5月17日，中国证监会以“证监许可〔2010〕656号”文件批复了唐山港集团首次公开发行不超过2亿股人民币普通股（A股）股票。

关于核准唐山港集团股份有限公司首次公开发行股票的批复

中国证券监督管理委员会

证监许可〔2010〕656号

唐山港集团股份有限公司：

你公司报送的《唐山港集团股份有限公司拟首次公开发行人民币普通股股票（A股）的申请报告》（唐山港〔2009〕58号）及相关文件收悉。根据《公司法》《证券法》和《首次公开发行股票并上市管理办法》（证监会令第32号）等有关规定，经审核现批复如下：

一、核准你公司公开发行不超过2亿股新股。

二、你公司本次发行新股应严格按照报送我会的招股说明书及发行公告实施。

三、本批复自核准发行之日起6个月内有效。

四、本批复自核准发行之日起至本次股票发行结束前，你公司如发生重大事项或者财务报表超过有效期，应及时报告我会并按有关规定处理。

中国证券监督管理委员会

二〇一〇年五月十七日

第四节　正式挂牌上市前的冲刺

唐山港集团持之以恒，团结一心，紧紧抓住上市的关键节点，有条不紊、卓有成效地开展工作。

一、《唐山港投资价值分析报告》及发行路演询价

2010年5月9日，唐山港集团召开了《唐山港投资价值分析报告》及发行路演[①]询价工作协调会。作为唐山港集团A股人民币普通股票首次公开发行的保荐机构，申银万国证券股份有限公司对《唐山港投资价值分析报告》的主要观点是：

一、唐山港的核心优势是区位优势，腹地强大的重工业基础为港口带来垄断性的资源优势。唐山港股份所在的京唐港区是唐山港的两个港区之一。唐山港的直接腹地河北省钢铁产量占全国钢铁产量的24%，唐山市钢

① 路演：指证券发行商通过投资银行家或者支付承诺商的帮助，在初级市场上发行证券前针对机构投资者进行的推介活动，是在投资、融资双方充分交流的条件下促进股票成功发行的重要推介、宣传手段，促进投资者与股票发行人之间的沟通和交流，以保证股票的顺利发行，并有助于提高股票潜在的价值。

铁产量占河北省的47%；未来随着钢铁业整合，河北钢铁业进一步向临港发展，确认了港口的垄断地位；“四点一线”的发展规划使得港口充分受益；铁路延伸的腹地包括山西、内蒙古等地区，发展空间广阔。

二、随着建设不断增加、产能释放，唐山港在环渤海港口中的地位日益突出，如冉冉升起的红日。随着环渤海地区腹地产业向临港转移、城市定位变化、各港口新增产能能力不同、地方保护主义政策的兴起，环渤海港口格局将进行重新分配，天津未来将以集装箱和原油为优势货种，而矿石、钢材等逐步向河北港口转移；秦皇岛定位于旅游港口，煤炭逐步饱和，唐山港承接大秦线分流煤炭业务量。唐山港在京唐港区和曹妃甸港区产能释放后，在腹地需求的支撑下，进入高速增长期。

三、京唐港区和曹妃甸港区差异化定位，协同发展互相促进，唐山打造环渤海湾中最具潜力的港口，京唐港作为综合性港口，成熟管理能力使之享受广阔的增长空间。曹妃甸主要发展大型深水化泊位，而京唐港则以优势通用货种为主，互为补充，协力发展。相对于曹妃甸，京唐港区的主要优势包括班轮航线优势；公路疏港距离近30千米，节约陆地成本；铁路疏港可以实现钟摆式运输；全港区统一管理，未来有可能参与曹妃甸港的经营管理。

四、先进的营销和服务理念保障业务量的稳定增长；先进的管理理念带来成本优势，确保了利润的成长性。作为一个历史上地位相对弱势的港口，公司积聚了极为先进的营销服务理念和平台创新意识，包括与银行合作进行融资监管、关税代垫业务、两仓业务、信息平台建立；公司通过外包实现了垄断性公司的市场化经营，相对于其他港口成本优势明显。

五、主要风险：货物吞吐量较短阶段内低于预期或者高于预期的风险。公司的业务量对钢铁行业的依赖程度较高，尽管公司依靠优越的地理位置和先进的营销服务优势，业务量空间广阔，长期快速增长具有确定性，但短期受到投资政策的波动影响，北方钢铁行业产能调整，市场调整的影响，业务量可能会低于预期或者高于预期。

二、公司领导拜访和咨询

2010年5月12日，唐山港集团领导拜访了上海证券交易所（简称“上

交所”），就发行上市事宜进行了沟通和咨询。

14 日，拜访了中国证券登记结算总公司上海分公司，签订证券登记及服务协议。为保障股票网上网下发行平台顺利运行以及股东股份登记工作，公司与其签署了《证券登记及服务协议》及补充协议、《代理发放股票、基金现金红利协议》、《上市公司 PROP 用户开通申请书》、《股东大会网络投票服务协议》等协议。

董事长孙文仲对大型基金公司进行了走访和一对一的路演。

三、修改完善《投资价值分析报告》

集团与申银万国研究所研究员多次讨论并咨询了行业专家的意见，修改《投资价值分析报告》，使之不断完善，形成了框架意见，突出了公司的亮点和优势，完成了公司 2010—2012 年未来 3 年的盈利预测。

四、完成相关准备工作

集团相继完成路演推介宣传片、画册、PPT、网上网下路演文案的推敲、定稿；确定与财经公关公司的合同内容；开设募集资金储存专户等工作。

在此期间，邀请北京市天元律师事务所对公司人员进行了相关法律法规知识的培训。

五、刊登招股意向书

2010 年 6 月 3 日，唐山港集团刊登《招股意向书》《招股意向书摘要》《招股意向书附录》以及《发行安排及

唐山港集团股份有限公司

（河北唐山海港经济开发区）

TSP

首次公开发行股票招股意向书

保荐机构（主承销商）：申银万国证券股份有限公司

（上海市常熟路 171 号）

2010 年 6 月 3 日，唐山港集团发布《首次公开发行股票招股意向书》《招股意向书摘要》《招股意向书附录》以及《发行安排及初步询价公告》

初步询价公告》。按照上交所主板的新股发行惯例与财务顾问中企华咨询管理有限公司充分地咨询沟通，确定了股票发行方案。

第五节　上市路演与股票认购

通过演说、演示产品、推介理念，促进了唐山港集团与投资者的沟通和交流，保证了股票的顺利发行。

唐山港集团首次公开发行不超过2亿股人民币普通股（A股），采用网下向询价对象询价配售（简称“网下发行”）与网上资金申购发行（简称“网上发行”）相结合的方式进行，发行的保荐机构及主承销商为申银万国证券股份有限公司。

2010年6月4日至9日，唐山港集团与主承销商共同完成了本次发行的初步询价工作，相继在上海、深圳和北京三地举行了推介会。一对多和一对一的推介会共有66家证券公司、45家基金公司、3家信托投资公司、5家财务公司、1家QFII和6家保险机构等共126家询价机构参加。

在初步询价截至6月9日的6天时间里，共有56家询价机构通过上交所网下申购电子化平台，为其管理的98家配售对象提交了合格的初步询价单，以上报价全部计入了统计分析。

唐山港集团董事长孙文仲在上海路演推介会现场介绍唐山港集团情况

上述98家配售对象总体申报数量为18.455亿股，认购倍数为46.14倍。在路演推介过

程中，唐山港集团管理层与询价机构进行了深入的沟通，与会者普遍认同唐山港在行业中的地位及投资价值。

根据询价机构及其管理的配售对象的报价情况，并综合考虑发行人基本情况、可比公司估值水平，6 月 17 日，刊登《唐山港首次公开发行 A 股初步询价结果及发行区间公告》，确定发行价格区间为 7.00 ～ 8.20 元 / 股。

6 月 18 日，网下发行工作结束。在初步询价阶段提供有效报价的配售对象共计 52 家，其中 51 家配售对象参与了网下申购。网下向配售对象配售的股票为 4000 万股。

根据网下总体申购情况，唐山港集团和主承销商协商确定最终发行价格为 8.2 元 / 股，在当时国内股市行情整体低迷的背景下，反映了唐山港良好的投资价值。

6 月 22 日，唐山港集团和主承销商在上海市浦东东方路 778 号紫金山大酒店六楼会议室主持了网上资金申购发行摇号抽签仪式。网上最终发行股数为 1.6 亿股。

6 月 23 日，公司首次公开发行股票工作结束，共募集资金总额 16.4 亿元，完成公司股票在中国证券登记结算公司的注册登记，并向上海证券交易所递交股票上市申请文件。

第六节 上交所正式挂牌上市

执着的追求，不懈的努力，终于迎来了大喜的日子！

一、股票上市获上交所批复

2010 年 7 月 1 日，唐山港集团获得上交所关于公司股票上市交易的批复。

关于唐山港集团股份有限公司
人民币普通股股票上市交易的通知

上海证券交易所文件

上证发字〔2010〕19号

唐山港集团股份有限公司：

根据你公司的申请和本所上市委员会的审核意见，本所同意你公司股票在本所上市交易。你公司A股股本为1000000000股（每股面值1.00元）其中160000000股于2010年7月5日起上市交易。证券简称为“唐山港”，证券代码为“601000”。

接本通知后，你公司须认真做好以下工作：（1）按本所规定和程序做好上市准备工作；（2）股票上市前与本所签订上市协议；（3）按有关规定缴纳上市费用；（4）做好对公司董事、监事和高级管理人员有关《中华人民共和国公司法》《中华人民共和国证券法》《上海证券交易所股票上市规则》等法规的培训工作。

上海证券交易所

二〇一〇年七月一日

二、唐山港股票正式挂牌上市

2010年7月5日上午9时28分，唐山港股票正式在上海证券交易所挂牌上市，唐山市副市长辛志纯和唐山港集团董事长孙文仲共同敲响了唐山港股票开市锣。河北省人大常委会原副主任张仕儒，河北证监局局长郭润伟，河北省金融办证券处处

2010年7月5日，唐山市副市长辛志纯和唐山港集团董事长孙文仲共同敲响开市锣

长王河山，河北省国资委产权处处长王建立，唐山市人大常委会副主任董宝泉，唐山市副市长辛志纯，唐山市政协副主席薛渤珣，唐山市国资委主任孟宪友，唐山市国土资源局局长陈惠中，唐山市商务局局长王志军，唐山市交通运输局副局长邸哲敏，上海证券交易所副总经理周勤业，申银万国证券股份有限公司董事长丁国荣，北控集团董事、常务副总经理、京泰集团党委副书记、副董事长、总经理雷振刚，河北建投交通投资有限责任公司总经理段高升及部分省直和市直部门、海港开发区、上市中介机构领导、公司股东代表、独立董事、业务客户代表和《人民日报》等中央、省、市主流新闻媒体记者出席仪式。

2010 年 7 月 5 日，唐山港集团股份有限公司首次公开发行 A 股上市仪式

在上市仪式上，辛志纯副市长致辞。他首先代表中共唐山市委、市政府向唐山港集团全体干部职工表示热烈祝贺，并向上海证券交易所、河北省金融办、河北证监局及所有中介机构表示诚挚感谢。他说，现代经济的核心是金融，金融的核心是资本市场，善于利用资本市场，实现企业上市，不仅打造了企业融资新平台，更提升了企业管理水平和发展水平，是促进区域经济发展的重要“助推器”。他指出，唐山港集团成功上市，是企业自身新的超越，是唐山港发展史上一座新的里程碑，也是唐山市经济社会发展中的一件大事，对于进一步提高唐山的国际影响力，提速港口立市战略的深入实施，将产生重要而深远的影响。他希望唐山港集团以上市为新的起点，进一步加快国际一流大港建设，进一步优化服务环境，进一步拓宽发展空间，进一步提高经济效益，以优异成绩回报社会各界的关怀与厚望。

唐山港集团董事长孙文仲代表公司向各级领导和各位嘉宾表示衷心感谢。他在致辞中说，唐山港集团坚决落实省、市决策部署，凭借各级党委、政府的正确领导和社会各界的大力支持，凭借优越的建港条件和独特的区位优势，凭借 20 多年来持之以恒的创业奋进，使京唐港区从无到有，从小

到大，从弱到强，跃居我国亿吨大港行列。公司秉承社会化、市场化经营理念，注重品牌建设，提高核心竞争力，2009年在国际金融危机背景下，完成货物吞吐量6694万吨，同比增长45.5%，先后荣获“全国五一劳动奖状”“全国模范职工之家”“全国青年文明号”等荣誉。他表示，公司将秉承“科学发展、奉献社会、成就员工、回报股东”的理念，进一步增强责任感和使命感，更大限度地提高和发挥唐山港股份的品牌优势、资源优势、管理优势、质量优势，创新进取，实干兴业，竭力把唐山港集团打造成设施先进、功能完善、管理科学、运作高效、业绩优秀、环境优美的港口上市公司，不负各位领导和各界朋友的深情厚望。

唐山市副市长辛志纯在上市仪式上致辞

公司上市保荐机构申银万国证券股份有限公司董事长丁国荣代表保荐机构对唐山港成功上市表示热烈祝贺。他在致辞中说，唐山港是一个年轻的港口，也是我国北方最具潜力的港口，是我国能源、原材料等大宗物资专业化运输系统的重要组成部分。唐山港人仅用20年时间，在盐碱荒滩上成功造就了新兴的亿吨大港，发展速度有目共睹，发展空间非常广阔。他表示，作为保荐机构，将秉承“诚信、专业、领先”的宗旨，切实履行保荐义务，督导唐山港履行规范运作及信息披露等义务，督促进一步完善公司治理结构，加强投资者关系管理，两家公司一如既往地相互信任、友好合作，共同维护好广大投资者的合法利益，为资本市场树立典范。

唐山港集团董事长孙文仲（中）在上市仪式上致辞

仪式上，唐山港集团总经理王首相与上海证券交易所副总经理周勤业共同签订了《上市协议书》。唐山港集团向上交所赠送了象征着吉祥、喜庆的“中国红雕金天球瓶”，上交所回赠给预示唐山港开市大吉的“开市锣”。

第五章

上市后的又一力作

第一次[1]非公开融资

上市，完成了走向现代企业的重要一步。上市之后，按照现代企业的要求发展自己，才是终极目的。加大宣传力度，展示公司形象，成功实施了两次非公开发行募集资金，不仅解决了矿石码头建设的燃眉之急，也使公司信用等级快速提升——从而拓宽了发展空间、增加了发展后劲。

——题记

① 第一次：2011 年第一次成功非公开融资，2015 年第二次成功非公开融资（详见本章第三节一（三）煤炭专业化泊位开工建设）。

第一节　上市助推企业发展

成功上市，为企业融资搭建了平台。唐山港口实业集团和唐山港集团通过上市规范企业管理、加快企业发展，成为区域经济发展的引领者，也为进一步做大做强创造了条件。

一、企业经营创佳绩

2010年11月8日，中共唐山市委深入开展创先争优活动领导小组办公室向全市推广唐山港集团“立足‘五争五创’[①]推进创先争优活动扎实开展”的工作经验，号召全市学习借鉴唐山港集团通过创先争优、促进公司上市、提高服务水平、强化企业管理、建设企业文化等方面的先进经验和做法。

唐山港集团在项目谋划、储备、在建、投产等方面衔接有序，形成了稳定的项目链。港口战略规划和一批重点项目列入部、省“十二五”规划和河北沿海地区发展规划之中，获得各方面支持。公司品牌建设成绩斐然，上市融资再获丰硕成果。公司业绩持续增长，在全国17家上市港口企业中，营业收入、净利润、每股收益、每股净资产收益率等指标均排名前列，成为经济效益和社会效益双丰收的优质上市公司。

公司建立了完善的科学决策机制和内部控制管理体系，法人治理结构规范运作，知名度和影响力大幅提升。公司通过上市，清查了家底，整合了资源，做到了手续完备、合法合规，质量、安全、绩效考核、预算管理、信息化等五大管理体系融合并进，构建了充满活力、富有效率、有利于公司跨越发展的管理机制。公司聘请德勤会计师事务所作为内控咨询机构，开展内部控制体系的建设工作，在集团本部、15家控

① 五争五创：指争当学习标兵，创一流素质；争当团结模范，创一流队伍；争当工作先锋，创一流业绩；争当服务楷模，创一流作风；争当清廉使者，创一流政风。

股子公司、18 个部门范围内都进行了内部流程梳理改进，有效防范了企业运行风险。

唐山港口实业集团先后荣获“振兴唐山先进单位”“唐山市新农村建设先进单位”“唐山市重点项目建设先进单位”等荣誉称号，并荣获“唐山海港经济开发区二次创业特别贡献奖”。2011 年 5 月，唐山港口实业集团在市国资委系统 2010 年度业绩考核中再次被评定为 A 级（优秀）。这已是该公司连续 7 年被评为市国资委系统业绩考核优秀企业。

2011 年，京唐港区完成货物吞吐量 1.37 亿吨，同比增长 14.16%，其中公司本部完成货物吞吐量 8300 万吨，同比增长 11%。同时完成建港投资 41.15 亿元，重点项目建设成果喜人，20 ～ 22# 泊位全面投入运营生产，20 万吨级矿石码头和 20 万吨航道两大立港项目竣工投产。

唐山港口实业集团实现合并报表利润总额 6.5 亿元，完成投资额（固定资产及股权投资）36 亿元，未发生安全、质量事故，为唐山港货物吞吐量突破 3 亿吨做出了突出贡献。公司因此获得唐山市政府、河北省交通运输厅授予的“唐山港货物吞吐量突破 3 亿吨突出贡献单位”荣誉称号。“深水板桩码头新结构成套技术开发”项目获得 2011 年度中国水运建设行业协会科学技术奖特等奖。

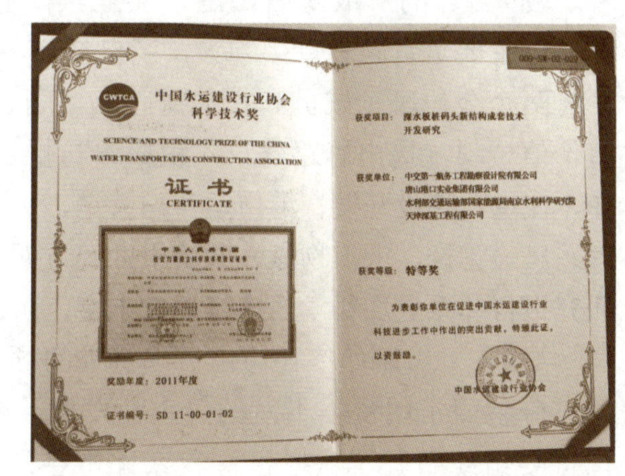

“深水板桩码头新结构成套技术开发”荣获 2011 年度中国水运建设行业协会科学技术奖特等奖（图为获奖证书）

二、区域发展引领者

2011 年 5 月，国务院发展研究中心企业所项目组编制的《唐山港口实业集团发展战略研究报告》完成，标志着公司发展战略研究工作取得了阶段性重要成果。公司发展战略研究从 2009 年年初正式启动，历时近两年时间。《报告》在充分总结公司发展历程和经验的基础上，通过分析公司发展面临的形势，对公司未来发展面临的机遇和挑战做出了较为客观的评估。《报告》提出的“成为中国港口区域经济建设的领先者”的发展愿景和“实业型投资控股公司和地方国有资本运营平台”的战略定位、“唐山港口实业集团外延式做大、唐山港集团内源式做强”的基本发展模式以及“一二三四”[①]的发展目标都具有较强的前瞻性，符合公司的现状与未来发展需要。《报告》提出的集团化和相关多元化发展战略、港口物流和贸易一体化发展战略、低成本竞争战略、跨区域发展战略、积极的资本财务战略、人力资源引领和保障战略、资源开发和管控战略、全面风险管理战略等八大发展战略和建立符合集团公司业务架构及发展战略的组织管控体系，实施积极的资本财务战略，提升多层次融资能力，分类实施人力资源引领和保障战略，建立健全全面风险管理体系，积极争取政策环境的有力支持等五大保障措施对公司未来发展也具有较好的指导作用。

《报告》的形成是唐山港口实业集团和唐山港集团集体智慧的结晶，是公司主要负责同志直接领导、亲自参与、集思广益、群策群力的结果。

两个公司班子成员和相关部门负责同志在报告起草过程中，积极提供有价值资料，提出思路建议，积极参与报告的审查和修订，并结合各自工作，在港口建设开发、港口运营与营销、集团管控、资本运作、人力资源管理、风险管控、港口物流、政策争取等方面提出许多建设性意见和建议，使研究报告体系更加科学，内容更加丰富，可操作性进一步提高。

《报告》编制始终在唐山市国资委的领导下开展，《报告》的体系和思路充分参照了国资委下发的《企业发展战略和规划大纲》，在此期间，市国资委组织召开了《报告》专家评审会，邀请国家发改委宏观经济研究所、交通运输部水运科学研究院、中国水运报社和唐山市发改委、工信局、国土局、港航局等单位的领导和专家对《报告》进行了认真评审，进一步提高了报告的研究质量。

2012 年 2 月 27 日，唐山海港经济开发区召开 2011 年度总结表彰暨 2012 年度工作会议。会上，唐山港集团获得“建设国家级经济开发区”骨干企业荣誉称号；唐山港口实业集团荣立“建设国家级经济开发区”集体

① “一二三四”发展目标：指再创一个京唐港；实现业务规模和资产规模“双翻番”；形成港口经济发展能力、资本运作能力、资源控制和配置能力等“三大核心能力”；构建港口建设、港口运营、股权投资与资本运作、资产资源开发经营四大业务板块协同发展的“四轮驱动”业务格局。

2012 年 2 月 27 日，唐山海港经济开发区召开 2011 年度总结表彰暨 2012 年度工作会议

一等功；京唐港煤炭港埠有限责任公司、京唐港首钢码头有限公司、京唐港区进出口保税储运有限公司荣立“建设国家级经济开发区”集体二等功；董事长孙文仲、党委书记赵治川、唐山港集团总经理王首相获“建设国家级经济开发区”优秀企业家荣誉称号；唐山港口实业集团总经理董文才、副总经理兼京唐港首钢码头有限公司总经理金东光、综合办公室主任孙淑存，唐山港集团副总经理兼京唐港煤炭港埠有限责任公司董事长李建振、副总经理宣国宝、副总经理兼京唐港区进出口保税储运有限公司法人张小强、第二港埠公司门机队队长崔斌获“建设国家级经济开发区”劳动模范荣誉称号；唐山港集团获唐山海港经济开发区 2010—2011 年度精神文明建设文明单位荣誉称号。

在上市后两年的时间里，京唐港区的货物吞吐量、营运收入和利润都实现了大幅度的增长，在区域经济建设中发挥了重大作用。

第二节　第一次非公开融资

2011 年度，唐山港集团审时度势，果断决策，及时启动了非公开发行股票事宜，用于收购控股股东唐山港口实业集团持有的京唐港首钢码头有限公司 60% 股权和用于其 20 万吨级内航道项目建设。

一、举办上市公司知识培训

为进一步提升上市公司规范治理水平，严格防范内幕交易和股东及董事、监事、高管的违规违法行为，进一步强化公司内幕信息知情人员的责任意识和保密意识，杜绝泄露内幕信息、发生内幕交易等违法违规行为，唐山港集团多次举办上市公司法律法规知识培训。

2010 年 10 月 21 日，唐山港集团举办了上市公司信息披露知识培训，公司总经理王首相，副总经理张志辉、宣国宝、韩功千、赵坤，财务总监兼董事会秘书单利霞，总经理助理杨光，唐山港口实业集团纪委书记兼工会主席葛素霞，财务总监孟玉梅等领导和各部门、分子公司科长以上人员参加了培训。本次培训特邀申银万国证券股份有限公司投资银行部副总经理冯震宇、高级经理袁樯担任主讲。

2010 年 10 月 21 日，唐山港集团举办上市公司信息披露管理制度等有关方面的知识培训

在培训中，冯震宇和袁樯依据《证券法》《公司法》《上市公司信息披露管理办法》《上市公司董事、监事和高级管理人员所持本公司股份及其变动管理规则》等法律法规，结合大量案例，生动地讲解了上市公司信息披露的基本原则与目的、信息披露管理的基本要素、临时报告所涉及的重大事项、信息披露的具体管理，董事、监事和高级管理人员交易买卖公司

股票行为规范和上市公司的社会责任等相关知识。

培训结束后，冯震宇还和学员进行了互动交流，详细解答了学员提出的相关问题。

唐山港集团自2010年7月5日挂牌上市后，按照相关法律、法规制定并公布了一系列关于上市公司的管理制度，加强上市后对公司的管理，这些制度对公司各级管理人员来说是个新课题，参训人员在讲师的指导下，认真学习了相关知识，有利于进一步规范公司的运作，促进公司持续发展。

二、启动非公开发行股票工作

2011年2月15日，唐山港集团召开第三届十二次董事会。公司董事孙文仲、钱旭、段高升、董文才、王首相、张志辉、李贵琢、葛素霞、孟玉梅、单利霞、胡汉湘、刘延平、和金生、商薇、孔令俊出席了会议。公司监事赵治川、肖湘、李峰、常玲、丛春水、栾冰峰、孙秀杰、汪文发、王纯生、赵克飞、马志刚、杨志伟列席了会议。公司董事长孙文仲主持会议。会议审议通过了《唐山港集团股份有限公司关于公司符合非公开发行股票条件的议案》《唐山港集团股份有限公司关于特定对象非公开发行股票方案的议案》《唐山港集团股份有限公司关于提请股东大会授权董事会全权办理本次非公开发行股票相关事宜的议案》《唐山港集团股份有限公司关于非公开发行股票预案的议案》《唐山港集团股份有限公司关于批准与唐山港口实业集团有限公司等相关方签订附条件

2011年2月15日，唐山港集团召开第三届第十二次董事会

生效的〈股权转让协议〉与〈增资方协议〉的预案》《唐山港集团股份有限公司关于本次非公开发行股票募集资金使用可行性分析的预案》《关于本次非公开发行股票募集资金收购资产及对外投资涉及关联交易的预案》《唐山港集团股份公司关于本次董事会后另行确定时间召集股东大会的预案》等8项预案。

同日，唐山港集团召开了第三届七次临时监事会。公司监事赵治川、肖湘、李峰、常玲、丛春水、栾冰峰、孙秀杰、汪文发、赵克飞、王纯生、马志刚、杨志伟出席会议。会议由监事会主席赵治川主持。会议审议通过了《关于公司符合非公开发行股票条件的预案》《关于向特定对象非公开发行股票方案的预案》《关于批准公司与唐山港口实业集团有限公司与相关方签订附条件生效〈股权转让协议〉与〈增资方协议〉的预案》《关于非公开发行股票募集资金收购资产及对外投资涉及关联交易的预案》《关于本次非公开发行股票募集资金使用可行性分析的预案》等5项预案。

2月16日，唐山港集团发布《非公开发行A股股票预案》，拟采用定向增发的形式，向不超过10名特定投资者发行不超过1.35亿股的股份，发行底价为6.63元/股（2011年7月26日发布公告，因实施2010年度利润分配，发行底价调整为6.51元/股）。非公开发行募集资金用于收购控股股东唐山港口实业集团持有的京唐港首钢码头有限公司（简称“首钢码头公司”，下同）出资额，并向该公司增加注册资金。

3月4日，唐山港集团召开第三届十三次董事会，审议通过了《关于向定向对象非公开发行股票方案的补充议案》《关于评估机构的独立性、评估假设前提的合理性、评估方法与评估目的相关性等意见的议案》《关于公司非公开发行股票预案（补充版）的议案》《关于本次非公开发行股票募集资金使用可行性补充分析的议案》《关于前次募集资金使用情况的议案》《关于召开2011年第一次临时股东大会的议案》等7项议案，因本次非公开发行股票目标资产的评估及备案已完成，增资价格也已获得了国有资产监督管理部门的核准，会议对相关议案进行了补充。

3月21日，唐山港集团召开2011年第一次临时股东大会，审议通过了《关于公司符合非公开发行股票条件的议案》《关于向特定对象非公开发行股票方案的议案》《关于提请股东大会授权董事会全权办理本次非公开发行股票相关事宜的议案》《关于本次非公开发行股票募集资金使用可行性分析的议案》《关于本次非公开发行股票募集资金收购资产及对外投资涉及关联交易的议案》《关于前次募集资金使用情况报告的议案》等6项议案，批准本次非公开发行。

截至唐山港口实业集团与唐山港集团《股权转让协议》签订日，首钢码头公司注册资本金为8.0063亿元，唐山港口实业集团、首钢总公司、唐山首钢宝业钢铁有限公司出资占比分别为60%、35%和5%。本次唐山港集团将收购唐山港口实业集团持有的首钢码头公司4.8038亿元的出资额。收购完成后，上述3家公司将向首钢码头公司共同增资13.3307亿元。其中，唐山港集团增资3.1946亿元，首钢码头公司将该部分资金投入“唐山港京唐港区第四港池20万吨级内航道工程”建设项目。

首钢码头公司的在建项目和拟建项目建设完毕后，将缓解唐山港集团缺乏大型专业化矿石泊位以及码头装卸能力紧张的局面，进一步提升公司泊位等级和吞吐能力，强化公司的核心竞争力。

三、非公开发行股票顺利完成

（一）省相关部门批复

2011年3月2日，河北省人民政府国有资产监督管理委员会做出同意唐山港集团非公开发行股票的批复。

关于唐山港集团股份有限公司非公开发行股票有关问题的批复

河北省人民政府国有资产监督管理委员会文件

冀国资发产权管理〔2011〕26号

唐山市国资委：

你委《关于唐山港集团股份有限公司非公开发行股票的请示》“国资产字〔2011〕19号”收悉。根据国务院国资委《关于规范上市公司国有股东发行可交换公司债券及国有控股上市公司发行证券有关事项的通知》（国资发产权〔2009〕125号）规定，现就有关问题批复如下：

一、同意唐山港集团股份有限公司（简称唐山港股份公司）向不超过十名特定投资者非公开发行A股股份，发行价格不低于唐山港股份公司董事会关于此次非公开发行股票决议公告日前20个交易日股票交易均价的90%，发行数量不超过13500.00万股。

二、请你委指导唐山港口实业集团有限公司（SS）做好唐山港股份公司发行股票相关工作，正确行使股东权利，促进上市公司健康发展。

三、唐山港股份公司在非公开发行股票过程中，遇到问题请及时向我委报告。

河北省人民政府国有资产监督管理委员会

二〇一一年三月二日

（二）递交申请

3月31日，唐山港集团向中国证监会递交了《关于唐山港集团股份有限公司非公开发行股票的申请》。5月4日，中国证监会发行部召开再融资企业见面会，包括唐山港集团在内的6家企业代表参加会议，标志着公司非公开发行股票进入实质阶段。发行部相关领导主持会议。公司董事长孙文仲、总经理王首相、董事会秘书兼财务总监单利霞及保荐机构保荐代表人参加见面会。

会上，发行部领导介绍了证券市场发行的市场化进程、公司投资价值要点、信息披露规范、融资方式选择以及再融资的审核流程等，要求上市

首次非公开发行股票募集资金部分用于唐山港京唐港区第四港池20万吨级内航道工程建设项目

公司应及时把握宏观政策的变化，选择合理的融资方式，做到权责统一，保护中小投资者的合理利益；应保持充分的信息披露，要符合股票发行市场化的要求。董事长孙文仲就公司此次非公开发行股票进行详尽汇报，分别从发行方案概要、公司基本情况、公司主营业务、主要财务数据、募集资金投资项目简介等五大方面进行了介绍，并就公司发行股票相关事宜进行了积极沟通，赢得了与会人员的肯定和支持。

（三）中国证监会核准股票发行

6月27日，中国证券监督管理委员会股票发行审核委员会第138次工作会议对公司进行了审核，获得通过。

7月22日，中国证监会核准唐山港集团非公开发行股票。

关于核准唐山港集团股份有限公司非公开发行股票的批复

中国证券监督管理委员会

证监许可〔2011〕1153号

唐山港集团股份有限公司：

你公司报送的《唐山港集团股份有限公司关于本次非公开发行股票的申请报告》"唐山港〔2011〕31号"及相关文件收悉。根据《公司法》《证券法》和《上市公司证券发行管理办法》（证监会令第30号）等有关规定，经审核，现批复如下：

一、核准你公司非公开发行不超过13500万股新股。

二、本次发行股票应严格按照报送我会的申请文件实施。

三、本批复自核准发行之日起6个月内有效。

四、本批复自核准发行之日起至本次股票发行结束前，你公司如发生重大事项，应及时报告我会并按有关规定处理。

中国证券监督管理委员会

二〇一一年七月二十二日

（四）融资工作顺利完成

为确保公司非公开股票发行成功，公司领导多次奔赴北京、上海、广州、深圳、南京等地，向有关基金公司、证券公司、财务公司、私募

公司以及近80家投资者进行了深度推介，获得了投资者的高度认可。股票发行期间，受欧美债务危机以及国家宏观调控紧缩政策的影响，股票大盘走势低迷，市场资金匮乏，但公司凭借良好的投资价值和多次努力推介，最终通过竞价，获得了6.8元/股的发行价格，股票发行工作取得圆满成功。

8月24日，唐山港集团2011年非公开发行的1.2797亿新股在中国证券登记结算有限责任公司上海分公司完成股份登记，发布《非公开发行股票发行结果暨股份变动公告》，标志着公司此次再融资工作顺利完成。公司本次发行股票募集资金8.7亿元，用于收购唐山港口实业集团持有的京唐港首钢码头有限公司60%股权和向京唐港首钢码头有限公司增资，并用于其项目建设。

公司本次成功非公开发行股票，进一步改善了公司的股东结构，认购股东涵盖了大型央企财务公司、上市公司、保险公司和私募股权公司，投资者对公司的发展优势和前景非常认可。

在国家紧缩银根的大背景下，京唐港区及时借助资本市场实现多渠道融资，从而极大地提升了公司的发展后劲和活力，资产总额与净资产总额也同时增加，资金实力得到提升，增强了公司的盈利能力，拓展了发展空间。

第三节　上市融资成效显著

在企业的发展进程中，资金起着至关重要的作用。融资平台的畅通，为港口发展提供源源不断的能量，让它后劲十足，散发异彩。

一、促进企业快速发展

（一）增强了企业发展后劲

首次非公开发行股票为公司“十二五”开局之年注入强大活力，增强了公司的发展后劲。主要体现在四个方面：一是面临国家宏观经济调控形势，采取直接融资的方式可以改善公司的资产结构和财务结构，降低融资成本，为公司的后续发展积蓄力量；二是提升公司的核心业务竞争力，公司通航能力从10万吨提升至20万吨，泊位设计靠泊能力将从7万吨级提升至20万吨级，设计吞吐能力从目前的3708万吨提升至7208万吨，增加3500万吨设计吞吐能力，缓解公司产能不足的现状。公司的泊位深水化实现重大飞跃，实现铁矿石专业化泊位零的突破，带来铁矿石吞吐量的快速增长；三是首钢码头项目市场前景广阔，全部投资和资本金的财务内部收益率分别可达到10.70%和11.81%，财务净现值分别是10.22亿元及6.31亿元，投资回收期（含建设期）为10年，总投资收益率8.49%，具有较好的盈利能力；四是为腹地钢铁企业降低物流成本，提高铁矿石运输的社会效率，实现企业效益和社会效益的统一。

（二）发挥杠杆作用 促进企业做大做强

唐山港集团利用资本市场募集的“无息资金”，发挥其杠杆作用，推动了20～22#泊位、20万吨级航道和20万吨级专业化矿石泊位等立港项目的投资建设，使公司产能的瓶颈得以突破，公司泊位等级基本实现了深水化、专业化。特别是20万吨级专业矿石码头项目，在2012年投入使用的当年，就实现了规模达产，完成运量3093万吨，完成收入7.5亿元。

（三）煤炭专业化泊位开工建设

举全港之力推进36～40#煤炭专业化泊位项目开工建设。为确保工程质量和进度，组织成立工程建设领导小组，全面统筹协调内外资源，强化节点工期控制，2012年5月份取得交通运输部初步设计批复并顺利实现项目开工建设；适时完成各项土建工程招标及设备招标任务，在抓好项目布局优化、工艺改进和工程质量的基础上，千方百计加快施工进度，码头建设、地基处理、港池疏浚、翻车机房及辅建区工程均取得快速进展，2014年10月15日，36～40#泊位码头工程及疏浚工程顺利通过交工验收。11月3日通过通航安全核查验收。该工程累计完成投资29亿元，第四港池通用泊位工程完工，为港口整体运量增长做出贡献。

第二次非公开发行股票助力京唐港区36～40#煤炭泊位工程项目建设。

2013年3月26日，唐山港集团第四届董事会第八次会议审议通过了《关于唐山港集团股份有限公司本次非公开发行股票方案的议案》等议案。5月8日，唐山港集团2013年第一次临时股东大会审议通过了上述有关本

36 ～ 40# 泊位码头施工现场

次非公开发行股票相关事项的议案。

2014 年 4 月 18 日，唐山港集团第四届董事会第十六次会议审议通过了《关于调整唐山港集团股份有限公司非公开发行股票方案的议案》等议案。5 月 6 日，唐山港集团 2014 年第一次临时股东大会审议通过了上述有关本次非开发行股票相关事项的议案。

2015 年 3 月 27 日，唐山港集团非公开发行股票申请获得中国证监会股票发行审核委员会的审核通过。4 月 28 日，中国证监会出具的“证监许可〔2015〕701 号”《关于核准唐山港集团股份有限公司非公开发行股票的批复》，核准唐山港集团向特定投资者非公开发行不超过 5.7 亿元人民币普通股（A 股）股票。

本次发行共募集资金净额为 24.8015 亿元，其中 23.65 亿元用于建设京唐港区 36 ～ 40# 煤炭专业化泊位项目，剩余 1.1515 亿元用于补充流动资金。

立港项目的相继投产，实现了业务市场和资本市场的“双轮驱动”。

到2012年年末，公司货物吞吐量完成1.12亿吨，是2008年的2.44倍；总资产达到111亿元，是2008年的2.65倍；净资产达到51.9亿元，是2008年的2.95倍。公司规模迅速壮大，经营业绩持续增长，连续五年实现增幅30%以上，国有股东权益得到了大幅保值增值。公司资产负债率保持在45%左右，资产负债结构更加合理。

二、提升公司品牌形象

公司通过上市，不断改进和完善法人治理结构，规范公司运作，深化内部控制体系建设，以良好的经营管理水平赢得了广大客户的信赖和支持。一是始终坚持以高标准、严要求的现代企业管理制度来规范管理。公司通过了由中国质量认证中心进行审核的质量管理体系认证、环境管理体系认证、职业健康安全管理体系认证。二是建立了具有激励机制的薪酬制度和绩效考核体系，把人才培养摆在公司发展战略的高度，员工队伍整体素质不断提高，人员知识结构、业务素养、政策水平能够满足经营需求，为公司发展提供了强有力的人才智力支撑。三是大力实施智慧港口建设。通过信息化手段对操作流程、业务、财务、采购、客户、合同等方面进行管理。公司内外部信息化程度不断提高，在同行业中的市场竞争力和信息化保障能力显著增强。四是受益于货物吞吐量的增长和创新管理模式，公司主营业务收入、净利润呈逐年上升趋势，运营效率不断提升，资产质量和盈利能力保持了较高水平。

依法召开股东大会、董事会、监事会，充分发挥董事会各专门委员会和独立董事的专业化作用，信息披露工作在上交所年度考核中被评为良好。深入研究资本市场环境及周边港口发展，资本运作的方式方法成熟稳健。

2012年，公司入选了上交所276家公司治理指数板块企业，知名度和影响力进一步提升。公司拥有了与包括中海、中远、国投、中煤等央企在内的大型企业集团合资合作的基础，促进了港区的招商引资工作，提高了开展大项目建设的能力。同时，公司产业链对上下游客户的吸引力大大增强，在商务谈判和业务合作过程中优势明显，带动了业务量的持续增长，实现了合作共赢。

三、拓宽企业资金来源

上市融资平台的搭建，使得公司在利用银行贷款、融资租赁、中期票据等其他融资方式时，手续简便，可选择性强，能够获得低于央行基准利率的优惠条件，融资成本较低，为公司节约了上亿元的财务成本。例如，公司利用融资租赁方式筹集资金 5 亿元，租息率为同期银行贷款利率下浮 5%；公司发行 20 亿元的中期票据，信用评级可达 AA+ 以上，发行利率低于绝大多数企业；公司在多家银行的信用等级均为 AAA，授信额度高，贷款利息也低于央行同期基准利率。

四、助力“四大板块”建设

公司着眼未来，利用公司上市融资这个大平台，突破传统港口装卸理念，超越码头运营商角色，向现代物流供应链服务商转变，确立了港口装卸、港口物流、港口金融和集装箱“四大板块”发展重点，提升企业层次，拓展服务领域，实现金融、物流、港口业务的深度整合。具体举措包括：持续推动 36 ～ 40# 煤炭泊位等新建项目的建设，加快港区功能结构调整，实现“黑白分家、散杂分置”；参与唐山市商业银行的增资扩股，成为其股东；大力发展融资监管、托盘贸易等金融物流新平台。同时，公司利用上市融资平台，通过增发股份募集资金收购，或采取定向增发等方式，实现对其他优质资产的整合，加快综合型国际化大港的建设步伐。

五、快速提升信用等级

多年来，唐山港集团在港口发展事业中注重诚信建设，牢固树立诚信经营理念，持续打造“诚信良港”，在社会和业内均树立了良好的信誉和形象。

唐山港集团在经济活动中以诚信立港，把客户满意作为服务标准，坚持回归客户价值最大化理念，不断拓展业务范围，提高服务档次，提升装卸效率和货运质量，各项服务指标在同类港口中均处领先水平，为客户创造了实实在在的利益；公司坚持做优秀企业公民，努力实现国有资产保值增值，为国家多创收、多缴税，在唐山地区企业中名列前茅。

此外，积极承担社会责任，有效发挥“北煤南运”重要通道作用，全力支持迎峰度夏电煤抢运及上海世博会能源供应，2010 年 11 月 4 日，上海市人民政府专门给唐山港集团发来感谢信，对京唐港区多年来从大局出发、克服困难、全力支持上海市煤炭能源供应表示诚挚感谢。

公司还通过援建、对口帮扶、募捐等形式参与地方城市建设、生态文明村建设以及我国地震灾区灾后重建。公司社会影响力和美誉度不断攀升，在诚信建设领域赢得了诸多桂冠，荣获了多个荣誉称号。

2011 年 1 月 16 日，在中国企业联合会、企业家协会举办的“2010 年度中国企业十大新闻暨最具影响力企业、最受关注企业家的最具成长性企业揭晓盛典暨第八届中国企业发展论坛”上，唐山港集团继 2005 年之后，再度荣获 2010 年度“中国最具成长性企业”称号。

5 月，由中国诚信企业评选委员会组织开展的 2010 年度中国诚信企业评选结果在北京揭晓，经过严格评选，共有 49 家来自全国各地从事不同行业的各类企业集团入选“中国诚信企业”，唐山港集团股份有限公司榜上有名，成为全国获此殊荣的两家港口（烟台港集团同时入选）企业之一。同月，河北省总工会授予唐山港集团“2010 年度河北省五一劳动奖状”荣誉称号。唐山市总工会副主席唐志林一行专程来港，将“河北省五一劳动奖状”送到公司总经理王首相手中，这是河北省总工会给予企业的最高荣誉。

2011 年 7 月，京唐港煤炭港埠有限责任公司被中国企业联合会、中国企业家协会评为 2010 年度“国家 AAA 级信用企业”

6 月 18 日，由中国交通企业管理协会主办的“中国交通企业管理杰出人物评选表彰活动暨第三届中国交通运输企业杰出

管理者大会”在北京人民大会堂隆重举行。唐山港集团董事长孙文仲当选“2010—2011 年度全国交通运输行业十大杰出管理人物”。

7 月，中国企业联合会、中国企业家协会落实商务部、国资委开展企业信用评价的要求，共同举办了“2010 年度信用企业评选活动”。经有关专家按照标准和程序严格审核，包括京唐港煤炭港埠有限责任公司在内的 22 家企业被评为“国家 AAA 级信用企业”。

10 月，由河北省诚信企业评选委员会组织开展的“2011 年度河北省诚信企业”评选结果揭晓，唐山港集团榜上有名，成为全省获此殊荣的唯一一家港口企业。

2013 年 8 月 31 日，经中国企业联合会和中国企业家协会评审、复议，唐山港集团荣登“2013 中国服务业企业 500 强”榜单。参照国际上通行的做法，中国企业联合会和中国企业家协会对企业进行全面评价，得到了政府、企业、媒体的广泛关注和认可。能够入围该榜单，充分展现了唐山港集团在经营管理、业务发展、品牌服务等方面所取得的成绩，进一步提升了集团的品牌知名度和社会影响力。

这一年，唐山港集团还获得了“中国 AAA 级信用企业”“河北省诚信企业”“河北省重质量守信用单位”“唐山市领导班子综合考评优秀单位”等多项荣誉。

第 六 章

深水化和专业化的立港项目
20 万吨级矿石码头及航道建设

20 万吨级！

一个走向世界的大港，必须要实现深水化和专业化。京唐港人用自己咬定青山不放松的执着精神、用自己科学的决策和冲天的干劲，终于建成了 20 万吨级专业矿石码头和 20 万吨级航道，向着国际化大港的宏伟目标又迈出了坚实的一步！

——题记

第一节　跨越发展的立港项目

作为立港项目，20 万吨级专业矿石码头、20 万吨级航道，是实现深水化、专业化突破的希望所在，是京唐港区在新起点上对标赶超、跨越发展的战略支撑。

一、泊位需求不断显现

港投公司谋划的京唐港区项目建设提升了港口硬件能力，为港口运营生产提供了依托条件。港口运营管理和港口服务的不断加强，赢得了市场与客户，也验证了项目建设的充分性和必要性。14#、15# 泊位投产之后，矿石运量迅速增长形成了对港口能力的更大需求，就是在这种需求之下得以建设 31# 泊位，而 31# 泊位的建成投产，进一步刺激了矿石进口，特别是一程矿石的进口，31# 泊位投产第一年就完成运量 633 万吨，再次实现当年投产、当年达产，其中承担矿石 438 万吨，且大多为外贸大船。在这种互动下，2006 年京唐港区矿石运量达到 1388 万吨，为专业化矿石码头的建设提供了客观条件。之后，公司适时做出了建设专业化矿石码头的决策部署。2008 年京唐港区矿石运量突破 2000 万吨，再上一个新台阶。2009 年矿石运量达到 3178 万吨，又创下新的纪录，因此，京唐港区大型专业化矿石码头的建设需求越来越迫切。30#、31# 泊位合计建设投资 4.7 亿元，两个泊位建成后，仅 2009 年一年就完成货物运量 2061 万吨，其中矿石运量达到了 1821 万吨，粗算仅矿石一项就实现收入 4.5 亿元，基本收回了两个泊位的原始投资，其产生的经济效益相当可观。

二、顺应潮流决策立项

面向国际化大港，决策建设 20 万吨级矿石码头。专业化、深水化的实现，将很好地迎合客户降低运输成本的现实要求，把创造客户价值与发展港口和谐统一于一体。全新的码头、高效的设备，可最大限度满足客户不断缩短货物在港时间、加快货物周转的要求，提高效率，降低成本，为客户抢抓机遇、应对市场变化赢得了时间，促进客户提高自我发展能力。

启动20万吨级专业矿石泊位及20万吨级航道建设之初，正当国际金融危机严重冲击、不断蔓延之时。在这样的背景下，港投公司和股份公司以科学发展观为指导，没有退缩、没有畏惧，而是解放思想，迎难而上。着眼港口未来发展，着眼客户、市场日益旺盛的需求和世界港口航运大型化、深水化、专业化的显著特征和发展趋势，确立走建设专业化、深水化、集装箱化、园区化、生态化国际大港的发展道路。

随着河北加快沿海地区开发建设部署的实施、唐山沿海“四点一带”建设的全面推进以及乐亭新区经济的快速发展，特别是腹地及临港钢铁及相关产业迅猛集聚，对港口能力提出了越来越高的迫切需求。围绕服务腹地经济和临港产业发展，两公司积极推动“1128工程”，搭建跨越发展新平台，抢抓国家投资拉动扩大内需的重要机遇，果断启动了20万吨级专业矿石码头和20万吨级航道项目建设，并确定为京唐港区两大立港项目，推动港口“十二五”时期更好更快发展。

三、国家核准重点项目

2010年4月6日，河北省发改委对20万吨级航道项目进行了批复。10月25日，国家发改委核准了京唐港区20万吨级矿石码头项目。这标志着这两个项目的建设已经纳入国家经济及交通体系建设战略布局之中。

20万吨级矿石码头项目位于京唐港区第四港池北岸东端，码头岸线长度855米，建设两个20万吨级（结构预留25万吨级）专业矿石泊位，设计通过能力为3500万吨/年。码头采用沉箱重力式结构，是国内当时最大的沉箱码头。

码头配置卸船设备为6台桥式抓斗卸船机，堆场配备6台堆取料机，其最大能力：堆料为8625吨/小时，取料为4140吨/小时。

20万吨级航道，在现有10万吨级航道基础上，进行扩建。航道全长16.7千米，底宽250米，设计水深20米，能够满足20万吨散货船舶正常进出港口。

第二节　与首钢集团深度合作

一切为了立港项目，咬定青山不放松，执着精神感天动地。1030 个日日夜夜辛勤劳作，终于拿到国家发改委关于京唐港首钢码头一期工程（即“矿石码头”，下同）项目核准的批复。

一、成立京唐港首钢码头有限公司

港投公司和股份公司瞄准京唐港区战略性发展，进一步整合港区码头运能，发挥首钢集团的优势作用，促进外向型产业向唐山沿海地区聚集，形成具有影响力的产业链经济，使资源配置更加合理，物流走向更加顺

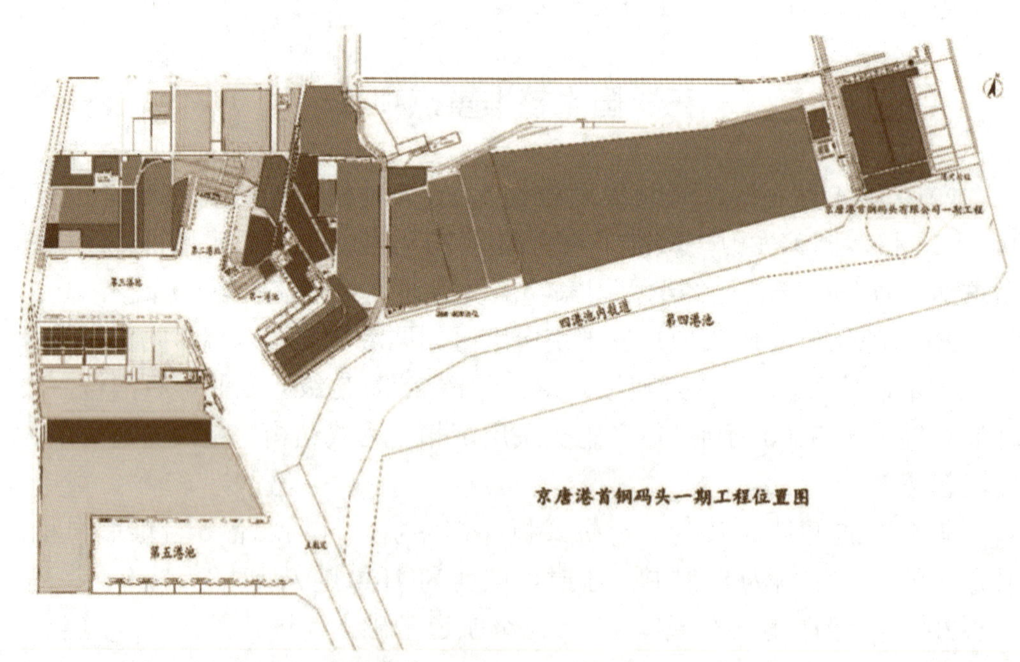

京唐港区首钢矿石码头一期工程位置图

2007 年 12 月 18 日，京唐港首钢码头有限公司合同签字仪式举行

畅，矿石及钢铁的专业化运输能力更强。

2007 年 12 月 18 日，股份公司与首钢总公司、唐山首钢宝业公司共同投资成立的首钢码头公司合同签字仪式在唐山港大厦隆重举行。首钢总公司常务副总经理、唐山首钢宝业钢铁有限公司董事长徐凝，唐山首钢宝业钢铁有限公司总经理刘华，常务副总经理谷孝武，唐山海港开发区管委会副主任刘广、陈德山，港投公司、股份公司董事长孙文仲、党委书记赵治川，股份公司副董事长、港投公司总经理董文才，股份公司总经理卢泽祥、党委副书记李贵琢出席签字仪式。首钢总公司、唐山首钢宝业钢铁有限公司、海港开发区相关部门、港投公司、股份公司等单位领导参加签字仪式。

新成立的首钢码头公司投资 25 亿元人民币，在京唐港区第四港池建设 15 万吨级矿石泊位 1 个，5 万吨级原辅料及产品泊位 2 个，设计年吞吐量 1650 万吨。这几个工程项目由股份公司出资 60%，首钢总公司出资 35%，唐山首钢宝业公司出资 5%。这也是京唐港区与大型资源性企业集团共同开发建设码头、实现科学发展的又一成功范例。

二、前期工作争分夺秒

（一）召开公司设立大会暨董事会

2007 年 12 月 27 日，首钢码头公司在唐山港大厦召开设立大会暨第一届第一次董事会。赵治川书记代表股份公司，刘华总经理代表首钢总公司、唐山首钢宝业钢铁有限公司出席设立大会。公司领导赵治川、董文才、卢泽祥、葛素霞、单利霞，首钢总公司、唐山首钢宝业钢铁有限公司领导刘华、赵红、张燕复出席第一届第一次董事会。赵治川主持会议。

会上，审议并通过了《关于设立京唐港首钢码头有限公司的议案》《关于确认公司码头项目前期工作及相关费用的议案》等7项议案，选举了首钢码头公司一届一次董事会董事和监事会监事。董事会选举赵治川为京唐港首钢码头公司一届董事会董事长，聘任董文才为公司总经理，聘任金东光为公司常务副总经理，聘任刘美山、宋国有为公司副总经理。

（二）积极推进项目前期工作

首钢码头公司建立伊始积极推进专业矿石码头项目前期工作。

如此投资规模的项目，从项目谋划到落地建设，需要做的工作太多太多。首先要取得国家发改委的项目核准。30多个批件，从县里、市里、省里到国家部委、科研院所、合作单位，再经专家论证。不管刮风下雨，不管冰天雪地，只要是项目核准需要，有关人员就立即行动。先后召开大小论证会议30多次，形成调研论证材料、大型会议纪要、上报请示汇报等材料达30多万字。

为确保码头设计一流，不留遗憾，公司一班人多次去天津，与一航院设计人员进行技术研究，经过通力合作修改完善了设计。

2009年春节临近，公司设备技术人员又实地考察设备制造单位实力，并与设计院和设备制造单位协调，开展技术谈判，保证了设备的质量要求。

经过1030个日日夜夜和数不清的坎坎坷坷，先后取得了国家环保部、国土资源部、交通运输部、国家海洋局、国家安监总局及节能环保、职业病危害、通航环评等10多个上级主管部门的批件。

三、专业矿石泊位项目落地

（一）国家发改委核准批复

在2009年完成核准前17项单项资料的基础上，2010年3月份，交通运输部行业意见和国土资源部土地预审意见相继拿到。至此，项目核准的一切单项报批工作全部完成，只待国家发改委核准。经过之后几个月的全力攻坚，终于在10月25日拿到国家发改委项目核准批复。

国家发改委在“发改基础〔2010〕2528号”《京唐港首钢码头有限公司一期工程项目核准的批复》中指出，核准批复京唐港首钢码头有限公司工程项目一期建设一个10万吨级专业化矿石泊位，水工结构预留为20

万吨，2 个 5 万吨级通用散货泊位，岸线总长度 855 米，设计年通过能力 1760 万吨，项目估算总投资 33 亿元。

京唐港首钢码头有限公司一期工程项目核准的批复

国家发展和改革委员会文件

发改基础〔2010〕2528 号

河北省发展改革委：

报来《关于呈报〈京唐港首钢码头有限公司矿石、原辅料及成品泊位工程项目申请报告〉的请示》“冀发改交通〔2009〕667 号”和《关于京唐港首钢码头有限公司矿石、原辅料及成品泊位工程有关情况的报告》“冀发改基础〔2010〕360 号”等有关材料均悉。经研究，现就项目核准事项批复如下：

一、为适应外贸进口铁矿石运输发展需要，缓解京唐港区码头能力紧张状况，促进港区专业化、集约化运营，同意建设京唐港首钢码头有限公司一期工程。

项目单位为京唐港首钢码头有限公司。

二、项目建设地点为河北省唐山港。

三、本项目新建 1 个 10 万吨级铁矿石接卸泊位和 2 个 5 万吨级散杂货泊位（码头水工结构均按靠泊 20 万吨级散货船设计），码头长 855 米，设计年通过能力分别为 1200 万吨和 560 万吨。

四、项目总投资约 330707 万元，其中项目资本金占总投资的 30%，为 99212.1 万元，由唐山港口实业集团有限公司（占股 60%）、首钢总公司（占股 35%）和唐山首钢宝业钢铁有限公司（占股 5%）分别以自有资金投入，资本金以外投资 231494.9 万元利用国内银行贷款解决。本项目要为社会提供公共运输服务。

五、请项目单位加强项目投产后的节能管理，落实各项节能措施。

六、在项目建设和运行管理中，要严格港池疏浚、吹填施工管理，采用有效的除尘、防尘装置，合理处理污水。

七、本项目的勘察、设计、建筑安装工程、监理、设备、重要材料等全部采用公开招标，招标组织形式为委托招标。

八、该核准项目的相关文件分别是：交通运输部《共于唐山港京唐港区首钢码头有限公司矿石、原辅料及成品泊位工程项目申请报告的意见》“交函规划〔2010〕51号”、国土资源部《关于京唐港首钢码头有限公司矿石、原辅料及成品泊位工程建设用地预审意见的复函》“国土资预审字〔2010〕45号”、环境保护部《关于京唐港首钢码头有限公司矿石、原辅料及成品泊位工程环境影响报告书的批复》“环审〔2008〕419号”、国家海洋局《关于京唐港首钢码头有限公司矿石、原辅料及成品泊位工程项目用海预审意见的函》“国海管字〔2009〕473号”、河北省建设厅《建设项目选址意见书》“选字第130000200800016号”。

九、如需对本项目核准文件所规定的有关内容进行调整，请及时以书面形式向我委报告，并按照有关规定办理。

十、请项目单位根据本核准文件，办理城乡规划、资源利用、安全生产等相关手续。

十一、本核准文件有效期限为2年，自发布之日起计算。在核准文件有效期内未开工建设项目的，应在核准文件有效期届满30日前向我委申请延期。项目在核准文件有效期内未开工建设也未申请延期的，或虽提出延期申请但未获批准的，本核准文件自动失效。

中华人民共和国发展和改革委员会

二〇一〇年十月二十五日

（二）交通运输部等部门批复

2011年3月28日，取得国家交通运输部“交水发〔2011〕134号”《关于京唐港首钢码头有限公司一期工程初步设计的批复》。5月3日取得了国家海洋局颁发的“国海证111100032号”和“国海证111100033号”海域使用权证书。7月8日，取得唐山市港航管理局“唐港航字〔2011〕31号”《关于京唐港首钢码头有限公司一期工程施工图设计的批复》。

2012年3月19日，取得国家发展和改革委员会办公厅“发改办基础〔2012〕623号”《关于调整京唐港首钢码头有限公司一期工程项目建设规模等有关事项的批复》。11月2日，取得交通运输部办公厅“厅水字〔2012〕257号”《关于京唐港首钢码头有限公司一期工程设计变更及概算调整的批复》。

2013年1月22日，取得唐山市港航管理局“唐港航字〔2013〕3号”《关于京唐港首钢码头有限公司一期工程施工图设计变更的批复》。

第三节 紧锣密鼓筹备施工

按照成立大会的要求，对下一步工作进行部署，全体职工及时进入角色，优质高效地完成前期工作，施工筹备工作紧锣密鼓……

一、依规审议周密研究

2008年5月30日，首钢码头公司2008年第一次股东会暨一届二次董事会在唐山港大厦召开。公司董事赵治川、董文才、卢泽祥、葛素霞、刘华、赵红出席董事会，公司监事单利霞、张燕复列席，股东代表赵治川、刘华出席股东会。公司董事长赵治川分别主持两个会议。

在董事会上，审议并通过了董文才总经理所作的《2008年总经理工作报告》。会议指出：公司成立近5个月来，全体职工及时进入角色，以饱满的热情和积极的态度投入各项工作中，优质高效地完成了部分前

2008年5月30日，首钢码头公司2008年第一次股东会暨一届二次董事会召开

期工作。今后，还要以更加紧张的状态和良好的精神风貌开展工作，全面推进矿石码头项目建设。会议还审议通过了《关于财务管理制度的议案》《关于公司机构设置的议案》和《高级管理人员薪酬标准及绩效考核办法的议案》等7项议案。

在股东会上，各位股东代表就项目审批、融资、工程建设等事项进行了分析研究，对下一步工作进行了部署。会议审议通过了《关于修改公司章程的议案》《关于矿石、原辅料及成品泊位项目资金筹措的议案》《关于2008年财务预算的议案》等10项议案。

赵治川指出，矿石码头项目建设意义重大，它的建成等于再造一个京唐港，一定要加快建设步伐，争取2010年年底建成投产。

二、公司大会部署动员

6月2日，首钢码头公司召开大会。公司董事长赵治川，总经理董文才，常务副总经理金东光，副总经理宋国友、刘美山和公司全体人员参加了会议。

会议就贯彻落实公司第一届二次董事会、2008年第一次股东会精神和下一步项目推进工作进行了研究动员。赵治川指出，矿石码头项目是京唐港发展史上最大的码头项目，对于完善港口功能，促进港口发展，提高京唐港的竞争力具有重要意义。要按照董事会和股东会的要求，把项目建设工作合理排布，统筹兼顾，共同推进，确保2010年年底投产。

董文才就矿石码头项目建设的下一步工作进行了周密部署，对项目各项工作的开展提出了具体要求。要按照董事会和股东会的具体工作部署，以饱满的热情、充足的干劲，投入项目建设中，把建港以来规模最大、投资最多的码头项目建设好。在项目建设过程中，要迎难而上，积极推进，努力破解审批、设计、融资、施工等一系列难题，确保在董事会和股东会要求的时限内如期完工。

大家一致表示，将以高度的责任感、神圣的使命感积极开展工作，克服人员少、任务重、时间紧的困难，积极运作，努力推进，争取早日把矿石码头项目建成投产。

会后，公司经营班子和有关人员到项目现场进行了实地考察，就部分工作的开展，进行了现场办公。

三、赴青岛港学习考察

6月13日至14日，首钢码头公司常务副总经理金东光带领项目工程技术人员赴青岛港20万吨级专业矿石码头学习考察，首钢总公司、中交一航院有关技术人员参加了考察活动。本次考察旨在通过汲取先进港口的经营管理经验，为京唐港区谋划建设的矿石码头项目提供参考和借鉴。在青岛港矿石码头现场，考察人员详细参观了青岛港矿石码头工艺布置及设备配置情况，了解其装卸工艺及作业流程，并观摩各种环保设施，就关注的热点问题与青岛港相关人员进行请教。

2008年6月13日至14日，首钢码头公司工程技术人员赴青岛港20万吨级专业矿石码头学习考察

通过此次学习考察，使大家开阔了视野，拓展了思路，更新了理念，了解到了先进港口在工艺布置、节能降耗、绩效管理等方面的成功经验和做法，对推进矿石码头建设进程起到了良好的促进作用。

四、招标确定监理单位

2009年4月，委托北京瑞驰菲思招标代理有限公司对首钢码头公司一期工程的工程施工监理进行了国内公开招标。按照法定的招、评标程序和细则，遵循公开、公平、公正、择优的原则，2010年7月公司与北京科正平机电设备检验所签订了卸船机监理合同，正式委托北京科正平机电设备检验所负责卸船机监理工作。与中国船级社实业公司签订了堆场系统监理合同，正式委托中国船级社实业公司负责堆场设备系统监理工作。9月6

日与唐山海港港兴监理咨询有限公司签订了施工监理合同，正式委托唐山海港港兴监理咨询有限公司负责该项工程的施工监理工作。

监理单位通过对承包商进行施工图交底、施工监理细则交底、巡视、旁站、监督跟踪、见证及平行检测、关键工序和部位重点控制等措施，保证了全方位、全过程对工程质量和进度进行有效控制。施工过程中翔实记录现场数据、照片，充分掌握施工现场各种变化情况，并积极进行协调处理，保证了工程项目的顺利实施，工程总体质量达到合格标准。

五、廉政合同阳光工程

廉政建设是工程项目建设管理的重要内容之一，是保障工程项目顺利实施的重要环节，也是对参建人员的一种保护手段。在项目建设过程中，公司建章立制，形成了一套行之有效的透明化管理机制。招标工作全部委托国信招标集团有限公司和北京瑞驰菲斯招标代理有限公司在网上公开招标。网上抽取评标专家，对定标结果按照国家有关规定进行公示。在招标和合同签订时，公司贯彻建设部《在工程建设勘察设计、施工、监理中推行廉政责任书的通知》精神，把签订廉政责任书作为招标文件及合同的一部分，明确了合同各方在廉政建设方面的责任和义务。合同与结算付款文件全部由计划财务部、工程技术部等相关部门和公司领导审查，并签署会签意见，尽力消除管理上的漏洞。在施工过程中，委托了唐山明正会计事务所有限公司对工程进行了全过程跟踪审计和结算审计，最后委托河北中君汇信源会计师事务所有限公司进行了竣工决算审计，促进了工程项目的规范化管理。

廉政合同的签订，使合同各方在廉政建设上达成共识，共同抵制不正之风。同时，公司定期组织参建人员加强思想政治学习，保持警钟长鸣，明确了由部门领导对工作范围内员工的廉洁负有监督责任。建设管理人员做到了廉洁自律、秉公处事。廉政合同执行情况良好，成效显著。

第四节　抢抓工期提前试运营

认真贯彻落实中共唐山市委八届六次全会精神，以“港口立市”战略为契机，强力推进专业矿石码头立港项目建设。

一、矿石码头开工建设

（一）堆场建设

建设矿石码头，后方堆场必须配套，面积必须足够大，否则码头能力就不能全部释放，造成大马拉小车，浪费资源。

养殖户拆迁工作必须先行，面对养殖户，既要把握政策，晓之以理，又要动之以情，耐心疏导。公司领导多次与乐亭县拆迁小组协调，在当地政府的支持下，首先解决了吹填区问题，满足了挡砂堤、航道、港池疏浚及围堰施工需要，使拆迁补偿工作对工程的影响降到了最低。

（二）挡砂堤建设

为了给码头、航道及港池疏浚工程施工形成有效掩护，2009 年 5 月 17 日，挡砂堤工程正式开工建设。主体工程的工期要求是 2010 年 1 月 31 日完成。

开工之初，正遇上唐山沿海公路维修，大批挡砂堤用石料运不进来。加之还有气象反常、风暴不断等多种不利因素，可谓困难重重，导致工期严重滞后。正当施工攻坚之时，京唐港区又遭遇了 50 年一遇的低温寒潮，气温骤降，施工船舶被冰封在港池内，装载机、挖掘机等设备被冻坏，挡砂堤工程建设面临全面停工的严重状态。在挡砂堤和吹填围堰施工现场，公司领导站在 50 厘米深的雪窝中，靠前指挥，现场帮助施工单位解决困难，及时协商港作拖轮展开破冰。业主与施工单位团结一道，采取有力措施，加大海上船舶运料艘次，每日增加 6 条 3000 吨大型船舶投入施工，使施工运料船舶达到 54 条。在海面最低气温低至零下 30 多摄氏度的不利条件下，在冰雪中连创日抛石新纪录，万米长堤加速向大海延伸。

2010 年 1 月 31 日，挡砂堤主体如期合龙，为以后的码头和港池疏浚工程的展开，打下了坚实基础。

冬季挡砂堤施工

（三）及时全面协调

矿石码头自开工以来，全体员工统一思想，迅速行动，满怀激情地投入矿石码头建设当中。按照项目建设时间节点要求，公司领导班子认真谋划，确定完成具体时间，达到全员参与。领导多次深入实际和施工现场，掌握工作全貌，及时调整修订工作计划，形成计划的滚动性和连续性。先后组织了堆场和辅建区地基处理强夯专题讨论、挡砂堤工程施工专题讨论、堆场和辅建区土建等各单项工程专题讨论。邀请专业设计人员、施工队伍和有实践经验的施工管理人员参加，研究讨论具体的施工方案，破解项目建设中的各个难题。实行责任管理制度，唐山港口实业集团有限公司（港投公司于 2009 年 11 月 28 日更名为“唐山港口实业集团有限公司”简称“唐山港口实业集团”，下同）总经理董文才负责整个工程项目建设的总协调、总指挥，各位领导按照项目建设分工，全程负责，一抓到底。具体每项工程的建设都有专人负责，落实到人头，切实做到计划一块，完成一块。确定每周一召开办公例会，及时分析解决项目建设中的问题，抓好决定事项的落实。

2010年初始的两周内，公司连续召开3个重要会议。一是2月24日召开了码头疏浚工程专题协调会，研究码头建设疏浚等具体问题；二是2月25日中共唐山海港经济开发区管委会党工委书记苗德成主持召开有乐亭县、海港开发区相关部门参加的推进专业矿石码头项目建设现场办公会，帮助协调解决项目建设中的相关问题；三是2月26日召开了京唐港区2010年工程建设设计协调会，研究确定整个港区项目建设设计计划，解决施工中存在的设计问题。

（四）基床抛石顺利展开

5月11日，伴随着一阵鞭炮声，第一斗石料安全抛入了挖好的码头基床，这标志着京唐港矿石码头工程前期准备工作进入了一个新的阶段。

矿石码头一期工程施工现场

京唐港矿石码头总长度为951.74米，码头基床结构为暗基床，分两层抛填10千克～100千克块石，每层厚度均为3米，抛石工程量为88346立方米，工程计划工期两个月。

基床抛石是沉箱式码头建设的一个重要环节。为了确保基床抛石的顺利进行，公司提早准备，组织设计单位、监理单位及施工单位进行了详细的技术交底工作，并在基床开挖完成后组织设计、勘察、监理及施工单位进行了验收。在基床抛石开工前，公司就要求施工单位对抛石队伍进行施工技术交底，严把石料进场关，以确保每一批次进场的原材料都达到规范要求，施工过程中严格按规范要求操作，勤探摸，勤看水位，勤校核水砣，防止抛宽、抛高、漏抛现象发生。为保障抛石工程工期，面对如此大量的抛石和整平任务量，施工单位投入了大量的机械、设备和人力，基床抛石全面展开，投入抛石船舶6艘、方驳2艘、潜水方驳2艘，挖掘机6台、装载机4台，潜水员32人、技术管理人员60人，现场形成了施工会战的喜人格局。

二、齐心协力打造精品

（一）提前完成沉箱安装

码头工程设计安装沉箱48座，其中A型沉箱40座，B型沉箱8座，两种类型的沉箱尺寸分别是20.25米（长）×18.15米（宽）×22.5米（高）和17.15米（长）×16.05米（宽）×21米（高），单座沉箱重量分别达3708吨和2629吨，沉箱基床长978米。为确保8月15日完成沉箱安装的重要节点，面对如此超大的沉箱，业主和代管单位积极协调施工单位和外围单位加大物力和人力投入。一航局五公司投入了7艘抛石船、2艘基床整平潜水方驳、1艘基床夯实船、2条拖轮、4艘沉箱安装方驳，并投入40名潜水员参加作业，沉箱安装过程现场人员达到200人，船舶达到18艘，形成了建设施工高潮。唐山港口实业集团对首座沉箱安装工作高度重视，要求一航局五公司做好充分准备，确保操作安全和技术要求。一航局五公司调来精兵强将及优良设备，安装工作井然有序，打了一个漂亮战。2010年6月11日，首座沉箱稳稳落座在京唐港矿石码头西边端头1#位置上，经施工、监理、业主各方测量，精度达到安装标准。

首座安装的沉箱为A1型沉箱，外形尺寸长20.25米、宽17.15米、高22.50米，总重量3759吨，浮游吃水13.73米。沉箱从第四港池西端头沉箱存放场起浮，经沉箱通道到达指定安装位置。存放场的18座沉箱，陆续有序进入现场安装。

拖运沉箱

参加工程建设

的技术人员和现场人员，以建设立港项目为责任和使命，传承创业、创新、创造的优良传统，深入现场，克服困难，多方协调，千方百计为施工单位排忧解难，创造施工条件，问题在一线解决，办法在现场形成，极大调动了施工单位的积极性。一航局五公司京唐港项目部敢于碰硬，善打硬仗，克服了前期沉箱基槽挖泥、通道施工滞后等形成的现实压力，克服了与天津航道局交叉施工带来的各种干扰以及夏季暴雨侵袭、大风大浪等不利因素，积极与业主及代管单位联系沟通，统一思想，形成合力，共同攻克了基床的回淤、沉箱大、基础深、没顶安装等许多技术难题。施工单位夜以继日组织挖泥、抛石、夯实、整平、安装，24小时连续不断施工。坚持“白加黑、五加二”，抢时间、保工期，做到了每天一个基础，每天一座沉箱，现场一天一个新变化，不断刷新一航局五公司的施工纪录，彰显了这支筑港铁军的时代风采。到7月22日，已经安装码头沉箱26座，完成全部安装任务量的54%，创造了京唐港区码头建设史上新的速度。8月1日沉箱基床抛石完成，8月4日沉箱盖板预制完成，8月10日沉箱基床整平完成。8月13日，比计划提前两天完成了48座大型沉箱全部安装任务。沉箱安装是码头工程的一个重要节点，它的提前完工对确保整个码头工程建设工期起到至关重要的作用。

2010年8月13日，比计划提前两天完成了48座大型沉箱全部安装任务

（二）抓紧完成后续工作

按照工程施工节点，下一步将组织沉箱背后棱体抛填、沉箱盖板安装、胸墙浇注、灌注桩、轨道梁等后续施工。参战人员表示，要再接再厉，精雕细刻，做好码头上部结构，创部优、创国优工程，为京唐港区立

港项目再立新功。

董事长孙文仲、党委书记赵治川对矿石码头建设非常重视，多次听取工程建设汇报，召开重点工程建设会议，亲自协调调度，为工程建设排忧解难，同时也为工程建设提出要求，指明了方向。

2011 年 1 月 10 日，唐山港口实业集团、首钢码头公司召开 2011 年度工程建设工作会议，乐亭县县委书记兼海港开发区党工委书记、管委会主任苗德成出席会议并讲话，他要求县、区各部门各单位一定要站在全局的角度，站在发展战略的高度，全力支持港口建设。

办公会、周调度会、日碰头会、现场会、专题会等会议立体交叉召开，协调调度工程建设。全体工程管理人员每天深入现场，与施工队伍一起摸爬滚打，坚持解决问题在现场，解决问题不过夜。

与首钢宝业沟通，协议借用其场地，修建临时道路，搭设施工临建，修建搅拌站；与乐亭水务局签订打施工临时深水井；与乐亭县电力公司协调，架设临时线路……一项项措施迅速落实，一个个问题相继解决。施工单位多，工期紧，节点工期计划一环扣一环，工程管理人员时刻把握施工进度，提前进行协调安排，既要让各个施工单位互相创面、互相让面，又要做到有面就抢，有面就干，千方百计争时间、抢进度。

4 月 18 日，京唐港区专业矿石码头重点配套工程——110 千伏变电站正式启动送电，标志着 110 千伏架空线路工程及 110 千伏变电站土建工程和设备安装工程全部结束并投入运行。

（三）奋战倒计时 100 天

6 月 16 日，在计划交付运营 100 天倒计时之际，公司召开工程建设奋战 100 天大型调度会议。唐山市港航局局长邸哲敏，京唐港区领导孙文仲、赵治川、董文才、李立东、金东光、于泳等出席会议，唐山港口实业集团、首钢码头公司和矿石码头工程各施工单位、监理单位的领导和项目经理参加会议，会议由董文才主持。会议号召全体参战人员，开展项目建设奋战 100 天攻坚会战。在工程建设中，唐山港口实业集团和首钢码头公司一起，两套班子按一个班子运转，快速反应，合力攻坚。

工程投资大、规模大、时间紧、任务重，创下京唐港建设史上的多项历史之最。30 多个大小施工队伍齐聚在施工现场，成千套施工机械在工地轰鸣，呈现出了一幅幅施工会战的场景。

担任码头工程的一航局五公司想港口所想，急港口所急，为确保沉箱安装节点要求，加大投入，增加设备，细排计划，科学调度，穿插施工，克服了重重困难，夺回了因沉箱通道和基槽挖泥延误的近2个月的工期，按时完成了沉箱安装，为码头设备上岸与安装创造了有利条件，成为继挡砂堤工程之后，矿石泊位建设中的又一大新亮点，再次创下新的辉煌，再次创造了航五速度，展示了航五公司拉得出、叫得响的施工风采。

（四）设备系统重载联合调试

10月17日，京唐港区专业矿石泊位进行了生产设备系统重载联合调试。上午9时15分，卸船机平稳地从18万吨级的“玉树”轮货仓内抓起第一斗矿石放入料斗，经码头皮带机、转接楼、堆场皮带机输送，于9时28分由堆取料机卸至指定堆场，至此，京唐港区20万吨级专业矿石泊位生产设备系统重载联合调试获得圆满成功，进入试生产阶段。该泊位的试运营，标志着京唐港区向专业化、深水化、园区化、集装箱化、生态化发展的进程中取得了重大突破，极大地提升了港口的核心竞争力。

为了满足运营需要，在原有项目人员配置的基础上，唐山港集团抽调精干力量充实到生产管理队伍。并由集团人力资源部门分三批招聘了堆取料机司机、卸船机司机、指导员、库管员等岗位人员。陆续安排堆取料

2011年10月17日，京唐港区专业矿石泊位进行生产设备系统重载联合调试

机司机、卸船机司机到青岛港、曹妃甸港、营口港等港口进行培训。并安排主要技术、生产管理人员到青岛港、曹妃甸港、营口港、大连港等港口考察、学习，努力提高管理水平和岗位操作技能。逐步建立健全了组织机构，制定了各项管理制度，并按集团公司统一部署，逐步完善了质量、职业健康安全、环境管理体系建设及内控体系建设，并于2012年5月9日获得唐山市港航管理局试运行备案。

第五节　20万吨级航道建设

按照《唐山港总体规划》，为提高京唐港区综合通过能力，配套在建20万吨级专业矿石泊位的20万吨级航道工程适时开工，实现以大码头、大航道带动京唐港区功能升级的发展目标。

一、京唐港区航道建设不断升级

2006年12月底，京唐港区7万吨级航道及配套防波堤所有建设项目交工验收，并投入试运行，在京唐港区的快速发展过程中发挥了重要作用。经过两年的试运行，2009年3月13日，7万吨级航道及配套防波堤工程顺利通过竣工验收，为京唐港区谋划建设10万吨级及以上等级的航道打下了坚实基础。

京唐港区10万吨级航道是国家沿海港口“十一五”建设规划项目，河北省重点建设项目之一，是京唐港区具有立港意义的重点项目。10万吨级航道工程拟在现有7万吨级航道的基础上进一步拓宽、浚深，形成10万吨级船舶单向通航、同时兼顾5万吨级以下船舶双向通航的航道。充分发挥京唐港区投产的28个泊位生产能力，提高港口运输效率，提升市场竞争力。

2008年10月23日，京唐港区召开了10万吨级航道工程专家审核会。2009年11月24日，10万吨级航道工程全线完工。12月28日10万吨级航道顺利通过交工验收。航道底宽275米、长10千米的范围内全线达到设计水深15.5米，标志着京唐港区10万吨级航道已经具备了10万吨级船舶单向通航及5万吨级以下船舶双向通航的条件。

10万吨级航道工程实现了当年开工建设，当年投产运营，创造了京唐港区建设史上新的施工纪录。2011年4月27日，作为近年来京唐港区组织建设的最大公用基础设施项目，10万吨级航道顺利通过了竣工验收，标志着京唐港区结束了无深水航道的历史，为京唐港区船舶大型化的发展打下了坚实基础，向全国大型港口行列又迈进了一步。

二、20万吨级航道建设正式启动

“十一五”期间，京唐港区到港船舶大型化趋势日益明显，现有航道等级已严重滞后于船型发展需要，不利于经济船型到港。为进一步提高京唐港区的通航能力，切实为腹地企业降低运输成本，满足腹地经济发展方式转变和产业结构调整需要，唐山港口实业集团超前谋划，适时启动了京唐港区20万吨级航道工程的前期工作，并将该项目列为京唐港区的立港项目之一。

公司领导对该项目高度重视，相关部门全力推进，同时得到省、市政府和各级主管部门的大力支持，项目前期工作进展顺利。

（一）办理相关申报批复

2010年4月6日，河北省发改委以“冀发改基础〔2010〕307号”文，就唐山港京唐港区20万吨级航道工程项目建议书进行了批复，同意项目建设，标志着项目前期工作取得了实质性进展。

京唐港区20万吨级航道是在现有10万吨级航道基础上进行扩建，航道全长16.7千米，底宽250米，设计水深20米，估算总投资7.9亿元。

4月30日，受河北省发改委委托，省工程咨询院在石家庄主持召开了《唐山港京唐港区20万吨级航道工程可行性研究报告》评估论证会。省发改委、省交通运输厅、省港航局、省海洋局、省环保厅、河北海事局、天津海事局秦皇岛航标处、唐山海事局、唐山市发改委、市国资委、市港航局、市海洋局、市环保局、唐山港引航站、唐山港口实业集团、唐山港集团、中交一航院、南京水科院等单位的专家及代表参加会议。会议聘请6名专家组成的专家组，经过认真讨论一致认为，《报告》广泛分析研究了京唐港区现有资料，总结了现有10万吨级航道建成以来的具体经验，南京水科院对本项目的多种方案进行了回淤及流场的数模计算，工作基础扎实，数据资料翔实，工程方案合理，其内容及深度达到了交通运输部关于水运工程项目工程可行性研究报告编制办法的要求，同意上报省发改委审批。

6月2日，河北省环境保护厅以“冀环评〔2010〕182号”文对该项目的环境影响报告书进行了批复。6月8日，河北省发改委以“冀发改基础〔2010〕633号”文对该项目工可报告进行了批复。7月8日，应唐山港口实业集团申请，河北省发改委和省交通厅在石家庄组织专家对《唐山港京唐港区20万吨级航道工程初步设计》进行了联合审查。会上，中交一航院详细汇报了京唐港区20万吨级航道初步设计报告，南京水科院介绍了20万吨级航道波浪潮流泥沙物模试验的有关成果，与会专家及代表进行了认真评审，形成了会议纪要。

这次会议对京唐港区20万吨级航道初步设计编制给予了高度评价，认为提出的设计方案合理，潮流及泥沙运动机理分析清楚，提出的航道减淤及减小堤头横流措施可行，其工作深度达到了交通运输部关于航道工程初步设计编制规定的要求，经修改完善，并经相关部门批复后可作为施工图设计的依据。与会专家还就导标基础设计、1+300至3+000段航道宽度及潜堤警示标志布设等提出了意见和建议。8月16日，河北省发改委以“冀发改投资〔2010〕957号”文，就《唐山港京唐港区20万吨级航道工程初步设计》进行了批复，标志着该项目前期报批工作全部结束，进入施工图设计及具体实施阶段。

（二）两次关键的评审会

第一次：2010年7月9日，河北省海洋局在石家庄市主持召开了唐山港京唐港区20万吨级航道工程海洋环境影响及海域使用论证报告书评审会。

河北海事局、省港航管理局、省水产局、中国海监河北省总队、唐山海事局、唐山市海洋局、中国海监唐山市支队、市国土局海港分局、唐山港口实业集团、交通运输部天科所等单位的专家及代表参加了会议。

与会代表和专家听取了交通运输部天科所关于工程概况的介绍和报告书主要内容的汇报，5名专家组成的评审组，经过认真讨论一致认为，京唐港区20万吨级航道工程符合《河北省海洋功能区划》《河北省海洋经济发展规划》《河北省海洋环境保护规划》和《唐山港总体规划》。该项目对京唐港区发展将起到重要支撑作用，对推动唐山地区社会经济持续稳定发

展具有重要的现实意义。报告书编制符合《海洋工程环境影响评价技术导则》和《海域使用论证技术导则（试行）》的要求，编制依据充分，评价目的明确，报告给出的结论总体可信。报告经补充、修改完善后，可作为海洋主管部门审核的依据。

第二次：11月4日，《唐山港京唐港区20万吨级航道工程波浪潮流泥沙物理模型试验研究》专家评审会在杭州召开。

会议认为，京唐港区20万吨级航道是全国在细沙粉沙质海岸建设的第一条大型深水航道，通过整体物模试验，研究工程区潮流、波浪及泥沙运动规律，港口建筑物布置对航道泥沙回淤、口门区水流的影响是非常必要的。所采用的波浪潮流泥沙整体物理模型的研究手段在以往成功运用的基础上，通过验证试验，结果表明与实测资料吻合良好。据此进行不同方案的试验研究，技术路线正确，方法合理可行，试验成果可信，可为类似细沙粉沙质海岸泥沙研究提供借鉴。与会专家还就第四港池南岛内堤建成后对拦截沿岸输沙、延缓东防沙导流堤外侧浅滩形成和减少航道淤积所起到的有利作用给予了肯定，并建议进一步加强现场监测与研究。

作为国内第一个在粉沙质海岸建设的大型深水航道，京唐港区20万吨级航道工程波浪、潮流及泥沙研究技术理论及相关成果具有一定的先进性、创新性和指导性，对于河北省乃至全国粉沙质海岸建设大型深水航道具有重要意义。本次物模试验成果评审会的召开，对检验该试验成果的科学性、合理性，并以此指导方案设计提供了保障，并为下阶段申请国家科技进步奖打下了基础。

（三）20万吨级航道疏浚工程开工

为确保20万吨航道疏浚工期，天航局集中天麒、天骥、天鸥、津航浚221、津航浚216、港海516、通赢轮等8条主力船舶投入疏浚工程中。12月27日，全长191米，宽36.5米，舱容达3.3万立方米，被称为世界第三大的超大型耙吸挖泥船——“达伽马”轮抵达京唐港，投入20万吨级航道疏浚工程。

2011年1月24日，河北省交通运输厅以“冀交函基〔2011〕62号”文对该项目施工图设计进行了批复。3月3日，京唐港区第四港池20万吨级内航道工程环境影响报告书技术评估专家评审会召开。会议通过了天津水运工程科学研究所出具的《京唐港区第四港池20万吨级内航道工程环境影响报告书》的审核。5月26日，唐山海事局在唐山港大厦组织召开京唐港区20万吨航道施工协调会，专题研究航道施工问题。唐山海事局、唐山港引航站、唐山港口实业集团、唐山港集团、天津航道局、中交一航局第五工程公司等相关人员及特邀专家参加了会议。会上，天津航道局、航五公司汇报了20万吨级航道及潜堤施工方案，参会专家及相关人员经认真研究讨论，一致认为方案可行。

2010年12月27日，超大型耙吸挖泥船——“达伽马”轮抵达京唐港

京唐港区20万吨级航道疏浚工程采用了耙吸船进行施工，进入工程施工最后冲刺阶段。剩余疏浚土方主要集中在-15.5米以下，为极其坚硬的铁板沙，船舶施工难度非常大，施工过程中航道底部存在浅埂，耙吸船施工受到限制。经多次研究讨论，对坚硬的铁板沙，拟采用绞吸船与耙吸船相结合的施工方案。由于绞吸船无自航设备，位于航道底边线以内，对运营船舶造成一定干扰。同时，航道施工船舶高峰期将达12艘，减少各施工船舶间、施工船舶与运营船舶间相互干扰成为一大难题，也成为航道施工能否正常进行的一大焦点。唐山海事局对此高度重视，对企业予以大力支持，及时组织专家和相关单位人员召开会议。各位专家从港口建设大局着眼，提出了许多建议。通过这些举措，最大限度地减少了施工船舶对港口运营生产的干扰，保证了航道疏浚、潜堤施工的正常进行。

三、航道建设计划的调整

为最大限度发挥码头的通过能力，京唐港区25万吨级航道建设势在必行，同时考虑减少导标的重复建设和资源浪费，经与设计单位协商，将

20万吨级航道有效宽度调整为295米，航道疏浚量由原来的2036万立方米调整至2436万立方米，导标按同时满足25万吨级航道、20万吨级航道使用设计，项目概算总投资由原来的85610.22万元调整至87523万元，工程竣工日期由原来的2011年6月30日调整至2011年8月31日。2011年6月21日，河北省发改委以“冀发改投资〔2011〕1093号”文对该项目初步设计变更进行了批复。

四、20万吨级航道工程竣工

2013年1月25日，河北省档案局在唐山港组织召开了唐山港京唐港区20万吨级航道工程项目档案专项验收会。会议由省档案局、省交通厅、省港航局、市港航局、市档案局有关人员组成了验收组。20万吨级航道工程项目工程设计、监理及各施工单位有关领导和专业技术人员列席会议。

会上，各建设、设计、施工和监理单位对该工程的档案归档情况做了重点汇报。验收组对工程项目档案归档情况进行了严格的现场查验，并出具了验收意见。认为该项目档案资料收集齐全，分类准确，结构合理，整理规范，符合国家和行业要求，一致同意京唐港区20万吨级航道工程档案通过验收。

作为工程建设单位，唐山港口实业集团高度重视工程档案管理，从建设期开始，始终严格加强工程资料收集、管理，各项工程资料严格按照交通运输部颁布的《水运建设项目文件材料立卷归档管理办法》进行整理归档，形成前期档案26卷、招投标档案53卷、施工档案62卷、照片资料2卷、专项验收档案2卷，共计145卷。档案验收的顺利通过，为京唐港区20万吨级航道工程的整体竣工验收创造了条件。

6月28日，河北省交通运输厅组织召开了唐山港京唐港区20万吨级航道工程竣工验收会。河北省发改委、省港航局、省环保厅、省档案局、省海洋局、河北海事局、省水运工程质量安全监督局以及唐山市港航局、市发改委、市海洋局、市档案局、唐山海事局、天津海事局秦皇岛航标处、海港开发区环保局等有关单位代表参加了会议，并组成了验收委员会，会议还邀请业内6位知名专家组成了专家验收委员会，共同对该项目进行了竣工验收。

20万吨级矿石码头和20万吨级航道竣工投产，书写了京唐港区“十二五”开局之年科学发展的精彩一笔。

第六节　千方百计提前达产达效

尽快发挥20万吨级矿石码头产能优势，为港口发展提供支持、发挥作用，成为京唐港区能否在新形势、新环境下实现持续发展、科学发展的一块试金石。

一、码头通航精心推介

（一）通航推介会隆重举行

2011年11月25日，专业矿石码头彩旗招展、锣鼓喧天，京唐港区盛装迎接来自全国各地的广大客户代表。上午9时，京唐港区20万吨级矿石码头通航推介会在海港开发区文化中心隆重举行，标志着京唐港区20万吨级矿石码头及配套的20万吨级航道投入试运营。会上，中共乐亭新区党工委书记、管委会主任、乐亭县委书记、海港开发区党工委书记、管委会主任袁志刚，唐山港口实业集团、唐山港集团董事长孙文仲分别发表讲话。唐山港口实业集团总经理董文才致欢迎辞。唐山港集团总经理王首相介绍了京唐港区及20万吨级矿石码头建设运营情况。河北钢铁集团、广东物资集团、中远散货运输公司等重点客户代表发言。推介会由唐山港口实业集团、唐山港集团党委书记赵治川主持。

袁志刚在讲话中强调，20万吨专业矿石码头通航，是京唐港落实省委省政府、市委市政府沿海发展战略取得的又一重要成果，是乐亭新区经济社会发展中的一件大事，是京唐港发展史上又一个重要的里程碑，这必将为乐亭新区走在河北省沿海开发建设中的前列发挥重要的带动作用。希望京唐港在乐亭新区一体化发展中发挥好龙头带动作用；乐亭新区将全力支持京唐港加快发展，使其早日成为国际知名、国内一流综合型大港；希望与会的企业家来乐亭新区投资置业。

董事长孙文仲在讲话中回顾了“十一五”以来京唐港区取得的巨大成绩和发生的显著变化，对各级领导和社会各界特别是广大客户的长期关心、支持和帮助表示衷心感谢。他强调，客户是港口的宝贵资源，京唐港区发展历程和取得的成绩与广大客户的大力支持和精诚合作是分不开的。京唐港人将永远秉承“客户利益最大化”的企业文化，永远坚持“客户是我们的朋友”的经营理念，矢志不渝地提高管理水平，为客户提供最优质的服务，实现互惠互利，共赢发展。刚刚闭幕的中共唐山市委九届一次会议，为唐山经济社会发展描绘了宏伟蓝图，对港口发展提出了新的更高要求。京唐港区将按照市委、市政府的战略部署，牢牢把握河北沿海规划上升为国家战略的重要机遇，以科学发展观为统领，以奋发向上、大有作为的精神状态，加快京唐港区专业化、深水化、集装箱化、园区化、生态化战略转型升级。紧紧围绕客户和市场的需求，进一步完善港口设施，坚持调结构、转方式、提质量、上水平，建设物流港口、数字港口、金融港口、低碳港口，打造卓越特色品牌，树立诚信港口形象，建设世界知名、国内一流和资源节约型、环境友好型的综合性国际大港。

赵治川书记强调，京唐港将以科学发展观为统领，认真落实“港口立市”战略，牢牢把握河北沿海地区发展上升为国家战略的新机遇，着眼腹地经济发展和客户市场需求，加快推动港口深水化、专业化、集装箱化、园区化、生态化战略转型升级，进一步完善港口功能，加强港口管理，提升服务水平，坚守社会责任，着力建设资源节约型、环境友好型港口，以奋发向上、大有作为的精神状态，全力创造港口科学发展新业绩，回报客户、奉献社会，努力为腹地经济社会发展做出更大的贡献。

董文才总经理在致辞中向长期关心、支持京唐港区 20 万吨级矿石码头和配套 20 万吨级航道建设的各级领导、各界人士，以及为项目建设付出辛勤劳动的建设者们表示衷心的感谢。他指出，20 万吨级矿石码头之所以能够启动建设，最大的基础在于广大客户的长期、大力支持，广大客户是“第一推动力”。正是近年来矿石运量的快速增长，推动了建设专业矿石码头的决策；正是持续的运量培育、强有力的运量支持，项目获得国家批复才有了依托条件；正是对矿石运量、客户需求持续增长的期待，加速了项目的建设实施进程。

王首相总经理在致辞中从港口概况、运营优势、深水泊位、前景展望4个方面，对20万吨级矿石码头进行了全面推介，表达了唐山港集团与广大客户携手共赢，共创科学发展美好明天的良好愿望和殷切期待。作为河北港口中多品类、综合性发展的现代化港口，京唐港区已经积蓄了充裕底蕴，搭建了方便安全的业务平台，创造了享誉我国港口界的运营品牌优势，特别是20万吨级矿石码头把京唐港区提升到了一个新的发展层次，可以最大限度满足客户、市场多样性、差异化的特色需求，发展前景非常广阔。

推介会结束后，各位领导和来宾兴致勃勃地参观考察了20万吨级矿石码头运营情况，现场感受京唐港区蓬勃发展气势，对京唐港区的科学发展充满信心和期待。

乐亭新区、乐亭县、唐山海港开发区、市发改委、市港航局、唐山海关、唐山海事局、唐山边防检查站、河北出入境检验检疫局京唐港办事处等政府及主管部门领导出席推介会。唐山港重点客户代表，唐山港口实业集团和唐山港集团主要领导，以及京唐港区20万吨级矿石码头、20万吨级航道的设计、科研、施工、安装、监理单位的主要负责人，唐山电视台、《唐山劳动日报》媒体记者等300多人出席推介会。

唐山港集团20万吨级矿石码头通航推介会会场

（二）矿石码头的调整完善

在工程建设中，唐山港集团提前谋划试运行生产的准备工作，确定了“打造功能完善、设施先进、管理科学、绿色环保、服务一流的现代化港口企业”的战略发展目标，精心调整生产布局，制定了安全生产和货运质量管理规定。

矿石码头试运行期为一年。鉴于在试运行期间进行了建设规模调整、初步设计变更，致使安全生产、环境保护、职业病防护、档案管理的专项验收滞后，2013 年 6 月 24 日批准试运行期延长至 2013 年 12 月 31 日，2013 年 12 月 31 日批准试运行期再延长 6 个月，至 2014 年 6 月 30 日。

在试运行期间首钢码头公司高度重视科学调度，充分发挥设备能力，多机并机操作，有效缩短待机时间，并且设备维护保养工作到位，提高了设备完好率。集团公司统一调度，大型船舶在本工程泊位减载后移泊至集团公司其他泊位清仓，提高了单船作业效率，减少了船舶在港停留时间。同时得到了海事、商检、边检、海关等联检单位的大力支持，有效缩短了船舶的装卸辅助时间、技术作业时间及船舶靠离泊时间。

二、上下齐心提前达产

（一）调整布局　吞吐量稳步增长

2012 年 5 月份以来，钢材市场不景气，唐山钢坯价格持续下跌。钢厂面临外矿价格上涨和钢材价格不确定的双向压力，生产信心不足。为降低成本、规避风险，唐山地区钢厂大多采取限采矿石、消耗库存的措施，致使矿石市场十分萧条。

在严峻的钢材、矿石市场形势下，矿石码头公司业务部加大对焦煤市场的开发力度，于 6 月份迎来了焦煤船舶的集中到港。为应对船舶集中到港的压力，公司生产调度部周密部署，科学安排到港船舶靠泊，最大限度地提高泊位利用率。卸船部加强管理，增加设备保养频次，合理安排人员作业，保障了卸船作业效率。业务科积极沟通货主、代理，协调疏港、倒垛和库场部、堆装部、倒运车队加速运作，业务大厅 24 小时提供手续办理服务，加快了货物疏港速度，排除库场堆存压力对卸船安排的不利影响，保障了公司货物吞吐量稳步增长。

（二）矿石码头捷报频传

2012 年上半年，矿石码头公司累计作业船舶 109 艘，完成货物吞吐量 1356 万吨。8 月份，矿石码头运量再传捷报，单月货物吞吐量首次突破

300 万吨大关，创开港以来单月货物吞吐量最高纪录。

2012 年是矿石码头生产运营的开局之年，矿石码头公司抓住揽货与服务两大核心，突出提高设备运转率和生产作业效率两大重点，狠抓安全生产和绩效考核两项工作。克服国内宏观经济增速放缓、矿石需求量减少、恶劣天气停工、暴雨台风袭击以及公司运营初期经验不足等不利因素，着力打造“四个一流”企业，截至 9 月中旬，矿石码头公司取得骄人成绩，货物吞吐量突破 2000 万吨大关。

2012 年，京唐港区完成进口矿石运量 5393 万吨，同比增长 67%，增幅在全国港口中排名第一位。其间，20 万吨级矿石码头成为京唐港区矿石增量的战略支撑。全年矿石码头接卸大型进口矿石船舶 254 艘次，完成矿石运量 3233 万吨，在码头投产试运营当年，创造了规模达产的优秀业绩，成为 2012 年京唐港区运营生产中的最大亮点之一。

（三）矿石码头受到广泛关注

2012 年是 20 万吨级矿石码头试运营生产的第一年。在低迷的市场环境和激烈的市场竞争中，京唐港区把抓好矿石码头生产运营作为港口工作的重中之重，着力打造矿石作业品牌，赢得了客户广泛认知，实现试运营当年规模达产，打出了大码头、高效率的运营品牌。

一是科学组织生产，着力提高码头作业效率。从建章立制完善流程着手，按照生产的规范化、标准化要求，加强细节管理和现场管理，不断完善和优化作业流程，有效压缩非生产性用时；加强生产调度、卸船、堆装部门的协调联动，优化作业分工，不断刷新接卸纪录，创下 24 小时接卸 21 万吨的新纪录，展示了大码头、现代化装备的品牌效应。二是加强设备磨合调试和人员培训，保障设备正常运行。在试运营的一年中，把设备调试、能力验证作为保障生产的重要任务，加强设备保养、维修和安全管理；同时加强新进员工培训，加强培训效果检验，全年培训 1473 人次，人员技能素质快速提高，从而提高了现场作业效率和设备运行水平，有力保障了生产安全、高效运行。三是加强技术工艺改进创新，为实现规模达产扫清障碍。突出抓好矿石码头设备维保工作，研究和改进 40 余项设计缺陷，特别是对溜管系统的缺陷进行了重新设计和改造。经过技术改造后，堵料、清料时间下降 50%，焦煤、印粉等作业难度较大的货种输送流量提高近 30%。

截止到2013年1月23日，首钢矿石码头顺利实现连续安全生产运营465天，创造了该码头自投产运营以来安全生产无事故的骄人业绩，公司安全形势持续稳定。

2013年2月11日，首钢矿石码头迎来开航以来首艘载重吨突破25万吨的“武钢创新”号巨轮，该轮长329.95米，宽57米，装载澳大利亚铁矿粉24.0416万吨。该轮成功靠泊接卸，这标志着京唐港区已迈入港口深水化、船舶大型化、码头专业化和装备现代化国际综合型大港的行列。

5月21日，唐山港集团对矿石码头公司高管任职进行调整。集团公司常务副总经理、党委副书记张志辉宣布了矿石码头公司领导任职调整决定：金东光任矿石码头公司董事长，张志辉任副董事长，姚希东任总经理，李杰任党支部书记。张志辉讲话时强调，集团公司对矿石码头公司领导班子成员的职务调整，是经过认真研究、慎重考虑做出的决定。既体现了对矿石码头公司的高度重视与充分信赖，也体现了对矿石码头从建设至运营期间工作的充分肯定。他指出，矿石码头领导班子肩负着集团36～40#专业煤炭泊位建设与矿石码头生产运营两大重要任务，承担着集团公司实现“十二五”腾飞的伟大使命，是集团公司创新发展的排头兵。要充分认识到作为领导班子成员的责任感，统一思想，攻坚克难，为集团公司发展作出更大的贡献。

6月19日，矿石码头公司接卸的“浙远香港”轮顺利移泊。该轮装载16.8万吨秘鲁矿粉，品位69.25%，水分8.3%，是矿石码头运营以来首次接卸的新货种，也是品位最高的一船货物。矿石码头公司领导高度重视此次货物的接卸工作。业务部门认真核实货物信息，并及时协调船、货代办理相关手续。经过各部门的共同努力，顺利完成了“浙远香港”轮的接卸任务。

6月25日，京唐港首钢码头有限公司召开了第一届第十次董事会暨2013年第一次股东会。公司董事金东光、姚希东、蔺建勋（职工董事），首钢总公司董事赵红、唐山首钢宝业钢铁有限公司董事黎杰楸出席会议，监事范俊杰及公司高管人员列席会议。会议由董事长金东光主持。

董事会对公司2012年在运营生产、设备管理、技术创新、安全管理、绩效管理等多方面取得的成绩给予了充分肯定，特别是公司实现了当年运营、当年达产，超额完成了全年任务目标，客观地验证了各股东投资建设

矿石码头这一决策的战略意义。董事会希望全体员工以更加饱满的热情、昂扬的斗志、坚定的信心和锐意进取、真抓实干的精神开展工作，以时不我待的紧迫感、不进则退的危机感、勇于担当的责任感、不负重托的使命感，开创公司各项事业发展的新局面，为公司创造更大的经济效益。

矿石码头自正式运营以来，先进的技术工艺和机械设备为生产运营的快速发展奠定了基础。广大干部职工发扬艰苦奋斗精神，潜心摸索，锐意创新，在工程、机械、技术等方面均取得了很大进步。

（四）矿石码头正式投入生产运营

2016 年 7 月 22 日，京唐港首钢码头一期工程取得了河北省交通厅《港口工程竣工验收证书》；7 月 29 日取得了唐山市港航局《港口经营许可证》。至此，首钢码头一期工程建设工作完成，该码头已经具备从事为船舶提供码头设施和提供货物装卸、仓储服务的资质，标志着该码头正式投入生产运营。

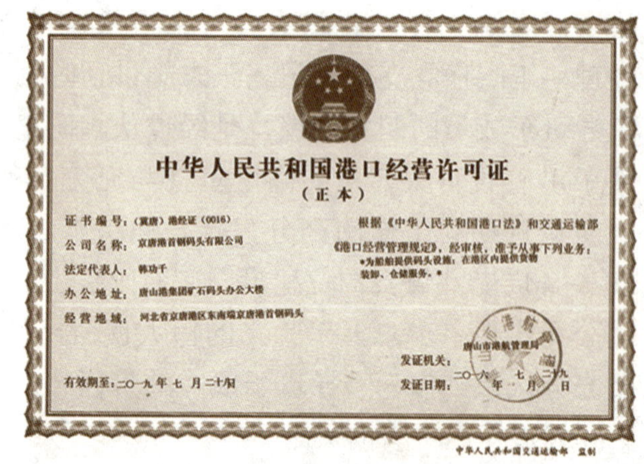

中华人民共和国港口经营许可证

（正本）

证书编号：（冀唐）港经证（0016）
公司名称：京唐港首钢码头有限公司
法定代表人：韩功千
办公地址：唐山港集团矿石码头办公大楼
经营地域：河北省京唐港区东南端京唐港首钢码头

根据《中华人民共和国港口法》和交通运输部《港口经营管理规定》，经审核，准予从事下列业务：
为船舶提供码头设施；在港区内提供货物装卸、仓储服务。

有效期至：二〇一九年七月二十八日

发证机关：唐山市港航管理局
发证日期：二〇一六年七月二十九日

中华人民共和国交通运输部 监制

京唐港首钢码头有限公司一期工程《港口经营许可证》

第七章

党建领航向 化危为机的政治保障

危机中逆势发展，实现化危为机。靠什么？靠在党的指引下，用科学发展观武装干部职工的头脑，把科学发展观落实到每个干部职工的行动上，落实到港口事业的方方面面。

党员干部争当先锋模范，竖起旗帜；总结规范和弘扬优秀企业文化……党建领航，成果丰硕。

——题记

第一节　深入学习贯彻科学发展观

中共十七大把科学发展观写入党章，它是中国经济和社会发展的根本指导思想，唐山港口实业集团和唐山港集团在深入学习贯彻党的十七大精神的过程中，坚持用科学发展观武装全体党员干部的头脑，指导工作实践。

一、党委班子领学促学

2007 年 10 月召开的中共十七大指出，在新的发展阶段继续全面建设小康社会、发展中国特色社会主义，必须坚持以邓小平理论和“三个代表”重要思想为指导，深入贯彻落实科学发展观。它标志着中国共产党对于社会主义建设规律、社会发展规律、共产党执政规律的认识达到了新的高度，标志着马克思主义和新的中国国情相结合达到了新的高度和阶段。

2007 年以来，按照中共唐山市委、市政府的部署和要求，港投公司、股份公司深入开展学习实践科学发展观活动以及创先争优活动，紧紧围绕加强基层党组织建设，充分发挥基层党组织的战斗堡垒作用和党员的先锋模范作用，带动广大职工以良好的精神风貌、扎实的工作作风，在各自岗位上建功立业。

坚持党委中心组集体学习和民主生活会制度。2009 年 9 月 10 日，港投公司、唐山港集团党委中心组集体学习，两公司的党委成员和经营班子成员参加了集体学习活动。董事长孙文仲对认真贯彻落实廉洁从业等有关规定讲了重要意见。党委书记赵治川主持集体学习活动。

按照学习计划安排，两公司党委中心组这次组织学习了中共中央办公厅、国务院办公厅《国有企业领导人员廉洁从业若干规定》《关于实行党政领导干部问责的暂行规定》《开展工程建设领域突出问题专项治理工作的意见》等 4 个重要文件。与会人员结合自身实际及分管工作，畅谈了学习体会，交流了工作经验，进一步增强了在新形势下认真落实中央和国家有关规定，加强政治学习，加强廉政建设，依法推进港口建设、运营和管理各项工作科学发展的思想认识。

2010年12月16日，唐山港口实业集团党委、唐山港集团党委分别召开领导班子民主生活会，主题是贯彻落实《党员领导干部廉洁从政若干准则》，切实加强领导干部作风建设。两公司董事长孙文仲、党委书记赵治川和两集团班子成员分别出席会议，两公司领导班子成员结合分管工作，从思想、工作、学习、廉政等方面认真自我剖析，查找不足，实事求是地开展自我批评，并提出整改措施。

2010年12月16日和17日，唐山港口实业集团党委、唐山港集团党委分别召开领导班子民主生活会

会上，职工代表分别对领导班子和各位成员进行票评评议。

2011年8月15日，唐山港口实业集团、唐山港集团召开党委理论中心组学习会议。认真学习了胡锦涛总书记在庆祝中国共产党成立90周年大会上的讲话。

董事长孙文仲率先畅谈学习体会：胡锦涛总书记的讲话，通篇体现了解放思想、实事求是、与时俱进、以人为本，是我们国家未来发展的纲领性文件，也是马克思主义理论的发扬和继承。通过学习，更加坚定了跟党走的信心，增强了热爱党的信念，历史胜于雄辩，只有共产党才能救中国，只有共产党才能发展中国，只有坚持共产党的领导，国家才能摆脱一穷二白的面貌，屹立于世界东方。学习领导讲话精神，关键是要深刻领悟，理论联系实际。要进一步把总书记的讲话贯穿到实际工作中去，落实好公司“十二五”发展举措。要进一步抓好港口发展战略研究，细化港口规划，明确港口未来五年、十年、十五年长期发展的奋斗目标，走深水化、专业化、集装箱化、园区化、生态化的道路，建设智能港口、金融港口、物流港口、绿色港口、和谐港口。坚持“发展港口、成就员工、回报股东、奉献社会”的企业宗旨，把港口真正建设成为技术先进、思想解放、竞争力强的现代化国际大港。

2011年8月15日，唐山港口实业集团、唐山港集团联合召开党委理论中心组学习会议

赵治川书记在对讲话内容进行了深入解读后，要求全体班子成员要深刻领会讲话精神实质，把学习的成果转化到工作当中去。充分认识胡锦涛总书记讲话的重大意义，在深刻理解和准确把握讲话重要内容和精神实质上下功夫，努力推动我港又好又快科学发展。各支部、各部门、各单位要认真安排，周密部署，组织全体党员干部广泛开展学习宣传活动，在最短时间内把总书记的重要讲话精神传达到每一名党员干部，引导党员干部全面准确地掌握讲话精神，把公司各项业务开展好，进一步推进学习型党组织建设。通过理论创新与企业文化建设的有机结合来凝聚人心，在建设综合型国际化大港的实践中建功立业，进一步提高企业核心竞争力。

12月13日，唐山港口实业集团党委、唐山港集团党委联合组织开展了理论中心组集体学习活动，两公司领导孙文仲、赵治川、董文才、王首相和经营班子成员、党委委员、总经理助理参加学习活动。与会领导认真学习了《张庆黎同志在省第八次党代会上的报告》《河北省关于加快沿海经济发展促进工业向沿海转移的实施意见》《王雪峰同志在唐山市第九次党代会的报告》，市委宣传部、市国资委《关于加强和改进新形势下国有及国有控股企业思想政治工作的实施意见》等文件材料。

2009年，唐山港口实业集团深入贯彻落实科学发展观，按照市委、市政府的战略部署，加强战略创新、制度创新、科技创新、企业文化创新和人力资源管理创新。在深入扎实的科学发展示范企业建设中，把公司建设成为唐山发展港口事业的建设平台、运营平台、融资平台，全面提升京唐港在环渤海、东北亚港口群中的地位和影响力，为开发区二次创业做出贡献，为建设科学发展示范区和人民群众幸福之都做出积极贡献。

二、中层干部教育管理

2009 年 4 月 29 日，唐山港集团召开全体中层干部大会，安排部署党风廉政建设工作和安全生产工作，对全体干部提出新要求。公司领导赵治川、李贵琢、王首相、李建振、赵坤、宣国宝、单利霞、于泳、姚希东出席会议。

2009 年 4 月 29 日，唐山港集团召开全体中层干部大会，安排部署党风廉政建设工作和安全生产工作

党委副书记、副总经理王首相就加强干部队伍建设提出希望，要求全体中层干部认清责任，珍惜岗位，把信任和荣誉化作坚定做好工作的决心和意志；顾全大局，开拓创新，以雷厉风行、时不我待的工作作风和激情不断做出新成绩。广大干部要讲党性、重品行、作表率，牢固树立群众观点和公仆意识，要树正气、讲团结、谋发展，坚持高标准、严要求，敢于直面问题，开展批评与自我批评，保持京唐港广大干部“务实、廉政、高效”的良好干部队伍形象，在各自岗位上不断创造出新成绩，不负公司和广大职工的信任和重托。

党委副书记、纪委书记李贵琢对公司党风廉政建设工作进行安排部署。他说，2009 年是京唐港区建港 20 周年，也是面对金融危机严峻形势、建设科学发展示范港口，保持快速持续发展的关键年。要坚持“三重一大”制度，按照企业领导干部“七不准”要求，强化落实。惩防并举，从严执纪，加大查处违法违纪案件的力度。明确分工，落实责任，确保反腐倡廉工作落到实处，为实现建成综合性、生态型国际化大港目标提供坚强的政治保证。

8月18日，唐山港集团党委召开党支部书记座谈会。会议结合2009年新中国成立60周年、建港20周年这一特殊时期的新形势、新任务，围绕确保实现公司经营目标，就当前支部工作、职工思想动态和如何在金融危机背景下进一步发挥党支部战斗堡垒作用、发挥党员先锋模范作用、以党建工作促进生产建设等问题进行了交流和探讨。会上，第一港埠公司、第二港埠公司、煤炭港埠公司、拖轮公司、铁路公司、保卫部等单位党支部书记、副书记分别汇报了支部工作开展情况。大家积极发言，就如何加强思想政治工作、加快建设和运营等问题提出了自己的看法和建议。

赵治川书记充分肯定了各支部行之有效的工作方法和取得的成绩，通报了公司上半年建设、运营等工作取得的丰硕成果，并就加强公司党的建设提出了4点要求：一要加强思想政治工作，关心爱护职工，保持职工队伍稳定；二要加强党的建设，把党的建设工作融入运营生产当中，结合生产建设抓党建，以党建促生产建设；三要强化廉洁从业，发扬奉献敬业精神，努力提高服务水平；四要加强各级领导班子团结，互尊互补，协调一致，争取提前实现货物吞吐量达1亿吨的奋斗目标。

王首相总经理在讲话中要求各党支部要围绕公司党委部署、围绕生产建设目标、围绕员工思想动态开展工作。

2010年2月23日，唐山港集团对中层干部、部门及控股子公司领导班子进行年度考核。为了做好考核工作，成立了6个考核工作小组，召开了中层干部会议，中层干部当场填写干部测评互评表。随后6个考核工作小组分别深入公司各单位进行考核。考核过程中，职工对本单位领导班子及中层干部民主测评，考核工作组与中层干部和部分职工座谈交流，充分听取职工意见和建议，广大职工发扬民主，认真填写测评表，并提出很多合理化建议。

3月9日，唐山港口实业集团召开全体干部职工大会，开展中层干部民主测评。同时会议民主推荐了中层正副职后备干部。干部考核包括“德、能、勤、绩、廉”等各个方面内容。在干部民主测评中，秉承实事求是、民主公开的原则，全面、客观、公正、准确地评价干部的综合素养和履行职责情况，既对干部本人负责，也为领导班子任用干部提供可靠依据。

从12月15日开始，唐山港集团对中层干部、部门及控股子公司领导班子成员2010年度履职情况进行考核。

考核采取干部互评和民主测评相结合的形式进行。12月23日，集中召开全体中层干部互评会，中层干部填写了“中层干部考评互评表”。由公司领导任组长的7个干部考核组分别召开各部门考核会议。各部门一把手代表班子在会上述职，其他班子成员向考核组提交书面述职报告，考核组现场向参加考核会议的职工发放所在单位“领导班子民主测评表”和“领导个人民主测评表”，组织参会人员以无记名投票的方式对干部进行民主测评，考核组分别与被考核干部和3～5名职工围绕班子团结协作、工作业绩情况和干部个人的综合素质、工作能力、领导艺术、履职情况、工作业绩、工作作风等情况进行了深入座谈了解，形成综合评价意见上报公司党政联席会议。

将干部考核的结果作为评选年度优秀中层干部和今后干部任用的重要依据，对职工民主测评或干部互评中不称职得票率在20%以上的干部进行诫勉谈话，对不称职得票率连续两年在30%以上的干部，则解除聘任合同。

三、用好“三日一网”[①] 教育党员干部

2009年，中共唐山市委在坚持“三会一课”的基础上，启动建立“三日一网”党员活动制度，进一步搭建党员管理服务平台，增强党员主体意识。

“三日一网”是中共唐山市委深入贯彻落实党的十七大精神做出的决定，通过实行“三日一网”党员活动制度，进一步搭建“党员活动、党代表活动、党员学习党章，党员网络交流”4个经常化的平台，使党员活动规范化、制度化、经常化，从而不断增强党员的党性观念，努力提高党建工作水平，为科学发展示范区和人民群众幸福之都建设提供坚强的组织保障。

2009年9月下旬，为贯彻落实“三日一网”党员活动制度，进一步发挥共产党员主体作用，促进广大党员在京唐港区综合性、生态型国际大港建设和科学发展伟大实践中发挥先锋模范作用，唐山港口实业集团、唐山港集团党委提出了自己的看法和建议，同时认真谋划，精心组织，制订了活动实施方案，在京唐港区深入开展“三日一网”党员活动。

① 三日一网：指党代表工作日、党员志愿服务日、党员活动日和唐山共产党员网站。

活动方案规定每月最后一周的周日为党员活动日，每季度第三个月（3、6、9、12 月）的第一个星期六为党代表工作日，每年 7 月 1 日为党章日；以唐山共产党员网站为载体，充分利用该站 QQ 群、短信平台、WAP 服务、呼叫中心服务、网络在线服务等多种手段，有效整合信息资源，为广大党员提供信息化综合服务。

活动方案要求在活动中要做好“三个结合”①，要将“三日一网”活动与公司“作风建设年”活动的“三提三增”② 联系起来，继续发扬“白加黑”“五加二”的工作作风，用实际行动为全年目标任务圆满完成提供保障。

四、青年员工教育培养

2009 年 4 月 23 日，为迎接五四青年节，进一步激发广大青年团员爱岗敬业、奉献青春的热情和干劲，唐山港集团团委邀请唐山市委党校副校长张朝民、团市委副书记石井满来港，为近百名团员青年进行科学发展观知识讲座。张朝民就科学发展观的定义与内涵为公司团员青年做了深入讲解，并结合港口实际，分析了当前经济形势下，团员青年应该如何以科学发展观为指导，更好地投身港口建设，发挥企业生力军作用，从而全面体现自我价值。广大团员青年表示，一定要努力工作，为建设科学发展示范港口

2009 年 4 月 23 日，唐山港集团团委举办科学发展观知识讲座

① 三个结合：指与“迎国庆、保安全、促稳定”活动相结合；与服务公司中心工作相结合；与“作风建设年”活动相结合。

② 三提三增：指提高工作效率、提高工作水准、提高职工和客户的满意度；增强应对危机、推进发展的大局意识、责任意识，增强科学发展、争创一流的创优意识、创新意识，增强行动迅速、一抓到底的务实意识、执行力意识。

奉献青春。

为了深入了解青年职工思想动态，进一步激发广大青年职工扎根港口、奉献社会的信心与决心，10月29日，唐山港集团团委组织召开青年职工座谈会，全体团干部和青年职工代表60余人参加会议。集团党委书记赵治川、副书记李贵琢及工会、团委、党委工作部、基层党支部负责人出席会议。会上赵治川书记、李贵琢副书记对青年职工提出了希望和要求。集团团委对重点工作进行了简要总结，并就下一步如何创新共青团工作、提高工作水平提出了想法和思路。大家纷纷表示，要在京唐港这片热土上奉献青春、建功立业，为科学发展示范港建设贡献力量。为鼓励和动员广大团员青年发扬光荣传统，把握时代脉搏，学习先进典型，发挥模范作用，坚持拼搏进取，矢志创业成才，以更加饱满的热情、更加旺盛的斗志为港口的科学发展、跨越式发展、和谐发展奉献青春，2010年4月22日，唐山港集团团委组织举办了2008—2009年度“十大优秀青年”表彰暨先进事迹报告会。公司总经理王首相、副总经理张志辉、党委工作部部长马志刚以及公司全体团干部出席会议，公司团委书记张健主持会议。

会上表彰了“十大优秀青年”，公司领导为他们颁发了荣誉证书，徐小鹏、赵欣、钟诚等6名优秀青年代表分别作个人先进事迹报告。

王首相总经理在讲话中指出，在五四青年节前夕，公司团委举办这次评选活动，对于弘扬先进、鼓舞斗志、进一步增强广大团员青年使命感和责任感，推动公司青年工作深入开展具有重要意义。受到表彰的“十优”青年是近年来在港口各条战线做出突出成绩的先进典型和优秀代表，是我们学习的榜样、工作的表率。各级共青团组织要以“十优”青年的评选和表彰为契机，在公司上下形

2010年4月22日，唐山港集团团委2008—2009年度“十大优秀青年”表彰暨先进事迹报告会召开

成示范效应。

2011年5月4日，唐山港集团团委隆重召开纪念五四运动92周年暨总结表彰大会。大会表彰了2010—2011年度“五四”红旗团支部、优秀共青团干部、优秀共青团员，并对公司团委2010年工作进行了总结，对2011年工作作出了安排部署。

11月30日，唐山港集团团委举办了“讲港史、励新人、话发展、鼓干劲”专题讲座。副总经理赵坤、团委书记张健、党委工作部副部长赵怀出席，来自公司基层团组织的近百名团员青年聆听了讲座。

本次讲座邀请京唐港务局党委原副书记赵凤君主讲，他结合工作经历，讲述了京唐港的建设发展历程和自己如何与港口共同发展、共同进步的经历，声情并茂，感人至深。赵凤君把京唐港的建设发展历程生动总结为“艰苦创业史”“改革开放史”和“科学发展史”，使大家深切感受到京唐港20多年来的发展巨变、老一辈港口人的无私奉献精神和呕心沥血、以苦为乐的高尚品格。

第二节　扎实开展创先争优活动

深入开展创建先进基层党组织、争当优秀共产党员活动是巩固和拓展深入学习实践科学发展观活动成果的重要措施，是党的建设中的一项重要的、经常性的工作。按照中共中央、河北省委和唐山市委的工作安排，结合唐山港口实业集团、唐山港集团结合实际开展创先争优活动。

2010年5月10日，唐山港口实业集团党委、唐山港集团党委共同召开深入开展创先争优活动动员大会。两集团党委委员和党员代表、党支部书记、中层以上领导及党员代表共150人参加大会。董事长孙文仲、党委书记赵治川就深入开展创先争优活动发表讲话并提出要求，唐山港口实业集团总经理董文才宣读活动实施意见，唐山港集团总经理王首相主持会议。

董事长孙文仲指出，今年以来，两个公司广大党员干部职工深入贯彻落实市委八届六次全会精神，以“港口立市”为首要任务，团结拼搏，开拓进

2010年5月10日，唐山港口实业集团党委、唐山港集团党委共同召开深入开展创先争优活动动员大会

取，在运营生产、港口建设、上市工作等方面均取得显著成效。他强调，要按照中央和省、市部署，把开展创先争优活动作为推进港口建设与发展的重要契机，紧密结合当前实际，通过开展创先争优活动，大力推进各项工作，确保收到实实在在的效果。他要求，唐山港口实业集团要在推进集团化进程、加快在建项目、谋划新项目、加强融资、强化资本运作等工作中创先争优；唐山港集团要在开拓业务市场、加强内部管理、推进项目建设和招商引资等工作中创先争优，形成比学赶帮超的浓厚氛围，在唐山市“港口立市”战略中做出更大贡献，进一步加快建设综合性、生态型国际大港的步伐。

党委书记赵治川作了动员讲话。他指出，开展创先争优活动是提高管理水平、推进京唐港又好又快发展的重大举措，是创新企业文化、增强企业凝聚力的生动实践，是进一步提高职工队伍素质的必要途径。扎实推进创先争优活动深入开展，必须贴近一线、贴近生产、贴近职工，必须创新理念、创新形式、创新手段，必须表彰优秀、树立典型、整改落后。开展创先争优活动，各级领导要严格督导，明确责任，动员广大职工热情参与，促进落实。各部门要相互配合，及时跟进，确保创先争优活动取得实效。

总经理董文才宣读了《关于在全公司基层党组织和党员中深入开展创先争优活动的实施意见》。《意见》明确了活动的指导思想、目标要求、基本原则，部署了活动的内容、方法步骤和组织领导。活动总体安排两年半时间，分四个步骤进行。

王首相总经理强调，开展创先争优活动十分重要，各部门、各支部务必迅速传达、深入贯彻，站在全局的高度，结合部门实际进行部署，强力推进活动的开展。他要求，党员干部要先学一步、学深一步，为活动的开展开好头、起好步。各党支部、各部门要坚持一把手挂帅，加强督导，同时做好宣传工作。要紧密联系实际，将开展创先争优活动融入生产建设中，延伸到各个作业环节中，齐心协力开创“十二五”发展新局面。

9 月 16 日，唐山港口实业集团和唐山港集团共同举办推进学习型党组织建设、深入开展创先争优活动知识讲座，邀请唐山市委党校副校长李文利和市委党校党建研究室主任张丽娜授课。两公司班子成员、各党支部成员、党小组组长、两办人员、新转正党员以及预备党员 130 余人听取了讲座，本次讲座是建港以来规模最大的一次党课活动。

李文利副校长围绕国际、国内社会政治、经济的发展形势，讲述了推进学习型党组织建设的必要性和重要性，号召共产党员一要坚定共产主义信仰，二要树立终身学习理念，三要有良好的精神状态，四要有感恩博爱的情怀。

张丽娜教授解读了对共产党员先进性的认识和中央深入开展创先争优活动的要求。

公司党委书记赵治川要求广大党员认真学习领会本次讲座的内容和精神实质，进一步加强对创先争优活动的理解，把学到的理论知识运用到实际工作中。党组织要凝聚人心、凝聚力量，团结带领广大职工群众再掀创先争优活动的新高潮，为公司的快速发展、科学发展、和谐发展做出突出贡献。

11 月 8 日，中共唐山市委深入开展创先争优活动领导小组办公室主办的《唐山市深入开展创先争优活动简报》第 28 期刊登了题为《唐山港集团股份有限公司立足“五争五创”推进创先争优活动扎实开展》的文章。文中介绍和总结了唐山港集团通过开展创先争优活动，在促进上市进程、提高服务水平、强化企业管理、创建企业文化和促进领导干部廉洁从政等方面的经验和做法，市委争创办在全市推广，供各政府部门、企事业单位学习借鉴。

12 月 23 日，唐山港集团党委召开创先争优“双述双评”[①]活动民主评议会。党委书记赵治川，党委副书记、总经理王首相出席会议。党委所属各党支部书记、副书记及部分职工党员代表参加会议。会议由总经理王首相主持，赵治川书记发表讲话。

会上，15 个党支部书记分别就本支部创先争优活动开展情况及本支部

① 双述双评：各党支部书记向公司党委和党员、群众进行创先争优活动述职，接受公司党委点评和党员、群众评议；党员向所在党支部和群众进行创先争优活动述职，接受党支部评议和群众评议。

所属部门、单位的工作情况进行述职。

赵治川书记对各党支部工作情况进行点评后，对进一步加强公司党的建设、继续开展好创先争优活动提出要求。一要高度重视，不断把创先争优活动引向深入。二要创新创先争优活动的方式方法，把创先争优工作融入公司各项工作之中。三要充分发挥党员的先锋模范作用，在创先争优活动中，努力加强企业党的建设。加强企业党的建设，首要的是加强支部建设，支部是党的最基层组织，是联系党委和党员的枢纽，具有承上启下的重要作用。要努力建设培养高素质的党员队伍，使党员的宗旨、观念、党性得到进一步加强。要加强党风廉政建设，始终绷紧党风廉政建设这根弦，做到警钟长鸣，严格要求自己，即能做的坚决做好，不能做的坚决不涉足。

2010年12月23日，唐山港集团党委召开创先争优“双述双评”活动民主评议会

唐山港口实业集团、唐山港集团立足企业实际，突出企业特点，围绕港口中心工作，深入开展创先争优活动，做到了加强基层组织建设、提高队伍素质与推动港口科学发展相结合，形成了在推动工作中创先争优、在创先争优中推动工作的良好氛围。

活动中，各支部坚持以思想政治为主线、以能力作风为抓手、以勤政廉政为重点、以组织制度为保障，突出支部特色，多措并举开展创先争优活动，营造浓厚氛围。广大党员立足岗位争当优秀，以实际行动影响职工、带动职工共同投身京唐港区建设发展事业。紧紧围绕改善优化港口发展环境、树立良好企业形象、提高服务档次水平创先争优。抓住“优质服务”这个牛鼻子，牢固树立“客户是上帝”“客户满意是京唐港人服务标准”的理念，想客户之所想，急客户之所急，与广大客户建立长期友好、稳固的合作共赢关系。

在运营建设不断取得新进展的同时，创先争优活动也全面深入地开展。

围绕“管理创新和项目建设年”这个主题，坚持“三个结合”，着力“六个加强”，推动“五争五创”，找到了活动的落脚点，赋予了活动的创造力。

坚持“三个结合”。一是与港口中心工作相结合，二是与立港项目建设相结合，三是与和谐企业创建活动相结合。

着力“六个加强”。一是加强两支队伍建设，发挥党员队伍、干部队伍的排头兵作用。二是加强政治理论学习，把理论学习作为管思想、管方向的任务来抓好抓实。三是加强党风廉政建设，为港口发展保驾护航。四是加强和谐企业创建，把员工思想和行动统一到工作大局之中。五是加强宣传工作，为创先争优营造良好氛围。六是加强青年后备培养，充分发挥团员青年的生力军作用。

推动“五争五创”。一是全力以赴争谋上市，兴业强企创先锋。二是服务水平争上游，打造品牌创先锋。三是企业管理争一流，健康发展创先锋。四是企业文化争优秀，文明和谐创先锋。五是作风建设争模范，廉洁高效创先锋。

在创先争优活动中，两公司积极创新，在认真完成“规定动作”的同时，创造性地把创先争优活动从“党员工程”引导发展成为“全员工程”。

第三节 传承弘扬优秀企业文化

企业文化是企业在长期生产经营和管理活动中形成并倡导的物质文化、行为文化、制度文化和精神文化的总和。京唐港区把建设先进的企业文化作为引领员工健康成长，增强企业向心力、凝聚力、战斗力，打造长青企业的重要途径和重要任务。

一、总结提炼企业文化

（一）企业核心价值观

企业核心价值观是由企业全体员工努力追求的最高目标、最高理想而共同表现出来的做人、做事的最高价值选择，是对人、对事、对物的最高价值判断标准。

京唐港区的核心价值观是以奉献港口为荣、以有损港口为耻。

（二）企业精神

企业精神指企业员工所具有的共同内心态度、思想境界和理想追求，它表达着企业的精神风貌和企业的风气。企业精神是企业文化的一项重要内容。

唐山港集团的企业精神是：艰苦奋斗、自强不息、事事求好、敢为人先。

艰苦奋斗：吃苦耐劳，埋头苦干；勤俭节约，不骄不奢；不畏艰险，顽强拼搏；与时俱进，不断创新。

自强不息：自加压力，只争朝夕；知难而上，奋发图强；敢于有为，努力作为，永无止境地追求更高的精神境界和更加美好的未来。

事事求好：追求尽善尽美，不断超越同业普遍标准，超越客户和投资者期望，超越自我，力求每项工作和服务都做到无可挑剔。

敢为人先：敢想敢干，实干巧干；领风气之先，立潮流之前，不断破解发展难题，寻发展新路，抢发展先机，赢得未来发展的主动。

（三）企业作风

京唐港区的企业作风是：明、快、严、实、细。

明：目标明确，责任明晰，信息共享，管理透明。

快：协同做事，优化流程，快速响应，雷厉风行。

严：严格标准，慎独自律，恪尽职守，超越自我。

实：实事求是，讲求实效，乐于实践，多做贡献。

细：计划缜密，精益求精，注重细节，持续改进。

职业道德规范：职业道德规范是全体员工处理职业活动中各种关系、矛盾行为的准则，是员工在职业活动中必须遵守的道德规范。

忠诚：忠诚不是相互间的人身依附，而是对组织目标的认同和对价值理念的承诺。做好本职工作是对唐山港集团最大的忠诚，善待客户、维护唐山港集团利益和荣誉是忠诚的直接表现。树立大局意识，敢于并愿意超越本部门或个人的短期利益、局部利益，勇于提出和支持符合唐山港集团整体利益的意见和做法。

团结：倡导彼此褒奖、相互欣赏的工作氛围，营造团结互助、信息共享的同人关系。视同事为生活中的益友、工作中的伙伴；主动为同事提供情感支持、工作配合、生活帮助。

敬业：爱岗敬业是员工立身之本。以专业精到的职业能力奉献于唐山港集团事业，以高质高效完成工作为天职。敬业意味着要在细节上求突破、求完美；善于打破思维定势，不断尝试新的思路和方法。在处理客户、合作伙伴等相关利益者的关系时，信守承诺、遵守约定。

守纪：严格遵守国家法律法规，尊重、遵守、执行唐山港集团各项规章制度。严格遵照流程开展工作，不因麻痹大意而让唐山港集团蒙受损失。对安全生产规章制度要不折不扣地执行，绝不允许一丝一毫的侥幸行为。廉洁自律，不利用工作之便谋取不正当利益。谨慎使用并保护包括有形资产、信息秘密及唐山港集团声誉在内的资产。

诚信：诚实正直，言行一致，以坦荡心胸直面问题，以磊落行为立身职场。对唐山港集团价值理念做出真心实意的承诺，将组织的信仰转化为个人的信仰。在逆境时坚守信念，在顺境时理性思考，冷静判断，辨识危机。坚守唐山港集团的价值立场，维护唐山港集团的信誉和形象。

文明：自觉遵守公民道德、职业规范，不参与不健康的社会活动，维护唐山港集团形象。对待客户真诚热情，对待同事尊敬谦和，努力做到文明处事、礼貌待人。建立文明和谐的人际关系，妥善处理上下级关系，公平公正对待他人；妥善处理客户关系及社会关系。

勤俭：坚持艰苦创业精神，树立成本控制观念，充分利用有限的资源，不断提高资源利用率。在保证效率的前提下，通过精细管理优化配置资源，保护唐山港集团财产。克勤克俭，工作中不讲排场、不搞形式，生活中不比阔气、不露财气。

感恩：常怀感激之心，感谢生活的赠予，感谢他人的帮助，不断丰富人生资源，让人生充实、满足和幸福。对哺育、培养、教导、指引、帮助、支持乃至救护自己的人心存感激，用真情的付出予以回报。对唐山港集团倾注深情，对客户满怀亲情，对社会奉献真情。

二、大力弘扬企业文化

（一）发展港口　成就员工

以人为本、成就员工是唐山港口实业集团和唐山港集团的企业宗旨，听民声、察民意、聚民心，为职工办实事、办好事，共建共享、风雨同舟，企业发展与职工进步高度统一，共同擎起京唐港区光彩夺目、跨越发展的十年画卷。十年间，公司主要措施包括：增通勤车辆、提就餐标准、增工作服装等，专门研究职工意见，及时落实相关工作。同时加快补充一线职工，优化招工方案，大幅度向职工子女倾斜，把职工群众得实惠的目标落到实处。

2011年4月28日，唐山港集团“爱在唐山湾，情定京唐港”首届青年职工集体婚礼在唐山海港经济开发区海韵广场隆重举行

2011年4月28日，唐山港集团“爱在唐山湾，情定京唐港”首届青年职工集体婚礼在唐山海港经济开发区海韵广场隆重举行，公司党委书记赵治川、总经理王首相分别为举行婚典的10对新人证婚、主婚。集团公司领导、各单位干部职工、新人亲属代表以及社会各界群众300余人参加婚礼庆典。

（二）奉献社会　扩大影响

2009年4月下旬开始的“博爱一日捐”活动是唐山市政府发起的，力求通过捐款活动，广辟社会资源，筹集慈善资金，为需要帮助的困难群众提供帮助，提高弱势群体的幸福指数，为加快推进科学发展示范区和人民幸福之都建设做出积极贡献。唐山港集团对该项活动十分重视，公司主要领导对活动开展作出专项批示，并带头捐款，公司各部门、各分公司、子公司积极响应，广大职工踊跃参与，奉献自己的一份爱心。据统计，本次募捐活动中，共有1700余名干部职工参与，捐款数额达4.508万元，是海港开发区捐款数额最多、参与人数最多的单位。

这次活动所捐款项主要用于城乡特困群众大病医疗救助以及救治贫困先天性心脏病儿童、白血病儿童、肾病儿童。活动于6月上旬结束。在之后历次的“博爱一日捐”活动中，唐山港集团公司表现积极，多次受到上级单位的好评。

京唐港区成为“河北理工大学大学生贯彻落实科学发展观社会实践活动基地”。2009年7月17日，河北理工大学（今华北理工大学）党委书记张玉柱率领师生百余人到京唐港区开展贯彻落实科学发展观暑期社会实践活动。共青团河北省委学校部长史卫华和共青团唐山市委书记孙朝阳应邀参加本次活动，并为科学发展观社会实践活动基地揭牌。

8月26日，唐山港集团获得了第十二届唐山中国陶瓷博览会的独家冠名权，定名为“唐山港之光”第十二届唐山中国陶瓷博览会。9月16日上午，“唐山港之光”第十二届唐山中国陶瓷博览会在唐山国际会展中心隆重开幕。

2010年以来，唐山港口实业集团积极推动宣传工作，努力营造良好氛围，推动公司各项工作实现新进步。公司围绕工作中心，创新思路，完善机制，搭建平台，把做好宣传工作作为贯彻党的路线、方针、政策，展示公司形象的重要途径，制定实施了《关于加强新闻宣传工作实施量化考核奖励的意见》。为推动公司快速发展、和谐发展、科学发展营造了良好的舆论氛围。2010年，公司广大干部职工立足岗位，积极参与宣传工作，实现稿件数量、发稿质量、参与程度的“三个突破”。全年在《唐山港新闻》发表稿件160多篇，并在《唐山劳动日报》《河北企业》《综合运输》《中国水运报》《中国交通报》等多家媒体发表文章，对公司重点工作进行了及时、准确的宣传报道，扩大和增强了公司的知名度和影响力。

第四节　党建引领　成果丰硕

2009 年 4 月 29 日，荣膺全国“五一劳动奖章”的孙文仲董事长参加了在石家庄召开的河北省表彰劳动模范、先进集体暨庆祝“五一”国际劳动节大会。

身戴红花、胸佩奖章的孙文仲（右三）在表彰会上

2010 年 1 月 6 日，在唐山市委八届六次全体（扩大）会议第二次全体会议上，市委、市政府对荣获 2008 年和 2009 年度“新唐山建设卓越功勋奖”“唐山市科学发展创新奖”和“唐山市 2009 年度招商引资贡献突出个人”的先进集体和个人进行了隆重表彰，唐山港口实业集团、唐山港集团董事长孙文仲荣获唐山市 2008 和 2009 年度“新唐山建设卓越功勋奖”。

4 月 27 日，2010 年全国劳动模范和先进工作者表彰大会在北京人民大会堂隆重举行，唐山港集团第二港埠公司副经理杨志伟作为全国劳动模范受到表彰。

2011 年 5 月 31 日，唐山电视台、《唐山劳动日报》、《唐山晚报》、《唐山人才周刊》等媒体记者对河北省第六批省管优秀专家、唐山港口实业集团总经理董文才进行采访报道。公司董事长孙文仲介绍情况并接受媒体采访，感谢媒体对京唐港区发展的关心和支持，对董文才多年来在港口建设领域做出的贡献给予高度评价。

6 月 18 日，由中国交通企业管理协会主办的“中国交通企业管理杰出人物评选表彰活动暨第三届中国交通运输企业杰出管理者大会”在北京人民大会堂隆重举行。唐山港集团董事长孙文仲当选“2010—2011 年度全国交通运输行业十大管理杰出人物”。

7 月 1 日，唐山港口实业集团党委、唐山港集团党委庆祝建党 90 周年暨“七一”表彰大会在唐山港大厦隆重召开。集团领导孙文仲、赵治川、王首相、孟玉梅、张志辉、葛素霞、李建振、于泳、宣国宝、吴福利、韩功千等出席会议。来自两公司约 150 名党员代表参加会议。大会由唐山港集团总经理王首相主持。董事长孙文仲、党委书记赵治川作重要讲话。

董事长孙文仲讲话指出，今年以来，京唐港区以科学发展观为总揽，认真贯彻市委八届七次全会精神，以港口发展的生动实践，践行“港口立市”战略部署，深入开展创先争优活动，全力投身转方式、调结构的攻坚战，迈出了“十二五”建设综合型、国际化大港的铿锵步伐，各项工作实现开门红，呈现出生机勃勃的崭新局面。讲话中对京唐港面临的发展形势进行深入分析，提出要紧紧围绕“一个目标”，把京唐港区早日建设成为综合型国际化大港；密切关注“两个市场”，即资本市场和货源市场，做到“双轮驱动”、并驾齐驱；切实推进“三大创新”，即战略创新、技术创新、文化创新；不断增强“四种意识”，即危机意识、竞争意识、服务意识、领先意识；突出强化“五个方面优势”，即港口的规模优势、综合管控优势、品牌优势、开放优势和思想政治优势。

党委书记赵治川讲话指出，从去年开始，公司按照中央、省、市部署组织开展了创先争优活动，通过党员谈心、公开承诺、“五比五看”等一系列具体措施，进一步增强了党员的责任意识，增强了全港的凝聚力、战斗力，取得了一个又一个令人鼓舞的辉煌业绩。他向全体党员提出几点要求，要深入学习建党精神，以崭新面貌迎接新机遇、新挑战，学习革命前辈敢于开天辟地、敢为人先的首创精神，学习坚定理想、百折不挠的奋斗精神，学习立党为公、忠诚为民的奉献精神。要继续深入创先争优，把各项工作提升到一个新高度，让创先争优成为一项群众活动，让创先争优成为一项常态工作，让创先争优成为一项长效机制。要加强学习型党组织建设，把党员干部和职工整体素质提高到一个新水平，树立新的学习理念，探索新的学习方法，拓宽学习途径。要积极推进企业文化建设和党风廉政建设，营造和谐企业的氛围，广大党员干部要以身作则，率先垂范，要抓好职工教育培训，坚持不懈地抓好党风廉政建设。

中　编

转型升级　释放潜能
开辟港口发展新境界

（2011—2015）

第八章

后危机时期发展规划的优化调整

后危机时期，挑战更加严峻，发展的机遇也初露端倪。

国家“十二五”和“十三五”规划、《河北沿海地区发展规划》、《唐山港总体规划》等纲领性文件，为京唐港区的发展指明了方向。转型升级、规划调整、拓展发展空间，建成综合型国际化大港——港口“十三五”规划的蓝图从此绘就！

——题记

第一节　后危机时期的机遇和挑战

从2008年开始，发端于美国的金融危机席卷世界，港口业首当其冲受到影响。加上之后欧债危机不断升级，对全球经济形成打击。市场竞争国际化、产权结构多元化、治理结构规范化、劳动关系契约化趋势越来越明显，企业面临的市场环境日趋复杂、竞争程度日益激烈，唐山港京唐港区面临着机遇与挑战并存的局面。在后危机时期到来时，国家制定实施了“十二五”规划，京唐港区在面临严峻挑战的同时，也迎来了发展的新机遇。

唐山港京唐港区

一、港口面临复杂的形势

（一）逐步显现的竞争格局

后危机时期，在全球经济及航运市场低迷的环境下，国际贸易大幅下降，国内出口、投资、消费这三驾拉动经济的马车减速，港口之间的竞争日趋白热化。港口吞吐量在高基数下增速已经放缓，一些港口甚至出现负增长，外贸出口显著下降所带来的国内加工和工业生产经营困难，人员工资增长、能源动力和原材料价格的上涨，都给港口的发展带来前所未有的巨大挑战。国内大部分港口不但要承受货运量减少导致主营业务收入的减少，而且因人工、燃物料价格上涨引起成本大幅上升，同时还受到来自船公司和货主要求降低港口作业费用的双重挤压，港口业为吸引货源而引发的价格竞争态势逐步显现。

（二）京唐港区的机遇与挑战

经过“十一五”快速发展和“十二五”良好开局，京唐港区已经具备了科学发展的坚实基础，但是，国家的房地产调控政策对唐山市的钢铁产业产生了直接影响，京唐港区的货种结构影响也开始显现。曹妃甸港区煤炭、矿石，以及钢铁、集装箱码头生产能力不断提升，使京唐港区经营和发展压力增大。受铁路运输能力和周边港口煤炭吞吐能力暴涨的影响，煤炭增量的空间受到严重挤压。钢铁运输持续竞争，集装箱运输也形成竞争局面。

2011 年，《河北沿海地区发展规划》获国务院批准，河北沿海地区开发建设进入了一个崭新阶段。中共唐山市委第九次党代会和九届二次全会描绘了唐山经济社会发展宏伟蓝图，提出 2012 年要加快沿海开发开放，抓住河北沿海地区发展规划上升为国家战略的重大历史机遇，集中力量，整合资源，全力推动沿海开发取得新突破，加快建设新兴增长区域。实施大型企业集团培育工程，力争到“十二五”末，把唐山港打造成为营业收入超 50 亿元的大型企业。这些都为京唐港区的发展带来了新的机遇，也对港口的工作提出了新的更高要求。

在重重困难和挑战面前，在良好的发展机遇面前京唐港人上下团结一心，攻坚克难，化危为机，港口发展逆势上扬，取得了骄人成就。

河北沿海地区发展规划图

二、京唐港区的战略选择

面对“十二五”这个提质转型的攻坚期，京唐港区紧紧围绕综合型国际化大港建设目标，顶住压力，以危机为发展的新背景，拓展思维，按照专业化、深水化、集装箱化、园区化、生态化的发展思路和方向，着力建设现代化的物流港口、数字港口、金融港口、低碳港口，不断调整港口功能布局，成为京唐港区面向后危机时代谋划项目、安排工作的战略重点。在统筹谋划“十二五”工作时，港口决策层始终把发展作为第一要务，以科学的思维审视港口现状，以战略的视野谋划港口未来。以科学发展、建设大港、奉献社会为总揽，以港口功能调整为主线，进一步加快港口转型升级的进程。

港口转型，主要指向资源节约、环境友好转型，以满足港口可持续发展的要求；港口升级，主要指向扩展港口功能、提升服务能力升级，为客户提供更加高效、便捷的港口服务。着眼服务国家战略、引领经济转型、增强港口核心竞争力，以创新、协调、绿色、开放、共享五大理念为指引，积极融入国家“一带一路”倡议、京津冀协同发展战略大局，立足京唐港区 2 亿吨规模优势，进一步加强战略研究，加强战略统筹，深化改革创新，积极推动“新五化”①发展，适应新常态、展示新作为，加快转变港口发展方式，加快企业转型升级步伐。

（一）港口国际化

经过“十一五”以来的稳定发展，京唐港区在进口铁矿石方面已成为全球供应链的节点之一。为此，京唐港区把港口国际化的主攻方向，放在提高集装箱运输供给能力，紧紧抓住国家实施“一带一路”倡议和京津冀协同发展的重大战略机遇，抓住与天津港合资合作新契机，加快提升集装箱外贸航线能力。吸引国际航运、第三方物流企业、跨国采购中心集聚进驻港口物流园区，加大国际采购、配送、中转等服务拓展力度，促进集装箱运输大发展、大提升，不断提高港口国际化水平。

（二）港口信息化

京唐港区加快构建“‘互联网 +’港口经营”的运营方式，在信息化体系基础上，构建港口产业链信息网和数据库，大力发展“互联网 +”，加快智慧港口建设，推动规模化与信息化、数字化融合发展，不断提高港口生产作业效率。

（三）港口服务化

一方面，通过加强技术升级改造，改善生产工艺流程，提升装卸、运输和仓储、配送功能，提升港口传统服务功能；另一方面，加快港口综合服务体系建设，发展物流、金融、保险、融资租赁、商务服务、保税加工、工程研发、信息服务、商品交易等多业态服务。京唐港区抓住山西物流公司、中鼎内陆港设立的契机，大力实施西北战略，不断提升服务品质。

（四）港口绿色化

绿色化与低碳港口一脉相承，是港口生态文明建设的基本标志。京唐港区充分发挥已列入交通运输部绿色港口创建试点的优势，推动绿色港口

① 新五化：指港口的国际化、信息化、服务化、绿色化、安全化。

建设升级，严格执行国家有关节能减排的政策、法规和标准，把政策要求融入项目之中，严把设备选型和工程设计关。进一步做好环境影响评价，把环境保护落实到港口规划、设计、施工、运营全过程。建立港口能耗和排放指标体系，坚定不移走绿色、低碳港口的发展道路。

（五）港口安全化

京唐港区领导多次反复强调，安全是一种竞争力。一个不安全的港口，就不会有客户的放心托付。要把保证港口安全作为履行社会责任的重要内容，除投融资安全、工程安全、生态安全外，港口装卸、储运安全是最基本、最重要的安全重点，做好码头安全运输，切实抓好安全管理和应急保障体系建设，确保港口设施和港口生产的安全。以安全为抓手，把专业化码头的效能发挥到极致。

第二节　发展思路和战略举措

以港口区域经济开发为主业，以投资控股为主要手段，以战略指导和战略控制为管控模式，发挥京唐港区资源配置优势，不断拓展业务领域和实力规模，使京唐港区逐步发展为中国港口区域经济建设的领先者。

一、港口发展总战略

围绕综合型国际化大港建设的总要求，唐山港集团审时度势，实施八项战略，抵御风险，加压奋进。

一是集团化、相关多元化发展战略，在形成集团化管控结构、完善管控体系的基础上，把握地方经济发展重大机遇，以港口区域经济建设为中心，实施积极的对外投资战略，扩大业务领域，壮大实力规模。

二是港口物流贸易一体化发展战略。依托已有优势，适应港口和物流产业发展趋势，向供应链上下游纵向拓展，实现由单一港口业务向港口综合物流发展，积极推进向第三代港口的转型，把京唐港区建设成为中国北

唐山港京唐港区货物堆场

方主要的综合物流中心和工业原燃料枢纽大港。

三是低成本竞争战略。进一步发挥成本低、速度快的独特建港优势；进一步发挥劳动用工市场意识强、人员精简、无历史包袱的体制机制优势；进一步完善控制人力成本的协力制劳动组织模式；进一步探索和开辟多形式、多途径的低成本融资渠道，以资源节约、循环利用、可持续的发展理念，实现低成本投入、高效益回报。

四是跨区域发展战略。按照“不限港区、不限港口”的基本思路，利用唐山港品牌影响，以京唐港区为基点、唐山地区为核心腹地，积极实施“走出去”战略，跨区域参与港口及各类基础设施开发和建设，拓展业务发展空间，进一步扩大唐山港集团股份有限公司（简称“唐山港集团”，下同）在业界的知名度和影响力。

五是积极的资本财务战略。提高公司资本运作能力，利用唐山港口实业集团有限公司（简称“唐山港口实业集团”，下同）和唐山港集团两个资本运作平台，利用多种投资策略、收购手段及资本市场工具，实施积极的投资战略。进一步拓宽融资渠道，开拓发展空间，壮大集团实力和规模。

六是人力资源引领和保障战略。唐山港集团实施高端人才引领战略，重点培养和招募专业人才、管理人才和国际化人才；唐山港口实业集团实施人力资源成本领先、效率领先战略，重点培养运营组织、经营管理和熟练操作人才。

七是资源开发和管控战略。积极培育和提高资源控制和配置能力，通过自主开发、出租、出售、作价入股等多种方式积极开发和利用土地、海域和岸线等自然资源；培育和利用好公司品牌、上市公司平台等各类重要资源。加快资源优势向资本优势转化，实现资源有效配置和效益最大化。

八是全面风险管理战略。构建与集团母子公司体制相适应的全面风险管理体系，实施全面风险管理战略，建立健全风险管理的组织体系、风险信息收集和评估系统、重大风险预警与防范系统及内部控制的制度支撑体系，加强风险管理专业人才队伍和风险管理文化建设。

二、“十二五”发展路径

（一）突出三大重点

“十二五”期间，京唐港区在加强装卸板块建设的同时，致力物流板块、金融板块和港口板块协调发展取得突破。助推港口深水化、专业化、集装箱化、园区化、生态化建设，要通过物流、金融、港口的互动、融合，形成集团全新的盈利模式、服务模式和发展境界，高层次、多领域、多元化增强港口竞争力和持续发展力，全面实现“十二五”量利双翻番目标，宽领域、高品质地推进综合型国际化大港建设。

一是物流板块建设。运用现代物流理念，充分利用京唐港信誉、品牌、服务、客户资源、市场资源、基础设施等各个优势，以港口物流为依托，在实体经济的基础上开展虚拟交易，向运输、仓储、装卸、搬运、代理、包装加工、配送、信息处理等各环节拓展，并将其有机结合，使港口经营从追求规模化转向满足个性化、全程化、全方位服务，形成完整供应链，为客户提供多功能、一体化、多方位的综合物流增值服务。通过对综合运输体系的提升，推进港口业务向现代综合物流全面拓展，使其业务关口前移，节约客户成本，从而扩大港口业务范围，提高市场占有率。同时通过广泛获取信息，以及贸易、结算、配送等各环节统筹运作，获取第三

方平台利润和相关及延伸服务利润，形成新的盈利点和盈利模式。

二是金融板块建设。实现港口多点盈利、跨越发展、高层次提升。利用唐山港集团上市融资平台，加强并加快向金融市场渗透。包括做好仓储质押融资，为那些没有固定资产及相关财产的资信作抵押或担保，而手头上又拥有相当数量的库存产品、流动资产的客户提供融资通道。在金融危机的背景下，通过此类方法促进多方共赢，更好地渡过危机阶段。在小额贷款银行、小额担保公司、保险公司、私募股权投资（PE）平台等项目上做积极尝试。聘请相关专业高端人才充实壮大金融业务力量。做好风险防控（包括内部管理风险、运营风险、技术风险、市场风险、安全风险、环境风险、法律风险和信用风险等的防控），加强咨询和研究，在资本运作、信息技术、投资战略等方面全面分析，把金融板块做强做优。

三是港口板块建设。夯实基础，巩固和利用好既有物流资源和各场站资源，谋划建设更多货物、货种交易平台，加强新的场站布点建设，变革揽货理念，利用信息化手段，融入交易链条当中，创新物流盈利模式。开阔视野，在广阔的物流全过程、全链条的市场中关注各环节，不仅仅局限于货物运输和港口业务，由点及面，深化拓宽，把物流服务眼界拓展到其他港口，进而促进京唐港区改进方法、降低成本。注重综合配套和延伸服务，着眼于为客户提供咨询、金融、资金、人才、检测、技术以及采购、贸易、投融资、电子商务等与物流有关的各项服务，形成京唐港区特有的以港口物流为基础的现代物流体系和运作方式。

（二）瞄准两大目标

其一，“十二五”期间再创一个京唐港；实现业务规模和资产规模“双翻番”；形成港口经济发展能力、资本运作能力、资源控制和配置能力三大核心能力；构建港口建设、港口运营、股权投资与资本运作、资产资源开发经营四大业务协同发展的“四轮驱动”业务格局。

其二，近期定位为港口运营商，按“国内一流、国际知名”的要求建设和运营京唐港区，将京唐港区打造成为综合性、现代化的国内枢纽大港，发展成为区域领先、具有综合物流服务能力的港口；远期定位为综合物流服务提供商。适应港口和物流产业发展趋势，从单一的港口装卸仓储中心向具有加工分拨、融资监管等功能的综合物流中心转变，发展成为国内一流、区域领先、具有综合服务能力的工业原燃料主枢纽港。

（三）抓好四项工作

其一，港口建设。不断提高港口吞吐能力，提高港口管理水平和综合效益。“十二五”期间完成港口建设投资约115亿元（实际完成约150亿元），完成专业化矿石码头和20万吨级以上航道、26～27#、36～39#泊位等重点工程建设。

其二，港口运营。加快建设港口物流中心、融资贸易中心和临港加工中心，使京唐港区由单一的港口装卸仓储服务中心向综合物流中心转型。到2015年，京唐港区实现货物年吞吐量1.5亿吨，力争达到2.0亿吨（实际到2013年就完成吞吐量2亿余吨），集装箱吞吐量确保50万TEU，力争70万TEU（实际完成集装箱运量突破100万TEU）。

其三，股权投资与资本运作业务。发挥唐山港口实业集团和唐山港集团两个平台作用，积极推进股权投资与资本运作，实现外延式、跨越式发展。

其四，资产资源开发经营业务。发挥唐山港口实业集团国有资本运作平台的作用，通过港口总体规划和项目谋划，不断提高和扩大对战略性资源的占有率和控制。通过资产、资源经营实现国有资产保值增值。

第三节　确立转型升级重点项目

把重点项目作为增强港口市场竞争力的战略基点，把项目谋划及项目链建设作为港口持续发展的生命工程，谋划、储备、建设、投产，再谋划、再储备、再建设、再投产，项目谋划不遗余力，项目建设全力推进，倾注了决策者与实施者的汗水和智慧，表达了决策者与实施者的意识和责任。

一、20万吨级矿石码头和航道工程

转型发展的立港项目之一，是20万吨级矿石码头以及配套项目20万吨级航道的建设（2012年进行功能调整后为25万吨级）。

工程包括 2 个 25 万吨级专业化矿石泊位以及相应的配套基础设施，码头利用岸线855米，其中740米水工结构按照靠泊25万吨级散货船设计，115 米水工结构按照靠泊 20 万吨级散货船设计，主要运输货种为铁矿石，设计吞吐能力为3500 万吨 / 年。工程总投资 42.87 亿元。

20 万吨级航道项目是在原 10 万吨级航道基础上进行加深、拓宽、延长，同时，对航道灯标、导标等进行调整。

2012 年相继完工，开始试运行，创造了全国同类码头第一年开工、第二年达产的奇迹。

二、专业化集装箱泊位工程

26 ～ 27# 泊位工程是京唐港区集装箱化的关键工程，是河北省第一个国家发改委核准的专业集装箱码头项目、河北省科技示范项目，也是京唐港区功能调整、转型升级的重要支撑。项目建设规模为 2 个 7 万吨级集装箱泊位及相应配套设施，码头水工结构均按靠泊 10 万吨级集装箱船设计，泊位长度为 690 米，设计年通过能力 90 万 TEU，投资约 12.966 亿元。

京唐港区把 26 ～ 27# 泊位建设作为工作的重中之重，专门成立项目领导小组，加强招投标管理，细排工期节点，全面推进工程建设进程。建设单位创新思路，破解难题，按照建设示范工程、示范项目的总要求，制订项目整体招标方案，完成施工计划、方案、项目招标代理比选，注重设计和施工方案优化，保障质量，降低工程造价，为 26 ～ 27# 泊位码头工程开工建设做了积极准备和铺垫。开工当年，码头主体、堆场、道路地下工程全部完成，房建、变电站及架空线路、工艺设备等工程也同步稳定跟进。2014 年，26 ～ 27# 泊位试运营，当年实现达产，京唐港成为河北省第一个集装箱年运量超 100 万 TEU 的港口。

三、煤炭专业泊位工程

据有关部门和专家预测，到 2020 年，北方港口煤炭发运量将达到 7.3 亿吨。随着“十二五”期间蒙冀铁路第三条通道的建成，京唐港区在“北煤南运”中的地位也将更加突出，煤炭发运量会有大幅增加，预计到 2020

年，京唐港区煤炭吞吐量将超过 8600 万吨。而 36 ～ 40# 大型煤炭专业化码头项目，则是调整优化港口功能布局的关键项目之一。

36 ～ 40# 大型煤炭专业化码头项目位于京唐港区第四港池北岸，建设 2 个 15 万吨级进口焦煤泊位和 3 个 10 万吨级煤炭出口泊位，配套建设两线四翻式翻车机房及专业化煤炭堆场等设施，设计通过能力 4600 万吨。

第四节　调整港口规划　拓展发展空间

21 世纪头 20 年是中国加快社会主义现代化建设、实现全面建设小康社会奋斗目标的关键时期。中共河北省委、省政府为实现沿海地区经济跨越式发展，组织编制了《河北沿海地区发展规划》，提出“有序开发岸线资源，完善路网结构，建设以综合性港口群为龙头的现代综合交通运输体系，大力发展临港产业，推进滨海城镇发展，形成辐射带动能力强的滨海新城和具有国际竞争力的产业集群，建成环渤海地区经济发展的新的增长点”。

一、《唐山港总体规划》的修订

2011 年 11 月，《河北沿海地区发展规划》已经被国务院正式批复实施，为唐山市沿海地区产业发展、实施产业结构调整、实现可持续发展指明了方向。

京唐港区自 20 世纪 80 年代末起步建设，历经近 20 年的发展，已初具规模，成为唐山港发展的重要支点。为适应新的形势和社会经济发展需要，唐山市港航管理局结合京唐港区提出的港口规划调整建议委托交通运输部规划研究院，在原《唐山港总体规划》的基础上，对规划部分内容进行修订，2015 年 3 月的新《唐山港总体规划》中，进一步统筹规划全市港口岸线资源，京唐港区岸线继续向东侧延伸，建设新港池、增设新港区，优化港口功能及平面布置方案，以更好地落实《河北沿海地区发展规划》既定的任务和目标，为京唐港区乃至唐山港总体的健康、有序发展提供保障。

二、《唐山港总体规划》对唐山港性质的定位

唐山港是国内沿海地区性重要港口；是全国能源、原材料等大宗物资专业化运输系统的重要组成部分；是华北及京津冀地区的重要综合运输枢纽；是京津冀地区协同发展和区域产业结构调整的重要平台；是河北省及唐山市参与东北亚地区经济合作的重要窗口；是实施《河北沿海地区发展规划》、促进河北省及唐山市经济转型升级的重要支撑；是河北省及唐山市沿海地区开发建设的重要基础设施和主要依托。唐山港充分利用自身的特点和优势，为大型临港工业发展提供有力的支持，全面发展煤炭、原油、铁矿石等大宗散货运输和集装箱、钢铁、杂货、化工原料等综合物资运输，拓展港口物流、商贸、信息、保税等服务功能，逐步发展建设成为内外贸结合、商工贸并举，自然和谐，环境优良，国际一流的现代化深水大港。

唐山港是一个兼备水、公、铁、管道等多种运输方式，集多种服务功能于一体，由多个港口企业、物流企业和临港产业有机结合的服务整体。总体应具备装卸储运、中转换装、运输组织、临港工业、现代物流、商贸信息、综合服务等主要功能。

在《唐山港总体规划》第五章《港口总体规划》中，规划唐山港将形成一港三区、分工合作、协调互动、共同发展的总体发展格局。

三、唐山市岸线利用规划

唐山市规划岸线总长度229.7千米，规划港口岸线65.5千米，占全市岸线的28.5%。见下表：

唐山港港口岸线利用规划表（单位：千米）

岸段划分	岸线起讫点	规划利用岸线	已利用岸线	利用状况	规划用途
唐山市大陆岸线	滦河口—洒金坨插网铺	229.7	32.6		
浪窝口—湖林新河口	浪窝口—老米沟口	6.2	0	部分岸线滩涂养殖	预留港口岸线
	老米沟口—湖林新河口	19.1	11	湖林河口至湖林新河口岸线已用于京唐港区开发	港口岸线

（续表）

岸段划分	岸线起讫点	规划利用岸线	已利用岸线	利用状况	规划用途
青龙河口一南堡	青龙河口—双龙河嘴东口	21.6	21.6	曹妃甸港区	港口岸线
	双龙河嘴东口一南堡	12.0	0	盐业、海水池塘鱼、虾养殖	港口岸线
黑沿子沙河口—洒金坨插网铺	黑沿子沙河口一涧河口	6.6	0	海水池塘鱼、虾养殖，浅海养殖	港口岸线
港口岸线合计		65.5	32.6		

四、《唐山港总体规划》中的京唐港区

京唐港区保持外围环抱、内支分叉的总体格局，主要规划区域概要如下：

（一）集装箱码头作业区

集装箱码头作业区布置于港区西部第三港池南北两岸，码头岸线总长4.3千米，可供建设10个大中型集装箱泊位，陆域场地面积约2.7平方千米，集装箱合理运输容量约500万～600万TEU。第三港池西岸受电厂取水口及陆域纵深影响，取水口两侧布置工作船泊位或其他适宜中小型泊位。

（二）液体散货作业区

液体散货作业区布置在港区西部、集装箱码头作业区以南第五港池，以及第五港池南侧宽突堤外侧岸线。规划码头岸线长约11.6千米，可供建设23～30个各类液体化工品、油品及油气泊位，未来随着港区航道等级的提升，可在此区域布置大型原油泊位。陆域占地面积约11.6平方千米，初步测算可布置总罐容约600万立方米。

（三）干散货作业区

干散货作业区布置于第四港池，规划码头岸线总长约8.9千米，除第一港池1#泊位外，主要位于第四港池北侧岸线，可供建设30余个煤炭、矿石、散水泥等大中型干散货泊位，陆域场地面积约12平方千米。

（四）杂货码头作业区

杂货码头作业区布置于港区中部第一、二港池之间，规划码头岸线总

长约3.3千米，主要包括第一港池及第二港池岸线，可供容纳约14个大中型通用杂货泊位，陆域场地面积约2.4平方千米。

（五）预留发展区

预留发展区主要布置在港区东侧第四、六港池，岸线总长约21.2千米，主要包括第四港池南侧岸线及第六港池内全部岸线。第四、六港池南侧环抱式人工半岛纵深均为1.5千米，第六港池北侧陆域纵深为1.4千米，陆域面积共约29平方千米。第四港池南侧、东侧及第六港池岸线功能目前尚不明确，未来可视港口发展及后方临港产业布局需要，与之相适应布置各功能区。

（六）综合物流区

调整后物流园区位于京唐港区西北侧、第三港池集装箱泊位区后方，园区面积由原来的1.8平方千米增加至7.5平方千米。物流园区重点发展国际中转、配送、采购、转口贸易和出口加工等业务，为腹地各类适箱货、杂货提供全方位的物流、商贸、信息等服务，并为海港经济开发区及海港开发区内各类临港产业服务。

根据上述规划方案，京唐港区规划码头岸线总长增加至48.6千米，各类场地面积约65.2平方千米。

（七）京唐港区水域规划

京唐港区外海主航道方位保持315°～135°，航道有效宽度295米，航道底标高-19.5米，航道长度16.7千米，满足20万吨级船舶单向通航标准。随着大型散货专业化泊位的建设，未来京唐港区航道等级将提升至25万～30万吨级。

为缓解未来港区通航压力，拟在现有主航道东侧，单独为第六港池开辟第二条航道。通往第六港池的第二航道规划为10万吨级航道，航道宽度210米，设计底标高-15.5米。

（八）京唐港区陆域港界

根据京唐港区规划和未来发展的需要，京唐港区陆域港界北至开发区7#路南红线，西至开发区规划集装箱物流园区的西红线，东至改道后老米沟的西边界。

（九）港口集疏运规划及配套设施规划

根据相关规划，未来唐山市沿海地区将形成以港口为枢纽，以公路、铁路、管道为骨干的综合交通运输体系。

1. 铁路。京唐港区后方承担铁路集疏运服务的主要为唐港铁路，唐港铁路自京山线滦县站向南、经开发区海港站直达京唐港区。通过港区铁路支线可实现港区与国家铁路网的大秦、京山、京秦、沈山、京包、京原、丰沙大、包兰等铁路的相连并辐射至全国。

2. 公路。唐山市目前基本形成了以高速公路为主骨架、国省干线公路为主通道、县乡公路为脉络，纵横交错，功能齐全的现代化公路交通网络系统。规划京唐港区对外公路集疏运通道南北向主要依托唐港高速和唐港快速公路，东西向通道主要依托沿海高速、滨海公路和滨海大道。

3. 管道。京唐港区是鄂尔多斯—京唐港液体化工品管道输送项目的出海口，京唐港区还要服务于国内西部地区液体化工品的海上运输。

4. 供电规划。京唐港区 110 千伏变电站电源从开发区 220 千伏变电站接引。拟在港区规划建设 4 座 110 千伏变电站，在集装箱作业区和物流商贸区规划建设一座 110 千伏变电站，大宗散货作业区规划建设两座 110 千伏变电站；远景发展区规划建设一座 110 千伏变电站。同时，根据港区各码头及堆场的供电负荷分布情况，在码头及堆场和辅建区建设多个 10 千伏变电所和一些 10 千伏中心变电所，以满足港区供电照明负荷的需要。

5. 给排水规划。给水工程规划：京唐港区给水工程本着与唐山海港开发区总体规划相结合的原则进行规划。给水工程的供水范围包括京唐港区规划范围内的全部用地。港区内的用水分别由开发区的两座水厂供给。水厂供给能力可满足港区用水需求。远期预留区需增设 3 处市政输水管道接管点。排水工程规划：京唐港区生活污水采用依托市政污水处理厂与分散处理相结合的原则，其中件杂货作业区辅建区内的生活污水汇入市政污水管网，送入市政污水处理厂处理，液体化工品作业区、远景发展区各自设置独立的污水处理厂进行处理，其他各作业区辅建区的生活污水经污水提升泵房后进入市政污水管网，送入市政污水处理厂处理。

6. 消防系统规划。根据建筑防火规范及港口工程消防要求，京唐港区内的一般作业区消防用水，均采用生产、生活、消防合一的给水管网供给，供水采用低压制。

第五节 绘就“十三五”发展新蓝图

2016年6月，唐山市被列为国家构建开放型经济新体制综合试点试验地区，标志着唐山的转型升级进入了新的历史时期。唐山港的开放引领产业拉动、腹地拓展等功能，完善加工、配送、金融、贸易、信息等服务体系，打造便捷的出海通道，使港口成为在世界范围内吸纳和聚集各种生产要素、带动临港及相关产业发展的国际枢纽港。

一、进一步丰富重点项目库

“十二五”时期，京唐港区的决策者未雨绸缪，着眼“十三五”，展望2030年，针对形势发展变化，分析、预测和规划了港口的发展战略，特别是重点项目发展战略，推动港口重点项目建设创新发展，重点项目延伸安排到2030年，进一步丰富和发展了重点项目库。抓住区域用海规划获批的有利时机，加快项目办海、办地工作，争取海域、土地资源配置，完成第四港池北岸矿石加工和煤炭转运2个堆场项目用海前期手续。协调市、区国土、规划等部门，打破常规，完成3000万吨煤炭泊位填海二期海变地，组卷推进第五港池液化罐区及仓储区一期填海工程海变地。

为适应港口布局规划调整，京唐港区积极稳妥、适度超前地谋划和建设四大基础设施项目。

（一）加强研究　发挥规划的先导和统筹作用

结合港口发展需要，不断总结，完善、补充发展规划，丰富规划思路。按照新修订的河北港口布局规划和唐山港总体规划，认真研究京唐港区控制性详细规划，重点做好第四港池北岸线大宗散货、第四港池南岸保税港区、第五港池详细规划编制以及后方集疏运通道，港区内铁路、供电、道路等专项规划编制，确保港口资源得到科学合理的开发和利用，确保港口可持续发展。加大协调力度，及时跟踪国家重点行业、产业发展规划编制情况，积极建言献策，争取规划重点项目列入国家、省、市“十三五”规划盘子，为未来项目核准和建设创造有利条件。

（二）加强项目谋划　增加项目储备

依托第四、五港池南北两侧良好的资源禀赋和已经取得的海域、土地资源优势，努力发挥后发优势，加大招商引资、合资合作力度，引进有资源、有资金的重量级合作伙伴，重点推进京唐港区东南防波堤工程、第四港池南岸人工岛保税港区、30 万吨级原油泊位、LNG 码头、第五港池南岸炼化人工岛、物流园区废钢仓储加工基地、冷链物流中心、集装箱内陆场站等项目。同时，积极协调推进唐山港港区间铁路联络线项目，畅通京唐港、曹妃甸两港区间的集疏运通道，将项目纳入唐山港区规划，在线路走向、预留土地、城市规划等方面给予统筹考虑，并争取纳入省内铁路网规划。顺应集装箱海铁联运发展趋势，增强京唐港区集装箱铁路接卸能力，在海滨路以西、大唐电厂南侧规划集装箱铁路卸车场，并纳入唐山港区规划。

（三）积极稳妥推进重点项目建设

以市场需求为导向，把握节奏，精准发力，积极稳妥推进重点项目建设，深化项目研究，加大项目跑办力度，积极申报省、市重点建设项目，主动申请将项目更多地列入重点项目目录，争取国家、省、市对项目的政策支持。继续加大基础设施投入，为京唐港区运营生产创造良好条件。“十三五”期间，以市场需求为导向，重点推进第四港池 25 万吨级航道工程和京唐港区东南防波堤工程建设。根据港口运营生产和市场需求情况，把握时机，适时开工建设一批市场前景好、盈利能力强、支持作用大的重点工程项目，其中包括：第三港池南岸集装箱专用铁路工程、23 ～ 25# 多用途泊位工程、第三港池西岸线工作船泊位工程、28 ～ 29# 液化泊位工程、京唐港区液化仓储工程、京唐港区矿石泊位铁路及装车场工程、迁安综合物流场站工程、木材熏蒸工程项目等。

（四）以项目为依托　提高资源掌控能力

港口决策层借助京津冀协同发展、河北加快实施沿海发展战略的大势，实现借势发展、借力发展。用活、用好、用足国家、省、市加快沿海港口发展的系列优惠政策，尤其是在土地、海域办理及使用金减免方面的政策，积极谋划编制新的办海、办地项目，加快第四港池北岸剩余海域、南岸人工岛、第五港池南岸海域的办理，为项目申报创造条件。不断提高对整个港区资源控制能力和开发主导权，不断增强资源开发和转化能力，善于借助资源优势，盘活存量资源，加快资源优势向资本优势的转化。

二、绘就京唐港区发展新蓝图

唐山开放型新体制试点，以及中共唐山市委提出的充分释放大港优势的新要求，把京唐港区又一次推到了全市改革开放、转型升级、创新发展的最前沿，也为港口的转型发展指明了方向。

始终坚持把京唐港区建设成为综合型、国际化大港的总目标不动摇，坚持集装箱化、深水化、专业化、园区化、生态化的发展方向不动摇，坚持建设集装箱港口、物流港口、金融港口、数字港口、低碳港口的发展路径不动摇，坚持完善发展装卸板块、物流板块、集装箱板块、金融板块“四大板块”的发展措施不动摇，做精、做细、做大、做强已有产业，谋划发展好新型产业，无中生有，有中生新，彻底转变只重视吞吐量增长、不注重发展质量的发展方式，进一步向内陆纵深拓展腹地，发展现代物流，增强辐射能力，从传统装卸港向物流贸易港升级，从追求数量向环保、质量、效益并重升级，使京唐港成为适应国际航运大型化的综合运输服务中心，成为集商品、物流、信息、金融、技术、产业于一体的全球资源配置中心，成为新型的区域经济中心，发展国际区域性总部经济，实现港口、物流、产业、城市“四位一体”的港城互动发展，把京唐港区建成综合型、国际化大港，把唐山港口实业集团和唐山港集团这两个集团建成主业强盛、多元发展的大型港口企业集团。

三、“十三五”总体目标

（一）生产能力和经营效益持续较快增长

港口生产能力进一步提升，资产规模不断扩大，利润水平稳步增长。货物吞吐量达 2.55 亿～3.0 亿吨，其中集装箱吞吐量达 200 万～300 万 TEU。资产规模总资产达 260 亿～280 亿元。上市公司非主业实现利润占比达到 15%～20% 以上。

（二）结构调整取得重大突破

港口布局、功能调整基本到位，“四大板块”协同发展。集装箱板块全省排头兵作用更加稳固，货源、货种结构更趋合理，件杂货与大宗散货比例更加协调。

一是企业规范化管理水平进一步提升。深入开展管理提升行动，“五大体系”规范、高效、顺畅运行，风险管控能力进一步提升，科学化、标准化、精细化建设取得显著效果，与综合型国际化大港相适应的管理体系进一步完善。

二是安全、绿色、循环、低碳港口建设迈出新步伐。进一步完善安全标准化建设，强化安全管理，责任亡人事故为零。转变观念，树立绿色发展思路，加快实施绿色港口工程，加强安全环保工作，广泛推广新工艺、新技术，积极推进节能减排，发展循环经济，承担企业社会责任。

三是企业文化软实力进一步增强。全力打造具有自身特色的企业文化、企业精神，丰富企业文化内涵，加强管理文化、创新文化、制度文化、廉政文化建设，靠企业文化建设提升港口核心竞争力。

四是在持续谋划、建设项目上发挥引领者作用。着眼“十三五”，在持续谋划、建设项目上发挥引领者作用。按照谋划一批、储备一批、建设一批、投产一批的整体思路，持之以恒地把港口项目谋划好、组织好、安排好，以项目建设的持续领先推动支撑现代化综合性国际大港的建设实践。

唐山港京唐港区一隅

第九章
国家北煤南运的重要通道 大型专业化煤炭码头建设

北煤南运，国家战略。京唐港在这一国家战略中能否有所作为？能否积极作为？能否大有作为？

京唐港人牢牢抓住了发展的机遇，用行动完成了精彩的答卷。经过不懈的努力，建成了煤炭专业化码头和配套铁路，在国家战略中凸显了自己的位置。

——题记

第一节 调整优化功能布局的关键项目

京唐港区的历史，证明着一个道理：项目选择得好，港口就会持续发展，就会充满朝气。36 ～ 40# 大型煤炭专业化码头建设，就是调整港口优化功能布局的关键项目之一。

一、省、市加快沿海经济开发的战略需求

中央把加快环渤海地区发展作为重大战略举措，为河北省的发展带来难得的机遇。河北省实施的“四个一”战略重点[①]，其中“一带”即加快建设沿海经济隆起带。唐山市“十二五”规划实施“二极三带”[②]发展战略，加快沿海经济带的开发开放，构筑内陆沿海发展新格局，乐亭新区（包括京唐港区、海港经济开发区、乐亭县）坚持加快产业聚集，港、区、城协调联动，努力建设港口物流基地、精品钢材生产基地、煤化工产业基地、临港装备制造基地。

作为河北省“三港四区”[③]之一的京唐港区抓住机遇，乘势而上，加快发展，为建成综合型、国际化的港口而努力，为河北省建设成为沿海经济强省做出贡献。

二、调整港区功能 适应形势发展

京唐港区接转下水煤炭的开滦集团国际物流公司、中煤环海能源公

① 四个一：一圈，即加快建设环首都经济圈；一带，即加快建设沿海经济隆起带；一区，即加快发展冀中南经济区；一批，即加快培育一批千亿元工业聚集区和大型企业集团。

② 二极三带：二极包括曹妃甸新区增长极和主城区增长极；三带包括沿海经济带、平原经济带、山前经济带。

③ 三港四区：三港，即秦皇岛港、唐山港、黄骅港；四区，即秦皇岛港区、京唐港区、曹妃甸港区、黄骅港区。

司、京唐港煤炭港埠公司以及唐山港集团等 4 个独立运营企业，码头总设计能力为 1115 万吨 / 年，2008 年完成煤炭运量 1589.7 万吨，2009 年完成煤炭运量 1424.7 万吨，2010 年完成煤炭运量 1756 万吨。然而，上述泊位专业化程度、能耗、工艺等方面，已经不能满足煤炭船舶大型化和码头专业化的发展需要，对环境的污染也严重制约了唐山海港经济开发区城市的发展。依据河北省政府批准的《唐山港总体规划》原则，需要通过建设高效、环保、节能的专业煤炭泊位，调整功能，适应形势的发展。

三、缓解码头通过能力不足的矛盾

京唐港区 2009 年货物吞吐量 1.0541 亿吨，其中煤炭吞吐量为 5406 万吨；2010 年全港区货物吞吐量达到 1.2017 亿吨，其中煤炭吞吐量为 6694.5 万吨。而京唐港区当时 29 个生产性码头总设计能力仅为 7368 万吨 /20 万 TEU，远不能满足京唐港区货物吞吐量快速增长的需要，因此，急需进行新码头建设，以提高京唐港区泊位通过能力。

随着世界经济一体化的发展，市场竞争越来越激烈，特别是各国对原材料的需求越来越强烈，远洋运输已成为航运市场中的主流。为了降低运输成本，提高竞争优势，航运界纷纷调整船型结构。在运量大、货源稳定、运距长的海运航线上，大吨位船舶运输成本比小吨位船舶低很多，各航运公司竞相选用大吨位船舶。

在固定航线的条件下，煤炭批量越大，大吨位船舶运费越低。在出口量大、进口港需要的批量多、装卸效率高、运距较远的情况下，采用大吨位的船舶比小吨位的船舶运输效益明显要好，因此使用 10 万～ 15 万吨级船舶是焦煤运输的趋势。

四、大秦铁路分流与专业煤炭码头项目落户京唐港

大秦铁路是中国第一条双线电气化开行重载单元列车的运煤专线，主要承担晋北、内蒙古西部和陕北的煤炭外运任务。为最大限度地发挥大秦铁路的作用，有效缓解煤炭运输紧张状况，自 2004 年起，国家铁道部决定对大秦既有电气化铁路实施扩能 2 亿吨改造。

京唐港区是国家重点物资运输的重要港口，在国内煤炭、矿石、钢铁

等货物运输中占有重要地位，是“北煤南运”七港之一。自建港以来，京唐港区通过不断进行科学谋划，逐渐形成了公路、铁路、港口三位一体的现代化大物流、大交通体系。

“十一五”期间，港口决策者通过综合分析国家煤、电、油运形势，以及大秦铁路扩能分流急于寻找煤炭分流下水港，尽快形成现实生产能力的有利形势和周边港口的实际情况，看到京唐港区是大秦线最近的分流港口，能够在最短时间内形成现实生产能力，是大秦线扩能分流的必然选择。他们紧紧抓住国家和省、市领导考察京唐港区的有利时机，积极向有关领导汇报京唐港区独特的发展优势，反复做工作，争取领导们的支持，成功争取到3000万吨煤炭项目落户京唐港区。在此基础上，积极向国家发改委、铁道部、交通运输部等部门汇报，争取支持，积极担承，最终确定大秦铁路扩能从迁安北开口，建设迁曹铁路，通至唐山港两个港区。同时，一并实施京唐港区铁路东环方案和翻车机房等建设。

第二节　狠抓码头建设的前期工作

为了缓解京唐港区煤码头能力不足的矛盾，满足焦煤吞吐量的增长，承担更多大秦线煤炭下水分流的集运能力，促进港区泊位功能调整，实现煤炭运输的集约化、规模化管理，适应船舶大型化的需要，依据《唐山港总体规划》，决定在京唐港区第四港池建设36～40#煤炭泊位。经过长期不懈的努力，港口具备了相应的条件，并开展了前期准备工作。

一、编制完成可行性研究报告

2011年4月，中交第一航务工程勘察设计院有限公司（简称“中交一航院”）编制完成了《唐山港京唐港区36～40#煤炭泊位工程可行性研究报告》。结论如下：

本项目位于唐山港京唐港区第四港池北侧岸线的西端，紧邻二排干，自西向东连续建设2个15万吨级焦煤进口泊位和3个10万吨级煤炭下水泊位以及堆场建设所需的码头岸壁，新建码头长度1528米，码头岸壁长度184米。设计年吞吐量4600万吨，其中，卸船煤炭全部为焦煤，共1600万吨，装船煤炭为动力煤和焦煤，共3000万吨（2500万吨为动力煤，500万吨为配煤中心的下水焦煤）。

二、编制完成可行性研究补充报告

2012年5月，中交一航院编制了《唐山港京唐港区36～40#煤炭泊位工程可行性研究补充报告》，对2011年4月完成的《唐山港京唐港区36～40#煤炭泊位工程可行性研究报告》做了部分调整。

（一）本项目由国家发展和改革委员会综合运输研究所对吞吐量进行了专项论证，研究认为：国家整体煤炭供需平衡、港区后方煤炭运输通道、港口腹地企业的需求等各方面均支撑本项目的建设，项目建设是十分必要的，且港区煤炭运量仍有进一步增长的可能。

（二）结合北方各港口焦煤进口船舶统计和分析，焦煤进口船舶有相当一部分达到20万吨级，为此，煤炭进口泊位码头结构和长度按照同时停靠2艘20万吨级散货船预留；码头结构组合由《工可报告》中的“西侧按照同时靠泊3艘15万吨级散货船设计，其余为10万吨级结构”，调整为“西侧按照同时靠泊2艘20万吨级散货船设计，其余为10万吨级结构”，码头结构总长度不变，仅不同等级码头结构相应调整。

（三）根据最新码头地质资料，优化码头结构方案，并根据不同码头结构的优缺点，推荐采用沉箱结构（20万吨级码头结构）和板桩结构（10万吨级码头结构）组合的方案。

三、审议通过项目前期工作议案

2012年3月20日，唐山港集团第三届第十九次董事会在唐山港大厦召开。公司董事长孙文仲、副董事长董文才、董事王首相等领导出席会议。公司监事会主席赵治川、监事马志刚等列席会议。会议听取并审议通过了《关于开展36～40#煤炭泊位项目前期工作的议案》。主要内容有：

36～40#煤炭泊位项目位于京唐港区第四港池北岸线，自西向东连续布置2个15万吨级（2012年5月调整为2个20万吨级）焦煤进口泊位和3个10万吨级煤炭下水泊位，设计吞吐能力4600万吨，将满足焦煤、动力煤吞吐量快速增长的需要和满足开滦配煤中心的海运需求，实现煤炭货种市场细分，实现集约化、规模化生产，有利于解决港区交叉作业和交叉污染的问题，提高现有泊位的作业效率和作业质量，缓解现有码头通过能力不足的矛盾，满足港区功能调整和公司泊位专业化发展的需要。

36～40#煤炭泊位项目已经获得河北省发改委开展前期工作的批复，项目的用地、用海、环评、安评等前期工作进展顺利。2012年开展前期工作的投资额度预计2.5亿元，包括项目初步设计、施工图设计、海域使用金等。年内履行完审批程序，适时调整投资额度，以保证该项目的建设进度。

集团领导提出，36～40#煤炭泊位项目为京唐港煤炭持续稳定增量、巩固北煤南运大通道战略地位、推动京唐港煤炭集约化和功能结构战略调整带来了重大机遇，开辟了广阔空间。必须要抢抓项目获批的重要机遇，本着一个“早”字，坚持一个“快”字，按照一个“好”字完善前期工作，切实做好项目开工建设的服务保障。继续加强项目工艺研究，密切与设计单位配合，进一步优化工艺流程，为项目顺利实施和投产运营扫清技术、工艺、管理等方面的障碍，快速推进36～40#泊位前期各项工作。

唐山港集团第三届第十九次董事会审议通过《关于开展36～40#煤炭泊位项目前期工作的议案》

2012年11月，办齐了所有支持性材料，并在之后较短的时间内，完成36～40#泊位初步设计，为2013年开工建设赢得了宝贵时间。

四、项目通过国家发改委核准

2012年12月31日，国家发展和改革委员会以“发改基础〔2012〕4126号”文件，做出了《关于河北唐山港京唐港区36号至40号煤炭泊位工程项目核准的批复》。

关于河北唐山港京唐港区36号至40号煤炭泊位工程项目核准的批复

国家发展和改革委员会

发改基础〔2012〕4126号

河北省发展改革委：

报来《关于呈报〈唐山港京唐港区36～40#煤炭泊位工程项目申请报告〉的请示》“冀发改基础〔2012〕103号”收悉。经研究，现就项目核准事项批复如下：

一、为缓解京唐港区码头能力不足的矛盾，提高煤炭作业专业化和集约化水平，促进港区功能优化调整，同意建设唐山港京唐港区36号至40号煤炭泊位工程。

项目单位为唐山港集团股份有限公司。

二、项目建设地点为河北省唐山市。

三、本项目新建2个15万吨级煤炭卸船泊位（水工结构按靠泊20吨级散货船建设）、3个10万吨级煤炭装船泊位及相应配套设施，码头1712米，设计年通过能力为5600万吨（卸船1950万吨，装船3650万吨）。

四、项目总投资为559377万元，其中资本金占30%，为167813万元，由项目单位以自有资金投入；资本金以外投资391564万元利用国内银行贷款解决。

五、请项目单位落实各项节能措施，加强项目投产后的节能管理。

六、在项目建设和运行管理中，要严格港池疏浚、吹填施工管理，采取有效的除尘、防尘装置，合理处理污水。

七、本项目的勘察、设计不进行招标；建筑安装工程、监理、设备采

购等采用公开招标，招标组织形式为委托招标。

八、核准项目的相关文件是：

《交通运输部关于唐山港京唐港区 36～40# 煤炭泊位工程项目申请报告的意见》“交函规划〔2012〕257 号”。

国土资源部《关于河北唐山港京唐港区 36～40# 煤炭泊位工程建设用地预审意见的复函》“国土资预审字〔2012〕262 号”。

环境保护部《关于唐山港京唐港区 36～40# 煤炭泊位工程环境影响报告的批复》“环审〔2011〕364 号”。

国家海洋局《关于唐山港京唐港区 36～40# 煤炭泊位工程项目用海预审意见的函》“国海管字〔2012〕12 号”。

河北省住房和城乡建设厅《建设项目选址意见书》（选字第130000201100035 号）

国家发展改革委办公厅《关于唐山港京唐港区 36～40# 煤炭泊位工程节能评估报告的审查意见》“发改办环资〔2012〕1904 号”。

九、如因项目单位名称变更，或者项目控股权转移导致岸线实际使用人发生变更，或者改变岸线用途，应当报我委会同有关部门研究同意。如需对本项目核准文件所规定的其他有关内容进行调整，请及时以书面形式向我委报告，并按照有关规定办理。

十、请项目单位根据本核准文件办理城乡规划、资源利用、安全生产等相关手续。

十一、本核准文件有限期限为 2 年，自发布之日起计算。在核准文件有效期内未开工建设项目的，应在核准文件有效期届 30 日前向我委申请延期。项目在核准文件有效期内未开工建设也未申请延期的，或虽提出延期申请但未获批准的，本核准文件自动失效。

2013 年 1 月 8 日，唐山港集团发布了《关于唐山港京唐港区 36 号至 40 号煤炭泊位工程项目获得国家发展改革委核准的公告》。

五、交通运输部对工程初步设计作出批复

经交通运输部委托中交水运规划设计院有限公司进行技术审查咨询，

并组织有关部门、单位和专家审查，认为该工程初步设计基本符合交通运输部有关工程初步设计文件规定的内容和深度要求。2013 年 5 月 22 日，交通运输部以“交水发〔2013〕322 号”作出了《关于河北唐山港京唐港区 36 号至 40 号煤炭泊位工程初步设计的批复》。

第三节　专业煤炭码头开工建设

举全港之力推进 36 ～ 40# 煤炭专业化泊位项目建设，确保工程质量和进度，是京唐港人的决心——因为它对这里未来的发展起着举足轻重的作用。正是在这样的思想指导下，唐山港集团立足“十二五”，着眼“十三五”，强规划，抓申报，促建设，使项目建设创新发展，取得一个接一个的胜利。

一、确定工程项目领导机构

2013 年 2 月 4 日，唐山港集团 36 ～ 40# 工程项目建设领导小组第一次全体会议在唐山港大厦召开，集团公司领导赵治川、董文才、王首相、张志辉、宣国宝、单利霞、金东光、于泳等出席，项目所有相关人员参加。会议由领导小组组长赵治川主持，会议确定了唐山港集团 36 ～ 40# 煤炭泊位工程项目建设的组织机构。

1. 成立 36 ～ 40# 煤炭泊位工程项目建设领导小组：

组　长：赵治川

副组长：董文才 王首相 张志辉 宣国宝 单利霞 李立东 金东光 于　泳

成　员：姚希东 李宏民 杨志光 范俊杰 陈利俭 王艳新 张小锐 于永跃 周立占 王国增 崔建伟 于　雷 蔺建勋 张志坚

2. 设置四个职能部门：

（1）工程建设部：

部　长：李宏民

副部长：杨志光 范俊杰

（2）设备技术部：

部　长：姚希东

副部长：王艳新 于永跃 张志坚

（3）项目部：

部　长：王国增

副部长：于　雷

（4）行政事务部：

部　长：蔺建勋

二、研究项目工艺方案

2013年2月28日，36～40#煤炭泊位项目工程第一次设计协调会召开。36～40#泊位项目办公室领导金东光、于泳、姚希东出席会议，中交一航院副总经理吴今权、总工程师季则舟及各专业工程师参加会议。会议重点就36～40#泊位工艺方案进行研究讨论。

会上，参会双方对36～40#煤炭泊位工艺布置方案及设备工艺系统等急需协调沟通的15个问题逐一进行了深入细致的讨论并达成共识，确定了设备工艺布置方案，修订了近期设计工作计划。中交一航院领导高度重视此次协调会议，专门召集各专业技术人员参加，逐一解决各专业领域的问题。该院领导表示，自京唐港建港以来，港院双方始终紧密合作，共同发展。36～40#煤炭泊位项目是京唐港的又一个立港项目，对京唐港区码头功能调整意义重大，中交一航院将全力以赴，投入最精干的力量支持该项目建设。

此次会议的召开，对推进36～40#煤炭泊位工程项目各项后续工作顺利展开具有重要意义，同时也为设备系统工作的招标选型创造了条件。

三、专业煤炭码头开工建设

按照36～40#泊位建设要求，根据项目建设领导小组部署，港口各个部门加强前期工作，积极担责，主动作为，明确分工，狠抓各项工作衔

接协调，相继完成翻车机房土建、港池疏浚、码头工程、堆场工程招标。2013 年 8 月，各项工程陆续进入现场施工。

第四节　借鉴经验　加快施工进度

借鉴京唐港 20 万吨级矿石码头建设经验，加快建设速度。京唐港 20 万吨级矿石码头建设过程中，各部门科学组织生产，提高作业效率，实现当年投产当年达产，为京唐港以后的各项工程提供了宝贵的建设经验。

一、提前规划临时道路

结合正式堆场道路规划，提前实施施工临时道路，既减少施工期间临时道路维护费用，又保证施工期间减少扬尘，同时也保证了领导临时参观时的道路畅通。

二、改进地连墙码头设计

地连墙码头西侧堵头段最北侧 17.8 米原设计为无锚地连墙，经过与设计单位沟通，改为钢板桩护岸，工程完工后可以将钢板桩进行拆除，降低了工程造价。东西堵头段原设计临时结构的拉杆进行防腐并实施混凝土包封，但是该临时结构随着沉箱码头的后方回填施工将不再起到挡土作用，经过与设计单位沟通，该部分拉杆不再实施混凝土包封，并最后对该部分拉杆进行拆除，拆除后的拉杆可以用于其他工程，降低了本工程造价。另外和设计单位沟通，取消了临时结构胸墙的护轮坎，降低了混凝土工程量，减少了工程造价。同时对 1000 千牛系揽柱进行了材质比价，通过比选，铸钢系揽柱比铸铁系揽柱费用要低，但是结构强度能满足设计要求，将铸铁系揽柱改为铸钢系揽柱，节省了工程投资。

三、改进沉箱码头后方回填及防腐

沉箱码头后方回填块石和积砂石，经过与设计单位沟通，减少块石和积砂石的回填量，增加回填海沙量，降低了工程费用。原设计要求沉箱四面进行防腐涂料的粉刷，经过与设计单位沟通，取消后侧墙体的防腐涂料，也降低了工程造价。

四、关键部位包角处理

结合矿石码头的先进施工经验，要求设计单位对码头护轮坎、轨道梁进行了包角处理，做到了结构美观、耐久性好。

五、改革翻车机房大圈地连墙支护结构

翻车机房大圈地连墙支护结构原设计为 4 米 1 段、共计 57 段地连墙。为了加快施工进度，减少地连墙槽段，经过与设计单位沟通，改为 40 段地连墙，每段长 5.757 米，在不增加工程造价的前提下，加快了施工进度。

六、优化堆场施工

堆场结构施工必须在地基处理完成后才能组织实施。为了加快施工进度，项目组及时组织地基处理检测，提前组织地基处理施工单位分段交面办理交接。面对施工图不能及时到位的实际情况，不等不靠，主动与设计人员沟通，要求施工单位提前做好充分准备，一旦图纸到位，马上交底组织施工，为争分夺秒安装设备创造条件。

七、优化房建设计

对辅建区平面布置及室外照明进行了优化，确保辅建区亮化和美化，尤其对后辅区办公楼建筑结构进行了优化，由原设计 5 层改为 9 层，增加了建筑面积，兼顾了京唐港区调度、铁路、信息等功能，为第四港池北岸

线后续发展留足了空间。

第五节　配套设施建设

加强协调，齐头并进，36 ～ 40# 泊位工程的配套设施建设有条不紊地进行，为最后的全面完工创造了有利条件。

一、加快港区铁路扩能改造工程

由唐港铁路有限责任公司（简称“唐港铁路公司”）投资 22.27 亿元建设的聂庄至东港增二线及东港站改造工程，全长 19.6 千米，线路设计标准为国家级双线自动闭塞电气化重载铁路。具体的工程内容是在聂庄站至东港站原来单条铁道线的基础上，再铺设一条复线通至接卸京唐港区煤炭的东港站，同时对东港站进行扩能改造。该条铁路建成后，聂庄至东港间每年货流密度将由下行 4469 万吨，提高到上行 3740 万吨、下行 8855 万吨，使接发 2 万吨重载列车的列数增加 1 倍，进而使开发区域融为一体。同时配套大秦铁路煤炭下水，改善大秦线煤炭输运能力，满足港口企业的运输需求。这是优化地区铁路布局和实现作业集中化的需要，也是促进京唐港区以及腹地经济发展的一项重点工程。

2014 年 8 月 22 日，唐港铁路公司在东港站扩能改造工程施工现场举行开工仪式。

为确保铁路扩能改造工程顺利开工建设，从当年 7 月初开始，唐港铁路公司相继召开由公司主要领导和各建设单位、设计单位、监理单位、施工单位、设备单位、委管站段、唐山港口实业集团、唐山港集团等多家单位负责人分别参加的动员会、协调会和交底会，确保铁路扩能改造工程按期完成。

自工程开工以来，工程指挥部紧密围绕以“打造营业线施工品牌、创建标准化管理样板、实现精细化管理目标”为中心，大力加强工程项目精

细化管理，确保工程质量。

一是精心组织，施工捷报频传。唐港铁路公司面对地质复杂、技术要求高等难点，精心部署，根据现场实际情况科学安排施工计划，严密组织工序衔接转换，通过确保设备、人员、技术、培训、征拆、后勤“六个到位”，努力为施工的全面展开创造有利条件。自开工以来，项目部用 50 天的时间完成了 36 座涵洞的施工任务，平均 1 天半完成 1 座。

二是优化方案，破解施工瓶颈。施工中，项目部面对多项施工难题，及时成立攻关小组，对存在的难点问题逐一击破。东港站站场地基为吹填土地质，地基松软，项目部与设计、监理及外协单位共同研究施工方案，并邀请铁三院岩土工程技术专家进行现场详细讲解。经过 40 多天的施工，软基处理施工完毕，并通过质量验收。D 梁加固线路接长涵洞施工期间，项目部及时优化方案，采用“掏槽法”取代“挖孔桩”施工，直接节约费用 46 万元。

三是凝心聚力，党政工团齐上阵。项目党支部紧紧围绕项目建设开展工作，通过多种形式组织开展“奉献在基层、建功在东港”等主题竞赛活动，充分发挥职工才能，挖掘职工潜力，调动职工积极性，号召全体干部职工同心同德，团结一致，确保施工稳步推进。

2015 年 12 月 15 日，东港站及聂庄站葡萄线路所两端咽喉区拨接完成，于 12 时顺利开通，12 时 30 分开行动态检测列车，采集各项数据合格，标志着聂庄至东港增二线及东港站改造工程顺利完成，并于 2018 年年初荣获“2017 年度中国中铁优质工程”荣誉称号。

二、翻车机房的建设

翻车机房是 36 ～ 40# 泊位工程的重要设施之一，是整个工程项目的“心脏”部位，其功能用于翻卸由铁路运抵港口的煤炭车辆。翻车机房采用双线四翻式工艺设计，内设四翻式翻车机 2 台，单台额定卸车能力为 8000 吨 / 小时。

翻车机房主体尺寸为 61.2 米 ×44.4 米，深度 19.792 米，工程总计挖运土方 8.08 万立方米，浇注混凝土 3 万立方米。翻车机房主体地下构筑物采用现浇钢筋混凝土结构，其围护机房结构为现浇钢筋混凝土圆形地下连

续墙结构，起到挡土、截水作用。地连墙内径 72 米，壁厚 1.3 米，顶标高 +2.0 米，底标高 -31.0 米，沿地连墙内侧水平方向设帽梁、圈梁，沿圆周竖向设竖肋，圈梁及竖肋均为钢筋混凝土结构。翻车机房地连墙内、外侧共设 26 口降水井，用于主体地下构筑物基坑开挖降水。主体结构施工分 5 层浇注。

（一）基坑支护工程完工

2012 年年初，翻车机房下部结构施工的基坑支护工程开工建设。此项工程采用地连墙结构，地连墙内直径 72 米，周长 230 米，基坑开挖深度 21 米。基坑支护结构设置冠梁 1 道、腰梁 4 道。2013 年 9 月 19 日，翻车机房基坑支护结构工程按原计划如期完工，开始进入翻车机房下部结构及廊道地连墙施工阶段，下部结构完成底板混凝土浇筑，确保了如期具备设备安装条件。

（二）主体二层浇注完毕

2013 年 11 月 18 日，36 ～ 40# 泊位翻车机房土建工程的主体二层东五区混凝土浇注完毕，标志着主体二层施工完成。

36 ～ 40# 专业煤炭泊位翻车机房

翻车机房主体一层底板于当年 10 月 21 日浇注完工后，中交一航五公司项目部合理组织、穿插安排，增加人力、物力及机械设备，想方设法调动施工队伍积极性，每天一个调度会，随时召开专题会，争分夺秒，28 天完成主体二层的施工任务，共浇注混凝土 3600 立方米，钢筋绑扎 397 吨，模板支立 5450 平方米。之后，翻车机房主体第三层工程相继开工，航五公司项目部严格按冬季施工方案组织施工，保证安全，保证质量，做好各项工作，尽快完成主体三层施工任务。

（三）主体工程完工

2014 年 5 月 15 日，经过 342 天的奋战，36 ～ 40# 泊位翻车机房主体工程胜利竣工。翻车机房工程的顺利完工，为设备安装打下了良好的场地基础，保障了设备安装的顺利开展。

三、完成其他辅助工程

（一）完成各变电所电力监控对点

2014 年 8 月 7 日，京唐港区 36 ～ 40# 专业煤炭泊位 110 千伏变电站顺利通过高压冲击，一次启动成功并网运行。

为保障 36 ～ 40# 专业煤炭泊位供电的可靠性，运营保障部利用生产间隙对电力监控系统进行了详细检查和测试。36 ～ 40# 专业煤炭泊位共有 8 个变电所，负责专业煤炭泊位所有区域的供配电。电力监控系统通过计算机、通信设备、计量保护等装置，对高、低压配电系统的实时数据、开关状态及远程控制进行集中管理，同时对运行设备发送控制指令提示值班人员迅速排除故障，在供电可靠性方面起着重要的作用。

为了确保电力监控系统的准确无误，供电科员工按柜号、柜名逐一对“三遥系统”[①] 进行核对，看其与电力监控系统信息电表是否一致，包括 10 千伏开关柜的遥控分合、合分闸状态、手车位置、接地刀闸状态、MCB 分闸、故障信息、低压柜合分闸状态、报警信息和遥测量是否准确，监控直流屏和电容器柜运行情况。

运营保障部已完成了 8 个变电所的电力监控对点工作，查出了电力监控系统中存在的问题，并将问题反馈给厂家，对信息点错误的地方立即改正，对不合理的地方及时进行整改，保证电力监控系统正常、稳定运行，确保 36 ～ 40# 泊位供电正常。

（二）堆场大型设备运抵现场

2015 年 5 月 19 日，搭载 3 台堆取料机设备的“海力 7”号货轮顺利停靠在京唐港 31# 泊位。此次部分堆场设备的运抵，为 36 ～ 40# 泊位设备安装拉开了序幕。自此，各种设备陆续通过陆路或水路到港进行安装。

36 ～ 40# 泊位堆场面积共 122 万平方米，堆场内共配备 9 台堆取料机。

① 三遥系统：指具有遥测、遥信、遥控功能的系统。

此次运抵的3台堆取料机为卸船码头使用，额定堆料能力为6500吨/小时，额定取料能力为3600吨/小时。

此次到港的设备单件长30米、宽12米、重35吨～78吨，由于设备超长、超重，加大了运输工作难度。公司领导对此项工作非常重视，在工程建设领导小组会议上责成专人负责相关的协调、准备事宜，并研究制订了设备卸船、运输方案。其内容包括五方面：一是清理第一港埠公司堆场货物、拓宽道路，保证堆场内道路宽度在12米以上；二是协调国投公司拆除约5米围墙、拓宽前场卡口，保证运输车辆通过；三是从第二港埠公司抽调善于吊钩作业的门机司机操作门机配合卸船；四是铁路公司及时调度火车进港时间、路线，保证运输道路畅通；五是安排专业的运输设备及人员负责运输，保障运输安全。

36～40#泊位建设办公室按照集团领导部署，积极协调多个单位，最终在国投公司、总调度室、第一港埠公司、第二港埠公司、铁路公司等单位的密切配合下，于5月20日21时将该船所载的全部设备从31#泊位顺利运抵36～40#泊位堆场，圆满完成了运输任务。

36～40#泊位堆场堆取料机设备

（三）购置大马力拖轮

大马力拖轮是港口向综合型、国际化大港迈进的必然条件，它们为大型船舶进出京唐港引航，是满足京唐港大吨位货轮进出的内在要求。唐山港集团于2013年2月与江苏省镇江船厂（集团）有限公司签订4艘拖轮购置合同，两艘为7200马力，两艘为3200马力。两艘被命名为“京唐港拖19”“京唐港拖20”的小马力拖轮，于2014年6月15日到港。7月13日两艘被命名为“京唐港拖21”“京唐港拖22”的大马力拖轮，顺利抵港。

这4艘拖轮先后下水投入工作，使拖轮配置结构更趋齐全，为大型货运船舶全天候进出港提供了有力的支撑，也为36～40#、26～27#专业码头的发展提供拖带、引航服务。

第六节 码头完工投产 效益初步显现

36～40#泊位工程的陆续完工，是工程建设者们用极其负责的态度施工建设、严格把控工程质量，力求善始善终，万无一失。千年大计，质量第一，这是他们始终如一的坚守。

一、基础和配套工程陆续完工

至2014年下半年，36～40#泊位各项基础和配套工程建设陆续完工。2014年10月15日顺利通过交工验收。

地基处理工程。地基处理面积共131万平方米，工程已经全部完工，经检测合格，并移交给堆场上部结构施工。

码头工程。码头岸线设计长度为1712米，自西向东依次建成20米过渡段、714米卸船泊位（36#、37#泊位）和978米装船泊位（38～40#泊位）。码头工程包括重力式沉箱码头和地连墙板桩码头两种结构形式。

港池疏浚工程。港池设计，卸船泊位码头前沿停泊水域宽度为100米，设计底高程为-20.0米；码头回旋水域呈圆形布置，直径为580米，设计底高程为-19.5米。装船泊位码头前沿停泊水域宽度为86米，设计底高程为-16.0米；码头回旋水域呈圆形布置，直径为500米，设计底高程为-16.0米。港池疏浚总工程量1200万立方米。

2014年10月15日，36～40#煤炭泊位疏浚工程通过交工验收。由中交天航滨海公司京唐港项目部承建的唐山港京唐港区36～40#煤炭泊位港池疏浚工程顺利通过了河北省水运工程质量安全监督局交工验收，并被评定为合格工程。

36～40#煤炭泊位港池疏浚工程于2014年6月10日开工建设，总工程量约1100多万立方米。为克服施工区域零散块石和杂物多、绞吸船堵口堵泵频繁等不利因素影响，项目施工单位先后投入“津航浚216”“天铭”“天杉”“天鸥”船，在作业中优化绞刀防石环结构，改进施工工艺，合理布设和调整管线路由，保证了船舶生产效率，使工程4个节点工期均提前完成。

翻车机房、堆场等基础工程。堆场、道路、管网及设备基础工程，总面积约为122万平方米，包括6条轨道梁坝基，23座转接机房基础（其中4座预留基础），BH、BJ、BX、BDQ、BZ栈桥基础，高杆灯基础等各种建、构筑物以及通信、供电、生活给水、生活污水、雨水、中压水、高压水、含煤污水、压力污水（生活、含煤）以及中水等各种管线，总造价约3.96亿元，分4个标段：第一标段施工面积约为32.3万平方米，第二标段施工面积约为25.6万平方米，第三标段施工面积约为31.9万平方米，第四标段施工面积约为32.2万平方米。各转接机房、栈桥基础及轨道梁基础等均按时交付设备进行安装，10月底基本完工。

配套疏港路、地磅、停车场及大门区域地基处理工程全部完工。11月6日实现地磅管理室通水、电、暖、讯，员工正常办公，实现与新增泊位同步投入使用。

翻车机房、地磅、堆场、道路、管网及设备基础工程，于2015年1月15日通过交工验收，满足了卸船及重载调试要求。

辅建区、防风网、空调系统工程。总占地面积约10万平方米，共计29个栋号，总建筑面积约5.8万平方米，投资约1.5亿元。建成后将满足新增泊位职工的办公和生活需求，其中110千伏变电站于2013年12月底交付设备安装，已带电正常运行，1～8#变电所已于2014年6月15日全部交付设备安装，全部带电正常运行。市政给水已经接入新建供水调节站，并且已经正式送水。前方候工楼、综合库、堆场侯工楼于10月底已经交付运营生产单位，满足办公要求，宿舍楼、后方综合服务中心、边检楼已经全部完成，达到入住使用条件。

防风网工程包括灌注桩基础、基础开挖、承台、挡墙、钢结构及网片安装等工作内容。防风网总长约3100米，高度25.5米，总造价约6074.84万元，分为2个标段。灌注桩1278根及承台已经完工，钢结构及网片已经安装完毕，2014年12月中旬全部完工。

空调系统采用既环保又节能的地源热泵技术，总供冷、暖面积约4万平方米，投资约2000万元，其中地埋井共计620孔，每孔深度约120米，均已完成施工。室外分集器、水井内连管全部连接完成，PE水平连管、聚氨酯直埋保温管全部埋设完成，前、后辅建区热泵机房均已安装完毕。

前、后辅建区，防风网，空调系统工程，于2015年4月17日通过了交工验收。

二、重载试车

2014年11月7日，36～40#专业煤炭泊位实现重载试车，标志着该重点建设项目全部完成，投入运营生产。该项目的完工将有效地缓解山西、陕西、内蒙古煤炭外运通道和港口装船能力不足的矛盾。

36～40#专业煤炭泊位实现重载试车

三、顺利通过专项验收

（一）通过消防专项验收

2015年10月8日，唐山海港经济开发区消防大队在36～40#煤炭泊位工程现场组织了消防验收，海港消防大队、36 ～ 40# 泊位项目建设部以及工程设计、监理、施工单位的相关人员参加了验收工作。

36 ～ 40# 煤炭泊位工程消防系统主要包括办公楼高压喷淋水、消防水系统，消防泵房系统，堆场、辅建、翻车机房等区域室外中压消防水系统，各建筑物内火灾自动报警、室内中压消防水、通风排烟系统等。

在项目预验收现场，海港消防大队验收组分别对各建筑物内烟感报警、消火栓报警、消防泵应急启动、机械排烟等系统具体联动进行了试验，对现场存在的消防隐患提出了整改意见。36 ～ 40# 泊位项目建设部根据整改意见，积极落实整改措施，确保了整个项目的消防系统稳定运行。

（二）通过安全设施专项验收

2015 年 10 月 29 日，36 ～ 40# 煤炭泊位工程安全设施竣工专项验收会在唐山港大厦召开。唐山市安监局，唐山市港航局，唐山港集团安质部、运营保障部、专业煤炭码头公司、36 ～ 40# 泊位工程建设办公室建设部，河北安科工程技术有限公司及设计、施工、监理单位的相关负责人和特邀专家参加会议。唐山港集团副总经理李顺平出席会议。

李顺平介绍了该项目建设基本情况和试生产运行情况等。验收专家组对 36 ～ 40# 煤炭泊位工程码头前沿、维修车间、110 千伏变电站等生产作业区域安全设施情况进行了实地检查，查阅了建设单位提供的相关验收资料，并听取了建设单位、安全评价单位的汇报。

36 ～ 40# 专业煤炭泊位工程通过安全设施竣工验收

最后验收专家组形成专家评审意见，一致认为安全评价单位编写的《36 ～ 40# 煤炭泊位工程安全验收评价报告》符合相关安全生产法律、法规、标准的要求，评价单元划分合理，评价方法适当，内容充实，编写规范。在施工过程中严格执行了安全设施与主体工程同时设计、同时施工、同时投入生产和使用的“三同时”要求，生产运营情况良好。制定了较为完善的安全规章制度和安全操作规程，安全管理机构及人员配备符合相关要求，安全监督措施得力，安全责任制落实到位，符合验收条件，同意该工程通过安全设施竣工专项验收。

四、专业煤炭码头公司提前完成全年运量

2016 年，专业煤炭码头公司（即 36 ～ 40# 煤炭泊位）全体干部职工认真落实集团公司全年总体部署，全力抓好安全管理和生产组织，大力开展技术创新和管理创新，实现了公司各项工作的稳步推进。一是稳定基础货源，加大客户开发力度。二是坚持科学统筹，推行精细化管理，不断提高作业效率和生产组织水平。三是强化设备管理，推动技术改造，提高设备性能。四是加强安全管理，强化红线意识，大力推行标准化建设。五是推进质量建设，开展自查自纠，提升服务水平。

截至 12 月 12 日早 8 时，专业煤炭码头公司完成运量 6005.33 万吨，提前完成全年运量目标。其中，卸船线完成年度目标的 121.2%。接卸矿石船舶 248 艘次，完成 3636.131 万吨；装载电煤船舶 686 艘次，完成 2369.1974 万吨；接卸大列 2867 列，入库量 2398.087 万吨。

第十章

港口集装箱化的关键工程 26～27#集装箱码头建设

始于美国的集装箱运输，世纪之交在京唐港还是空白。建设综合性国际大港，转型升级、跨越发展，怎能没有集装箱运输？

谋划、论证、上报、建设、运营，一环紧扣一环，一步紧接一步。从此，世界港口的集装箱百强榜单上，有了京唐港的名字！

——题记

第一节　26 ～ 27# 码头建设的重要意义

集装箱运输是现代化港口的重要标志之一，也是现代化运输的发展趋势。随着港口货物吞吐量的迅猛增长，唐山港京唐港区集装箱运力缺口呈不断扩大趋势，加之软硬件设施管理落后，已严重制约京唐港区集装箱运输的发展，急需新建大型专业化集装箱泊位，以解决运力不足的问题。

一、港口发展的战略抉择

2004 年，京唐港成功引入世界 500 强企业西班牙 ACS 集团，共同投资组建了中外合资企业——京唐港国际集装箱码头有限公司，从而为京唐港集装箱资源的优化整合及市场开发搭建了重要平台，集装箱吞吐量逐年增加，主要集中在第二港池的 10#、11# 泊位，码头结构为 3.5 万吨级，设计年通过能力 20 万 TEU。截至 2008 年 10 月底，当年完成货物吞吐量 21.7 万 TEU，已超过设计能力。

根据预测，2015 年京唐港区集装箱吞吐量将达到 120 万 TEU。港口原有集装箱吞吐能力为 20 万 TEU，将形成缺口 100 万 TEU。无论泊位吨级、堆场面积、堆场纵深，还是装卸能力，都与现代化集装箱运输标准存在很大差距。

唐山市产业结构调整以及腹地经济、适箱货种、临港物流产业的快速发展，为京唐港区大力发展集装箱运输创造了良好条件。随着唐山及腹地经济的快速发展，京唐港区进出口客户资源日益稳固增加，京唐港集装箱运输具有了加快发展的新基础。

2012 年 5 月 4 日，河北省人民政府印发了《关于促进河北省沿海港口集装箱运输发展的意见》，指出“近年来，我省港口运输发展迅速，2011 年货物吞吐量突破 7 亿吨，在全国 11 个沿海省（市）中排名第五位，已成为港口大省。但集装箱运输发展相对滞后，仍不是港口强省”，并要求，到2015年，“唐山港京唐港区通过能力190万TEU，完成吞吐量150万TEU”。

建设26～27#集装箱专业泊位，构建京唐港区集装箱码头作业区，配套建设大型集装箱场站，是京唐港区十大重点立港项目之一，也是京唐港区转型升级的重要支点，并且是缓解唐山港集装箱码头能力不足的矛盾、推进京唐港区码头功能调整与结构优化的重要举措。符合《唐山港总体规划》要求和京唐港区六大功能区的分区布局，对建设资源节约型、环境友好型港口，推进专业化、深水化、集装箱化、园区化、生态化转型升级，加快集装箱板块发展，把京唐港区建成真正的综合性国际大港，对落实省市“十二五”港口规划和集装箱发展目标，建设“经济强省、和谐河北”和“沿海强市、美丽唐山”具有重要意义。

二、典型示范作用

京唐港区26～27#集装箱泊位工程项目，是河北省交通运输厅确定的科技示范工程。遵循绿色、环保、节能、高效的建设方针，实现新技术、新材料、新工艺、新设备的推广使用和关键技术的开发创新。该示范工程作为河北港口第一个按照高标准设计的专业化集装箱泊位，码头结构型式、集装箱装卸设备配备、堆场装卸工艺、能耗、运营管理等方面达到省内领先水平，可停靠世界上最先进的集装箱船舶，成为河北省交通厅科技示范工程。

（一）码头结构技术创新

码头长度按照同时停靠2艘7万吨级集装箱船舶进行组合。码头结构设计方案采用深水遮帘式板桩结构方案。全遮帘式地连墙板桩结构经交通运输部专家组评审为“原始自主创新、国内外首创，总体处于国际领先水平”。该新结构被批准为国家专利，获国家科技进步奖。

（二）装卸工艺布局合理

采用节约能源的新工艺、新技术、新设备。整个工艺流程布局合理，在供电、供暖及供水等方面成为节能科技示范。堆场布置采用轨道式集装箱龙门起重机装卸工艺方案。码头装卸船作业采用集装箱装卸桥，是我国目前最先进的集装箱码头大型设备。使用电力驱动轨道式龙门集装箱起重机，堆场容量大、设备完好率高、维护成本小、噪声低、操作舒适简单、直接装卸成本低。

（三）数字化技术科技示范

在计算机系统、无线网络系统、智能闸口系统、海关监管系统、生产工业电视系统、边防及海事工业电视系统、安防工业电视系统、道路堆场智能照明系统等方面开展科技示范，达到省内领先水平。轨道式龙门吊、集装箱正面吊（含空箱堆高机）、场地理货人员可以通过无线终端设备与港区的有线网络进行实时通信。控制及计算机系统在技术先进性、稳定成熟性、安全可靠性系统配置、计算机管理系统等方面达到国内先进水平。

同时建成河北最先进的H986集装箱查验系统，拥有集装箱装岸桥17台、轨道吊26台、正面吊15台、堆高机12台等专业化集装箱码头设备和设施。引进国际最先进的“NAVIS”和“TOS”运行系统，实现了轨道吊远程操控作业、码头堆场装卸作业的自动化，单船作业效率可达211TEU/小时。

此外，集装箱泊位拥有铁路专用线，可大幅降低成本、提高效率，在津冀港口中具有独特优势。

第二节　码头建设的前期论证

按照“超前谋划，加强储备，搜集可靠信息，紧跟形势要求，本着正确把握国家产业政策和经济战略布局，谋划一批、储备一批、建设一批、投产一批”的指导思想，26～27#集装箱泊位建设的前期论证工作从2008年就已经开始了。

一、编制工程可行性研究报告

2008年11月14日，港投公司委托中交一航院编制《唐山港京唐港区26～27#专业化集装箱泊位工程可行性研究报告》，具体要求是：

一、按照国家及行业有关规范、标准，在《唐山港总体规划》的基础上开展工程可行性研究报告的编制工作。

二、26～27#泊位位于第三港池南岸线的东端，码头长度按照停靠2条7万吨级集装箱船舶设计，码头结构为10万吨级。27#泊位拐角以预留挖泥放坡结构段。

三、泊位年设计通过能力80万TEU左右，在效益可行的前提下不易取高。

四、设计前先编制方案，方案经双方研究确定后再编制可行性研究报告。

五、设计方案编制完成后及“工可”报告出版前向委托方进行设计汇报。

六、请于2008年12月底前完成方案编制，2009年2月底前提交《工可报告》40份。

七、设计费用双方以合同形式确定。

二、上报工程规划选址请示

2009年7月7日，港投公司以“唐港投〔2009〕67号”文件向唐山市规划局上报了《关于唐山港京唐港区26～27#集装箱泊位规划选址的请示》。

8月9日，港投公司以“唐港投〔2009〕77号”文件向交通运输部上报了《关于对唐山港京唐港区26～27#集装箱泊位工程环境影响报告书进行审查的请示》。

2009年12月30日，孙文仲董事长签发了唐山港口实业集团“唐港集团〔2009〕31号”文件，向唐山市发展和改革委员会呈报《唐山港京唐港区26～27#专业化集装箱泊位工程项目申请报告》。

报告中关于建设方案的主要内容有：

1. 码头位置及建设总规模。唐山港京唐港区26～27#集装箱泊位工程位于第三港池南侧岸线的东段，新建7万吨级、10万吨级集装箱泊位各1个（码头结构按靠泊10万吨级地下连续墙码头设计），码头岸线总长为

736 米，码头前沿高程为 4.0 米，港池及码头前沿设计底标高 -15.5 米，本工程设计年通过能力 90 万 TEU，其中外贸 32 万 TEU，内贸 58 万 TEU。

2. 建设工期。本工程施工期为 18 个月。

3. 投资估算及资金来源。本工程估算总投资 136022.90 万元，其中 35% 资本金由企业自筹，65% 申请银行贷款。

4. 经济评价。经测算，该项目全部投资所得税前财务内部收益为 10.23%，大于 8% 的港口基准收益率，财务净现值为 22418 万元，投资回收期（含建设期）9.4 年。上述结果说明该项目的效益良好。

三、各级主管部门作出批示

（一）唐山市发改委上报初审意见

2010 年 1 月 11 日，唐山市发展和改革委员会以“唐发改基础〔2010〕13 号”文件，向河北省发展和改革委员会上报了《唐山港京唐港区 26 ～ 27# 专业化集装箱泊位工程项目申请报告》，内容摘要如下：

我委初审认为：该项目属于基础设施项目，符合国家宏观调控政策和相关行业、产业规划和政策；符合国家、省沿海港口布局规划和《唐山港总体规划》，合理开发并有效利用了岸线资源；符合城市总体规划和用海用地规划；制定了有效措施，符合环境保护和节能相关规定；项目建设不会影响我国的经济安全，对建设地公众利益不会产生重大不利影响；有利于完善京唐港区功能，促进腹地经济的发展。

（二）唐山市港航局批复

1 月 18 日，唐山市港航局发布〔2010〕3 号文件指出：

建设唐山港京唐港区 26 ～ 27# 专业化集装箱泊位工程是必要的，同意工程建设方案、工程可行性研究报告推荐的平面布置方案和装卸工艺方案，原则同意工程可行性研究报告中推荐的水工建筑物结构方案。

（三）国家环境保护部批复

3 月 25 日，国家环境保护部以“环审〔2010〕69 号”文件作出批复：

该项目符合《唐山港总体规划》和《河北省近岸海域环境功能区划》。在全面落实各项生态保护及污染防治措施后，不利环境影响可以得到一定程度减缓。因此，我部同意按照报告书中所列的建设项目的地点、性质、规模、环境保护对策措施及下述要求进行项目建设。

文件要求在项目建设和运行管理中，重点做好以下工作：

1. 严格港池疏浚施工管理；
2. 加强水生生态保护措施；
3. 严格落实运营期各类污水处理措施，加强环境管理，保护处理效果；
4. 落实到港船舶和港区陆域生活垃圾等固体废物处理措施；
5. 加强环境风险防范措施。

（四）国家发改委批复

2011 年 12 月 31 日，国家发展和改革委员会“发改基础〔2011〕3245 号”文件指出：

初步设计已经“交通运输部‘交水发〔2012〕548 号’”文件批复，成为国家核准的两个集装箱泊位之一，也是河北港口经国家核准的第一个专业化集装箱泊位。该泊位项目的建设，在河北港口中具有重要的示范带动作用，将显著提升京唐港区集装箱通过能力，同时也成为河北实现“十二五”时期集装箱发展目标的重要支撑和突出亮点，标志着京唐港区集装箱发展规划进入了国家集装箱战略布局之中，为京唐港区加快集装箱发展打开了新的广阔空间。

2012 年 3 月 7 日，河北省发改委以“冀发改基础〔2012〕178 号”文件，转发了《关于唐山港京唐港区 26 号和 27 号集装箱泊位工程项目核准的批复》。

关于唐山港京唐港区26号和27号集装箱泊位工程项目核准的批复

国家发展和改革委员会文件

发改基〔2011〕3245号

河北省发展改革委：

报来《关于呈报〈唐山港京唐港区26～27#专业化集装箱泊位工程项目申请报告〉的请示》“冀发改基础〔2010〕308号”及有关材料均悉。经研究，现就项目核准事项批复如下：

一、为缓解唐山港集装箱码头能力不足的矛盾，推进京唐港区码头功能调整与结构优化，适应集装箱运输船舶大型化要求，同意建设唐山港京唐港区26号和27号集装箱泊位工程。

项目单位为唐山港口实业集团有限公司。

二、项目建设地点为河北省唐山市。

三、项目建设规模为2个7万吨级集装箱泊位及相应配套设施，码头水工结构均按靠泊10万吨级集装箱船设计，泊位长度为690米，设计年通过能力90万标准箱。

四、项目投资约129660万元，其中资本金占30%，为38898万元，由项目单位以自有资金安排投入，资本金以外投资90762万元利用国内银行贷款解决。

五、请项目单位落实各项节能措施，加强项目投产后的节能管理。

六、在项目建设和运营中，要严格港池疏浚施工管理，加强水生生态保护，落实污水处理措施。

七、本项目的勘察、设计不进行招标；建筑安装工程、监理、设备采购等采用公开招标，招标组织形式为委托招标。

八、核准项目的相关文件分别是：交通运输部《关于唐山港京唐港区26号和27号专业化集装箱泊位工程项申请报告的意见》“交函规划〔2010〕219号”、国土资源部《关于河北唐山港京唐港区26号和27号专业化集装箱泊位工建设用地预审的复函》“国土资源部预审字〔2010〕19号”、环境保护部《关于唐山港京唐港区26～27#专业化集装箱泊位工程环境影响报告书的批复》“环审字〔2010〕69号”、河北省建设厅《建设项目选址意见书》“选字130000200900026号”。

九、如需对本项目核准文件所规定的有关内容进行调整，请及时以书面形式向我委报告，并按照有关规定办理。

十、请项目单位根据本核准文件，办理城乡规划、资源利用、安全生产等相关手续。

十一、本核准文件有效期限为2年，自发布之日起计算。在核准文件有效期内未开工建设项目的，应在核准文件有效期届满30日前向我委申请延期。项目在核准文件有效期内未开工建设也未申请延期的，或虽提出延期申请但未获批准的，本核准文件自动失效。

中华人民共和国发展和改革委员会

二〇一一年十二月三十一日

（五）交通运输部批复

2012年12月25日，中华人民共和国交通运输部以“交水发〔2012〕548号”文件下发了《交通运输部关于唐山港京唐港区26～27#集装箱泊位工程初步设计的批复》，内容摘要如下：

经委托中交水运规划设计院有限公司进行技术审查咨询，并组织有关部门、单位和专家审查，该工程初步设计基本符合国家和我部关于工程初步设计文件编制规定的内容和深度要求。基本同意了初步设计中关于建设规模；总平面布置；航道、锚地及导助航设施；装卸工艺；水工结构；陆域形成和道路、堆场；生产及辅助建物等各项设计方案内容。建设期为24个月，核定工程总概算为135844.00万元。

四、泊位工程的评审和论证

在26～27#集装箱泊位工程建设的各个阶段，先后进行多次评审和论证。

（一）工程可行性研究报告专家咨询评审

2010年5月17日至18日，受交通运输部综合规划司委托，中交水运规划设计院有限公司在唐山海港开发区组织召开了《唐山港京唐港区

2010年5月17日至18日，《唐山港京唐港区26～27#专业化集装箱泊位工程可行性研究报告》专家咨询评审会在唐山海港开发区召开

26～27#专业化集装箱泊位工程可行性研究报告》专家咨询评审会。交通运输部综合规划司、省交通厅、省港航局、河北海事局、市发改委、市港航局、唐山海事局、海港开发区管委会、唐山港口实业集团、唐山港集团、京唐港国际集装箱码头有限公司、中交一航院等单位的领导、代表及特邀专家近40人出席了会议。与会专家和代表踏勘了拟建工程现场，听取了中交一航院关于京唐港区26～27#集装箱泊位主要情况的介绍，本着科学、求实的态度对项目工可研报告进行了咨询。

与会专家及代表在认真分析了京唐港区的发展定位、港口规模及货物运输情况之后，认为京唐港区发展速度非常快，码头设计通过能力明显滞后于市场、客户对码头泊位实际货运能力的需求。从扩大港区能力、改善功能布局、调整货种结构、提升集装箱运输能力考虑，建设26～27#专业化集装箱泊位是必要的。同时，与会专家及代表还对报告中涉及的运量预测、建设规模、平面布置、装卸工艺、地基处理等方面提出了建设性的意见和建议。专家组一致认为，京唐港区26～27#专业化集装箱泊位工程可行性研究报告编制内容全面，基本达到了交通运输部《港口建设项目可行性研究报告编制办法》的要求，经补充修改后同意上报交通运输部。

（二）海域使用论证和海洋环境影响评审

2012年11月28日，唐山市海洋局在唐山海港开发区组织召开26～27#集装箱泊位工程海域使用论证和海洋环境影响评价专家评审会。唐山港口实业集团领导李立东向与会专家、领导介绍了京唐港区近年来在港口建设及运营生产方面取得的成绩，以及26～27#专业化集装箱泊位工程前期工作进展情况。项目论证单位国家海洋局第一海洋研究所项目负责人汇报了该项目港池用海论证及海洋环境影响评价。与会专家和代表对报告的内容给予了充分肯定，认为报告编制依据充分，论证目的明确，现状评价客观，论证评价结论可信，可以作为海洋主管部门审批用海的依据。

（三）导助航方案专家审查

2013 年 9 月 26 日，秦皇岛航标处在唐山港大厦主持召开了《唐山港京唐港区 26 ～ 27# 集装箱泊位工程导助航设施布置方案（征求意见稿）》审查会。

会上，多位业内专家组成了专家组，听取了中交一航院编制的《唐山港京唐港区 26 ～ 27# 集装箱泊位工程导助航设施布置方案（征求意见稿）》，并查看了相关资料，就有关问题进行了探讨和论证。建设单位和设计单位根据专家意见和建议，对《方案》进行调整优化，保证工程建设顺利进行。专家审查会的顺利召开，为京唐港区 26 ～ 27# 集装箱泊位工程导助航设施建设提供了保障。

第三节　工程建设圆满完成

26 ～ 27# 集装箱泊位工程的重要，赢得了建设者们的全力以赴，不仅争取了时间，保证了质量，还被评为河北省的“平安工地”。

一、工程项目的主要建设内容

京唐港区 26 ～ 27# 集装箱泊位位于第三港池南侧岸线东段，工程项目主要建设内容包括：

1. 码头主体工程。码头主体工程为 10 万吨级全遮帘式地连墙板桩结构，泊位长度 690 米，东侧过渡段长度 78.6 米，西侧过渡段长度 79.8 米，主体结构总长度 848.4 米，码头前沿设计水深 15.5 米。

2. 道路及堆场工程。包括重箱堆场、空箱堆场、冷藏箱堆场及场内主次干道，总面积约 42 万平方米。

3. 房建工程。包括办公楼、候工楼、拆装箱库、机修间及材料库、集装箱大门、现场业务用房、供水调节站、生活及生产污水处理厂、1# 变电所、2# 变电所、110 千伏变电站及其外部架空线路等。

4. 码头及堆场装卸设备。包括新购 65t-60m 岸桥 2 台、65t-65m 岸桥 2 台；65t-60m 岸桥 2 台及 40.5t-44m 岸桥 2 台由 22# 泊位整机移位；新购 41t 堆 6 过 7 型轨道式场桥 14 台。

5. 疏浚工程。疏浚工程总疏浚量 260 万立方米，拟吹填至第五港池北岸吹填区。

6. 其他附属工程。其他附属工程包括设计范围内的供电、照明、给水、消防、雨水、污水、控制及计算机系统、信息与通信系统等。

二、泊位工程顺利展开

在加快完备项目各项手续的同时，京唐港区成立了工程建设及招投标工作领导小组，加强招投标管理，整合全港区技术力量，广泛调研，超前谋划，破解难题，细排工期节点，高标准，严要求，全面推进工程建设。

（一）码头简易堆场工程

26 ～ 27# 集装箱泊位简易堆场位于第三港池南岸线，是码头工程的重要组成和先期工程。2012 年 2 月 27 日完成施工图设计招标；3 月 7 日完成地基处理施工图设计；3 月 26 日完成施工招标资格预审；4 月 17 日组织完成施工招标，确定了上海三航奔腾建设工程有限公司等 4 家施工单位；4 月 23 日组织完成监理招标，唐山海港港兴监理咨询有限公司中标。5 月份施工机械设备陆续进场；5 月 7 日简易堆场开始施工。地基处理工程正式开工，标志着京唐港区 26 ～ 27# 集装箱泊位工程已经进入现场施工准备阶段。

地基处理面积约 125 万平方米，工程总投资约 4500 万元，地基处理后，地基承载力达到 120 千帕。简易堆场区原为疏浚吹填区，局部区域表层为 1 米～ 4 米厚淤泥，分布不均，地质条件复杂，处理难度较大。公司项目建设部配合设计单位开展地基处理方案优化，通过地质勘察与现场挖掘探坑相结合的方式，详细分析土层分布，平衡场内土方，做到场内弃土与淤泥换填相结合，通过典型试验区试夯，制订了直接强夯、强夯置换、分层碾压、真空降水、明沟排水加直接强夯等多种施工方案，不仅可以保证达到地基承载力要求，同时可最大限度降低施工成本。按照建设示范工程、示范项目的总要求，制订项目整体招标方案，完成施工计划、施工方案、项目招标代理比选，注重设计和施工方案优化，保障质量，降低费用。

在 26 ～ 27# 泊位初设审核过程中，通过审核概算造价，对比以往同类工程的造价指标，优化码头结构含钢量设计思路，节约投资 2800 万元。结合地质情况，多次优化强夯设计，针对不同地质条件，采取多方案强夯法，既保证了施工质量，又降低了工程造价，为 26 ～ 27# 泊位码头工程开工建设做了积极准备和铺垫。

（二）集装箱泊位工程

26 ～ 27# 泊位码头主体工程 2013 年 6 月开工建设，泊位工程于 2014 年 1 月开工建设，其中地基处理工程于当年 6 月 4 日通过了省水运工程质量安全监督局组织的交工验收；施工进场路、导槽换填土、临时用水、临时用电等施工准备工作均提前完成。施工人员、机械设备及建筑材料迅速进场；码头工程导墙、场地硬化公区、生活区等临时设施全面铺开，6 月中旬正式开展地下工程施工；项目的堆场道路工程及 110 千伏变电站工程也已完成资格预审，7 月上旬开工建设；房建工程、场桥设备购置等及架空线路、工艺设备等工程也同步稳定跟进，仅 2013 年即完成投资 3.5 亿元，为 2014 年 10 月工程建成打下了坚实基础。

26 ～ 27# 专业化集装箱泊位施工现场

（三）码头、港池疏浚及其他工程

码头及港池疏浚工程于 2014 年 8 月 6 日完成交工验收，并于 9 月 26 日发布航行通告正式开通使用。8 月中旬第一航次 2 台岸桥及 5 台轨道吊投入试运行，10 月底 8 台岸桥及 14 台轨道吊全部投入使用；堆场道路工程 11

月底全部完工；房建工程除办公楼装潢及拆装箱库正在施工外，其余栋号全部完工；110 千伏变电站工程及 110 千伏架空线路工程完工，12 月中旬正式送电投运；堆场工艺设备及系统设备除信息化系统外，全部完工。

三、严控泊位工程质量

施工过程中，唐山港口实业集团按照建设“部优质工程”的目标，集思广益，优化设计，规范制度，加强管理，采取各种措施，严格把好质量关，以尽职尽责、加班加点的实际行动，扎实推进 26 ～ 27# 泊位建设。在项目设计初期，该公司就广泛开展调研，组织工程技术人员多次到曹妃甸、天津、青岛、烟台等港口进行港口项目现场考察，学习对方先进理念，采取的新技术、新工艺、新措施，进一步完善 26 ～ 27# 泊位项目的设计思想和要求。集团领导结合港口实际和运营管理需要，与设计单位沟通，对原有设计进行优化调整，在细节上狠下功夫，提出对护轮坎、轨道梁等边角采用角钢防护的要求，消除了原设计在使用过程中极易磕碰损坏的问题，增加了美观效果。堆场由箱角基础变更为水稳碎石 + 连锁块，减少了施工难度，降低了地基不均匀沉降造成的危害，同时也降低了工程造价。为强化质量通病治理，总结以往施工经验，寻找质量隐患点，组织设计、施工、监理、质监等单位，编制了《26 ～ 27# 泊位质量通病防治手册》，成为现场管理的质量规范。建立质量管理体系，针对 26 ～ 27# 泊位施工特点，项目建设部组织施工、监理单位制定项目质量管理制度，采取奖惩措施，进一步提高施工人员质量意识，加强工程质量控制，确保工程质量。每月末组织监理、施工单位开展工程质量专项联查，查找质量问题，对发现的问题挂牌整改。发挥施工样板示范作用，与施工单位联手，强化工程质量管控，积极培育和选树样板、典型，推动质量管理工作向纵深发展，将焊工韩鹏跃焊接完成的优良钢筋套子成品作为焊工示范样板，起到了良好的示范作用。

四、河北省“平安工地”

2013 年以来，唐山港口实业集团、唐山港集团以建设河北省交通厅科技示范工程、履行基本建设程序典型示范项目、创建河北省“平安工地”和创建部优工程4个目标为统领，以人为本，着力夯实基础，在26～27#集装箱泊位工程“平安工地”创建工作中强化组织领导，明确目标责任，高起点、严要求，狠抓工程建设管理，保证了“平安工地”创建工作顺利实施并取得了良好成效。在“平安工地”创建过程中，项目组广泛动员部署，认真组织实施，教育引导施工单位和监理单位现场人员全面提高安全意识和安全管理能力，认真执行专项施工方案审查制度和施工安全专项费用保障制度，加强施工安全隐患排查治理，对发现的安全隐患实行挂牌整改。同时加强工地安全管理，制订了防突风、防风暴潮、防火、防人身伤害等多项应急预案，并加强应急演练，提高了施工队伍的应急救援和应急处置能力。

2014年8月5日、6日，河北省水运工程质量安全监督局组织业主、设计、施工、监理、检测单位召开了京唐港区26～27#集装箱泊位码头和疏浚工程“平安工地”考核、交工验收会。与会人员认真查看了“平安工地”建设和质量控制资料，现场查看了项目建设工程实体，一致认为，26～27#泊位项目“平安工地”建设达到示范等级，工程实体质量符合相关规范、标准，满足使用需求，同意交工验收。

26～27#集装箱泊位码头、疏浚工程被评为“河北省科技示范工程”“履行交通部建设程序典型示范工程”“2013年度河北省劳动竞赛示范项目”“2013年度平安工程示范等级项目”。

五、泊位投产试运营

（一）召开生产运营筹备专题会

2014年以来，唐山港口实业集团提早安排部署26～27#码头运营生产准备工作，党政联席会、总经理办公会多次就码头建设运营进行研究，在加强项目施工建设的同时，推动建设期与运营期的顺利衔接，确保各项工作安全、稳定实施。

7月18日，唐山港口实业集团召开26～27#码头生产运营筹备专题会，对码头生产运营准备工作进行安排部署。会议听取了唐山港国际集装箱码头有限公司董事长张志辉对26～27#集装箱泊位项目工程进展情况的汇报，对泊位生产运营准备工作及面临的问题、困难进行研讨。结合泊位运营生产需要，对设备进港上岸、码头水电供应、信息技术支持、办公

设施准备，以及船舶调度、通航引水等相关工作进行全面安排部署，并成立了泊位运营生产工作领导小组，下设项目建设、设备安装、前期准备、后勤保障四个工作组，明确分工职责，提出具体要求。

会上，张志辉董事长就 26 ～ 27# 泊位生产运营准备工作提出了三点要求。一是要确保安全，筹备完善。在生产筹备、设备安装过程中要加强安全监管，制订详细工作预案，由专人负责、现场盯办，为厂家安全进行设备安装调试创造条件。二是要协同作战，尽职尽责。唐山港口实业集团、唐山港集团、集装箱公司要充分发挥协同作战精神，搞好协调配合，明确工作职责，各部门和工作小组要严格按照分工履行职责，加强协调沟通，为运营生产做好服务、提供保障。三是要倒排工期，把握节点。要保障泊位项目如期运营投产，就要制订好各项工作时间表，安排好工期节点，严格按照计划，有序推进各项工作实施，保证辅助设施提前正常使用，确保 26 ～ 27# 泊位项目在 9 月底之前全部具备生产作业条件。

（二）泊位投产试运营

2014 年 9 月 20 日，26 ～ 27# 集装箱泊位投产试运营，“仁建天津”轮靠泊作业，拉开了该泊位运营生产的序幕，从而大大提升了京唐港区服务客户、开拓市场的能力，对腹地经济的发展将起到有力的带动作用，对提高京唐港集装箱板块市场竞争力有着深远意义。

2014 年 9 月 20 日，京唐港区 26 ～ 27# 集装箱泊位投产试运营

六、泊位工程通过竣工初步验收

（一）收尾工作全面完成

2015年，26～27#泊位工程收尾工作全面完成。完成110千伏架空线路工程，实现安全送电，为码头生产提供可靠保障。完成办公楼、候工楼、强弱电及装修工程，为员工创造舒适宜人的办公条件。完成绿化、亮化及道路工程，打造码头亮色。26～27#泊位整洁、安全运行，成为公司对外形象的窗口。

（二）泊位工程通过竣工验收

2016年12月28日，唐山市港航管理局在唐山海港经济开发区组织专家和有关单位代表组成竣工初步验收委员会，对京唐港区26～27#集装箱泊位工程进行竣工初步验收。

初步验收委员会听取了唐山港口实业集团、中交一航院、天津深基工程有限公司、中交一航局第五工程有限公司、河北建工集团有限责任公司、上海振华重工（集团）股份有限公司、唐山海港港兴监理咨询有限公司等单位的工作汇报和唐山港国际集装箱码头有限公司的泊位试运行情况汇报，以及河北省水运工程质量安全监督局的质量监督报告，查看了工程实体情况，查阅了工程档案资料。经认真讨论，形成初步验收意见：

一、唐山港京唐港区26～27#集装箱泊位工程的建设适应了唐山港京唐港区集装箱吞吐量快速增长的发展趋势，缓解了集装箱装卸能力不足的问题，促进了港区专业化、集约化运营。

二、本工程位于唐山港京唐港区第三港池南侧岸线东段，建设7万吨级集装箱泊位2个（码头水工结构均按靠泊10万吨级集装箱船舶设计），以及相应的水、陆域配套设施，泊位长度690米，设计年通过能力90万TEU，批准工程概算135844万元。

工程由唐山港口实业集团有限公司建设，于2013年6月开工，2014年12月主体工程完工，2015年10月26日开始试运行。

（一）码头。码头采用全遮帘式地连墙板桩结构，长度为690米，顶面高程为4.0米（以当地最低理论潮面计，下同），结构按靠泊10万吨级集装箱船设计建设。码头西侧设长度为79.8米过渡段，结构按靠泊10万

吨级集装箱船设计建设，东侧设长度为 80.32 米过渡段（过渡段部分采用无遮帘式板桩结构），结构按靠泊 5 万吨级液体化工品船设计建设。观测表明，码头结构的沉降及位移符合设计和规范要求。

（二）水域。码头前沿停泊水域宽度 82 米，设计底高程为 -15.5 米；回旋水域呈圆形布置，直径 600 米，设计底高程 -15.5 米。

（三）堆场道路。总面积 42.25 万平方米，其中重箱堆场面积 14.1 万平方米、空箱堆场面积 8.1 万平方米，采用高强混凝土联锁块铺面结构，轨道式集装箱龙门起重机采用钢筋混凝土结构轨道梁；主干道及场内道路面积 16.65 万平方米，采用沥青混凝土铺面结构。

（四）装卸工艺。码头装卸船作业采用 4 台 65t-60m 和 2 台 65t-65m 集装箱装卸桥。堆场重箱堆码箱作业采用 14 台 41t-33m 轨道式集装箱龙门起重机；空箱堆码箱作业采用空箱堆高机；集装箱水平运输作业采用集装箱拖挂车。

（五）生产及生活辅助建筑物。总建筑面积 33833.03 平方米，除拆装箱库和机修间及流机材料库采用门型钢架结构、集装箱码头闸口采用钢桁架结构外，其余建构物均采用钢筋混凝土框架结构。

在工程建设过程中，为满足未来京唐港区第三港池南岸集装箱作业区统一经营管理的需要，建设单位将批准初步设计中的办公楼由 5 层调整为 9 层，建筑面积由 5900 平方米增加至 9873 平方米，候工楼由 3 层调整为 5 层，建筑面积由 2286 平方米增加至 3980 平方米，费用由总概算调剂解决。经委托审查咨询，调整后办公楼、候工楼的施工图设计中主体结构和地基基础的安全性、稳定性、耐久性达到国家和行业现行有关标准及规范的要求。办公楼、候工楼完工后，工程交工验收合格，质量评定合格。

（六）供电、照明、给排水、通信控制等设施均已按批准的初步设计建成，达到设计和使用要求。

三、建设单位遵守国家法律法规，履行基本建设程序，工程的各类批准文件齐全有效，工程管理机构健全，管理制度完善，组织协调有力，工程的投资、质量、进度得到有效控制。

本项目作为全省交通运输系统的科技示范工程，建设单位会同设计单位在工程实施过程中优化了码头水工结构和施工工艺，比选了堆场装卸设备，应用了地源热泵、LED 照明等节能环保技术，采用了数字化通信控制系统，有效地降低了工程投资、运营中的能源消耗和污染物排放，改善了生产管理手段，提高了生产作业效率和质量。

设计单位严格执行国家及行业相关强制性规范标准，总平面布置合理，码头结构设计符合规范规定，装卸工艺设计和工艺设备选型合理、性能可靠。

施工单位严格按照设计文件和施工规范施工，施工工艺基本合理、方案科学、管理措施全面，安全保质完成工程施工和设备制造、安装调试任务。

监理单位认真履行职责，严格控制工程质量、安全、进度和投资，做到全过程监理，使工程施工和设备制造安装达到设计要求。

四、环境保护设施、安全设施、职业病防护设施、消防设施已按照有关部门规定通过专项验收或者备案；导助航设施以及其他辅助性设施已按照《港口法》的规定，与工程同时建设，并按期投入使用。工程档案管理规范，竣工档案资料比较完整、准确、系统，通过档案专项验收。

五、工程质量、施工安全管理严格，监督单位监管到位，工程总体质量评定为合格，施工期间未发生安全责任事故。

六、竣工决算经审计，项目投资控制在批准概算以内。

七、通过试运行，唐山港京唐港区 26 ～ 27# 集装箱泊位工程取得良好的社会效益和经济效益。

八、唐山港京唐港区 26 ～ 27# 集装箱泊位工程已经具备竣工初步验收的条件，同意通过初步验收。

第四节　相关部门和社会各界大力支持

在 26 ～ 27# 集装箱泊位工程项目建设的过程中，各级领导和有关部门研究政策，发挥优势，积极争取上级政策支持，加快了建设速度，扩大了港口的影响。

一、政府的政策支持

2012 年，河北省政府《关于促进沿海港口集装箱发展的意见》和省财政厅、交通运输厅《促进河北省沿海港口集装箱运输发展补贴资金使用管理办法》相继出台，全省现场动员会议在京唐港区顺利召开，极大地坚定和提振了京唐港区加快集装箱运输发展的信心和决心。京唐港区抢抓机遇，举全港之力，千方百计推进集装箱运输提速发展。

京唐港区集装箱运输得到省（市）交通、港航、海关、海事、边检、检验检疫等部门的高度关心和长期支持，这也是京唐港区落实省政府政策能够取得显著成效的重要保障。省、市交通和港航领导多次亲临现场指导，政策出台后，更是在理解政策、申请范围、申报程序、申办资金、后方道路运输协调等各个方面提供针对性的指导帮助。海关、海事、边检、检验检疫等部门也克服困难，千方百计提高通关效率。唐山海事局把支持中远大型集装箱班轮作为重点，确保 24 小时进出港不受限，使中远班轮航线在京唐港区成为精品航线。

落实省政府《关于促进河北省沿海集装箱发展的意见》座谈会 2012 年在京唐港区召开

二、主管部门的项目支持

2013 年，26 ～ 27# 集装箱泊位工程被确定为 2013 年省重点工程、河北省交通运输厅确定的科技示范工程、履行基本建设程序典型示范项目，同时被确定为京唐港区 2013 年度重点工程项目。

三、海关总署的支持

唐山海关积极争取海关总署在京唐港区投资几千万元配备集装箱查验

设备，建成全省港口最先进的H986P外贸货物专用集装箱机检查验系统，单箱查验速度提高30倍。建立海关智能闸口项目，实现海关无人值守自动抬杆、自动放行，为集装箱运输发展创造了良好环境。

四、工程项目银行信贷融资

各大国有银行的支持。中行、工行、农行、开行先后完成对26～27#集装箱泊位项目的贷款评审，为该项目提供了资金储备。2010年，工商银行为公司26～27#集装箱泊位出具了9亿元的银行贷款承诺意见，银企合作关系进一步巩固与发展。

跟进贷款申请。2015年，公司财务工作不断细化，经营质量不断提高。把严的标准、实的作风贯穿于财务管理工作之中。以预算为统领，严格“开源”与“节流”双向控制，及时收款清欠，控制成本费用。根据项目进度、利率波动情况，跟进贷款申请，节约财务费用，取得26～27#集装箱泊位项目贷款3.5亿元。

投融资统筹成效显著。研究政策，发挥优势，积极统筹投融资体系，保障了重点项目建设、股权出资和集团健康运行。创新融资方式，以项目项下的银行承兑汇票支付工程款，开出银行承兑汇票3.2亿元，节省财务费用1040万元。

发行中期票据募集资金。抓住有利时机，发行2014年中期票据，票面年利率低于同期贷款利率，募集资金4亿元。加强资金清收，收回资金6.2亿元，其中收回港建费返还1.6亿元。

争取项目贷款利率优惠。2014年，26～27#泊位争取到项目贷款利率优惠，节约融资成本，取得项目授信13亿元。

五、获得工程补贴

科技示范工程资金补助。2012年，26～27#泊位项目申报省交通厅科技示范工程，获得60万元资金补助。

釜山外贸航线获三级政府补贴。2012年，京唐港对集装箱运输先行先试，实现了政策配置和运量增长的新突破。争取到釜山外贸航线省、市、

区三级政府补贴 3000 万元。

政府协调资金补贴。2014 年，积极协调省、市财政，争取到集装箱政府补贴资金 7000 万元，扶持流动资金 7500 万元，改善了集装箱公司经营环境。

技术创新补助资金。2015 年，26 ～ 27# 泊位建设项目技术创新再获奖项。推进 26 ～ 27# 泊位科技示范工程专项总结，获得省厅补助资金 60 万元。

第五节　打造大型专业化码头品牌

26 ～ 27# 集装箱码头泊位建成达产，实现了京唐港区港口集装箱运输的大跨越、大发展，充分展示了现代化港口的风范，起到了重要的辐射、带动、服务作用，体现了在唐山经济转型升级中应有的担当。

一、河北省港口集装箱运量第一位

围绕 2014 年完成 80 万 TEU、冲击 100 万 TEU 的目标，京唐港区有关部门抢抓机遇，多措并举，加快集装箱板块发展，全年完成集装箱运量 86.5 万 TEU，同比增长 50%，占全省总量的 46%，位居河北港口第一位，保持了在河北“三港四区”中率先发展、先行先试的良好态势。26 ～ 27# 泊位建设、运营实现快速对接，提前投产试运营。集装箱市场占有率不断提高，辐射区域不断扩大，年内新增航线 4 条，渤海湾支线体系优势明显、稳固发展，航线通达华东、华南等主要港口，成为中国海上丝绸之路延伸出海口。

二、打造大型专业化码头品牌

2015 年，京唐港区集装箱运输迎难而上、乘势而为，一举突破 100 万 TEU，26 ～ 27# 泊位试运营当年实现达产，完成集装箱吞吐量 111.7 万

京唐港区 26～27# 集装箱码头

TEU，同比增长 29%，成为河北“三港四区”中第一个超百万 TEU 的港口。

26～27# 集装箱码头建成达产后，通过狠抓现场服务，增强客户信任，打造大型专业化码头作业品牌。建成集装箱电子口岸管理系统和网上办单、订舱、查询、货代、船务等业务服务系统。建立质量管理体系，推进与集团公司安全管理体系的深度融合。认真落实集装箱船舶优先靠离政策，不断优化业务生产流程，持续提高生产作业效率、现场服务水平，专业化大码头的品牌效应初步显现。码头日作业船舶艘次达 8 艘，单船作业效率平均 148.8 箱 / 小时。吸引并稳定了中国远洋海运集团投入 4700TEU 船舶靠泊京唐港区。

三、继续领跑河北港口集装箱发展

26～27# 集装箱码头建成达产后，京唐港区船舶大型化、密集化、增量化程度明显提高。2016 年，航线总数达到 33 条，其中环渤海内贸支线

11条，干线18条，韩国釜山外贸航线1条，天津外贸支线1条，日本关东、关西线2条。其中合德自营航线20条，总运力2.5万TEU，已成为国内继中国远洋海运集团、安通物流、中谷新良之后总运量排名第四位的内贸船公司。京唐港区集装箱年运量突破150万TEU，占河北“三港四区”总量的一半，同比增长35%，增速世界第二、全国第一，跻身世界集装箱百强港口。2017年，京唐港区年运量实现200.5万TEU的历史性突破，占河北“三港四区”集装箱总运量的54%，同比增长33%，两年翻了一番，继续领跑河北港口集装箱发展。

唐山港京唐港区繁忙的集装箱码头

第十一章

建设现代物流体系
广迎八方客商

运输市场的不断变化，使港口之间的竞争日趋激烈。京唐港区面对新形势，调整思路，拓展业务，丰富品种，扩大覆盖；优化集疏运方式，货畅其流，方便高效；把互利互惠、真诚以待，融入为客户的全程服务之中……

京唐港区比较完善的物流体系建设，赢得了声誉，得到了回报。

——题记

第一节　调整思路　扩大揽货业务

港口的竞争主要表现在港口物流发展水平的竞争上，谁能够率先建立起成熟的物流体系，谁就拥有了立于不败之地的竞争力。唐山港京唐港区牢固树立现代物流理念，调整思路，开发和拓展市场，扩大揽货业务，丰富了品种，扩大了覆盖，为港口的发展赢得了先机。

一、加快网络建设　抢占有利位置

通过推行事业部经营模式，实现各物流场站实体经营管理，进一步完善多元化服务平台，港口转型进程加快。推动七大业务平台[①]融会贯通，丰富公司盈利模式。业务平台已成为公司新的利润增长极，对于港口转型具有极大的推动作用。在完善集输储运等基础设施的基础上，抢先占领有利地势、有利位置，在与周边港口存在竞争关系的交叉腹地上，在关键物流节点上，加快物流场站布设，以点带线，连线成面，扩大服务范围，发展配送、多式联运，降低客户成本，形成大物流综合体系。强化物流平台建设，通过信息化手段，覆盖贸易、配送、代理、银行监管、金融服务，实现商品流、资金流、信息流通畅传递和无缝衔接，形成综合物流平台、信息平台、交易平台。

（一）通过综合平台　构成聚集效应

对接腹地产业项目，加强信息系统集成，以综合信息平台衍生出更多上下游客户，形成纵深服务的产业链，使自己成为物流链中不可或缺的部分。同时，通过综合业务平台，开展金融服务、资本运作，实现虚拟与实体经济的结合，获取第三方物流利润，构成聚集效应。

（二）加强整合　实现协同发展

崇尚客户利益最大化的价值理念，与铁矿石、钢铁、煤炭等供应链条

① 七大业务平台：融资监管、信息贸易、保税仓储、场站运输、代采购、租船、临港加工。

上的货主、船东建立较为巩固的联盟，拓展网络交易平台，利用数字化技术手段，电子商务新模式逐步成熟。积极推动“数字港口”建设，搭建电子业务综合服务平台，实现客户手续网上办理、客户信息网上查询。

同时，进一步完善陆海双向物流网络，集疏运通道更加顺畅。大力推行代采购等服务模式，密切合作，并与主要枢纽港、公路、铁路等运输部门建立稳固的合作关系，互惠互利，共同抵御危机，实现协同发展。2012年，开通“京唐港—唐山南”和“京唐港—迁西”班列，仅此流向，完成铁路发运量 177 万吨，较上年增长 111%。

（三）物流公司取得报关资质

唐山港集团物流有限公司自成立以来，规范经营，科学管理，时刻以客户利益为重，为广大客户提供低成本、高效率、多样化的全程物流增值服务，但还缺少为客户进行独立报关的资质，致使不能为客户提供整个链条式的服务。为满足客户需求，唐山港集团物流有限公司向唐山海关申请报关资质，经过多方努力，2013 年取得报关注册登记证书。既能为本公司进口货物报关，又能为外贸客户的货物报关，使客户群体覆盖面更加广泛，为做大物流业务、做强金融服务奠定了良好的业务基础。

二、加强招商引资　推动合资合作

（一）扩大招商引资　谋求发展共赢

在物流链中谋求与大企业、大客户的合作，走联盟发展道路，着力培育新的增长点。积极和多方合作，谋求共赢的发展途径，增强公司竞争力，推动港口发展。

2012 年 4 月 7 日，唐山港和韩国京仁港在唐山万达洲际酒店举行“建立友好港口关系协议书”签约仪式，双方正式缔结为友好港口。

京仁港距韩国首都首尔仅 20 千米，其当时正在建设中的京仁阿拉航道是韩国首都通往海洋的唯一运河工程，将担负韩国首都圈重要的物流功能，成为首尔开展国际贸易的新兴通道。按照友好协议，两港将按照平等互利的原则，就港口规划建设、经营管理等方面进行深入交流，并就开通集装箱、杂货班轮航线进行合作，开辟中国唐山至韩国首尔间最便捷的国际物流通道。

签约仪式上，唐山市副市长辛志纯、唐山港集团党委书记赵治川、韩

国水资源公社社长金建镐分别致辞。

2012年4月7日，唐山港与韩国京仁港建立友好港口关系签约仪式现场

辛志纯在致辞中指出，唐山港和京仁港均位于两国首都经济圈之中，位置十分优越，两港结为友好港口关系，必将有力地促进两港的合作，促进港口的发展，同时也拉动周边区域经济的发展。辛志纯希望两港真诚合作，互利双赢。同时表示唐山港要更好地学习韩国在港口建设和管理方面的先进经验，用建设港口的合作来带动周边地区的合作。

赵治川在致辞中强调，与韩国京仁港建立友好港口关系，是唐山港对外开放、科学发展的一项战略部署。他希望与韩国京仁港进一步加深交流，增进互信，发展友谊。通过友好港口通道，学习韩国港口的先进经验，积极探讨在货物运输，特别是在集装箱业务方面与韩方开展进一步合作，努力把两港业务合作提高到一个新的水平，从而推动唐山港集装箱业务提速发展，为唐山乃至广阔腹地外向型经济发展提供更好的平台。

金建镐在致辞中说，今天两港友好港口关系的缔结，意味着韩国的首都首尔和中国直接通过海洋连接起来。以此为契机，京唐港和京仁港将发展成国际性大型港口，韩中两国间的交流和友好合作关系必将进一步加强。

2013年5月10日上午11时15分，随着唐山港口实业集团总经理、唐山港国际集装箱码头有限公司董事长王首相宣布开航令，满载967重箱货物的“仁建京唐轮”在京唐港区二号港池首航成功。作为第一艘以“京唐”命名的集装箱货轮，它的投入使用将有力地推动京唐港区集装箱运输事业的蓬勃发展。

首航仪式上唐山港集团总经理宣国宝致辞，他指出，河北省政府为实现“十二五末完成五百万TEU吞吐量的目标”，将着力推进京唐港区集装箱运输事业在河北沿海港口中率先发展。特别是在去年，京唐港区以35万TEU的年运量一举跃升为河北“三港四区”集装箱运量之首。宣国宝强调，作为京唐港区发展史上第一艘以“京唐”命名的集装箱货轮，它的投入运营，开启了京唐港区和仁建集团合作的新篇章，为京唐港集装箱运输业注入了新的生机和活力。

唐山港国际集装箱码头有限公司总经理李文勇主持首航仪式。“仁建京唐轮”的船东——仁建集团总裁郭东圣发表了热情洋溢的致辞，他高度评价了过去几年与唐山港集团建立的良好合作关系，对港口发展充满信心，同时也表达了对“仁建京唐轮”未来发展的美好祝愿。

（二）开通商品汽车内贸运输航线

2012年3月2日，产自中国一汽的首批219辆马自达轿车从唐山港京唐港区12#泊位装船运往上海港，标志着唐山港京唐港区商品汽车运输内贸航线开通。该航线的开通，将不断吸引上海通用、上海大众、广汽丰田、东风日产等厂家生产的商品汽车北运以及北汽福田、奔驰等北方汽车在京唐港区下水，并形成对流，对优化港口货种结构、增加货运量和效益、降低中国南北方商品汽车运输成本具有重要意义。唐山港集团对该航线的开通高度重视，要求各相关部门做好各项工作，确保首船作业万无一失。公司总调度室接到担任该航线首航任务的“安吉4”轮到港的信息后，积极协调海事局交管中心，认真制订靠泊计划，提前组织召开由海事局，船、货代理，第二港埠公司，保卫部，安质部等单位、部门负责同志参加的协调会，对滚装船预靠泊位、商品车集港场地、安全保卫和行进路线等事项进行研究部署。第二港埠公司按照靠泊计划组织设备、人力对正在12#泊

2012年3月2日，产自一汽的首批219辆马自达轿车从京唐港区12#泊位装船运往上海港

位装运钢材的“安捷利3”轮进行抢装，以最快的速度让出12#泊位，确保“安吉4”轮按计划靠泊。3月2日早8点，该公司对场地进行了封闭，并开始组织集港，同时协助货代进行验车、监管等工作。当日下午4时许，第一辆商品汽车安全驶入船舱，至晚上6时30分，219辆汽车全部装船完毕，该航线首航装船作业成功完成。

（三）完善港口设施　强化品牌辐射效应

加强集疏运作业管理是京唐港区挖潜增效，打造物流港口、信息化港口的重要环节，是实现港口与客户无缝对接、互利共赢的重要管控措施。集疏运管控中心是以集疏运管控平台为依托，集集疏运信息的收集、处理、分析、传递、共享于一体的综合管理机构。它对内可以为物流链上的相关方提供大量基础的实时交互信息，合理调配港口集疏运生产资源，实现资源与作业量的最优化匹配和最大化利用，降低港口运营成本。对外可以通过物流服务品牌的辐射效应，使周边的运力资源按照港口的发展导向进行集聚与整合，统筹整合水路与陆路集疏港信息资源，提高车船直取比例，减少货物周转环节，降低货物损耗和装卸费用。创新港口物流服务模式，延伸服务范围，逐步实行港口物流客户会员制，寻求港口物流利润增长点。

京唐港区集疏运管控中心以九江物流公司为试点进行集港车辆预约，效果明显，成功地缩短了集港车辆的在港停时，提高了港口生产组织效率。该中心进一步对各种信息平台、网端进行对接，逐步实现集疏运信息的共享。

“十二五”以来，先后有铁路运输总公司运输局营运部货运营销计划处、同煤集团煤炭运销总公司、承德市双桥区、中国煤炭工业协会、华电重工、大同煤矿集团公司、中远太平洋有限公司、沧州港集团有限公司、上海电气（集团）总公司战略规划部、中国投资公司的有关领导到京唐港区考察、调研、联系业务，京唐港区与各方来宾分别就周边港口煤炭运量、煤炭运输、铁路分流、场站建设、配煤中心发展、码头运力、进口焦煤供应、动力煤下水以及企业品牌建设、员工队伍管理等合作项目，进行了深入的交流与研讨，交换了意见和看法，从而在今后的工作中进一步加强沟通、密切合作，实现共赢。

三、增加运输方式 扩大腹地货源

（一）把握关键 合理发展运输方式

交通运输是国民经济良性循环的物质基础，合理发展各种运输方式是国民经济迅速发展的关键。随着社会和科学技术的进步，新的运输方式不断出现。京唐港区根据所处地区技术和经济特点、资源状况，有计划地改变运输方式，扩大腹地货源，取得了良好的经济效益和社会效益。

依托铁路运输方式大力开拓市场。京唐港区坚持“保基础、挖潜力、重创造”的方针，在全国主要沿海城市和西北货源腹地设立30多个办事处，不断扩大京唐港区腹地范围，已延伸到山西、承德、宣化、邢台、保定、吉林等地，打造市场品牌。

（二）翻开新篇 成功实现“铁水联运”

2015年9月18日21时15分，一列载有10节罐车的列车缓缓驶入液化列车装卸栈台，顺利完成了第一列火车接车、对位，自此，液化码头公司翻开了“铁水联运”的新篇章。

2015年9月18日，列车驶入液化列车装卸栈台

当晚，液化码头公司董事长李顺平与经营班子成员及相关工作人员一起进行了接车准备。该列火车计划装载沥青580吨，运往宁夏华特沥青有限公司。经过6个小时的作业，列车顺利离开化工栈台。液化品铁路运输的开通，为液化公司拓展了业务市场，为开发新货种提供了有力支持，对海港开发区化工产业的发展将起到积极的促进作用。

为进一步开拓内陆市场，为西北、东北等内陆地区液体化工产品的集散创建更为经济和便捷的运输通道，唐山港集团领导高度重视液化品“铁水联运”建设工作，安排专人跑办铁路的开通和运营手续。为保证列车运输的顺利开通，业务科详细测算运输成本和熟悉单证、计量等手续的办理，调度、生产、设备等部门多次组织学习火车操作流程，完善装卸工艺。

四、加大推介力度　吸引客户加盟

2013 年 3 月 1 日，唐山港集团外贸航线推介会在唐山港大厦举行，河北出入境检验检疫局京唐港办事处、唐山海关物流监控科有关领导，唐山港集团副总经理张小强出席了推介会。唐钢、首钢、津西钢铁等 24 家钢铁、航运、物流公司代表及唐山港集团生产业务部、第二港埠公司、船舶货运代理公司相关负责人参加会议。

2013 年 3 月 1 日，唐山港集团 2013 年外贸航线推介会在唐山港大厦举行

推介会上张小强说，京唐港区将以降低客户成本、提高服务水平作为外贸钢材航线建设的切入点，全面了解客户需求，搭建信息平台，实现船方、货主、港方、联检单位的资源共享；充分发挥场站、外贸航线船舶绿色通道等优势，做好港口金融服务板块，为客户降低成本，解决资金链难题，希望与大家共同携手培育京唐港区外贸钢材市场。

参会货主、航运、物流企业代表及联检单位一致表示，将全力支持京唐港区外贸航线建设，实现多方共赢。

8 月 8 日，唐山港中远集装箱业务推介会在唐山港京唐港区召开，向广大集装箱业务客户推介唐山港与中远集团在京唐港区为客户提供的集装箱海运航线、集装箱陆运体系的综合集装箱物流服务。

唐山市政府副秘书长邢京林，唐山市港航管理局局长邸哲敏，唐山海

唐山港中远集装箱运输业务推介会在唐山港京唐港区召开

港经济开发区管委会副主任王纯华，中远集装箱运输有限公司副总经理朱德章、原高级顾问马杰麟、贸易保障部总经理谭兵，唐山港集团董事长孙文仲，唐山港口实业集团总经理王首相，唐山港集团总经理宣国宝、常务副总经理张志辉，天津中远国际货运有限公司党委书记王连欣等领导和唐山海港经济开发区管委会各部门、驻区相关单位主要领导，以及长期以来支持中远和京唐港集装箱运输发展的重要客户代表参加推介会。推介会由天津中远国际货运有限公司总经理王万祥主持，唐山中远集装箱物流有限公司总经理邢振峰介绍了集装箱场站物流业务情况，唐山港集团董事长孙文仲、中远集装箱运输有限公司副总经理朱德章、唐山海港经济开发区管委会副主任王纯华分别在推介会上致辞。

京唐港区集装箱场站项目占地36万平方米，距京唐港区22#集装箱泊位1000米，地理位置优越。集装箱场站项目一期工程建设集装箱专业堆场10万平方米，建设6000平方米大型仓库、2000平方米修箱专用场地和冷藏箱场地，配备专业集装箱装卸、拆装设备，具备完善的监控系统和集装箱业务操作系统，拥有优秀的场站专业人才，具备年50万箱周转能力。

京唐港区集装箱场站项目的建设和运营进一步完善了京唐港区的集装箱运输链条和中远集运的集装箱运输功能，促进了集装箱运量的快速增长，对京唐港区和中远集运的长期可持续发展产生了积极影响。

五、开发新小货种　培育增长亮点

积极开发新、小货种。自2013年3月1日起，水渣、石膏石、石灰石、水泥熟料等货种划归京唐港区第一港埠公司作业。水渣货种具有相关手续复杂、受雨雪天气影响较大、货物存放场地分散等特点。为做好衔接工作，保证作业秩序顺畅，第一港埠公司领导高度重视，现场管理人员精心组织，积极做好交接工作，制订作业流程，出台相关规定。公司于3月2日召集相关货主召开沟通会议，对港口周边货物存放和倒运车情况进行摸底，对区域内的作业要求和供货标准进行了规定。截至3月7日早8时，第一港埠公司共作业新转入货种船舶4艘次，完成货物吞吐量7.53万吨。其中水渣船舶3艘次，完成吞吐量7.03万吨；石膏石船舶1艘次，完成吞吐量0.5万吨。

内陆腹地多家新客户陆续到港开展业务，极大地改善和丰富了京唐港区货种结构，陆续开发废钢、木材等货种。其中仅2012年，就接卸木材船舶9艘、完成运量22万立方米，并以此吸引了木材加工项目落地；成功接卸进口大豆船舶2艘，完成运量12万吨；成功开发铝矾土、铜矿等新货种，全年完成运量27万吨。

2014年，国家质检总局公布了进境粮食指定口岸名单，唐山港口岸顺利通过验收，成为全国首批进境粮食指定口岸之一。

依托木材、粮食、水渣等新货种，打造新的运量增长点，重点培育滚装汽车及出口机械设备等货种，加强与长久集团合作，发展滚装汽车运输业务；利用木材加工基地优势，做大进口木材上岸业务，形成规模运量；发挥代理作用，推动港口市场健康发展。

六、利用液化码头　开发特殊货种

面对港口货源竞争激烈、国际原油市场和化工品市场波动起伏较大的不利形势，京唐港液体化工码头有限公司大力开发市场，在货种结构和客户群方面下功夫，成功开发了汽油、液体硫黄、液体沥青、煤油4个货种，在运营生产中，液化公司挖掘现有的生产能力，为适应货种结构的变化和满足市场客户需求，不断开发、完善货种工艺，强化作业工艺流程，针对单货种、单作业形式编写了作业工艺方案26项，细化作业工艺内容和数据，加强生产管控，确保作业过程中各项因素控制在安全规定的标准值内。2012年，液化码头公司作业船舶245艘次，完成货物吞吐量114.4万吨，同比增长51.72%，创公司年货物吞吐量的历史最高纪录。

为克服世界经济下滑、国内通胀压力加大等不利影响，液化码头公司立足一期扩建项目的投入使用，秉承“安全、优质、精细、高效”的管理理念和“顾客至上、服务一流”的服务理念，树立“上下一盘棋”的整体观念，充分调动和激发全体干部职工的积极性和创造性，挖掘现有的生产能力，取得了单月作业船舶27艘次和单月货物吞吐量12.8万吨的可喜成绩，实现了公司经营业绩的稳步提升。在生产运营中，公司树立“完善功能、吸引货源”的揽货思路，努力向客户企业传达合作共赢的经营理念，不断加大货源开拓力度，进一步加强对货源结构的优化调整。在着力提升主力货源柴油运量的同时，继续巩固汽油、苯、煤焦油的运量提升；在做好老货种的基础上，侧重新货种市场开发，重点培育沥青和液体硫黄两个新的运输增长点，取得了良好的效果，沥青和液体硫黄吞吐量同比增长均超过100%，开创了在不利的经济背景和市场环境下逆势提升的大好局面。

2012年3月2日，满载着3000吨液体沥青的船舶“润久2”安全靠泊京唐港区液体化工码头，经过22小时的有序作业，顺利完成接卸任务。这是唐山华特沥青仓储有限公司和液化码头公司合作液体沥青项目试运行以来接卸的首艘船舶。两公司领导对该轮的接卸作业均高度重视，在车船到港前，液化码头公司就提前组织调度室、生产作业科、安质科等科室会同华特公司有关负责人召开了接卸“润久2”船前会，从接卸工艺、安全生产、设备保障等方面进行交流，制定了科学、完善的接卸工艺和措施。同时结合液体沥青介质温度较高的性质，加强对生产作业人员的安全教育，严格监督作业工艺规范和安全保障措施的落实情况，确保了整个作业过程的安全、有序、高效，得到了华特公

唐山港京唐港区液体化工码头

司的肯定和认同。

“润久2”轮的成功接卸，标志着液化码头公司同厦门华特公司合作的液体沥青项目试运营生产工作迈出了重要的一步，为该项目的生产运营工作打下了良好的基础，也为液化码头公司的发展壮大提供了有力的支持。

第二节　瞄准市场　布设业务网点

京唐港区在大力挖掘货源的基础上，依据市场需求，内外结合，合理布设业务网点，使得业主和港口环环相扣，无缝对接。渠道的畅通，为货源滚滚而来创造了条件。

一、加强内陆物流场站建设

以公路、铁路运输为途径，以外围场站为节点不断完善迁安、丰润、丰南、迁西等物流场站的功能。加快丰南、丰润等内场建设，加大人力、物力投入，以场站为基点扩展服务范围，完善集运体系，抓牢优势腹地货源。

迁西场站建设。河北津西钢铁集团位于唐山市迁西县，年产能900万吨，进口矿石用量1000万吨。由于地处山区，交通不便利，进出厂货物的运输成本相对较高，运量不稳定。为从根本上解决河北津西钢铁集团铁路运输的困难，增加、稳定京唐港区的津西货源，公司领导积极协调太原铁路局对大秦线迁西站进行改造，建成迁西铁路场站。迁西铁路场站由唐山港口物流公司、河北津西钢铁集团投资，由太原铁路局大秦物流公司组织施工建设。一期工程以接卸由京唐港发往河北津西钢铁集团的铁矿粉和洗精煤为主。该场站一期工程能力为接卸铁矿石、洗精煤能力300万吨/年；进行二期改造后，铁路线直通津西厂内，可兼顾矿石、煤炭接卸和钢材外发装车，年通过能力达1000万吨以上。大秦线迁西铁路场站顺利开通运营，自2012年6月份以来，每天开往迁西的满载3500吨铁矿石的火车大列自京唐港区到达迁西站。大秦线迁西铁路场站的建设运营，标志着京唐港区为客户提供

2013 年 5 月 13 日，迁安（京唐港）铁路港口工程项目签约仪式

的延伸服务又上了一个新台阶，大大提高了京唐港区在内陆腹地的影响力，吸引了更多的客户和货源。

丰润铁路场站建设。大秦线丰润铁路场站于 2010 年 9 月正式设立，当时货物接卸能力为 1 万吨 / 天，堆存能力 10 万吨，当年实现货物运量 6 万吨。经过一年多的发展，业务量不断增加，仅 2011 年一年内就完成货运量 44 万吨。丰润铁路场站的建设发展，完善了京唐港区内陆物流网络节点，实现了港口业务的进一步前移，为客户提供了更加便捷的服务，为港口更好、更快发展起到积极的促进作用。

二、完善二级营销体系

全面构建上下联动、高效至诚的业务开拓体系，形成以集团大业务为总揽，以子公司二级业务为主力、各地办事机构为分支的强大营销团队。各项指标逐级分解，上下两级业务互动互保，有力保障了业务工作开展。

三、发挥矿石码头优势

充分发挥 20 万吨级矿石码头产能优势，紧紧抓住周边钢厂和山西、内蒙古等内陆腹地大企业铁矿石回流业务，靠服务拉货源、留客户，使铁矿石成为运量增长的重要突破点。

（一）科学组织　优化流程

按照生产的规范化、标准化要求，加强细节管理和现场管理，完善和优化作业流程，并加强生产调度、卸船、堆装部门的协调联动，不断刷新接卸纪录，展示了大码头、现代化装备的品牌效应。

（二）安全生产　高效运行

着力加强设备保养、维修和安全管理，同时加大新进员工培训力度，提高了现场作业效率和设备运行水平，有力保障了生产安全、高效运行。

出台《安全质量奖惩办法》《安全事故管理办法》等制度，实现零责任亡人事故、零设备责任事故的目标。

（三）工艺创新　规模达产

开展工艺创新，改进 40 余项设计缺陷。2012 年，矿石码头公司接卸船舶 254 艘次，在投产试运营当年创造了规模达产的优秀业绩，为矿石运量跨越性增长提供了有力支撑，成为 2012 年京唐港区运营生产中的最大亮点之一。

2012 年 3 月 1 日下午，中国铁路物资股份有限公司非洲矿业项目商业铁矿石首船“楼兰凤凰”船抵京唐港区 20 万吨级矿石码头，它标志着首钢码头公司的“塞拉利昂—京唐港”的货源新渠道正式运营。

2012 年 3 月 1 日，中铁物资公司非洲矿业首船铁矿石“楼兰凤凰”船抵京唐港区

“楼兰凤凰”船的首航，开启了中国铁路物资股份有限公司与京唐港区首钢码头公司合作的新篇章，为双方日后更深层次、更广领域的合作打下良好基础。之后，在双方的共同努力下，合作取得了更加丰硕的成果。

四、加大集装箱吸附力度

面临市场的低迷，集装箱码头公司抢抓机遇，攻坚克难，创新运营举措，加强客户服务，在各方面的支持下，实现了集装箱运输的持续增长。

（一）进一步加大航线开发力度

在内贸航线方面，在吸引社会船公司、开辟和增设航线的同时，采取自主培育、自主经营的方式，着力加强支线网络建设，推动环渤海支线建设运营，实现以支线推进干线，逐步增设干线船舶密度，形成以京唐港区为中转港的内贸中转格局。

2012 年 9 月 27 日，大连万通物流有限公司的新“万通”轮在京唐港区 12# 泊位举行首航仪式，承载能力为 2.9 万吨的“万通”轮首航对京唐港区班轮运输起到更加积极的作用，标志着集团公司迈出创新货种、尝试集装箱运输、拓宽服务链的重要一步。

在外贸航线方面，釜山航线加挂天津港，提高船舶装载率。2013 年以来，共增设航线 4 条，内外贸航线总数达到 18 条，其中干线达到 11 条，支线达到 7 条。

（二）大力拓展集装箱业务

集装箱码头公司及时了解和掌握集装箱运输市场变化，通过加强与船公司、客户的交流沟通，开发适箱货种，改进运营模式，加大内外贸货源吸附力度。

港口决策层敏锐地觉察到，未来河北港口哪里率先发展集装箱运输，哪里就会在竞争中占据主动。只有集装箱得到发展，京唐港区才能够真正发展为综合型、国际化大港。所以将集装箱发展作为战略任务，纳入港口整个业务物流体系范围。抓好第三港池南岸线 26 ～ 27# 集装箱泊位建设，进一步提高集装箱运输能力。加快唐山中远集装箱场站建设，谋划铁路集装箱运输场站，增强集装箱发展配套能力。同时加强集装箱航线建设和维护，实现京唐港区集装箱业务的新突破，实现港口的新跨越。

2014 年 7 月 6 日，“唐山昌盛 3”轮顺利靠泊京唐港区集装箱泊位，标志着唐山港船舶货运代理有限公司与集装箱公司合作开辟的京唐—江阴集装箱直航航线正式开通。该航线首航船舶“唐山昌盛 3”轮在京唐港区装载着集装箱、散装钢材等货物于 7 月 13 日抵达江苏省江阴市黄田港。

2014 年以来，按照唐山港口实业集团安排部署，把发展集装箱运输作为港口转型升级的战略支撑，全面加快集装箱板块建设步伐，提升港口的档次和地位。船货代公司认真谋划筹措，调整班轮布局，以现有班轮航线为基础，逐步用集散两用船舶替换现有散杂货班轮，为集装箱运输提供充足运力。

集散班轮采用集装箱与散货钢材混装的运输模式，能最大限度地增加货物的周转速度，同时培育集装箱运输市场，这是有效降低海运物流成本运输模式的创新举措。唐山港船舶货运代理有限公司开通京唐港至广州港、京唐港至宁波港2条集散两用班轮航线，投入6艘集散两用船舶运营，2014年上半年完成集装箱运量31949TEU，占全港集装箱运量的8.8%。

（三）加强组织　提高作业效率

积极落实“挖潜增效”“严抓计划兑现率”的工作要求，加强生产组织，做好客户服务，进一步提高了作业效率和业务管理水平。扎实开展安全生产宣传教育，完善安全管理制度和应急预案，保证了作业效率、安全管理水平的双向增长，为运营生产提供了有力保障。

第三节　完善服务　赢得客户青睐

善待客户，不仅需要“和气生财”，更需要为他们创造良好的工作条件。京唐港区推行的一条龙、一站式服务等措施，设身处地，想客户之所想，急客户之所急，充分体现了人性化，赢得了声誉，拓宽了市场。

一、加强人文关怀　提升服务质量

在服务方面，进一步增强品牌意识，寓服务于各项工作之中，最大限度地把服务落实到每一个生产、管理环节上，通过精心、热心、诚心、细心、耐心的服务，向客户传递京唐港区的诚信力和服务的高端化，做到好中求好，细中求细，精益求精，使服务更具功能性价值、更蕴含情感性价值、更兼顾形象性价值，形成文化性的服务品牌和港口品牌，抢占服务的制高点。

（一）加强统筹　缩短船舶在港停时

促成商检、卫检建立了联检机制，实行边检预检制度，有效缩短联检时间；妥善理顺内部关系，合理调度船舶移泊，实现各泊位、设备的优势互补，确保了全港生产作业满负荷运转，2012年散货船舶在港停时平均为9.09小时/万吨，比2011年缩短11.8%。

（二）推动创新　实现高质高效

推动工艺和属具创新，实现生产作业高质高效。狠抓作业工艺改进，取得了20项创新成果，极大降低了货损率，卸船效率提高8.3%，仅2013年煤炭卸车效率就提高5.5%，火车疏港货物亏载率下降27.3%，有力推进了精品、高效装卸品牌建设。

（三）合理安排　发挥最大潜能

2013年，采取调整库场道路宽度、调整不同货种堆存场地和堆高等方法，提高散货堆存能力300万吨。件杂货周转率达到22次/年，较2011年提高5%。

（四）加强管理　保障高效低耗

新增2艘6500马力拖轮和1艘5000马力消防拖轮，提高了船舶进出港的服务保障率；提高设备完好率，2012年主要生产设备完好率达到99%；积极开展技术创新，公司2012年申报机电类技术创新项目195项，其中8项已申报专利；加强水、电设施设备管理，全年燃油消耗比年度指标结余15万升，低于年度指标3%；用电节余126万度，低于指标5%。

（五）改进设备工艺　提高效率

第一港埠公司有30型装载机4台，专门用于小型船舶清舱。由于它的铲斗无法触及船肋里面的货物，造成设备作业死角，冬季货物上冻，更加大了作业的难度，增加了船舶作业时间。工艺组研制出30型装载机捅舱机，专门用于松动、清理死角处的货物。这一设计扩展了30型装载机的功能，将单舱清舱作业时间至少缩短了1.5小时，同时引进了SY75C-9型挖掘机下舱作业，并设计制作了SY75C9型挖掘机捅舱专用工具，并通过现场调研、总结，成功解决了大部分清舱问题，将单舱清舱作业时间缩短了2小时。

2015年，河北省交通企业协会在全省交通运输企业范围内开展了“十佳优秀服务品牌”评选工作，唐山港集团的客户服务工作被评为2015年度“河北省交通运输优秀服务品牌”。

唐山港集团坚持以市场为导向，全面推进质量诚信体系建设，实施港口服务品牌化战略，将品牌文化融入公司精细化管理理念，以热心、诚心、精心、细心的优质服务，最大限度地满足客户需求，走出了一条“效率领先、服务一流、诚信和谐、创新发展”的特色品牌道路。一是坚持

“以现场保市场、以市场促现场、客户利益最大化”的理念，充分利用QC小组活动、现场服务双“S”管理、“质量缺陷库”建设、“好态度服务”、质量信得过班组建设等载体，持续优化服务流程和生产工艺，健全生产服务管理体系，加大对关系客户利益的单船作业速率、作业质量以及成本考核的力度，着力打造快捷、安全的装卸品牌。二是坚持诚信、友好、互利的原则，采用客户座谈会、走访、问卷调查、研讨会、物流信息服务平台、微店、船前会、客户服务呼叫中心等方式，畅通客户沟通渠道。三是完善综合物流增值服务功能，推进“无水港”[①]工程，开展“门对门”服务，为客户提供超值业务服务。四是实施企业文化引领，提出“三品合一”“三度合一”的品牌理念，强化全员质量意识，并通过公司网站、报刊、电视、画册、文化视觉形象等多元渠道，在客户群中大力宣传公司服务品牌，赢得了市场的广泛认可。

二、主动征询意见　持续改进工作

2015年9月18日，唐山港集团召开矿石客户座谈会。会议围绕如何进一步加强京唐港区生产管理、提升服务品质、为客户提供便捷高效的运输平台等问题进行了深入交流探讨，广泛听取客户意见和建议。

海关总署驻天津特派办研究室主任张钰、副主任武剑，唐山海关关长许凤仪，河北出入境检验检疫局京唐港办事处副主任田凤岐，唐山港集团总经理宣国宝、副总经理张小强、总经理助理张小锐及相关部门负责人出席会

2015年9月18日，唐山港集团召开了矿石客户座谈会

① 无水港：指建在内陆，不临江海，没有船舶，但可以通过海铁联运、海公联运、公铁联运、公水联运、水水联运等方式将货物运送到沿海港口，集装箱就可以直接装船出海。

议。九江、燕钢、唐钢、首钢、中建材、瑞钢联等重点钢贸单位代表应邀参加会议。

唐山海关、河北出入境检验检疫局京唐港办事处主要领导对京唐港区近年来取得的骄人业绩给予肯定。他们表示，今后将继续优化港口通关环境，提升出入境检验检疫质量，加强与港口的沟通互动，为港口运量增长保驾护航。

唐山港集团副总经理张小强在致辞中指出，参会代表是与京唐港有着传统友谊的重要合作伙伴，是京唐港人最值得信赖和尊敬的朋友。举办此次座谈会，就是要倾听大家对京唐港工作的批评和指导意见，从而进一步促进双方互通信息、增进了解、加强合作、共谋发展。

客户代表们表示，作为国家一类开放口岸和唐山对外开放的重要窗口，京唐港区是区域铁矿石、钢材等大宗物资专业化运输系统的重要组成部分，多年来，唐山港集团以先进的管理和优质的服务赢得了客户的广泛认可。希望能与港口携手共进，互惠互利，为实现共同发展而不断努力。

唐山港集团总经理宣国宝代表公司对各级领导、口岸联检单位及客户单位多年来的大力支持表示感谢。他指出，近年来，面对错综复杂的经济形势和激烈的市场竞争，京唐港区以服务区域经济发展为己任，着力加快推进综合型、国际化大港建设进程，不断完善港口服务功能，提升大型化、深水化、专业化水平，发挥大宗货物运输优势，港口货物吞吐量和经济效益保持快速、稳定增长。他强调，港口事业发展离不开新老客户的信任与支持，京唐港区将继续严格作业标准，推行“好态度”服务，完善多式联运物流网络，建立保税物流中心，优化港口集疏运通行环境，推行“互联网 +”运输，搭建物流电商平台，进一步巩固和扩大与腹地钢厂、贸易商的合作关系，力争早日把京唐港区打造成综合型、多功能、现代化的国际贸易口岸。

2015 年 11 月 27 日，唐山海事局召开由唐山海事局交管中心、唐山港引航站、唐山港集团参加的三方座谈会，共同讨论解决船舶靠离泊期间出现的相关问题。会上，参会三方相关负责人针对影响船舶进出港等方面的问题进行了沟通，并协商解决之策。根据各自存在的困难，总调度室、引航站、海事局交管中心分别就船舶优先进港顺序、引水员上船、朝鲜船起锚控制等方面提出问题，三方共同讨论，大家发挥专业特长，畅所欲言，

集思广益，统一思想，使问题得到了解决，为确保船舶安全高效靠离泊打下了坚实的基础。

三、创优服务举措　满足客户需求

（一）推行一条龙、一站式服务

京唐港区围绕客户需求，推行仓储保税、信息贸易、融资监管、场站运输、代采购、租船、代临港加工等一条龙、一站式服务，初步形成了服务客户的组合优势，成为运营生产稳定、快速发展的重要支撑。运用供应链理念，打造涵盖港口装卸、航运、仓储、交易、铁路运输、公路运输、信息、资金、生活服务等全时、全过程的服务，把供应链各个价值节点有机链接起来，为重点客户制订和组织实施个性化服务方案，实现货物运输整体效果最优、总成本最低，为客户提供超值增值的服务。

（二）港路厂联动　提高集疏港便利化

每天掌握京唐港区及周边港口集疏港运输价格、发布公路运输信息快报。降低车辆通行成本，改善通行环境，保障京唐港区集疏港畅通。

与唐港高速管理处商谈集疏港车辆高速运输合作事宜，与乐亭县交通运输局商谈统一缴费事宜，降低车辆通行成本。加快集疏运平台建设，提高集疏港效率。

2014 年 9 月 12 日上午，唐山港集团独幽城集疏港专用通道系统顺利通过唐山市交通局、乐亭县政府、独幽城收费站等单位组成的专家组验收，并于当日 14 时正式通车。

这套专用通道系统由唐山港集团信息公司研发建成。该系统采用视频监控技术、物联网 RFID 技术、LED 屏显示技术、GPRS 无线传输技术、自动化控制技术、车牌自动抓拍识别技术等多种高科技手段，将京唐港区集疏港车辆与收费站通道进行有效、合理的融合，进出独幽城的集疏港车辆通过专用通道时，系统自动检测识别，验证通过后自动抬杆放行。

独幽城集疏港专用通道的开通，有效地解决了独幽城收费站交通拥堵、车辆通行缓慢的问题，原来采用人工收费模式，每辆车通过时间需要 3 ～ 5 分钟，开通集疏港专用通道后，每辆车通过只需 20 ～ 30 秒的时间，比原来的通行效率提高了 9 倍。

四、坚持融资创新　实现互利互惠

金融港口是一个新的概念。着眼新的形势和任务，在金融港口建设上，京唐港区迈出了重要步伐。金融与港口在物流链系统中融合、发酵，激发活力，创造生机，解客户之忧，强港口之肌，而且使整个港口上下游链条多方受益，从而推动港口实力、活力、竞争力的全面增强。

（一）加快金融港口建设步伐

以金融与港口服务的深度融合，进一步创新港口盈利模式，赢取客户信任，加快形成港口集装箱、装卸、物流、金融等业务板块协调发展的新局面，全面提升京唐港区创新发展能力、可持续发展能力。

（二）实现与客户互利互惠

在与客户现代物流链条中，坚持互相支持配合，实现协同协作；在客户服务上，实现与客户互惠互利，增进客户的信任。

在港口平台上，在物流链条中，注入金融因子，激发港口创新发展的活力，助力港口创造新的优势，形成新的增长点，把港口发展和金融服务相融合，使其成为港口创造价值的源泉、转型升级的支撑。

（三）着力融资创新

在港口发展过程中，除港口基础设施建设（如道路、航道、防波堤等公益性设施和码头泊位、机械设备等经营性设施）以及信息平台、货运中心、物流园区等配套设施建设外，还有进驻临港产业园区的企业融资需求。以稳定、充沛的资金流服务港口项目建设、服务企业创新发展。打好组合拳，把银行贷款、中票发行等工作做实、做细、做深。同时充分利用公司土地、海域资源优势，推动这些资源的优化、提升、创效，努力实现资本、资金来源的多元化、多样化，通过定向增发等方式，为港口建设提供资金支持。

2012 年，唐山港集团港口物流公司为贸易商厦门墩峰进出口有限公司在曹妃甸港实业码头垫付港杂费及海运费 582 万元。代垫业务对外成功开拓，为后续业务的发展打造良好开端。随着此项业务逐渐深入和趋于成熟，物流公司逐渐把业务模式向外部延伸和拓展，充分开发融资业务的市场潜力，开发新模式，为打造金融港口、践行港口转型贡献力量。

（四）成立唐山港国贸投资有限公司

自 2013 年 7 月国贸公司成立以来，认真贯彻集团公司打造“金融港口”的战略思想，相继开展了港杂费、海运费、关税代垫、散货托盘业务，与九江、荣信、天津俊安、厦门墩峰等40多家钢厂、贸易商建立了长期的业务关系，通过业务的逐步开展，提升了集团公司的综合竞争力，实现了盈利模式新突破。

2015年2月27日，唐山港集团顺利通过中国物流与采购联合会物流企业综合评估委员会的专业评估，成为全国第十九批5A级物流企业。此项评估的通过标志着唐山港集团的发展环境、市场占有率、服务功能和服务水平进一步得到改善和提高，特别是物流品牌得到了政府、企业、市场的广泛认同。

2015年12月15日，交通运输部综合规划司联合中国交通企业管理协会在浙江杭州召开“第五届全国交通运输物流业发展推进大会暨重点联系物流园区、先进物流企业发布会”，对全国物流园区（企业）近千家申报企业进行甄选。唐山港集团荣获“2015年度全国交通运输优质服务示范物流企业”和“全国交通运输行业重点联系物流园区（企业）”两项殊荣。唐山港集团作为华北地区的代表园区（企业），成为河北唯一获此殊荣的港口物流企业，体现了京唐港区物流板块业务在基础设施、服务能力、运营效率和社会贡献等方面取得的长足进步。

唐山港集团荣获“2015年度全国交通运输优质服务示范物流企业”荣誉称号

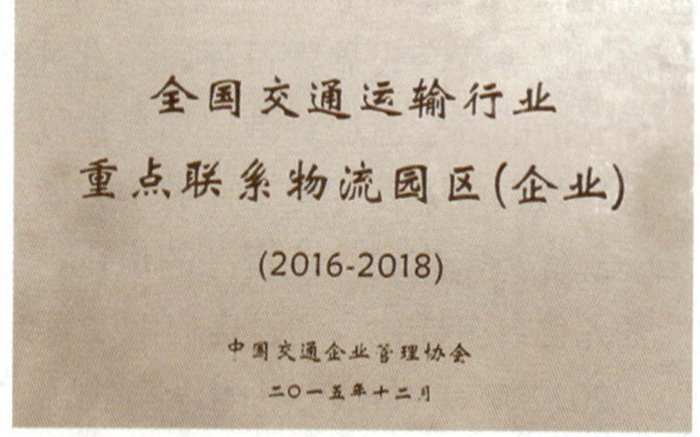

唐山港集团荣获“全国交通运输行业重点联系物流园区（企业）（2016—2018）”荣誉称号

第十二章

统筹生产要素 跨越2亿吨大关

安全生产责任化、作业管理标准化、技术装备现代化、“双争”竞赛多样化——统筹生产要素，推动现代管理，港口的管理在发展中创新，在创新中发展。

管理的创新激发了港口的活力，最大限度地发挥了生产要素的作用，致力于提升全要素生产率。2013年港口发展迎来又一个里程碑——货物吞吐量超过2亿吨。

——题记

第一节　全面落实管理措施

“十二五”以来，唐山港集团瞄准跨越港口吞吐量 2 亿吨大关的目标，全面落实各项管理措施，取得了显著的成效。

一、完善安全生产管理机制

加强安全制度建设。唐山港集团制定《安全生产事故隐患排查和违章治理管理办法》《安全生产风险管理办法》和《安全生产风险管理办法实施指南》，明确各级领导和管理人员的安全生产风险管控职责，制定各项安全生产风险控制措施，建立安全生产风险及控制措施清单和事故隐患排查清单。同时以危化品、工程施工、消防、道路交通等领域为重点，定期进行安全生产风险辨识和事故隐患排查，每周组织 1 次安全专项检查，每月组织 3 次安全综合检查或联合检查。

完善作业现场安全管理措施。在作业现场实行车道隔离、单向通行，降低车辆交叉通行带来的交通安全风险。建立三级安全检查机制，推行基层管理人员“一线工作法”和“半小时观摩制”，强化对重点区域、重点时段、重点人员的安全检查，严厉打击各类违章行为。建立危险作业监督检查机制，完善有限空间作业、动火作业、高处作业、起重吊装作业等各类危险作业项目的审批、备案、现场监护、监督检查等管控措施，组织安全专家对危险作业的安全措施进行评审。开展作业工艺流程优化与人机配备标准完善工作，根据工艺危险性、重要度、人机交叉复杂度、工艺改进的可行性等因素确定优化改进方案，不断提高本质安全水平。

强化相关方安全管理力度。实行卡口管控、属地监管的模式，对外来业务相关方进行安全告知，加强外来人员在港作业行为的安全监管。严格落实协力单位管理制度，严把协力单位人员资质关、培训关，对协力单位实行安全评价考核机制，全面加强对协力单位安全管理的过程控制，督导协力单位开展安全生产标准化建设，落实协力单位安全生产主体责任。明确施工单位、监理单位和建设单位的安全生产职责，对施工现场涉及的临时用电、高处作业等高危环节严格履行审批手续，重点加强现场监管。各单位现场安全管理人员重点检查安全确认单签订情况、人员站位情况及设备司机安全操作情况，通过班前会、工前会检查作业人员精神状态及设备完好情况，检查班前会布置安全措施、班后会进行安全评点分析的情况。

二、加强应急管理和设施安保

制定《应急管理办法》，明确各级、各类应急预案演练和培训的要求，按计划组织开展“双盲”应急演练[①]，成立应急演练考核评估组，对各单位的应急演练情况进行评价考核，查找不足，及时整改，提高基层岗位和现场人员的应急救援技能、现场处置能力和自救互救能力。加强对应急预案涉及岗位的培训力度，编制并向全员发放应急处置卡，提高全员应急管理知识水平。严格落实领导带班、值班和信息上报制度，安排公司领导、中层干部等人员进行安全生产值班，值班领导在值班期间保持24小时通信畅通，并翔实记录值班情况及处理情况。各单位值班人员每日凌晨2时至5时对作业现场进行安全检查，每小时在微信群内汇报1次检查情况并上传现场检查照片。

2014年6月4日，拖轮公司举办消防救生技能竞赛

在港区1#门、2#门、3#门3个卡口安装监控系统和电子门禁系统，在各个库场入口设立了二级卡口，加强库区管理，通过对港区大门和库场的科学规划建设，完善了港区安保设施。同时在港区的门口、

① “双盲”应急演练：指事前不通知参演单位演练时间、地点和演练内容的一种应急演练方式。

货场、主要道口、办公地点、码头前沿等部位安装了摄像头，保卫部监控指挥中心实行值班人员 24 小时值守，监视范围覆盖整个港区的所有设施，加强巡逻检查，时时进行防范。按照港口设施保安计划的要求，组织港口设施保安训练、演习，增强相关人员的协调作战能力和应急反应能力，确保及时处置各类突发保安事件。

三、统筹调度　挖潜增效

2013 年，京唐港区在业务市场低迷、周边港口业务量普遍减少的形势下，保持了货物吞吐量逆势上扬的态势，凸显了京唐港区的软实力，标志着年初挖潜增效措施初见成效。总调度室作为全港生产调度中枢围绕落实集团挖潜增效的工作思路，积极创新工作方法，继海事和引航部门相继放宽通航限制和引航要求后，不断加强对外协调成果，有力地改善了港区的口岸环境。由总调度室牵头，组织各作业公司就保障船舶及时联检、缩短开工、离泊用时等问题，与商检、卫检单位进行专门协商沟通，建立了以作业公司调度室为主，协调商卫检和定期沟通反馈的新机制。各作业公司值班调度根据船舶计划直接与盯船的商卫检人员沟通联系，有效解决了后半夜商卫检人员上船不及时的问题。一是统筹全港泊位资源，保证泊位岸线的充分利用和到港船舶及时靠泊。尤其是煤炭公司分流部分小型无烟煤船舶，保证了第一港埠公司 3 万吨以上船舶及时靠泊，充分发挥了大门机的效率。二是打好“组合拳”。通过矿石码头减载移泊方式，提高整体作业效率。同时，发挥门机作业多个舱，同时清舱的数量优势。三是调整货种分工，保证了生产组织的专业化。将小型散货船舶调整

唐山港集团总调度室

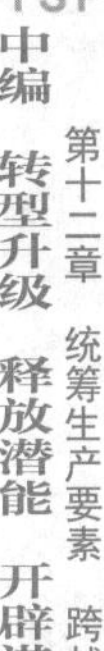

至第一港埠公司作业，提高了该类货种的作业效率，水渣船舶作业由原来的 676.8 吨 / 小时提高至 1441.25 吨 / 小时。四是推行预配载制度和船、货代理承诺书制度，减少了作业过程中的调货、断货现象，延长了有效作业时间。五是通过外部挖潜，创造良好的通航环境。调度室积极协调海事部门更改限航标准，提高了航道、泊位的利用率。2013 年 5 月份，共限航 10.4 小时，同比减少 84.2%。16#、17#、22# 泊位延长段得到充分利用，相当于再造一个生产泊位。协调引航部门调整引航方案，保证了吃水量较大的船舶能够及时靠、离泊位。

第二节　提升技术装备现代化水平

设备，尤其是现代化码头设备是港口生产作业的保障，京唐港区自始至终将提升港口技术装备现代化水平作为建设国际化大港的重要任务。

一、拖轮

拖轮，作为京唐港区港口生产作业和海上抢险救助的主要力量，担负着极其重要的角色。随着京唐港区的快速发展，进出港口的船舶艘次大幅增加，对执行各项任务的拖轮提出了更高要求。

2012 年 9 月 3 日，唐山港集团订造的“京唐港拖 15 号”和“京唐港拖 16 号”两艘 6500 马力拖轮安全到港。这次订造的两艘拖轮均属于当时国内最新型的拖轮，设备先进，自动化水平较高，特别是采用的破冰型船首设计，极大地提高了京唐港区冬季航道接船能力，为 20 万吨级航道、20 万吨级专业矿石泊位高效运营提供了有力保障。

为适应京唐港区的快速发展，港口领导审时度势，在 2011 年与镇江船厂签订了 4 艘拖轮建造合同。“京唐港拖 18”轮是京唐港首艘吨位大于 500 吨的船舶，同时具备浮油回收、消防和围油栏布放功能的全回转拖轮，拥有中国船级社授予的附加标志。船体总长 40.50 米，续航力 1000 海里，浮油回收舱舱容 120 立方米，最大浮油回收速率达 160 立方米 / 小时。“京唐港拖 18”轮的投入使用，进一步完善了港口的浮油回收、消防功能，全面提升了溢油应急队伍的应急能力。

被命名为“京唐港拖 19”和“京唐港拖 20”的两艘 3200 马力拖轮于 2014 年 6 月 15 日到港，被命名为“京唐港拖 21”“京唐港拖 22”的两艘 7200 马力拖轮于 7 月 13 日顺利抵港。

至此，港口的拖轮总数达到 17 艘、总功率达到 83080 马力，拖轮配置结构更趋齐全，船舶进出港拖轮使用配备方案有更多选择，提供更为可靠的拖带、引航服务。被称为“拖轮人”的拖轮公司更是无怨无悔，勇于担当，为加快港口建设做出了应有贡献。

2014 年 6 月 15 日，京唐港拖 19、拖 20 轮交接仪式现场

二、专业煤炭码头设备

专业化煤炭泊位（36 ～ 40#），包括 2 个 15 万吨级卸船泊位，3 个 10 万吨级装船泊位。配备了当时国内同类码头技术最先进、功能最完善的现代化设备。

卸船机系统。包括 6 台四卷筒差动补偿牵引小车形式的桥式抓斗卸船机，可沿码头上固定的轨道运行，用于 5 万～ 20 万 DWT 散货船的卸船作业。卸船机设计额定起重量为煤炭 53 吨、矿石 62 吨；额定能力为煤炭 2100 吨 / 小时、矿石 2500 吨 / 小时；最大能力为煤炭 2415 吨 / 小时、矿石 2875 吨 / 小时。

装船机。码头上共布置 4 台非回转移动式装船机，可沿码头上固定的轨道运行，用于 2 万～ 10 万 DWT 散货船的装船作业。装船机额定能力 6500 吨 / 小时。

翻车机设备系统。卸载火车设备为2套四车翻车机系统设备。额定能力：8000吨/小时，最大8800吨/小时；额定翻卸次数：25次/小时，最大翻卸次数：27次/小时。

堆场设备系统。主要包括39台带式输送机、19座转接机房、9台斗轮堆取料机以及与本工程设备系统配套的供电照明、控制通信、给排水、消防、污水处理、除尘、通风等系统设备。

采制样设备。为6套机械采制样系统设备，其中2套为卸船煤炭用，4套为装船煤炭用。

三、专业矿石码头设备

京唐港首钢码头为1个10万吨级和2个5万吨级铁矿石接卸泊位，码头长度855米，其中西侧740米水工结构按靠泊25万吨级散货船设计，其余115米水工结构按靠泊20万吨级散货船设计，近期设计年通过能力2500万吨，远期达到3500万吨。

码头前沿配备2500吨/小时桥式抓斗卸船机6台。

堆场配备额定能力堆7500吨/小时、取3600吨/小时的斗轮堆取料机6台；额定能力7500吨/小时、带宽1800毫米、带速3.75米/秒 皮带机18条，合计约1万米；额定能力3600吨/小时、带宽1200毫米、带速3.75米/秒皮带机2条，合计约1400米；15座转接机房；以及与其配套的供电、控制、信息、含矿污水处理等配套设备、设施。

四、集装箱码头设备

配备集装箱岸桥22台，用于码头装卸船作业，规格为65吨/65米，轨距30米，最大可作业15万吨级集装箱船舶，其中10台可实现半自动化远程操作；场桥40台，规格为堆六过七型，轨距33米，用于堆场重箱作业，其中20台可实现自动化远程操作，12台65吨场桥具备双箱作业能力；铁路龙门吊2台，轨距40米，用于铁路火车装卸作业；堆高机12台，可堆码七层高集装箱，用于堆场空箱作业；正面吊15台，可堆码五层高集装箱，用于拆装箱重箱堆码作业；叉车29台，具备最大10吨作业能力，

用于拆装箱作业；板车 6 台，用于场内集装箱运输作业。

唐山港京唐港区集装箱码头

第三节　统筹生产要素　提升作业效率

锚地的扩大，为港口货物吞吐量的增长、船舶的通航安全及港区的未来发展提供了有力支持与保障。而更重要的是，上下齐心保运营，形成合力，创造奇迹。

一、锚地扩建获批

2012 年 1 月 30 日，京唐港区新选划锚地由交通运输部海事局予以批复，标志着港口锚地扩建获正式批准。锚地的扩建大大缓解了锚地日趋紧张的态势，为港口货物吞吐量的增长、船舶的通航安全及港区的未来发展提供了保障。

京唐港区原有散杂货和化工危险品两个锚地，总面积 52.8 平方千米，由河北海事局于2001年12月对外公布。随着京唐港区货物吞吐量的迅猛增长和新建泊位的陆续投产，到港船舶数量大幅增加。2011年，京唐港区货物吞吐量达1.39亿吨，较2005年增长了约4.2倍。现有锚地无论是水域面积还是水深条件，均不能满足到港船舶锚泊的需求，因而严重制约了港口的运营生产，也给港区船舶通航安全造成很大压力。2011年年初，唐山港口实业集团适时开展锚地选划工作，抢抓时机，先后组织完成锚地选划方案编制、通航环境安全评估、锚地水深测量、底质探测、水下碍航物清理等多项规划、技术工作，并积极协调争取中海油、海洋、水产等相关部门的支持，特别是得到了河北海事局、唐山海事局的大力帮助和业务指导。

这次获批锚地共6处，扩建原有1号、2号锚地，新增3号、4号、5号、6号锚地，包括散杂货、化工危险品、大型散货、超大型散货、大型危险品锚地，锚地总面积由原来的52.8平方千米，增至294.63平方千米。新锚地不仅满足了京唐港区未来发展船舶数量增多对锚泊水域的要求，也充分适应了船舶大型化的发展趋势。规划了20万～30万吨级大型散货、危险品船舶锚地，充分考虑了第六港池的开发建设需要。唐山港口实业集团配合河北海事局，尽快完成了锚地对外发布工作，使之早日投入了使用。

二、新举措应对市场新变化

2011年下半年，京唐港区进口铁矿石中、低品位的东南亚边缘铁矿石比重逐渐增多，非主流铁矿石成为第一港埠公司运量的主流货种，船舶租用向大型CAPE船转移，6万～7万吨巴拿马型焦煤船舶到港量逐渐减少，这一状况在2012年更加明显。为保持京唐港区大宗散货领先的地位和品牌，第一港埠公司采取四项措施应对市场变化。

（一）争取适港货种　拓展货源腹地

京唐港区面对进口铁矿石和焦煤两大货种结构和船型的变化，加大缝隙市场的开发力度，寻求新的市场空间，争取适港新货种，保障运量。2011年，国内有色金属冶炼产能向西部转移趋势日益明显，但更多的原料需国外进口。通过调研分析，在集团领导大力支持下，第一港埠公司制订了周密的市场开发方案。随后，公司业务副经理带领业务人员多次赶赴北京，调查市场，拜访客户，寻求合作，从而与中国有色金属贸易有限公司、北京鑫恒国际铝业有限公司两个客户达成了进口铝矿砂的合作意向。

2011 年 8 月 31 日，装载 5.4 万吨铝矿砂的“厦门理想”轮首次在京唐港区成功卸载，成为到中国北方港口的第一艘铝矿砂船。高效的接卸效率、高质量的生产组织、差异化的服务，使京唐港区赢得了客户，赢得了口碑，也为以后合作打下了坚实的基础，这是在 2010 年率先培育低镍高铁矿市场后的又一次重大突破。

2012 年前两个月，京唐港区作业铝矿砂 19 万吨。3 月初，中国有色金属国际贸易有限公司、北京鑫恒国际铝业有限公司与京唐港区的三方合作协议签订，中国有色金属国际贸易有限公司 2012 年在京唐港区上水铝矿砂 120 万吨，该协议的签订，肯定了京唐港区的货源组织工作，也增强了港口开辟新货源市场的信心。2012 年 1 至 11 月份，第一港埠公司的作业船舶就达 1185 艘次，完成货运量 3711.8 万吨。

（二）错位竞争　培育市场

第一港埠公司和周边港口同类型的散货作业公司相比，货种结构、作业流程趋于同质化，但客户面相对广泛，直接腹地中、小型钢企居多，形成京唐港区开展错位竞争的着眼点。港口决策方积极打造京唐港区的铁矿石交易市场，努力形成“桌到桌”的信息沟通平台。一方面利用客户优势，争取国内外的铁矿石贸易商增加运量，另一方面利用京唐港区的纽带作用，和腹地的中、小钢企积极对接，同时争取国外大型矿山和国内大型贸易商的贸易矿量，以增强抵御市场风险的能力。在铁矿石交易市场的基础上，着力打造低镍高铁矿交易市场，形成中国北方港口低镍高铁矿交易市场的中心地位，客户已辐射辽宁、宁夏、秦皇岛和丰南等地区。焦煤交易市场是京唐港区着力打造的第三个货物交易市场，通过定期组织焦煤客户及焦化企业座谈会、建立“港、厂、商”的三方定期沟通交流机制等方式，使京唐港区成为北方重要的焦煤、无烟煤货种集散地。

（三）寻求新的增长点

在成功开发铝矿砂货种基础上，京唐港区对有色金属市场展开调研，加强锰、铬等有色金属及合金矿的开发。由于唐山地区炼铁高炉容积的增加，铁合金的需求量也将逐渐增大，大型的炼钢企业将建立独立的铁合金厂，利用这一契机，并结合港口掌握的有色金属资源，积极对接，早日形成运量。利用目前港口的物流通道，积极开拓国内中、西部地区有色金属市场，使京唐港区进口矿石结构形成多元化，极大地增强了抗击市场风险的能力。

（四）研究趋势　加大市场开发力度

紧盯国际、国内的市场变化，密切关注国家产业政策的调整，跳出原有的思维定势，结合公司实际，在维护现有货种的基础上，加大缝隙市场的开发力度，争取新的货源增长点，并把工作融入集团的大物流体系建设当中。继续完善“周边港口竞争对手研究体系”和“大客户管理研究体系”。坚持做好唐山地区钢焦企业生产动态跟踪及疏港流向跟踪分析，透彻研究市场、感知市场，跟上市场的步调，提高工作的主动性、成效性，敏锐感知市场和对手的变化，及时地、有针对性地开发货源市场。

三、拖轮公司护航“黄金水道”

推出一系列新举措，坚持内强素质、外树形象，不断强化“人本、专业、安全”的服务理念，在服务中实施管理，在管理中体现服务，全面提高拖轮服务水平，全力打造和谐、安全、快捷的海上“黄金水道”。

（一）苦练内功　提高业务水平

2011 年 3 月，拖轮公司的“京唐港拖 10”轮，协助“万润”轮自 18# 泊位移泊到 20# 泊位，途经 19# 泊位时，“万润”轮主机突然失控，径直向停靠在 19# 泊位的一艘外轮冲去。船长在突发状况面前惊呆了，手足无措。此时，正在进行拖轮助泊作业的“拖 10”轮船长赵晓奎当机立断，指挥水手王彬、刘明迅速解开缆绳。在控制了“万润”轮的船速后，“拖 10”轮迅速转向倒车，驶向两船中间，凭借精湛娴熟的技术，成功阻止了两船相撞。

脱险后的“万润”轮的船长多次送来礼品表示感谢，但都被“拖 10”轮的船员们婉拒了。深受感动的船长写下一封感谢信，亲手送到拖轮公司，并紧紧握住赵晓奎的手说：“这真是个奇迹！让我们对京唐港的服务水平有了更深的了解，下次，我们还来。”

“拖 10”轮救助行动的迅速、高效，是拖轮公司全体船员多年来坚持不懈刻苦演练的结果。2012 年，拖轮公司召开了驾驶员技术交流分析会。会上，通过对近两年周边港口发生的事故进行分析讨论，并对船舶操纵技术进行交流，老驾驶员们总结出了不少实践经验，并将个人经验积累变成拖轮公司的共享资源，据此形成更加科学、规范的作业流程，在以后的作业过程中形成团队技术特色，同时将会议纪要、会议材料等下发到各船，供所有船员学习，并经常组织船员进行演练。

在提高拖轮服务水平的过程中，拖轮公司坚持每月一次的班组级安全培训，使各轮船员对安全知识有了全面的掌握。面对航道和泊位深水化、来港船舶大型化、作业任务繁杂化的局面，探索改进管理制度。从2011年年初开始，实行安全风险抵押金管理制度，公司副经理、船长、轮机长、科长每人交纳安全风险抵押金1000元，驾驶员、轮机员、电机员每人交纳600元，年底按考核情况兑现奖惩。这一举措是对《安全承诺书》的补充，能够实现安全管理责任逐层分解、关口前移，对各轮高级船员增添压力并施以激励，从而不断提高高级船员的安全责任意识，充分发挥他们的能动作用，构建公司立体式的安全管理体系，为靠泊京唐港区的各大船舶提供安全、高效的“协助动力”保障。

为提高全体船员的业务素质，拖轮公司对全体职工进行了素质教育培训，掌握扎实的基本功。在实践检验的基础上，进一步完善各项规章制度和操作规程，组织各船轮机长一起修订了《四保一循环》维修管理制度，对日常设备维护管理也更具指导意义。公司的高级船员还主动提出利用工作之余，到河北海事局进行知识更新学习，不断提高专业技能。平时，高级船员和党员们带头参加业务常识、法律法规、服务礼仪和安全知识等培训，带动全体船员掀起了苦练基本功的热潮。在繁重的生产任务和多年不遇的恶劣天气情况下，拖轮公司2011年全年未发生任何机损事故和人身伤害事故。

（二）多项措施“畅通黄金工程”

2011年12月1日20点，正在码头待命的“京唐港拖6”轮接到调度室通知：备车送引航员到外轮“鹰之珍宝”。当时外轮距离拖轮码头14.5海里。“拖6”轮值班人员张业新、姚海山、乔智、任继安、高冬岳立即进入工作状态，执行任务。22点，引航员安全登上外轮，“拖6”轮回返。22点10分，引航员紧急呼叫“拖6”轮：“外轮主机失控，需要立即协助。”此时外轮位置在新5、6号浮南侧2海里处，航速4.5节，该位置海底有石油管线，形势十分紧急。海上交通管理中心指示其在航道北侧1海里外抛锚。当时海上涌浪2米以上，拖轮作业非常困难。如果大船把5、6

号浮撞坏，会给京唐港区航道上进出港船舶带来极大不便，但如果在此抛锚，堵住航道，会直接影响港口生产进度。任务紧急，立即抢险！“拖 6”轮先在外轮右船头顶住大船，控制其航向，避免大船压上 5 号浮，到船尾加速推动大船前进，后再去右舷船头控制大船航向……如此往复几次，克服了种种不利因素，终于把外轮控制在了安全水域。23 点 15 分，“鹰之珍宝”主机抢修成功，“拖 6”轮重新从 5、6 号浮护航协助其靠泊，但当航行至一港池口时，外轮主机再次发生故障。该船船长 190 米，吃水 13 米，一条拖轮不足以拖至靠妥泊位。调度室再度派出“拖 9”“拖 10”轮，与“拖 6”轮合力将外轮拖至 19 号泊位。“鹰之珍宝”于次日凌晨 1 点 30 分安全靠泊。

这是拖轮公司推行“多项服务”措施、保障“畅通工程”的一个实例。在提高拖轮服务水平中，拖轮公司突破常规，内挖潜力，外联友邻，全力打造“畅通工程”，努力为港口进出船舶营造更好的航道环境。

“微笑服务”。以“打造优质文明服务窗口”为目标，从精神面貌、言行举止、礼仪礼节等环节入手，坚持“一张笑脸迎人，一句问候暖人”，自觉落实“解答疑问要耐心，离泊护航要细心，困难帮助要诚心”的要求。

“限时服务”。根据港口作业实际，对船舶出入港口拖轮备车时间，处理常见勤务问题和投诉处理反馈等都做出具体的时间限制，并对外公开承诺，督促拖轮驾驶员树立时间意识，提高工作效率。

拖轮为京唐港区船舶的进出港提供可靠的拖带、引航服务

"诚信服务"。邀请总调度室、交管中心、海事局、船代公司等单位的人员对拖轮工作进行全程监督，认真听取各方意见和建议，并积极进行改进，在出入港口的船舶及其他单位的人员中树立诚信形象。

多项服务措施的出台，不仅树立了全体船员的良好形象，同时也促进了拖轮公司作业量的不断提高，受到总调度室、船方和代理的高度赞扬。2011年，拖轮公司共完成拖轮收入1.15亿元，完成全年预算的140%；完成拖轮作业15329艘次，占年度预算任务的130%；拖轮出航及时率达100%；拖轮完好率达99%。在保障生产的同时，超额完成了各项任务指标。

四、同心协力保运营

（一）奋力除冰冻　除夕保生产

2012年除夕夜，万家灯火、家家团圆。然而，港机船舶维修有限公司（简称"港机公司"，下同）矿石码头的值班人员仍然坚守在工作的第一线，为了生产的正常运转在凛冽的寒风中守卫。

连日严寒，使得矿石码头6台卸船机下料漏斗均出现不同程度的冻结现象，不能正常作业。为了使设备尽快恢复投入生产，机械维修队队长郝振辉第一时间带领维修人员奔赴现场组织抢修。面对抢修现场天气异常寒冷、高空作业、风力较大等困难环境，抢修队员们带着沉重的维修机具和材料爬上卸船机。经过现场勘察，决定先用梯子把维修人员送到指定部位后，利用电镐对冻住的漏斗进行除冰处理。在抢修过程中，郝振辉队长身先士卒，带头进行抢修，感动了在场的每一位员工，极大地调动了员工的工作激情。经过维修人员的连续奋战，终于在深夜10点多钟成功完成了所有抢修任务，卸船机恢复正常运转。

（二）连夜维护　确保正常作业

2012年3月2日，港机公司与矿石码头公司在设备维修计划会上研究决定：将皮带系统2线部分磨损严重的陶瓷衬板全部更换为合金衬板。这是利用船舶作业间隙，在不影响第二天即将靠泊的2艘17万吨以上船舶作业安排的紧急维修任务。

接到维修任务后，港机船舶维修公司立即组织人员利用夜间时间在3日早8点前完成全部更换任务。由于此次维修作业时间紧迫，且主要部位是在溜管内部，作业面较为狭窄，同时每块衬板重量都在50斤以上，衬板拆除困难较大，需要溜管内、外部人员密切配合，以免出现衬板坠落造成皮带划伤。为了顺利完成任务，项目部进行了周密安排。首先由机械维修人员制订维修方案，备足衬板及各类维修工具。接着从巡视人员中选派有维修经验的人员进行辅助维修。为了提高效率，维修人员轮流作业，现场安全人员进行安全监护，确保整个维修过程安全有序。深夜的京唐港区寒气逼人，凌晨1点30分，陶瓷衬板全部被拆除。在接下来更加繁重的工作中，大家相互照应，不断提醒，终于在6点40分左右全线完成合金衬板的安装工作，共更换衬板148块，更换螺丝80余斤，参与维修人员30余人。

（三）顺利完成皮带改向滚筒更换

2013年8月7日，港机公司矿石码头维保部顺利完成矿石码头改向滚筒更换工作。此项工作的完成，是港机船舶维修公司打破技术壁垒、挖掘人员潜能的又一体现。

矿石码头运营生产两年来，BJ1-2皮带系统作为物料传送的主要枢纽，滚筒长期磨损已达到更换标准。为不影响生产，经过调查分析和工前策划，决定组织内部力量进行改向滚筒更换工作。更换过程中，由于皮带线改向滚筒重达3吨，需用两辆吊车与维修人员紧密配合才能安全准确地完成起吊、放吊任务。参加更换的16名员工协同作战、有效配合，使更换工作有条不紊地顺利进行。维修工克服空间狭小、高温酷暑等不利因素，发扬不怕苦、不怕累的奉献精神连续奋战，顺利完成了改向滚筒的更换工作。

（四）首次组织大型船同潮靠泊

2012年3月12日，“玛瑙斯”轮、“先锋”轮分别靠泊首钢码头矿1、矿2泊位，这是京唐港区首次组织2艘大型船舶乘同一潮水靠泊。“玛瑙斯”轮船长292米，船宽45米，载重吨179492吨，吃水18.12米；“先锋”轮船长289米，船宽45米，载重吨171681吨，吃水17.86米。3月14至17日白天只有一个低平潮，连续4天无法满足大型船舶进港要求，而此时锚地已有3艘大型船候泊。只有12日、13日白天两个高潮水满足靠泊条件，生产业务部总调度室提前谋划，积极协调海事、引航部门，安排12日下午两艘大船赶乘15点34分的潮水同时靠泊。为保障大船进港安全，总调度室配合海事局交管中心制定多项安全措施：一是总调度室积极配合交管中心科学安排生产船舶计划，确保泊位、航道提前让清；二是协调引航站安排引航员提前登轮，做好进港准备工作；三是总调度室提前组织好拖轮，优先保障大船使用，要求拖轮在堤外带缆，并进行航道巡航。下午14点53分，“先锋”轮在1、2号灯浮上线，15点20分，“玛瑙斯”轮在1、2号灯浮上线，两艘大船间隔40分钟分别于15点34分、16点14分通过防波堤，各在5艘拖轮的协助下完成转向，先后安全靠泊首钢码头矿2、矿1泊位。这标志着京唐港区船舶组织的新突破，也为今后港口20万吨级航道大型船舶进出港的组织工作提供了宝贵经验和有益借鉴。

（五）多措并举　应对节期库存压力

截至2012年1月31日，煤炭公司货物库存达227.3万吨，比上年单月最大库存多出18.3万吨，由于火车大列及船舶到达的不均衡性，造成煤炭公司货物库存量不断增加。在巨大压力面前，库场部不畏艰难，积极应对，在有限条件下，通过各方面的协调运作，深挖库场潜力。一是针对神华、山焦、同煤等大客户货物发运量大的情况，库场部及时与业务部进行信息沟通，密切关注铁路到港大列信息，提前掌握货主进港信息，及早做出库场计划安排。同时新增加H3区，用于存放几十吨的小型垛位。在煤炭接卸时，工人们积极爬垛、抓垛，对现有煤垛进行抓高，扩大库存量，进一步保证了大列的接卸。同时库场合理安排入库计划，与货主、协力队、调度室等相关单位积极联系，大列下线未出现超时现象，协力单位未出现违规现象，有效地保证了生产正常进行。

（六）矿石码头创多项新纪录

一是创24小时接卸21万吨、疏港15.7万吨新纪录。2012年是矿石码头生产运营的第一年。通过技术创新，提升运营水平，该码头开创了全国同类专业矿石码头投产试运营当年就规模达产的先河，为京唐港区矿石运量跨越性增长提供了有力支撑，成为当年港口运营生产中的一大亮点。二是载货量、载重量均创京唐港区接驳船舶之最。矿石码头把市场开发作为运营生产的重点环节，不断提高服务质量，实现了矿石接卸量大幅度增长。2012年3月13日，满载22.48万吨铁矿石的“环球”号巨轮成功靠泊。此船的船长为325米，从澳大利亚出发，最终抵达京唐港区，标志着京唐港区矿石码头已具备接卸22万吨超级巨轮的能力。紧接着3月19日，京唐港区建港以来靠泊的最大货轮利比里亚籍“艾比盖尔”轮顺利在港口完成起卸26.4万吨澳大利亚铁矿石的任务，驶往新加坡。“艾比盖尔”轮全长327米，宽55米，总吨位15.1万吨，载重29.7万吨，共装载26.4万吨澳大利亚铁矿石，载货量、载重量均创京唐港区接驳船舶之最。“艾比盖尔”轮的靠泊，进一步增强了京唐港区在国内外航运市场的竞争力和影响力。

五、挖潜增效　吞吐量逆势上扬

2012年，京唐港区大力推动服务创新，着力构建港口装卸、港口物流、港口金融和集装箱运输四大板块，显著提升市场竞争力。全年完成货物吞吐量1.7亿吨，同比增长23.6%，增幅位居全国沿海港口前列。其中，公司自营泊位首次突破亿吨，创下最好成绩。

2013年1月份，京唐港区作业船舶538艘次，完成货物吞吐量1417万吨，同比增长22%，其中，矿石414万吨，焦煤265万吨，钢材156万吨，其他货种531万吨，集装箱运输完成36675TEU、运量51万吨，同比增长82%。实现了京唐港区首月运量开门红。

京唐港区货物吞吐量再创新高，在业务市场低迷、周边港口业务量普遍减少的形势下保持了货物吞吐量逆势上扬的态势，突显了京唐港的实力，标志着挖潜增效的各项措施初见成效。一是统筹全港泊位资源，保证泊位岸线的充分利用和到港船舶及时靠泊，有力地支持了业务开展。煤炭港埠公司分流部分小型无烟煤船舶，保证了公司3万吨以上船舶及时靠泊，充分发挥了大门机的效率。二是打“组合拳”，通过矿石码头减载移泊方式，提高了整体作业效率。同时，也发挥了门机作业多个舱，同时清舱的数量优势。三是调整货种分工，保证了生产组织的专业化。将小型散货船舶调整至第一港埠公司作业，提高了该类货种的作业效率，水渣船舶由原来的676.8吨 / 小时提高至1441.25吨 / 小时。5月份，第一港埠、第二港埠公司小散货作业量由去年的55万吨，上升至140万吨。四是推行预配载制度和船、货代理承诺书制度，减少了作业过程中调货、断货现象，延长了有效作业时间。

第四节　生产运营跨越 2 亿吨

2013 年是京唐港区大跨越发展的一年，港口集装箱、港口物流、港口金融和港口装卸“四大板块”建设协调发展，进一步完善了现代物流增值服务体系，拓展贸易、融资、监管等延伸业务，积极挖潜增效，市场竞争力进一步增强，港口服务能力和水平进一步提高，实现了生产运营的平稳增长。多项重点建设项目落地，其中建设完工生产性泊位 8 个，全部投产，新增能力近 7000 万吨和 90 万 TEU。

2013 年，京唐港区完成货物吞吐量 2.01 亿吨

为全面提高航道利用率和码头运营效率，京唐港区首次开通夜航，实现港口全时段通航，辖区船舶周转效率提升了近 20%。

2013 年，京唐港区完成货物吞吐量 2.01 亿吨，比上年增长 17.6%，其中集装箱运量完成 57.2 万 TEU，比上年增长 63.7%。

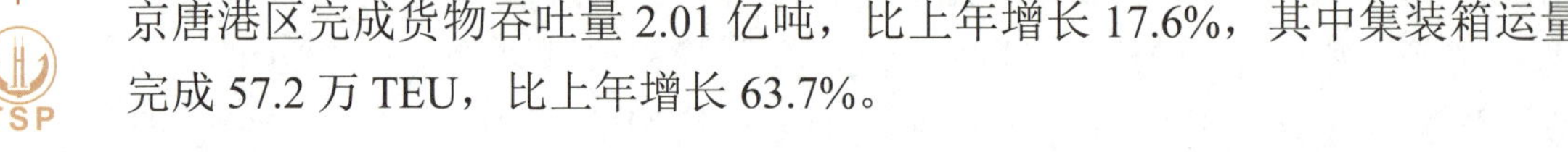

第十三章

保卫碧海蓝天 建设绿色港口

建设资源节约型和环境友好型的绿色港口，是港口可持续发展的重要一环。

国家有目标，历史有期冀。制订规划，完善制度，加强建设……京唐港人，为保卫碧海蓝天、建设绿色港口勇敢地担当、不懈地努力、执着地追求。

——题记

第一节　保卫碧海蓝天

坚持企业发展与生态环保并重，努力建设生态节约型、环境友好型企业，破解企业生存和环境保护之间的矛盾，实现企业可持续发展。

一、强化环保管理　构建长效机制

标准化、规范化、制度化的管理是环境管理提升的基石。公司于2010年完成了ISO14000环境管理体系的认证工作，专门成立了由主要领导任组长的大气污染综合治理领导小组，通过加强组织领导、监督管控和考核问责，确保了上级各项环保要求在京唐港的全面落实，出台了《环境保护管理办法》《废弃废旧物管理办法》等一系列具体环保管理规定，从机构职责、现场管理、治理举措、监督管控、奖惩措施等各个方面做出了详细规定，用标准化的体系管理提升公司内部管理。

公司建立环保例会制度，每月组织作业单位召开环保例会，协调解决环保工作中的重点难点问题，将环保工作纳入绩效考核。公司建立环保监察制度和环保工作微信群，各单位每天将本单位环保管理人员当天对所属区域的环保检查情况，上传微信群。对于检查发现的问题，进行督导整改，同时按照考核标准对相关单位进行考核。

为推行清洁生产，构建长效运行机制，公司制定了“船舱清、甲板清、码头清、道路清、库场清、机具清，标准舱、标准吊、标准车、标准垛”的环保工作标准，采取以机械清扫为主，人力清扫为辅，洒水、苫盖相结合的方式进行除尘、抑尘。库场散货实行单存单放，标准垛型，货垛见棱见角。库场道路主、辅道隔离，设置区位牌、限速标识，倒运车辆安装GPS卫星定位装置，规定倒运路线，明确行驶速度标准，超速、洒落现象得到有效控制。创新散货作业补水工艺，在斗轮机头部加装补水装置，实现边作业边补水，同时结合洒水车补水，使货物始终处于潮湿状态。

二、制订实施方案　做好创建准备

2015年3月，唐山港集团制订了《唐山港京唐港区创建绿色港口实施方案》，实施方案主要有五方面的内容。一是确定了按照“12347”[1]推进路线，加快建成以“节能管理精细化、设备装备低碳化、生产运营智能化、粉尘控制多样化”为特征的绿色港口发展总体思路。二是确立了坚持经济发展与节能减排相协调、创新驱动与全面推进相结合、宣传鼓励与制度约束相结合、总体部署与分解落实相结合的基本原则。三是分别确定了2017年和2020年绿色港口发展总体目标。四是明确了22项绿色港口发展重点任务，包括：完善绿色发展规划体系、打造并传播绿色企业文化、开展宣传和教育活动、组建绿色港口建设联盟、推进基础设施绿色施工、探索港口资源能源循环利用模式、加强能源供应基础设施建设、推进船舶靠港使用岸电岸基设备建设、推广高效运输装备与工艺改造、推广使用节能产品和技术、实施绿色照明推广工程、探索港口机械设备能耗准入与退出、优化运输与作业组织、完善船舶调度管理系统、完善港口污染物排放清单、加强大气污染防治、加强水污染防治、进一步提高港区绿化率、完善三级能源管理体系、完善节能考核制度、创新节能管理手段、加强重点支撑项目

2015年6月12日，河北省平安绿色港口建设推进会在唐山港大厦召开

---

① 12347：组建1个绿色港口建设联盟；强化2个创新：制度和科技创新；提升3个能力：节能减排监管能力、节能减排技术能力、节能减排宣传能力；体现4个特色：节能管理精细化、设备装备低碳化、生产运营智能化、粉尘控制多样化；完成7大重点任务：打造绿色企业文化、建设绿色基础设施、推广高效装卸设备、构建高效生产组织体系、完善信息系统平台、强化环境保护、完善管理体系。

建设。五是制定了成立领导机构、组建绿色港口创建技术专家顾问机构、完善工作协调机制、落实目标责任制、建立项目巡查制度、加强宣传培训等 6 项绿色港口发展保证措施。

三、强化保障措施　攻克环保难题

（一）加强组织领导和科学指导

为推动绿色港口建设及节能减排和大气污染治理，唐山港集团分别成立了绿色港口建设、节能减排、大气污染治理领导小组和能源管理委员会，集团总经理和主管部门“一把手”负总责、抓督导，集团副总经理和主管部门副职及相关部门“一把手”抓落实、抓考核，下设技术组、设备组、现场组 3 个小组。同时分别成立了以省港航管理局局长为组长、以市港航局和唐山港集团领导为成员的绿色港口建设领导小组以及项目实施工作小组、专家顾问组和创建绿色港口联盟。这些组织的成立，使绿色港口建设得到了领导的有力支持、强力督导和积极推动，同时得到了专家的科学指导和相关单位的密切配合，促进了绿色港口建设的顺利进行和深入发展，也促进了大气污染治理和节能减排目标任务的积极落实。

（二）加强节能减排的宣传教育

开展多种形式的绿色港口建设宣传教育活动，分别确定 2016 年、2017 年为绿色港口建设攻坚年和总结推广年，制作绿色港口建设宣传片，召开绿色港口建设总结大会、绿色港口主题性项目建设启动会和“十二五”绿色发展报告发布会。开展绿色港口建设经验巡讲活动，组织绿色港口建设

2017 年 9 月 13 日，唐山港集团召开环保专题会议

先进个人、单位、项目评选，营造浓厚的绿色港口建设舆论氛围，使广大员工增强绿色发展意识。聘请行业专家对员工进行绿色港口建设、能源管理、体系运行的专业培训，提升员工建设绿色港口的专业素质。其次开展多种形式的节能减排宣传教育活动，召开“十三五”节能规划发布会、节能技术及管理经验报告会，举办“十二五”节能减排成就展，并通过设置电子屏、设立专项论坛、征集节能摄影和绘画作品、搭建节能减排技术交流平台和能源管理交流平台等形式加强节能减排理念、政策法规、技术常识的宣传，同时广泛开展节能宣传月活动，营造浓厚的节能减排舆论氛围，使全体员工增强节能减排的意识、积极性和专业素质，在全公司形成人人注重节能、人人参与节能、人人讲究节能、人人善于节能的可喜局面。

（三）组织科技攻关

联合天津水运工程科学研究院、高等院校、设计院、设备制造厂家成立产学研用的攻关小组，围绕“国际化绿色港口枢纽及多式联运关键支撑系统合作研发”的项目课题及影响环保的掣肘难题进行技术攻关，有效解决了防治粉尘污染的技术难题，排除了推进绿色港口建设的关键障碍。

四、完善控尘体系　推进港区绿化

公司建有防风抑尘墙 12045 米，建设了散货堆场固定喷淋系统、翻车机抑尘系统等，有效抑制了散货起尘及粉尘扩散；公司配有环保设备 63 台，环保人员 300 余人，采用机械化作业为主，人力辅助清扫，干扫、湿扫、洒水相结合的环保工艺模式，除尘、抑尘效率大大提高；建设洗车台 4 座，洗车池 2 座，在建洗车台 2 座，解决车辆进出港时车轮夹带粉尘造成道路二次扬尘问题；购入苫盖网 121 万平方米，实现易起尘货种全部苫盖；对因自燃、颗粒较细等原因无法苫盖的货垛喷洒抑尘剂，使其表面结成硬壳，达到不产生扬尘的效果。近三年来，公司累计投入约 1.9 亿元用于提升港区环境质量（不含环保三同时相关投入），包括港区道路规划改造及堆场硬化，每年投入约 4000 万元；购买隔离墩，用于堆场、道路、货垛隔离，每年投入约 500 万元；环保设备设施维修维护、环保人员成本支出，每年投入约 1800 万元；港区绿化工程，每年投入约 600 万元。

唐山港集团组织义务植树活动，绿化、美化港区

港口绿化工作是建设绿色港口的重要支撑。环境绿化是建设绿色港口的重要标志，公司重点开展植树绿化项目，通过铺设地下隔离层，换填绿化土，选择合适的植物种类，植被成活率显著提高。公司累计绿化面积50多万平方米，港区主要道路两侧已形成具有良好防风抑尘和观赏效果的绿化林带。2015—2017年，公司投资2500万元，新增绿化面积15万平方米。

第二节　加强污染防治

环境污染，特别是水源和大气污染，对于生态港口建设具有极大的危害。唐山港集团牢牢抓住这个关键，加大力度，奋力攻坚，取得了可喜的业绩。

公司根据《唐山港总体规划》，加快推进码头、库场功能调整，建设第四港池通用散货泊位，改造第三港池北岸线，促使泊位布局结构更加合理，实现散货作业专业化。调整结束后，港区将逐步形成东部以矿石、煤炭为主，西部以集装箱、件杂货、液体化工为主的码头作业区，实现黑白分家、散杂分置。港区环保管理网格化以此为基础进一步明确，自7#路以北为居民区，是随着港口的不断发展形成的居民生活区；9#路以南为作业区，强化现场环保治理；7#路与9#路之间区域为缓冲区，据此确保生产区与外部居民区形成有效距离的隔离缓冲带，最大限度地减少生产作业对周边居民的影响。

自2017年9月30日起，以码头库场功能调整为重点，实现“黑白分家”“散杂分置”。同时加快推进矿石疏港公转铁项目，公司与铁路部门、设计单位、钢铁企业及政府部门紧密结合，分区域制订了京唐港区矿石铁路疏港方案。京唐港区至滦南的35T敞顶箱矿石疏港专列已经开通，年内将实现常态化运营，滦南县柏庄铁路物流分拨中心正在由铁三院开展设计。

为做好港区环保管理工作提升，公司主动自我加压，聘请具备专业资质的第三方检测机构，在港区现有环保措施情况下对抑尘效果进行检测，用以指导公司环保管理工作的方向。第三方检测机构每月对公司各生产作业区进行颗粒物无组织排放监测，结果显示粉尘浓度均达到国家标准要求。

2018年3月22日召开唐山港京唐港区粉尘治理专题会议

为客观评价港区环境空气状况，评估污染源对环境空气质量的影响，公司在上级主管部门的正确指导下拟定于公司作业区建设一个国标六参数（PM2.5、PM10、SO_2、NO_x、CO、O_3）的环境空气质量自动监测站，所得数据作为港区环保管理强化提升的有力支撑，更加客观地反映散货作业对空气质量状况的影响，公司据此采取增加专项环保投入、引进针对性的环保新技术等，更加行之有效地提升港区环境质量。

第三节　力推节能减排

落实国家、交通运输部各项节能减排政策，按照低碳、环保、节能、减排要求，围绕清洁能源、节能工艺、资源循环利用等关键环节，大力实施节能减排工程。

一、以管理创新促进节能减排

（一）完善节能管理制度

制定《节能降耗管理办法》《能源计量管理制度》，并制订了节能目标。将节能指标分解到各耗能单位，加强节能的日常统计和监控，完善了节能减排监测、统计及考核机制，将节能工作纳入绩效考核，激发了耗能单位及所属员工节能的积极性。

（二）完善节能管理措施

严把新上项目、新购设备节能环保关；利用电价波谷阶段组织生产，实现节能降耗；实行能源计量管理，优化港内和物流链设备能源消费结构，促进节能工作；实施大宗散货集疏港“公转铁”，加快发展集装箱海铁联运，促进物流模式的优化升级，达到了节能降耗的预期效果；采取多利用地下井水、加强供水设施维护、减少跑冒滴漏的措施，减少淡水消耗；对能耗高的拖轮和发动机分别采取经济航速、经济转速、一拖多送等节能措施，大幅降低柴油消耗；出台优惠政策引导外来船舶接引岸电，使岸电设施应用得以迅速推广，减少靠港船舶污染物排放；加大节能减排资金投入，投资 7.06 亿元用于节能减排，节能 1.3 万余吨标煤，减排二氧化碳 3 万余吨。

二、以科技创新推动节能减排

（一）推广应用节能减排的新装备

新建泊位采用无功补偿技术的供配电设施，能源使用效率大幅提升；

使用可节能的巡视交通设备电动汽车，采用变频器、地源热泵等节能设施，引进符合国际环保标准、能耗低、效率高的先进设备，提高其节能减排能力；场区巡视交通设备采用37辆电动汽车，减少油耗及污染气体排放；用新能源集疏运车辆代替燃油运输车辆，控制污染气体排放；开通减少油耗及废气排放的集装箱班列运输；筛分沫煤采用斗轮机代替铲车装车，实现了无燃油污染物排放；堆场及起重机、装卸设备照明采用LED节能灯具，使用占比58%的绿色照明生产设备，减少电量消耗；购置了采用变频和能量回馈技术的集装箱岸桥轨道吊，大幅降低电能消耗；购置了使用LED灯具和能量回馈装置的门机，降低电能消耗；完善了无功补偿装置，降低电能消耗；引进新能源设备，控制污染气体排放，减少能源消耗。4套高压、15套低压岸电设备完成安装调试，成功对接供电，减少燃油带来的污染物排放；增设液化码头建设油气回收装置，减少油气挥发排放。

（二）推广应用节能减排的新技术

在项目建设中应用节能减排技术，节约水土资源；构建用水在线监测系统，提高节能专项系统信息化水平；港区集疏港车辆中推广使用LNG，新建泊位供配电设施采用无功补偿技术，泊位生产机械和装卸设备上全部应用变频调速、自动控制技术、能量回馈技术，实现节能减排；对高杆、库房、设备照明进行技术改造，年节电量800余万度；大型设备采用润滑油检测过滤技术，延长更换周期，降低润滑油消耗；在集装箱码头采用电动集卡无人驾驶技术，降低能源消耗；在7个泊位、堆场和55台套装卸设备上分别应用了照明集中控制技术和变频调速、能量回馈技术，显著降低了能源消耗和污染物排放。

泊位生产机械全部应用变频调速、PLC控制技术、能量回馈技术，大幅提高设备自动化水平；实现了低压岸电系统为小型船舶提供岸上电源，并正在研究大型到港船舶接高压岸电项目，减少燃油带来的污染物排放；构建用水在线监测系统，提高节能专项系统信息化水平；堆场采用中水或回用水进行自动喷淋，翻车机配备了最先进的干雾除尘系统，最大限度减少港区生产粉尘排放；京唐港区以节能减排为重点，不断加大节能技术和信息技术的应用，创新管理方式，落实绩效考核，显著降低了能源消耗和污染物排放。唐山港集团在624家参评单位中脱颖而出，荣获“全国交通

运输节能减排先进单位”荣誉称号。

（三）推广应用节能减排的新能源

采用节能光源，降低电能消耗；12 万平方米的新建办公楼及前场候工楼全部采用地源热泵系统，5.2 万平方米的楼宇取暖利用电厂余热替代燃煤锅炉，避免燃煤带来的污染物排放。

（四）推广应用节能减排的新工艺

在多式联运中采用中倒环节绿色运输工艺，降低能源消耗；结合多式联运发展趋势，谋划中倒环节绿色运输工艺；在专业化泊位改进集装箱散改集、杂改集工艺，降低装箱作业过程产生的污染；优化生产作业流程，降低物流各环节能源消耗和废弃物排放量。

（五）搞好资源循环和物资回收再利用

开展润滑油循环再利用，液化码头建设油气回收装置，最大限度地降低资源消耗，减少油气挥发排放；大力实施污水回用工程，对码头雨水、污水和船舶压舱水进行回收处理，生成中水后用于喷淋，堆场采用中水或回用水进行自动喷淋，实现了水的循环利用，减少了水量消耗；搞好污水处理，码头污水收集处理率达到 100%，杜绝了污水排放；大搞废旧物资回收再利用，推行生产资料的修旧利废、循环利用，杜绝了各种形式的“跑、冒、滴、漏”，节约了大量能源及各类资源。

通过推进一系列的管理和科技创新，大幅降低能源消耗和污染物排放，提高了节能减排成效和达标率，在港口货物运量大幅增长的情况下，能源消耗和污染物排放量却大幅度下降，万吨货物吞吐量综合能

唐山港京唐港区内建设的防风抑尘墙

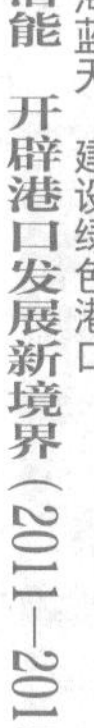

耗为 2.8 吨标准煤，较绿色港口能耗指标降低 7%。万吨货物吞吐量油量消耗、淡水消耗、电量消耗分别降至 608.2 升、89.1 吨和 0.48 度，同比分别降低 25.2%、42.9%和 18.2%，综合电耗同比下降 18.2%，综合油耗同比降低 25.2%，实现年均节能（标准煤）0.8 万吨，替代燃油 0.8 万吨标准油，减排二氧化碳 1.3 万吨，累计节能（标煤）1.3 万余吨，替代标油 62.35 万吨，减排二氧化碳 3 万余吨，远低于年度控制指标。京唐港区迅速向“低碳港口”发展目标迈进，唐山港集团先后被评为全国交通运输节能减排先进单位和示范企业，其 4 个节能创新项目分获港口协会科技进步二等奖、三等奖以及技术发明二等奖，3 个节能创新项目荣获“全国交通运输节能减排示范项目”称号。

第四节　建成全国绿色港口

按照《京唐港区创建绿色港口实施方案》，一丝不苟，狠抓落实，重点项目建设取得了可喜的成就，为打造碧海蓝天、建设绿色港口奠定了基础。

一、做好基础工作　申报示范项目

2012 年以来，唐山港集团不断加大绿色港口重点项目建设的人力、物力投入，抽调优质的人力、物力资源，投入绿色港口重点项目建设。同时不断加大绿色港口建设资金投入，累计投资 7.06 亿元，用于重点项目建设，而且还设立绿色港口建设专项资金，实行专款专用，为重点项目建设提供了充足的资金保障。

（一）强化组织保障

分别成立以河北省港航局领导为组长的工作领导小组、项目实施工作小组、专家顾问组以及京唐港区创建绿色港口联盟，这些组织的成立，获得了上级部门的督导和支持，外界专家评审把脉、横向单位联手共建，并保障绿色港口建设的长效机制和规范运行。

（二）借力信息技术

积极引入先进信息化理念、技术，整合上下游物流数据资源，优化生产作业流程，降低了物流各环节能源消耗和废弃物排放量，助推京唐港区绿色港口目标建设；构建用水在线监测系统，提高节能专项系统信息化水平；建设集中过磅中心，实现地磅称重现场自动化运行；利用 RFID 物联网技术推进生产运营精细化控制，实现了从业务办理、集疏港、库区管理、船舶调度作业到最终统计计费单证一票通、作业一卡通；采用综合视频监控、GIS、AIS、图形模拟技术，与生产系统有效集成，实现可视化监控、指挥、调度；与重点客户和联检单位系统对接，实现网上信息共享、协同办公；在港区集疏港主干收费站建设了智能通卡平台，实现 4 条出入集疏港专用通道不停车通行。

（三）多措并举筹备

成立了节能减排专项领导小组，建立了节能减排工作机制。大力实施节能改造工程、粉尘治理工程、污水回用工程，显著降低能源消耗和污染物排放；加强能源计量管理，落实绩效考核，实现节能管理；加大节能减排宣传，每年举办“节能月”活动，利用集团局域网建立专项论坛，宣传节能减排理念、政策法规、技术常识等，营造良好的舆论氛围；生产设备中应用能量回馈与变频技术；船舶低压岸电接入，满足拖轮港监、渔监及小吨位船舶岸电使用需求；港区应用地源热泵，楼宇利用电厂余热替代燃煤锅炉；散改集、杂改集完成；开通集装箱班列运输，减少油耗及污染气体排放；散货堆场专业码头遮挡率 100%；专业码头污水收集处理率 100%；对起尘流程设置自动干雾除尘装置，配备专业设备清扫、洒水抑尘；在项目建设中应用节能减排技术，充分利用和节约水土资源。

2014 年各项指标都达到了计划目标，单位吞吐量综合能耗较 2010 年下降了 7.06%；单位吞吐量二氧化碳排放较 2010 年下降了 27.08%，均超额完成《公路水路交通运输节能减排“十二五”规划》目标的 10% 以上；2015 年以来，在节能减排项目方面又有新进展，在 21 台套装卸设备上整机采用了 LED 灯具；新增绿化面积 4 万平方米，新建成防风网 3100 米。

（四）通过申报评审

上下联动，加快京唐港区创建绿色港口项目的实施。河北省港航局对京唐港区申报绿色港口项目给予大力支持，并组建了以局长为组长，以省、市港航局，港口企业领导为成员的绿色港口建设领导小组，领导京唐港区绿色港口主题性项目申报及落实工作。2015 年，京唐港区创建绿色港口主题性项目成功通过交通运输部评审。

二、依托示范项目　建设绿色港口

建设绿色港口，实现绿色发展，既是唐山港集团转型升级、可持续发展的必然需求，更是必须肩负的政治责任、社会责任。2015 年，京唐港区被交通运输部批准为绿色港口主题性示范项目实施单位，成为全国 11 家示范港口之一。公司认真按照《唐山港京唐港区创建绿色港口实施方案》，坚持以港区绿化、美化、净化为目标，全力推进绿色能源应用、绿色装备、节能工艺、智慧港口、绿色环保资源循环利用、绿色交通能力建设共 6 大类 24 个重点支撑项目，全力加快绿色港口建设步伐，圆满完成了各项创建任务。

（一）加强领导　确保取得实效

加强组织领导，成立绿色港口建设领导小组和专项工作小组，总经理负总责、抓督导，主管副总抓落实、抓考核，抽调优质的人力、物力资源，统筹开展支撑项目建设。设立绿色港口建设专项资金，严格执行专款专用，为项目落地实施提供充足的资金保障。同时，成立大气污染综合治理领导小组，下设技术组、设备组、现场组 3 个小组分项落实。通过强化日常监督管控和考核问责，确保各级环保要求全面落实。

（二）完善制度　强化体系建设

成立能源管理专项委员会，由主管技术和设备的副总经理任主任，技术信息部负责人任副主任，各用能单位负责人为成员，推动节能环保工作走向系统化、规范化、科学化。2016 年，全面开展了公司本部及主要子公司的能源体系建设，并顺利通过审核认证，进一步完善了节能减排监测、统计及考核机制，精准掌握了公司各用能单位能耗数据。同时，公司大力实施大宗散货集疏港“公转铁”，加快发展集装箱海铁联运，促进物流模式的优化升级，不断提升环境治理效果。

（三）注重宣传　营造浓厚氛围

首先，广泛宣传，提升绿色发展意识。以重点支撑项目建设为抓手，以节能减排技术交流平台和能源管理交流平台为支撑，搭建快捷、高效的沟通渠道，常态化宣传节能减排政策法规、成功案例，动员全员开展节能减排，强化节能意识。其次，发挥外脑作用，提升创建支撑能力。聘请行业专家参与项目监督和指导，对员工进行绿色港口建设、能源管理、体系运行专业培训，提升员工专业素质，强化技术支撑作用。

（四）系统整合　充分发挥信息化作用

以交通运输部智慧港口示范工程为契机，结合公司生产实际和信息化发展需求设点布局，制订《“十三五”智慧港口建设规划》，对既有信息化系统全面梳理，通过功能升级、优化整合，实现业务、生产、管理流程高效运行。信息化项目的建成投用，对绿色港口建设的助推作用很大，主要体现为：物流链信息流的高度共享、协同，有效提升大宗货物运输效率，降低水、铁、公等运输设备的无效等待时间；人工智能技术在船舶靠离、库场统筹、设备派工等领域的深度应用，有效提升调度指令的科学性、时效性，降低停工、返工造成的资源浪费；业务办理网络化，现场作业自动化，大幅降低港口运营中的办公消耗和交通成本。

（五）保护环境　为打赢蓝天保卫战做贡献

首先，坚决执行禁止煤炭汽运集疏港政策。2017 年 8 月 15 日，提前一个半月全面停止煤炭汽运集港。9 月 30 日，全面停止煤炭汽运疏港。其次，坚决执行错峰集疏港政策。2017—2018 年秋冬季期间，公司严格执行重污染天气各项指令，组织实施错峰运输 21 次，合计 75 天（1799 小时）。第三，全面加强粉尘治理。3 年来，累计投入 1.9 亿元用于道路改造、堆场硬化、环保设备设施配置和港区绿

2017 年 8 月 15 日，首趟装载煤炭的开顶集装箱专列抵达京唐港区，标志着煤炭汽运集港在京唐港区成为历史

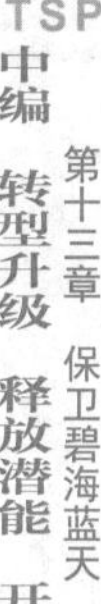

化工作。同时以“四标六清”为标准，建设挡风抑尘墙 1.2 万多米，配备降尘喷枪 656 个，完成货垛苫盖 121 万平方米，维修改造码头库场道路，及时修补破损路面。此外在港区主干道路增设洗车台，对疏港货车进行冲洗，购置洒水设备，改造库场喷淋设施，对港区道路、库场实施常态化洒水降尘。

（六）加快转型　全面践行绿色发展理念

首先，以发展集装箱为重点，加快港口物流转型升级。陆向班列方面，大力实施集装箱多式联运示范工程，先后在内蒙古、新疆、山西设立 10 座内陆港，开通海铁联运班列 15 条，成功开行“日韩中蒙”过境班列和“唐山港至比利时安特卫普”中欧班列；海向航线方面，开通内外贸集装箱航线 38 条，实现了对国内沿海主要港口及日韩 7 个基本港的高密度全覆盖。与天津港开展合作，共同成立津唐国际集装箱码头有限公司，率先实现了津冀港口协同发展，两港的外贸内支线使京唐港区的集装箱物流通达世界。其次，以码头堆场功能调整为重点，加快实现黑白分家、散杂分置。根据《唐山港总体规划》，加快推进码头、库场功能调整，促使泊位布局结构更加合理，实现散货作业专业化、件杂作业集约化、集装箱作业自动化，有效改善港区环境。“十二五”期间正在推进第三港池集装箱化改造，其中，第三港池北岸线一期改造工程已经基本完成，南岸线 23 ～ 25# 多用途泊位建设全面启动，北岸线二期改造工程完成设计规划，预计 2020 年第三港池全部实现集装箱化作业。第三，推动矿石等大宗散货公转铁运输。2017 年，京唐港区矿石疏港 1.13 亿吨，其中铁路疏港 382 万吨，占比为 3.38%，相对于煤炭而言，现有铁路运力远不能满足矿石等大宗散货的疏港需求。按照上级要求，公司与铁路部门、设计单位、钢铁企业及政府部门紧密结合，全力推进矿石疏港公转铁。京唐港区至滦南的敞顶箱矿石疏港专列已经开通，矿石泊位铁路装车楼建设全面启动。

（七）科学布局　绿色港口建设成果丰硕

首先，圆满完成绿色港口建设重点支撑项目。2015—2017 年，唐山港集团高标准完成绿色港口 24 个重点支撑项目。其中包括：变频技术应用、船舶岸电、LED 灯改造等节能项目 11 项，信息化项目 4 项，绿色环保项目 5 项，管理提升项目 4 项。按相关技术标准初步测算，各项目完成节能减排投资 7.06 亿元。经专家按综合评价方法初步测评得 95 分，达到优秀标准。其次，通过技术攻关、工艺创新等方式，有效降低能源消耗。三年获得相关专利技术 58 项，唐山港集团科技水平得到快速提升；针对能耗重点领域实施管理创新，对拖轮推行经济航速、发动机经济转速、一拖多送、节油奖等综合措施，较 2014 年降低柴油消耗 70 万升。第三，绿色港口建设取得很多的荣誉。唐山港集团连续 3 年荣获“全国交通运输节能减排示范企业”荣誉称号，连续 5 年开展电力需求侧管理项目并获得国家奖励，4 个节能创新技术分获港口协会科技进步二等奖、三等奖以及技术发明二等奖，3 个节能创新项目荣获“全国交通运输节能减排示范项目”荣誉称号，矿石码头公司获得首届中国绿色港口（四星级）称号。

（八）注重实效　发挥支撑项目的最大潜能

建立重点支撑项目月度统计、考核、点评、推广机制，对取得实效的项目及时推广。以船舶岸电项目为例，低压岸电建设方面：2016 年 10 月，公司启动低压岸电建设，根据码头供电设施及码头靠港船舶实际情况，共建设 16 套低压船岸系统连接设备、3 套岸边系统设备的变频装置及移动式配电房，总投资 220.3 万元。低压岸电设备用于 4 ～ 17# 通用泊位、26 ～ 27# 集装箱泊位，已全部建设完毕投入使用，累计为 60 余艘外来靠港船舶供电 118.24 万度，替代 265 吨标油，减少二氧化碳排放 822 吨；高压岸电建设方面：2016 年 8 月启动高压船舶岸电建设工作，共建设高压岸电系统 4 套，分布于 2 个专业散货泊位兼顾 1 个通用散货泊位，2 个集装箱泊位兼顾 2 个专业散货泊位，项目总投资 1537 万元，目前已经全部完成。其中，一期工程在首钢码头公司矿一、矿二泊位建设 2 套容量为 3MW 的船舶高压岸电系统，同时为矿三泊位靠港船舶提供高压电源，投资 696 万元。二期工程在集装箱码头建设 2 套容量为 2 兆瓦的船舶高压岸电系统（拟兼顾 36 ～ 37# 泊位的岸电使用），能够提供高压电源和低压电源，投资 841 万元。为了引导外来船舶接引岸电，公司出台了优惠政策，对具备接引岸电条件并愿意接引岸电的船舶安排其优先靠港，使岸电设施应用得以迅速推广，减少靠港船舶污染物排放成效明显。

（九）适度超前　谋划物流链生态圈建设

为保障绿色港口建设的可持续性，充分发挥智慧港口建设对绿色港口

建设的助推作用，公司制定了“十三五”智慧型生态港口建设规划。

首先，强化新工艺、新技术的支撑和引领作用，加快建成高质量绿色港口生态圈。通过新工艺研发、新技术应用、新设备引进，加快港口设备工艺从绿色低碳向节能环保、能效优化转变，重点解决能耗和污染两大问题。按照国家、行业、省市有关部门政策导向，结合公司实际，加大环保理念、环保意识从集团内部向协力单位、上下物流链协作单位的辐射力度，带动全物流链的高质量发展，推进绿色低碳型港口向节能环保型港口生态圈的快速转变。到2020年，港内和物流链设备能源消费结构得到明显优化，装卸作业粉尘污染得到明显控制，港区环境得到明显改善，一个节能环保的绿色港口生态系统基本形成。具体做法有三个：一是积极参与国家战略性国际科技创新合作重点项目，即“国际化绿色港口枢纽及多式联运关键支撑系统合作研发”项目，联合交通运输部天津水运工程科学研究院、高等院校、设计院、设备制造厂家成立产学研用创新联盟，针对影响生产、环保的掣肘难题进行技术攻关，切实解决影响节能环保型生态港口建设的关键障碍，建成绿色、高效的港口枢纽。二是成立攻关小组，从源头上解决粉尘产生的关键难题。在专业化泊位，采取火车装车楼工艺、电动汽车装车楼工艺，减少倒垛装卸产生的二次扬尘。结合集装箱发展趋势，改进散改集、杂改集工艺，降低装箱作业过程产生的污染。结合多式联运发展趋势，谋划中倒环节绿色运输工艺。在集装箱码头加快推进电动集卡无人驾驶技术，在提高运行效率和安全性的同时，降低能源消耗。三是以国家宏观政策为导向，以能源管理体系建设、优化为有效抓手，通过节能技术、节能产品引进和推广，实现能源消费结构的优化升级。推进新能源集疏运车辆代替燃油运输车辆，加快形成物流链绿色运输体系。

其次，强化新信息技术的引擎作用，加快建设高质量智慧港口生态圈。通过技术创新、机制创新，推动港口设施从信息化向智能化、智慧化转变。

（十）评审通过　基本建成绿色港口

2016年8月，京唐港区创建绿色港口项目顺利通过中期验收审核。审核意见表明，按照交通运输部节能减排项目中心标准，唐山港集团对重点支撑项目详细甄选、优化调整，使其既符合政策要求，又可实现企业利益最大化。

2017年3月份，绿色港口重点支撑项目阶段性工作顺利通过第三方审核，编制完成项目调整报告和审核报告。5月份，该项目通过省交通运输厅组织的初审和交通运输部节能减排项目管理中心组织的专家评审。中期验收审核的顺利通过，标志着京唐港正在向低能耗、低污染、能源综合利用、可持续发展的现代化港口挺进。

2018年，总投资14亿元的绿色港口项目顺利通过交通运输部考核验收，港口万吨综合能耗下降10%，二氧化碳排放量下降42%，为河北港口绿色发展发挥了示范引领作用，标志着京唐港区基本建成了“节能管理精细化、设备装备低碳化、生产运营智能化、粉尘控制多样化”的绿色港口。

2018年9月13日，唐山港京唐港区绿色港口主题性项目通过河北省交通厅预考核验收

第十四章

开展投融资合作
推进多元化发展

港口作为重大基础性产业，具有建设投资大、回收周期长、资金密集的明显特点。京唐港区发挥优势，把具有市场前景、发展潜力的优势项目突显出来，做好融资筹划，使之与谋划同步，促进项目健康发展。

拓展投资领域，合资合作建厂，发展融资业务，争取政府补贴。多管齐下，一切为了发展。

——题记

第一节　用活用好银行信贷

上市融资的成功，有力地补充了唐山港集团的现金流，保障了可持续发展资金链的安全、稳定，启发了积极作为的资本运作。

一、项目贷款化整为零

“十二五”期间，唐山港口实业集团把融资工作作为战略重点，在国家政策不断调整、银行存款准备金率不断提高、银行贷款规模不断紧缩的复杂情况下，未雨绸缪，抢前抓早，依托公司良好信誉，加强与银行的沟通，充分调动金融机构的积极性，项目贷款化整为零，实现利益均沾，多家银行共同为20万吨级矿石码头和20万吨级航道贷款4.7亿元，为两大立港项目筹备了较为充裕的资金。

银行贷款助力20万吨级航道建设

唐山港集团为实现金融板块新突破，积极拓展融资渠道，重点加强与各大银行的合作，引入低成本资金，提高公司效益。与各大银行开展“银关保”业务，为开展流动资金贷款、贸易融资贷款、贴现、银行承兑汇票等业务奠定了坚实基础。2014 年 3 月 22 日，唐山港集团完成了在中国光大银行唐山分行、中国农业银行京唐港支行、天津银行唐山乐亭支行的开户工作。

二、保留存量贷款规模

针对银行贷款规模紧张、获审批贷款到账困难的现实，港口有关部门加强筹划，尽量保留存量贷款规模。2011 年完成 1 亿元航道防波堤项目贷款续贷工作，实现了以存引贷、利率优惠、提款速度快的预期效果，取得的所有贷款利率水平均未突破基准。

三、利用银行承兑汇票融资

唐山港集团通过银行承兑汇票方式、工程保理业务，缓解资金压力，降低资金成本。2011 年，开出 8600 万元、期限 6 个月的银行承兑汇票用于支付工程款。矿石码头项目申请建行工程保理业务，获得资金 5 亿元。通过巩固、深化银企合作，打出了融资组合拳。依托公司的良好信誉和经营效益，发挥了以信用贷款为主、抵押贷款为辅、中期票据、银行承兑汇票、信托贷款、固定资产融资贷款等多方式、多渠道并存的融资优势，在十分紧张的金融形势下，实现利率下浮的优惠。

2012 年，唐山港口实业集团新增贷款 5.1 亿元，其中项目贷款 1.1 亿元。中行、工行、农行、开行先后完成对 26 ～ 27# 集装箱泊位项目的贷款评审，为项目提供了资金储备。

2014 年，京唐港区投融资统筹成效显著。港口决策层缜密研究政策，发挥优势，积极统筹投融资体系，保障了重点项目建设的顺利开展、股权出资和集团的健康运行。争取 26 ～ 27# 泊位项目贷款利率优惠，节约了融资成本，取得项目授信 13 亿元。创新融资方式，以项目下的银行承兑汇票支付工程款，开出银行承兑汇票 3.2 亿元，节省财务费用 1040 万元。

第二节 推动对外投资多元化

推动对外投资向与港口配套的基础设施延伸，逐步向投资多元化发展，取得了良好的成绩。

一、出资唐山银行股份有限公司

唐山市商业银行股份有限公司成立于1998年6月9日。成立之初实收资本1.0003亿元，其中地方财政入股928万元，占总股本的9.28%；自然人入股518万元，占总股本的5.18%；企业法人入股4091万元，占总股本的40.89%；原信用社积累形成股本4466万元，占总股本的44.65%。2008年末，在原城市信用社积累形成股本4466万元转为资本公积的基础上，通过增资扩股实收资本增至5.1734亿元。2010年增资扩股后，实收资本（注册资本）增至6.3亿元。截至2017年年底，累积取得分红3640万元，每股净资产为3.38元，投资收益良好。为进一步扩大资本规模，唐山银行以1.8元/股的价格进行增资扩股。借此机会，唐山港口实业集团于2012年5月出资1.008亿元，购买5600万股，每股单价1.8元。截至2018年6月30日，唐山银行每股净资产已升至3.59元，唐山港口实业

唐山银行

集团持有股权价值实现翻番。

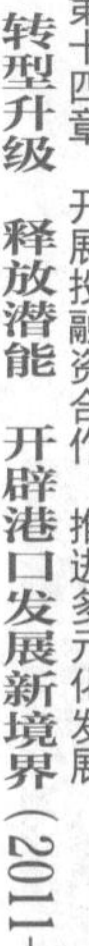

二、投资财达证券有限责任公司

河北财达证券有限责任公司（简称“财达证券”，下同）前身为河北省财政厅国债服务中心，经中国证监会审核批准于2002年正式成立，是河北省内唯一的法人证券公司。2006年至2012年，财达证券公司累计创效51.41亿元，实现净利润37.42亿元，为股东现金分红19.92亿元，股本分红率达218.5%，股本收益率达351.86%。资本运营能力突出，盈利水平优异。

财达证券实施增资扩股，注册资本由14.169亿元增至27亿元，新增股本10.831亿元。为优化股权结构，这次增资主要由新引入的股东出资认缴，唐山港口实业集团于2013年7月1日向唐山市国资委提出出资认购财达证券的请示。2013年，唐山港口实业集团投资入股财达证券2亿元，持有股份8000万股，每股价格2.5元。财达证券2015年5月启动改制上市，已完成改制、上市辅导财料申报等工作，财达证券上市，为公司带来更大的股权投资收益。截至2018年6月30日，财达证券公司每股净资产3.22元，唐山港口实业集团收益可观。

唐山港口实业集团出资认购财达证券股份，进一步提高了公司投资收益水平，分散投资集中于港口及其他运输行业所带来的行业风险，降低临港产业周期性变动对集团投资收益的影响，为集团未来向金融化港口发展提供了经验和技术支持，并带来更大的投资收益。

三、参与唐曹铁路增资扩股

唐曹铁路项目公司成立于2013年8月22日，首次注册资本1亿元人民币。2014年6月5日，唐山建设投资有限责任公司、首钢京唐钢铁联合有限责任公司、中国建设基础设施有限公司、河北港口集团有限公司、唐山港口实业集团、唐山曹妃甸发展投资集团有限公司、唐山曹妃甸港口有限公司、唐山钢铁集团有限责任公司8家股东签订增资扩股协议书，唐山港口实业集团出资2亿元，持股8%，增资扩股后唐曹铁路有限责任公司注资资本为25亿元。为加快唐曹铁路建设，2018年4月19日，唐山建设投资有限责任公司出资6.2亿元，其中5.88亿元计入注册资本，0.32亿元计入资本公积，唐曹铁路公司注册资本增加到30.88亿元。

2018年6月30日，唐曹铁路建成通车

四、入股冀资唐山资产管理有限公司

2017年，唐山港口实业集团入股冀资唐山资产管理有限公司，总投资5亿元，分5期出资到位。该公司2017年3月21日注册登记，已开展了各项唐山辖区内金融不良资产、非金融不良资产的收购、重组、处置、经营等业务。2018年上半年，唐山资产管理有限公司实现收入1902万元、净利润1044万元。唐山港口实业集团根据该公司各项对外投资情况，认真审查项目风险，出具股东意见，履行股东权利。

第三节　提高资金使用效率

积极做好存量资金理财业务，通过科学合理的筹集、调度、回笼资金，提高了资金的使用效率。协定存款业务，有效降低了财务费用。同时跟踪经济活动，财务监督保障作用得到进一步加强，有效防范了工程建设中的财务风险。

一、组织项目贷款

36～40# 泊位工程项目投资规模大、建设周期长，所需资金多。2012年，唐山港集团综合考虑了多种融资方式，以满足该项目的资金需求，项目贷款是其中之一。建行、工行、中行、交行4家银行分别对36～40#泊位项目进行了项目评估，提供20亿元项目贷款；当年，工行项目评估已报工行总行，提供了15亿元项目贷款；中行项目评估已报中行总行，提供了10亿元项目贷款；交行项目评估已报省分行，提供了10亿元项目贷款，非常及时。

二、发行中期票据

唐山港集团将发行中期票据作为公司贷款的中长期战略。把中期票据发行工作作为公司年度融资工作的重中之重，积极推动，狠抓落实。针对复杂局面，着眼未来，大胆创新，努力扩展融资新通道，迅速启动发行中期票据工作。承销银行、律师的尽职调查、评级机构的评级工作有序展开，发行工作稳步推进。

为了满足36～40# 泊位项目建设及其他资金需求，适时启动了中期票据发行工作。首先开展了信用评级工作。2012年6月25日，集团与大公国际资信评估有限公司签订了《信用评级合同书》，大公国际为集团拟发行的中期票据进行了信用评级工作并完成了对集团的现场调研、资料收集、数据分析等工作，于9月10日出具了评级报告初稿，三季报数据补充完毕，评级报告定稿。其次，民生银行、炜衡律师事务所也完成了公司的尽职调查工作。民生银行开始了资料收集与分析以及募集说明书的编写工作，完成了各项资料与数据的补充工作；炜衡律师事务所进行了资料收集与整理工作。

2012年8月28日，唐山港集团2012年第一次临时股东大会在唐山港大厦召开，大会审议并通过了《关于公司发行中期票据的议案》等4个议案。

唐山港集团召开 2012 年第一次临时股东大会

唐山港口实业公司利用良好的信用评级，先后在中国银行市场交易商协会注册发行中期票据 10 亿元，票面利率低于同期银行贷款利率，发行超短融资券 4 亿元。2012 年 11 月 14 日，唐山港口实业集团中期票据发行成功，一期募集资金 4 亿元，实现了公司融资工作新的突破，是公司深入开展“管理创新年”活动的又一成果，充分展示了干部职工创新发展的能力和意识，成为唐山港口实业集团多点、多渠道融资战略的一个成功典范。

2015 年 5 月 25 日，唐山港集团 2015 年中期票据一期开始发行，取得募集资金 2 亿元。

三、开展融资租赁

为了满足 36 ～ 40# 泊位项目资本金需求，唐山港集团财务部从 2013 年下半年开展了 5 亿元融资租赁工作。2014 年财务部配合融资租赁律师完成了实物资产现场调查、实物资产资料准备与提供以及土地使用权抵押登记查询等一系列准备工作。2014 年 1 月 21 日取得了 3 亿元融资租赁款，4

月13日取得了2亿元融资租赁款。

四、发行短期融资券

唐山港集团2014年短期融资券一期于当年5月20—21日正式发行，共募集资金3亿元，发行票面利率为5.4%，综合成本低于1年期流动资金贷款，降低了公司财务费用。

2015年短期融资券一期正式发行，共募集资金4亿元，发行票面利率为4.98%，综合成本与1年期流动资金贷款利率基本持平。

2016年2月2日，中国银行市场交易商协会接受唐山港集团超短期融资券注册，注册金额为20亿元，注册额度2年内有效。3月4日，公司2016年超短期融资券一期正式发行，共募集资金10亿元，发行票面利率为2.91%，综合成本远低于同期贷款基准利率；4月20日，公司2016年超短期融资券二期正式发行，共募集资金3亿元，发行票面利率为3.44%。

2016年12月2日，公司2016年超短期融资券一期10亿元到期，为了确保能够到期及时兑付，财务部与券商多次沟通确认兑付方案，于2016年9月末确定了兑付方案，并做了兑付工作安排。

2017年，取得银行授信，完成10亿元超短融兑付，为项目资金需求做好融资准备。8月25日，2016年度第三期超短期融资券7亿元到期，由于债券市场利率持续走高，无法通过新发超短融兑付到期的7亿元超短融。同时取得交行、中行、建行、工行对该事项的专项授信，并完成了争取中行2亿元流动资金贷款的请示，截至2017年11月14日，已经取得1.31亿元贷款。

五、降低财务成本

为了降低财务成本，2015年，唐山港集团财务部提前和各家银行沟通确认后，运用募集资金，分别偿还了中国邮政储蓄银行5亿元贷款、中国建设银行2.735亿元贷款、中国银行3.74亿元融资租赁款、中国工商银行4.622亿元贷款、中国农业银行1亿元贷款，兑付了4000万元到期银行承兑汇票。

第四节　合资兴建浩淼供水工程

打造水务板块，兴建浩淼供水工程，利国利民，又拓宽了港口的发展领域，一举多得。

一、乐亭新区供水工程

乐亭新区供水工程是为解决乐亭新区水资源供需矛盾、提高区域供水能力和生态承载能力，经唐山市政府批复同意建设的项目。该项目按照“政府主导、企业投资、公司化运作”的模式进行建设，项目立项之初即成立了由主管市长任指挥长的工程建设指挥部，与唐山乐亭浩淼供水有限公司一起负责工程的组织实施。

随着国企改革加快，水务企业划转国资委统一管理已经摆上工作议程，开发区供水一期、二期、三期需统筹协调，共同保证区域用水需求。三期因供水配额大、利用地表水、设施管道新、覆盖范围大等明显优势，无疑会发挥更大的主动权。随着临港产业的发展，对供水有巨量需求的河钢唐钢搬迁项目建设的尘埃落定，显著提升了三期供水的战略地位。

二、唐山乐亭浩淼供水有限公司

唐山乐亭浩淼供水有限公司（简称“浩淼公司”，下同）于2008年开始筹建。2009年2月6日，乐亭新区供水工程股东会议召开，会议议定：注册“唐山乐亭浩淼供水有限公司”。确定投资比例，唐山市水务局投资10%，唐山市建设投资公司投资10%，乐亭县政府和海港开发区管委会投资37%，滦县县政府投资4%，华南水务集团投资39%。成立浩淼公司董事会和监事会。董事会由7人组成，肖玉文任董事长，监事会由5人组成，设主席、副主席各1人；暂聘海港开发区供水工程处主任王建斌为公司经

理。3 月 27 日，浩淼公司在乐亭县工商局注册。

随着公司发展的需要，2010 年 12 月，唐山港口实业集团出资 460 万元，收购浩淼公司 46％的股权，其他各股东单位发生变化，达信水务管理（惠州）有限公司占 39% 股权；唐山建设投资有限责任公司占 10% 股权，唐山海港开发区供水工程管理处占 3% 股权，滦县建设投资有限公司占 2% 股权。

自出资以来，唐山港口实业集团积极扶持和培育浩淼公司的自主发展能力，先后向该公司注资共计 6.635 亿元，提供扶持融资 4.8 亿元，降低融资成本，减轻资金压力。截至 2018 年 12 月 31 日，浩淼公司注册资本达 7.6233 亿元，唐山港口实业集团占股比 89.3％。

三、浩淼供水工程建设

根据中共唐山市委、市政府“唐发〔2011〕24 号”《关于加快水利改革发展的意见》，乐亭新区供水工程被列为唐山市“十二五”期间重点水利建设项目的一号工程。工程概算总投资 12.53 亿元，年设计供水能力 1 亿立方米。水源地为桃林口水库及上游的潘家口、大黑河水库，取水口位于滦县岩山渠首的滦下干渠，途经滦县、滦南、乐亭 3 县 10 余个乡镇和上百个村庄，通过 57 千米的输水管线将滦河水输送至浩淼公司净水厂，以满足乐亭新区临港产业发展的需要。

（一）工程概况

工程主要项目。一是在岩山渠首建设一座日取水能力为 30 万立方米的取水泵站；二是修建直径 1.4 米、长 57 千米双线输水管道；三是建设日处理能力为 30 万立方米的净水厂；四是配水管网的建设。

2011 年 7 月 4 日，取水泵站工程正式破土动工。

2012 年 3 月 16 日下午，唐山市政府召开乐亭新区供水工程征地拆迁工作动员会议，对供水工程输水管线征迁工作进行了安排部署。中共唐山市委、市政府有关部门及滦县、乐亭、海港开发区的主要负责人出席了会议。

5 月 18 日，输水管线 20 个标段施工单位陆续进场施工。

（二）净水厂工程正式开工建设

10 月 9 日，净水厂工程正式开工建设，唐山市委、市政府，乐亭县委、县政府，滦南县政府、滦县县政府、海港开发区管委会、唐山湾国际旅游岛管委会、乐亭县工业聚集区管委会及市直有关部门负责同志，唐山港口实业集团领导出席开工仪式。孙文仲董事长代表唐山港口实业集团对净水厂项目的开工建设表示热烈祝贺。他说，“十一五”以来，在市委、市政府的坚强领导和社会各界的关心支持下，京唐港区取得了令人瞩目的发展成绩。2012 年 1—9 月完成货物吞吐量 1.23 亿吨，同比增长 20.6%，超全国港口平均增幅 12 个百分点。包括乐亭新区供水工程在内的重点项目稳步推进，为全面完成全年目标任务打下了坚实的基础。他指出：“乐亭新区供水工程是唐山市重点工程，也是我公司重点投资的公益基础设施项目之一。这一项目的建设，进一步延伸了我公司服务社会的能力，将从根本上解决本地区水资源不足问题，破解瓶颈制约，改善投资环境，支撑临港产业布局，必将为区域经济、社会科学发展发挥重要的基础作用。”他强调，净水厂的建设进度决定了整个项目的进度，早一天建成就会早一天发挥效益；净水厂的建设质量是事关乐亭新区生产、生活用水安全，关系区域经济、社会发展的民生大计。希望全体参建单位和广大干部职工，肩负责任，再接再厉，把好关口，同心协力，确保优质、高效完成工程建设任务，做好运营准备，努力把供水工程建设成为乐亭新区的民心工程、造福工程、品牌工程。

四、取水泵站及输水管线打压试通水一次成功

试通水自 2013 年 10 月 18 日开始进行管线注水、整体打压。为确保泵站、输水管线试通水一次成功，在通水前，工程建设指挥部办公室及公司领导高度重视，紧紧围绕试通水各道工序，积极发挥联动效能，协调滦县、滦南、乐亭 3 县相关领导召开专题调度会，确保各环节协调有序。通水前，对试通水方案进行详细论证，编制预案，明确任务，责任到人。通水过程中，精心组织有关单位对各标段的管线重点部位进行 24 小时巡视和联合检查，严格把控，为试通水成功提供有力保障。

经过 10 多天的精心调试，11 月 5 日，乐亭新区供水工程取水泵站、输水管线试通水圆满成功。当天，市政府副秘书长兼农办主任刘远平、市水务局局长魏宝明、乐亭新区供水工程建设指挥部办公室主任肖玉文、乐

2013 年 11 月 5 日，乐亭新区供水工程取水泵站、输水管线试通水圆满成功

亭县副县长张国勇、海港经济开发区管委会副主任王纯华，以及唐山港口实业集团总经理王首相、高级顾问赵治川、副总经理兼浩淼公司总经理陈俊武、副总经理刘树叁，唐山湾国际旅游岛、乐亭县临港工业聚集区管委会、供水工程建设指挥部有关领导参加了试通水。

试通水的成功，标志着乐亭新区供水工程已具备供原水能力。

五、海港开发区方向配水管线全线贯通

2014 年 6 月底，通往海港开发区方向的配水管线全线贯通，7 月 15 日，在净水厂尚未建成的情况下，正式向海港开发区内的中浩化工公司输送原水，日供水量 7000 ～ 8000 多吨，实现了边建设、边运营，同时有效解决了该区域工业用水紧张的问题。当年安全供水 109 万吨，实现收入 350 万元。

六、净水厂调试顺利完成

11 月份，经过层层选拔，从唐山港集团调剂 22 名员工到净水厂生产岗位，并于 12 月份送到唐山市自来水公司及曹妃甸供水公司进行了为期一个月的培训，为后期的调试及生产奠定了基础。

2015 年 1 月底，建设指挥部成立净水厂联合调试小组，成立机电设备组、土建组、工艺运行组、应急抢险组，各小组提前着手进行调试方案及联合试运行方案的制订。8 月 10 日，在公司副总经理于成雨的主持下开始

了单体及联合调试，经过2个多月的精心调试，10月28日正式完成试运行，具备净水供应能力，开始向中浩及中厚板公司陆续供应成品净水。

2017年6月27日，唐山港口实业集团总经理张志辉考察浩淼水厂

浩淼供水工程建设过程中，始终得到唐山港口实业集团的关心和支持。集团总经理王首相、张志辉，副总经理刘树参，总会计师孟玉梅等主要领导先后多次亲临现场办公，解决关键问题，指导工作。

供水工程是经济发展的重要基础设施，可以满足乐亭经济开发区、唐山海港经济开发区内企业及三岛方向用水需要，同时在输水管线途经的滦县、滦南、乐亭留有出口，为沿途各县提供用水支撑。

公司自2014年7月份供水以来，2014年实现供水109万吨，2015年实现供水294万吨，2016年实现供水352万吨，2017年实现供水864万吨，2018年已成功突破1000万吨供水大关，实现供水1158万吨。

积极发展水务板块是集团公司多元发展的战略定位，将更好地发挥集团公司孵化器的作用，不久的将来浩淼公司将成为集团公司发展新的增长极。

第十五章

健全制度体系 推进科学管理

管理是企业的灵魂。它能使企业的人力、物力、财力、信息等资源实现最大的优化，从而取得最大的投入产出效率。基于此，京唐港区全面建设科学化管理制度体系。

古人云："徒法不足以自行。"定制度、明要求、严恪守、重实施，京唐港区的企业管理，建章立制和职工自律同在，严格要求和人文关怀共存。

——题记

第一节　健全生产管理制度体系

2009年以来，唐山港集团围绕企业发展目标，不断完善、强化生产管理制度、措施，科学安排、调整船舶生产作业计划，促进了生产经营活动的顺利开展及生产作业任务的圆满完成，实现了安全、优质、高效发展的既定目标。

一、完善生产管理体制机制

（一）完善生产管理制度

坚持生产调度周例会制度，每周定期召开生产调度会，及时研究解决生产中存在的重点难点问题，并对调度会布置的生产任务落实情况进行跟踪督查，确保落实到位。同时坚持每日交接班制度，对每天船舶昼夜靠离泊计划执行情况和生产中存在的问题进行点评，分析查找船舶生产组织中存在的问题，并提出整改意见，督导有关单位限期整改。

（二）完善协力单位管理体制

按照《协力单位使用管理办法》《协力单位综合评价考核办法》《协力单位定量评价标准》，定期组织职能部门和使用单位对协力单位的日常管理工作进行综合考评，分析查找协力单位管理工作存在的问题和不足，督促其

2017年1月20日，唐山港集团副总经理李顺平慰问协力单位员工

认真整改，促进协力单位提高管理水平和工作成效。

（三）完善目标管理和绩效考核机制

一是将集团的年度目标任务分解到各单位，并加强对任务完成情况的跟踪督查，及时发现和纠正生产进度滞后、生产服务质量较差的问题，促进各单位保质保量地按时完成任务。二是按照《生产过程控制管理办法》，把各子公司以及各作业单位生产组织、作业质量、作业速率、计划兑现率、船舶预完工时间、安全管理、成本控制、信息化应用等8项生产经营指标和内容全部纳入绩效考核范围，扩大了绩效考核覆盖面，促使有关单位积极抓好生产经营任务和指标的落实。三是改进绩效考核办法，调整了考核速率以及预完工时间考核标准，增加了单船成本控制考核项，并从过去偏重结果考核向注重过程控制转变，同时把考核结果与各作业公司员工的薪酬收入挂钩，激发了广大员工的生产积极性。四是建立了《生产计划会跟踪反馈台账》，设置了《生产效率记录榜》，每日、每周或每月及时反馈和公示作业船舶、作业单位生产任务的完成情况，生产效率的升降情况，做到了生产中的问题时时有人盯，事事有人管，同时从中选树先进典型进行宣传表彰，激励生产作业单位认真抓好船舶作业效率的提高和生产任务的落实。

二、加强船舶安全管理和通航环境治理

（一）加强船舶作业安全管理

一是建立船舶靠离泊安全生产承诺制。组织船舶作业单位签订《船舶靠离泊安全兑现承诺书》、缴纳安全保证金，使船舶作业单位增强了遵守安全生产规章制度、注重并努力维护船舶靠离泊安全的自觉性。二是建立事故船舶黑名单制度，把发生安全事故的船舶列入“黑名单”，对其进行重点监管和严格的检查，促使事故船舶认真搞好隐患排查治理，杜绝安全生产事故再次发生。三是加强各类船舶进出港、靠离泊及作业现场的安全检查。按照《船舶进出港安全管理规定》《船舶靠离泊安全管理规定》，全面加强以大型船舶、大吃水船舶、施工船舶、超码头设计能力的船舶、多桩系缆的不规范船舶为重点的安全检查，一旦发现安全隐患，责令有关单位立即整改，严厉查处船舶的违章行为。四是完善船舶进出港作业的安全

防范措施。关注天气和潮水的异常变化，及时发布大风、低潮水等恶劣气象预警，督导进出港、靠离泊的船舶提前制订并落实抢卸离泊方案和其他安全防范措施。组织开展有针对性的应急演练，确保船舶进出港、靠离泊及装卸作业的安全。五是加强通航环境的安全监管。建立定期巡航报告制度，每天定点报告港区通航环境状态。定期对通航环境、导助航设施进行安全检查，及时排查和消除安全隐患，杜绝安全生产事故。

（二）加强船舶通航环境治理

明确各单位通航环境的维护职责和管辖范围，细化船舶码头抗风、大吃水船舶抢潮水作业、下潜水作业监管等流程，促进了通航环境治理工作扎实有效地开展。同时按照《非商用船舶管理规定》和《港内加油船舶管理规定》，对港内运沙船、捕捞船、观光船、交通船和加油船舶的通航秩序进行规范管理，有力地维护了港区通航秩序，促进了航道通航效率大幅提高，多年来，京唐港区通航效率一直高居河北省港口之首。

三、调整船舶管理办法

（一）调整船舶停靠计划

认真落实《船舶靠离泊计划编排及执行管理规定》和《集装箱船舶临时性保障政策》，对一些船舶靠离泊计划进行适当的调整。一是调整船舶候泊计划，平衡了全港船舶的候泊时间，缩短了矿石码头船舶的候泊时间，解决了各泊位生产能力不均衡的问题，使各泊位功能及其设备和人力资源得到充分发挥和利用，保证了港口生产满负荷运转。二是调整特定船舶靠离泊计划，优先安排班轮、集装箱船舶、大型船舶、危险品船舶和业务重点船舶靠离泊，使之能够提前靠离泊，缩短了候泊时间，提高了泊位和设备利用率，也破解了大型矿石船舶严重压港的难题。三是调整 CAPE 船舶离靠泊安排，根据潮水涨落变化和预完工船舶的多少，采用CAPE船舶“倒推法”，对CAPE船舶及责任单位下达货物抢卸任务，确保 CAPE 船舶卸完货后能够在潮水上涨之前离泊，并确保后续乘潮水船舶及时靠泊，提高泊位的综合利用率。四是调整船舶昼夜靠离泊计划，按照《船舶昼夜靠离泊计划实施细则》做好船舶昼夜靠离泊的组织安排，促进船舶昼夜靠离泊计划顺利实施。五是调整装载矿渣粉、钢材、小散货在新工作船码头作业的船舶的靠泊计划，使本不具备作业条件的几个泊位得到合理利用。

（二）调整船舶进出计划

一是调整船舶进出港顺序，根据潮水涨落的信息和拖轮、CAPE 船舶、集装箱船舶的完工时间，优先安排拖轮、CAPE 船舶、集装箱船舶进出港，使之快进快出，提高泊位利用率。二是调整在 36 ～ 40# 泊位作业的沉箱拖带船舶进出港轮次，安排速度缓慢的沉箱拖带船舶沿航道边线航行，使进港船舶抢在沉箱拖带船之前上航道，破解了沉箱拖带船舶作业时影响航道使用率和生产船舶作业效率的难题。三是调整首钢码头船舶进出港计划，对正在大搞工程建设的首钢码头的船舶进出港计划进行适当调整，在兼顾重点船舶进出港的同时，优先保障沉箱船进港，确保了码头工程建设进度，也确保了码头生产作业正常进行，实现了建设、生产两不误。四是调整 20 万吨级航道施工计划和船舶作业计划，按照《船舶交叉作业过程控制管理规定》，对进入扫尾阶段的 20 万吨级航道施工计划及在此航道上的船舶作业计划进行调整，或安排航道一半施工、一半通航，或安排船舶集中进出航道，既确保了航道施工进度，又确保了船舶作业的顺利进行，实现了航道施工和船舶作业两不误。五是调整船舶码头作业计划，均衡安排船舶在码头的作业量，使码头得到合理有效的利用。六是调整水上项目施工计划（包括地连墙修复、港池挖泥清淤、新工作船建设等水上项目施工计划），按照施工作业避让船舶的工作方案，利用船舶到港不均衡的特点和船舶进出港的间隙组织施工作业，避开船舶生产高峰期，保证了施工进度，也使施工对生产影响降至最小，确保生产、施工两不误。七是调整加

中远集团旗下的“远河”号集装箱船靠泊唐山港京唐港区 11# 泊位

快船舶进出港速度的组织方式，减少了泊位、设备的空闲时间和船舶完货等待时间，提高了船舶进出港速度和航道利用率。

（三）调整船舶靠离泊管理办法

根据引航条件的变化，及时调整船舶乘平潮进出港条件，放宽大吃水船舶靠离泊的条件限制，提高航道、泊位的利用效率。同时调整、改进船舶下锚靠泊时间安排和管理办法，从根本上解决了船舶靠泊过程中出现的锚链绞缠问题，提高了泊位利用率。

四、调整船舶夜航和移泊管理

（一）调整夜航和引航管理

调整夜航政策，矿一、矿二、矿三3个大型泊位由此实现了全面夜航，泊位所在的CAPE船舶可随时离靠泊，减少了泊位闲置时间。同时调高了CAPE船舶夜航的吃水限制，解决了CAPE船舶夜航等潮水适当上涨时才能起航的问题。此外调整引航政策，放宽船舶通航条件限制，使船舶缩短了等潮水时间，泊位缩短了闲置时间，提升了航道利用率。

（二）调整移泊减加载管理

根据到港船舶数量，适时启动CAPE船舶减载移泊和大型煤炭船舶加载移泊，缩短船舶在港周期，减少泊位闲置时间，节省倒运成本和长倒费用，提高作业效率。

五、调整设备维修保养管理

调整船舶设备维修保养和安装调试计划。根据CAPE船舶到港不均衡性的特点，利用船舶进出港间隙或利用大风浪船舶不能生产作业之际，安排设备维修保养，利用泊位闲置时间安排设备安装调试工作，减少设备维修保养、安装调试对生产的影响。同时将非满线作业船舶安排至门机除锈泊位，或成批安排门机设备集中喷漆，减少设备保养占用泊位的时间。

第二节 健全库场管理制度体系

2009年以来，唐山港集团为了全面提高库场的作业质量、效率、经济效益和安全系数，不断完善库场管理制度及管理措施和方法，提升库场管理水平，使库场利用率、货物周转率不断提高，安全风险率、作业差错率和成本费用不断降低，实现了库场作业安全、优质、高效地运行。

一、完善库场责任管理

实行库场管理分区负责制，新设置了库区长岗位，强化对库场的区域管理责任，将调度班组长的工作由四班倒调整为分区负责的常白班，使班组长职责分工明确，促进了库场管理统筹优化、工作紧密衔接，确保了各项任务的很好落实。

规范货物垛型标准和倒运路线，控制设备零工、苫垫材管理，使用库区电子片图，设置标识、统筹场地使用，加强库场防淤防涝，细化货物水分检测，改进作业工艺，减少货物亏吨，降低了差错率，提高了库场利用率和货物周转率。

二、实施库场精细化管理

推行5S化库场管理模式。按照货物垛型标准，从货垛高度、货垛倾斜度、垛面平整度等方面进行细化，并根据库场场地宽度合理分区划片，对场地使用实施分片区、分货种的精细管理，利用白灰、反光桶、待装指示牌将疏港作业区分为装车区、待装区、平车区、候工区，使疏港作业各环节紧密而有序地衔接，提高作业效率。同时设置焦煤专属堆放区、矿石专属堆放区等，减少和避免因雨季货垛坍塌造成不同货种连垛的问题，增强场地利用效能，提高库场货物周转率，同时节省倒运费用和抓垛费用。

三、推行库场封闭管理

在库场外部设立卡口，有库管员轮流值班、现场监管，控制外来人员、车辆以及港区疏港倒运设备的进出，防止倒运车斗不净、偷盗和提错货等现象发生。

四、加强库场作业管理

改进库场货物疏港作业管理办法，针对库场4个区域场地距离远近不同、货物疏港作业不集中、一些车队铲车不能及时到达、影响库场货物疏港进度的问题，打破作业车队原来的“谁卸船谁疏港”的派工模式，对各疏港车队实行分区疏港负责制，各车队采用分区疏港、按月轮换的作业方法，使每个车队的作业地点相对集中，减少了铲车行驶路程，节省了铲车行驶时间，铲车到位不及时的问题得到彻底解决，货物疏港速度和效率显著提高。

应用二维码、VTS监控系统和数字化手段，加强货物归垛、二级门禁等库场作业管控，同时对倒运车实施GPS定位管理，在库场作业的所有倒运车辆都安装GPS监控系统，以此对倒运车辆进行实时监控，避免货物在疏港或倒运过程中的流失。

五、突出库场安全管理

（一）加强库场车辆安全管理

加强进出库场的作业车辆控制，针对库场场地狭窄、过多车辆堵塞交通、影响安全的问题，严控库场疏港车数量。遇有大雨、大雾等特殊天气通知疏港车队暂停派车，防止发生交通安全事故。

（二）加强库场外来人员管理

按照《关于对外来人员进行安全告知的通知》，要求在库场疏港作业的外来铲车司机签订《安全告知签字确认单》，同时要求库场疏港作业的货主（代理）和取样人员在《安全告知签字确认单》上签字，使他们知晓在库场疏港作业的流程和安全管理制度，并督导其认真遵守，杜绝了安全隐患、安全风险以及安全生产事故的发生。

六、搞好库场调整使用

按照《三港池北岸线泊位功能调整及库场规划方案》和库场调整方案，有组织、有计划、有目标、有重点、有步骤地进行泊位功能和库场功能的调整。

一是调整货物靠泊规则和冷卷类货物临时靠泊政策，根据到港船舶和货种结构变化，将疏港快的货物向泊位转移，使其优先靠泊，保证泊位的利用和库场货物的周转。二是调整库场规划方案，根据库场九江高线专区货物较多及周转快的特点，将九江高线由九区、十区调整至一区、五区，缩短了倒运距离，提高了装船出库效率，实现了“快中快”作业模式。三是调整库场管理体制，先后设置了码头长、白班区长等岗位，使库场管理进一步规范化、标准化，提高了库场作业效率。四是调整库场倒运车派工方法，将现有倒运车统一编制成45个组，45个倒运车组按1～45的编号顺序派工，彻底解决了以往倒运车超负荷作业或者不能满负荷作业的问题。五是调整库场作业安排，当库场宽松时，首先保障装卸船设备，提高作业效率；当库场紧张时，首先保证库场倒运数量，以便及时腾让场地，增大库场库容。同时根据所掌握的集疏港车辆信息，合理分配资源，提前组织作业，提高作业效率。此外安排固定班组负责固定作业货区，固化后场作业工人，使工人更熟悉货物接卸工艺，提高作业效率。六是调整库场作业方法，将同货主、同货种、同型号、不同

京唐港区内整齐有序的钢材堆场

批次集港的货物在原货垛的基础上进行续卸，减少换区作业，提高出库效率，增加库场货物堆存量。七是调整库场在作业公司之间的使用范围，确保了库场资源的充分和灵活的使用。八是调整库场道路宽度，调整不同货种堆存场地和堆存高度，提高散货堆存能力和件杂货周转率。九是调整库场作业单位和货源，将周转快的船舶调整至煤炭公司，并坚持库场使用向煤炭货种倾斜，减少货物长倒，保证货物及时出库，缓解货物堆存压力，提高库场的货物周转率，调整库场使用场地，调剂使用外部空间，把集装箱部分改造场地腾让给库场，缓解库场场地紧张的状况。同时调整库场可用堆场，启用临时堆场，提高库场利用率。

第三节　健全设备管理制度体系

2009 年以来，唐山港集团不断加大设备的资金投入，不断健全设备的管理制度。港口设备的配置日益完善，设备的购买、建造、维修开支和成本不断下降，设备的完好率、利用率及安全性能、技术性能、使用效能不断提高，为港口逐步做强、做大提供了有力的支撑。

一、完善设备管理体制

（一）完善设备管理组织

建立健全了以技术管理部为设备管理主管部门、设备使用单位为设备管理责任主体、车间班组为设备管理直接责任者的三级设备管理体系，对各级单位设备管理的任务和职责进行了明确规定，使有关部门和单位增强了抓好设备管理的责任感。同时建立基层设备管理组织，成立了由各单位科长和工程师组成的设备审核小组，负责设备专项审核，集团上下形成了设备管理各负其责、各司其职、齐抓共管的局面。

（二）完善设备管理制度

修订完善了《设备管理办法》《设备管理实施细则》《设备管理控制

程序》《设备管理定量评价考核细则》《监视测量设备管理规定》《设备监造管理办法》《设备润滑管理办法》《设备大修改造管理规定》《机械设备操作规程》《工属具管理办法》《装卸设备点检标准》《门机维修管理规定》《门机超载限制器使用管理规定》《信息系统及设施建设管理办法》《环保车辆使用管理规定》等设备管理制度，清晰划分、明确界定了设备管理部门和使用单位的职责，细化充实了设备管理的内容，并逐项逐条地狠抓上述规章制度的落实，消除了设备管理的盲区。同时建立设备管理问责机制，激励有关部门和单位严格遵守设备管理制度，尽职尽责地抓好设备管理。此外，还建立了设备例会制度，每月组织召开设备例会，与会的管理部门、使用单位、维修单位共同交流设备管理、使用、维修的经验，讨论分析设备管、用、养、修过程中出现的问题，研究制定问题整改措施，促进设备管理和维修水平不断提高。

二、加强大中型设备采购管理

2010 年 10 月 12 日，采购的集装箱岸桥到港

按照设备采购计划、招标采购方式及设备购置程序，先后为生产作业单位购置了拖轮、门机、天车、锅炉、高杆灯、堆高机、正面吊、汽车衡、交通车辆、环保车辆、环保设备、机电设备、电气设备、开关柜设备、整车检测设备、箱式变电站等大中型设备 1447 台套，同时购置抓斗、料斗、隔离堆、汽车专用吊具等大型工属具 97 台套，总投资达 13.10 亿元，使港口的设备数量充足、种类齐全、功能完备，充分满足了港口生产建设快速发展的需要，为港口逐步做大、做强提供了有力的设备保障。

三、加强设备监管

（一）加强设备建造监管

规范设备建造、维修流程管理，选派经验丰富的技术骨干驻守设备建造现场，对拖轮、天车等设备建造的进度和质量进行严格监造和实时监控，及时发现和处理有关问题，确保设备建造按期完工，并达到结构设计合理、机件装配齐全、性能良好、功效很高的质量要求。

（二）加强大型设备大修和改造监管

在组织实施拖轮坞修、门机回转支承更换、门机回转制动器变频改造、铁路微机联锁改造、天车、岸桥、轨道吊、轨道衡、喷淋降尘设施、整车检测设备、箱式变电站等 37 个设备大修和技改项目过程中，对有关施工单位及人员的资质、施工设备、施工方案进行严格审核，并优选施工单位、施工人员、施工设备和施工方案，同时选派技术人员驻场监修，严格监管设备大修和技改项目的施工进度和施工质量，确保设备大修和技改项目保质保量如期完成投产。

（三）加强设备维修保养监管

组织维修单位按照设备维修质量标准，对拖轮、门机等主要生产设备以及网络和通信设备进行及时的修理和维护保养，大力推行设备点检维修管理体制，强化对设备维修保养质量的监督，同时引导、鼓励维修单位改进门机额头滑轮更换、门机钢丝绳更换、起升电机更换、水平轮滚道补焊等诸多维修项目的工艺，促进设备维修质量和水平大幅提高，主要设备完好率和利用率分别提高到 99％以上和 40% 以上，设备故障停机时间大为减少，保障了港口生产的正常进行。

（四）加强设备安装调试监管

组织专业人员对门机、天车、岸桥、轨道吊、箱式变电站、整车检测设备、船舶高压岸电系统、38 ～ 40# 泊位采制样设备、铁路场站的设备等诸多设备进行安装调试，并选派专人对设备安装调试进度和质量进行现场督导，同时就安装调试过程中遇到的问题与有关各方进行积极协调，确保各项设备安装调试工作优质、高效地完成，并及时投入使用。

四、加强设备安全和技术管理

（一）抓好设备安全管理基础工作

按照安全生产标准化的要求，实行设备安全管理责任制，强化设备安全管理考核，制订并落实设备安全隐患排查治理方案，建立设备危险作业记录清单，加强设备管理风险识别管控，完善防雷设施标识，促进设备安全管理工作扎实有效地开展。

（二）设备管理制度化、规范化、常态化

制定了《设备安全管理办法》《设备安全操作规程》《设备维修保养安全管理规定》《工属具安全使用技术要求》《堆取料机安全技术操作规程》《皮带机安全技术操作规程》《卸船机安全技术操作规程》《OHS 风险评价及控制措施清单》等一系列设备安全管理制度，并对各单位落实这些制度的情况进行督查督办，使设备安全管理有章可循、有章必循；每月召开一次设备安全例会，对一些设备使用和维修单位存在的设备安全问题进行分析、点评和提醒，督促其认真整改，对下一阶段的设备安全管理工作进行安排部署；每周开展一次设备和工属具的专项安全检查，每年开展两次广覆盖、深层次的设备管理安全大检查，检查内容涵盖设备管理、维修、保养、点检、专业培训等各个方面，对被查出安全隐患的责任单位和责任人，分别采取批评教育、经济处罚、现场督办、跟踪督查、定期复检等措施，促使有关单位对安全隐患进行彻底及时的整改，杜绝设备安全事故的发生；此外每年定期进行设备技术检测，对有关单位的门机、天车、叉车、拖轮、龙门吊、卸船机、升降梯、电动葫芦、电动单梁、防雷装置等特种设备和汽车衡、轨道衡进行一次全面细致的技术检测，确保这些设备的技术性能全部达标，合格率达到 100%，实现安全、高效运行。

（三）加强外来单位的设备安全管理

制定了外部设备维修单位在港内作业的安全管理规定，明确和强化了外部维修单位在设备安全管理方面的责任，并采取召开安全协调会、签订安全承诺书和安全协议、开展安全检查等措施，加强对外来单位设备安装、大修改造的安全监管，确保设备维修作业及现场施工安全。

五、加强设备资产管理

搞好设备核对、验收、建档立账、调拨等工作，定期开展设备资产摸底清查，及时了解设备资产现状，做到账目清晰，账物相符，账实相符。同时组织对闲置设备拆除、拍卖、调拨及报废设备处置工作，对其进行整合利用，盘活资金和设备资产，节省设备投资，避免固定资产流失。

第四节　健全安全管理制度体系

2009年以来，唐山港集团始终把平安港口建设放在头等重要的位置，认真坚持“安全第一、预防为主、综合治理”的方针，不断强化安全生产基础，完善安全生产风险预控体系、安全隐患排查治理体系，深入风险识别，加强源头治理，推进安全生产标准化建设实施，做到防治结合，固本强基，标本兼治，努力推进公司安全管理从“本能安全”“制度管控”向“自主安全”“文化引领”迈进，有效遏制了重特大安全生产事故的发生，确保了港口安全生产形势的长期稳定。

一、完善安全生产责任与考核体系

（一）建立完善安全生产责任体系

制定完善《安全生产责任制》《安全生产“一票否决”与约谈管理办法》《安全生产委员会机构设置及职责》《党政领导干部安全生产责任制的实施意见》，建立了以董事长为主任、11个专项安全管理小组为核心的安全生产组织机构，健全了“横向到边、纵向到底、公司统一领导、科室全面负责、职工广泛参与、一级抓一级、一级对一级负责”的全员安全生产责任与考核体系和安全生产目标管理体系以及最小安全作业单元管理机制，层层分解安全生产目标和职责，逐级签订安全生产责任书和承诺书，明晰各层面安全生产责任主体，明确“每位职工都是安全生产第一责任人”，形成了属地单位自主管理为基础、专项安全管理小组专业监管为支撑、集团综合职能管控为保障的集团化安全责任落实模式。

（二）建立完善安全生产责任制考核体系

一是制定完善《安全生产责任制考核管理办法》，每季度组织安全生产专家对各单位、各专项领域安全责任制落实情况进行量化考核，作为安全工资发放的依据，使集团各级领导和全体员工增强抓好安全生产的自觉性和责任感。二是建立内部安全管理现状评价和班组安全达标考核机制，每月组织安全生产专家对一些生产单位进行安全管理现状评价，每季度对一些生产班组进行安全达标考核。三是推行安全行动计划机制，一类风险岗位及各级安全管理人员每月制订安全行动计划并予以实施。

（三）构建安全生产绩效评价体系

通过对公司发展过程中积累的安全生产数据进行深入分析，建立了动态、量化的安全生产绩效指标，设计了安全生产预警模型，将安全生产绩效水平与安全生产预警控制有效关联。

二、推进安全生产标准化建设

公司对照职业健康安全管理体系标准和港口安全生产标准化一级考评标准，找差距，查问题，对标改进，充分识别、转化适用法律法规和标准规范要求，推进安全生产标准化建设工作。一是深入细化安全生产标准化企业达标，将标准要素追根溯源、归纳总结、精炼提升，以突出重点，提高标准的针对性、可操作性及实施有效性，完善安全生产管理制度规程，形成了体系管控为基础、集团制度为纲领、部门细则为指导、岗位手册为标准的安全制度体系。二是以全面风险体系建设和综合管理体系融合为契机，培养、提升全员风险管理思维和体系思考能力，通过强化班组达标管理，细化班组达标标准，推动班组自我管理，实现班组自主安全。建立以岗位安全责任制为核心、岗位适用危险源清单为基础、充分考虑季节特点与生产特点、覆盖本岗位制度规程控制要点的岗位达标手册，以手册促岗位达标。三是加强安全生产标准化宣传和培训，使安全生产标准化的思维方法和制度要求深入人心，使全体职工熟知安全生产标准化的基本内容，全面掌握安全生产标准化的操作规程和技术要

领。四是营造“人人讲安全、事事讲安全、时时讲安全”的良好氛围，创造安全生产标准化的工作环境，规范港区生产场所的安全标志、标语和警示标识，使生产现场达到“抬头见安全、低头想安全、人人议安全”的良好氛围。同时，鼓励基层员工对安全生产标准化管理工作提出自己的意见和看法，主动寻找、发现安全隐患，随时报告安全问题，不断提出安全建议，激发全体员工抓安全的积极性和主动性。公司于2015年通过了安全生产标准化一级考评，截至2018年，公司实现了所有生产班组达标和一线作业岗位达标。

三、推进“双预控”体系建设

制定完善了《安全生产风险管理办法》《危险源辨识、评价、控制措施策划控制程序》《安全生产风险管理工作指南》，深入推进危险源（安全生产风险）动态辨识、评价、管控和验证机制，形成了分区域、分专业、分流程、分类别的全员辨识机制；内部评价、专家评价、现场评价、交叉评价相结合的评价机制；技术控制、管理控制、防护控制、应急控制四位一体的控制机制；岗位验证、班组验证、部门验证、集团验证、分层管控的验证机制。截至2018年，公司共识别危险源（安全生产风险）6000余项。

制定完善了《安全事故隐患排查和违章治理管理办法》，分层开展隐患动态排查、分析、整改、验证工作，形成了分领域、分类别、分等级、分层次的全面排查机制；举一反三、根源分析、分层对策、临时防控的对策实施机制；症状验证、机制验证、持续验证、专业验证的效果验证机制，做到了安全隐患的深排查、全覆盖、严整改，确保隐患排查治理不留空当、不留盲区、不留死角、不留后患。同时对“三违”[1]行为保持高压态势，以零容忍的态度严厉查处“三违”行为，对“三违”行为人进行严厉批评教育，并依照有关规定采取连带处罚、高限处罚、列入“黑名单”等严管重罚措施，使违章违规行为得到有效遏制。

① 三违：指违章指挥、违章操作、违反劳动纪律。

四、加强安全培训教育和安全专家培养

制定完善《安全培训管理办法》，建立了以日常培训为“基”、专业培训为“躯”、文化理念宣贯为“冠”的安全培训机制。一是开展多种形式、多种渠道的三级安全培训教育和宣传。安全宣传教育方面包括：张贴或悬挂安全生产宣传标语，进行安全生产宣传广播，制作安全生产宣传短片和事故案例警示教育图册及展板，进行案例说法教育，组建安全志愿者团队，开展安全宣传下基层，举办安全生产论坛、安全生产摄影展，组织安全演讲、安全技能竞赛、全员安全知识答题、安全管理观摩、安全文艺汇演等各种安全宣传活动。安全专业知识和技能培训方面包括：认真组织“四新”① 专门培训，高度重视相关方安全告知培训，向员工传授基础知识和技能；通过录制专业技术技能视频，明确岗位安全培训标准，建立专业知识共享平台，强化员工岗位技能；通过建立岗位安全培训教材、考核题库，设立安全培训精品课程，塑造班组安全文化体系，培养员工安全意识，营造了浓重的安全生产舆论氛围和人人讲安全、事事想安全、全员抓安全的良好环境，使广大员工普遍增强了安全意识和抓好安全生产的自觉性，实现了从“要我安全”到“我要安全”“我会安全”“我能安全”的转变；重点岗位和工种培训教育方面包括：以安全生产法律法规和专业知识为主要内容，通过开展岗位应知应会培训、安全培训落实年等安全培训，全面加强各部门科室负责人、安全管理人员、特种作业人员、特种设备操作人员及其他重点岗位人员的安全培训。在此过程中，不断完善安全培训体系建设，建立了多种方式的

2017 年 6 月 16 日，唐山港集团举办第六届安全生产论坛

① 四新：指新材料、新设备、新工艺、新技术。

培训效果验证与考核机制，确保了上述岗位人员培训合格率100%，实现了重点岗位人员的安全法规意识、安全知识水平、安全管理能力和安全操作技能不断提升。

制定完善《安全生产专家管理办法》，实行安全生产专家分级管控，每年通过考核、选拔，聘任初级、中级、高级安全生产专家和安全管理咨询顾问，并选拔安全管理观察员，作为安全生产专家队伍的后备人才重点培养。同时，每月制订安全生产专家活动计划，认真组织和开展安全生产专家活动。目前，公司共聘任安全管理咨询顾问10名、中级安全生产专家15名、初级安全生产专家19名、安全管理观察员11名，有效充实了公司安全生产专家队伍，为后续专家梯队培养奠定了基础。公司将不断完善和优化专家日常管理，根据公司安全管理重点和领导要求，提供更为广泛的专家活动平台，制订系统的专家培养计划，实行专家工作定期点评机制等，力争早日打造一支认真负责、专业性强的安全生产专家队伍，为公司高质量建成综合型国际化贸易大港助力。

2016年12月9日，唐山港集团举行安全培训班开班仪式

五、加强重点领域安全监管

危险化学品领域是公司安全管理的重中之重，是公司安全管理不可逾越的红线。公司通过建立网格化的安全生产责任体系，制定标准化的作业指导书和操作规程，实施信息化的安全巡检、在线监控，加强对危险化学品领域的安全监管，建立了对危险化学品领域隐患督办督查、制度规程和技术方案专家评议机制，并定期组织安全生产专家开展现状安全评估，在

保障危险化学品领域安全管控要求合法合规、从严管理的基础上，积极推进危险化学品设备本质安全水平提升。2015 年，公司全资子公司液化公司通过了港口危险货物安全生产标准化一级考评。

协力单位是参与公司生产作业最主要的群体，是公司安全管理的重点和难点，是发生隐患、违章、事故的主要群体。公司制定和完善了《协力单位安全管理办法》，从安全生产准入审核、管理现状定期评价、监管要求告知确认、重点环节监督检查、绩效指标定量考核、主体责任监督落实等方面加强协力作业领域的安全监管，建立了对协力单位安全管理情况的动态积分管控机制，当协力单位的安全管理低于一定积分时，实施相应的强化管控措施。

危险作业和外委施工作业是公司安全管理的薄弱环节，公司制定完善了《危险作业和外委施工安全管理办法》《危险作业安全工作指南》《危险作业和外委施工 50 问》，建立了危险作业分级许可、分层审批的管控机制，明确了危险作业的各项管控要求。同时，建立了外委施工单位安全准入审核和安全生产条件审查机制，完善了外委施工作业管理要求。

2013 年 12 月 3 日，唐山市国资委安全生产联合督导组检查液化码头冬季防火工作

六、持续推进科技兴安

公司制定完善了《安全三年发展规划》，明确了科技兴安的各项规划，建立了安全管理信息化系统，实现了员工教育培训、人员信息档案、事故报告处理、风险识别管控、违章查处登记、隐患闭环整改、巡检适时定

位、责任考核公示等信息共享与统计分析，同时，开发了安全管理信息系统手机终端 APP，提高了安全管理信息系统使用的便捷性。

公司积极推进安全技术创新和安全技术攻关工作，充分调动和发挥安全生产专家作用，以无人化、自动化、能量隔离等为主要推进方向，扎实开展安全技术创新和安全技术攻关活动。

七、推进应急管理规范化企业创建

公司制定完善了《应急管理办法》《安全生产事故应急救援预案》，明确了应急管理的职责、要求，健全了事故应急响应与处置程序，形成了综合应急预案为纲领、专项应急预案为指导、现场处置方案为核心、岗位应急处置卡为基础的安全生产事故应急预案体系，同时，根据各岗位应急管理职责，组织应急联动指挥技能学习、应急处置协同作战能力学习、应急设施操作技能学习，实现了应急预案从“整体”到“细节”的深入宣贯。

公司建立了事故应急演练专业评估和应急演练高管观摩机制，积极推行双盲实战模拟情景演练，通过应急演练的专业评估和量化评价，有效提升了各岗位的应急处置水平，促进了员工在事故情形下养成准确、快速、有序、熟练、安全的习惯性应急动作。2018 年，公司通过了唐山市应急管理规范化企业创建。

八、推进安全文化示范企业创建

公司始终坚持“安全重于泰山、责任铸就平安”的理念，不断强化十项安全基础管理，推进安全文化建设。通过开展安全生产责任状签订活动，彰显安全履职的使

2018 年 6 月 1 日唐山港集团“安全月”活动启动会召开

命感；通过公示全员安全承诺书，增强安全诚信的责任感；通过开展技术比武活动，促进安全操作的精准度；通过组织安全竞赛评比，提升安全知识的感染度；通过广泛征集安全文章、摄影、心得，分享安全体会，畅谈安全理念；通过拍摄微视频，再现事故情景，深入启迪思考；通过组织事故当事人现身说法、典型事故讲案说法活动，系统总结经验，举一反三；通过开展安全演讲、安全辩论，激发全员安全意识，营造平安氛围；通过打造亲情文化，开展亲情座谈活动，促进员工融小家于大家，爱岗敬业；通过建立安全合理化建议平台、安全技术攻关小组，加强内、外部沟通，促进全员参与安全管理提升。2014 年，公司通过了唐山市安全文化示范企业创建。

第五节　健全质量管理制度体系

2009 年以来，唐山港集团坚持客户至上、管理一流、服务一流、品牌一流的经营方针，高度重视并努力抓实、抓细、抓好生产运营和服务客户的质量管理，抓出了显著的成效，得到了上级主管部门的充分肯定。

一、完善架构　提升质量

2007 年 8 月和 2010 年 3 月，在质量管理体系逐步成熟的基础上，引入了职业健康安全管理体系标准和环境管理体系标准，于 2011 年实现质量 / 职业健康安全 / 环境三体系整合，并通过认证审核。

2012 年为了建立一套符合公司实际又满足证监会对上市公司内部控制要求和市国资委实施全面风险管理的规定要求的工作机制，公司建立了内控体系。

2013 年公司提出质量管理“十年建设、五年提升”的总要求，进入了外部对标、卓越发展的阶段。2014 年导入了卓越绩效管理模式。

2015 年公司获得了省政府质量奖，通过政府质量奖的申报，昭示了

2016 年 9 月 21 日，在河北省政府召开的实施质量强省战略工作会议上，唐山港集团荣获 2015 年省政府质量奖

公司质量工作处于符合型向卓越质量转型的阶段。2016 年以卓越绩效模式为框架，以 ISO9001 标准为基础，以风险为主线，将 ISO9001—2015 质量管理体系要求、ISO14001—2015 环境管理体系要求及使用指南、GB/T28001—2011 职业健康安全管理体系要求、GB/T23331—2012 能源管理体系要求及使用指南、GB/T19580—2012 卓越绩效评价准则、GB/T24353—2009 风险管理原则与实施指南及《企业内部控制基本规范及应用指南》7 个管理标准进行整合，通过对现有流程全面梳理优化，梳理出末端职能 407 项，并建立优化制度 270 余个、流程 239 个，使公司的制度更加精简，职责更加清晰，接口更加顺畅，操作性更强，在满足管理要求的前提下，使管理链条最短，提高管理效率。建立了全面风险管理体系，将基于风险的思维贯穿于整个经营管理过程中。2017 年完成了 7 个标准的整合工作，并通过了能源管理体系的认证。搭建了一个既符合公司管理实际，又满足不同标准规范要求的一体化管理平台，提升了公司基础管理水平。

二、建立健全内部监督机制　强化体系运行监督

为了保证公司多体系的健康运行和各项工作的有序进行，公司实施各单位自查自纠、专项职能审核、集团集中审核、管理评审四级监督机制，对公司质量 / 职业健康安全 / 环境 / 能源管理体系运行情况实施评价，确保体系运行的符合性、充分性和适宜性。同时，研究并初步运用定量评价法对体系运行情况进行量化赋分，更加直观地反映出各部门的管理水平和公司体系运行的总体状况，寻求持续改进的机会，提升体系运行

水平。

在四级监督机制的基础上，公司不断创新审核方式，逐步形成了“1123”审核模式，全面实施监督检查工作。

第一个“1”是指组建了一个公司级内审员的队伍，通过对公司本部及各子公司实施全范围的审核工作，充分发挥公司审核的监督职能。

为了全面提升公司内审员的素质和业务技能，公司每年组织内审员知识和技能培训。通过理论＋实践的方式，对公司内审员实施培训。分别聘请道尔公司、中国质量协会的优秀讲师实施质量意识、标准知识及高级审核技能的培训。同时每年进行现场审核的实际演练。通过共同实施审核、审核情况总结交流等方式，学习审核线索跟踪及审核沟通技巧，提升审核员的审核技能。同时，通过安排内审员参加集团审核工作，锻炼内审员的审核能力。每次内审结束后组织召开内审员沟通交流会，对问题实施判标，提升内审员对标准的理解能力。

第二个“1”，是指每一个职能部门均对职能管控领域实施职能监督检查，促进职能领域的质量管理水平，同时使职能监督作用得到积极发挥。

各职能部门年初制订职能监督计划，按照计划实施职能监督检查，涉及人力资源、财务管理、安全管理、创新管理、党务工作、合同管理等各个职能领域，通过专项领域的审核，职能部门能够深入各单位，充分了解本领域工作的开展情况，找到改进、提升的空间，有助于职能管控作用更好地发挥。

“2”是指两个子公司之间实施交叉审核，促进公司质量管理经验的交流和信息的共享。为了促进兄弟单位之间的横向交流，达到共同提升的目的，公司各生产单位和各子公司之间实施交叉审核，各单位结合实际，可自由选择管理活动、重点管理过程，也可以选择一条生产线或者一个现场班组实施检查审核，以此促进管理经验的交流和共享。

“3”是指公司各单位实施三级自查自纠工作，通过开展岗位自查、科室检查、部门联查的形式，提升部门内部的监督检查能力。公司各单位积极落实自查自纠工作，通过自查自纠，检验了文件的执行程度，促进部门内部监督检查的能力。

通过“1123”审核工作的开展，切实履行了体系监督检查的职能，有效提升了员工的执行力，保证了文件的充分落地，提升了公司体系运行监督水平。在做好上述三级监督检查的基础上，公司领导层充分参与体系建设和运行工作，通过管理评审会，定期对公司体系运行情况进行评审，充分履行领导职责，提高公司决策的效果，使公司发展方向与战略方向保持一致。

三、运用管理工具　提升质量意识

为了提升公司各级人员的质量意识，公司大力推广 QC 小组、质量信得过班组、星级现场等质量管理工具的运用。

（一）大力开展 QC 小组活动

2011 年，质量改进以 QC 小组的形式实现落地，出台了《质量管理小组管理办法》，QC 小组活动的启动，搭建了一个全员参与质量改进的平台，当年 8 个项目获得公司内部奖项，3 个项目获得唐山市奖项。2016 年港机船舶维修有限公司“飞翔之翼 QC 小组”在公司第一个获得国优称号。2018 年 QC 小组共注册 QC 课题 115 个，参与人数达 800 余人次。

2015 年 7 月 28 日，唐山港集团邀请中国质量协会教育培训中心秦刚老师讲授 QC 小组活动基础知识

（二）加强质量信得过班组建设

2014 年，公司把质量信得过班组建设作为提升基层班组管理水平的手段，开始在第二港埠公司作为试点单位推行，2015 年在生产单位全面推行，同年港机船舶维修有限公司电气检修班被评为“全国优秀质量信得过

班组”，成为河北省港航行业中第一个获得此项荣誉的班组。2018 年公司范围内注册质量信得过班组 166 个，覆盖人 2423 人次。通过质量信得过班组建设，使班组管理上台阶，为相关方创造更大的价值。

（三）深入开展星级现场建设

为推动各单位学习、应用先进的管理理念、方法和技术，加强现场管理，提高服务、工作质量和管理水平，公司 2013 年导入《企业现场管理准则》，在第二港埠公司试点推行，当年 16# 库房被评为河北省“现场管理四星级现场”。同时公司出台了《星级现场管理实施办法》，指导公司开展星级现场的建设工作。

通过质量管理工具的推广和应用，提升了全员质量意识，使基层管理水平上台阶，改变以前的经验做法，能够运用科学的管理工具主动实施管理工作。2015 年至 2018 年，22 个 QC 小组获得省部优称号，其中 3 个获得国优称号。15 个班组获得省部级质量信得过班组，其中 6 个班组获得国家级质量信得过班组。

四、加强品牌建设

按照人品、产品、品牌“三品合一”和知名度、美誉度、忠诚度“三度合一”的品牌创建策略及总体要求，不断加强服务品牌建设。

（一）搞好品牌理念宣传

通过宣传栏、标语征集、标识设计、会议传达落实等方式，对“质量为本、质量第一、诚信至上、客户至上、客户利益最大化”的质量管理理念、服务理念以及人品、产品、品牌“三品合一”和知名度、美誉度、忠诚度“三度合一”的品牌理念进行广泛深入的宣传，使广大员工增强质量意识、服务意识和品牌意识，让每位员工都参与到品牌创建行动中来。

（二）开展综合素质培训

开展企业文化、质量管理、服务规范、商务礼仪、标准化用语等培训，提高各层次、各领域职工队伍的专业技能、综合素质和文化品格，打造了一支具有质量意识和专业水准的干部职工队伍。

（三）打造优质服务品牌

坚持以客户为中心，以高情操的企业人品创造高质量的服务产品，以高质量的服务产品塑造高品位的企业品牌，以高品位的企业品牌着力培育企业核心专长和品牌优势，以高质产品、优质服务和有效宣传，赢得社会对京唐港品牌的认知与称赞，赢得客户的品牌信任与忠诚，实现京唐港区知名度、美誉度、忠诚度的“三度合一”。按照品牌发展总体要求，公司又将品牌理念细化为市场理念、服务理念、创新理念、环保理念、成本理念，把品牌意识贯穿于业务开拓、生产服务、员工素质工程、企业文化建设、形象宣传等经营管理的全过程。

在客户沟通方面，畅通客户沟通渠道，利用客户座谈会、走访、问卷调查、研讨会、物流信息服务平台、微信、船前会等方式了解客户需求；2012 年 7 月份成立了客户服务呼叫中心，该平台整合了全港相关信息资源和全港专业人员资源的客户服务热线，为顾客提供“零距离、一站式”服务，制定了《顾客投诉调查处理管理办法》《顾客满意测量评价管理办法》，确保客户投诉得到及时有效解决，建立起良好的客户关系；通过日常满意度调查、定期满意度调查和专项满意度调查，了解顾客的需求，寻求改进空间，不断提升顾客满意度。2017 年开始委托外部机构进行第三方满意度调查，保证顾客满意度测量的真实性和独立性。

在现场服务方面，积极开展“四个推进”工作，提升现场服务质量。一是积极推进“好态度服务”。开展系列“好态度服务”品牌创建活动，提升对外服务质量，提高顾客满意度。组织各窗口岗位制定岗位标准化用语，组织“好态度服务”宣传培训活动，设立“好态度服务示范窗口”“好态度服务之星”等荣誉岗位，组织示范岗观摩活动。通过“好态度服务”品牌创建，真正把“事事求好、处处争先”作为共同的价值取向和追求，进一步更新服务理念，扩大服务内涵，规范服务行为，创新服务方式，促进干部职工服务意识进一步增强、服务环境进一步改善、服务能力进一步提升。二是推进现场作业标准优化工作。组织各单位对公司装车标准、装船标准、堆存标准等现场作业进行优化，进行统计分析评审，找出提升空间并进行优化。同时建立监督检查小组，对各单位作业标准优化、执行的情况进行监督检查，促进现场作业的标准化。三是推进货物安全风险的控制。公司出台《货物安全风险管理实施细则》，各单位按制度落实，当作业发生变化时，及时进行风险的动态识别。货物安全风险小组进行评审，保证风险识别的科学全面。同时，货物安全风险小组按计划对货物安全风险控制措施的落实情况进行监督检查，并将检查的结果落实考核，保障货物在港安全。四是推进事故、事件、投诉调查分析。深挖管理中存在的问题，进行改进，提升顾客满意度。针对公司发生的投诉、事故、事件进行深入调查、分析，查找管理上的漏洞，修订完善相关制度和流程，不断提升现场管理水平。

五、全方位抓好内部审核

（一）加强日常审核

作为生产管理改进的重要抓手，第二港埠公司安质科从两方面推进日常审核工作。一是从执行力方面入手，狠抓会议纪要的落实。审核小组每周制订审核计划，重点对近期生产点评会、质量例会等会议纪要的落实情况进行验证，并加强考核，保障了各种决议的落实效果。二是以内控的理念，结合三体系[①]的要求完善公司体系文件。在日常审核中，针对集团提出的内审问题项，结合生产作业的实际情况，在审核的同时，对公司的文件内容进行梳理，将审核中发现的问题反馈到相关部门，督导各部门进行分析、改进，不断细化管理措施，通过体系文件的完善，更好地指导公司的生产管理工作。

（二）狠抓执行情况的审核

审核着重对各部门的执行力情况进行查看，以“三体系”运行中的179项会议纪要的落实、往年问题项和季度整改计划的落实为重点，辅助以协力单位安全培训这一过程审核。审核组充分考虑每一位审核员的素质、业务专长及实际审核能力进行编组，既能深入开展审核，又充分锻炼了审核员。

2014年12月18日，唐山港集团安全质量环保部召开2014年第四季度内部审核启动会。会上，安全质量环保部针对一、二季度审核情况、内部审核优化进展情况，第四季度内部审核的目的、工作安排及相关要求作了详细介绍。

唐山港集团总经理宣国宝对第四季度内部审核工作提出要求。他说，无论是ISO9000体系，还是内控评价体系，都要以此次内审为契机，将集团的质量管理长期坚持下去，同时要提升集团内部控制工作水平，对发现

① 三体系：指质量管理体系、职业健康安全管理体系、环境管理体系。

的内部控制缺陷，及时拟定整改方案，认真整改，规范企业内部控制措施，促进企业管理水平提升。此外要制定相应的激励措施，调动内审员的积极性，保障内部审核效果。

2014 年 12 月 18 日，唐山港集团召开第四季度内部审核启动会

（三）人人争当审核员

组织开展了人人争当审核员活动，审核员征集改变了以往由科室推荐的形式，改为员工自愿报名，由体系运行员将此活动的通知发放到公司每个科室，并连续 3 天到生产工作现场进行现场发放和讲解，选拔出真正想参与公司质量管理工作的员工。同时进一步培养审核员的工作能力，逐步强化公司基层质量管理工作。

（四）加强内控工作

第二港埠公司组织员工参加了集团组织的内控自查工作，并按要求完成抽样测试，形成自查底稿和内控问题汇总表，并及时上报。同时对集团内控手册中件杂货作业策划不全面、不准确的情况进行了反馈，并提出了合理化建议，对提高公司内控工作的科学性起到了促进作用。

（五）组织《综合体系管理手册》培训

为了促进体系整合成果的交流和共享，保证《综合体系管理手册》的有效落地，唐山港集团于 2018 年 2 月 24 日组织开展《综合体系管理手册》相关知识培训，公司主管质量的中层和科长参加了培训交流。

此次培训由公司管理者代表陈利俭主讲，他结合近两年体系整合工作经验，详细讲解了质量、职业健康、环境、能源、卓越绩效、风险、内控指引七大标准体系之间的关系和实施体系整合工作的原因以及体系整合工作实施的具体工作思路、工作目标、工作意义和工作成果，重点对《综合体系管理手册》的编写、控制要求和指导意义进行了介绍。

体系整合工作是集团公司自2016年5月份开始启动的一项质量重点工作，以质量管理体系标准为基础框架，将环境、职业健康安全、能源管理体系、卓越绩效评价准则的标准要求融为一套管理体系。在管理体系的框架内，以风险管理标准为工具，结合企业内部控制基本规范、企业内部控制应用指引，与其他体系进行融合，建立综合、科学先进的一体化管理体系。《综合体系管理手册》作为体系整合的重要成果，是公司总体管控思路的纲领性文件。《综合体系管理手册》的落地和运行，是公司体系有效运行的基础和保证。《综合体系管理手册》的宣贯和培训，不仅是体系整合成果的分享和交流，也是公司质量管理理念的宣贯。

（六）完成2018年管理体系外部监督审核工作

2018年11月14日，唐山港集团召开年度外审工作末次会议，标志着2018年度管理体系外部监管审核工作圆满结束。外审组的8位专家对公司的体系运行情况进行了深入审核，并给予较高评价。本次外审工作自11月13日开始，历时3天，审核组通过面谈、提问、现场巡查、调阅文件及记录等方式对公司的质量、环境、职业健康“三体系”进行了认真全面的审核。公司各单位按照通知要求，提前做好了各项准备工作，在审核过程中积极主动配合，提高了本次外审的审查效率。

第六节　健全财务管理体系

2009年以来，唐山港集团以加强财务业务建设为基础，以完善财务管理体制机制为保障，在收款管理、资金管理、融资管理等6个方面不断加大管理力度，取得了显著成绩，达到了提高资金回收率、募集率、利用率、保险率以及资产保值增值的既定目标和预期效果，为港口生产建设快速发展提供了充足的财力保障。

一、落实财务指标

每年按照年度预算，将集团公司收入及利润指标分解到各生产单位，坚持每季度对各生产单位指标完成进展情况进行认真考核和跟踪督查，对控股以上子公司重大事项财务数据指标进行动态监管，及时发现和纠正现存问题，促进公司各项财务指标得到全面落实。

二、加强收款管理

按照《主营业务收入管理制度》加强应收账款管理，监督和控制定期结算客户的资金回收。出具应收账款周报，关注客户经营情况，统计客户在港货值，每周将缓交申请的执行情况报业务部门，督促业务部门进行催收。每月制订收款计划，按照应收账款分析表，每季度对应收账款收入比和客户账龄等情况进行分析，每半年对应收账款进行风险分析，有针对性地制定改进措施。同时认真执行预收款制度，缩短月度结算客户的结算周期，防范应收账款风险。对欠款客户多次催收，促进了资金回收率的提高，做到了应收尽收，收入资金回款率达98%以上，应收账款余额不超3500万元。

三、加强融资管理

一是推进资本市场融资。推进股票融资，完成股票非公开发行和增发工作，先后发行新股3.4亿元，募集资金50亿元。

二是推进银行融资。与各家银行建立紧密的银企关系，积极争取各家银行授信评级和授信额度，获得中行、工行等银企授信额度10多亿元，同时获得建行、中行、工行、邮储银行贷款61.23亿元，满足了公司20～22#泊位、36～40#泊位等重点工程建设及其他方面的资金需求。

三是推进债券融资。推进融资券发行工作，完成了融资券债项评级和债券信用评级，获得了交行、中行、建行、工行对超短期、短期、中期融资的专项授信，促进了债券发行工作顺利开展。先后完成了2016年超短期融资券一、二、三期发行工作和超短期融资兑付，发行超短融20亿元，置换长期借款，节约财务费用支出1300万元。并分别完成了2014年短期融资券一期和二期、2015年中期及短期融资券一期的发行工作，募集资金41亿元。同时委托贷款规模达14.5亿元，获得了3.2亿元的工程及设备专项贷款和1亿元的流动资金借款，缓解了公司流动资金压力和资金紧张状况，保障了重点项目建设以及日常的资金需求。

四是推进租赁融资。选择工银租赁作为合作伙伴，完成5亿元的融资租赁项目。

五是推进汇票融资。加大承兑汇票的支付力度，采取支付承兑、收取承兑汇票贴息的方式，开出承兑汇票1亿元，增加利息收入40.5万元，节约财务费用600多万元。同时承兑汇票全部实现入池托管，降低了票据管理风险。

六是推进预留融资。与银行、券商、基金、保险、租赁、信托等多家金融保险机构加强沟通与交流，为公司发展预留了广阔的融资空间。

四、加强资金管理

一是完善资金管理制度。修订完善了《资金管理办法》《资金集中管理暂行办法》《银行账户管理办法》《网上银行管理办法》《内部借款管理办法》《资金管理中心子公司周资金计划》《资金管理中心资金下拨申请》《资金管理中心内部借款流程》《资金池内部委托贷款确认书》，为搞好资金管理提供了制度保证。

二是实行资金集中管理。将控股以上子公司全部纳入资金池业务管理，提高资金归集度，确保公司发展的资金链畅通和收入资金及时到位，满足了公司各项大额资金需求。同时实行资金计划管理，统筹谋划、平衡调剂资金使用，实现资金管理的规模效益。

三是搞好资金合理调配。完善资金管理业务流程，保障了资金流顺畅，降低了财务费用和“双高”现象①，提高了资金到位率和利用率，为公司发展提供了有力的资金保障。

四是加强费用支出管理。明晰费用支出项目，严格费用申请手续，加强费用审核，严格控制费用指标超支。落实库存现金保管制度和财务风险管理制度，减少库存现金，降低资金安全风险。

① “双高”现象：公司连续两年以上出现短期借款和现金存量占总资产比重同时超过20%的情况。

五、加强资产管理

加强固定资产管理，按照《固定资产管理暂行办法》制定固定资产管理内控指标，并组织开展固定资产清查和维护工作，使之保值增值。同时搞好资产纳税管理，按照合理缴纳房产税的要求，对需缴纳房产税的资产进行实地核查，查出 7 项不需缴纳房产税的资产，每年节约房产税 70 万元。此外加强财产保险管理，大力推行主要设备保险招标工作，使公司财产保险费用大幅降低，且认真落实《财产保险管理制度》，使公司财产免遭损失。

按照依法纳税的要求，出色完成了各年度的企业纳税任务，因此在 2010 年和 2013 年先后被评为唐山市 A 级纳税企业和纳税大户，成为省地税局 15 家 VIP 客户之一。同时与税务部门加强沟通和协调，与其建立了良好的税企关系，并充分利用国家的税收优惠政策，延缓了纳税资金的时间，资产评估增值的应缴税款进行分期缴纳。此外通过对 36 ～ 40# 泊位、矿三泊位等重点项目独立核算，圆满完成了企业所得税汇算清缴工作，为公司节约企业所得税 1.32 亿元。

第七节　健全预算和成本管理制度体系

2009 年以来，唐山港集团不断改进和强化财务预算管理，组织、督导主管部门和生产单位按照财务预算与生产经营计划紧密结合的要求，科学制定、严格执行各年度的财务预算，充分发挥了预算管理的职能作用，促进了生产经营计划和指标的圆满完成。

一、加强预算管理

一是完善预算管理制度。修订《预算编制业务指导书》，提高预算编制的科学性和准确性。对预算管理组织机构及工作职责、预算编制流程、执行控制、预算调整、预算分析、预算考核及奖惩制度等作了明确规定，把预算管理纳入科学化、制度化、规范化的管理轨道。

二是搞好预算编制。搞好控股以上子公司各单位设备和工属具购置、大修改造项目的年度预算编制，预算指标核减了大额的可延缓的维修项目，确保公司的净资产收益水平和上市后公司业绩的增长。

三是加强审核监管。严格审核设备购置和大修改造及日常三项费用的年度预算，严格审核、动态监控各单位年度预算执行情况，同时对预算编制和执行进行动态监管和全程监管（即对预算编制的事前策划，对预算执行的事中管理和事后评价），认真分析查找并及时纠正预算编制和执行过程中存在的问题，确保预算编制不出纰漏、预算执行不折不扣。

四是加强督查和管控。把预算指标细化分解、下达到各生产单位，强化各单位的预算管理责任，对各单位预算指标完成情况以及预算执行情况进行总结分析、监督检查。健全预算绩效考评体系和预算执行反馈制度，肯定成绩，找出问题，分析原因，提出整改意见并限期完成整改，促使各

2014 年 11 月 6 日，唐山港集团举办全面预算管理培训

单位积极落实预算责任、完成预算指标。同时以工程建设项目、设备购置和大修改造、大宗物资采购等大额财务预算支出为重点，就其合理性、必要性、可行性问题组织相关部门多次研讨、反复论证，对有关预算列支认真进行指标和实耗对比，并提交主要或主管领导严格审核把关，严控预算内外支出，确保预算支出节约和高效、符合公司既注重高速度又注重高质量和高效益的发展思路和要求。

五是加强统筹管理。以分解季度预算指标，确保实现年度预算目标，以季度预算统筹掌控年度预算，以年度预算统筹掌控公司年度经营指标的完成情况及动态管理，由此发挥公司经营业绩持续增长的统筹管理作用，使年度预算得到很好落实。

二、加强成本管理

2009 年以来，唐山港集团始终坚持厉行节约、勤俭办企的方针，高度重视并积极致力于以节支降耗降本为目标的企业成本管理工作，不断完善成本管理制度和方法、强化成本管理措施和手段，杜绝不合理、不必要的经费开支，降低了成本，顺利实现了集团公司的既定目标。

（一）加强生产成本控制

一是加强生产成本控制的目标管理及督导和引导。把单吨成本控制目标任务分解至各作业公司，明确这些单位成本控制的主体责任，使其增强努力完成成本控制任务的责任感。同时成立成本控制“三人组”，定期到各作业公司督查成本控制工作的开展情况，发现问题督导有关单位立即整改。追寻和收集成本控制的工作亮点，推广一些单位成本控制的先进经验，促进各单位普遍提高生产成本控制水平。

二是完善生产成本控制考核奖惩激励机制。按照《生产过程成本控制管理办法》《成本控制工作指导书》，加强成本费用严控，对生产单位实行变动成本考核，并增大成本考核比重。同时对生产单位实行最小单元成本核算，在细化各作业公司单吨成本构成、明确单吨（船）成本各项目的统计口径和数据来源、建立单船成本数据库的基础上，按月考核、按月通报各公司单吨成本情况以及单吨成本考核结果，激励各单位加强单吨成本控制。此外设立成本控制专项奖励基金，对完成单吨成本控制目标任务的单位颁发此项奖金，对未完成成本控制目标任务的单位则核减或扣除这项奖金，激发了各单位控制生产成本的积极性，生产成本由此逐年下降。

三是完善生产成本调控措施。主要包括，科学安排火车疏港船舶的减载移泊以及区配货位与疏港铁路道线，搞好船舶调度和船船对接，调整船舶作业计划，直接过驳和移泊，使泊位与库场相匹配，缩短船舶在港周期，减少泊位闲置时间，节省货物装船倒运成本。此外用接卸焦煤船舶对火车发运矿石进行调控，由煤炭公司外倒至第一港埠公司、中远场站、冀贸库等场地，控制倒运环节，降低倒运成本。

四是加强生产成本消耗管控。对各作业单位的泊位倒运成本和单吨成本费用消耗进行经济性对比和统计分析，查找消耗中的关键点，为加强船舶生产成本控制、降低泊位倒运成本和物资消耗提供依据。同时对各作业公司物资采购计划进行预审核、预审批，严把物资消耗费用审核关，并严格执行物资采购招标程序和性价比对，使物资采购成本显著下降。

（二）加强设备购置和大修成本控制

一是完善设备购置和维修的成本控制管理机制。首先成立以主管领导为组长的 7 个设备消耗成本控制小组，各小组均制订了行之有效的成本控制措施，并狠抓落实，确保设备购置和大修改造成本控制工作取得实际效果。其次将设备的购置指标、修理费指标层层分解到各单位，明确设备使用单位、维修单位成本控制的职责，制定成本控制措施，每月进行成本控制的统计、对比分析，监控成本费用消耗情况，把成本控制纳入绩效考核，激励设备使用单位努力抓好成本控制工作，使设备费用消耗大幅降低。

二是完善设备成本控制的管理和技术措施。围绕成本控制目标，实行设备消耗定额管理，加强设备点检管理，开展设备购置、维修项目招标活动，开展修旧利废和“我为公司节约一元钱”活动，组织技术创新，完善大件储备，推进进口配件国产化，推广应用 EAM 系统，实现降低成本、节支降耗。

三是加强对设备购置、大修改造成本消耗的严格管控。首先加强设备购置数量的严控。对设备数量、作业量、利用率进行认真分析，确定全港设备在现有业务量下的最优匹配数量，严控设备数量定额和设备总量，严把设备购置审核关，优化设备采购计划审核流程，严格审核设备购置计划，严格设备更换审批，避免设备数量过剩，造成资金和成本的浪费。其次加强设备购置、大修改造耗费的严控。严格执行大型设备购置招标程序和性价比对，降低采购成本；实行设备购置、大修改造耗费定额管理，对设备购置、大修改造实耗进行逐项对比，加强设备购置、大修改造费用开支的控制，对设备购置、大修改造、设备配件的耗费情况进行统计分析和严格监控，严格设备购置、维修费用审批，从源头控制设备费用支出。优化设备购置、维修耗费申请审核流程，加强各单位设备使用、维修和配件消耗情况的检查督导，及时发现和纠正设备购置、大修改造、设备配件耗费过大的问题，确保设备购置、大修、配件的耗费和成本全面下降。

铁路运输公司职工在维修铁路路轨

下 编

全面协调 面向未来
开启高质量发展新征程

（2016—2018）

第十六章

党建聚合力
大港建设的力量源泉

习近平总书记指出，坚持党的领导，加强党的建设，是我国国有企业的光荣传统，是国有企业的“根”和“魂”，是国有企业的独特优势。

发挥优势，“扎根”“筑魂”。党的群众路线教育，“三严三实”教育实践活动，“两学一做”学习教育，践行社会主义核心价值观……党建，成为京唐港区转型升级的力量源泉。

——题记

第一节　践行社会主义核心价值观

2012年中共十八大以来，中共中央高度重视培育和践行社会主义核心价值观。习近平总书记对此多次作出重要论述、提出明确要求。中央政治局围绕培育和弘扬社会主义核心价值观、弘扬中华传统美德进行集体学习。中共中央办公厅下发《关于培育和践行社会主义核心价值观的意见》。党中央的高度重视和周密部署，为加强社会主义核心价值观的教育实践指明了努力方向，提供了重要遵循。

一、学习宣传社会主义核心价值观

（一）组织道德讲堂

为让广大青年职工更加深入地理解社会主义核心价值观的丰富内涵、历史渊源、现实基础和道义力量，增强认知、认同、践行社会主义核心价值观的自觉性，使其内化于心、外化于行，汇集建设综合型国际化大港的强大精神力量活动，唐山港集团建设道德讲堂，建立管理机制，深入开展道德讲堂宣讲活动。

2013年3月1日，唐山港口实业集团有限公司（简称“唐山港口实业集团”，下同）、唐山港集团股份有限公司（简称“唐山港集团”，下同）在道德讲堂的基础上，组织了生动的道德讲堂宣讲活动，

2013年3月1日，唐山港口实业集团、唐山港集团组织了生动的道德讲堂宣讲活动

近百名职工来到道德讲堂，同主持人一道感悟社会公德、职业道德、家庭美德和个人品德的真谛。

（二）提升素质　营造氛围

提升职工思想道德素质，营造融洽的工作氛围。唐山港口实业集团、唐山港集团在企业的思想政治工作中，旗帜鲜明地把社会主义核心价值观作为思想政治工作的指导思想。工作中，按照“富强、民主、文明、和谐”的要求把握企业的发展方向，围绕“爱国、敬业、诚信、友善”的要求提升职工思想道德素质。

（三）融入企业品牌构建

品牌形象是一个企业的核心竞争力，社会主义核心价值观与企业品牌是一种良性互动和相辅相成的关系。“十二五”期间，京唐港区在由单纯的传统装卸业务向集现代化集疏运、综合物流、交易平台、电子商务及金融、保险、信息服务于一体的“第四代港口”迈进之时，清醒地意识到，要把事业做大做强，做成永不衰败的百年老港，就必须把社会主义核心价值观融入企业品牌构建，打造自己的企业品牌，把唐山港建设成响当当的品牌强港。

2014 年，京唐港区开展“工作品牌创建年”活动，以优质服务和有效宣传赢得了社会对唐山港品牌的认知与称赞，赢得了客户的信任。

（四）组织集中宣讲月活动

2015 年，唐山港口实业集团认真贯彻中共唐山市委宣传部《关于开展社会主义核心价值观集中宣讲月活动的通知》精神，加强领导，紧贴实际，精心组织社会主义核心价值观集中宣讲月活动。各党支部、各单位结合各自特点、优势，加强集中宣传，掀起了学习、践行社会主义核心价值观的新高潮。一是充分利用集团现有宣传平台，在《唐山港新闻》上进行大力宣传，组织干部职工撰写专题文章，全面推进集中宣传活动。二是组织开展了“中国梦，大港梦，我的梦”主题演讲活动，推荐、上报宣讲作品参赛，并将获奖作品在《唐山港新闻》上予以刊登，扩大宣传效果。三是组织开展系列活动，团委组织部分青年团员参观滦南潘家戴庄抗日纪念馆，工会组织“三提一创”[①] 系列文体活动，同时开展抗日战争胜利 70 周年全员答题、“三严三实”专题教育科级以上干部专项答题活动，深化活动内容。四

① 三提一创：“三提”指素质提升、工作提质、效益提高；“一创”指创新工作方法。

2015 年 4 月 8 日，唐山港口实业集团、唐山港集团举办了“中国梦•赶考行”职工演讲比赛

是结合集中宣讲要求，对推荐“孝亲好儿女”活动进行再次安排，督促协调各支部、各单位加强此项工作，广泛搜集、深度挖掘。五是在集团范围内广泛开展“助残一元捐”“姐妹献爱心”职工爱心捐助活动，积极推动新农村建设帮扶，大力弘扬社会主义核心价值观和人文关怀。六是在公司走廊张贴有关社会主义核心价值观的标语口号，方便干部职工在工作中学习和理解。七是利用每周一下午职工集中学习的机会，组织开展社会主义核心价值观方面的学习培训。八是督促干部职工登录社会主义核心价值观主题网站，广泛学习、了解上级有关教育内容。九是公司团委组织青年团员看主题教育电影，如焦裕禄、孔繁森等题材，在广大青年团员中集中开展社会主义核心价值观的教育宣传。

二、全面践行社会主义核心价值观

（一）构建企业文化体系

2012 年，《唐山港集团文化手册》付梓出版，并发放到每一位职工手中。《手册》中包含了企业使命、愿景、理念、品格、道德及行为规范、港口溯源、重要荣誉、大事要事、港歌等各个方面，希冀每一位职工通过它，对港口的发展脉络有进一步的了解、认识，对企业文化的精髓和内涵有更深层次的思考、理解、践行，从而进一步增强企业的向心力、凝聚力和战斗力，共同推进各项事业的全面进步、蓬勃发展。

（二）培养和凝炼企业精神

一是以“艰苦奋斗”的企业精神拼搏建港。建港之初，展现在港口开拓者面前的是一片荒无人烟的大海滩涂，酷暑严冬，艰苦卓绝。一代代京唐港人响应中共唐山市委、市政府号召，以“砸锅卖铁也要把港口建起来”的决心和勇气，不畏艰险、顽强拼搏，硬是用不到3年时间就实现通航，结束了唐山靠海无港的历史。在随后的岁月里，在港口规模发展壮大之后，京唐港人依然秉承这种精神，在对外揽货时，不远万里跋山涉水，用真诚打动客户，坚忍执着地争取每一宗货源；在现场装卸船舶、看管货物时，露天作业，夏战酷暑，冬斗严寒，耐心做好每一单货物，精心服务每一位客户。艰苦奋斗、自强不息是京唐港人与生俱来的品格，正是依靠这种精神的传承和发扬，京唐港在新时期中国海港建设史上写下了浓墨重彩的一笔。

二是以“敢为人先”的企业精神开拓创新。面对建港初期资金严重短缺的问题，京唐港人没有等、靠、要，也没有因财力不足问题低起点、低速度建设，而是开阔思路，千方百计多元化、多渠道融资，加快建港。创新带来了港口巨变，人人创新、事事创新、时时创新，日渐成为京唐港人的思维和行为习惯。

三是以“事事求好”的企业精神合作共赢。“事事求好”是京唐港人的传统。全港员工无论年龄大小、职务高低，干工作都有一种不服输的劲头，只要明确了目标，就会开动脑筋干、撸起袖子干、团结一心干，屡创佳绩、无往不胜。

四是以“以人为本”的企业精神追求卓越。“发展港口、成就员工、奉献社会、回报股东”是京唐港的使命与愿景，全力培养、塑造、成就员工，以人的全面发展推动港口的发展。京唐港区不断深化以职工代表大会为基本形式的民主管理，坚持每年平等协商签订集体合同，构建和谐劳动关系。不断加大教育投入，营造“学习改变命运，岗位成就事业”的浓厚氛围，坚持唯才的人才观，树立“工作学习化”的观念。开展技术创新、管理创新活动，唱响“工人伟大、劳动光荣”的主旋律，练就一身“绝活”，成就“金牌”工人，成为港口最强音。2011年被评为全国模范劳动关系和谐企业。

（三）加强职工职业道德建设

唐山港集团不断加强职工职业道德建设，2012年深入开展职业道德“三讲”教育活动，既讲形势和任务，也讲和谐与快乐；既讲京唐港发展的大目标，也讲职工人生的小规划；既讲无私奉献，也讲自我实现，激发职工岗位成才、岗位贡献的热情，凝聚职工力量，为企业发展做贡献。注重职工队伍建设和人才学习培养，增强职工的责任意识、奉献意识，进一步激发了职工立足岗位、建功立业的热情，打造了一支政治坚定、业务精良、作风过硬、和谐进取的优秀职工队伍。创新职工道德建设载体，从解决职工最关心、最直接、最现实的问题入手，维护好职工的合法权益，不断满足职工物质和精神多方面的需求，实现职工身心全面发展，企业凝聚力和向心力不断增强。

（四）积极履行社会责任

参加义务献血活动。2012 年 5 月 25 日，唐山港集团 35 名志愿者来到海港医院参加无偿献血活动。经过体检，22 名志愿者符合要求，献血量达万余毫升。在海港医院献血大厅，唐山港集团职工的献血热情高涨，秩序井然。不少人已是多次献血，充分体现了唐山港集团职工对社会的无私奉献和对用血者的倾情关爱。

唐山港口实业集团和唐山港集团员工踊跃参加无偿献血

组织向保定洪涝灾区捐款。2012 年 7 月 21 日，河北保定发生特大洪涝灾害，因灾死亡人数 26 人，80 万人口受灾，直接经济损失超过 70 亿元。灾情发生后，唐山港集团迅速行动，组织全体干部职工向灾区人民捐款。8 月 1 日上午，公司在唐山港大厦举行向保定市遭受洪涝灾害群众捐款仪式，公司董事长孙文仲、党委书记赵治川、总经理王首相等领导带领广大干部职工慷慨解囊，展现了洪灾无情人有情的感人场面，仅用半天时间就收到干部职工的爱心捐款 2.259 万元，集团公司为灾区捐款 5 万元，这一活动充分体现了唐山港集团“发展港口、成就员工、奉献社会、回报股东”的企业宗旨。

开展精准扶贫。按照海港开发区《关于企业结对帮扶边缘贫困户工作方案》的要求，唐山港集团党委高度重视，积极行动，立即组建帮扶工作组，开展对边缘贫困户的帮扶工作。2018 年 12 月 17 日至 18 日，帮扶工作组在集团党委副书记赵长玺的带领下，深入海港经济开发区王滩镇苏各庄村，对该村的两户边缘贫困户进行精准帮扶，研究制订了帮扶计划。还为两户帮扶对象送去了米、面、食用油、猪肉和被褥等生活用品。组织工程规划部人员对贫困户的庭院及周边环境进行彻底整治，使贫困户的庭院及周边环境容貌得到极大改善。

多年来，唐山港集团积极履行社会责任，累计投入扶贫资金100余万元，助力全市新农村建设和脱贫攻坚工作。各帮扶工作组带着责任、带着感情真真切切做工作，坚定走上服务基层、服务群众，促和谐、谋发展的帮扶之路。帮扶工作得到了各级党委、政府和广大村民的充分肯定，连续多年获得“唐山市美丽乡村建设先进单位”等荣誉称号。

“慈善博爱一日捐”。“十二五”期间，唐山港口实业集团、唐山港集团每年都要开展“慈善博爱一日捐”活动，多年来已经形成了传统习惯。2014年6月，唐山港集团以“关爱残疾同胞、助学助医送温暖”为主题，在各党支部、各单位再次集中开展了“献爱心·慈善博爱一日捐”活动，全体干部职工踊跃捐款，短短几天时间，共募集捐款7.6349万元。

唐山港集团全体干部职工在2018年“慈善·博爱一日捐”活动中，短短几天，共筹得善款7万多元。2018年6月12日，唐山港集团工会将7万多元爱心捐款分别汇往唐山市慈善总会和唐山市红十字会的指定账户。募集到的捐款用于改善唐山市残疾人的生存状况和用于救助海港开发区特困大病儿童及家庭生活困难的大学新生。

“献爱心·慈善博爱一日捐”活动，旨在继承和发扬中华民族团结互助、扶危济困、助人为乐的传统美德，为社会奉献了爱心，在公司弘扬了正能量。

（五）开展革命传统教育

组织网上祭英烈。2012年唐山港集团以“缅怀先人、悼念逝者，缅怀先烈、继承遗志”为主题，组织2000多名干部职工登录中国文明网主办的“网上祭英烈”专题网站，认真浏览了相关网页，学习先烈们的英雄事迹，并发表了恭敬肃穆的祭奠感言，表达了对先烈的敬仰之情。

参观红色教育基地。唐山港集团团委组织50余名团员青年前往乐亭县李大钊纪念馆、平谷鱼子山抗日战争纪念馆参观学习。通过向李大钊塑像敬献花篮、参观纪念馆丰富的文物展品，进一步了解共产主义先驱李大

2014 年 7 月 2 日，唐山港口实业集团、唐山港集团组织新党员参观李大钊纪念馆并举行宣誓仪式

钊以及平谷抗日英烈的事迹，被烈士们的那种以祖国振兴为己任、为民族解放不懈奋斗的献身精神所感动。团员青年纷纷表示，要继承和发扬革命先烈精神，以“不甘落后、敢为人先、奋发向上、大有作为”的精神状态为公司更好更快的发展贡献自己的青春和智慧。

举办“展青春风采”演讲比赛。2012 年 5 月 3 日，由唐山港集团团委组织举办的“弘扬五四精神，展青春风采”演讲比赛在职工之家举行，来自集团各部门的 20 位选手先后登台演讲。他们结合工作实际，紧扣主题，以优美的语言和饱满的热情抒发了热爱港口、建设港口和发展港口的真挚情怀，表达了当代青年奋发有为、奉献青春的理想信念以及立志将青春奉献京唐港的豪迈情怀，选手们的精彩演讲不时博得观众的热烈掌声。

开展“学雷锋、树新风”活动。2012 年五四青年节前夕，唐山港集团团委结合自身特色与工作实际，以学雷锋志愿服务队为载体，大力开展“学雷锋、树新风”活动，通过组织观看雷锋事迹影片、开展义务劳动、组织感受军营生活、接受爱国主义教育、开展征文比赛等活动，引导广大团员青年弘扬爱国主义精神，树立正确的人生观、世界观和价值观，振奋精神，立足本职，无私奉献，以青春之我为青春之京唐港的发展做出新的更大贡献。

开展知识竞赛。2013 年，组织员工开展了中共河北省委八届五次全会精神知识竞赛。组织优秀党员、优秀党务工作者先进支部评选，开展“中国梦”宣传教育，组织支部工作交流，举办“党旗飘扬、唱出心中梦想”迎七一歌咏比赛等一系列活动迎接建党 92 周年。

组织联欢活动。2014 年 1 月 24 日，唐山港口实业集团、唐山港集团举办“我的梦 • 大港梦”新春职工联欢会。整台联欢会现场气氛热烈，演出节目精彩纷呈。快板书《京唐港，咱们的家》抒发了京唐港人以岗为家、甘于奉献的情怀；小品《相亲》《非诚勿扰》《诊室风波》表演得惟妙惟肖，一次次将联欢会推向高潮；武术表演《龙的传人》刚劲有力，气势磅礴，展示了京唐港人不畏困难、实现梦想的信心和决心，最后，联欢会在歌曲《超越梦想》中圆满落下帷幕。

2014 年 1 月 24 日，唐山港口实业集团、唐山港集团举办“我的梦·大港梦”新春职工联欢会

2015 年，为纪念抗日战争暨世界反法西斯战争胜利 70 周年，京唐港区隆重举行了“歌唱祖国”歌咏比赛，全港组织了 15 支代表队参加比赛，参赛作品歌颂了伟大的祖国，凝聚了人心，展示了港口员工的风采。

第二节　深入开展党的群众路线教育实践活动

2013 年 6 月，中共中央启动党的群众路线教育实践活动。按照中央、河北省委、唐山市委的部署，唐山港口实业集团和唐山港集团党委在全市企业中率先开展党的群众路线教育实践活动。

一、加强领导　健全机制

（一）成立活动领导小组

唐山港集团党委首先成立了党的群众路线教育实践活动领导小组，党委书记、董事长孙文仲任组长，唐山港口实业集团和唐山港集团两个党委的党委副书记任副组长，成员为公司党委委员和领导班子成员。领导小组下设办公室、综合组、指导组、宣传组、成果组，明确分工，落实责任。同时，研究制定了《唐山港集团党的群众路线教育实践活动实施方案》，明确了活动开展的总体要求、方法步骤和各环节主要任务，建立了公司活动领导小组例会、指导组例会和领导小组办公室例会等制度。

（二）落实领导责任

方案规定，唐山港集团党委及下属各支部作为责任主体，把开展好教育实践活动作为重点，严格标准，做好计划，贯彻落实中共唐山市委的部署要求，在抓好公司领导班子和领导干部活动的同时，抓好下属单位、支部活动的指导和推进工作。党委、各支部书记承担起第一责任人的责任，吃透政策原则，抓好学习教育，亲自谋划，亲自动员，亲自推动，深入一线，靠前指挥，面对查找出的“四风”问题，不含糊，敢于亮剑，敢于斗争。公司活动领导小组充分发挥牵头抓总、综合协调的作用，统筹安排好公司和各支部的工作重点、工作进度，落实好领导干部联系制度，集团公司党委领导班子成员每人联系、指导一个支部。

（三）做好前期准备工作

集团党委对教育实践活动高度重视，围绕扎实开展教育实践活动做了大量准备工作。特别是前期按照河北省委、唐山市委要求，积极学习有关文件精神，认真贯彻活动要求，坚决落实活动部署，不等不靠，提前谋划，开展了正风肃纪专项攻坚、万名干部接地气、问卷调查全覆盖、党员干部做承诺等预热升温活动。班子成员深入基层，征求职工群众的意见、建议。在此基础上，初步梳理了公司领导班子和党员干部存在的“四风”问题。

党委领导班子成员深入生产一线实地调研，到困难职工家中走访慰问，与职工群众面对面谈心交流，从不同层面了解了情况，摸清了底数，为深入开展教育实践活动奠定了坚实的思想基础和工作基础。

（四）加强领导和督导

集团公司党委抽调得力人员组成教育实践活动督导组，参加各支部活动动员大会，列席民主生活会，并采取个别谈话、座谈会等方式听取意见，对活动落实情况、班子建设情况进行分析评估，形成情况报告报活动领导小组。结合公司实际，设立了活动指导组，指导组成员包括公司领导班子成员、中层干部和基层干部，具体负责基层支部活动的指导、检查。各指导组到基层，加强对基层活动的指导，抓好学习，宣讲好、组织好基层活动。坚持标准，敢抓敢管，及时发现和解决苗头性、倾向性、潜在性的问题，指导基层创造鲜活经验，保证活动沿着正确的方向开展。

二、抓好学习　深化宣传

（一）召开动员大会

各支部组织召开党员大会，根据本单位实际情况制订了具体的教育实践活动方案。向党员干部阐明活动的重大意义，讲清活动方式、方法，要求党员干部切实增强政治意识、大局意识，以高度的政治自觉、思想自觉和行动自觉全身心投入教育实践活动中来，把教育实践活动高标准、高质量地开展好，努力交出一份优异的答卷。

（二）联系实际组织学习

按照中央、省、市开展教育实践活动的相关文件要求，活动办公室制订了详细的学习计划，学习内容涵盖了中央、省和市领导的相关讲话、相关著作以及相关教育影片。党委理论中心组先后进行了12天集体学习。规定中层以上领导干部集中学习时间不少于7天，其他党员、干部不少于5天。通过结合实际学习，开展不同形式的警示教育，通报典型案例，引导党员、干部牢固树立忧患意识、宗旨意识、自律意识。

2014年2月20日，唐山港口实业集团、唐山港集团召开党的路线教育实践活动动员大会

（三）加强宣传活动

大力宣传上级有关开展教育实践活动的文件和会议精神以及活动中涌现出的先进典型和带来的新变化，用新鲜、生动的事例反映活动成效。重点做好先进典型宣传、选树，同时曝光剖析一些反面典型，让党员干部得到警示。《唐山港新闻》通过开设专栏、典型宣传、工作综述等形式，全面反映活动开展情况和取得的成效。

三、结合实际　查摆问题

集团党委书记孙文仲在教育实践活动动员大会上摆出了港口干部队伍存在的“四风”问题突出表现：一是理想信念不够坚定。二是群众观念淡薄。三是开拓创新的主动性不强。四是精神萎靡不振。五是功利思想较重。六是官僚作风较浓。七是心浮气躁，好做虚功。八是不守规矩，纪律松散。九是贪图享乐，奢侈浪费。十是道德滑坡，美丑不分。十一是假公济私，以权谋私。十二是发展环境不优。他要求各支部、各单位、各部门结合实际，深入查找“四风”问题，一一列出具体表现，坚持有什么问题就解决什么问题，什么问题突出就重点解决什么问题，深刻剖析原因，制定并落实整改措施，做到不等不靠，立行立改。

四、深刻剖析　立行立改

（一）进行党性分析和自我剖析

唐山港口实业集团党委、唐山港集团党委下属各党支部积极组织开展教育实践活动第二环节的工作，通过职工提、自己找、上级点、互相帮，对照中央4号文件和习近平总书记讲话中列举的表现，对照孙文仲董事长“七一”讲话要求，查摆突出问题，进行党性分析和自我剖析，开展批评和自我批评，立行立改，边查边改。无论是查找、剖析问题，还是解决问题，都置于职工群众监督之下，让职工群众知道查出了哪些问题，重点改什么、怎么改、改得怎么样，认真听取职工群众意见，职工群众不满意的，及时补课、返工。

（二）认真整改　回应各方关切

公司领导班子根据征求意见和查摆问题情况，认真回应职工、客户、施工单位、协力单位在企业经营管理和“四风”方面的意见、建议，把职工关注的突出问题摆在首位，制订了《唐山港集团领导班子党的群众路线教育实践活动问题整改方案》，列出问题整改清单，提出有针对性的整改措施，明确了整改目标要求、责任分工和时间表、路线图。

（三）专项整治　不留死角

按照唐山市委活动办《关于在第二批教育实践活动中深化“四风”突出问题专项整治的实施方案》和《关于打好专项整治攻坚战的通知》要求，公司成立了专项整治工作领导小组，制订了《关于在教育实践活动中深化“四风”突出问题专项整治的实施方案》，列明了整治清单，提出了整改措施，制定了唐山港集团专项整治责任分工安排表，将整治任务细化到各责任领导和责任单位。

2015年6月24日，唐山港集团举办中层干部竞聘演讲答辩会

在反对“四风”方面，按照中央“八项规定”“六项禁令”以及省委“双十条”要求，大力开展“精简会议文件、厉行节约、反对浪费”主题活动，加强公务用车、公务接待制度化、标准化管理，组织开展正风肃纪专项行动。在人才管理方面，扩展干部选聘渠道，增加干部考核透明度，制定中层干部选拔任用管理办法、外派产权代表管理办法，完善、优化人才选拔评审办法，评审技术人才。在选拔任用干部过程中，规范程序管理，加强过程监督，增强选拔任用过程的公开性和透明度，坚持基层民主推荐、党委组织考察、广泛征求职工意见。

五、落实到位　成效显现

（一）整治文山会海

对照中央关于改进学风、文风、会风的要求，坚决取消了一切没有实质内容、不解决实际问题的会议、活动和文件，修订了公司例会制度，能合并召开的合并召开，能在部门内召开的不召开多部门会议。不搞形式主义的剪彩、典礼等活动，一切从简，注重工作实效。

（二）严控“三公”经费

按照中央严控“三公”经费的规定，重点控制了公务接待、公务用车的费用支出，减少了因公出国的人数和次数。通过修订公务接待和公务用车的管理制度，履行相关活动网上审批，严格控制费用支出，公司党委和各支部以不同的方式深入开展警示教育活动，增强了广大干部的思想认识，勤俭节约的企业风尚得到进一步传承和发扬。

（三）提高服务质量

对比整治机关和公务人员慵懒散拖、不负责任、办事效率不高等问题，结合对外业务工作中存在的服务意识淡薄等问题，在业务、生产领域广泛开展“好态度”服务活动，尤其是对收费大厅等窗口单位加强考核，提升了服务质量。在营造氛围的同时，注重从技术手段、工作措施上改进对客户的服务。

（四）密切干群关系

按照密切联系群众的要求，唐山港集团各级党员领导干部，在召开民主生活会和组织生活会前，都深入分管单位和基层一线进行座谈，听取职工意见。在服务职工方面，在组织丰富多彩的文体活动的同时，购置了3台新通勤车，改善职工上下班通勤条件，调整、优化通勤站点。

认真落实服务职工的“三必访、三必谈”[①]制度，组织为困难职工捐款。为把联系职工工作以制度形式固定下来，公司党委制定了《领导干部密切联系职工制度》，为干部联系职工工作做了规定。在开展正风肃纪专项行动过程中，公司活动办积极汇总各单位、各部门相关整改数据，及时填报每月整改情况统计表。

① 三必访、三必谈：“三必访”指职工生病住院必访，职工家有丧事必访，职工家有突发事必访；“三必谈”指职工思想情绪低落时必谈，职工出现矛盾纠纷时必谈，职工生活有困难时必谈。

六、建章立制　长效落实

唐山港口实业集团、唐山港集团着眼于从制度层面解决“四风”问题、巩固活动成果，力求对解决“四风”问题釜底抽薪、正本清源。

2014年8月，唐山港口实业集团、唐山港集团深入开展“党员活动日”活动

一是全面梳理，修订完善现行制度。唐山港集团对公司现行229个制度进行全面梳理，评定制度与上级要求、公司管理的适应性，对不够完善的制度进行修订、补充。教育实践活动开展以来，共修订制度7个，尤其是涉及“四风”方面的制度——《公务接待管理办法》《行政办公规则》《公文管理规定》《招标投标管理办法》《公司车辆管理办法》均进行了修订。

二是结合实际，建立健全相关制度。公司在对现有制度进行梳理、修订的同时，还新增制度10个。一方面，根据公司管理需要，新增《发票使用管理办法》《资源交易管理暂行办法》《集团内部借款管理办法》《工程竣工结算审计管理办法》《集团资金集中管理暂行办法》等与资金使用与管理相关的多项制度。另一方面，唐山港集团积极落实教育实践活动中好的经验做法，将领导班子理论学习、谈心谈话、密切联系群众等通过制度的形式固化下来，新增《实行“党员活动日”制度的实施方案》《领导班子理论学习制度》《领导干部密切联系职工制度》等多项制度。

这些制度既立足当前又着眼长远，既解决了“四风”问题，又加强了公司管理；既规范了资本运营，又管住了党员干部行为；既堵塞了滋生“四风”的漏洞，又密切了党员与群众关系。

第三节 党风廉政建设永远在路上

2014年以来，中共中央以历史责任感、使命忧患感、顽强的意志品质推进党风廉政建设和反腐败斗争，坚持无禁区、全覆盖、零容忍，严肃查处腐败分子，营造不敢腐、不能腐、不想腐的政治氛围。

唐山港口实业集团、唐山港集团遵照上级党委要求，按照标本兼治、综合治理、惩防并举、注重预防的方针，不断完善教育、制度、监督并重的惩治和预防腐败体系。

一、加强宣传教育 打牢思想基础

（一）组织党风廉政知识学习

发放廉政倡议书，举办党风廉政建设知识讲座和知识竞赛，开展党纪政纪条规教育知识竞赛，悬挂廉政警语，创办党风廉政建设橱窗，组织廉政公益广告大赛、反腐倡廉理论征文、反腐倡廉对联楹联标语创作以及党风廉政宣传教育“五个一”活动，同时通过公司报刊、标语、橱窗、LED屏幕、网站网页等媒介，开展反腐倡廉宣传、“廉政兴企”宣传活动，营造以廉为荣、以贪为耻、崇廉尚廉、反腐保廉的舆论氛围，使之深入人心，并蔚然成风。

（二）进行党规党纪教育

组织党员特别是党员领导干部认真学习《中国共产党纪律处分条例》《国有企业领导人员廉洁从业若干规定》《企业领导干部“七不准”》《唐山港集团反舞弊暂行规定》《遵守纪律条规100问》《党风廉政建设汇编》《廉洁从业学习读本》等教材，使广大党员及党员领导干部增强法制观念和纪律意识，养成懂规矩、守纪律的良好作风，自觉以党纪政纪来约束自己，坚守行为底线，不碰法纪红线，坚持规矩做官、干净做事、清白做人，确保自身正、自身净、自身硬。邀请唐山市纪委及市、区检察院领导来港讲廉政党课和预防职务犯罪公开课、作党风廉政建设报告，组织中层以上干部参加国资委的廉政教育课，引导大家树立正确的世界观、人生观、价值观、权力观、地位观、利益观，加强党性修养，增强廉洁自律意识以及抵御拜金主义、享乐主义等各种腐朽思想侵袭的免疫力和自制力。

（三）开展廉政谈话

落实党员领导干部廉政谈话制度，一方面坚持对领导干部进行任前、任中廉政谈话，另一方面坚持对新提职干部进行廉政谈话，提醒他们牢记廉政准则，把牢廉洁关；对重要岗位干部进行廉政谈话，告诫他们增强廉政风险意识，在分管工作、分管领域内谨慎用权，规矩用权，杜绝权力寻租；对有不廉洁苗头的干部进行廉政诫勉谈话，警示他们扎牢拒腐篱笆，远离和抵制腐败行为。

（四）搞好廉政警示教育

组织党员干部观看《焦裕禄》《杨善洲》《大姐书记陈超英》等先进典型教育片，引导党员干部对照先进典型找差距、补不足，加强自我约束，弘扬优良作风，争做廉洁从业的好干部。组织高管人员和中层干部到唐山监狱、南堡冀东监狱听取入狱官员现身说法，接受警示教育，组织党员干部观看《苏联亡党亡国20年祭》《一个土皇帝的覆灭》《一个州长的疯狂》《失控的自由人》《规划错了的人生》《蜕变的人生》《蜕变与悔悟》《沉沦》《滑向深渊》《难逃其咎》《四风之害》《巡视利剑》《基石》《力量》《打铁还需自身硬》《作风建设永远在路上》等近20部警示教育片，引导大家对片中的违法违纪案例进行深入剖析，明确案中罪犯的腐败原因，认清他们的腐败行为对社会、家庭造成的严重危害，从中汲取教训，引以为戒，做到知敬畏、明底线，坚持慎思、慎微、慎初、慎独、慎行，坚持自重、自

2017年3月2日，唐山港口实业集团、唐山港集团组织各支部纪检委员观看专题片《打铁还需自身硬》

省、自警、自律，坚持一尘不染、洁身自好，面对各种利益的纠缠，面对形形色色的诱惑，保持心态平衡、头脑清醒，在是非面前分得清，在名利面前放得下，在关键时刻靠得住，筑牢拒腐防变的思想防线，守住廉洁自律的底线，做政治上的明白人、经济上的清白人、作风上的正派人。

二、注重建章立制　扎牢制度笼子

（一）坚持民主集中制

制定了《“三重一大”决策制度实施办法》，规定了重大决策事项、重要人事任免事项、重大项目安排和大额度资金使用必须按照集体领导、民主集中、个别酝酿、会议决定的程序由集体讨论作出决定，防止个人独断。同时《实施办法》明确了股东大会、董事会、党委会、党政联席会、总经理办公会、职工代表大会6种形式和准备材料、通知开会、民主讨论、会议决定4个程序等，防止党员干部权力失控、决策失误和行为失范。

（二）完善工作机制

把党风廉政建设贯穿于全年工作的始终，做到年初有安排部署，年中有检查督导，年底有总结考评，确保了党风廉政建设深入扎实、富有成效地开展。

（三）党政同责　一岗双责

党员领导干部认真落实《党风廉政建设“一岗双责”制度及实施办法》，坚持一手抓企业经营管理，一手抓党风廉政建设，做到工作职责和掌握的权力管到哪里，党风廉政建设的职责就延伸到哪里；企业经营管理延伸到哪里，党风廉政建设工作就深入到哪里。

2018年，为进一步落实全面从严治党各项要求，促进“一岗双责”落实落地，唐山港口实业集团、唐山港集团党委组织领导班子成员深入开展履行“一岗双责”和廉洁自律履职情况总结活动。

近年来，两公司党委认真落实党风廉政责任制，建立实施《党风廉政建设“一岗双责”责任制》和《党风廉政建设“一岗双责”实施办法》，把“一岗双责”的各项要求融入公司转型升级、高质量发展全过程、各环节，推动公司党风廉政建设规范化、制度化、常态化，实现企业经营管理与党风廉政建设双提升、双促进，以党建成果凝聚党群、干群合力，推动新时代港口高质量发展。

（四）落实责任制

按照党风廉政建设责任制、领导干部廉政建设包干责任制和《党风廉政建设主体责任清单》的要求，建立健全了“一把手负总责、分管领导各负其责、班子成员齐抓共管、纪检部门组织协调”的领导体制。同时把党风廉政建设的目标责任细化量化、层层分解到集团公司各级党员领导干部和党员群众，形成公司领导、中层干部、普通党员三级党风廉政建设责任体系，确保党风廉政建设责任制得到落实。

对履行党风廉政建设“主体责任”不力、“八项规定”落实不到位的问题进行严肃问责。对因本单位管理不到位、执行制度不到位而发生的违纪违法行为进行责任追究和问责，形成“问责一个、警醒一片”的强大震慑力。

（五）完善廉政承诺制度

首先完善中层以上干部廉政承诺制度。在实施公司高层廉政承诺的同时，把中层干部和部分岗位人员纳入廉政承诺范围，组织签订廉洁自律承诺书，并进行公示，使之自觉接受职工群众的监督，由此强化廉政建设的自我约束。其次实行工程项目廉政承诺制度。公司与施工单位签订施工合同时，一并签订廉政合同，公司项目建设管理人员、施工单位负责人、监理单位负责人分别签订廉政承诺书，使之增强廉洁意识，杜绝项目建设中的腐败问题。

（六）落实招投标管理制度

按照《公司招投标管理办法》建立招投标台账和评标专家库，强化对工程、设备、物资采购的招投标程序、内容的监督管理。从招标文件的制定、招投标过程、合同签订、工程设备、物资采购以及验收、使用、跟踪反馈等环节进行全方位监督，及时发现并纠正工作过程中的问题，防止和杜绝项目招投标活动中发生以权谋私、权钱交易、暗箱操作、徇私舞弊、贪赃枉法的现象。

（七）落实公务用车和公务接待管理制度

一是按照《关于统计上报公务用车配备使用情况的通知》《关于进一步加强国庆节期间公务车辆使用管理的通知》的要求，加强和改进公务车辆管理，在公务车上装备了GPS定位系统，同时加强对公车使用的监督检查，杜绝了公车私用和违规使用公车等现象。二是按照《关于坚决制止奢侈浪费行为的通知》，颁布了制止奢侈浪费行为的“七条禁令”[1]，并制定了落实“七个严禁”的查处措施。同时加强了落实“七个严禁”情况的监督检查，明确对违反“七个严禁”的当事人及主要负责人分别进行严厉查处和追责，促使公司广大干部职工特别是领导干部普遍增强了节约意识，坚持不讲排场、不摆阔气，不利用公款大吃大喝，彻底杜绝了奢侈浪费的不正之风。三是按照新修订的公务接待管理办法，严格控制业务招待费用及其他各项经费支出，简化公务接待，公务接待用餐安排在职工食堂，用餐为工作餐，不上高档菜肴和酒水，并控制饭菜数量和陪客人数。同时不组织和参与用公款支付的高消费娱乐、健身活动，不组织和参与用公款支付的游山玩水、私人度假旅游及出国出境旅游活动，并加强对公务接待的监督检查，由此杜绝了公务接待超标的问题。

三、加强考核监督　预防腐败现象

按照《纪委监督执纪问责办法》和“真管真严、敢管敢严、长管长严”的要求，强化纪委监察手段，加强党风廉政建设的督查监管。

（一）完善考核激励机制

完善党风廉政建设考核、激励机制。把廉洁从业、落实党风廉政责任制的情况作为干部考核的重要内容，纳入干部年度目标考核，作为对干部业绩评定、奖惩任免、提拔任用的重要依据，促使全体党员特别是党员领导干部廉洁自律、认真落实党风廉政建设责任制。

（二）完善监督机制

一是完善党务公开制度，对党员群众关心的党的组织管理、领导班子建设、干部选任管理、党风廉政建设、党员发展、企业决策、财务管理、大宗物资采购、工程招投标、在建项目、产权变更与交易、选人用人、业务招待等党内热点问题以及容易出现以权谋私、滋生腐败现象的事项，只要不涉及党内秘密，都通过民主生活会、党务公开栏、通报、简报等形式及时公

① 七条禁令：严禁公司各单位部门之间、单位部门内部用公款吃喝、相互宴请、赠送礼品和进行消费娱乐健身活动；严禁超标准、超范围、未审批的接待活动；严禁以各种名目突击花钱和滥发津贴、补贴、奖金、实物；严禁组织和参与未经公司批准的公款支付的旅游活动；严禁非工作时间非公务行为使用公车；严禁超规定范围使用公车；严禁大操大办婚丧喜庆事宜和借机敛财。

开，自觉接受党员和群众的监督，避免了暗箱操作及由此产生的各种腐败问题。二是完善述职述廉和个人重大事项报告制度，按照客观全面、突出重点、直面问题、注重评议、督促整改的要求和程序组织党员领导干部述职述廉，同时按照如实填报、从严核查的要求和程序实施党员领导干部报告个人重大事项，使他们自觉接受组织和群众监督，促其廉洁履职。三是完善群众监督制度。畅通群众监督举报渠道，在集团各个办公楼等主要位置设置举报箱，并公布举报电话和电子邮箱，通过电话、信函、邮件、来访等方式受理举报投诉。对于群众举报的案件和问题，做到有案必查，认真核查，对情况属实的违纪违规行为严查严办，促使党员干部增强廉洁自律意识。

（三）加强日常监督检查

采取专项检查、随机抽查等形式，定期或不定期地对公司党员领导干部的党风廉政建设进行经常性的监督检查，发现问题，该提醒的及时提醒，该批评的严肃批评，该纠正的坚决纠正，该查处的严厉查处，预防和遏制腐败现象滋生蔓延。

（四）加强重要节点检查

在元旦春节、五一端午、中秋国庆 3 个重要时间节点，纪委联合党委工作部、行政事务部、审计部、人力资源部、信息中心等多部门采取明察暗访的形式开展廉政督查，发现不廉洁的问题立即启动问责程序，促使党员领导干部廉洁过节，严防节日病。

（五）加强过程监督

运用纪委、监察、监事会以及财务、审计等多种监督形式，对企业决策、财务管理、物资采购、项目投资和规划审批、工程招投标、工程质量、合同签订、经济活动、工程设备物资验收、产权变更与交易、选人用人等重要事项和重点工程项目，采取源头参与、过程监督、结果跟踪的形式进行全程监督，促使党员领导干部敬畏权力，廉洁履职，防止重要事项和重点工程项目中的权力滥用及失职渎职等腐败现象发生。

四、加强专项整顿　营造良好环境

（一）开展正风肃纪专项行动

组织公司各单位领导班子和中层以上干部按照正风肃纪专项行动“十

对照、十整治”的内容进行自查，对建设工程招投标、设备材料采购、产权交易等过程中牟取私利等违规违纪和失职渎职问题进行严厉查处，有力遏制违法乱纪的行为。

结合工作实际制订《“一问责八清理”专项行动实施方案》，对清理工作的组织领导、目标任务、方法步骤、保障措施进行全面安排部署，并积极组织实施，推进专项清理工作广泛深入、扎实有效地开展，使领导干部经商办企业、其亲属利用职务影响谋取不当利益、公费出国（境）、招投标不规范、违规配车用车等问题得到彻底清理。

（二）狠抓干部作风整改

深入开展干部作风建设年活动和纠正“四风”专项行动，把改进干部作风建设作为一种常态来抓，对照中央列举的作风建设存在的21种表现，查找不足，抓好整改，促进作风转变，一些职工群众反映强烈的“四风”顽疾及慵懒散奢、吃拿卡要、文山会海等问题得到全面治理，风清气正、务实兴业的良好环境逐步形成。

（三）坚持从严执纪问责

认真处理群众有关违规违纪的信访举报案件，加大案件查办力度，对利用职务便利收受礼品、礼金、有价证券和支付凭证；以赌博和交易等形式收受财物；利用婚丧嫁娶收钱敛财；刁难客户，吃拿卡要；在建设工程招投标、设备材料采购、产权交易等过程中牟取私利等违规违纪和失职渎职问题进行严厉查处，有力遏制违法乱纪的行为。

第四节　扎实开展“三严三实”专题教育

2015年4月，中共中央办公厅印发《关于在县处级以上领导干部中开展“三严三实”专题教育方案》，作为加强党的思想政治建设和作风建设的重要举措，“三严三实”专题教育是对党的群众路线教育实践活动的延展深化。

按照上级党委安排部署，唐山港集团扎实有序地开展“三严三实”专题教育，广大党员干部以“三严三实”作风开展工作，坚定信心，凝心聚力，攻坚克难，砥砺奋进，紧紧围绕加快建设综合型国际化大港，在挑战中求突破，在逆境中求进步。

一、学通弄懂　打牢基础

按照中共唐山市委、市国资委的要求，结合港口实际，唐山港集团党委集体研究并通过了《京唐港开展“三严三实”专题教育实施方案》，并下发了唐山港集团《关于深入推进“三严三实”专题教育的通知》。

《方案》明确了专题教育开展的总体要求、方法措施、要解决的主要问题，要求全体中层以上党员干部对照“三严三实”的要求，聚焦对党忠诚、个人干净、敢于担当三个问题，把思想教育、党性分析、整改落实、立规执纪结合起来，着力解决“不严不实”的问题，继续巩固和深化教育实践活动成果，落实市委“四个干”[①] 要求，推动企业改革发展。

《方案》明确，集团党委书记为专题教育第一责任人，领导班子成员是分管工作领域的责任人，要切实抓好分管领域干部的专题教育。为加强专题教育的统筹协调，集团党委同时成立了“三严三实”专题教育办公室，各支部和各单位按照总体部署要求，认真谋划、精心组织实施。“三严三实”专题教育办公室加强协调推进，建立责任督导落实机制，确保专题教育取得实效。

（一）加强理论学习

一是组织党委会暨理论中心组集体学习。2015 年 6 月 8 日，召开两集团党委会暨理论中心组集体学习会议，认真学习了习近平总书记系列重要讲话、十八届五中全会精神、赵克志在河北省委八届十二次会议上的讲话、焦彦龙在唐山市委九届七次会议上的讲话、《中国共产党廉洁自律准则》和《中国共产党纪律处分条例》及省、市领导的专题党课讲稿。会上，各位党委委员纷纷发言，就上级关于“三严三实”专题教育的精神要求以及公司“三严三实”专题教育安排的重点内容、需重点解决的问题等进行了深入交流，统一了思想认识。

① 四个干：紧盯重点，明确“干什么”；强化措施，明确“怎么干”；落实责任，明确“谁来干”；严格时限，明确“什么时间干成”。

二是党委书记及“三严三实”专题教育责任人讲“三严三实”专题党课。按照唐山港口实业集团党委、唐山港集团党委“三严三实”专题教育方案的具体安排，2015 年 6 月 9 日上午，党委书记孙文仲以《认真践行“三严三实” 加快推动综合型国际化大港建设》为题讲了专题党课，两集团高管、中层干部及部分科长近 180 人到会听课。党委书记的党课，把“三严三实”专题教育与综合型国际化大港建设紧密结合，与公司的经营管理相结合，聚焦干部的廉政建设、作风养成、责任担当和能力培养，找到了落脚点，增强了可操作性，成为党的群众路线教育活动的延伸和发展。此次党课的开讲，标志着京唐港区“三严三实”专题教育全面启动，有力促进了港口建设、运营生产的稳定发展。

2015 年 6 月 9 日，唐山港口实业集团、唐山港集团党委书记、董事长孙文仲以《认真践行“三严三实” 加快推动综合型国际化大港建设》为题讲专题党课

会后，各党支部迅速组织学习，也相继开展了支部书记讲党课，对京唐港区专题教育方案进行宣讲，深入广泛地学习党委书记的专题党课内容。基层各支部和广大干部普遍认为，党委书记的专题党课围绕公司转型升级的中心任务，紧密结合公司发展实际和党员、干部、职工的思想工作情况，阐述了“三严三实”的重大意义和丰富内涵，提出了认真践行“三严三实”内容要求和标准，明确了开展“三严三实”专题教育的具体要求，帮助广大党员干部在思想、作风、党性上又一次集中“补钙”“加油”。

专题教育活动开展以来，京唐港区认真抓好理论学习，购置并下发了《习近平谈治国理政》等一大批学习书籍，辑印了中央、省、市领导系列重要讲话等学习材料，下发加强学习。为各级党支部订阅了《党建研究》《党课》《党史博采》等党建书籍，采取个人自学和集体学习相结合的方式，加强学习，提高修养。

（二）认真开展大讨论活动

认真组织开展“解放思想、抢抓机遇、奋发作为、协同发展”大讨论。从 2015 年 10 月下旬开始，到 2016 年 3 月底结束，组织公司全体员工对照河北省委书记赵克志提出的“八破八立”要求，围绕抢抓京津冀协同发展机遇、与时俱进破旧立新、加快四大板块融合发展、五大管理体系动态结合、“十三五”发展战略、深化改革简政放权、打造服务型党组织、推行“四个干”抓落实机制 8 个方面开展大讨论，认真解决“解放思想、凝聚共识、抢抓机遇、汇聚力量、发展思路、工作摆布、精神状态、工作落实”等问题。

讨论中重点围绕贯彻落实十八届五中全会精神，专题研讨公司抢抓京津冀协同发展机遇、加快建设综合型国际化大港、谋划公司“十三五”发展等影响公司发展的重大战略决策，明确公司发展战略目标，引导党员干部坚定信心，心无旁骛，持之以恒地抓工作落实。

在大讨论过程中，广泛征求意见，开展“爱港口、做贡献、我为公司发展献良策”意见建议征集活动，对有重要价值和有建设性、代表性的意见建议在媒体刊发。凝聚思想共识，开辟港报专题论坛，刊发系列评论员文章，谈认识、讲体会、提思路、谋发展，营造浓厚氛围。完善思路措施，吸收公司大讨论的宝贵经验，形成务实管用的制度成果、实践成果和作风成果。

（三）组织开展知识答题

为使公司广大干部深刻理解“三严三实”专题教育要求，准确把握其丰富内涵和精神实质，以“三严三实”为思想指南和行为准则，凝心聚力，拼搏进取，推动公司各项工作创新发展，唐山港集团于 2015 年 7 月 16 日组织进行了“三严三实”专题教育知识答题活动。公司中层及以上管理人员、控股子公司中层干部及经营班子成员参加了答题。此次答题活动进一步推动了“三严三实”专题教育的深入开展，广大党员干部从思想上提高了对“三严三实”的认识。

（四）领导干部调研走访

在“三严三实”专题教育中，集团主要领导深入基层调研走访，通过多种方式征求干部职工的意见建议，积极查找企业发展过程中方方面面的问题。

集团领导分别到浩淼水务公司、华兴海运公司、集装箱码头公司、津航疏浚公司、集装箱超细粉工程、集装箱铁路工程等工作现场走访调研。召开职工座谈会，就职工们最关心的问题进行了深入的讨论和交流，对改善职工作业条件、提高作业水平起到了良好的作用。在充分调研的基础上，完善了公司安全生产管理制度体系，把安全生产党政同责、一岗双责的具体要求落到了实处，为港口建设、运营生产的安全运行奠定了制度基础。

（五）高质量召开生活会

按照集团党委《“三严三实”专题教育实施方案》的要求，集团领导班子和各党支部在2015年12月底前分别召开了民主生活会和组织生活会。集团党委班子以践行“三严三实”为主题，认真对照专题研讨和大讨论活动查摆出的问题，联系个人思想、工作、生活和作风实际，参加了民主生活会。会前首先组织深入广泛的谈心谈话活动，做到问题必谈、原因必谈、措施必谈、建议必谈等“四必谈”。民主生活会上，针对具体意见和案例，开展了严肃的批评和自我批评，辣味十足、红脸出汗。

集团党委的民主生活会于2015年12月30日召开，唐山市国资委领导、公司领导班子副总以上领导全部参加。会议由党委书记、董事长孙文仲主持。会上，孙文仲首先明确会议主题和要求，并代表公司领导班子集体作对照检查发言，之后他进行了个人对照检查发言。其他班子成员依次进行个人对照检查发言。市国资委领导全场参与并给予指导。整个对照检查过程做到了“六不”，即开门见山，直奔主题，不“绕”；与岗位职责和成长经历相结合，不“空”；分析问题具体到事，列出具体事例，不“假”；自我表扬的话没有，不“夸”；针对具体问题、实例剖析思想根源，不“浅”；针对问题提出具体整改措施，不“虚”。

2015年12月30日，召开了唐山港口实业集团、唐山港集团领导班子全体成员参加的“三严三实”专题民主生活会

在查摆个人问题过程中，班子成员主

动认领，不推诿，不回避，灵魂不断受到触动，思想不断接受洗礼。按照河北省委“三严三实”专题教育实施方案的要求，在修身不严、用权不严、律己不严、谋事不实、创业不实、做人不实6个方面均列出了自己存在的主要问题，并从世界观、人生观、价值观层面深挖问题产生的根源，对照“三严三实”好干部标准进行深刻剖析，列出了行之有效的整改措施，做到了查摆“不严不实”、问题不聚焦的不放过，突出问题没有回应的不放过，自我剖析不深刻的不放过，没有见人、见物、见思想的不放过，整改措施不到位的不放过，确保了对照检查的高质量。

民主生活会后召开了专门会议，对开展批评和自我批评、制定整改措施等情况在一定范围内进行了通报，并对领导班子民主生活会情况进行评议。各党支部则以践行“三严三实”为主题，召开专题组织生活会。

二、立行立改　解决问题

根据“三严三实”专题教育中征求的意见和查摆的问题，整理列出了唐山港集团领导班子“三严三实”问题整改清单，提出具体整改措施和整改时限，对照新形势、新任务和“三严三实”的新要求，加强整改落实的持续性，在反对“四风”方面，找准问题及其根源，按照中央“八项规定”要求开展专项整治，并通过梳理、完善现行制度，着力建立长效机制。

（一）亮明党员身份　强化舆论宣传

为提高思想认识，扩大影响，在专题教育过程中，公司党委通过书籍、办公网络、报纸等多种媒介加强宣传引导，在广大党员干部中掀起专题教育热潮，号召全体党员干部时刻以一名共产党员的身份践行“三严三实”要求。制作共产党员示范岗桌牌，将党徽、个人信息、“三严三实”内容汇集其中，突出了所在岗位的党员身份，突出了所在岗位的干部信息，突出了所在岗位的党性要求。

（二）规范干部竞聘　凸显严以用权

唐山港口实业集团和唐山港集团的“三严三实”专题教育，始终把着眼点和着力点放在具体工作之中，充分体现“严”的要求、“实”的效果。2015年，适逢中层干部换届竞聘，集团党委以此为契机，自觉将践行“三严三实”融入干部选拔任用工作中。此次竞聘涉及22个职位41个职数。

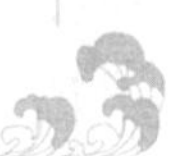

公司党委班子十分重视此次竞聘工作，专门成立了中层干部竞聘委员会，研究竞聘方案，细化各个竞聘环节的具体要求。整个竞聘过程坚持公开、公平、公正，严格落实了《中层干部选拔聘用管理办法》等制度，职工群众反映良好。

（三）坚持统筹兼顾　做到“四个结合”

唐山港集团党委在开展“三严三实”专题教育过程中，努力与港口的经营发展实际相结合，实现专题教育与生产运营两不误、双提高。

一是与实现综合型国际化大港总目标相结合。按照“三严三实”的要求，进一步解放思想，完善机制，创新举措，以更加开放的思维应对挑战，以更加宽广的视野谋划全局，以更加坚定的信念携手共进，向着共同的目标前进。

二是与推动港口功能优化、转型升级相结合。按照“三严三实”的要求，坚定不移地推动港口深水化、专业化、集装箱化、园区化、生态化发展，不断完善装卸、物流、集装箱、金融“四大板块”的发展措施，做精、做细、做大、做强已有产业，谋划发展好“互联网+”、P2P、PE等新型金融产业，无中生有，有中生新，加快转变发展方式，优化功能结构，壮大规模实力。

三是与公司经营管理相结合。按照“三严三实”的要求，崇尚绩效精神，创新管理举措，继续推进安全、质量、绩效、预算、信息化五大管理体系融合发展，进一步改进内控体系建设，打造上市公司品牌。引入优质战略投资者，完善法人治理结构，不断提升公司经营水平，推动管理规范化、制度化。

四是与做好项目谋划、抓好生产运营相结合。按照“三严三实”的要求，紧紧抓住项目建设这个活力之源、发展之基，谋划港口未来项目。特别是提前抓好“十三五”规划和“十三五”项目安排，优化项目结构，提升项目质量。切实抓好26～27#集装箱泊位、36～40#专业煤炭泊位的运营生产，大力推动项目产业化，着力培育新的经济增长极。

“三严三实”专题教育的扎实开展，推动了京唐港各项工作的创新发展，成为应对挑战、抢抓机遇、展示新作为、创造新业绩的坚强保障。干部职工队伍稳定和谐，各项工作协调推进，为全面完成全年目标任务打下了坚实的基础。

第五节 深化“两学一做” 打造战斗堡垒

2016年，中共中央办公厅印发了《关于在全体党员中开展“学党章党规、学系列讲话，做合格党员”学习教育方案》，要求各地区、各部门认真贯彻执行。开展“两学一做”学习教育，是面向全体党员深化党内教育的重要实践，是推动党内教育从“关键少数”向广大党员拓展、从集中性教育向经常性教育延伸的重要举措。

唐山港口实业集团和唐山港集团按照中央、省委、市委的工作部署，组织全体党员广泛深入地开展“两学一做”学习教育，着力在强化学习、学做结合、问题查改、整章建制上下功夫求实效，全力推进“两学一做”学习教育常态化、制度化，工作作风明显转变，工作效率大为提高，各项工作取得了重要进展和显著成效。

2016年4月26日，唐山港口实业集团、唐山港集团召开“两学一做”学习教育动员会，党委书记、董事长孙文仲作动员讲话

一、做好思想动员

召开“两学一做”学习教育动员会议，集团党委书记、董事长孙文仲传达了全省、全市推进“两学一做”学习教育工作会议精神，并结合公司党员思想工作实际做了动员讲话，号召全体党员深刻认识推进“两学一做”学习教育的重大意义、目标要求、根本任务、基本原则、实施办法，

从而积极投身到“两学一做”学习教育活动中来。

二、制订周密方案

首先制定了《关于开展“两学一做”学习教育活动实施方案》，具体内容包括五方面：一是提出了学习教育活动基础在学、关键在做、要带着问题学、针对问题改、增强学习教育针对性的总体要求。二是提出了学习教育活动必须坚持问题导向、正面教育为主、学用结合、领导带头、分类指导5项基本原则。三是明确了学习教育活动要学习党章党规、学习习近平系列讲话、做合格共产党员3项主要内容。四是制定了学习教育活动所应采取的11项主要举措，包括夯实学习教育基础、围绕专题学习讨论、坚持“四促”学习法、规范党支部组织生活、落实“四个干”机制、发挥领导干部表率作用、开展作风整顿、实施损害公司利益问题专项整治、深化党员“双育工程”[①]、推行党员先锋指数管理、拓展党员志愿服务。五是提出了学习教育活动要层层压实责任、强化组织保障、注重分类指导、加强督促检查、营造浓厚氛围5项具体要求。

随后又制订了《关于推进“两学一做”学习教育常态化制度化实施方案》，具体内容包括四方面：一是明确了常态化、制度化的学习教育要注重以上率下、抓实基层支部、突出问题导向、坚持常抓不懈的总体思路。二是提出了学习教育要坚持全覆盖、常态化、重创新、求实效，激励、引导公司广大党员、干部职工在推动港口发展事业上体现新担当，在落实全面从严治党、加强党的建设要求上取得新成效的目标要求。三是制定了学习教育要采取加强“四个意识”专题教育、加强党支部标准化建设、引导党员发挥模范作用、丰富活动载体、深化作风整顿5项主要措施。四是明确了学习教育要落实主体责任、强化宣传引导、加强督导考核、注重统筹兼顾4项保障措施。

这两个方案对“两学一做”学习教育的活动要求、目标任务以及内容、形式、方法、措施等都作出了周密部署和详细安排，确保了“两学一做”学习教育活动深入持久、扎实有效地开展。

① 双育工程：指对党员进行党性教育和技能培育相结合的工程。

三、搞好学习组织

制订、完善了学习计划和学习制度，明确了学习目标、学习内容、学习重点、学习进度、学习方式，为提高学习成效提供了制度保证。按照学习计划和制度安排，唐山港口实业集团和唐山港集团的党员领导干部和广大党员采取党委班子领导带头学、党组织集中学、党员个人自学、党课辅导学、联系实际深入学等多种方式，全面系统地通读、熟读、悟读了《中国共产党党章》《中国共产党廉洁自律准则》《中国共产党纪律处分条例》《中国共产党党内监督条例》《新形势下党内政治生活的若干准则》等党内法规以及《习近平谈治国理政》《习近平总书记重要讲话文章选编》《习近平总书记系列重要讲话读本》《知之深爱之切》等著作，并全面深入地学习了习近平总书记对河北、对唐山工作的重要讲话、重要指示。在学习过程中不断完善学习方法，组织党员开展专题讨论，交流学习体会，撰写学习心得，做好学习笔记，并进行答卷考试，开展知识答题和演讲比赛活动，将考试、竞赛结果作为对党员评先选优的重要依据，同时采取现场提问、现场观摩、查阅记录、走访座谈、巡回检查、随机抽查等形式加强对学习情况的检查督导，激发了党员干部学党章党规和习近平系列讲话的积极性，提高了学习效果。广大党员对党规党纪和习总书记系列讲话的精神实质、立意内涵有了深刻的理解和准确的把握，对党规党纪的基本内容和习总书记治国理政的新理念、新思想、新战略都能够牢记于心、外化于行，理想信念更加坚定，宗旨观念日益强化，纪律意识、规矩意识、责任意识、担当意识、争先意识不断增强，思想政治素养和理论水平显著提高。

四、坚持学做结合

在学习教育活动中，引导督促全体党员坚持学用结合，把“两学一做”学习教育与提高作业效率、创优服务品牌相结合，与完成公司发展目标、推动公司发展相结合，引导督促全体党员以“立足岗位扎实干、建功立业做贡献”为主题，积极参加“爱港口、献良策、齐创新、做贡献”主题实践活动，唱响“实干兴港”的主旋律，为港口发展献计出力，做到埋头苦干，勇于担当，奋发有为，建功立业，为加快综合型国际化大港建设步伐多做贡献。同时引导督促广大党员以争当新时代先锋、争做“四讲四有”合格党员为载体，广泛开展“党员示范岗”活动，在各项工作中充分发挥示范引领作用和先锋模范作用，认真履职尽责，努力争先创优。在坚定信仰、修身律己、遵章守纪、责任担当、干事创业等方面树立了标杆，做出了表率，以实际行动把党员的先锋形象树了起来。

五、注重问题整改

引导党员干部对照党章党规、岗位职责，认真查找自己在党性修养、理想信念、宗旨意识、思想觉悟、进取精神、组织纪律、工作作风、责任担当等方面存在的问题和不足，制定整改措施，列出整改清单，明确整改时限，并采取建立台账、挂牌销号、跟踪问效等办法，督导有关人员把理想信念模糊、宗旨观念淡薄、精神状态不佳、工作标准不高、工作干劲不足、责任担当不够、工作作风不实等问题整改全部及时地落实到位。做到聚焦问题不跑偏，扭住问题不放松，整改问题不拖延。

2014年11月20日，唐山港集团召开党支部工作交流会议

六、建立长效制度

把“两学一做”纳入“三会一课”、党员活动日、组织生活会、民主评议党员4项基本制度，将其融入日常，抓在经常，使“两学一做”学习教育内化为每个党员的自觉行为和价值取向，从而推动学习教育活动常态化、制度化，不断提升学习教育效果。

2016年6月30日，孙文仲被授予“河北省优秀共产党员”荣誉称号

第六节　十九大精神引路　新时代党建铸魂

2017年10月18—24日，中国共产党第十九次全国代表大会在北京隆重召开，中国特色社会主义建设进入了新时代，对党的建设提出了新的要求。集团党委就学习贯彻落实十九大精神提前谋划、统一部署、贯彻落实。

一、提前谋划　统一部署

2017年10月10日，中共唐山港集团股份有限公司委员会以“港党委字〔2017〕20号”文件的形式，印发了《关于开展“迎接十九大、宣传十九大，激发新干劲、创造新业绩”系列活动的实施意见》。

《意见》指出：“为喜迎党的十九大胜利召开，宣传贯彻好十九大会议精神，激发公司广大党员、干部职工红心向党、干事创业的热情，以党的十九大精神为指引，创造综合型国际化大港建设的新业绩，公司党委决定，在全公司范围内组织开展‘迎接十九大、宣传十九大，激发新干劲、创造新业绩’系列活动。”

中共唐山港集团股份有限公司委员会文件

港党委字〔2017〕20号

中共唐山港集团股份有限公司委员会
关于开展“迎接十九大、宣传十九大，激发新干劲、创造新业绩”系列活动的实施意见

各党支部、各单位：

中国共产党第十九次代表大会将于10月18日在北京隆重召开。党的十九大是全党、全国各族人民政治生活中的一件大事。为喜迎党的十九大会胜利召开，宣传贯彻好十九大会议精神，激发公司广大党员、干部职工红心向党、干事创业的热情，以党的十九大精神为指引，创造综合型国际化大港建设的新业绩，公司党委决定，在全公司范围内组织开展“迎接十九大、宣传十九大，激发新干劲、创造新业绩”系列活动。制定实施意见如下：

中共唐山港集团委员会关于开展“迎接十九大、宣传十九大，激发新干劲、创造新业绩”系列活动的实施意见

主要内容是：大力学习宣传习近平总书记系列重要讲话精神和治国理政新理念、新思想、新战略，教育引导广大党员干部和职工群众树牢“四个意识”，在思想上、政治上、行动上始终与以习近平同志为核心的党中央保持高度一致；大力学习宣传党的十八大以来党中央领导全党、全国人民取得的辉煌成就，教育引导广大党员干部和职工群众更加坚定“四个自信”，坚定信心跟党走，朝着“两个一百年”奋斗目标奋勇前进；大力宣传河北省、唐山市特别是我们公司自己近年来，在港口建设和经营管理方面取得的喜人成绩，教育引导广大党员干部和职工群众不忘初心、继续前进，着力推进“四大业务板块”协调发展、“五大管理体系”深度融合，为建设综合型国际化大港再立新功；全面贯彻落实十九大确立的新思想、新理念、新战略，让党的十九大精神在全港入脑入心、落地生根，转化为热爱港口、建设港口、发展港口的炙热情怀、冲天干劲和创新举措，教育引导广大党员干部和职工群众以十九大精神为指引，牢固树立机遇意识、发展意识、创新意识，以更大的热情、更高的标准、更实的作风，推进港口深水化、专业化、集装箱化、园区化、生态化，加快港口转型升级、跨越发展，为唐山早日实现“三个努力建成”、“三个走在前列”、建设国际化沿海强市贡献力量。

《意见》分两个阶段布置了九项重点活动：

从文件下发到十九大闭幕为第一个阶段，主要活动有：1.“喜迎十九大　五年辉煌路”学习教育活动。2.“喜迎十九大　永远跟党走”诗词楹联创作大赛。3.“喜迎十九大　书画寄深情”书法绘画摄影展览。4.“喜迎十九大　共筑大港梦”户外宣教活动。

从十九大结束到以后持续宣传贯彻为第二个阶段，主要活动有：5.学习十九大精神系列报告会。6.“贯彻十九大精神　创造发展新业绩”大家谈。7.“贯彻十九大精神　我为港口发展献一计”活动。8.“贯彻十九大精神　岗位建功展风采”活动。9.“贯彻十九大精神　建设国际化大港”演讲比赛等。

这九项活动，公司党委要求“公司各党支部、各单位务必高度重视、精心组织，动员干部职工积极参与，确保各项活动圆满成功。工作完成情况纳入各党支部和支部书记工作考评”，并成立了活动领导小组，党委书记、董事长宣国宝任领导小组组长，党委副书记金东光、赵长玺任副组长，公司各党支部书记为成员，保证了活动扎实有效地进行、实施。

二、集中学习　贯彻落实

2017 年 10 月 18 日，唐山港集团领导班子和广大基层党员干部集中收听收看了十九大开幕盛况，认真聆听习近平总书记代表十八届中央委员会向大会所作的工作报告。大家一致认为，习近平同志的报告站位高远、思想深刻、内容丰富、鼓舞人心、催人奋进。报告准确把握了我们党和国家发展的历史方位，提出了新时代中国特色社会主义思想，规划了实现“两个一百年”奋斗目标的战略安排，对于我们党高举中国特色社会主义伟大旗帜，决胜全面建成小康社会、开创新时代中国特色社会主义事业伟大胜利、实现中华民族伟大复兴中国梦、实现人民对美好生活的向往具有重大而深远的历史意义。大家表示，作为市属大型国有企业，要坚决同以习近平同志为核心的党中央保持高度一致，深入学习领会党的十九大精神，全面贯彻落实总书记报告所确定的新思想、新目标、新战略，抢抓重大战略发展机遇，不忘初心，牢记使命，按照市委提出的“树立工作高标准、干出发展新业绩”要求，加快建设综合型国际化大港，为唐山加快实现“三个努力建成”、奋力争取“三个走在前列”、建设国际化沿海强市做出新的更大贡献。

10 月 31 日，唐山港集团召开干部大会，学习传达十九大精神。集

2017 年 10 月 31 日，唐山港口实业集团、唐山港集团召开学习传达党的十九大精神干部大会

团中层副职以上领导干部 120 余人参加会议。集团党委书记、董事长宣国宝强调，全体干部职工要深入学习、全面理解、准确把握党的十九大的精神实质、丰富内涵和根本要求，切实增强“四个意识”，把思想和行动统一到党的十九大精神上来。作为国有企业，我们肩负着党和国家实现伟大梦想的神圣使命，也寄托着全体干部职工的殷切期待，我们要把学习贯彻党的十九大精神，作为一项重大政治任务，把十九大精神作为思想和行动的指南，通过十九大精神的深入学习与贯彻落实更好地推动综合型国际化大港不断前进。宣国宝提出四点要求：一是迅速掀起党的十九大精神学习高潮，把“四个意识”落实到港口工作之中。二是以十九大精神为指引，做好后两个月重点工作，确保全面完成今年各项目标任务。三是深刻领会贯彻十九大精神，贯彻好新发展理念，着眼加快综合型国际化大港建设，积极对接和融入国家“一带一路”、京津冀协同发展战略和省市发展战略规划，深入认真谋划安排好 2018 年各项工作。四是全体党员干部要强化责任担当，在各项工作中发挥带头示范作用，必须强化担当，忠诚企业，做十九大精神的忠诚实践者，做港口事业的示范引领者，以更加饱满的精神，更加昂扬的斗志，更加务实的作风，

推进大港建设不断取得新成就。

为推动兴起学习、宣传、贯彻党的十九大精神热潮，唐山港集团党委专门下发了《关于在公司全体党员干部中组织开展党的十九大精神学习培训和集中宣讲的通知》。按照通知精神，12月初，集团公司党委理论学习中心组带头组织学习，进一步在将十九大精神学懂弄通做实上下功夫。各党支部结合推进“两学一做”学习教育常态化、制度化，以“三会一课”为主要形式，组织党员学习十九大精神；灵活运用班前会等形式，广泛开展学习培训和宣讲下基层活动，推动十九大精神进班组进岗位。

2017年12月18—22日，唐山港集团党委组织开展十九大精神集中宣讲活动。公司领导深入各公司与党员干部面对面，重点从十九大的主题和主要成果、习近平新时代中国特色社会主义思想、过去五年的历史性成就和历史性变革、中国特色社会主义进入新时代我国社会主要矛盾的变化、两个一百年奋斗目标的战略部署、我国经济社会发展的重大战略部署、坚定不移推进全面从严治党等方面对十九大精神进行宣讲。同时，还对中共唐山市委十届三次全会精神进行了宣讲。

随着十九大精神学习培训和宣讲活动的深入开展，唐山港集团广大党员干部群众纷纷表示要牢固树立“四个意识”，更加紧密地团结在以习近平同志为核心的党中央周围，坚定不移沿着十九大指引的正确方向，奋力谱写综合型国际化大港建设的崭新篇章。

三、树牢“四个意识”　落实“两个维护”

中共十九大以后，唐山港集团党委持续掀起学习贯彻热潮，全力推进习近平新时代中国特色社会主义思想入脑入心，指导实践。公司党委多措并举教育引导全体党员干部和职工群众，牢固树立“四个意识”，坚定“四个自信”，落实“两个维护”，始终从思想上、政治上、行动上同以习近平同志为核心的党中央保持高度一致，确保党中央决策部署在港口落地生根结出硕果。按照中央和河北省委的部署，中共唐山市委、市国资委分别印发了《关于开好2017年度党员领导干部民主生活会的通知》，要求民主生活会重点从学习贯彻习近平新时代中国特色社会主义思想、执行党中央决策部署和上级党委决议决定、对党忠诚老实、担当负责、纠正“四风”、推动思想观念自我革命、廉洁自律七个方面查摆问题。

（一）严肃认真　精心准备

按照中共唐山市委通知的要求，公司党委专门制订了公司领导班子2017年度民主生活会方案。确定了民主生活会的时间、地点、参会人员、会议主题等，特别是要求全体参会人员做好会前学习研讨，为开好民主生活会打牢思想基础，并深入查找突出的问题，然后广泛征求意见，在此基础上撰写对照检查材料。

民主生活会方案制订后，首先进行了党委理论中心组集体学习，公司领导班子成员认真学习了习近平总书记在学习贯彻党的十九大精神研讨班开班仪式上的讲话及相关评论文章，学习了中共河北省委、中共唐山市委领导有关讲话。

在学习的基础上，党委书记与领导班子成员之间、领导班子成员之间围绕七个方面的问题开展谈心活动，进行了充分的交流，大家坦诚交流，直抒己见，相互之间不回避问题、不回避矛盾，一切从工作出发，开展谈心谈话，广泛征求意见，深入查找突出问题，诚恳地进行批评与自我批评，沟通想法，交流认识，发现不足，共同提高。

谈心活动后，公司领导班子成员按照衡量尺子严、查摆问题准、原因分析深、整改措施实的要求，从整改措施落实情况、个人事项报告、自身存在问题、原因剖析、整改措施等方面认真撰写对照检查材料，所有班子成员对照检查材料全部经过党委书记、董事长审阅，并按照党委书记、董事长提出的修改意见进行修改、完善、补充，真正做到了见人见事见思想、触动灵魂，确保了对照检查材料的高质量。

（二）开诚布公　对照检查

2018年2月10日下午，唐山港集团召开了2017年度民主生活会，会上，公司领导班子成员围绕市委要求的七个方面逐一对照检查。党委书记、董事长宣国宝代表领导班子作对照检查发言，并带头作个人对照检查发言。随后，班子成员逐一进行对照检查。大家本着对自己、对同志、对班子、对职工高度负责的态度认真查找自己存在的问题，深刻剖析问题存在的根源，进行批评与自我批评并提出了明确的努力方向。会议气氛严肃认真、对照检查全面深刻、自我批评真挚坦诚，达到了“团结—批评—团结”的目的。

参加生活会的唐山市国资委干部处的领导认为民主生活会程序规范，

思想、组织基础打得牢，较好地坚持了问题导向，刀刃向内，班子集体和班子成员问题查找得真、准、实，做到了把自己摆进去、把思想摆进去、把工作摆进去。希望在今后工作中，砥砺奋进，凝心聚力，继续发挥好党委的政治核心和领导核心作用，在唐山"三个努力建成""三个走在前列""两个率先发展"中，负起历史担当，继续发挥先锋作用。

党委书记、董事长宣国宝就进一步落实民主生活会成果提出了四点要求：一要带头树牢和践行"四个意识"，坚决维护以习近平同志为核心的党中央权威和集中统一领导。二要带头学习贯彻党的十九大精神和省市委全会精神，确保党中央、省市委重大决策部署在港口落地生根。三要带头弘扬勤政务实作风，持之以恒加强作风建设。四要带头严格要求自己，永葆共产党人清正廉洁的政治本色。以领导干部的带头示范，在全港上下营造风清气正的政治生态和干事创业的浓厚氛围，汇聚起高质量建设综合型国际化大港的强大合力。

（三）整改落实　取得实效

民主生活会后，针对本次民主生活会查找出来的问题，公司党委制定整改措施，形成了领导班子和领导干部个人整改清单。

通过 2017 年度党员干部民主生活会的召开，班子成员普遍感受到接受了一次深刻的党性教育，通过大家在会上的畅所欲言、推心置腹的交流以及党委书记、董事长的点评，对自己的不足也有了更透彻的认识。大家都认为批评与自我批评是解决党员干部思想问题的一把利剑，直接触及思想深处。通过民主生活会，班子更团结、气氛更融洽、思路更清晰、工作更有激情。大家表示今后一定戒骄戒躁，以实际行动为公司发展做出更大的贡献，为唐山早日实现"三个努力建成""三个走在前列""两个率先发展"贡献力量。

第七节　推进量化考核　创新党建管理

2017 年以来，唐山港口实业集团和唐山港集团以实施党建量化考核为重点，积极推进党建管理方式创新，在坚持党建定性评议的同时，突出了党建定量考核，对党建工作进行了归纳细化，并对大部分工作进行了具体量化，形成了一套科学、规范、完整，且颇具可操作性的党建工作考核标准，夯实了党建工作基础，提升了党建工作质量。

一、量化指标　严格考核

（一）先进党支部量化考核

先进党支部量化考核的具体内容有两方面：一是党支部工作量化考核内容。包括：发挥支部战斗堡垒作用、坚持党内制度、对党员的教育及管理和监督、做好发展党员工作、加强思想政治工作和精神文明建设、加强企业文化建设等 6 大类、30 个小项的内容。二是按照党支部工作量化考核赋分标准进行互评打分，根据评分结果推选先进党支部。对推选的党支部工作进行考核打分和排名，根据排名前后确定拟当选的先进党支部，报公司党委审定。

（二）优秀共产党员量化考核

组织各党支部按照业绩量化考核标准及差额选举的办法和分配名额推选优秀共产党员候选人，党委工作部按照优秀党员业绩量化评价标准对基层上报人选进行打分排序，并按照党员总数 5% 的比例确定当选优秀共产党员名单，然后组织评选工作办公室成员单位进行审核，最后报公司党委审定。

（三）优秀党务工作者量化考核

组织拟当选的先进党支部投票，推选出支部书记或专职副书记为人选的优秀党务工作者，党委工作部根据票数多少折算分值，然后组织评选工作办公室成员单位按得分高低从中评出优秀党务工作者候选人。再由公司领导对其进行最后打分，据此确定当选的优秀党务工作者名单，报公司党委审定。

（四）通报表彰先进

为纪念中国共产党成立 97 周年，深入推进“两学一做”常态化、制度化，2018 年七一前夕，唐山港集团党委开展了先进党支部、优秀共产党员和优秀党务工作者评选工作。经过实地考察、量化考评、支部互评、基层推荐、相关部门评审、集团复选等环节，经公司党委研究决定，对唐山港集团港机船舶维修有限公司党支部等5个先进党支部，李兆单等46名优秀共产党员，赵胜军等5名优秀党务工作者进行表彰。唐山港集团党委被中共唐山市委组织部命名为“唐山市基层党组织建设示范点”称号。

二、创新管理　提高水平

（一）创新党建思路

量化考核创新了党支部、党员发挥作用的评价机制，也创新了党建工作模式，走出了基层党建工作“软任务、软指标”的误区，实现了基层党建工作的创新发展。

（二）规范党建工作

量化考核实现了复杂的事情简单化、粗放的要求精细化、定性的指标定量化、抽象的任务具体化，促进了基层党建工作更科学规范、更扎实有效。

（三）增强创优意识

有了量化考核标准，由此实现了由“重结果”向“抓过程”的转变。同时使基层党组织、党员、党务工作者的创优目标更加清晰，知道应该做什么，怎样做，并从中看清了差距，明确了努力的方向。

（四）提高党建水平

量化考核设置了奖励加分项、惩戒扣分项以及9个“一票否决”项。一是为优秀共产党员设置了以基础分数为起点、由低往高每靠前1个名次增加1分的业绩量化评价标准加分项。二是按先进党支部评选排名为优秀党务工作者的人选分别设置了再加6至10分的加分项，以此作为优秀党务工作者参选的有利条件。三是在每季度或每月开展党建、党员教育、党员活动日活动以及坚持“三会一课”制度等项目评分中设置每少1项或每少1次分别减2分和1分的惩戒扣分项。四是设置9个“一票否决”项：对存在班子成员违反中央“八项规定”精神或其他违法违章违纪行为、受到党纪政纪处分、公司下达的主要任务指标没有完成、支部制度严重缺失、出现党员违纪违法或严重违反公司制度、因考察不到位致使从事“三业”人员和道德品质败坏人员进入党组织、严重违反社会公序良俗、被客户投诉调查属实、违纪受到公司党纪政纪处分等9类问题的基层党组织、党员、党务工作者在评先评优

工作中一律"一票否决"。日益完善的量化考核机制，使所有的党支部、党员、党务工作者备受激励，感受到了一种催人奋进的动力和不进则退的压力，由此营造了先进更先进、后进赶先进的工作氛围，从而更加积极作为，奋发有为，更好地开展工作，充分发挥战斗堡垒作用和先锋模范作用。

三、唐山港口实业集团第三次党员大会召开

2018年1月31日，中国共产党唐山港口实业集团第三次党员大会胜利召开。集团党委书记、董事长宣国宝作题为《不忘初心，牢记使命，为实现大港梦砥砺前行》的党委工作报告，号召公司全体党员和干部职工不忘初心，牢记使命，以党的建设为统领，以永不懈怠的精神状态和一往无前的奋斗姿态，朝着建设综合型国际化大港的宏伟目标奋勇前进。公司党委所属各基层党组织全体党员参加会议，市国资委党建工作处有关领导莅临指导。

宣国宝在报告中从公司党员思想教育、组织建设、制度建设、干部管理、企业文化建设等5个方面全面回顾了十八大以来公司党委的主要工作，并就今后一个时期党委主要工作提出要求：2018年是学习贯彻党的十九大精神的重要一年，是实施"十三五"规划承上启下的关键一年，是公司改革发展、转型升级的关键时期，我们面临新的机遇和挑战。公司党委的工作要紧跟时代脉搏，精心谋划、主动作为，切实将党建工作的独特优势，加快转化为企业创新发展的新动力；要坚持党对一切工作的领导，加强党建工作统领，全面深化党的政治、思想、组织、作风、反腐倡廉等建设。充分发挥各级党组织和广大共产党员主力军作用，夯实新时代党建工作基础，加强对群团工作的领导；强化新常态下党风廉政建设，落实党委主体责任和纪委监督责任；加强新形势下党员队伍建设，严格落实中央全面从严治党要求，充分发挥党员的先锋模范作用。

大会审议了公司纪委工作报告，审议通过公司党委工作报告的决议、纪委工作报告的决议和党费收缴、管理和使用的工作报告。

大会严格按照组织规定，通过无记名方式、差额选举产生了中国共产党唐山港口实业集团第三届委员会委员7名：宣国宝、张志辉、韩功千、董国兵、孟玉梅、于泳、刘树叁。选举产生了中国共产党唐山港口实业集团纪律检查委员会委员3名：董国兵、孙淑存、赵辉。随后，新一届党委

召开第一次全体会议，选举宣国宝为党委书记，张志辉、韩功千为党委副书记。新一届纪委召开第一次全体会议，选举董国兵为纪委书记。

四、唐山港集团第三次党代会召开

2018 年 9 月 27 日上午，中国共产党唐山港集团股份有限公司第三次代表大会在唐山港大厦召开。

宣国宝作党委工作报告。报告共分两个部分，第一部分：十八大以来党委工作回顾。第二部分：党委今后一个时期的重点工作。明确了今后一个时期公司党委工作的指导思想：深入学习贯彻习近平新时代中国特色社会主义思想和党的十九大精神，落实中共河北省委、唐山市委决策部署，忠诚肩负国有企业的政治责任、经济责任和社会责任，以推进落实公司“十三五”发展战略规划，高质量建成综合型国际化大港为目标，坚持党对一切工作的领导，全面深化党的政治建设、思想建设、组织建设、作风建设、纪律建设，充分发挥各级党组织和广大共产党员先锋模范作用，牢

2018 年 9 月 27 日，中国共产党唐山港集团第三次代表大会在唐山港大厦召开

记初心使命，强化责任担当，奋进新时代，展现新作为，谱写新篇章，为唐山加快实现“三个努力建成”“两个率先”做出新的更大贡献。

大会审议了《中国共产党唐山港集团股份有限公司纪律检查委员会工作报告》《中国共产党唐山港集团股份有限公司委员会党费收缴、使用和管理情况的报告》，并分组对三个报告进行了讨论，以举手表决的方式一致通过了三个报告。

与会党员代表审议通过了大会选举办法，以现场投票的方式差额选举产生中国共产党唐山港集团股份有限公司第三届委员会委员 7 人：宣国宝、张小强、金东光、赵长玺、李建振、单利霞、李顺平；选举产生中国共产党唐山港集团股份有限公司纪律检查委员会委员 5 人：金东光、蔺建勋、马志刚、陈晓军、裴俊先。随后新一届党委第一次会议选举宣国宝为党委书记，张小强、金东光、赵长玺为党委副书记。新一届纪委召开第一次会议选举金东光为纪委书记，蔺建勋为副书记。

第十七章
面向新时代 建强职工队伍

人，是企业发展的核心。让职工工作满意度增加、集体归属感增强、人人获得发展的机会，具有主人翁意识。职代会发扬民主，职工激发工作积极性，绩效考核挖掘潜力，定岗定编提高效率，人才选拔不拘一格……

京唐港区新时代的职工队伍建设，充满活力。

——题记

第一节　发挥职工主人翁作用

保障职工的民主权利，使他们享有知情权、参与权、表达权、监督权，开好职代会，充分发挥职代会的作用，是关键的一环。

一、发挥职代会作用

2009年以来，唐山港口实业集团、唐山港集团坚持每年召开职工代表大会，全面报告集团的工作，充分发挥职代会在加强企业民主管理、维护职工合法权益、巩固职工主人翁地位方面的重要作用。

（一）加强职代会的领导

职代会是民主管理的基本形式。公司不断加强职代会标准化、规范化建设，认真把好会前预审、会议召开、会后备案“三关”，重点掌握职工迫切期盼的问题，使职代会从准备到召开、从召开到结束，都做到程序规范、过程严谨、职工职权落实到位，充分发挥了职代会的民主管理、民主监督职能。职代会着眼激发、调动干部职工积极性和创造性，坚持从职工中来、到职工中去，全面准确地了解和掌握职工期盼的问题，把职工关注、关心的问题作为重点，提出科学合理、切合实际的方法，形成了企业与职工群众协商共事、机制共建、效益共创、利益共享的良好局面。

（二）开好职代会

按时召开职代会，制定并落实《职工代表大会管理办法》，促进企业民主管理。认真完成职代会提案的收集、分类和整理，以及提案的批转事宜。为了提高职工代表的参政议政能力，会前对职工代表进行专门培训，组织他们学习《工会法》《企业工会工作条例》以及《唐山港集团职工代表管理办法》等文件，提高职工代表的参政议政能力。此外以职代会为载体，加强工资集体协商、集体合同等各项民主管理制度建设，充分发挥职工代表大会的民主管理、民主监督职能，进一步规范民主程序，建立健全上情下达、下情上递的信息管理机制，推动民主管理制度化、规范化、科学化。

2010 年 3 月 19 日，唐山港集团第三届第二次职工（会员）代表大会召开

2010 年 3 月 30 日，唐山港口实业集团第一届第一次职工（会员）大会召开

（三）推进职工民主管理

完善职工民主管理制度。组织职工参与民主管理、民主决策，利用多种形式和渠道，向职工讲实话、交实底、亮实情，让广大职工知港情、参港事，使广大职工能够主动地关心企业命运，心系企业发展，充分发挥职工的主人翁作用。对事关企业发展和涉及职工切身利益的重大事项，都广泛征

求、听取职工意见，让广大职工在公司重大决策事项上真正参与意见、发挥作用。广泛征集职工提案，加强提案贯彻落实情况的监督检查，促进职工代表提案认真落实，做到条条有着落，件件有回音，保障了职工群众的知情权、参与权、表达权、监督权。对职工反映的问题认真处理解决，将职工的意愿和诉求，以及关心和关注的热点、难点、焦点问题及时向集团党委和领导班子反馈，尊重了职工的民主权益。

深入开展民主管理创先活动。按照上级工会统一要求，制订方案，健全机构，深入开展民主管理创先活动，取得较好成效，唐山港口实业集团、唐山港集团多次被评为唐山市厂务公开民主管理工作先进单位和民主管理示范单位。

二、接受职工群众监督

完善企务公开制度。唐山港集团按照《企务公开办法》完善企务公开的程序、形式、内容和方法。通过召开党政联席会议、中层干部会、局域网、内部报刊、橱窗、宣传栏、企务公开栏等形式和渠道，每季度及时公开企业发生的重大事项。内容涵盖了企业重大决策、干部选拔任用、薪酬分配、职称评定、大宗物资采购、工程招投标、财务收支状况、办公经费和业务招待费使用等生产经营管理的重大事项以及涉及职工切身利益的热点问题，做到应该公开的事全部公开，并定期更换公开栏内容。在公开程序上实行事前、事中、事后全过程公开，使职工能够全面及时、深入细致地了解唐山港集团的有关情况，充分保障了职工群众的知情权、参与权、表达权和监督权。职工的民主权益得到了有力的维护，民主决策、民主管理、民主监督权利得到全面落实，职工参与民主管理的积极性明显增强。

三、共享改革发展成果

（一）努力提高职工收入

确立工资集体协商机制，推行工资集体协商制度，以此持续推进员工年度增资，在企业效益提高的情况下，不断给广大职工增加工资。通过晋升岗位工资等级、增长效益工资、发放全员性奖励、实行工龄工资自然增长、启动企业年金等方式，不断提高职工的薪酬水平，职工收入逐年增加。

唐山港口实业集团、唐山港集团每年都组织职工进行体检。图为2016年职工体检现场

（二）不断提高职工福利待遇

落实“五险两金”和各项福利待遇，在养老、医疗、生育、工伤、住房等方面保障员工的切身利益。增加职工劳动防护用品，免费发放工作装；免费为职工清洗工装；免费就餐，提高就餐补贴标准，提高食堂饭菜质量；增加通勤车辆，购置高档通勤车，改善职工通勤条件；组织职工体检，开展职业病防治和重大疾病医疗互助，完善大病统筹；组织外出参观考察，组织先进职工分批赴北戴河休养；改善职工工作、生活环境，改善作业环境及办公和住宿环境，增加候工室，南办公楼整体安装空调，对老边检楼进行装修改造，建设公寓式住宿，建设设备设施齐全的单职工宿舍；启动职工住宅建设，帮助职工团购住房，增建职工低租金高档公寓，建设夫妻公寓，改造修缮公寓，完善职工公寓和住宅小区服务功能，实施公寓楼供暖、供水、淋浴系统改造工程；举办青年职工集体婚礼；招工向职工子女倾斜，不断提高职工的获得感和幸福指数。

（三）开展关爱职工活动

一是开展夏送清凉、冬送温暖、职工过生日赠送礼物活动。二是开展元旦、春节走访慰问活动，及时看望慰问生病住院或家庭出现特殊情况的职工。三是开展“三必谈、三必访”活动。四是开展困难职工帮扶工作，建立了困难职工档案，设立困难职工帮扶资金，对困难职工发放补助金，累计为困难职工发放帮扶救助款几十万元，把公司党委和经营班子的关怀及时送到作业现场职工和困难职工家中。唐山港集团被评为全国模范劳动

关系和谐企业，集团工会连续多年被评为全国和唐山市模范职工之家。

通过一系列关爱职工的举措，激励广大职工在各自岗位上勤勉工作，建功立业。

第二节　绩效考评　激发潜能

建立全员绩效考评制度，形成自上而下的责任链和压力链，激发了港口广大员工的工作积极性和责任感，形成了风清、气正、劲足和人人谋事、人人干事、人人干成事的良好工作氛围。

绩效考评制度不断充实完善，年年都有新内容。

一、绩效考评陆续展开

（一）加强绩效考核

2011 年，根据唐山港集团经营管理目标，将各单位的经营管理目标分解成指标，为每项指标设定评价标准，形成绩效责任书，组织公司各部门、分 / 子公司与集团总经理签订，并明确各单位的绩效指标与薪酬直接挂钩。

加强管理评审。组织集团各单位在公司管理评审会上进行绩效考评工作，评价取得的成绩，通过绩效考核把职工的思想统一到全面完成目标任务上来。

实施月度考核，按照要求每月组织信息收集部门对分 / 子公司进行考核，对考核结果及时统计，并报送薪酬管理员，保证员工效益工资及时发放。

（二）修正绩效指标体系

2012 年，结合唐山港集团实际，并学习其他单位的先进经验，对集团各分 / 子公司的绩效指标体系进行了较大的修改。依据公司经营管理目标，将各分 / 子公司的经营管理目标分解成 A、B、C 三类指标，并将 A 类指标分成高、中、低三个档次，各分 / 子公司绩效指标的高、中、低档选择

情况和目标实际完成情况与薪酬发放直接挂钩。新增职能部门工作任务考核、分/子公司年度核算。

组织实施对各职能部门、分/子公司季度绩效考核。汇总各考核部门绩效考核数据和加分、扣分情况，核算季度应发绩效工资，并针对绩效考核体系运行过程中出现的问题，提出改进措施。

二、不断加大考评力度

（一）签订《绩效责任书》

2013 年，在原有薪酬办法和绩效考评办法的基础上，对中层干部薪酬和绩效考核体系进行了优化和完善，发布了《中层干部薪酬和绩效考评办法》，进一步激励和发挥中层干部在唐山港集团发展中的重要作用。

组织签订各生产单位/子公司《绩效责任书》和《绩效责任书补充条款》，完善生产单位/子公司的绩效考核工作。

完善职能部门绩效考核体系，优化职能部门中层干部绩效考核模块及各评价者的权重，并依据各季度中层干部绩效考核结果，确定其下一季度的绩效工资。

加强对科长绩效的考核工作。各职能部门、生产单位和子公司按照有关方案对本单位科长进行绩效考核，在此基础上，每季度各单位向人力资源部上报科长的绩效考核结果，并写出评语，同时将绩效考核结果与科长评先、任免挂钩，使之增强危机意识，促进人才在唐山港集团内的充分流动，保障基层

唐山港集团与下属各职能部门、分/子公司签订绩效责任书

管理的准确、高效。

人力资源部收集、汇总各单位员工绩效考核历史数据，并进行公示，建立员工绩效考核数据档案，为员工晋升、调配等提供客观依据。要求职能部门各岗位编写本岗位的工作指导书和工作流程。人力资源部收集整理后，组织评比、修订和改进，找出各岗位的关键风险控制点，并进行重点把握，降低工作疏漏，提高工作效率。出台《关于推进落实职能部门员工绩效考核的实施方案》，逐渐完善员工绩效考核。结合信息中心开发员工绩效考核系统，制订周工作计划模块。要求职能部门记事岗位，通过信息系统，编写周工作计划和每日工作日志，作为上级领导考核员工的直接依据，提高员工考核的便捷性和准确性。要求有计件岗位的部门提报相关岗位的计件标准，并督促相关部门按计件方案进行考核。

（二）进一步完善考评办法

2014 年，进一步完善生产单位 / 子公司的绩效考核工作，主要包括以下四方面：一是在历年绩效考核基础上进一步梳理考核指标，突出考核核心指标和关键指标，兼顾辅助指标，使被考核单位清晰地了解本单位的核心价值，以及本年度的关注重点和努力方向。二是根据各单位的发展阶段，将考核指标分为核心指标、重要指标、保持指标三类。核心指标 1 ～ 2 项，由各单位主营业务决定，与各单位努力正相关、最能体现该单位对集团的贡献，设立高、中、低三档指标值，各单位自主选择；重要指标 1 ～ 2 项，由各单位发展阶段决定，为各单位当前的阶段性工作重点，可为创收性指标或控制性指标，该类指标有一定的历史数据积累、纳入考核具有可操作性，为得分指标；保持指标 1 ～ 5 项，针对各单位已发展成熟或控制得很好、但又不能疏忽的应维持一定水平，或该类指标的考核数据受人为因素影响较大的指标，设定一个期望值，高于期望值不加分，低于期望值扣分。三是创新重要指标的计算方法，使重要指标得分不但与当年完成情况有关，还与往年完成情况挂钩，避免鞭打快牛。四是监督每季度末各生产单位 / 子公司目标完成情况，及时对各单位因特殊情况出现的目标偏差进行调研、分析，完善生产单位 / 子公司绩效考核工作。

完善职能部门绩效考核体系，主要包括以下 5 个方面：一是体现集团重点工作层层分解，新设立重点工作考核。将集团工作层层分解，体现部门重点工作对集团工作的从属性，避免工作重心偏移。下半年，根据集团重点工作推进调整情况和上半年工作实际，各部门重新修订本部门重点工作，确保部门工作重心不偏不倚，始终体现集团重点工作。每季度各职能部门对重点工作完成情况进行绩效述职，分阶段对重点工作完成进度进行考核控制，保障全年重点工作顺利完成。二是改进OA系统任务考核。完善OA任务考核得分标准，改进不合理项，控制任务得分，避免考核偏差，使任务考核真正体现职能部门工作量。三是将原360度考核改进为下属培养和部门协作考核。取消分管领导评价，避免分管领导评价尺度不同带来的考核偏差，由总经理办公会、集团中层干部对部门协作进行评价，由本部门员工对下属培养进行评价。四是新增业务能力考核。每季度对职能部门中层干部进行业务考试，确保职能部门中层干部了解、掌握公司规章制度，提高他们执行、落实公司规章制度的能力和水平。五是监控、调研及分析绩效考核数据，持续深入地优化、完善集团绩效考核工作。每季度人力资源部监控各单位绩效指标运行情况，及时分析、调整绩效考核中的问题，确保奖勤罚懒，奖优罚劣，不断激发全员比、学、赶、帮、超的绩效精神。

创新员工考核方式，督导落实“记事”考核，主要采取以下3种方法：一是充分利用信息化高效、便捷、准确的特点，创新员工绩效考核方式，人力资源部结合信息中心开发了员工绩效考核系统，通过系统完成职能部门“记事”岗位员工绩效考核。二是制定考核办法，督导各职能部门建立健全员工绩效考核系统的“日确认、周评价、月统计”制度，确保员工绩效考核的顺利实施。三是组织各职

2014年10月28日，唐山港口实业集团、唐山港集团举办绩效考核培训

能部门优化、完善部门绩效考核办法，推动职能部门将员工绩效考核结果应用到工资分配、晋升、评先等方面，建立公示制度。

三、修订完善考评制度

（一）构建绩效考核体系

2015年，在各生产单位/子公司上年考核指标基础上，新增EVA指标，体现各单位的盈利能力及对集团的贡献率；收集各指标前三年相关数据进行分析，制定相应的考核指标控制线；结合各考核部门严格定义各项指标的计算方法，明确数据来源和统计口径，组织起草并签订《绩效责任书》。每季度末监督各生产单位/子公司目标完成情况，及时对各单位因特殊情况出现的目标偏差进行调研、分析，完善生产单位/子公司绩效考核工作。将集团工作层层分解，体现部门重点工作对集团工作的从属性，避免工作重心偏移，使集团上下形成合力。每季度各职能部门制订重点工作计划，分阶段对重点工作完成进度进行考核控制，保障全年重点工作顺利完成。同时将高管人员纳入考核范畴，构建自上而下的绩效考核体系，真正实现任务目标层层分解、层层落实的考核目的 。

（二）增加特色考核项目

2016年，绩效责任书中增加特色考核项，强化激励作用，对集团重点关注项目直接设定特色考核目标和激励办法。此外，各单位还可以通过业绩申报/合理化建议系统申报工作业绩、工作创新、工作亮点、合理化建议等，分管副总和总经理进行评价和赋分，根据评价和赋分情况计算各单位业绩/合理化建议得分，核算和确定特色考核指标绩效工资。

改进管理岗位员工考核方法。改管理岗位员工“记事考核”为“常规工作考核”和“合理化建议/业绩申报考核”，提高员工绩效考核工作的效率和可操作性，进一步将员工绩效考核落到实处。

（三）建立管理岗位考核体系

2017年，增加上级定性评价或评语，增加科长、班组长、各级人才、管理岗位员工的年度述职，增加绩效考核优秀、先进、劳模的年度业绩总结，纳入员工信息档案，推进人力资源管理系统绩效考核模块运行，初步建立具有唐山港集团特色的管理岗位考核体系。探索建立唐山港集团职能部门对各单位对应职能管理领域工作和对口专兼职岗位的考核体系，与考核工资、年度考核、评优评先挂钩，建立对应培训、待岗、转岗机制，激励各领域管理人员提高专业素质和能力水平，强化各领域职能管理的有效性和执行力。

创新绩效考核机制，探索实施项目制考核。充分发挥资源组合优势，提升集团综合服务质量和水平。集团抽调信息公司、通港公司、液化公司等单位的骨干力量，成立了集团网上服务区项目实施组，策划、推进、实施网上服务区相关工作。为进一步激发项目组人员的积极性、创造性，促进网上服务区项目组创新思路，充分利用“互联网+”思维、电子商务思维、信息化思维在业务升级、管理突破、资源整合、创造效益、提升服务等方面取得更大的成效，制订了网上服务区项目组2017年考核激励方案，根据网上服务区目标完成情况对项目组成员进行考核激励。同时，通过通港公司、信息公司、外供公司、液化公司等单位的大力配合、支持、协助，推进了网上服务区工作目标的实现。根据唐山港集团绩效考核原则，结合实际情况，对以上单位2017年绩效责任书中的“特色指标”进行了相应调整。

第三节　统筹调配人力资源

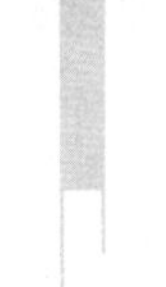

按照人、岗、事最优匹配的原则和从严从紧、科学合理配置人力资源的原则搞好定编定员工作，逐岗位核对定员标准，验证定员标准合理性及岗能匹配度，制定集团各单位20余种岗位的定员标准，优化现有岗位编制和用工模式，推进用工统筹，统筹使用各单位人力资源管理人员，充分利用、发挥现有人力资源价值。

一、定岗定编　最优匹配

分步推进定编定员工作，由生产岗到管理岗，由易向难逐步推进，达到节省人力资源、激发干劲的成效。

本着“由易向难、由无向有、有需求先定”的定编定员原则，从严从紧用人，优化现有岗位编制。2013 年，先后对第二港埠公司技术工艺科和理货科、保卫部保安队、港机船舶维修公司安质管控中心等单位的用人请示，出具了意见和建议。经初步测算，全年节省人力成本约 180 万元。

2014 年年初，结合唐山港集团发展需要，人力资源部制订了《液化公司操作类劳务派遣工选拔转为劳动合同工的实施方案》，本着公开、公正、公平的原则，经笔试、民主测评、面试等环节，最终有 57 人脱颖而出，正式转为劳动合同工。此次转工稳定了职工队伍，优化了用工模式，使广大劳务派遣人员坚定了信心，鼓舞了干劲。

同年，唐山港口实业集团和唐山港集团明确各类岗位定员标准，以装卸设备大量购置和专业煤炭公司、浩淼公司投产，通港公司和中检公司新成立为契机，整合、优化、调配公司人力资源，将操作技能要求低的天车司机岗位分离、外包，优化出 500 余人（包括劳动合同工 208 人、劳务派遣工 19 人、装卸工 276 人）到专业煤炭码头公司，优化出 22 人到浩淼公司，共计 850 余人的用工需求通过定编定员的优化整合配备到位，人工成本大幅降低，为下一步进行的员工薪酬体系改革奠定了基础。

唐山港集团清扫市场实行外包。按集团总体安排部署，人力资源部结合总调度室、各用工单位、劳务派遣公司、协力外包企业，为 98 名清扫设备司机办理了派遣单位转变的相关手续，进一步控制了劳务派遣用工岗位数量、用工规模，使集团用人结构更加合理、合法、合规。

天车装卸业务实行外包。改门机司机、天车司机混用为分设，解决了门机司机人力浪费、操作天车和操作门机的计件工资不平衡、第一和第二港埠公司门机司机工资不平衡等问题，大大节约了人力成本。

以 36 ～ 40# 泊位投产、26 台岸机设备购置、浩淼公司内部招工为契机，本着从严从紧、科学合理配置人力资源的原则，组织集团各单位开展定编定员工作，同时人力资源部深入到各子公司、生产单位、职能部门调研了数百个岗位，制定各单位定员标准，并在分析调研的基础上，制订优化、整合、调配现有劳动合同工、劳务派遣工、协力工的实施方案，按方案测算，为上述新增缺员岗位优化配置 200 余名劳动合同工、200 余名协力工，每年节约人力资源成本 2000 万元。

二、集团统筹　合理配置

2015 年出台了码头作业公司定员标准，经过与码头作业公司逐岗位核对，该公司定员标准正式发布。随后在该公司及其他相关单位广泛推行，极大地激发了各单位和各岗位员工的工作积极性。人力资源部持续关注部门间、岗位间工作量的差别，验证定员标准的合理性及岗能匹配度，加强各单位人员调配，科学合理配置人力资源。

进一步推进集团人力资源整合、优化。结合各单位用人需求变化情况，对女员工、老员工、劳务派遣工、协力工进行持续优化调配，充分利用劳动合同工，减少协力用工，节约人力用工成本。从运营保障部优化 24 名女员工到专业煤炭码头、保卫部室内倒班岗位；从集团各单位调配到物业公司 8 名临退休老员工、调配到中检公司 8 名操作员；从铁路公司、港机船舶维修公司调配到保卫部临退休劳务派遣工 4 人，铁路公司劳务派遣工、维修工减编 5 人，第一港埠公司优化临退休老员工 5 人，满足新增洗车台用工需求，合计优化劳动合同工和劳务派遣工 54 人。结合总调推进人力协力用工统筹和优化，2016 年压缩第一港埠公司、第二港埠公司协力用工 75 人，首钢码头公司内部满足新增环保协力用工需求 15 人，合计 90 人。对生产作业单位（含人力协力队）和保卫部值守性岗位进行了全面的摸底调研，为唐山港集团人力资源持续优化做准备。

继续推进定编定员工作。在 2015 年发布码头作业公司定员标准的基础上，2016 年编制、发放了液化公司、董事会秘书办公室、国贸公司、通港公司、中检公司等单位的定员标准手册。根据发展实际，初步确定了唐山港集团业务部和作业公司业务科岗位编制。结合集团电力调度中心建设，优化运营保障部供电科岗位编制。

2017 年，组织开展了唐山港集团安全环保领域的岗位调研，并形成了定编定员以及相关职责、人员优化方案。按照优化方案，安全环保领域减编 45 人，并优化调配老员工、特殊情况员工 20 余人次。同年，组织开展了外理公司和集装箱公司集装箱码头理货相关岗位的调研，形成了定编定员以及相关职责、人员优化方案。同年 6 月份协调组织外理公司和集装箱公司完成了第三港池北岸线集装箱码头理货业务整合工作，减少用工 30 余人。

第四节　优化员工队伍结构

面向社会，搞好招聘、竞聘、选拔，优化员工队伍结构，不断为公司发展注入新鲜血液，是企业长盛不衰的原动力。

一、搞好员工招聘

2009年，主要生产岗位调编定岗，完善组织机构，面向社会公开招考，选录多批员工充实生产一线，为公司发展注入了新鲜血液。

2011年，推行市场化招聘用工模式，招聘船员35名，招聘门机司机、机修工、三副及以上船舶驾驶人员200人，招用各类工种劳务派遣人员260余人，充实了生产作业队伍。

4月，招聘60名门机司机。6月，人力资源部协助港机船舶维修有限公司招聘技术员、维修电工等岗位45人，为整合第一港埠公司、第二港埠公司、首钢码头公司的维修工作做好准备。

9月，为首钢码头公司通航输送必要的工作人员，人力资源部组织了面向社会的大规模招聘，有1200多人参加报名，经过资格审查、笔试、面试等环节的层层筛选，最终录用200人，从而充实了集团一线人员的队伍，为首钢码头的顺利通航奠定了人才基础。

这一年，先后从南开大学、对外经济贸易大学，北京交通大学、中央财经大学、北京科技大学、天津大学、吉林大学、大连理工大学、大连海事大学、哈尔滨工程大学、哈尔滨工业大学、集美大学、东北大学等985、211重点高校中招聘人才169名，引进、储备了一大批优秀人才，为集团的长远发展奠定了人才基础。

2012年，严格按照招聘程序，依次经过发布公告、组织报名、资格审查、笔试、体检、面试等选拔流程，为用人单位招聘劳动合同工65人，接受劳务派遣工90人。这些人分别被分配和派遣到拖轮公司、保卫部、液化公司、物流公司、物业公司、港机公司、第一港埠公司、第二港埠公司等单位，充实了需求岗位的工作力量，保障了集团生产作业的顺利进行。

2013 年，到大连理工大学、大连海事大学、吉林大学、哈尔滨工程大学、哈尔滨工业大学、集美大学等高等学校组织多次专场招聘会。经过简历初选、面试等环节后，共有 66 人与公司签订了就业协议。于 7 月份陆续充实到唐山港集团各相关对口岗位。

2014 年年初，人力资源部在征询公司各单位意见的基础上，制订了人力资源需求计划，并按计划要求到大连理工大学、吉林大学、哈尔滨工程大学、哈尔滨工业大学、东北大学等高等学校组织了多场专场招聘会，共有 23 人与公司签订了就业协议。此批人才于 7 月份陆续充实到公司各相关对口岗位，缓解了公司人才紧缺局面，成为公司重要人才储备，为集团的长远发展奠定了基础。

二、搞好干部竞聘

2009 年，创优干部选聘机制，增加民主评议、差额票决程序，完成了第三届董事会任期的中层干部聘任。同时帮助协力队伍整编建制，组织班长竞聘，完善指挥长、舱长岗位，协力单位整体素质进一步提高。

2011 年，实行公正透明的干部选聘机制，提拔 8 名管理人员进入中层干部队伍，并在唐山港集团范围内公开组织科长竞聘，113 名原主管和普通员工通过公平竞争走上科长岗位。

2012 年 11 月 5 日，煤炭公司按照依法依规、公平公正、公开民主、平等有序的原则和公开报名、资格审查、组织竞聘者演讲答辩、打分评定、组织考察等竞聘程序，完成了部分中层干部的竞聘上岗工作。

随着京唐港区的快速发展，各职能部门、生产单位和控股子公司的基层管理干部队伍不断壮大。为更好地选拔、聘用、管理和使用唐山港集团的基层管理干部，2013 年，人力资源部组织起草、出台了《科长选拔聘用管理办法》和《科长岗位竞聘工作方案》。

2015 年年初，以专业煤炭码头主管竞聘为契机，人力资源部结合党委工作部，创新干部选拔竞聘机制，引入笔试、综合评价等创新选拔环节，将绩效结果、评先结果、技术比武结果、技术创新结果、日常奖惩结果、QC 项目结果等日常表现和参聘人员对公司制度文件、企业文化的掌握熟悉程度作为参聘人员能否胜任岗位要求的定量评价指标，规范干部选拔任用程序，开展干部任前谈话，取得了良好的创新示范效果，用人单位选拔到了岗能匹配的人才，全体员工明确了发展方向，激发了干事创业的热情。

6月29日，唐山港集团经过竞聘报名、资格审查、演讲答辩、打分评定、组织考察等程序，完成了中层副职干部竞聘工作。此次竞聘涉及行政事务部副部长等22个职位41个职数。唐山港集团领导对此次竞聘工作十分重视，专门成立了以孙文仲董事长为主任的中层干部竞聘委员会。竞聘报名工作自6月19日起至20日结束，6月23日完成民主确定23名候选人。24日，唐山港集团举行了第一批次中层副职干部竞聘演讲答辩会。

12月28日，公布了第二批科长竞聘方案。此次集团共设置153个科长岗位、174个科长职数，分两个批次进行竞聘。竞聘工作得到了来自集团各领域、各岗位职工的积极参与。经资格审查，最终确定了262名职工符合竞聘条件，进入竞聘演讲答辩环节。竞聘工作小组根据演讲答辩得分和综合评价得分形成最终成绩，然后对成绩达标者进行考察，确定拟聘人选，进行公示。对公示结果不影响聘任的，经唐山港集团党委会审批后，履行相关聘任手续。

2015年12月18日，唐山港集团启动科长竞聘工作

通过科长竞聘这一平台，22名有思路、有作为的优秀员工走上了科长岗位。

改进干部考核和选拔任用机制。在干部选拔任用方面，把德才兼备、

2018年4月9日，唐山港集团举行部分中层副职职位竞聘民主确定候选人演讲答辩会

群众公认作为标尺，实行民主推荐、公开竞聘、民主测评、公开公示、组织考察、集体票决、任前谈话等组织程序，增强选拔任用过程的公开性和透明度，为用人单位选拔到了岗能匹配的管理人才，一大批有才华、有作为的员工先后走上了科长岗位。同时建立能上能下、能进能出的人才流动机制，使能者上，平者让，庸者下，劣者汰，激发了受聘者干事创业的热情，营造了“人人想干事、能干事、干成事”的良好氛围。

三、搞好人才选拔

唐山港集团高度重视人才的培养、引进、考评、激励工作，大力实施“人才强港”战略，着眼综合型国际大港建设，不断加强人才管理，打造人才成长的平台。同时出台了《人才选拔激励办法（试行）》，量化职工业绩、成果、贡献，拓展了职工的成才通道，营造争创先进、追求卓越、积极向上的氛围。此外，从2011年开始，深入985、211等重点高校筛选人才，调优人才结构，加强人才储备。

2012年，完善人才选拔、激励机制，出台了《人才选拔激励办法》，第一年就有200多名员工申报了管理创新、制度完善、技术革新等十多个方面、上千项的业绩成果，有60余名员工通过选拔和评审，被聘任为公司级人才，享受了人才津贴，广大员工有了建功立业、实现自身价值的广阔空间。

2014年，按照《人才选拔激励办法》，对人才进行定期申报、评审、选拔，以及人才选拔分级管理，并给予工资和企业年金方面的待遇，其中一级人才享受中层干部的工资待遇。同时，通过每年开展技术比武，评选技术、业务能手，开辟人才晋升的第二条通道，给予精神和物质奖励。

2015年，按照《人才选拔激励办法》的相关规定，通过单位申报，人力资源部会同安全质量环保部、行政事务部、工会、财务部、技术管理部等多个部门进行联合复审，出具复审意见等环节，层层选拔，对2014年人才及2012年任期已满的人才进行了最终票决评聘，这次聘任一级人才1人、二级人才8人、三级人才7人、四级人才38人，为京唐港区的发展留住了人才，为员工成长搭建了通道。

为进一步加强京唐港区人才培养、使用和激励，建立优秀人才脱颖而出的长效机制，拓展员工成才通道，本着不拘一格选拔人才的方针，对《人才选拔激励办法》进行了修订，细化了原管理办法中人才级别、人才津贴及人才赋分办法等内容，并按修订后的办法组织了2015年度人才评审材料的申报、复审等工作，保证了港口人才的顺利选拔、晋升。

2016年对2015年选拔的人才进行了最终票决评聘，本次聘任二级人才2人、三级人才10人、四级人才27人、五级人才50人。2017年对2016年人才进行了最终票决评聘，本次共选拔聘任二级人才7人、三级人才13人、四级人才32人、五级人才63人，共115人。

第十八章

全员齐创新 培育新动能

创新——引领企业发展的强大动力。

为了适应不断发展的外部环境，企业必须树立新的经营观念。有针对性、全员性、多种形式的培训是创新的前提；积极参与各级竞赛比武，是创新的舞台；大量创新成果的获奖和在实践中的应用，是创新的必然。

——题记

第一节　加强技术培训　提升创新能力

技能的提高，是创新的基础。2009年以来，唐山港口实业集团和唐山港集团有计划地通过多种形式、多种渠道进行员工培训，造就了人才，也为全员创新提供了条件。

一、因人而异　定向培训

（一）入职和岗前培训

2011年，唐山港集团人力资源部在新员工入职伊始，就对他们进行了公司概况、发展历程、安全管理、质量管理、人才选拔办法、奖惩条例、保险管理等公司管理体系及相关制度的培训，帮助新进员工了解公司概况，熟悉工作环境及相关制度，尽快进入岗位角色。2012年，拖轮公司组织新员工开展为期5天的岗前培训，使他们尽快熟悉公司的工作流程和规章制度，提高自身素质，尽快适应岗位需求。同年，煤炭公司企管部对新进员工进行入职培训，使新员工了解公司的组织机构和运行流程，掌握岗位技能。

（二）岗位和工种培训

2009年以来，人力资源部不断组织一些岗位和工种的技术培训，主要包括：中高层管理人员、班组长、普通员工、新员工、门机司机、铲车司机、卸船机司机、采购员、业务员、内审员、安质员、信息员、通讯员、业务员、体系运行员、行政秘书等。培训内容以员工所在岗位、所属工种为主，主要是：安全管理、质量管理、预算管理、金融管理、现场管理、生产管理、业务管理、绩效管理、采购管理、精细化管理、人力资源管理、风险防控、现代物流、电子商务、证券市场、投融资、招投标、财会、法律、内控、环保、信息化、互联网、电钳工、电气、设备维护保养、生产工艺、经营策略、水运工程、智慧港口、企业文化、职业发展、励志教育等，在培训之后，进一步加强培训效果检验，确保培训质量，使参训者通过培训切实提高了综合素质、管理水平和工作技能，为港口培养了各领域的专业人才，适应了港口快速发展和转型升级的需要。

2016 年 3 月 29 日，唐山港集团举办“高效会议培训”班

（三）管理人员培训

首先加强职业经理人培训。为使广大中层干部知识结构、管理技能满足港口发展需要，2011 年，人力资源部组织唐山港集团 16 名中层干部，利用周末时间分 4 次赴北大参加课程培训，通过知名管理专家独特的视角、超前的思维意识和先进管理技巧的传授，促进了干部思维方式的转变和知识结构的完善。经调查，大部分学员对课程设置和授课效果接受程度良好，达到了提升中层干部综合素质的目的。此类培训，每年都要根据需要举办。其次加强管理干部培训。2012 年，第一港埠公司举办首期管理干部培训班，该公司班组长以上管理人员、生产单位经理、值班队长、各部门、各单位业务骨干 50 余人参加了培训，使这些管理干部和业务骨干提高了政治素质、思想素质和管理技能，提高了分析、解决问题的能力。2015 年 8 月至次年 7 月，为了将集团绩效管理落到实处，引导全体干部积极思考绩效考核新员工激励和

2015 年 8 月 26 日，唐山港集团人力资源部组织开展“中层干部讲绩效”系列培训

管理工作，给全体干部提供学习、交流、借鉴的平台，人力资源部组织了“中层干部讲绩效”系列培训，共组织17场，覆盖集团所有单位、所有职能部门、子公司一把手，1600余人次参训，极大地推动了绩效考核方法的推广传播和相互学习借鉴，促进了集团绩效文化建设和绩效精神的塑造。

（四）专业人员培训

2012年，首钢码头公司邀请唐山港集团党委工作部新闻中心编辑记者对通讯员进行了新闻宣传、写作专题培训，使他们提高了新闻写作水平，更加胜任公司的新闻宣传工作；外理公司举办了理货业务技能培训，使理货科工作人员提高了专业技能，为加快外理公司人才储备奠定了坚实基础；煤炭公司组织内控体系建设专职人员参加内控体系培训，使专职人员提升自身的专业技能；拖轮公司组织开展全体职工大培训活动，提高了他们的整体业务素质；港机船舶维修公司在本单位培训中心举办第三期班组长及后备人才培训，使班组长提升了自身素质和管理水平；第二港埠公司组织开展QC小组知识培训，使QC小组成员提高了工作质量和服务质量；矿石码头公司卸船部组织对新招收的24名卸船机司机进行培训，使其尽快熟悉工作流程，熟练掌握操作技巧，尽快达到上岗标准；第一港埠公司组织开展安质员培训，帮助各位安质员提高安全管理水平；唐山港口实业集团投资管理部组织开展了部门常用应用文种写作能力专题培训，使员工提高了应用写作技巧；拖轮公司组织高级船员参加了培训，使他们熟练掌握海事部门船舶安全检查的标准和内容，顺利开展各项工作；2014年，液体化工码头公司组织业务人员及协管员参加登轮业务培训，使他们增强了守法意识。该公司同时举行了港口设施保安知识培训，使港口设施保安人员提升了综合素质；港机船舶维修公司对38名新招聘劳务派遣电工进行入职培训，使新员工提高了业务素质；信息中心在大厦培训中心对集团各单位专兼职信息员进行了一次信息技术知识培训，使他们提高了计算机软硬件及各信息系统的基本维护知识和技能；煤炭公司组织开展了班组长、职工代表、工会小组长专题培训，使他们提升了综合素质和管理水平。

二、形式多样　覆盖全员

2009年以来，唐山港口实业集团、唐山港集团为了提高员工整体素

质，不断拓展培训形式，分别采取入职培训、在岗培训、外派培训、沙盘推演、拓展训练、培训班、研修班、中层干部授课、外聘讲师授课、网络大学课程学习等多种形式，组织开展了一系列专题培训。

（一）外聘讲师培训

为帮助集团公司科长及以上管理人员树立正确的职业生涯规划，2015年2月底，人力资源部组织了“实战型职业生涯规划”培训。聘请北京家和业咨询有限公司总经理、职业生涯辅导师冯燕硕士主讲，就职业经理人必备的职业素养，如何树立正确的思维模式，制订职业生涯规划等内容进行了深入浅出的讲解，100余名科长及以上管理人员参加，提升了集团中层干部的经营策略与执行水平。6月下旬，人力资源部聘请人众人王伟东老师及其团队进行“经营策略与执行”沙盘推演培训，54名中层干部参加培训，得到了良好的培训效果。为提高基层班组长的组织能力、协调能力和执行效能，聘请海尔高级研学专家王致远老师进行“现代企业班组精细化管理与高绩效建设”培训，各单位班组长100余名参加，得到参训人员好评，收到良好的培训效果。同年，通过外聘讲师的方式组织了电子商务、金融投资融资、法律风险防控、内部招投标、领导干部警示教育等多场培训，参训人员达600余人次。

2016年8月3日至5日，唐山港集团聘请中国船级社质量认证公司培训专家开展全面风险管理相关知识培训

（二）组织外派培训

针对急需的、专业技能要求较高的项目，或聘请专家来港授课，或委派骨干人员外出培训学习，努力提升员工专业技能。

2011年，唐山港集团组织员工进行外派培训，其中拖轮公司共有8人参加船员资格证书培训；集团7名中层干部参加水运工程评标专家培训、27名技术人员参加设备监造培训；保卫部2名员工参加港口设施安保培训；集团3名员工参加中国质量协会QC小组活动培训、2名员工参加河北省安全生产培训院安全管理培训；人力资源部2名员工参加保险法培训；集团7名员工参加电工进网作业许可培训；投资发展部1名员工参加交通运输能源统计培训；集团1名员工参加设备点检培训；安质部3名员工参加安全生产管理培训；安质部1名员工参加安全生产标准化、隐患排查、应急体系建设培训；人力资源部组织集团18名211生源新员工参加北京人众人拓展训练，截至11月底，共计55人次。

2013年，组织维修人员分3批次、共17人到厂家培训基地进行培训，提高了大型装卸设备维修人员的技术水平。通过一系列培训为集团转型升级起到了积极的推进作用，也为集团确立健康的发展模式和发展方向提供了基础保障。

（三）中层和科长授课

为进一步提高中层、科长表达和组织能力，最大程度提高部门员工素质，2011年，人力资源部组织中层科长授课，每半年各单位中层授课不少于3学时，每位科长不低于2学时。上半年人力资源部组织各单位中层科长共授课192次，下半年共授课174次。中层科长授课知识点贴切工作实际，培训对象覆盖集团全体员工，对于集团广大干部、职工素质的提高和打造学习型组织起到积极促进作用。

（四）网络大学课程学习

2011年组织唐山港口实业集团全员和唐山港集团中层以上领导参加唐山市国资委的网络大学课程学习。2011年网络大学学员共73名，其中高管11名、中层62名，为保障学习效果，唐山港集团精挑细选，多措并举，加强组织管理。人力资源部安排必修课4次，按时统计学员的学习进度和学习情况，在每季度最后一个月下旬对没有完成学习任务的学员进行提醒，并在每季度对学员学习情况进行统计，全年累计学时达1937学时。2014年拓展网络大学课程学习。组织集团中层以上领导参加唐山市国资委的网络大学课程学习。同时扩大范围，从网络大学中选取了各类管理课程纳入各单位班组长培训中来，组织各单位班组长学习了《如何管理员工、管理团队》《如何当好班组长》《如何进行上下级沟通》和《与领导相处之道》等网络课程。人力资源部每季度安排1次必修课，按时统计学员的学习进度和学习情况。在此基础上，人力资源部还积极推进员工岗位的网络学习课程，丰富网络学习内容，为采购员、业务员、安质员、体系运行员及行政秘书人员量身定做了相关课程，安排了《采购管理技巧》《采购谈判的议价技巧》《现场管理与生产安全》《质量管理》《如何与客户沟通》《如何发掘客户需求》等十几项学习内容。员工们普遍反映学有所获，受益匪浅。采取员工培训与网络学习相结合的方式，不仅丰富了培训内容，提高了培训质量，也提升了员工的综合素质，2014 年网络大学培训人员达 400 余人次。不仅提高了培训质量，还为促进集团向现代化管理水平不断迈进奠定了基础。2016 年推进员工网络大学学习，丰富员工培训内容。为了更好地利用网络大学学习平台，最大限度地拓展学习资源，并使优质学习资源在公司内部得到共享，人力资源部组织各单位根据本单位培训需求，有针对性地分别制订了针对科长、员工的网络大学学习计划，由各单位组织普通员工进行学习，更好地丰富了员工培训内容。继续实施干部职工网络大学教育。组织集团中层以上领导参加唐山市国资委的网络大学课程学习，每季度安排 1 次必修课，按时统计学员的学习进度和学习情况。

（五）“羊皮卷励志培训”

2012 年创新培训模式，组织“羊皮卷[①]励志培训”下基层活动。7 月初至 8 月底，人力资源部和集团团委从一港埠公司、二港埠公司、港机船舶维修公司、运营保障部、财务部、液化公司等 6 家单位选拔 14 名员工在唐山港大厦和南办公楼的青年之家等场所进行培训，共组织 20 余场“羊皮卷专场励志培训”，集团公司 70% 的员工参加了学习培训活动，将知识送到码头前沿，真正起到了“学习一小时、受益一辈

2012 年 7 月 25 日，唐山港集团举办励志培训

① 《羊皮卷》是 2009 年长江文艺出版社出版的励志图书，作者奥格•曼狄诺。《羊皮卷》所辑录的 11 本书的作者都是近 200 年来美国各个行业中的成功人士，他们根据自己的经历，循循善诱地向世人告知成功的秘密以及由之所带来的幸福生活的意义。

子”的积极作用，授课内容贴切工作实际，得到了员工的一致好评。

（六）校企合作培训

2016年，推动培训方面校企合作，搭建专业技术人才培养平台。组织港机船舶维修公司、专业煤炭码头公司、矿石码头公司、煤炭公司、液化公司、物业公司、铁路公司、二港埠公司、运营保障部86名员工分2批次到唐山工业职业技术学院参加电气专业培训。为增强培训效果，培训前组织相关单位人员到学校调研，确定培训内容和培训方式。培训采取理论知识、案例分析和实际操作相结合的方式，培训结束后在校进行实操考试，回单位后又组织了理论知识考试，保证培训取得了良好的效果。邀请唐山工业职业技术学院焊接专业德国外教来公司对港机船舶维修公司21名焊接技术骨干人员进行焊接培训，重点培训了港机船舶维修公司目前较薄弱的不同材质的焊接技术工艺方法及防范措施等，极大地提高了集团员工的焊接技能和焊接作业标准化水平。为确保培训效果，培训前邀请德国焊接专家到港机船舶维修公司进行了现场调研、交流，了解港机船舶维修公司目前技术水平、遇到的技术难点，制订了有针对性的专业技术培训方案。

2016年4月，唐山港集团人力资源部组织电气类员工到唐山职业技术学院进行相关知识培训

（七）高校高级研修班培训

2013年6—9月，唐山港集团与中共中央党校干部教育学院成功合作，组织了309名管理骨干、分4个批次到中央党校培训学习。

每期培训班为期7天，开设14门课程，主要包括“新形势下中国对外经贸发展的战略调整”“改革开放的历史进程及其基本经验”“企业文化与企业竞争力”“领导干部如何面对新闻媒体”“中国古代官德修养与治国理政”“系统思想与创新能力”等涉及基础理论、业务知识和素养技能的专题。培训班组建强大的师资阵容，聘请中央党校、清华大学、中国人民大学、中央财经大学等知名教授、专家、学者为学员授课。

6月25日上午，第一期培训班开班仪式在中央党校教学楼举行，中央党校干部教育学院巡视员、原院长赵理文，唐山港口实业集团、唐山港集团董事长、党委书记孙文仲，唐山港集团总经理宣国宝出席开班式并讲话。赵理文在开班式上，向学员介绍了中央党校干部短期培训工作的性质、特点，以及此次培训的基本情况，并提出三点期望，鼓励学员们认真学习、交流探讨、学以致用。孙文仲在讲话中说到，唐山港集团公司的管理骨干能够到中央党校学习，机会难得，应倍加珍惜和努力学习。他希望通过培训，提高各级干部的管理能力和自身素质，并对所有学员提出培训期间的纪律要求。

2013年6月25日，唐山港集团骨干管理人员第一期培训班开班仪式在中央党校教学楼举行

2016年，选拔四大板块相关人员参加高级研修班学习，选派相关部门中层干部、科长、员工共26人，分两批次参加中国对外经济贸易大学、中国人民大学和清华大学的证券市场与金融投资、国际法学、金融企业管理与投融资、现代物流、人力资源管理、“互联网+”与企业转型创新等专业的高级研修班，为唐山港集团培养法律、金融、财务、人力资源、物流、“互联网+”等管理领域的专业人才，适应集团快速发展和转型升级的需要。2017年，充分利用培训资源，组织员工参加重点高校高级研修班。组织员工参加高等院校公开课，包括：人民大学人力资源课程2门，对外经济贸易大学金融财会课程4门、物流专业课程5门、法律专业课程2门，共30余人次。

第二节　组织技能竞赛　锤炼创新骨干

2009年以来，唐山港口实业集团和唐山港集团通过组织职工职业技能竞赛、技术比武等活动，着力提高职工队伍素质，并将技能竞赛、技术比武与生产实践相结合，激发了广大职工学技术、比技能的积极性。

一、港内竞赛　小试牛刀

2009年11月20日，京唐港区举办职工技能竞赛

2012年11月13日，唐山港集团年度职工职业技能竞赛全面展开，有第一港埠公司、第二港埠公司、拖轮公司、外理公司、港机船舶维修公司、矿石码头公司、液体化工码头公司、运营保障部、财务部等10个部门的员工参加。共设门机司机、门机电工、门机钳工、维修电工、船舶驾驶员、轮机机工、理货员、化工操作工、会计等15个项目。

2013年10月31日，唐山港集团年度职业技能竞赛拉开帷幕。本届竞赛共设门机司机、门机电工、门机钳工、维修电工等18个工种项目。多年来，唐山港集团以“职工职业技能竞赛”为载体，为职工提供展现自我的舞台、超越自我的平台、自身成长的通道，全面提高职工队伍的整体素质。

2014年1月10日，唐山港集团年度职工技术比武活动正式拉开帷幕。此项活动设有门机司机、门机电工、维修电工等22个竞赛项目，采取理论考试和实际操作相结合的方式进行。获得门机司机、门机电工、门机钳工、维修电工、船舶驾驶、化工操作工、卸船机司机等8个竞赛项目第一名的员工被授予技术能手称号。

2015年，唐山港口实业集团和唐山港集团组织了有史以来规模最大、参赛人员最多、项目设置最齐全的一次职工职业技能竞赛，此次竞赛共设6大类、29个竞赛项目，共有1400多人参赛，经过严格的理论考试和实际操作，最终111人取得名次，极大地调动了职工学技术、练本领的积极性，为唐山港口实业集团和唐山港集团培养一支高素质的技术员工队伍起到了较好的促进作用。

2016年10月，唐山港口实业集团、唐山港集团联合组织开展的年度职工职业技能竞赛正式拉开帷幕。这次竞赛设置门机司机、门机维修电工、化工操作工、船舶驾驶员、理货员、指导员等6大类、31个项目，采取理论考试和实际操作考试双百分制，理论考试成绩占总成绩30%，实际操作成绩占总成绩70%的赛制进行。每个单项设一、二、三等奖，其中获得门机维修电工、专业码头维修电工、钳工、船舶驾驶员、化工操作工等10个项目第一名的选手被授予技术能手称号。

2018年10月19日，有各工种参赛选手近400人参加的“唐山港集团2018年职工职业技能竞赛”现场

一年一度的职工职业技能竞赛为京唐港专业技术人员搭建起了展示才能、切磋技艺的平台，为推动创新工作再上新台阶积蓄了专业的人才力量。通过技能竞赛活动的开展，进一步提升了员工业务素质，发现和培养了一大批技术能手和业务尖子，带动了两集团专业化职工队伍建设，形成了一支技术水平过硬、基本功过硬、服务水平过硬、工作作风过硬的职工队伍。

二、市级竞赛　切磋技艺

2015年3月16日，“2014中国技能大赛暨唐山市第十五届职工职业技能大赛”比赛结果揭晓，唐山港集团参赛员工在比赛中取得了优异成绩。港机船舶维修有限公司职工侯志方荣获大赛技术状元荣誉称号；周林华荣获优秀技术能手称号；冯兴、王文广分获技术能手称号。本次比赛设置数控机床加工、维修电工、化学检验工等17个工种项目，全市共有65.8万名职工参加，1200人进入决赛。组委会按照大赛规定，对各工种总成绩前十名的选手进行表彰，为获得技术状元和优秀技术能手称号的选手荣记振兴唐山二等功；为获得技术能手称号的选手荣记振兴唐山三等功；对获得技术状元称号的企业职工，由市人力资源和社会保障局向省人力资源和社会保障厅申报二级国家职业资格证书；对获得优秀技术能手和技术能手称号的职工，由市人力资源和社会保障局颁发三级国家职业资格证书。同时给予技术状元2000元、优秀技术能手和技术能手1000元奖励。唐山港集团为表彰先进，鼓励广大职工争当技术型专家、能手，特启用董事长特殊奖对技术状元、优秀技术能手、技术能手分别奖励5000元、3000元和2000元。为选派高水平选手参赛，唐山港集团工会牵头，港机船舶维修公司组织开展岗位练兵和人员选拔活动。经过一个月的集中选拔、培训，确定了5名职工参赛。赛场上，参赛职工顶住压力，以良好的心理素质和过硬的技术水平取得了优异成绩，充分展现了唐山港集团职工在技术领域的实力和水平。

2017年2月13日，唐山港集团职工参加“2016中国技能大赛暨唐山市第十六届职工职业技能大赛”，参赛的11名选手全部获奖。其中，港机船舶维修公司的樊红玉凭借高超的技术水平取得了维修电工项目第一名的好成绩，荣获“唐山市维修电工技术状元”称号。港机船舶维修公司谢雄、周林华、王文广、尚东潮、冯兴，京唐港百通公司石佳柱，京唐港正合装卸队张云行，京唐港恒远装卸队苏永海，京唐港凯达装卸队陈超，京唐港华海装卸队安猛在维修电工和叉车工项目荣获“技术能手”称号，侯志方再次荣获唐山市职工职业技能大赛技术状元称号。

三、省级竞赛　愈战愈勇

2015年10月29日至11月2日，唐山港集团应邀参加了河北省国资委、河北省人社厅联合举办的第二届技能人才职业大赛，来自河北省国资委系统以及特邀的15家企业217名选手参加了6个项目的角逐。唐山港集团共选派18人参加维修电工、门机司机、叉车司机3个项目的比赛。此次大赛是河北省国资委加大企业技能人才的选拔、培养、使用力度，推动企业健康良性发展的一项重要工作。大赛由河北能源职业技术学院承办，共设维修电工、机修钳工、焊工、采煤机司机4个竞赛项目；分赛场竞赛由河北港口集团公司承办，设门机司机、叉车司机2个竞赛项目。竞赛笔试部分占总成绩的30%，实践操作部分占70%。唐山港集团在接到参赛邀请后高度重视，董事长孙文仲专门做出批示，集团工会、港机船舶维修公司、第二港埠公司协调联动，通过层层选拔，组建了维修电工、门机司机、叉车司机3个工种的参赛队伍，并在赛前进行了专项训练。在比赛过程中，公司参赛职工精益求精，奋力拼搏，展现了集团的技术实力和职工队伍的良好风貌。竞赛结果，唐山港集团获得团体总分二等奖、维修电工项目团体总分第一名的好成绩。港机船舶维修公司职工侯志方、周华林、冯兴分别荣获维修电工项目第二名、第四名、第七名，第二港埠公司安鹏、王相金分别荣获门机司机项目第五名、第九名，第二港埠公司推荐的恒远公司选手苏永海荣获叉车司机项目第八名。

2018年4月27日，唐山港集团召开了2017年度职业技能竞赛总结表彰会

2018年4月27日，唐山港集团召开2017年度职业技能竞赛总结表彰会。集团主要领导、各单位主要负责人、各分会工会主席、职业技能竞赛获奖选手和竞赛裁判、组织人员160余人参加大会。2017年度职业技能竞赛共确定

了 27 个项目，参赛人数超过 2000 人，经过严格的理论考试和实际操作，117 人取得名次。第二港埠公司门机司机王相金、港机公司维修电工史润伟、专业煤炭公司卸船机司机郑瑞锋、津唐集装箱公司岸桥司机李文桐等 4 人获得“2017 年度金牌工人”荣誉称号；拖轮公司“拖 22”轮驾驶员赵静超等 27 人被评为公司“2017 年度技术能手”。

2009 年以来，唐山港口实业集团和唐山港集团致力于学习型、技能型、专家型职工团队建设，每年坚持开展技术比武、技能竞赛活动，从提升员工的整体素质、业务技能入手，找准竞赛切入点，为职工相互学习、相互促进搭建良好平台，使员工技术水平与现代化工艺设备有效衔接，促进职工整体技术水平显著提升。各单位、各部门在内部大力开展岗位练兵活动，并与薪酬体系有效结合，充分激发了职工在竞赛中学技术、练绝活、强素质的热情，两集团的凝聚力、向心力和战斗力不断增强。

第三节 鼓励全员创新 结出累累硕果

造就一支勇于创新、充满着生机和活力的队伍，是企业不断发展的源泉。2009 年以来，唐山港口实业集团和唐山港集团着眼未来，加强组织，培养了员工的创新意识，激发了潜能，结出了累累硕果，为企业的持续发展，增添了后劲。

一、搞好顶层设计

2015 年 7 月 9 日，唐山港集团召开技术创新工作推进会

唐山港口实业集团和唐山港集团发挥顶层设计对全员创新的引领、指导作用，引导职工明确创新目标和努力方向，围绕

经营模式、生产组织、管理方法、工艺流程、货物装卸和堆存等方面的问题进行管理、技术和工艺创新，并鼓励科室、班组从实际出发进行创新差别化探索，聚焦创新的具体问题，细化措施，细分责任，着力解决创新工作中的阻力问题和短板问题。

二、完善创新机制

健全创新制度，先后制定了《创新管理办法》《创新工作实施细则》《经济技术创新管理实施办法》《研发管理制度》《专利管理办法》等多项创新管理制度，同时坚持创新例会制度，促进全员创新工作经常化、制度化和规范化。

第一港埠公司 2013 年 2 月出台了《第一港埠公司技术创新和节能降耗管理办法》，将创新和节能降耗作为重点工作积极推进。2016 年制定了《第一港埠公司创新工作管理办法》和《第一港埠公司合理化建议奖励办法》，明确了工作机制、管理要求、奖惩措施等，为创新工作提供了制度保障。

铁路运输公司制定了《铁路运输公司创新管理办法》，实现了创新工作制度化、规范化。同时，理顺了合理化建议的申报渠道，公司各作业点、办公区域放置了合理化建议收集箱，方便职工随时随地提报合理化建议，出台相应的考核激励办法，提高了员工参与创新工作的积极性。

三、加强宣传激励

大力宣传员工的创新成果和先进事迹，并制定《科技创新成果奖励办法》，设立专项奖励基金，对获得创新成果的人员按照有关规定给予表彰奖励。同时多渠道、多途径引进、培养创新型人才，强化科技创新能力。此外，加大创新资金投入，投入大量资金，用于研发和改进各项工艺技艺，为创新者提供资金支持，激发了广大职工和科技人员大搞管理和技术创新的积极性。

四、做好组织工作

（一）做好创新引导工作

动员和组织广大职工围绕港口建设、运营生产、深化管理、转型升级、提质增效等主题，广泛开展献计献策、技术创新、技术改造、发明创造以及产学研技术攻关活动，同时瞄准国际先进技术目标，通过引进、消化、吸收与“原始创新、集成创新”相结合，积极实施技术开发计划，引导职工积极进行管理制度、作业流程、技术工艺以及工程设计和设备使用、维护等方面上的创新，组织开展技术改造、技术革新的立项、申报工作以及创新成果的申报、征集、评审工作，从中评选优秀创新项目、创新示范岗和创新带头人，推动创新成果的推广、转化与应用，使全员创新工作得以深入扎实、卓有成效地开展。

（二）搭建创新平台

建立博士后创新基地和110个QC小组，成立“钟克功”“郭湘征”“丁健”等17个公司级创新工作室，吸引聚集一大批人才和广大职工参加创新工作。鼓励QC小组成员不断延伸创新思路，做到生产运营活动延伸到哪里，创新活动的领域就拓展到哪里。此外积极引导创新工作室把解决生产中的技术重点、难点和薄弱点作为主攻方向，围绕安全生产、节能降耗、提高效率等多个领域开展创新工作。2013年，煤炭公司以装卸部维修队为基础，成立了“钟克功创新工作室”，围绕生产运营、技能人才培养、节能降耗等重点、难点问题开展技术创新、管理创新工作，并给予资金、设备上的大力支持，使创新工作科学、系统地开展起来。同时把握技术创新活动的切入点开展技术创新工作。

2013年6月，河北省人力资源和社会保障厅、河北省博士后工作管理委员会批准唐山港口实业集团为河北省博士后创新实践基地。

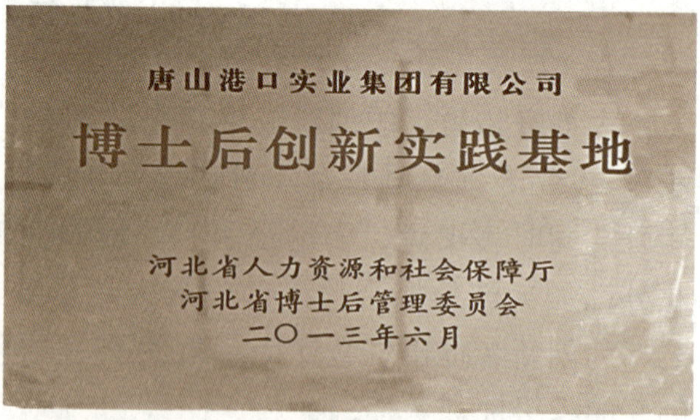

2013年6月，河北省人力资源和社会保障厅、河北省博士后工作管理委员会批准唐山港口实业集团为河北省博士后创新实践基地

（三）开展合理化建议征集评审

不断拓展合理化建议申报、评选范围，开通了OA系统和手机APP合理化建议申报渠道，先后共收集、评审公司级合理化建议332条、部门级合理化建议953条，被评为公司级合理化建议157条、部门级合理化建议527条。注重合理化建议落地，建立台账并监督相关主责部门落实。第一港埠公司将合理化建议纳入公司质量定量评价之中，调动了各科室提合理化建议的积极性，仅2016年上半年，公司就收集合理化建议404条，采纳278条。

五、重奖创新项目

2009年，唐山港集团及第二港埠公司荣获“唐山市职工经济技术创新活动先进单位”称号；于成雨、郭雪峰、徐海兵设计研发的“京唐港20～22#泊位码头主体结构设计优化”项目荣获“唐山市职工经济技术创新活动优秀创新成果”奖；第二港埠公司张小锐、第一港埠公司杨志伟被授予“唐山市职工经济技术创新活动创新能手”称号。唐山港集团总经理助理姚希东、工会干事张德平获“唐山市职工经济技术创新活动优秀组织者”荣誉称号。

2010年，第二港埠公司技术工艺科、第一港埠公司钳工班、技术管理部电器组被评为“唐山市职工经济技术创新示范岗”，第一港埠公司和第二港埠公司的于学杰、田英敏等人研发的“抓斗变斗容改造”和“层叠钢板起重钳技术改造”等5个技改项目荣获“唐山市职工经济技术创新成果一等奖”，第二港埠公司宋奇峰等人研发的“集装袋组合吊具”等8个项目荣获“唐山市职工经济技术创新成果二等奖”，技术管理部刘沛喜等人完成的“地源热泵空调应用研究”等11个项目荣获“唐山市职工经济技术创新成果三等奖”。

2011年，唐山港口实业集团与设计、科研、施工等单位共同完成的“深水板桩码头新结构成套技术开发研究”项目获得中国水运建设行业协会科学技术奖特等奖。

2012年，唐山港口实业集团的“风暴潮对港口水陆域及航道安全影响研究”项目获得了中国航海学会科学技术一等奖，该课题项目在风暴潮骤淤机理、风暴潮骤淤模拟技术和复合沿岸流输沙公式等方面取得多项创新成果，居国际领先水平。

港机公司于永跃等研制的“矿石码头皮带机落料系统改造”等 34 个项目获职工技术创新优秀成果一、二、三等奖，第一港埠公司和第二港埠公司技术工艺科等 9 个单位荣获“唐山市职工经济技术创新先锋号”称号，拖轮公司臧学亮等 4 位员工荣获“唐山市职工经济技术创新能手”称号，唐山港口实业集团荣获“唐山市职工经济技术创新活动先进单位”称号。

2013 年，26 ～ 27# 集装箱泊位工程和 20 万吨级航道工程被河北省交通运输厅确定为科技示范工程，开发的“矿石码头边检智能验放系统”获得了国家软件注册权，9 项技术创新获得国家专利。“十捆高线吊具的研制”“不卸抓斗吊运装载机进出船舱”等 7 项创新成果被评为唐山市职工经济技术优秀创新成果，运营保障部崔勇等主研的“A 区高杆灯集控改造工作”等 36 个项目获得唐山市职工技术创新优秀成果一、二、三等奖。唐山港口实业集团公司荣获“唐山市职工经济技术创新活动先进单位”称号。

2014 年，唐山港口实业集团与设计、科研、高校等 6 家单位共同完成的“粉沙质海岸泥沙运动规律研究及工程应用”项目获得国家科技进步奖二等奖。此外，“大型集装箱设备机检查验系统研发”“码头深水遮帘式板桩结构改造”“高杆灯节能改造”等 11 项创新成果获得国家专利。

国家科学技术进步奖
证 书
为表彰国家科学技术进步奖获得者，特颁发此证书。
项目名称：粉沙质海岸泥沙运动规律研究及工程应用
奖励等级：二等
获 奖 者：唐山港口实业集团有限公司
中华人民共和国国务院
2014年12月12日
证书号：2014-J-223-2-05-D06

2014 年，唐山港口实业集团《粉沙质海岸泥沙运动规律研究及工程应用》项目获得国家科技进步奖二等奖

2015 年，唐山港口实业集团与南京水利科学研究院、中交第一航务工程勘察设计院有限公司共同完成的“唐山港京唐港区深水航道建设关键技术研究”项目获得河北省科学技术进步二等奖。

“防触电台式钻床”“起重机额

头灯稳定器”“挖掘机多角度伐杆”等21项创新成果获得授权专利，集团公司再次被评为“唐山市经济技术创新先进单位”。先后取得百余项技术创新成果的杜海涛、郝振辉荣获了河北省“能工巧匠”称号，他们创造的“平衡梁式卷板吊具”等22项创新成果获得国家专利，他们研制的“双翼式高线吊梁”“叉车堵橄叉具”和“大型成捆H型钢吊具”分别获得唐山市优秀创新成果和集团公司经济创新成果一、二等奖。

2016年，获得实用新型专利21项、软件著作权4项，其中，“桥式抓斗卸船机动态称重方法”获发明专利，“唐山港京唐港区深水航道建设关键技术研究”项目获得中国港口协会科技奖一等奖，“专业化散货泊位带式输送机洒落料自动回收系统”和“车辆智能作业系统”两项创新成果分获中国港口协会科技进步二等奖和三等奖。

2017年，获得国家实用新型专利20项、发明专利4项、软件著作权4项，其中，港机公司于永跃研究设计的“无阻塞缓冲溜管”获得国家专利；唐山港口实业集团与中交一航院、南京水利科学研究院、天津深基工程有限公司、大连理工大学共同完成的“深水板桩码头新结构关键技术研究与应用”项目分别获得2017年度国家和河北省科学技术进步奖二等奖，“桥式抓斗卸船机动态称重方法”和“港通天下”平台分别获得中国港口协会技术发明二等奖和科技进步三等奖；“高线装卸优化”项目获得河北省技术创新成果三等奖；“降垛挖斗研发”项目、“打灰帽研发”项目获得技术创新一等奖；“网上业务大厅”被评为市级“双创”示范平台；“车辆智能作业一体化管理系统”入选国家节能减排示范项目；港机公司矿石码头维修部电气维修班及“智造”“工艺先锋”“海港之星”“守护神”4个QC小组通过技术创新，分别荣获“全国质量信得过班组”和“河北省优秀质量管理小组”称号。

唐山港集团荣获2016年度河北省质量管理小组活动优秀企业称号

六、推广创新成果

2011年以来，唐山港集团共完成技术创新成果982项、工艺创新成果745项、管理创新成果226项，并大力推广应用，使这些创新成果及时转化为生产力，在企业管理工作和生产运营中充分发挥了提高效率、增加效益、降低成本、保证安全、防治污染的重要作用。

（一）技术创新效益显著

982项技术创新成果，主要包括：研发了大型集装箱设备机检查验系统，减少了拆装箱作业量，提高了集装箱通关效率；研制了中板三点支杠吊具，对原有防风吊具、螺纹吊具进行改造，使设备稳定性和安全系数大幅提高；研制了工属具，外贸方钢平均单线速率提高47%，大件、卷板、冷卷等货种的出库作业效率平均提高85%；研制了钢坯专用夹具，比原装卸工艺提高工作效率近30%；研制了组合式钢轨夹钳，提高了装船的作业效率，为钢轨装船作业的安全、优质、高效奠定了坚实基础；研制了叉车新属具，改善了叉车亏吨现象，装车效率提高20%；研制了大豆漏斗防堵装置，解决了大豆船舶自带透气管易堵住漏斗造成无法卸货的问题，提高了作业效率，缩短了船舶在港停时；研制了移动、双层刮板装置，提高了皮带机的作业效率；研制了多功能钢丝绳收放装置，提升了作业效率，减轻了维修人员的劳动强度；研制了新型镍矿抓斗，优化了清仓设备配置，卸船效率、卸车效率分别提高8.3%和5.5%，火车疏港货物亏载率下降27.3%；研制了新型挖掘机降垛属具，作业效率提高近30%；研制了装载机捕舱专用工具，降低了卸船作业捕舱的安全风险，提高了作业效率；研制了船舶作业新型接货片，降低了接货片的购置成本，减少了维修费用，一年可以节省费用20多万元；研制了带有过滤装置的打灰帽，在专用排气口增加过滤装置将排气过滤，减少了作业中的粉尘排放；研制了组合式钢轨夹钳、单只钢轨夹钳、方钢专用夹具，提高了工作效率；研制了钢轨装船组合一体式多轨吊具、40吨吊装托盘，降低了货损率，提高了工作效率；研制了可调式带钢倒运保险圈、螺纹钢专用钢丝绳保险环、防风拉索花篮螺栓加装防护罩，提高了工作效率；设计制作了装船作业吊梁，解决了现有工艺吊运时货物两端下垂的问题；设计制作了额定载荷为8吨的钢轨组合夹钳，提高了25米钢轨吊装作业的效率；设计制作了甲板接货片，解决了甲板撒货较多、清理时间长的问题，提高了散货作业水平；在集装箱码头推广电动集卡无人驾驶技术，提高了运行效率和安全性；改造铁路灯塔道口电路，实现灯塔道口报警器和灯塔交通信号灯的联控，规范了铁路道口的行车秩序，消除了铁路行车的安全隐患；改造港三道口、货四、五道口声光报警器控制系统，降低了设备故障次数，消除了安全隐患，并节约了维修费用；改造吊钩架，为吊钩架加装耳板，改变吊钩转运方式，既节省了零工费用，又消除了等待叉车时间，提高了作业效率；对矿石码头设备维保的设计缺陷、溜管作业系统的设计缺陷进行改进，使堵料、清料时间下降了50%，焦煤、印粉等货种输送流量提高近30%；对高杆灯进行节能改造，每年单个灯具节约费用近3万元；门机机下行走无线控制系统改造，节省了人力资源，提高了门机行走效率；进行作业属具技改，在矿渣粉船舶栏杆处胶管弯折处增加套管，增大栏杆处打灰管的弯曲半径，提高打灰效率；对T7塔驱动站进行技术改造，作业用工人数减少了10人，清料时间减少30分钟；完成了门机变频器国产化电控系统改造项目，每台可节省配件费140万元、节省电费约9万元/每年；完成溜管扩容技术改造、堆取料机尾车加装接料平台改造、皮带机驱动站加装清扫器改造、溜管受物料冲击位置衬板的改进和系统防跑偏限位整改，提高了生产效率和设备完好率，降低了生产成本；完成了升级GPS系统、专用属具和设备维修改进等技术改造，提高了设备操控性能和作业效率，降低了设备故障率；缩短门机钢丝绳长度，将钢丝绳长度由160米改为150米，一年可以节省资金5万元；实施木材抓斗改造，既提高了作业效率，又为公司节约成本27万元；实施了轨道衡软件改造、部分道岔拆除改造、货16、17线路延长改造等多项铁路设施优化项目，提高了铁路疏运能力；对35千伏变电站综合自动化调度集控系统进行改造，运用远程监控和操控替代配电室人员盯守，减少了人员需求，提高了设备保障率。

（二）工艺创新作用突出

各有关单位先后完成工艺创新成果745项，主要包括：完成了大豆漏斗开关控制机构、软螺纹四点吊具改造、圆坯垛底、40吨冷卷吊具等工艺创新成果，降低了货损率；采用叉车堵橛与抓车层层平推工艺相结合的新工艺，提高了外贸方钢的作业效率和作业质量；改进件杂货入库、堆码、倒运、装船等作业工艺，提高了工作效率；改进镍矿清舱作业工艺、研发镍矿倒运设备，使镍矿作业及倒运速率大幅提升；改进无烟煤作业工艺，研发了小挖掘机清舱工艺，设计了30型装载机捅舱属具，无烟煤的作业速率提高了24.4%；创新矿渣粉作业工艺方法，优化作业流程，规范矿渣粉作业，提高了船舶作业效率；优化清仓设备配置，降低了火车疏港货物亏载率；推行集中过磅模式，过磅速率由原来80秒/车缩短至25秒/车，创造出单班过磅1209车次、过磅总量9万吨的新纪录；推行不卸抓斗吊铲车工艺，研发了不卸抓斗吊装装载机进出舱工艺，解决了设备进出舱耗时较长的问题，提高了装卸速率；实行门机散货作业工艺革新，利用同种抓斗，满足作业不同比重货物的需要；推行“回字满斗抓货作业法”，实现了门机作业标准化，提高了门机装卸效率；研究开发抓斗接卸货物操作系统，提高了作业效率，降低了安全风险，减少了工属具储备、更换、维修成本，延长了设备的使用寿命；研究数据实时计算的移舱取料配合方法，缩短了装船机移舱时间；完成GPS系统升级，降低了汽车倒运环节的人力成本，每年可节约成本100余万元；改变装车大列堵漏方式，采用发泡剂与编织袋相结合的新工艺，提高了装车作业效率和质量；采用“轨排吊入法”进行工程大修，缩短了区段维修时间，确保了工程按时完工；改进成段线路大修预组轨排施工工艺，缩短了施工工期、降低了施工成本；改进雨水井维修施工工艺，降低了施工、养护成本，对铁路装卸车、倒运作业的影响降到了最低；应用线路整体吊装施工法，降低了施工成本、对生产的影响也降到了最低；改进库场成垛工艺，节省了倒运费用；调整场地内高杆灯开启组数，耗电量大幅下降；门机推行标准化操作，万吨耗电量同比节省13.75%；推广抓车卸高厢车新工艺，实现纯机械化作业，提高了工作效率，增强了现场安全系数；改进沫煤出口装车方式，每筛万吨煤节约60%的倒运费；实行原煤专列筛分支取，减少了倒运费用；在筛分系统沫煤出口建设抑尘棚，并用防尘网覆盖，将粉尘控制在抑尘棚内，实现粉尘不向外扩散；筛分沫煤采用斗轮机代替铲车装车，提高了斗轮机作业效率，降低了运维成本，实现了无燃油污染物排放；完成了“水雾抑尘”和“加装罩棚”等工艺创新，实现了抑制沫煤出口扬尘及筛分的全天候作业，使筛分的作业能力提升了1倍。

（三）管理创新应用广泛

各有关单位先后完成管理创新成果 226 项。主要包括：优化绩效考核办法，将倒运费、“三项费用”[①]、办公费等绩效考核指标层层分解，责任到岗，使每一个岗位都承担了节约成本的指标，同时除主考核指标外增加亮点工作、技术创新等特色考核项目，提高了员工的工作积极性，激发了员工节约成本、努力工作、大搞创新的积极性；推行 CAPE 船作业倒推法，即从船舶开工开始结合历史船舶大数据，预估船舶完工时间，根据预计作业时间倒推预完工当天潮水，在船舶前期有针对性地下达抢卸作业任务，减少夜间不夜航对船舶靠离泊造成的影响；做好设备人力统筹，合理利用资源，根据船舶计划安排无作业任务人力班组轮休，节省工人底薪支出，降低人力成本；应用门机数据采集系统，实施插卡计件，调动了门机司机的工作积极性，作业速率提高了 10%；实行承包制、单价制，提高设备司机作业的积极性，提高了零工使用效率；推行堆场分区管理、防尘网阻挡、强化“四标六清”、车辆限载限速、改进生产工艺等综合治理措施，加强作业现场环境保护，实现资源循环利用；利用电价波谷阶段组织生产，实现节能降耗；完成引进市政中水、降低环保成本两项管理创新，将创新转化为生产力；落实库场统筹实施方案，库场前移缩短倒运距离，选择适合客户及大一二线就近入库，大幅降低了煤炭倒运成本；创新库场管理，件杂堆场成功应用条形码技术，提高了效率，降低了差错率；修订完善了库场《双层高线倒

2018 年 10 月 16 日，唐山港集团召开创新推进会暨经济效益奖颁奖会，对专业化散货泊位带式输送机洒落料自动回收系统项目等 15 个获奖的创新项目进行了表彰奖励

① 三项费用：指企业会计中所用到的管理费用、制造费用和营业费用。

运方案》，从高线特性、倒运车性能、揽货绳的绑扎、人员的监管等方面提出具体要求，从而确保安全生产；完善了车船作业管理组织和措施，成立了车船直取专项小组，制订了《钢材货种车船直取实施方案》，制作了《车船直取操作流程图》，便于各部门人员之间联系和协调，降低钢材货物接卸、倒运等人力、机械作业成本，提高了装船作业效率；调整车辆昼夜集港量，避开夜间集港高峰，使集港车辆错时进港，昼夜集港量基本保持一致，提高了设备使用率；完善船舶作业管理措施，减少船舶在港停时；推进现场管理创新，新设置了码头长、库区长岗位，强化对码头和库场的区域管理责任，提高了生产作业的预见性、顺畅性；启用船舶资料网上申报系统，保证了船方、代理方上报信息的及时性和准确性；探索建立集疏运管控平台，及时获取车流、物流信息，错峰进出港，提高了车辆集疏港效率；加大单船、单列考核力度，推行散货门机司机单卡计件，装卸速率平均提高 10% 以上；对船舶计划流程进行调整，提高船舶靠泊的合理性，避免了货物长距离倒运，节约了倒运费用。细化零工使用标准，减少不必要的零工费用支出；统筹、合理利用北储线路，避免或减少长倒交叉作业，控制了倒运成本；合理安排适装车型到第二港池卸后变装，减少取送车次数，提高了线路利用率；科学编排 K 区煤炭大列进港作业计划，实现了 K 区大列就近接卸；调整 K 区统筹大泊位 1、2 号线卸车计划，降低了卸车倒运成本。

第十九章
智慧港口建设成绩斐然

在国家实施大数据、“互联网+”战略的背景下，京唐港区进一步加强了智慧港口的建设。

智慧港口，就是要做到“生产调度一体化、现场控制智能化、客户服务网络化、各方信息融合化、商务模式电商化”。京唐港人殚精竭虑、克难攻关，在全国港口中脱颖而出，一举进入交通运输部智慧港口示范工程行列！

——题记

第一节　初始阶段的智慧港口建设

唐山港京唐港区智慧港从2008年起开始建设，经过几年的摸索实践，取得了可喜的成果，积累了宝贵的经验，为此后的快速发展奠定了基础。

一、智慧港口建设扎实起步

（一）启动散杂货生产管理系统建设

2008年启动的散杂货生产管理系统建设，实现了全港生产作业调度、运行监控、统计分析在网上运行，开启了实质意义上的港口信息化建设步伐。

（二）启动设备资产管理系统建设

2009年启动的设备资产管理系统建设，实现了集团设备生命周期管理和集中物资采购电子化。同时狠抓设备物资管理系统的运行管理，对系统模块不断优化和调整，监督、检查、指导各个单位正确使用，及时、准确、全面、规范地录入各项基础数据。通过计算机技术和网络技术全面提升集团公司的管理水平，提高工作效率，降低管理成本，为客户提供优质服务。

（三）完成库场卡口系统建设

2010年12月，库场卡口系统建设即卡口龙门架安装调试完毕，该系统通过读写器和摄像机自动采集和记录进出库场的车辆信息及违规车辆信息，对抓好库场车辆管理制度的落实、保障库场货物安全具有重要的促进作用。

二、智慧港口建设迅速发展

（一）建设综合业务平台

2011年建设了综合业务平台。该平台以客户为主导，建立了包括出场在途、到港入库、出库装船、船舶在途、到达港信息反馈的物流完整信息

链条，为货主提供对物流信息的全程监控和实时网络查询，实现物流车队票据网络化，提高本港过磅效率，实现装船清单的预报、货主集疏港派车等部分业务手续的网络办理功能，为客户节省时间。

（二）京唐港区门禁系统正式运行

2012 年 1 月 21 日，京唐港区门禁系统正式运行，技术管理部圆满完成了门禁系统软件和硬件设施的建设工作，结合使用单位和各相关部门对这套门禁系统进行了验收，随后投入使用。该系统于 2011 年 2 月底立项，2012 年 12 月底顺利完成验收，历时 22 个月。在建设过程中，项目组分工明确、积极配合，与各使用单位紧密做好沟通，做好项目总体计划，并严格落实计划任务的完成进度，使项目顺利完成了从试运行到正式运行的平稳过渡。门禁系统将外部车辆进行集疏港作业和内部车辆进行倒运作业的流程及各个步骤以信息化的手段体现，以 RFID 射频卡为主体贯穿整个过程。通过射频卡的扫描完成车辆进港、过磅、装卸，利用信息化手段对港口货物进行严格把关，各作业环节紧密相连，对港区作业进行实时监控，加强生产作业的规范性；实现了对车辆的自动识别控制、引导和监控，杜绝了货物错装、多装情况的发生；对外让货主足不出户即可实现货物的流转操作。系统还可提供各种车辆的进出港详细信息，同时提供给货主和车队网上派车和方便的磅单查询打印功能，为车队节省了时间，为货主、代理提供了方便快捷的业务综合服务。门禁系统的顺利实施，为货主在港货物的安全提供了更加有力的保障。

2014 年 3 月，门禁系统在矿石码头公司库场部全面使用，杜绝了车辆频繁进出库区，减少了安全事故发生。同时使疏港车与铲车电子数据匹配后即可装车作业，防止货运质量事故发生。此外，减少了疏港车辆在港等待时间，提高了作业效率。

（三）完善财务系统建设

2013—2014 年，完善办公自动化系统、综合管控平台，建立财务升级系统，集团上线金蝶 EAS 财务系统和全面预算管理系统，实现了全集团财务垂直监控和合并报表自动生成。

（四）实现办公管理网络化和行政审批移动化

2015 年，启动的内部门户整合，实现了办公管理网络化、行政审批移

动化，推行单点登录，实现OA、合同、采购、安全等各系统权限整合和任务集中办理。

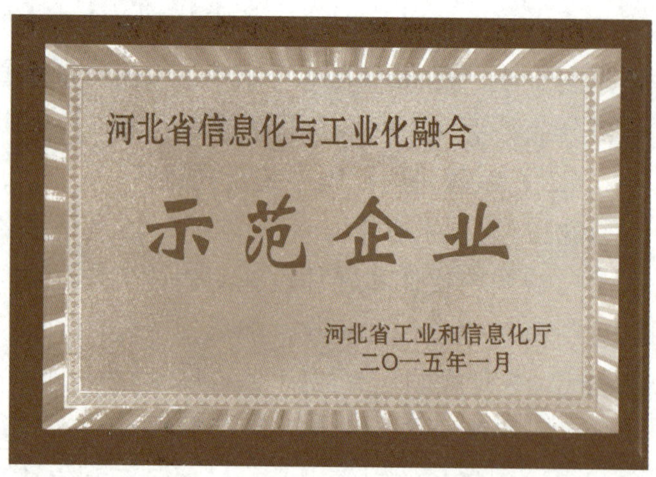

2015年1月获得河北省信息化与工业化整合示范企业称号

（五）建成无人值守过磅系统

2015年，建成的无人值守过磅系统包括自动识别系统、红外系统、视频监控系统、影像系统等现代化信息手段，由此实现了地磅称重现场自动化运行，提高了过磅速度，杜绝了公司物资计量环节上的人为误差及作弊的漏洞，降低了劳动强度、运行成本，提高了生产效率。

三、智慧港口建设逐步深化

（一）信息系统安防加固

按照国家标准开展了信息系统安防加固，先后实施网络架构改造和标准化布线工作，建立了集团网络布线施工工艺规范，构建了全港机房环境集中监控平台，集团整体信息系统达到国家三级“等保”水平，为智慧港口建设提供了安全保障。

2016年7月11日，唐山港集团召开2016年信息化建设座谈会

（二）网上业务大厅系统上线运行

京唐港区网上业务大厅系统船方业务办理正式上线运行，实现了以网络代替人力，让客户在足不出户的情况下办理船方业务，为客户节约人力、物力成本提供了便利。同时通过网上业务大厅系统实现了无纸化服务，既节约了物力成本，又使船方业务办理更加方便、快捷、高效，进一步提高了京唐港的服务水平。

（三）客户智能服务系统投入使用

信息技术公司研发的"集疏运管控与服务平台""港信车辆智能作业系统""港口集疏港过磅集中控制系统""网上业务大厅系统"等客户智能服务系统在集团投入使用，这一信息系统是港口信息处理效率、作业效率提高的加速器，成为港口为客户提供高效、专业服务的有力支撑。

（四）研发港信车辆智能作业系统

研发了港信车辆智能作业系统，在集疏港收费站建设了智能通卡平台，实现了 4 条集疏港专用通道及载货车辆不停车计费，提高了车辆通行效率和港口的集疏港能力，解决了独幽城收费站交通拥堵、车辆通行缓慢的问题。

第二节 绘制智慧港口发展规划蓝图

2017 年编制完成的《唐山港集团股份有限公司智慧港口发展规划研究报告》（以下简称《规划》），明确了目标定位、编制依据，分析了发展现状，有针对性地指出了信息化建设和应用中存在的问题和瓶颈、发展面临的形势与智慧化转型升级的要求、国内外智慧港口的经验借鉴和技术应用前沿，明确了发展思路和目标，分析了可能发生的风险，制定了风险防控措施。

一、背景分析

《规划》指出，当前，全球贸易持续低迷，基础设施和运营同质化、船公司联盟化、船舶大型化导致港口企业经营绩效不断下滑。全球主要港口运营商已开始积极探索转型升级方向，构建差异化的价值主张和竞争优势。随着全球信息技术的迅猛发展，当前已经进入了大数据、智能化、移动互联网和云计算交融渗透的“大智移云”产业互联网时代，其中“互联网+”和大数据上升为国家战略，互联网成为交通运输的重要基础设施，智慧化成为交通运输系统的显著特征，对港口管理体系和服务模式产生了广泛而深远的影响。交通运输部发布的《关于推进港口转型升级的指导意见》指出，要加快港口转型升级，由单一装卸仓储功能向物流、商贸、信息、金融等功能拓展，提升港口信息化水平、质量效益和服务水平。

2017年1月，为贯彻落实《交通运输信息化“十三五”发展规划》，发挥信息化引领和支撑作用，加快港口信息化、智能化进程，促进港口提质增效升级，交通运输部决定开展智慧港口示范工程建设。依托信息化，重点在港口智慧物流、危险货物安全管理等方面，选取一批港口开展智慧港口示范工程建设，着力创新以港口为枢纽的物流服务模式、安全监测监管方式，推动实现建立“货运一单制、信息一网通”的港口物流运作体系，逐步形成“数据一个库、监管一张网”的港口危险货物安全管理体系，港口物流信息服务能力、危险货物安全管理能力显著增强，示范带动国内港口信息化、智能化水平的大幅提升。

二、唐山港及唐山港集团情况分析

为了更有针对性，更切实可行，《规划》对唐山港和唐山港集团做了具体的分析。

唐山港是国内沿海的地区性重要港口，是国家重点物资运输的重要港口，在国内煤炭、矿石、钢铁等货物运输中占有重要地位，唐山港集团是主导唐山港京唐港区建设发展的国有大型上市港口企业。2016年以来，集团公司采取了拓展腹地范围、统筹生产组织、加强管理体系整合优化、全员创新等一系列措施，保持了全港又好又快的发展态势，2016年全港货物吞吐量达到2.71亿吨，完成集装箱吞吐量134.9万TEU，经营业绩位居河北港口首位，再创历史新高。

“十三五”期间，唐山港集团按照“一带一路”倡议、京津冀协同发展战略要求，以及省、市发展战略部署，围绕提质增效升级主基调，加快转变港口发展方式，以改革释放红利，以创新挖掘潜力，以开放激发活力，以项目凝聚动力，进一步完善港口基础设施，优化港口功能结构，拓展港口业务领域，提升港口综合服务能力，加快深水化、专业化、集装箱化、园区化、生态化“五化”转型，推动港口装卸、集装箱、港口物流、港口金融“四大板块”协调发展，全面实现综合型国际化大港宏伟目标，成为河北对接国家“一带一路”倡议最重要的窗口、唐山建设国际化沿海强市的重要引擎。

为了实现“十三五”战略规划发展目标，保持企业对信息技术在港口应用的高度敏感，对标国际，务实推进，加快构建与国际接轨的第四代港口管理体系，唐山港集团确定2017年为“智慧港口建设年”，以大数据、“互联网+”等技术为支撑，贯彻“智能化+N”思维，注重内控流程的再造和优化，推动智能化在生产指挥、职能管控、商务物流等方面的深度应用，促进各类资源要素的集中、统筹，持续推进提质、降本、增效，致力于实现港口运营管理的颠覆性革命。

2016年，唐山港货物吞吐量达5.2亿吨，位居中国第六位。京唐港区沿海港口，拥有件杂、散杂、多用途、集装箱、矿石专用、煤炭专用、液化品专用等1.5万～25万吨级泊位41座，各类仓储、铁路、导助航、辅建设施齐全。依托发达便捷的铁路、公路和航运网络，集团打造了以港口为枢纽的现代物流联运体系，腹地范围覆盖华北、西北广大地区，水路通达70多个国家（地区）150多个港口。2016年，京唐港区货物吞吐量完成2.71亿吨，同比增长16.3%，集装箱吞吐量完成150.55万TEU，同比增长34.8%，经营业绩再创历史新高，位居河北港口首位。集团净利润连续8年保持两位数的高速增长，位列全国上市港口企业第三位，劳动生产率、净资产收益率位列河北港口第一位。面对国家实施“一带一路”倡议和京津冀协同发展战略的机遇，集团坚持“发展港口、成就员工、奉献社会、回报股东”的宗旨，以创新、协调、绿色、开放、共享五大发展理念为统领，坚持深水化、专业化、集装箱化、园区化、生态化发展路径，大力推动港口装卸、港口物流、港口集装箱、港口金融“四大板块”协同发展，向综合型国际化大港的目标不断迈进。

三、明确智慧港口发展规划的目标定位

随着国家大数据、“互联网+”战略的颁布，《交通运输信息化“十三五”发展规划》对港口“互联网+”、高效物流、信息化发展提出了新的要求，为更好地保障集团“十三五”时期战略目标的实现，指导智慧港口建设，亟须制定京唐港智慧港口发展规划。

《规划》从企业的信息化发展现状评估出发，总结了信息化建设发展过程中存在的问题，结合面临的行业形势、政策形势、集团战略，明确了通过智慧港口建设，实现港口转型升级的发展路径。《规划》借鉴了国内外先进的智慧港口建设经验和新型技术应用，结合唐山港的港口特点和企业价值主张，提出唐山港京唐港区智慧港口建设的发展思路。以总体思路为引领，围绕集团“十三五”战略发展目标，提出了集团智慧港口建设时期的发展目标、框架、主要任务。最后提出了实施建议和保障措施。

《唐山港集团智慧港口发展规划研究报告》是集团推进智慧港口建设的重要指导性文件，也是集团“十三五”时期安排信息化建设项目的重要依据。

第三节　入选全国智慧港口示范工程

2017年1月24日，交通运输部下发通知，为加快港口信息化、智能化进程，促进港口提质增效升级，决定在全国选取一批港口开展智慧港口示范工程建设。唐山港集团“港口企业危险货物智能化安全管理示范工程”成功入选。

一、智慧港口示范工程建设要求

2017年交通运输部通知指出，为贯彻落实《交通运输信息化“十三五”发展规划》发挥信息化引领和支撑作用，加快港口信息化、智

能化进程，促进港口提质、升级，决定开展智慧港口示范工程建设。

通知要求，牢固树立五大发展理念，坚持市场主导、政府引导，坚持问题导向、需求导向，创新港口发展新模式、新业态，培育港口发展新动能，推进互联网、物联网、大数据等信息技术与港口服务和监管的深度融合，深化政企间、部门间的信息开放共享和业务协同，为加快港口转型升级、推进行业治理体系和治理能力现代化提供有力支撑。

二、智慧港口示范工程建设任务

一是推进港口智慧物流建设，创新港口物流运作模式，完善港口物流信息系统，促进信息开放共享和互联互通，深化 EDI 技术应用。

二是实现港口危险货物管理智能化，建立健全港口危险货物安全管理信息系统，创新港口危险货物安全管理模式，港口企业建立危险货物在线监测监控系统。

三是实现港口危险货物监管智能化，建成省级港口危险货物安全监管信息平台，创新港口危险货物安全监管模式。

三、成功入选智慧港口示范工程

2017 年 1 月，交通运输部发布《关于开展智慧港口示范工程的通知》，启动包括智慧物流和危险货物安全管理两个方面的智慧港口示范单位评选工作。

唐山港集团领导非常重视智慧港口示范工程项目申报工作，副总经理张小锐亲自挂帅，组织安排主管部门和专业技术人员对示范工程项目课题选择、申报材料准备等工作严格把关。唐山港集团依据自身信息化建设特色，结合业务发展需要，提出了申报“港口企业危险货物智能化安全管理示范工程”项目的申请。

2018 年 4 月 26 日，这个工程项目顺利通过河北省港航管理局组织的专家评审，结论为工程设计方案目标明确，建设内容全面，功能设计合理，技术路线可行。6 月 6 日，唐山港集团主管领导参加交通运输部信息中心组织的全国智慧港口建设交流会，该工程设计方案受到省部领导、港口代表和行业专家的一致认可。京唐港区的“港口企业危险货物智能化安全管理示范工程”项目在40多个申报项目中脱颖而出，顺利通过省级推荐、形式审查、专家评选等环节。6月8日，唐山港集团承接了国家示范、带动港口行业信息化、智能化提升的重要任务。交通运输部确定并公布了包括京唐港在内的智慧港口示范工程项目。经过省内初选、部级评审，京唐港区最终和上海港、宁波港等传统大港一起成为国内11家示范港口。京唐港智慧港口示范工程总投资2590万元，预计2019年7月建成。示范工程核心是建设两大平台、推进两大应用，即建设危险货物省市企联动监管平台和可视化管理平台，以及推进工控安防应用和危险货物大数据应用。工程建设的目的是实现危险货物全链条信息化、全程可视化管理，创新危险货物的监测监控、预测预警机制，并通过数据挖掘和关联分析应用，创新安全管理决策方式，提高风险预防能力和事故应急处理能力。京唐港智慧港口示范工程着力建成一套标准、培养一批人才、成熟一种模式、形成一种特色，做到示范工程可复制、可推广，引领河北省港口

2017年3月2日，河北省港航局到唐山港集团指导智慧港建设工作

行业的转型升级。

唐山港集团申报的“港口企业危险货物智能化安全管理示范工程”成功入选交通运输部的国家智慧港口示范工程，为京唐港区高速度、高标准建设智慧型港口，起了至关重要的促进作用。

序号	示范工程省份	具体项目	实施单位
1	辽宁省	大连港“壹港通”智慧物流跨界服务大平台示范工程	大连港集团有限公司
2	河北省	京津冀协同下的“一键通”大宗干散货智慧物流示范工程	河北港口集团有限公司
		港口企业危险货物智能化安全管理示范工程	唐山港集团股份有限公司
3	天津市	京津冀港口智慧物流协同平台示范工程	天津港（集团）有限公司
4	山东省	港口物流电商服务平台示范工程	青岛港国际股份有限公司
5	江苏省	海江河全覆盖的港口安全监管信息平台示范工程	江苏省交通运输厅港口局
		江海联运一体化全程物流供应链港口智慧物流示范工程	南京港（集团）有限公司
6	上海市	基于港口网络的江海联运智慧物流示范工程	上海国际港务（集团）股份有限公司
7	浙江省	港口企业危险货物标准化程序化管理示范工程	宁波舟山港股份有限公司
8	福建省	厦门国际航运中心港口智慧物流平台示范工程	厦门港务控股集团有限公司
		省级港口危险货物安全监管综合服务平台示范工程	福建省港航管理局
9	广东省	互联网+港口物流智慧服务示范工程	广州港集团有限公司
10	安徽省	面向内河中小港口多式联运智慧物流平台示范工程	安徽皖江物流（集团）股份有限公司

2017 年 6 月 7 日，唐山港集团“港口企业危险货物智能化安全管理示范工程”项目入选交通运输部智慧港口示范工程 13 个港口项目之一

四、夯实示范工程工作基础

（一）整合运维资源

为了确保信息网络安全，自 2017 年年初，唐山港集团以集中统筹模式建立了以港机船舶维修公司为主的专业化运维队伍，制定了标准化的运维体系，初步形成了信息中心负责规划、考核，信息公司负责落地、软件及核心设施运维，运维队负责现场巡检、运维的机制。经过实际运行效果验证新的信息网络、设施运维机制，有效地提高了信息系统的稳定性和故障处置的及时性。

（二）组建专业团队

在信息化建设不断推进的过程中，唐山港集团逐渐形成了具备自身

特色的信息化建设、运行管理机制，组建了体系化的专业团队。信息化建设由集团统一规划、决策，建立了较为完善的决策层、管理层、实施层的分级管理架构，保障了资源的集中调配、方向的明确统一、执行的迅速高效。集团成立了信息技术公司，拥有70余名专业技术人员，具备丰富的港航系统建设开发经验，具备三级双软企业、三级系统集成、安防等多项资质。除承接集团信息化建设任务外，先后为海港开发区、曹妃甸区和唐山等地客户提供了多项信息开发服务，赢得了良好的信誉。

（三）狠抓技术培训

2016年12月10日，人力资源部联合信息中心、技术管理部，组织了智慧港口建设培训。辽宁科技大学客座教授王海结合工业自动化管理、工业智能化研究成果，对港口生产智能系统、设备智能工作平台构建进行了详细讲解，使相关管理人员对生产过程、设备管理智能管控知识有了深入了解，实施智慧港口建设的水平和能力有了提高。

2017年2月16日，人力资源部与信息中心联合组织了大数据应用知识培训。集团副总经理张小锐、总经理助理高峰、管理者代表陈利俭与各单位科长以上管理干部共110人参加了培训。这次培训特邀上海德拓信息技术有限公司总裁谢赟讲解了大数据理论技术与实践以及大数据“互联网+”环境下的企业管理探索知识。这次培训使参训干部对大数据应用有了更详细、直观的了解，对智慧港口建设有了更全面、深刻的认识，为将其运用到生产工作中起到了很好的铺垫作用。

8月2日，信息中心组织了智慧港口知识培训。中国交通通信信息中心专家围绕港口信息化发展形势、国内外港口信息先进经验、大数据等新技术在港航企业中的应用等方面进行了系统介绍，并结合唐山港自身实际情况，针对智慧港口建设要点提出了具体建议。这次培训使参训人员对智慧港口建设的理念、内涵有了更加清楚的认知，提高了智慧港口建设的意识和水平。

8月23日，信息技术公司再次组织智慧港口学习培训。信息技术公司软件组组长王思维组织该公司全体员工学习了“推动信息化与港航业务的深度融合，助力打造智慧港口”的宣传课。宣传课介绍了国内外多个港口的信息化建设情况和未来的发展战略，并展示了云计算、大数据、全空间视频、3D虚拟建模等最前沿的信息技术。宣传课使大家加深了对智慧港口建设的认识，提高了建设智慧港口的知识水平。

第四节 智慧港口建设成效显著

2017年深入开展“智慧港口建设年”，全年投资近4000万元，实施信息化项目38项，投入力度和建设质量创历史之最，并以此为契机，使智慧港建设沐浴着春风，日新月异，取得了骄人的成绩。

一、智慧生产系统建设突飞猛进

2017年8月30日，唐山港集团召开了“唐山港集团智慧生产设计方案”专家评审会

智慧生产平台完成架构设计，集装箱智能理货、铁路集中调度等项目全面开展，专业散货全自动过磅、预约集港、海关二代智能卡口等系统投入使用，构建了畅通的生产智能化调度系统、散杂货管理系统、集中过磅系统、物流信息公共平台、物联网信息平台，提升了生产作业效率。

2017年8月30日，唐山港集团召开有交通运输部、大连海事大学、中交第三航务工程有限公司、鞍山海汇自动化有限公司、上海国际航运中心洋山深水港、烟台华东电子科技有限公司等单位参加的《唐山港集团智慧生产设计方案》专家评审会。

会上，各位专家对《设计方案》进行了评审，并提出了意见和建议。这次评审为《设计方案》的完善及系统平台的开发奠定了坚实的基础，促进了“智慧生产”设计方案与生产实际的有效融合，有力地推进了京唐港区“智慧港口”建设向纵深发展。

（一）集团内部的生产运营系统有效集成

集团内部的生产运营系统主要包括散杂货、门禁、自动过磅系统，通过引入物联网技术，融合RFID射频识别、视频监控、图形模拟、LED屏显示、4G无线传输、GPS监控、智能闸口自动化控制等多种先进技术与生产系统有效集成，实现可视化监控、指挥、调度。同时开发了“生产精细化控制系统”，实现对在港作业车辆、设备的实时引导、监控、追踪。生产作业实现了从业务办理、集疏港、库区管理、船舶调度作业到最终统计计费的单证一票通、作业一卡通，做到港口装卸、调度等生产环节全流程信息化。开通网上客户业务服务平台，推行各项业务网上自主办理，并提供用户数据查询、远程监管功能，为客户提供优质、方便、高效的服务。

（二）总调度室的设备统筹信息化系统初步成形

设备统筹信息化系统是“智慧生产”的基础型生产系统，该系统可使设备的派、跟、统、管通过系统直接服务于生产。经过几个月的努力，调度中心设备人力统筹小组、信息技术公司于2017年8月顺利完成了与大连口岸物流网有限公司合作的设备统筹信息化系统功能调整工作，使该系统初步成形，预示着设备统筹工作将迈上一个新台阶，并为调度中心生产扁平化、智能化建设打下良好的基础。

（三）矿石码头海关接口系统投入运行

2017年12月10日，矿石码头海关接口系统正式投入运行。该系统将散杂货生产系统与海关监管系统进行数据对接，将报关单号和提运单号与业务部门录入的计划号结合，司磅员可以通过录入计划号导出所需各项数据信息，写入海关IC卡，非常方便地给海关提供信息，简化了作业流程，提高了工作效率和港口通关效率。

（四）散杂生产管理系统全面升级

散杂货智能管理

2018年启动了散杂生产管理系统的全面升级，实施智慧生产平台建设。该平台利用“互联网+”理念把港口内外物流、资金流、信息流和物联网、云计算、移动互联网、大数据、智能化等领域最新技术完美融合，依据物流供应链发展方向进行业务流程的再造和管理系统的再设计，建设了一套集团级的智慧化港口生产运营管理平台，主要包括智能感知层、数据处理层、智慧应用层、协同社区层4个层次，功能上以预测、控制、监控、反馈为主线开发，体现人工智能决策性能和人文关怀，致力于构建开放、共享、和谐、绿色的物流生态圈。

二、智慧商务系统建设日新月异

（一）网上业务大厅建设

2017年启动了网上业务大厅建设，构建融业务办理、费用结算、进度监控为一体的自助式商务云平台，为往来客户提供全方位、人性化的商务体验。开展集团智慧港口发展规划编制，为未来信息化建设制定路线图和时间表。

（二）网上订舱平台水运快车上线

2017年，唐山港船舶货运代理有限公司在唐山港大厦组织召开了唐山港电商平台“水运快车”订舱网站推介会。船货代公司在推介会上进行了流程演示，表明网上订舱平台已具备上线条件。网上订舱平台的上线对于完善港口产业链信息网和数据库、大力发展“互联网 +”、加快智慧港建设、推动规模化与信息化和数字化融合发展具有重要意义。

（三）打造“互联网 +”海运平台

2017 年 4 月，集团公司建设物流网上业务大厅系统网上派车模块全面投入使用。8 月，网上业务大厅系统网上派车模块在货代、车队全面使用，标志着业务综合服务平台网上派车系统顺利完成向网上业务大厅系统的迁移。该系统新增了货主、车队流向比对录入功能，可以形成疏港流向报表，为公司业务开展、业务方向决策提供数据支撑。同时新系统可向货主、代理、车队提供更加优质、便捷的网上派车服务。

落实物流综合体系的整体规划，船货代公司和多家互联网航运平台、网络技术公司就打造“互联网 +”电商平台问题进行了洽谈，制订了海运电商平台 PC 端、海运电商平台移动端以及船货代公司业务信息化的一揽子开发方案。

2017 年 4 月完成海运电商平台 PC 端和移动端的建设，由此提高了京唐港区的信息化水平，使业务合同系统、业务结算系统、数据统计系统均实现了信息化，节省了大量的人力、物力，提高了工作效率，同时提升了京唐港区对客户的服务能力，增强了京唐港区在周边港口的竞争优势。

2018 年先后与威海港、韩国 ATC 商会开展跨境电商合作，进口商品通关分拨业务开始运营。

（四）智慧加油项目上线

2017 年 5 月下旬，由信息技术公司研发的集服务、优惠、资讯于一体的唐山港外供在线加油移动系统——“智惠加油”项目成功上线。本项目专为车主打造，包括办加油卡，在线办理外供加油站 IC 卡，使用户足不出户就能实现轻松办卡；在线加油，通过微信、支付宝等在线支付手段，实现网上充值，为客户节约了排队等候的时间；港内救援，网上设置救援电话，用户拨打快速救援电话，各种港内救援项目让车主畅行无忧；资讯服务，提供外供加油站最新的促销、油价资讯；不定期推出优惠活动，让车主真正得到实惠，车主可以以更优惠的价格在线购买商品，最大程度享受便利服务等五大服务功能。

（五）港通宝上线试运行

2017 年 4 月 10 日，按照智慧港口建设部署组织实施的首个针对车主、司机群体的服务性线上移动应用正式上线试运行。港通宝上线运行了“在线门禁卡缴费”和“黑名单解绑”两个功能模块。车主、司机可通过手机APP在线办理车辆门禁卡缴费及车辆黑名单解绑业务，全部过程1分钟之内完成，大大提高了车辆运行效率。据统计，港通宝上线运行后平均可为司机、车主节省1小时以上的时间，有效提高了集团的综合服务水平和工作效率。港通宝陆运平台打造车货匹配和撮合交易，方便车主和货主的业务联系，提高了客户的集疏港效率。

9月，港通宝二期开发顺利完成，各项功能陆续上线应用。随着港通宝功能的不断完善，降低了集团部分岗位的劳动强度，提高了工作效率和工作质量，提升了集疏港车辆的运行效率，增强了集团对外综合服务水平。

（六）“港通天下”智慧业务平台试运行

2017年5月7日，唐山港集团“港通天下”智慧业务平台开始正式运行。该平台主要包括矿石码头公司业务手续办理、网上派车模块、满意度调查、36～40#采样系统、网上业务大厅首页模块等。“港通天下”智慧业务平台打造了唐山港集团一站式服务平台，实现船、货方业务办理信息化，完成网上缴费和财务凭证信息推送，改善原有办单模式，节约人力、物力成本，提升集团业务办单水平。同时突破地域限制，为客户提供便利，为进一步开拓客户市场创造了条件。

“港通天下”平台已建成的各系统以核心基础功能为主，功能流程逐渐完善，用户迅速增加，经过各应用的线上线下结合模式的逐步完善，一个物流全程可视化、手续办理无纸化、交易支付电商化、信息数据共享化、行政监管网络化的一站式自助商务云平台已经实现。

“港通天下”对外服务平台包括网上业务大厅、综合服务平台、生活电商平台、海运订舱和陆运集疏运平台等子系统。网上业务大厅实现了网上办单、网上缴费等功能，提高了船货代的业务办理效率。

（七）港通宝苹果APP上线

2017年6月，“港通天下”APP在苹果官方App Store正式上架。至此，“港通宝”3个入口全部上线运行，可通过安卓版APP、苹果版APP和微信3个渠道进入，大大方便了司机、车主快捷使用。港通宝上线以来，共吸引注册用户5000余个，门禁卡线上续费1.4万余单，线上解绑黑名单900余单，平台交易金额50余万元。项目组根据用户需求不断完善系统功能，先后增加港通宝APP缴费、推送缴费成功的信息、推送通知公告等相关功能，使司机及时了解业务办理情况。同时为方便司机用户还在微信公众号增加“司机港内指南”“港内汽车维修”等板块，有效解决司机、车主的难点问题，提高了集疏港车辆运行效率，提升了集团综合服务水平。

（八）“互联网+”理念获省企业管理创新奖

通过“互联网+”的思维模式，实现业务流程的办理优化以及整体物流链条的综合管控。大力推行上下协同、内外共享机制，用“互联网+”思维推动公司业务流程的优化升级以及物流链的综合管控。在内部打通了生产系统、商务系统、财务系统、税务系统、办公系统之间的壁垒，在外部与海事、海关、港航等联检单位，以及银行、保险、税务之间无缝衔接，搭建了顺畅、高效的电子口岸平台。该理念获得了河北省企业管理现代化创新三等奖。

三、智慧职能系统建设快速普及

用信息技术辅助门禁管理，利用RFID（射频识别）技术对车辆进行自动识别控制，规范集装箱车辆管理，实现地磁感应自主抬杆，通过将车辆信息、业务信息、作业信息、监控信息进行整合，实现了车辆进出堆场、过磅、装卸车的多点联合控制，实现了集装箱前后两个装卸场的整体联动，展现了铁路装卸场的综合作业能力及品牌效应，提高了铁路集装箱装卸能力，提升了京唐港区服务客户、开拓市场的能力。

（一）卸船入库作业车辆实施GPS管理

采用GPS管理，利用GPS对卸船入库的铲车、翻斗车进行监控，录入员定期对作业车辆轨迹进行回放查询，保证倒运货物安全。

（二）集中过磅系统付诸使用

使用集中过磅系统，取代纸质票据的模式，各种数据信息通过互联网进行传输，并在车辆过磅中应用射频卡，使数据的传输更加安全、快捷、高效，过磅时间由原来的90秒缩短到30秒，同时弥补了之前集疏港车辆信息难以监管的问题，杜绝了套牌偷盗货物的可能。

（三）货垛电子确认货物疏港

货垛电子确认货物疏港时，外来车队派工信息、疏港货垛电子货垛牌信息、疏港铲车信息三方匹配时方可进行疏港过磅作业，以保证疏港作业安全，防止发生疏错货垛的现象。

（四）完善集团内部的管理系统

集团内部的管理系统逐步完善，该系统主要包括办公、财务、人力、法务、设备、采购、安全等系统的应用。各系统的建设实现了主要经营管理流程信息化和无纸化办公，应用较为频繁的是办公、合同、安全等系统，同时实现了手机移动办公，极大地提高了经营管理的时效性。同时，该系统构建了决策分析模块，通过对生产系统数据的抽取和整合，实现了各分 / 子公司的绩效指标分析，辅助考核工作管理。信息化建设正在不断促进集团预算、质量、安全、绩效、信息化五大体系的深度融合，成为提升集团管理水平的便捷工具。

（五）完善集装箱自动化码头的智能化管理功能

集装箱自动化码头具备了智能闸口、自动化堆场、轨道吊远程控制、岸桥半自动控制和码头的智能化管理等功能，实现了整个码头的智能化运行，港口生产自动化水平大幅提升，使“大智移云”理念在港口得到充分体现。

四、智慧港口软硬件建设日益完善

完善基础设施，强化标准化管理。集团建设的信息网络覆盖最远达 20 多千米、联网设备超过 300 台，并建成了终端数以万计的大规模企业局域网，网络性质也从单纯的有线数据网发展成有线无线并存，数据、语音、视频、工控等信号混合传输的综合信息网，实现了与海关、海事、边检、商检等联检单位和外部客户的互联互通，为实现“货运一单制、信息一网通、监管一张网”的港口物流运作体系提供了支撑。集团各种信息系统达 50 多个，主要部署在统一的虚拟化平台上，可按实际情况划分资源、并进行动态调整。集团核心数据库通过两台高性能的 IBM 小型机搭建双机热备环境，并配置了同城异地灾备系统。应用服务器和数据库是集团信息系统运行的核心，通过引入较为先进的技术、设施，做到了虚拟化、冗余化，提高了信息化建设的资源利用率，降低了运维管理成本。

五、智慧港口实力不断增强

智慧港口建设是一种较为新颖的事件，没有相对成熟的案例参考和技术、标准、规范遵循。唐山港集团在多年建设过程中，形成了以现行

序号	软件著作权名称	登记号	发证日期
1	港口集疏港过磅集中控制系统	2013SR058370	2013.6.15
2	智能验放系统	2013SR104037	2013.9.23
3	车辆智能作业系统	2014SR080166	2014.6.18
4	工属具管理系统	2014SR080164	2014.6.18
5	库场电子货垛系统	2014SR080070	2014.6.18
6	库场电子片图系统	2014SR089648	2014.7.2
7	GPS车辆监控系统	2014SR131514	2014.9.2
8	散货场站操作系统	2015SR107967	2015.6.16
9	集装箱场站操作系统	2015SR107963	2015.6.16
10	车辆电子出门证系统	2015SR253454	2015.12.10
11	集疏运管控与服务平台	2015SR254984	2015.12.11
12	网上业务大厅系统	2015SR252887	2015.12.10
13	电力调度派工系统	2016SR027549	2016.2.4
14	员工绩效考核系统	2016SR025478	2016.2.2
15	铲车考核系统	2016SR221799	2016.8.16
16	设备物资管理系统	2016SR221810	2016.8.16
17	港信内部门户系统	2017SR242549	2017.6.7
18	港信人力资源管理系统	2017SR242561	2017.6.7
19	港信港通宝系统	2017SR492473	2017.9.6
20	港信智能过磅系统	2017SR491631	2017.9.6
21	物资管理系统V1.0	2018SR103586	2018.2.9
22	网上派车系统V1.0.0.0	2018SR103865	2018.2.9
23	自动过磅系统V1.0	2018SR103589	2018.2.9
24	转接塔门禁管控系统V1.0	2018SR099823	2018.2.7
25	工单管理系统V1.0	2018SR099881	2018.2.7
26	设备点检系统V1.0	2018SR099762	2018.2.7
27	智能生产管理系统V1.0	2018SR641122	2018.6.21
28	港信智能在线加油系统V1.0	2018SR753747	2018.9.17
29	港信车队saas管理平台V1.0	2018SR753978	2018.9.17
30	港信在线考试系统V1.0.0.0	2018SR957769	2018.10.21
31	唐山港船舶及货运代理公共服务平台V1.0.0.0	2018SR957773	2018.10.21
32	港信集疏运智能预约系统V1.0.0.0	2019SR0442205	2019.5.9
33	港信散杂货码头智慧生产系统V1.0.0.0	2019SR0443653	2019.5.9

唐山港集团信息技术项目获得的自主软件著作权

序号	项目名称	年度	项目类别	级别
1	唐山港公共服务平台项目	2016	河北省工业企业技术改造专项资金补贴	省级
2	利用“互联网+”思维推动公司业务流程的优化升级以及物流链的综合管控	2016	省级三等企业管理现代化创新成果	省级
3	网上业务大厅	2016	中小企业公共示范平台	市级
4	港口企业危险货物智能化安全管理示范工程	2017	智慧港口示范工程	部级
5	集装箱作业自动化控制系统CAMS	2017	“互联网+先进制造业”试点项目	省级
6	基于数据驱动的智慧港口创新工程	2018	互联网与先进制造业融合发展重点项目	省级
7	工业控制系统信息安全防护体系	2018	河北省工业控制系统信息安全试点	省级

唐山港集团信息技术“互联网+”项目表

主流技术为基础、强化自主研发的建设模式，取得了良好效果。集团成立了全资子公司信息技术有限公司，组建了一支素质较高的港航信息系统建设专业队伍，具备高新技术企业、双软企业、信息系统集成三级、安防施工一级等一系列资质。集团高度重视智慧港口建设过程中核心技术的提炼和保护，出台了“知识管理办法”，先后取得33项软件著作权，形成了较为深厚的技术底蕴，为智慧港口可持续科学发展奠定了坚实基础。

唐山港集团信息化项目建设始终坚持信息化和企业管理变革同步，和管理理念提升同步。通过对业务流程的梳理和持续的优化，实现了唐山港集团物流、信息流、资金流三流中各种业务运行的透明化、标准化、规范化、合理化和科学化。

信息化应用促进了物流链信息流的高度共享、协同，提升了大宗货物运输效率，降低了水、铁、公等行业相关作业运输设备的无效等待时间，其中公路集疏运效率提升了20%，卡口、磅房等关键场所自动化改造后效率提升了3倍以上。效率的提升促进了以港口为核心的节能减排工作，推进京唐港区向绿色低碳型、节能环保型港口生态圈转变，促使集团被交通运输部批准为绿色港口主题性项目实施单位，京唐港区成为全国11家示范港口之一。

推广信息技术，拓展对外业务。信息技术公司不断打牢主营业务基础，大力探索市场规律，研究周边行业特点，努力把成熟的、已经形成自主知识产权的信息技术推广到周边地区，不断谋求业务外部拓展。先后实施了唐钢集团、中远物流的信息化系统项目、唐山湾菩提岛无线电高清数字监控建设项目、海口港马村智能卡口项目、赤湾港集中过磅项目、天津联大通信设备采购项目等10余个项目的开发建设，为京唐港信息技术实施“走出去”战略积累了经验，为进一步开展对外业务奠定了坚实基础。

唐山港集团的智慧港口建设长期以来得到上级行业主管单位和领导的关心和支持。近年来集团将对外技术交流、合作列为重点工作之一，一是积极了解国家宏观形势、发展趋势、政策导向，避免因闭门造车带来的滞后性、落后性；二是宣传建设成果、展示良好形象，为企业主业拓展提供支持；三是有效利用政策红利，获得补助资金支持。截至目前，集团在交通系统取得智慧港口、绿色港口、集装箱多式联运示范资质，在工信系统取得集装箱自动化CAMS系统、工控安全防护系统、公共服务平台等多个省市技改创新、“互联网+”先进制造业重点项目扶持，信息公司、港机公司等9家成员单位获批高新企业、中小型科技企业，获得近3000万元项目补助资金。

第五节　赋能构建物流生态圈

习近平总书记2019年1月17日视察天津港时提出“要志在万里，努力打造世界一流的智慧港口、绿色港口”，这是对全体港口人的殷切期望和嘱托。唐山港集团积极实施基于数据驱动的智慧港口创新工程，其中主体工作为外部公共服务云平台、内部智慧化生产两部分。外部平台以“互联网+”思维为引领、电子商务技术为基础，利用港口在大宗货物运输体系关键节点地位，以港口业务为核心整合区域厂家、车队、用户资源，整合水、铁、公多式联运模式，开辟海关、海事联检报关协同办公通道，为各方提供一体化网上货物及物流配货、交易、支付等功能，实现物流、资金流、信息流的高度同步；内部通过智慧调度中心、集装

智慧港口架构图

箱自动化码头、智能理货系统建设，提升内部生产组织智能化、现场作业控制自动化水平。特别是通过与区域主要钢厂开展系统对接和信息共享、联合管控，使物流链参与各方能够对物流动态实时掌控和安全风险防控。通过数据精细化管控吸引各类金融、保险、商贸等优势资源依附，为客户提供基于大数据分析的全新供应链金融授信新模式。内外协同、上下联动，赋能和谐、繁荣物流生态圈，支持物流效率的整体提升和各方综合经营成本的明显降低，从而为腹地钢铁、装备等制造业向集约型转型升级做出贡献。

唐山港集团近期建设目标是以数据高度共享提升口岸协同管理水平和核心服务能力、建设口岸系统开发标准，建立涵盖港口供应链的全方位、多业态信息服务体系，推动形成线上信息广泛互联、线下资源优化配置、线上线下协同联动的数字口岸环境，支撑港口向综合物流体模式转变，从而实现可持续高质量发展。关键做法包括：

1. 广泛应用物联网技术，实现海量物流数据的实时采集。

2. 通过图形化、电子化等手段，实现“智慧型港口”全程供应链管理。

3. 通过信息化平台建设，带动业务流程和管理水平的提升。

4. 依托网络化的客户服务体系，实现物流信息与客户的实时交互，提升港口服务水平。

5. 建立科学的数据统计和决策支持体系。

6. 借助智能化管理系统，推进港口操作无人化。

7. 为港口企业提供统一的数据级标准，提高数据传输效率。

8. 提供统一的应用级接口规范，为内外各方提供通用、开放的数据调用环境。

9. 搭建行业应用基础平台，包括云计算环境和大数据平台，为上下游物流链提供基于 SaaS 的标准化服务。

第二十章
国家“十三五”重点工程 25万吨级航道建设

国家“十二五”期间，京唐港建成了大型矿石码头、专业煤炭码头、集装箱码头等，为港口的发展奠定了坚实的基础。

码头建起来，如何更好地发挥它们的神威？加深、加宽航道必须配套推进。于是25万吨航道建设的大幕拉开，而且列入国家“十三五”重点工程。

——题记

第一节 做好25万吨级航道工程的前期准备

时代的要求、港口的发展把25万吨级航道工程建设推到了风口浪尖，京唐港区审时度势，为这一天的到来，周密地做着准备工作。

一、完成可行性研究报告

2013年5月，向中交一航院递交了《关于开展唐山港京唐港区25万吨级航道工程可行性研究的委托书》，委托其进行航道工程的可行性研究。江苏省水文资源勘测局扬州分局完成《唐山港京唐港区25万吨级航道工程口门水文测验分析报告》。6月，中交一航院完成《唐山港京唐港区25万吨级航道工程地质勘察报告》。7月，中交一航院完成《唐山港京唐港区25万吨级航道工程地形测量报告》。10月，国家海洋局第一海洋研究所完成《唐山港京唐港区外海波浪观测统计与分析报告》。经过一年多时间的科学分析、研究论证，2014年12月，中交一航院完成《唐山港京唐港区25万吨级航道工程可行性研究报告》的编制。研究结论为：京唐港区建设25万吨级航道工程，是保持港区货物吞吐量快速增长、适应船舶大型化发展、保证进出港船舶的安全、发挥拟建25万吨矿石码头能力、完善港区自身发展的必要举措，建议尽快实施。尽管在粉砂质海岸开挖大型航道存在技术上的困难，但通过科学的分析论证后，工程采取有效措施，京唐港区开挖25万吨级航道是可行的。

《唐山港京唐港区25万吨级航道工程可行性研究报告》提出了25万吨级航道建设规模和建设时机：以现有20万吨级航道为基础，通过浚深、延长、扩建成25万吨级航道，配套建设防波挡砂堤和导助航设施等。25万吨级航道长度27.7千米，里程29+000至1+300，有效宽度270米，通航底标高-22.0米，设计底标高-23.0米，其中口门附近里程3+000至6+000内，航道有效宽度300米，里程4+000至里程10+000内，航道备淤深度取1.3米，设计底标高-23.3米，挖泥边坡按1：5，总疏浚土方量2550万立方米（含施工期回淤80万立方米），全部吹填至第四港池南岛东段的吹填区进行造陆。航道浚深后，为了减小平常浪和风暴潮航道回淤量，改善口门横流，拟将西侧1000米防波挡砂堤（潜堤）加高成为出水堤（+3.0米），对应东侧500米防波挡砂堤（潜堤）也加高成为出水堤（+3.0米），堤头与既有潜堤按照3%坡度渐变过渡衔接，长度为267米×2=534米。第四港池南岛东段形成纳泥区，建设围堰长度1400米，改造既有南岛内堤长度3176.3米。

2014年5月，中交一航院完成《唐山港京唐港区第四港池25万吨级航道工程可行性研究报告》的编制。《报告》作出如下结论：为了满足矿石码头接卸大型船舶的需要，京唐港区已启动主航道的扩建前期研究工作，为此第四港池内航道亟须扩建为25万吨级，才能与主航道等级和码头等级相匹配，满足矿石码头接卸大型船舶的需要。本工程是在第四港池原20万吨级航道基础上扩建为25万吨级，工程技术上是可行的。

二、递交工程项目建议书

2014年8月，唐山港口实业集团、中交一航院向唐山市发改委和河北省交通运输厅递交了《〈唐山港京唐港区25万吨级航道工程项目建议书〉的请示报告》。

《项目建议书》拟定：25万吨级航道工程建设地点位于京唐港区，西距天津新港70海里。建设规模：以现有20万吨级航道为基础，通过浚深、延长，扩建成25万吨级航道。工程投资：163883.75万元。融资方案：自有资金30%，其余利用银行贷款和申请交通运输部基础设施专项资金补助，贷款年利率为6.55%。组建方式和建设工期：本工程由唐山港口实业集团负责组织建设，建设工期为18个月。

总平面布置方案提出：考虑到港区20万吨级航道在设计与施工时，航道尺度已按照远期25万吨级航道进行宽度预留，导标也已兼顾25万吨级航道建设完成，为此本次25万吨级航道工程包括浚深和延长部分，25万吨级航道长度27.7千米，里程29+000至1+300，有效宽度270米，通航底标高-21.9米，其中口门附近里程3+000至6+000内，航道有效宽度

300 米，里程 4+000 至里程 10+000 内，航道备淤深度取 0.8 米，设计底标高 -22.7 米。航道里程 18+000 以内，只进行向下浚深，土质条件相对较好，挖泥边坡按 1∶3，里程 18+000 以外，挖泥边坡按 1∶5。总疏浚土方量 1981.5 万立方米（含施工期回淤 80 万立方米），全部吹填至第四港池南岛东段的吹填区进行造陆。同时考虑到规划第四港池南岛造陆后，航道东侧防波挡砂堤（潜堤）根部受波浪作用加大，易形成波浪集中，为此，本阶段暂加高东侧 500 米潜堤成为出水堤，标高由 -5.0 米加高至 +3.0 米，堤头按 3% 坡度渐变，长度 267 米，对应西侧防波挡砂堤（潜堤）也加高成为出水堤，长度 1000 米，标高由 -5.0 米加高至 +3.0 米，堤头与既有潜堤按照 3% 坡度渐变过渡衔接，长度 267 米。为了满足航道挖泥吹填造陆，将第四港池南岛内堤改造铺设倒滤层，新建吹填围堰长度 1400 米，第四港池外堤建设已单独立项，不在本工程范围。吹填区位于第四港池南岛东区，吹填面积为 473 万平方米，纳泥量约 3300 万平方米。

三、工程获准立项

2015 年 1 月 26 日，河北省发改委下发“冀发改基础〔2015〕71 号”文件《关于唐山港京唐港区 25 万吨级航道工程项目建议书的批复》指出：

一、为适应船舶大型化、航道深水化的发展趋势，充分发挥京唐港区既有 25 万吨级矿石泊位能力，实现 20 万吨级及以下散货船舶全天候通航，建设唐山港京唐港区 25 万吨级航道工程是必要的，同意唐山港口实业集团有限公司负责该工程相关前期及建设工作。

二、同意该工程在现有 20 万吨级航道基础上，拓宽浚深至 25 万吨级，配套加高东、西两侧部分区段挡砂堤潜堤，航道全长约 27.7 千米。相关技术指标在下步工程可行性研究阶段研究确定。

三、该工程估算总投资约 16.39 亿元（含海底石油管线改造费用 4 亿元），通过申请国家专项资金、企业自筹和银行贷款等途径解决。

此后，陆续完成了《唐山港京唐港区 25 万吨级航道工程通航安全影响论证报告》《河北海事局关于唐山港京唐港区 25 万吨级航道工程通航安全影响论证报告的核准意见》《唐山港京唐港区25万吨级航道工程项目用海预审申请》和《唐山港京唐港区25万吨级航道工程海洋环境影响报告书》《关于唐山港京唐港区25万吨级航道工程海洋环境影响报告书的核准意见》，取得了《河北省发展和改革委员会关于唐山港京唐港区第四港池25万吨级航道工程可行性研究报告的批复》《河北海事局关于唐山港京唐港区第四港池25万吨级航道工程通航安全影响论证报告的核准意见》《唐山港京唐港区第四港池25万吨级航道工程初步设计报告》及《河北省交通运输厅关于唐山港京唐港区第四港池25万吨级航道工程初步设计的批复》。

5月4日，河北省交通运输厅在石家庄主持召开了《唐山港京唐港区25万吨级航道工程可行性研究报告》和《唐山港京唐港区第四港池25万吨级航道工程可行性研究报告》的行业审查会。河北省发改委、河北省海洋局、省港航管理局、河北海事局、唐山市发改委、唐山市港航管理局、唐山港引航站、唐山港口实业集团和京唐港首钢码头有限公司、中交一航院等单位的领导、代表以及5位业内专家参加会议。专家组原则同意这两个《报告》，并就相关问题提出了改进建议。两个《报告》通过了专业审查。

11月10日，河北省发改委委托河北省工程咨询院在唐山海港经济开发区主持召开了《唐山港京唐港区25万吨级航道工程可行性研究报告》及《唐山港京唐港区第四港池25万吨级航道工程可行性研究报告》评估论证会。河北省海洋局、环境保护厅、交通运输厅港航管理局、河北海事局，唐山市发改委、港航管理局、海洋局、唐山港口实业集团、京唐港首钢码头有限公司和设计单位中交一航院，科研单位南京水利科学研究院等单位的领导、代表以及6位特邀专家参加会议。会议由河北省工程咨询院孙琪处长主持。会上，唐山港口实业集团总经理王首相介绍了京唐港区25万吨级航道工程的相关情况。专家组听取了设计单位关于京唐港区25万吨级航道工程规划及建设方案的汇报，并查看了相关资料。专家组认为，京唐港区建设25万吨级航道工程是必要的，符合唐山港总体规划和京唐港区发展需求。两个《报告》内容充分，研究深入，达到了工程可行性研究阶段的工作要求。同时，专家组针对两个《报告》内容提出了意见和建议。相关主管部门对会议结果表示认可。

京唐港区是以大宗散货运输为主的港口，船舶大型化发展趋势明显，

特别是矿石船舶大型化显著。两个25万吨级航道工程项目将以现有20万吨级航道为基础，通过浚深、扩延建设25万吨级航道，并配套建设防波挡砂堤和导助航设施。在散货船大型化发展趋势日益显著的今天，两个项目的建设将大大提高京唐港区的通航能力，为京唐港区持续发展提供基础保障。

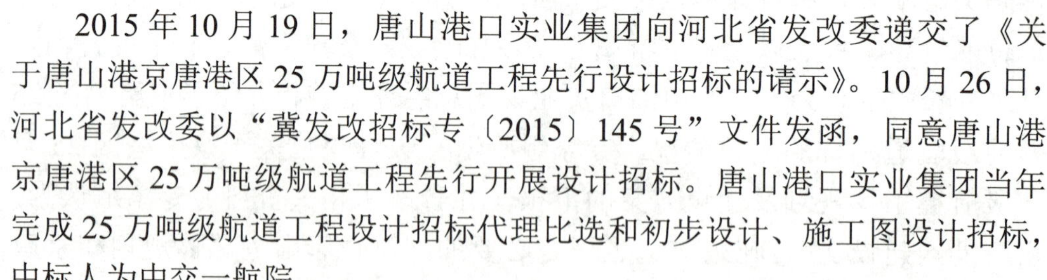

河北省发展和改革委员会文件

冀发改基础〔2015〕1497号

河北省发展和改革委员会
关于唐山港京唐港区25万吨级航道工程
工程可行性研究报告的批复

唐山市发展和改革委员会：

你委《关于呈报<唐山港京唐港区25万吨级航道工程可行性研究报告>的请示》（唐发改基础〔2015〕634号）和有关材料均悉。经研究，现批复如下：

一、为适应船舶大型化、航道深水化的发展趋势，充分发挥京唐港区既有25万吨级矿石泊位能力，实现20万吨级及以下散货船舶全天候通航，同意建设唐山港京唐港区25万吨级航道工程，项目业主为唐山港口实业集团有限公司。

二、主要建设内容、建设规模及标准。同意该工程在现有20万吨级航道基础上，通过浚深、延长扩建成25万吨级航道，配套建设防波挡沙堤和导助航设施等。航道轴线方位保持既有20万吨级航道轴线不变（即315° 00′ 00″ —135° 00′ 00″ ）。航道长度31.7公里，通航宽度270米（其中3+000至6+000段通航宽度300米），设计底标高-22.8米（其中4+000至10+000段设计底标高-23.3米）。航道总疏浚土方量2544万方（含施工期回淤80万方），全部倾倒至第四港池南岸疏浚物处置区。同意加高东侧500米和西侧1000米防波挡沙堤（潜堤）成出水堤（堤顶标高均为+3.0米），堤头与既有潜堤按照3%坡度渐变过渡衔接，过渡段长度267米。东西出水防波挡沙堤均采用抛石斜坡堤结构。

三、工程估算总投资174927.42万元(含海底石油管线改造费用4亿元)，由项目业主负责通过企业自筹、申请国家专项资金和银行贷款等途径解决。

四、该工程工期安排为18个月。

五、下阶段你委要协调项目业主及相关方面做好以下工作：

（一）加快实施海底石油管线改造工程，满足航道建设及通航要求。

（二）按照建设环境友好、资源节约型项目的要求，优化设计，制定详细的施工组织方案，把环境和通航安全等工作落实到位。

接批复后，请抓紧编制工程初步[illegible]程序报批。

河北省发展和改革委员会
2015年12月24日

信息属性：主动公开

抄送：省交通运输厅、省国土资源厅、省环境保护厅、省住房城乡建设厅，河北海事局。

河北省发展和改革委员会办公室　　2015年12月24日印发

2015年12月24日，河北省发改委批复《唐山港京唐港区25万吨级航道工程可行性研究报告》

四、设计招标和施工方案细化

2015年10月19日，唐山港口实业集团向河北省发改委递交了《关于唐山港京唐港区25万吨级航道工程先行设计招标的请示》。10月26日，河北省发改委以“冀发改招标专〔2015〕145号”文件发函，同意唐山港京唐港区25万吨级航道工程先行开展设计招标。唐山港口实业集团当年完成25万吨级航道工程设计招标代理比选和初步设计、施工图设计招标，中标人为中交一航院。

2017年，唐山港口实业集团与中海石油（中国）有限公司天津分公司签订了《唐山港京唐港区25万吨级航道交叉海底输油管线改造工程协议》，海底输油管线改造问题达成初步一致：拟建25万吨级航道海底输油管线

拟在里程约19+800米处与一条海底管线交叉。为了保证25万吨级航道的施工和航道建成后船舶的航行安全，同时保证交叉区域的管线安全，需要对海底管线的交叉区域进行改线，增加交叉区域的管线埋深。管线改造项目建设包括：办理项目前期手续及各项施工所需的政府部门手续、施工段管线路由调查及物探调查、施工设计、海管预挖沟、海底管线铺设及清管试压、现NB35-2至QHD32-6油田海底输油管线停产清洗、新老管线膨胀弯连接、后挖沟及清管试压、新铺管线的后回填保护、管线后调查和废弃管线回收处理等工作。

与国家海洋局北海分局沟通协调，同意将第四港池南岸作为航道疏浚物处置区。2015年5月13日，北海分局“海北环函字〔2015〕5号”文件《关于唐山港京唐港区第四港池南岸临时倾倒有关问题的函》作出批复：

一、乐亭县临港产业集聚区（京唐港区）第四港池南岸区域适合京唐港区25万吨级航道工程疏浚物倾倒处置。

二、请你公司合理安排施工方案和计划，并按照《委托签发废弃物海洋倾倒许可证管理办法》的有关规定，于疏浚物倾倒施工前，到我分局办理“废弃物海洋倾倒许可证”。

三、倾倒施工过程中，做好海洋环境跟踪监测，减少倾倒活动对海洋活动的影响。

第二节 纳入国家“十三五”规划

正确的决策，源于对形势的客观分析和决策者的深谋远虑。做好当前，谋划长远，围绕“十三五”规划的制订和实施，唐山港集团赢得了先手。

一、未雨绸缪 京唐港区的“十三五”设想

唐山港集团立足比较优势，顺应国际港口发展大势，围绕进一步调整码

头结构、优化港口布局，根据市场需求，谋划港口发展的“十三五”规划。

（一）坚持稳中求进的总基调

中央经济工作会议提出，2015年中国经济工作要坚持稳中求进的工作总基调。这是中央对当前经济形势、机遇和风险进行充分评估、科学判断后作出的战略部署。对安排、做好2015年重点工作来说，坚持稳中求进的工作总基调也是非常适宜的。这既是外部经济环境的要求，也是公司现阶段发展的具体体现。

“十三五”时期是港口全面深化改革、确保转变经济增长方式取得实质性进展的5年，要认真研究、准确把握国家政策、省市发展战略，科学制订“十三五”规划。一方面，围绕“四大板块”[①]建设，立足比较优势，大力推进“有中生新”，着力打造传统装卸升级版，同时顺应国际港口发展大势，大力推进“无中生有”，在港口物流产业链中，通过扶持、推动，培育新的业务增长极，加快形成规模经营；另一方面，围绕进一步调整码头结构、优化港口布局，在港口建设上把握好大的方向，根据市场需求，对谋划的“十三五”重点项目，排一排队，分类管理，重点做好第三港池集装箱作业区、第四港池北岸线综合开发、第四港池南岸人工岛保税功能区、第五港池大型原油码头详细规划编制以及后方集疏运通道，港区内铁路、供电、道路等专项规划，扎实做好前期工作，着力培育新项目的开发建设条件，有序推进落实，确保港口资源得到科学合理的开发和利用，确保港口可持续发展。

（二）做好“十三五”规划编制

唐山港集团“十三五”时期工作的指导思想是：管理创新，稳中快进，毫不动摇地坚持集团既定的总目标，即建设综合型、国际化大港的发展目标不变；毫不动摇地坚持发展的大方向，即港口深水化、专业化、集装箱化、园区化、生态化的发展方向不变；毫不动摇地坚持发展的基本路径，即“四大板块”协调发展的基本路径不变；毫不动摇地坚持发展的基本措施，即“五大管理体系”[②]深化融合的基本措施不变，并且要一以贯之，持续推进。

切实做好公司“十三五”规划编制等工作。加强调研考察，问计专

① 四大板块：指装卸、物流、金融、集装箱四大板块。

② 五大管理体系：指质量、安全、环保、绩效、预算五大管理体系。

家、研究机构，积极与国家、省、市的规划编制对接，围绕综合型、国际化大港建设，在国家实施“一带一路”倡议和京津冀协同发展大视野下，牢牢抓住港口功能规划、重点项目安排两个重点，深入开展“十三五”规划研究、编制工作，同时，跟进《唐山港总体规划》修编、国家沿海港口布局规划，抓好第四港池、第五港池详规，为京唐港区安排“十三五”各项工作提供科学的指导。

（三）扎实开展重点项目前期工作

加强协调，稳步推进，积极开展25万吨级航道（含第四港池25万吨级内航道）项目前期工作，争取纳入交通运输部“十三五”规划重点项目序列。继续推动唐山港港区间铁路联络线工程，确保将该项目纳入省、市铁路网规划之中。深入研究23～25#、28～29#泊位配套建设方案，按照近远兼顾、统筹安排、结合融资、稳中求进的总体思路，开展初步设计，推动前期工作。加强科研创新，深入开展京唐港区航道通过能力和双向航道研究工作，助力运营生产发展。

（四）“引进来”与“走出去”战略双管齐下

抢抓京津产业转移和功能辐射外溢的机遇，充分发挥既有资源优势、管理优势、技术优势和人才优势，创新思路方法，建立“走出去”的运行机制、平台，开展工程技术咨询服务，参与周边港口和集疏运体系建设合作，寻求对外投资、对外经营新发展。坚持创新驱动战略，深化制度改革，适时推进整体上市工作。加大对外开放力度，积极招商引资，利用上市公司平台和新建码头项目载体，通过股权购置、合资合作等方式，谋求与占有资源、市场、客户、资金优势的知名央企、大型企业集团合作，积极引入战略投资者，推动企业发展壮大。

二、工程纳入国家“十三五”规划

2016年6月14日，交通运输部办公厅、国家发改委办公厅联合印发的《关于公布第一批多式联运示范工程项目名单的通知》指出，为深入贯彻落实《物流业发展中长期规划（2014—2020年）》，促进物流业降本增效升级，推进完善综合交通运输体系，根据《交通运输部 国家发展改革委关于开展多式联运示范工程的通知》“交运发〔2015〕107号”安排，两部委决定联合开展多式联运示范工程。经企业申请、各省份初选推荐以及专家评审，交通运输部、国家发展改革委研究确定“驮背运输（公铁联运）示范工程”等16个项目为第一批多式联运示范工程项目。唐山港集团主导申报的河北省“东部沿海—京津冀—西北通道集装箱海铁公多式联运示范工程”入选国家首批多式联运示范工程。牵头企业：唐山港集团股份有限公司，联合企业：唐山港国际集装箱码头有限公司、上海合德国际物流有限公司。通知要求，各有关企业作为多式联运示范工程建设主体，要按照实施方案安排，围绕集疏运体系建设、运输组织创新、作业流程优化、多式联运信息共享、技术装备创新应用、标准规范统一等重点任务，加大改革创新力度，积极探索多式联运发展新举措、积累新经验，按期保质完成各项工作任务。通知还要求，各有关省级交通运输、经济运行调节主管部门要积极创造条件，对纳入示范工程的重点项目，积极争取国家专项建设基金和本级人民政府、示范项目所在地人民政府及有关部门的政策支持，从土地、财税、融资、市政配套等方面给予支持和倾斜，为示范工程顺利实施营造良好的外部环境。交通运输部将结合综合交通运输部“十三五”规划实施，对多式联运示范工程内符合支持方向和投资补助条件、示范作用显著的相关项目予以优先支持。

8月，唐山港京唐港区被交通运输部列入“国家重点港区”名录，唐山港京唐港区25万吨级航道工程、第四港池25万吨级航道工程两个项目被列入交通运输部《沿海港口“十三五”重点建设项目（公共基础设施）》。一个港口有两个大的基础设施项目同时列入国家规划，这在河北省的港口还是第一次。这一重大突破，提升了京唐港的战略地位，显著改善了京唐港项目建设开发环境。其中之一，就是项目资金补助比例，从此前的35%提升到50%。

2017年，交通运输部出具了《关于安排唐山港京唐港区25万吨级航道工程建设资金的函》以及《关于安排唐山港京唐港区第四港池25万吨级航道工程建设资金的函》，对京唐港区25万吨级航道项目计划提供总计逾8亿元的补助资金。由此，大大减轻了港口的资金压力，对该项目的顺利实施举足轻重。

2018年，国务院印发了《“十三五”现代综合交通运输体系发展规划》，对港口的布局建设提出了具体要求。（沿海港口建设）稳步推进天津、青岛、上海、宁波—舟山、厦门、深圳、广州等港口集装箱码头建设。推进唐山、黄骅等北方港口煤炭装船码头以及南方公用煤炭接卸中转码头建设。实施黄骅、日照、宁波—舟山等港口铁矿石码头项目。推进唐山、日照、宁波—舟山、揭阳、洋浦等港口原油码头建设。有序推进商品汽车、液化天然气等专业化码头建设。

第三节 25万吨航道工程顺利开工

25万吨航道工程顺利开工，是立港工程的重大进展，它为京唐港区跨入国际化大港奠定了基础。

一、东南防波堤建设

东南防波堤工程建设，是25万吨航道工程的前提和关键。

（一）项目筹划

2014年，东南防波堤工程建设筹划。统筹项目建设和资金投入，开展施工图设计，细化施工方案，创造开工条件，下半年开工建设，年内计划完成投资1.4亿元。稳妥推动，分步实施，为"十三五"25万吨级航道建设、第四港池南岸保税港区开发提供重要支撑。

东南防波堤工程位于唐山港京唐港区第四港池南岸、主航道东侧，距已建的首钢码头南防波挡砂堤约1400米。东南防波堤工程全长9520米，呈L形布置，建设东、南两条防波堤，东防波堤长1757米，南防波堤长7763米。东防波堤衔接已建的首钢码头一期工程东堤，南防波堤西接现有京唐港区航道东挡砂堤，工程概算71602.53万元。

防波堤采用全袋装砂棱体斜坡堤结构，设计使用年限为50年，港口水工建筑物结构的安全等级二级；防浪标准为设计重现期为50年，基本不越浪；抗震设防烈度为7度，设计基本地震加速度为0.158*g*。

东防波堤防浪墙顶高程7.0米，南防波堤防浪墙顶高程7.5米。防波堤堤顶高程+4.0米，堤顶宽度8米（堤顶道路净宽5米），内外边坡均为 1∶1.5。

（二）开工建设

东南防波堤工程为大型充填袋斜坡堤结构，采用全袋装砂棱体斜坡堤结构。该工程区处于外海，无掩护作业，自然水深 5.5 ～ 9.5 米，施工条件恶劣，适宜施工作业天数少、施工难度大。项目施工工序多，受外海风浪影响，容易产生风损，因此，各施工工序必须衔接紧密，施工船舶机械集中作业，船舶密集，施工风险高，管理难度大，并且该项目是深水大袋砂工艺在京唐港区的首次应用，对工程管理团队提出了严峻考验。东南防波堤工程以"没有条件、创造条件也要上"的精神，排除万难，合力攻坚，经过艰苦反复深入的协调沟通，2016 年 3 月 15 日开始陆上扭王字块预制，8 月 23 日开始水上袋装砂被施工，开启了京唐港区第一次外海深水施工大幕。

2017 年 4 月 16 日，实现水上工程复工。新技术、新工艺、新环境、新要求，公司工程人员与设计、施工、监理单位密切合作，深入研究海上施工遇到的各种问题，多措并举，排除施工制约，破解技术难题。坚持未雨绸缪，把工作做在前面，制订施工整体方案，编制质量、安全、文明施工、监理单位管理等 14 项制度，为安全施工提供了制度保障。会同唐山海事局成立项目安全管理协调中心，制定运行机制，为项目水上安全管理打下良好基础。

（三）河北省"平安工地"示范项目

面对诸多的第一次，加强工程管控，强化安全措施，狠抓制度落实，把工程安全管理提高到全港发展的战略高度。安全管理协调中心与总调度室合署办公，施工计划与商船计划统一汇总。建立了施工船舶运行机制，编制了避风方案、空载待泊区设置、施工船与商船并行及汇遇等多项方案，通过技术手段和科学管控，既确保了安全零事故，又提高了船舶作业效率，实现了工程建设安全、质量、效率三并重。9 月底，两个标段排水砂被、塑料排水板、砂肋软体排全部完成，一级袋装砂棱体施工至 -4.0 米，扭王字块预制共完成 8.6798 万块。全年完成项目投资 1.86 亿元。

11 月 29 日，唐山港口实业集团组织召开了东南防波堤工程总结 2017 年部署 2018 年大会，分析存在问题，研究解决办法。根据会议精神，项目建设部利用冬歇期开展各项开工准备工作。按照海事局《关于强化内河船舶非法从事海上运输行为惩治措施的指导性意见》，会同海事局、船检机构探讨船舶使用问题。多渠道对国内及周边类似项目船舶使用情况进行专项调研，开展袋装砂工艺和抛石工艺市场适航船舶资源专项调研。针对砂源缺口问题，会同唐山港集团工程规划部、首钢码头工程部召开协调会，并开展耙吸船装仓、绞吸船装仓专项方案研究和试验。针对国家用海政策问题，提前同政府相关部门问询调研，并与设计、施工单位一起开展临时防护方案研究，多措并举，以不变应万变。

2018 年 2 月 26 日，唐山港口实业集团召开东南防波堤工程 2018 年开工准备会。常务副总经理韩功千、副总经理于泳，项目建设部、投资开发部、中交一航局五公司、中交天津航道局有限公司、唐山海港港兴监理公司等单位领导及相关工程技术人员参加会议。会议分别听取了中交一航局五公司、中交天津航道局对东南防波堤工程 2018 年开工准备情况的工作汇报，与会人员就制约项目开工的问题进行了研究讨论。韩功千要求各参建施工单位积极加强协调沟通，及时反馈实际情况，针对存在问题，制订解决措施和方案，做细市场调研，寻找适航船舶，为确保 2018 年工程按计划开工做好充分准备。经过多方努力，东南防波堤施工难题得到破解。自开工到 2018 年年底累计完成投资 3.11 亿元。

东南防波堤工程严格按照《公路水运工程“平安工地”考核评价标准》和《公路水运工程施工安全标准化指南》进行安全管理，2016 年和 2017 年，两次被评为河北省“平安工地”示范项目。

二、25 万吨级航道施工准备进展顺利

（一）施工图设计获批

2017 年，25 万吨级航道工程取得新进展。11 月 3 日完成施工图设计，向河北省交通运输厅港航管理局报送了《关于唐山港京唐港区 25 万吨级航道工程施工图设计审查的请求》。11 月 30 日，河北省交通运输厅港航管理局“冀港航函港〔2017〕58 号”《关于唐山港京唐港区 25 万吨级航道工程施工图设计的批复》认为，该工程施工图设计文件基本符合交通运输部关于水运工程施工图设计文件编制规定的要求，并做了批复：

一、建设规模和总平面布置。唐山港京唐港区 25 万吨级航道工程在现有20万吨级航道基础上通过浚深、拓宽并相应延长，扩建成25万吨级航道。航道轴线方位不变，仍为315°00′00″～135°00′00″。航道里程I+300～33+000，长31.7千米。同时配套建设改造部分防砂挡砂堤和新增部分导助航设施。建成后的航道满足25万吨级散货船舶单向乘潮通航，兼顾5万吨级散货船舶双向通航。

25万吨级航道通航宽度270米（其中航道3+000～6+000段通航宽度300米），设计底高程-22.8米（其中航道4+000～10+000段设计底高程-23.3米），航道边坡坡度1∶5。配套加高航道东侧500米和西侧1000米防砂挡砂潜堤成出水堤，两侧均延长267米渐变潜堤；改造挡砂堤二期工程702.3米、挡砂堤三期工程189.9米。

二、疏浚工程。本工程航道总疏浚土方约2382万立方米（含施工期回淤80万立方米）。疏浚土方主要吹填至第四港池南岛疏浚物处置区，采用具备吹泥装置的耙吸式挖泥船施工。

三、水工建筑物。本工程防波挡砂堤结构安全等级为二级，抛石斜坡堤结构。

（一）航道东、西侧防波档砂堤改造工程：加高东侧500米、西侧1000米潜堤，原堤顶高程-5.0米，改造为出水挡砂堤，堤顶高程3.0米，堤心石采用10千克～100千克块石。挡砂堤标准段两侧边坡1∶1.5，堤心石与护面块体之间设200千克～300千克块石垫层，东堤坡面安放4吨扭王字块、堤顶安放6吨扭王字块护面，西堤全部安放4吨扭王字块护面、堤头段两侧边坡1∶2，堤心石与护面块体之间设300千克～400千克块石垫层，安放6吨扭王字块护面。堤身两侧设300千克～400千克块石压脚棱体，边坡1∶3，坡脚设100千克～150千克护底块石，标准段护底宽度10米，堤头段护底宽度15米。东、西两侧防波挡砂堤各接267米渐变潜堤，堤顶高程由3.0米按3%坡度渐变至-5.0米，潜堤顶高程3.0米至0.0米段堤身两侧边坡1∶2，顶高程0.0米至-5.0米段堤身两侧边坡1∶1.5，其余结构同加高潜堤堤头段。

（二）挡砂堤二期、三期改造工程：原工程均为抛石斜坡堤结构，堤身采用10千克～100千克块石，两侧边坡1∶1.5。二期工程堤身两侧安放扭王字块护面，堤顶安放7吨改形方块作为行车通道；三期工程堤身两侧和顶部均安放4吨扭王字块护面。

本次改造工程拆除吹填侧和堤顶的扭王字块，在吹填侧堤身按 1∶1.5 的坡度增设 10 千克～ 100 千克垫层块石、5 毫米～ 100 毫米碎石垫层、复合土倒滤层及袋装碎石压护层，堤身上部坡面倒滤层外部再铺设一层二片石垫层和一层 0.5 米厚的网箱块石护面层。保留二期工程堤顶 7 吨改形方块并在三期工程堤顶设置简易灌砌块石路面供车辆通行。

四、导助航设施。本工程导标利用原 20 万吨级航道导标，不再新设。新增浮标 33 套，另备用 11 套，冬季更换为冰标。

五、本工程施工图设计文件执行了国家和行业现行有关技术标准和强制性条文。地基和主体结构稳定性、安全性、耐久性基本满足规范要求。

六、本工程施工图设计文件指导性施工方案基本合理，有效施工工期 18 个月。

（二）通航安全评估报告获准

2017 年 12 月 6 日，取得河北海事局《关于唐山港京唐港区 25 万吨级航道工程通航安全评估报告核准意见的函》“冀海便函〔2017〕213 号”，核准意见指出：《唐山港京唐港区 25 万吨级航道工程通航安全评估报告》内容全面，结论可信，符合《中华人民共和国海事局水上水下活动通航安全影响论证与评估管理办法》的编制要求，原则同意《评估报告》的结论和建议。该报告可作为办理本项目水上水下活动行政许可的依据，同时也可作为建设单位和施工单位落实安全主体责任、施工管理、运营管理和海事管理机构实施现场监督管理的依据。

（三）制定施工相关程序和制度

为了严格加强工程管理，唐山港口实业集团针对项目特点，结合公司实际情况，制定了《京唐港区 25 万吨级航道工程安全生产费用制度》《京唐港区 25 万吨级航道工程安全生产事故隐患排查治理制度》《京唐港区 25 万吨级航道工程安全生产会议制度》《京唐港区 25 万吨级航道工程平安工地建设制度》《京唐港区 25 万吨级航道工程项目安全管理制度》《京唐港区 25 万吨级航道工程工程安全事故应急预案》等相关程序和制度，认真落实上级主管部门下发的各项文件及通知精神，严格加强工程管理，履行建设单位主体责任。

三、25万吨级航道顺利开工建设

2017年12月20日，25万吨级航道工程顺利开工建设。

为确保工程质量和工程进度，严格执行工程建设会议制度，组织召开周调度会，参加监理单位召开的监理例会，以会议形式解决工程中存在的质量、进度问题。根据需要组织设计、监理和施工单位召开临时专项会议，解决工程建设过程中遇到的有关技术问题。落实和建立了业主、监理、施工三级工程质量保证体系和质量责任制，在保安全、保质量的前提下，实现了工程建设的高速度。

为保证航道施工质量，在航道疏浚工程中提前抛设验潮仪。京唐港区潮汐为不规则半日潮，25万吨级航道起点里程为33+000。受潮汐影响，港内潮位存在滞后现象，原港池内验潮站不能满足航道施工测量需求。为此，在航道疏浚开工伊始，即委托天津海测大队在航道起点位置抛设了验潮仪，验证港内潮位与航道终点潮位的关系，建立潮位改正关系式，有效保证了航道施工质量。重点做好对风暴潮等恶劣风浪天气的防范，建立气象预报服务体系，制定具体的应急预案，提高快速反应能力，确保各项应急措施高效、有序进行，减少灾害给建设造成的损失和影响。做到恶劣天气到来前，提前通知，提前做好防范。

项目先后投入通恒、通旭、通程、通坦等挖泥船进场施工。2017年完成项目投资1.6亿元，完成航道疏浚工程量420万立方米。

2018年完成疏浚工程量1447万方，完成施工产值3.99亿元，占全年计划的114.24%。自开工累计完成投资5.15亿元，完成合同总额的74.03%。积极配合中海油管线改造，前期工作进展顺利。协调施工单位调配挖泥船，加强施工船舶安全检查，严格执行避让规则，实现了工程施工、航道通航“两个安全”。

航道疏浚

第二十一章

落实京津冀协同发展战略 推进集装箱运输跨越发展

京唐港区建成专业化集装箱码头，是全省港口的一个亮点，而更加耀眼的，是集装箱运输的跨越发展。

抓住京津冀协同发展的战略机遇、对接“一带一路”、实施“东出西联”战略、依托“智慧港口”建设，到2017年，京唐港区的集装箱运量突破200万TEU！

——题记

第一节　稳定发展　赢得先机

机遇总是青睐那些有准备的人。京唐港区多年来集装箱运输生产的稳定发展，巧遇中央和河北省的战略布局，赢得先机，即刻擦出耀眼的火花。

一、集装箱运输初显亮点

集装箱运输是港口现代化的标志，是港口未来发展的必由之路。京唐港区自集装箱运输业务开展以来，逐步成为港口的亮点。

2009 年在全球金融危机背景下，京唐港区进一步扩大内贸集装箱运输的辐射面，提高航线密度，在航运市场大幅萎缩的形势下，完成集装箱运量 24 万 TEU。

2010 年京唐港区在金融危机的余波震荡中求突破，在竞争激烈的市场大潮中争上游。京唐港国际集装箱码头有限公司积极发挥承载体作用，多措并举：一是强化进出口货源的组织开发，稳定航线基础。所属的上海合德国际货物运输代理有限公司[①]（简称“合德公司”，下同）在业务上组织会战，开发大宗货源，广纳小票货，积极稳步推进业务发展，增强了港口对船公司的吸附能力，保障了港口吞吐量的增长。二是拓展码头服务功能，固化既有市场，打造北京、唐山、张家口等地煤炭、钢铁、石材、红酒等货种的陆运优势。同时坚持车辆重去重回，创造低成本优势。三是自营船舶开设京唐—（黄骅）—莱州—锦州航线（因经营压力取消挂靠黄骅），有效拓展货源腹地，增加港口吞吐量，为建立渤海湾支线运营体系奠定了坚实基础。四是强化片区管理，整合市场资源。物流网络在业务稳步发展的基础上，进行片区管理的区域划分，使管理向扁平化管理迈进。五是

① 唐山港国际集装箱码头有限公司下属企业，主要从事海上、航空、陆路进出口货物的国际货物运输代理及相关业务，包括订舱、仓储、中转、集装箱拼装箱、拆箱、内陆运输、国际快递业务、商务咨询等。

提高码头通过能力，完善设备设施，有效保障集装箱大型化船舶靠泊及作业。第三港池 22# 泊位的投产及 7#、8# 桥吊的安装使用，使码头通过能力大幅提升。2010 年 7 月中远 4250TEU 船舶正常靠挂京唐港，先后引进大新华、安通等船公司。京唐港集装箱运输业务逆势上扬，全年集装箱运量达 26.07 万 TEU，同比增长 7.9%。

二、服务功能调整延伸

进入 2011 年，面对复杂的经济环境和严峻的市场考验，京唐港区顶住压力，加强合资合作，促进港口服务功能调整延伸。利用乐亭新区 2011 年投资环境暨优势产业推介会，就集装箱场站项目与中远集团达成协议，合资组建唐山中远集装箱物流有限公司。集装箱公司加大市场调研和开发力度，牢牢把握市场需求潜能。一是强化市场。加强合德公司揽货力度，刺激货源市场开发。成立煤炭组及冷轧业务部，对基础货源进行专项开发，稳定基础货源。建立核心客户，提高市场占有率。二是通过外部场站稳固既有货源。模拟内陆港运作，增建场站，延伸货源腹地，形成网络运输优势。在北京、丰南场站成功运作的基础上，新增迁安场站。三是拓展火车班列业务。与呼和浩特铁路局、太原铁路局、北京铁路局接洽协调，保证篷车和集装箱班列的顺利运行。同时加强与乌海君正、中盐、宜化等化工企业的合作，开发鄂尔多斯亿利化工、北京燕山石化等大客户，增开了大同集装箱班列。四是积极推进自租船舶开设外贸航线，启动外贸市场，开通京唐港—釜山港外贸集装箱班轮航线。全年集装箱运量完成 26.55 万 TEU，同比增长 2%。

三、全港合力加快发展

2012 年 3 月 6 日，孙文仲董事长主持召开专题会议，就集全港之力，加快京唐港区集装箱运输发展，在“十二五”期间实现在河北港口中率先发展的有关问题进行深入研究。唐山港口实业集团、唐山港集团、集装箱公司的主要领导参加了会议。

会议首先听取了集装箱公司总经理李文勇所作《集装箱公司 2012 年工作举措及建议》的报告，以及就有关问题进行了说明。针对加快集装箱发展问题，与会者进行了广泛深入的交流，统一了思想，理清了思路，为加快集装箱发展营造了良好的氛围。

会后，印发了《推动集装箱加快发展专题会会议纪要》：

一、要集全港之力，加快京唐港区集装箱运输发展。会议指出，目前，河北省政府对全省集装箱运输发展高度重视，明确提出“十二五”末期，全省港口完成年吞吐量500万TEU的目标。经过与政府及主管部门领导多次沟通汇报，京唐港区集装箱运输已成为河北港口集装箱运输发展的重点，得到省、市政府及主管部门的重视和支持。这是京唐港区进一步加快集装箱发展的重要机遇。京唐港区一定要以此为新的契机，用实际行动，加快自身发展，确立京唐港区集装箱在河北港口中率先发展、先行先试的重要地位。会上，孙文仲董事长强调指出，加快发展集装箱运输，是京唐港区的战略部署，是当前一项重要的工作，关系到京唐港区的未来发展，关系到京唐港区向国际大港迈进的进程，因此，必须集全港之力，协调联动，加快集装箱运输发展，全港要统一思想，高度重视，凝聚合力，拼搏进取。

二、关于京唐港区2012年集装箱发展目标任务。会议确定，2012年，京唐港区集装箱要力争实现吞吐量50万TEU。这是京唐港区进一步争取省、市政府支持的重要基础，也是京唐港区在河北港口中率先发展的基本要求。没有自主加快增量，也就没有上级的重视和支持。

会议认为，完成50万TEU，同比翻一番，任务非常艰巨。各方面要创新思路，开拓进取，全力以赴，形成合力，把集装箱发展摆在今年港口工作的重要位置。要做好任务分解，努力挖掘潜力，促进集装箱明显增量。其中，集装箱公司力争自主完成吞吐量30万TEU，散（杂货）改集力争完成增量10万重箱，即全年散（杂货）改集吞吐量达到20万TEU，钢材力争增量7.5万重箱、煤炭力争增量2.5万重箱。

三、要采取积极有效措施，促进集装箱加快增量。结合内外部条件、市场环境和经济形势分析，会议对加快集装箱增量的重点工作进行了安排部署。

1. 集装箱公司要从自身做起，坚定信心，要抓住机遇，抓好经营管理，努力克服困难，迎接挑战，肩负责任。要强化内部管理，注重压缩成本，强化货源市场开发，要高度关注公司现金流，注意防范经营风险，加强队伍建设。

2. 关于散杂货改集业务，会议要求，在钢材货种上，股份公司业务部要积极拓展散改集业务，保障集装箱增量。一是对钢材增量的适箱货源要直接采用集装箱运输，同时，通过将2012年增量的非适箱钢材替换2011年原有的适箱钢材，将其转化为集装箱运输，提高钢材装箱率。对于2011年适箱钢材未转为集装箱运输的存量部分，要与集装箱公司进行研究测算，以互惠互利、侧重转为集装箱运输为主要原则，尽快制订可行性方案，做好客户工作，逐步实现散改集；二是外贸散货要积极利用京唐港区现有釜山航线，通过集装箱进行运输；三是股份公司业务部要加快运作集散混装班轮，并逐步将现有杂货班轮船舶改用集散混装船舶，进一步增加集装箱船舶运力，引导客户逐步接受集装箱运输方式，实现集装箱增量。

在煤炭货种上，煤炭公司要在力促增加煤炭筛分量、煤炭装箱量的同时，在风险可控范围内，探索煤炭贸易，促进京唐港区块煤市场的形成，支持集装箱运输发展。

3. 关于集装箱火车班列业务，会议提出，一是依托集装箱铁路班列的开通，集装箱公司要着力开发西北市场，同时，利用股份公司现有重点客户，尽快揽取乌兰巴托过境货物。二是对集装箱班列业务一定要引起高度重视，一方面，股份公司要在集装箱班列装卸作业人员上给予大力支持，另一方面，集装箱班列的作业线问题要合理统筹考虑。必须保障班列准时接卸，确保京唐港区集装箱货物作业在铁路系统无不良记录，以免影响整个口岸的长远发展。

4. 关于场站建设运营，会议要求，在场站运营方面，集装箱公司要做好经营测算，股份公司要大力支持、积极稳妥推进场站建设运营，不断提升京唐港区的市场竞争力。

5. 关于集装箱航线发展问题，会议要求，集装箱公司要加强对航线的培育工作，在稳定现有航线的基础上，创造条件，逐步加密航线。尤其是外贸航线，要争取上半年实现釜山港周转，稳定釜山航线之后，积极探讨开通京唐—京仁航线。关于日本关东、关西及中国台湾高雄航线，要视市场、货源保障情况，以及其他外贸航线运营情况、政府航线补贴资金落实情况，综合考虑后做出决定。

6. 关于船舶靠离泊问题，会议要求，要确保集装箱船舶包括集散混装船舶的优先靠离泊，保障集装箱船舶船期。

7. 关于争取政策支持的问题，会议认为，政府的支持对于京唐港区集装箱运输发展非常重要，要切实做好争取政府政策支持的具体工作。集装箱公司要继续争取开发区以及省、市政府的各项资金补贴及优惠政策，各方面要配合支持，要加强政策研究，将各项政策充分利用好，最大限度地支持京唐港区集装箱运输发展。

按照会议要求，2012 年在集装箱发展方面，加强如下措施：一是加密内贸航线，有效增加海上运输能力。巩固和加密原有航线，陆续引进海南泛洋、大连信风（宁波利信）、安通、南青及合德自租船舶新增内贸航线。二是全力运营釜山航线，增加航线运量。同时大力开拓市场，将货源腹地从唐山、秦皇岛扩展至承德、北京甚至山西、内蒙古地区，将外贸货源腹地延伸至辽宁锦州、黄骅、沧州、衡水等地。同时，在继续加大煤炭、钢材、玉米装箱量的基础上，新增矿渣粉装箱货种，改变其原有散货运输方式，改用集装箱运输。积极推进“散改集”[①] 业务。

2012 年，京唐港区全年完成集装箱 35 万 TEU，结束了运量徘徊局面，优化了网络布局和货物结构，在河北港口集装箱发展中展示出先行先试、率先发展的好势头。

四、开展“提升创新年”活动

2013 年是京唐港区的“提升创新年”。面对复杂多变的外部经济形势和迫切艰巨的内部发展转型任务，京唐港区把打造集装箱板块放在总体工作思路的重要位置，以提升港口档次为目标，以省内出口集装箱扶持政策为保障，加大集装箱市场培育力度，全力推动集装箱运输发展。从外资控股公司重新回归，成为唐山港口实业集团全资子公司的集装箱公司，进一步强化紧迫意识、忧患意识，以奋发有为的姿态落实各项工作。

首先，增加集装箱航线密度，形成渤海湾内以京唐港为中转港的内贸中转格局。一是陆续引进中远、中海、大连信风（宁波利信）、安通、南青等 8 家船公司，开通运营内外贸航线 24 条，内贸航线通达全国各大口

① 散改集：即将原来是散装的货物装入集装箱进行运输，集装箱运输具有环保、高效、降低成本、便捷等众多优点，经济效益和社会效益突出。

岸。二是陆续开设环渤海内支线10条，建立辐射整个环渤海港口的支线网络体系，在渤海湾形成稳定的以京唐港为中转港的内贸中转格局，海向辐射范围有效扩展，市场竞争力大幅增强。

其次，多措并举，提高市场占有率。一是稳定基础货源，保证港口船舶满载率。与北京首钢、唐山建龙及上华华钢、深圳五矿、福建新万新等收货人建立稳定的合作关系，抓住钢材货源。通过合德自营船舶在首钢曹妃甸码头开设集装箱航线，启动在曹妃甸的集装箱业务。二是推进货种多元化，着力拓展“散改集、杂改集”业务。重点专项研究运作内蒙古、新疆PVC货种装箱，打造京唐港PVC集散地。三是利用内贸环渤海支线将港口货源腹地覆盖至莱州、龙口、胶南、锦州等地，成功开发石子、电煤、块煤、沥青、冷卷等货种。四是充分利用网络资源，重点完成京唐港集装箱出口货物的目的港跟踪服务，提高市场服务能力和竞争力。五是全力开展外贸业务。采取釜山航线与天津外代合作加挂天津港、集散混装、部分货主散改集等措施，外贸内支线开设京唐港—天津外贸内支线，九龙集团滦南基地的进口业务全部从天津港移到京唐港。承运船公司吸引中远、中海、地中海、达飞、美国总统五家国内外知名船公司将京唐港区作为放箱点，将运输通路延伸到这里，为进一步开发京唐港区外贸市场奠定了坚实的基础。集装箱运量保持强劲增长势头，全年完成57.6万TEU，同比增长63.6%。2013年，京唐港区再攀历史高点，保持了全省领先地位。

五、集装箱发展迈上新台阶

2014年面对港口投资规模明显变小、劳动力和土地等要素成本上升、企业成本提高、利润空间变小、资源环境约束的压力加大、渤海湾北部港口群吞吐能力相对过剩、港口间的竞争已呈白热化的趋势，京唐港区以集装箱发展作为转型升级的突破口，坚定信心，协同共进，借助集团综合优势，从生产、业务、技术服务等各方面对集装箱提供支持，推动集装箱发展迈上新台阶。

首先，抢抓机遇，努力开拓市场，提高市场占有率。一是稳定基础货源，与首钢、凇汀、建龙、瑞丰、深圳五矿、广东华钢等建立稳定关系，保证船舶满舱率。二是开发新货源，货种结构走向多元化。集装箱货种包

括钢材、超细粉、PVC、煤炭、石材、粮食、化工品、牛奶、葡萄酒、豆粕、木材、水泥、涂料、炉料、水果、海产品、汽车配件等近180种。三是推行个性化服务，成立专项业务组，分货种、分厂家制订专项物流方案，责任到人，开展门到门服务。四是加强片区管理。设立五大片区20多个办事处，形成布点合理、几近覆盖全国各主要港口的门到门业务网络，形成全国港口独一无二的分工明确、高效监管的分级运作管理机制。班列业务、PVC运输实现较大增量，新增铝锭、石板材、硅铁等货种。

其次，加密航线，完善支线体系，巩固了渤海湾中转地位。一是吸引船公司增设运力、加密航线。布局环渤海区域以京唐港为内贸集装箱中转枢纽，建立环渤海内外贸支线、直达华东和华南各港干线、外贸近洋航线有机结合的网络体系。二是扩大航线辐射范围。新开京唐—乍浦—太仓、京唐—泉州—日照、京唐—南京、京唐—威海航线，航线总数达到26条。三是完善支线体系。以京唐港区为中心，连通锦州、盘锦、黄骅、龙口、潍坊、威海、日照等港口，货源腹地扩展至东三省、内蒙古、山东半岛、冀中南、鲁西北等地。

最后，规范体系，细化经营管理。一是完成标准化体系建设，集装箱公司取得了质量/职业健康安全管理体系证书。二是优先支持集装箱船舶靠离泊，提高集装箱船舶作业效率。三是建立设备检修机制，加强技术和设备管理。四是认真组织22#泊位搬迁，确保26～27#泊位及早投入试运营。吸引、稳定了中海4700T船舶来港，集装箱船舶开始走向大型化。五是提速信息化建设，提升了作业自动化水平。集装箱码头生产网络与集团网络并网，在集团大网络环境下实现数据共享。

全年集装箱运量完成86.45万TEU，年增长50%，保持了高速增长的良好发展趋势。

六、引入“集约化”理念

2015年，国际贸易增速放缓，国内工业化已经从中期向后期过渡，一些发达地区已进入后工业化时代。面对新的宏观经济形势，港口决策者清醒地认识到，企望国家大规模投资来拉动钢铁、水泥等行业的情况不可能再次出现，煤炭、钢铁等市场需求低迷、增速放缓将会成为较长一个时期的新常态。环渤海港口结构性产能过剩，“胃口大、吃不饱”或将常态化。对此，京唐港区引入“集约化”理念，明确提出增强危机意识，以改革创新推动港口持续发展。坚持以拓展港口功能为主线，以综合物流体系建设为导向，搭建承接资本、产业转移平台，探索供应链上下游在港口集成的运作模式，努力打造多式联运的枢纽港、全球物流的承运港、口岸服务的便利港，以港口转型升级推动京唐港区由传统装卸向集现代化集疏运、综合物流、交易平台、电子商务及金融、保险、信息服务为一体的“第四代港口”迈进。

推进集装箱集约化发展，以集装箱为突破口，建设综合物流体系，这是港口转型升级的重要途径。一是实现与集装箱全方位对接，不论业务市场开拓，还是生产组织、安全质量管理，都强化一盘棋意识，发挥集团整体优势，实现箱量快速提升。二是找准重点，集中力量协调铁路，将块煤调入港口，筛分入箱。通过政策支持、技术改进大力引导钢材、矿渣粉入箱，提高散改集比例。三是在泊位安排、场地调剂方面给予集装箱优先支持，生产组织高标准、严要求，打造集装箱装卸品牌，努力将集装箱业务做成京唐港区战略高地。

七、赢得中央和省战略布局先机

（一）国家京津冀协同发展战略

2014 年 2 月，习近平总书记到北京市考察工作。26 日，习近平总书记在召开的座谈会上，强调实现京津冀协同发展是面向未来打造新的首都经济圈、推进区域发展体制机制创新的需要，是探索完善城市群布局和形态、为优化开发区域发展提供示范和样板的需要，是探索生态文明建设有效路径、促进人口经济资源环境相协调的需要，是实现京津冀优势互补、促进环渤海经济区发展、带动北方腹地发展的需要，是一个重大国家战略，要坚持优势互补，互利共赢，扎实推进，加快走出一条科学、持续的协同发展路子来。

2015 年 3 月 23 日，中央财经领导小组第九次会议审议研究了《京津冀协同发展规划纲要》。中共中央政治局 4 月 30 日召开会议，审议通过了这个《纲要》。《纲要》指出，推动京津冀协同发展是一个重大国家战略，核心是有序疏解北京非首都功能，要在京津冀交通一体化、生态环境保护、产业升级转移等重点领域率先取得突破。

（二）河北省沿海地区率先发展意见

2014年4月，河北省出台了《河北省人民政府关于进一步加强口岸建设支持沿海地区率先发展的指导意见》。《意见》提出，到2020年，全省集装箱吞吐量达到1000万TEU，建设内陆港、海关特殊监管区域分别达10个和5个以上。口岸功能由单一运输集散向综合功能转变，货物运输结构实现由能源输出为主向集装箱、散杂货为主转变。口岸集疏运体系进一步完善，通关效率显著提升，基本形成基础设施先进、配套设施齐全、优势互补、综合竞争力明显增强的口岸发展格局，实现河北省由口岸大省向口岸强省的跨越。

推动京津冀口岸一体化发展方面，《意见》提出，研究建立京津冀口岸发展协调机制，签署京津冀口岸合作框架协议，推进河北省沿海港口与北京空港、陆港的合作。加强环渤海地区口岸之间，特别是加强与天津口岸在功能定位、国际航线开发、集疏运体系、运营管理等方面的全面合作，实现冀津口岸优势互补、良性竞争、互动发展。大力推进京津冀口岸信息互换、监管互认、执法互助，实行“一次申报、一次查验、一次放行”，促进贸易便利化。

合理配置口岸资源方面，《意见》提出，口岸发展规划要与沿海地区发展规划以及港口发展规划、临港产业（园区）规划、现代服务业发展规划等专项规划相衔接，构建港产城一体化发展新格局，使全省口岸布局基本适应沿海地区率先发展的要求，最大限度地发挥口岸的资源优势和整体优势。发挥市场在资源配置中的决定性作用，构建秦皇岛港、唐山港（京唐港区、曹妃甸港区）、黄骅港之间分工明确、优势互补、有序竞争的合作机制，增强河北省海运口岸在环渤海地区港口群中的整体竞争力。

（三）京唐港区难得的机遇

《意见》对唐山港的发展做了明确定位，提出唐山港口岸全面发展铁矿石、原油等大宗散货和集装箱、钢铁、杂货等综合物资运输，拓展物流、保税等服务功能，重点推进曹妃甸港区千万吨级炼油配套码头、京唐港区专业化集装箱码头和丰南港区的开发建设，打造全国知名大港。

第二节 抢抓机遇 与天津港集团合资合作

国家京津冀协同发展战略和河北省的沿海地区率先发展意见，为与天津港集团合作加快发展京唐港区集装箱运输带来了机遇。

一、与天津港集团达成共识

2015 年 12 月 17 日，天津港集团有关领导到京唐港区考察。唐山港集团董事长孙文仲、总经理宣国宝，唐山港口实业集团常务副总经理张志辉、总经理助理李文勇与天津港的客人进行了座谈。

座谈中，孙文仲董事长表示，京唐港区与天津港区位毗邻，腹地资源互补性强，特别是在国家“一带一路”倡议、京津冀一体化战略的大背景下，两港区要抢抓战略发展机遇，拓展经营思路，遵循经济发展规律，研究新领域的经济合作。还表示，随着业务的不断发展，双方应进一步加强沟通，研究符合两港业务发展的对接点，通过开拓新的业务类型和合作模式，创造吞吐量新的增长点，实现两港共赢发展。天津港集团领导详细介绍了天津港集团的运营发展情况，并表示，天津港集团愿与唐山港集团一道共同研究符合两港经济效益、对经济发展有示范作用的合作项目，推动双方合作发展，实现互利共赢。

2016 年 4 月 12 日，天津港集团有关领导再次来港考察，唐山港集团领导孙文仲、王首相、张志辉、刘树叁、李文勇接待来访客人。天津港集团有关领导参观了 26 ～ 27# 集装箱专业泊位，张志辉介绍了京唐港区功能布局和集装箱生产运营情况。双方在唐山港大厦和睦厅进行座谈。座谈中，双方就港口集装箱业务合作事宜进行沟通，交换了意见。天津港集团有关领导对京唐港在严峻经济形势下所取得的成绩表示赞赏，希望双方不断深化合作领域，打开互利共赢新局面。

5 月 18 日，天津港（集团）有限公司董事长张锐钢、总裁卢伟一行来京唐港区考察。唐山港集团董事长孙文仲、总经理宣国宝，唐山港口实业集团总经理王首相、副总经理刘树叁、总经理助理李文勇参加接待。

在26～27#集装箱专业码头现场，宣国宝就港口建设运营、集装箱运输及远景规划情况进行了详细介绍。在大厦沙盘厅，孙文仲介绍了京唐港区腹地经济发展、海陆域交通优势和近年来取得的各项发展业绩。

双方在唐山港大厦和赢厅进行了友好座谈，孙文仲对天津港集团领导的来访表示欢迎。他说，近年来，唐山港京唐港区以建设综合型国际化大港为目标，积极推动港口向深水化、专业化、集装箱化、园区化、生态化转型升级。特别是国家实施京津冀一体化和“一带一路”发展倡议以来，京唐港区要与天津港一起抢抓历史机遇，发挥各自优势，拓宽经营思路。并表示，两港均处于环渤海地区核心地带，区位优势互补，双方的发展前景十分广阔。希望双方继续加强沟通，统筹规划，通过创新合作模式，实现两公司互惠共赢。张锐钢表示，天津港集团正在不断优化港区功能布局，促进区域发展。希望双方加强业务往来，拓宽合作途径，在打造新型港口进程中不断加强合作，在合作中实现更好、更快发展。

2016年5月18日，天津港集团董事长张锐钢来京唐港区考察

领导层的多次接触，为唐山港集团、天津港集团合资组建津唐国际集装箱码头有限公司奠定了良好的基础。

二、召开董事会　商讨合资事宜

2016年7月11日，唐山港集团以现场结合通信方式召开了五届十一次董事会，会议由公司董事长孙文仲主持。会议审议通过了《关于投资成立唐山集装箱码头有限公司的议案》。

议案同意唐山港集团与天津港（集团）有限公司（或天津港集团下属投资主体）签署《投资成立唐山集装箱码头有限公司的框架协议》，由双方共同出资组建唐山集装箱码头有限公司（公司名称以工商行政管理部门核准登记为准），负责唐山港京唐港区集装箱码头的建设、运营和管理。协议中涉及投资事项的主要条款如下：

1. 投资规模和投资比例

集装箱码头公司注册资本为人民币 5 亿元。双方的出资额、出资比例和出资方式具体如下：

<table>
<tr><th>序号</th><th>股东</th><th>出资额
（人民币万元）</th><th>持股比例
（%）</th><th>出资方式</th></tr>
<tr><td>1</td><td>唐山港集团股份有限公司</td><td>30000</td><td>60</td><td rowspan="3">货币</td></tr>
<tr><td>2</td><td>天津港（集团）有限公司
（或天津港集团下属投资主体）</td><td>20000</td><td>40</td></tr>
<tr><td colspan="2">合计</td><td>50000</td><td>100</td></tr>
</table>

注册资本由双方按照《公司法》的规定，按照上述认缴出资比例分期缴足。首期缴付人民币 5000 万元，全部为货币，其中公司按比例需缴付人民币 3000 万元。

该公司组建后，为进一步促进集装箱业务发展，协议约定可适时引入一家在集装箱经营和运输上具有优势和影响的大型企业参股，其股权比例在确保唐山港集团股份有限公司不低于 55% 的前提下，由三方经友好协商确定。

2. 资产注入安排

协议约定由集装箱码头公司逐步收购唐山港国际集装箱码头有限公司 100% 股权，以及京唐港区 21 ～ 22#、26#、27# 等集装箱泊位的资产，实现京唐港区集装箱运营业务全部整合到该公司。

三、签订合资框架协议

2016 年 7 月 18 日，唐山港集团、天津港集团合资组建“唐山集装箱码头有限公司”签约仪式在唐山市隆重举行。中共河北省委常委、唐山市委书记焦彦龙，天津市交通委党委书记、主任王福山，唐山市委副书记、市长丁绣峰，市人大常委会主任安树彦，市政协主席郭彦洪，天津市交通委副主任吴秉军，唐山市委常委周云明，市政府秘书长张会春，天津港集团董事长张锐钢、总裁卢伟、唐山港集团董事长孙文仲、总经理宣国宝，唐山港口实业集团总经理王首相出席签约仪式。王首相主持签约仪式。

签约仪式前，焦彦龙会见了出席签约仪式的天津方面有关领导。焦彦龙代表市委、市政府对唐山、天津两港合作建设集装箱公司表示祝贺。他指出，唐山港集团、天津港集团合资组建唐山集装箱码头有限公司，是推进京津冀交通一体化的一个重要举措。天津港致力于建设我国北方的航运中心，在港口规模、航线拓展、经营管理等方面都走在了全国前列。近年来，唐山港京唐港区快速崛起、蓬勃发展，港口整体实力不断提升，特别是随着港口腹地的拓展，京唐港区的发展空间将进一步扩大。此次唐山、天津两港合作是强强联合，必将对两港集装箱业务的发展，对两港在京津冀协同发展的大背景下共同打造北方航运中心产生积极的推动作用。他表示，唐山市委、市政府将继续深化与天津市在相关领域的合作，双方共同携手，在港口一体化运营上实现互利共赢、共同发展。

天津市交通委党委书记、主任王福山，唐山市委副书记、市长丁绣峰在签约仪式上讲话，对两港合作共赢、创新发展的新举措给予了充分肯定，并对合作项目寄予厚望。唐山港集团董事长孙文仲、天津港集团董事长张锐钢分别致辞，对新公司未来发展及今后两港在更广领域开展深度合作充满信心。

由唐山港集团、天津港集团合资组建的唐山集装箱码头有限公司，注册资金 5 亿元，由唐山港集团控股经营。合资公司将逐步收购唐山港集团旗下的京唐港国际集装箱码头有限公司全部股权和集装箱泊位的资产，整合京唐港区集装箱运营业务，充分利用天津港在航线、经营管理等方面的优势，增强市场竞争力。该公司运营后，将把环渤海内贸航线以及日韩、东南亚航线作为京唐港区集装箱运输的重点发展航线。京唐港区还将积极配合天津港，把欧美流向的货物通过支线运到天津港，利用天津港欧美干线实现快捷运输。

唐山港集团董事长孙文仲在两港合资组建唐山集装箱码头有限公司签约仪式上致辞，指出集装箱运输是衡量一个地区、一个港口对外开放型经济发展水平的重要标志，对带动港口扩大开放、优化腹地产业布局、推动经济转型具有重要作用。发展集装箱运输是市委、市政府的战略部署，也是唐山港转方式、调结构、提升市场竞争力的需要，更是落实国家“三去一降一补”供给侧结构性改革的重要举措。

围绕这一目标，唐山港集团大力推进集装箱运输，加快实施集装箱码头和场站建设，加密内外贸航线布局，集装箱业务实现了跨越式发展。与此同时，进一步创新发展理念，积极寻求与先进港口开展深度合作，谋求更大更快发展。天津港是我国北方最大的综合性港口，拥有悠久的历史、独特的优势和旺盛的活力，特别是在集装箱运输上，是国内港口的标杆。与天津港的战略合作是唐山港集团对外开放、科学发展的战略步骤。两港的正式合作，必将对唐山港创新发展，对双方更好地融入“一带一路”倡议及京津冀协同发展国家战略具有重大的现实意义和深远的历史意义。

唯创新者进，唯创新者强，唯创新者胜。唐山港集团全体干部职工以市委、市政府“32239”发展战略为统揽，全面落实“四个干”工作机制，进一步解放思想，不断创新管理与服务，牢牢把握两港合作的战略机遇，全力做好唐山集装箱码头有限公司建设，以奋发有为的状态，努力开创综合型国际化大港建设新局面。

唐山港集团股份有限公司　天津港（集团）有限公司
投资成立集装箱码头公司合作框架协议

甲方：唐山港集团股份有限公司　　乙方：天津港（集团）有限公司

为深入贯彻京津冀协同发展国家战略，抢抓“一带一路”建设重大机遇，进一步优化环渤海区域港口资源配置，唐山港集团股份有限公司与天津港（集团）有限公司（或天津港集团其他投资主体）共同出资设立集装箱码头公司（以下简称“公司”），合作经营管理唐山港京唐港区集装箱业务。现就投资事宜达成如下协议：

一、合作内容与合作模式

甲乙双方将充分发挥各自优势，共同出资成立集装箱码头公司，负责唐山港京唐港区集装箱码头的建设、运营和管理。

1. 投资规模和股权比例

（1）双方同意共同投资伍亿元人民币成立唐山集装箱码头有限公司（暂定名称，下称“公司”），其中首期注资伍千万元人民币。公司设立后，双方将根据公司实际发展需要确定增加注册资本金方案，双方享有按照出资比例进行增资的优先权。

（2）公司设立之初，甲方出资占注册资本金的60%；乙方或乙方其他投资主体出资占注册资本金的40%。

（3）公司组建后，为进一步促进集装箱业务发展，双方可适时引入一家在集装箱经营和运输上具有巨大优势和影响的大型企业参股，其股权比例在确保甲方不低于55%的前提下，由三方经友好协商确定。

2. 资产注入安排

（1）双方同意由公司逐步收购唐山港国际集装箱码头有限公司100%股权，以及京唐港区21～22#、26～27#等集装箱泊位的资产，实现京唐港区集装箱运营业务全部整合到公司。

（2）双方同意在现有集装箱资产没有整合到公司之前，公司可采取租赁的方式使用集装箱泊位开展业务，租赁费用优惠。

3. 治理结构

（1）公司董事会由5人组成，甲方推荐3名董事（含董事长1名），乙方推荐2名董事（含副董事长1名）。待引入第三方出资时，各方依据股权比例重新商定董事会名额分配事宜。

（2）公司设总经理1名，由甲方推荐；副总经理若干名，甲乙双方至少各推荐1名；财务总监1名，由甲方、乙方按届轮流推荐人选。

二、合作保障机制

1. 通过定期组织高层互访，沟通合资项目进展情况，积极商洽解决各类问题，确保合资项目健康、有序开展。

2. 由双方派员组建公司设立筹备工作组，负责公司注册设立前的相关工作，授权筹备工作组全权负责公司设立筹备事宜，直至公司股东会和第一届董事会成立。

3. 甲乙双方各自发挥属地优势，积极协调当地政府争取对公司集装箱运输的各项优惠政策，惠及公司。甲乙双方共同支持公司开辟外贸集装箱航线，并加强支线合作互为中转。

三、保密条款

1. 双方同意对本合作协议书内容严格保密，双方将只对己方由于工作需要必须接触项目信息的员工告知本协议内容，且将采取有效措施约束己方员工，对知悉的本项目相关商业信息及商业秘密严格保密。

2. 双方承诺除上市公司依法进行信息披露外，不向上述员工之外的其他任何人发行、披露、散布或以其他方式告知本协议条款及其项下拟议交易、交易谈判以及交易过程中获悉的对方商业信息。未经双方同意均不得将本合作协议内容进行复制或扩散。

四、其他

1. 本协议书所约定投资项目须待双方上级国有资产监督管理部门审批同意后实施。

2. 本协议书自双方代表签字盖章后生效，有效期至签订合资合同。

3. 本协议书一式四份，甲方、乙方各执二份，具有同等效力。

2016 年 7 月 18 日

四、津唐国际集装箱码头有限公司成立

2016 年 12 月 27 日下午，由唐山港集团、天津港集团合资组建的津唐国际集装箱码头有限公司（简称“津唐集装箱公司”，下同）揭牌仪式在唐山市隆重举行。天津港集团董事长张锐钢，总裁卢伟，副总裁王伟，唐山港集团董事长孙文仲，唐山港口实业集团总经理王首相，常务副总经理张志辉出席揭牌仪式。孙文仲与张锐钢共同为津唐集装箱公司揭牌。唐山港集团总经理宣国宝主持揭牌仪式。

2016 年 12 月 27 日，津唐国际集装箱码头有限公司揭牌仪式隆重举行

王首相在仪式上致辞，他介绍了唐山港集团的发展情况，对津唐集装箱公司未来发展充满信心。他表示，津唐集装箱公司的成立，实现了两港集装箱资源优势互补、共建共享，标

志着双方全面深化务实合作进入了一个崭新阶段，为京津冀地区开辟了一条对接“一带一路”的海铁联运新通道，也为唐山港集团努力建设河北改革开放的窗口、打造唐山走向国际化的桥头堡注入了新的强大动能。卢伟在致辞时指出，天津港集团与唐山港集团在长期合作中结下了深厚友谊，在“一带一路”、京津冀协同发展的历史机遇下，双方的合作一定前景广阔、大有作为。

津唐集装箱公司注册资金5亿元，由唐山港集团控股，负责唐山港京唐港区集装箱码头的建设、运营和管理。合资公司将整合天津港、唐山港集装箱运输软硬件资源，实现两港之间的集装箱资源统筹和航线共享，着力推动津冀两地集装箱运输跨越发展。该公司将在做好集装箱装卸、运输、仓储的基础上，发展分拨、配送、信息、贸易、保税等集装箱运输全程物流服务，不断统筹、优化内外贸航线及业务网点布局，以更加高效、便捷、优质的服务回馈广大客户，为“一带一路”、京津冀协同发展等落地实施提供强有力支撑。

王首相表示，“十三五”期间，唐山港集团将启动京唐港区三号港池北岸的集装箱化改造，到“十三五”末，集装箱泊位将由目前的4个增加到10个，年吞吐量预计达到500万TEU。届时，京唐港区将成为京津冀地区对接“一带一路”的重要出海口，为京津冀及其周边地区经济和社会发展提供一条高效、便捷、低成本的集装箱物流新通道。

第三节 做大做强集装箱运输

京唐港区把稳定发展、和谐发展、建设综合型国际化大港作为奋斗目标。国家京津冀协同发展战略和河北省沿海地区率先发展战略的实施，津唐集装箱公司的成立，实现了两港集装箱软硬件资源的共建共享，为京唐港区集装箱又快又好地发展奠定了坚实基础，集装箱发展开创了新的局面。

一、大力开拓市场　增强品牌效应

唐山港集团与天津港集团的合作，提升了京唐港区集装箱运输市场的影响力，货源腹地、货种结构、货源货量均取得了新突破。承接培育了块煤装箱业务，积极应对环保政策影响，及时掌握腹地企业和周边港口动态，稳固重点客户，煤炭运量实现较大增长。强化矿渣粉集港装箱能力，升级改造储罐设备，优化装箱工艺，矿粉散改集生成量大幅提升。借助广州航线的开通，积极与各珠江驳点码头公司合作，凭借码头仓储、航线两大优势互补，积极筹划开展内贸零担拼箱业务，为客户降低了运输成本，推动了京津冀、珠三角的贸易联动互通。在稳固大宗客户的同时，建立中小客户货源服务体系，准确定位各类客户，针对大宗客户、中小客户建立独立、全面的客户服务体系，打造服务型企业。成功引进废钢、煤灰渣、合板、工业盐、家具等新货种。

二、不断优化布局　加快国际化步伐

至 2017 年，京唐港拥有航线 33 条，其中环渤海内贸支线 11 条、干线 18 条，韩国釜山外贸航线 1 条，天津外贸支线 1 条，日本关东、关西航线 2 条。

2017 年 11 月 16 日，唐山—日本关东、关西集装箱航线全面开通暨"仁建唐山"集装箱班轮首航仪式

内贸方面，开通京唐至鲅鱼圈、绥中等环渤海支线，加密京唐至广州航线，并延伸广州线驳点服务，将广州线打造为京唐港集装箱内贸航线的又一品牌亮点。

外贸方面，持续加密京唐—釜山线至每周 3 班，天津内支线加密到天天班，成功开展釜山中转至东南亚的业务，拓宽京唐港口岸适箱货源范围。开通了京唐—日本关东航线（京唐—东京—横滨—名古屋）、京唐—日本关西航线（京唐—大阪—神户），逐步形成周双班运营，日本航线的全面开通，进一步优化了京唐港航运体系。开展韩国、日本—京唐港—二连浩特出境到蒙古的集装箱过境海铁联运业务，为客户降低运输成本，进一步提高了京唐港在国际市场的知名度和影响力。

三、致力创新驱动　提升运输档次

紧紧围绕“智慧港口建设年”发展目标，在管理制度、作业流程、技术工艺、绿色发展上谋创新、做文章，鼓励员工提建议、勇创新，使公司发展充满活力、实力、竞争力。积极推进 NAVIS 码头系统上线及自动化装卸设备调试等各项工作，全面提升码头装卸服务的信息化、自动化、智能化水平。在借力快舱网开创网上订舱并取得一定成效的基础上，自主研发的合德电商平台“德行天下”和手机微信端成功上线运营，在线上对账、线上改单、线上开票、门到门服务等方面都得到了全面提升，有效推进了业务的快速发展。2018 年 4 月，联合渤海湾 8 个港口组织开展了第一届“合德杯”集装箱装卸技能竞赛，通过与各港的互学并进，促进了广大员工提升职业技能和服务水平。开展 QC 小组研究项目评审、评价活动，通过了 8 个小组 20 个创新课题的评审。通过一系列活动，掀起人人创新、处处创新、时时创新、全面创新的全员创新高潮，为集装箱运输发展注入新的活力。

四、加强集装箱网络体系建设

借助“智慧港口”建设，深化“互联网 +”航运模式。

一是引入互联网平台，借力快舱网，实现京唐港集装箱物流全新的电子订舱、网上货物跟踪、电子支付的“互联网 +”航运的经营模式。以提升客户服务、创新行业模式为核心，积极与快舱网进行深入探讨、交流，于 2015 年 6 月 18 日正式入驻快舱网，开拓了网上订舱的新时代。

二是发挥信息系统在设备管理中的数据采集、远程监控的作用，提高设备的管控水平。快舱网是船讯网旗下专注于内贸订舱的网站，致力于通过互联网技术建立船公司及其授权订舱代理人与订舱人之间直接的业务合作，为订舱人提供安全、经济、便捷的订舱服务，帮助船公司降低销售和运营成本，并改善对订舱人的信息服务，实现货物全程跟踪。携手快舱网，进一步提升了航线服务品质，加快产品优化，完善网上服务模式，提高订舱效率，降低运输价格，提升市场竞争力，推动业务发展，从而有力促进了京唐港集装箱增量。

到 2016 年下半年，网上订舱比重已经由上线初期 30% 提升到 60%，同时操作效率得到大幅提高，人力成本节省，结算方式的改变，加快了资金的回收周期。

三是积极建设微信公众号、微信群等微信管理平台，加大办事处的管控力度，增强对市场信息反应的及时性、准确性，从而优化船舶调度、市场运价管控，实现管理升级。

五、实现集装箱运输生产大跨越

京唐港区确立了加快集装箱发展、打造唐山走向国际化的桥头堡的目标。2017 年以来，按照目标导向，积极对接“一带一路”，大力实施“东出西联”战略，同时，以“智慧港口建设年”为核心，以西北战略为支撑，大力拓展腹地范围和业务市场。

完成全港集装箱资源的优化整合，率先实现了津冀港口的协同发展。集装箱班列运行质量不断提升。加密内外贸航线布局，开通直达日本航线。海铁联运示范工程深入实施，东出西联、陆海联动的“一带一路”大通道正在形成。同新疆联宇公司“丝绸之路国际多式联运示范工程”成功对接，合作开通了京唐港—新疆循环班列，班列线路达到 15 条。全年集装箱海铁联运完成 10.7 万 TEU，占集装箱总量的 5.3%，占比位居全国港口前列。扩大中鼎内陆港辐射效应，参股成立山西晋欧物流公司。全面开通日本关东、关西航线，加密韩国釜山航线至每周 3 班，至天津港外贸支线形成天天班，航线总数达到 33 条。成功收购 23 ～ 25# 多用途泊位、26 ～ 27# 泊位以及唐山港国际集装箱码头有限公司 100% 股权，集装箱板块并入上市公司，实现了统一规划、统一运营、统一管理。集装箱铁路专用线及智能化码头管理系统投入使用，自动化装卸设备完成安装调试，码头功能实现质的飞跃。

多举措开拓市场。围绕“经营围绕市场转，生产围绕经营转”的主线，利用港口航线优势、海铁联运优势及优惠政策，在稳定腹地钢材、建材基础货源的同时，加强面向全国的市场营销，把触角伸向更多适箱行业、广阔腹地和海外客户，积极开拓新货源。货源腹地、货种结构、货源货量取得较大进步。

2017 年 12 月 19 日，唐山港整车进口口岸顺利通过验收，由此唐山港成为河北省第一个汽车整车进口口岸，填补了河北省这一领域的空白。进一步提升了京唐港集装箱业务规模和综合业务水平，提高了港口综合竞争力，有力地带动了区域汽车进口贸易发展。

2017 年集装箱运量完成 200.5 万 TEU，同比增长 33.5%。

2018 年加快推进港口集装箱化。通过在遵化、丰润、滦南等地召开集装箱业务推介会，新增外贸客户 90 余家；通过拆装箱优惠、新增装箱设备等措施推进散改集，实现本港重箱生成量 33.2 万 TEU，同比增长 27.7%；新开 6 条内贸航线、3 条外贸航线，航线总数达到 39 条；20 ～ 22# 泊位投入试生产，新增年作业能力 96 万 TEU。集装箱年运量达到 233.2 万 TEU，继续位居河北港口第一位。

第二十二章
第三港池集装箱作业区加快形成

集装箱吞吐量的快速增长，需要对集装箱码头进行扩建。于是，就有了以更高的站位、更宽的视野推动集装箱码头的升级改造。

在“三个努力建成”宏伟目标的指引下，京唐港区的集装箱运输继续跨越式发展，运量跳跃式增长，一举跻身世界百强！

——题记

第一节　北岸通用泊位改造一期工程

随着京唐港区的集装箱吞吐量不断快速增长，集装箱码头通过能力不足的问题日益突显。抢抓先机、实施第三港池集装箱泊位专业化改造势在必行，以此推动京唐港区以集装箱为突破口，实现转型升级、提质增效。

一、一期工程正式启动

2012年5月10日，河北省港航管理局落实省政府《关于促进河北省沿海集装箱发展的意见》座谈会在京唐港区举行。会后，省、市领导多次来京唐港区视察，希望京唐港区继续开拓思路，立足长远，发挥优势，抓住目前河北沿海地区发展规划上升为国家战略，河北省发布大力支持集装箱运输发展政策的大好机遇，进一步加快集装箱化建设。

2012年5月10日，落实河北省政府《关于促进河北省沿海集装箱发展的意见》座谈会在京唐港区举行

2016年3月25日，中共河北省委书记、省人大常委会主任赵克志到唐山港京唐港区调研，听取了唐山港集团董事长孙文仲关于京唐港区开发建设、生产运营、集装箱运量及“十三五”规划等情况的汇报。

赵克志十分关心京唐港区的集装箱运输，详细询问了内贸、外贸航线设置、船运公司及运载状况。强调集装箱运输是现代物流业的重要组成部分，也是港口现代化的重要标志。京唐港区要以更高的站位，更宽的视野，科学制定发展规划，用好各项利好政策，加快集装箱运输的创新调整。赵克志要求，京唐港区要深入贯彻五大发展理念，坚持协同发展、转型发展、绿色发展，进一步调整优化港区功能结构，加快转型升级，为唐山早日实现“三个努力建成”的奋斗目标、为建设经济强省美丽河北做出应有贡献。

京唐港区集装箱 2015 年完成吞吐量 111.7 万 TEU，已经超过码头设计能力（泊位年吞吐能力为 110 万 TEU）。根据河北省集装箱发展指导意见和唐山港集团发展目标，京唐港区计划 2016 年完成集装箱 160 万 TEU，2018 年争取达到 250 万 TEU。港区现有集装箱码头能力已经明显不能满足需求。

唐山港口实业集团于 2016 年 3 月 17 日召开专题会议，对第三港池北岸集装箱化改造进行研究。

会议讨论了京唐港区集装箱板块近期发展规划草案，对比分析了第三港池北岸集装箱化改造相关情况，听取了公司常务副总经理、集装箱公司董事长张志辉关于第三港池北岸 20 ～ 22# 泊位集装箱化技术改造的目的、意义和重点安排。会议认为，在第三港池北岸进行集装箱化技术改造，布置集装箱运输功能，符合京唐港区总体规划，具有可行性，也是非常必要的。

基于第三港池北岸 20 ～ 22# 泊位资产权属以及集装箱业务由上市公司托管的具体情况，会议决定，暂以唐山港集团作为该项目的投资主体，进行项目申报、手续办理。会议要求，要倒排工期，加快项目建设进程，确保 2017 年 4 月 1 日前具备投入使用条件。

会后成立了以总

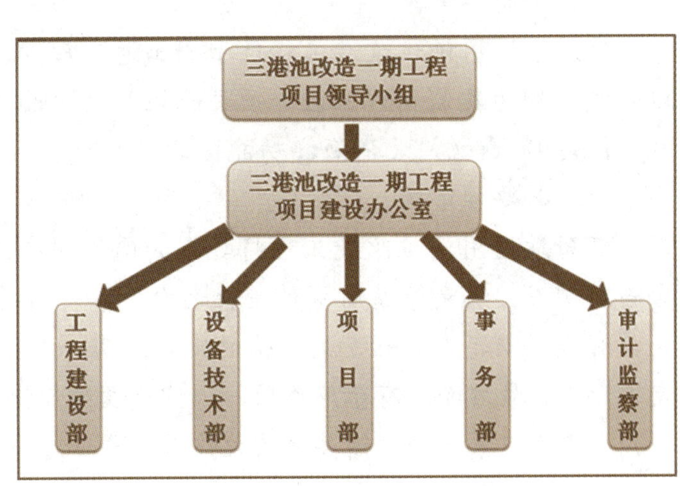

第三港池通用泊位改造一期工程项目领导小组架构图

经理王首相为组长的第三港池北岸集装箱化改造项目领导小组。

至此，第三港池北岸通用泊位改造一期工程正式启动。

二、前期工作紧锣密鼓

（一）通过河北省发改委审核

2016年7月28日，河北省发改委“冀发改函〔2016〕277号”《关于印发唐山港京唐港区通用泊位改造一期工程前期工作审核意见的函》发布，同意该项目开展前期工作。

关于印发唐山港京唐港区通用泊位改造一期工程前期工作审核意见的函

河北省发展和改革委员会

冀发改函〔2016〕277号

一、拟建项目情况

唐山港京唐港区通用泊位改造一期工程（以下简称京唐港通用泊位改造工程）拟由唐山港集团股份有限公司负责建设运营，主要建设内容为将既有的21#、22#通用泊位和西侧309米直立岸壁改造为1个3万吨级和1个10万吨级集装箱泊位，码头预测年吞吐量90万TEU。拟利用港口岸线740米，陆域面积38.45万平方米，投资估算8.3亿元。

二、合规性审核

京唐港通用泊位改造工程位于唐山港京唐港区三港池北岸线西段，该段岸线规划为集装箱作业区，项目选址和总平面布置符合《唐山港总体规划（修订）》和《河北省海洋功能区划》。

三、必要性审核

京唐港通用泊位改造工程将既有的通用码头改造为集装箱码头，既符合当前矿石、煤炭等通用货种增长乏力，集装箱增长较快的生产发展趋势，又具有投资少、工期短、见效快的比较优势，在推进全省港口供给侧改革、走内涵式发展方面具有示范作用，项目建设对优化京唐港区功能布局、做大做强全省港口集装箱运输具有较大作用，项目建设是必要的。

四、项目筹建业主审核

京唐港通用泊位改造工程筹建业主——唐山港集团股份有限公司是我省第一家上市港口企业，拥有20多年港口建设和运营管理的经验，具备良好的项目筹资和管控能力。特别是集装箱运输方面在全省起到了先行先试、率先发展的示范作用，2015年集装箱吞吐量接近全省一半，其组织的河北省“东部沿海—京津冀—西北”通道集装箱海铁多式联运示范工程入选国家第一批多式联运示范工程项目，能够满足项目建设和运营的需要。

五、前期工作中应重点解决问题

1.研究深化装卸工艺设备自动化方案，既为全省集装箱码头发展起到示范作用，又为今后全自动化集装箱码头运营创造条件。

2.尽快依规办理岸线申请、通航安全论证等核准所需的各项前置性附件。

六、本审核意见有效期2年。

河北省发展和改革委员会

2016年7月28日

第三港池通用泊位改造一期工程项目进入核准程序。

依据《唐山港总体规划（修订）》，京唐港区第三港池远期全部为集装箱作业区。这个工程是第三港池北岸集装箱化改造的第一期工程，在不影响东侧杂货泊位运营的基础上，将21#、22#泊位和西侧309米直立岸壁共740米岸线改造成为1个3万吨级和1个10万吨级集装箱泊位，后方陆域按照第三港池总体规划的箱区布置进行划分。改造工程的第一期工程设计年通过能力为92万TEU，工程估算总投资9.6529亿元，改造工期约18个月。

该改造工程的实施，可以大大增强港区集装箱吞吐能力，同时也符合京唐港区结构调整、提质转型的发展思路。

（二）开展项目前期工作

通过前期工作审核后，唐山港集团积极开展了项目各项前期工作，为项目核准做好准备。

2016年8月30日，京唐港区第三港池通用泊位改造第一期工程安全预评价审查会在唐山港大厦召开。唐山市安监局、港航局、海港经济开发区安监局、唐山港口实业集团、唐山港集团、唐山港国际集装箱码头有限公司、河北英博认证有限公司等单位的代表以及3位特邀专家参加会议。

与会专家在认真听取建设单位的情况介绍和评价单位的汇报后，经过充分讨论，形成专家评审意见：评价单位编写的《唐山港京唐港区三港池通用泊位改造一期工程安全预评价报告》评价依据充分，内容较为全面，评价方法选择得当，报告对项目涉及的主要危险、有害因素辨识和综合分析符合工程实际，提出的安全对策措施可行，报告符合有关标准、规范及文件的要求，同意通过评审。

9 月 10 日，有河北海事局、唐山海事局、北海航海保障中心秦皇岛航标处、唐山港引航站、唐山港口实业集团、唐山港集团、设计单位中交一航院、《唐山港京唐港区三港池通用泊位改造一期工程通航安全影响论证报告》编制单位——大连海事大学的代表以及 5 位特邀专家参加的评审会在唐山港大厦召开。

与会专家和领导整体分析了京唐港区第三港池通航环境，对第三港池通用泊位改造项目停靠 10 万吨级集装箱船舶进行了充分讨论，认为大连海事大学编写的《论证报告》符合通航安全影响论证报告编制的相关要求，内容全面，资料齐全，论证方法合理，技术路线正确，结论可信，同意通过评审。

此次评审会的顺利通过，为推进该工程项目核准奠定了基础，同时也为已建京唐港区 26 ～ 27# 集装箱泊位停靠 10 万吨级集装箱船舶提供了论证基础。

9 月 29 日至 30 日，京唐港区第三港池通用泊位改造一期工程环境影响报告书评审会召开。河北省环保厅、河北省环境工程评估中心、唐山市环保局、海港经济开发区环保局、唐山港口实业集团、唐山港集团、中交一航院、北京中咨华宇环保技术有限公司等单位的代表以及 5 位特邀专家参加会议。

与会专家组认为评价单位编写的《唐山港京唐港区三港池通用泊位改造一期工程环境影响报告书》编制规范，内容较为全面，区域环境概况和工程分析介绍较清楚，拟采取的环境保护措施、生态恢复措施总体可行，评价结论明确，报告书经修改完善后可上报审批。在认真落实报告书提出的各项污染防治措施和专家意见的前提下，从环保角度分析，该项目建设可行。2017 年 1 月 14 日，河北省环境保护厅下发“冀环评〔2017〕15 号”《关于唐山港京唐港区三港池通用泊位改造一期工程环境影响报告书的批复》。

2017 年 3 月 13 日至 14 日，河北省交通运输厅组织专家和相关单位代表组成的初步设计审查委员会，对唐山港京唐港区第三港池通用泊位改造一期工程进行初步设计审查。河北省交通运输厅、发改委、海事局、港航管理局、河北省水运工程质量安全监督局，唐山市发改委、港航管理局、唐山海事局，项目建设单位唐山港集团、初步设计编制单位中交一航院、初步设计技术审查咨询单位中交第三航务工程勘察设计院有限公司等单位代表和特邀专家参加会议。

2017 年 3 月 13—14 日，第三港池通用泊位改造一期工程通过初步设计审查

经过专家组讨论，初步设计审查委员会一致通过了京唐港区第三港池通用泊位改造一期工程初步设计审查，标志着该项目前期工作取得了阶段性成果。

4 月 16 日，《京唐港区三港池通用泊位改造一期工程初步设计》获得河北省交通运输厅批复。工程初步设计批复是后续施工图设计和招投标工作开展的重要依据，同时也是工程竣工核查的主要标准。为确保尽快获得批复，在召开工程初步设计审查会后，项目建设办积极跑办相关手续，分派专人赴石家庄盯办，加快了批复工作的进度。

6 月 20 日，唐山市港航管理局组织召开了唐山港京唐港区第三港池通用泊位改造一期工程施工图设计审查会议。经过审查，与会专家认为，第三港池通用泊位改造一期工程施工图设计内容全面，符合国家和行业的有关技术标准及规范，总体设计方案合理，码头结构及其他建筑物、构筑物主体结构的安全性、稳定性和耐久性满足相关规范的要求，提出的施工技术方案合理，对工程施工具有较好的指导作用，一致同意施工图设计通过评审。

7 月 11 日，唐山市港航管理局下发“唐港航字〔2017〕39 号”《关于唐山港京唐港区三港池通用泊位改造一期工程施工图设计的批复》。

唐山港集团运营保障部于 2017 年 4 月完成第三港池通用泊位改造一

期工程岸桥钢轨及轨道配件的采购工作。

按照第三港池通用泊位改造一期工程岸桥钢轨换轨项目协调会的要求，运营保障部负责该项目钢轨及轨道配件的采购工作。接到采购任务后，运营保障部迅速联系具有经销资格的中铁物轨道科技服务集团有限公司以及鞍钢、包钢的授权代理商寻找QU120型钢轨的货源，结合工程规划部确认配件图纸型号，安排3家具有生产资质的轨道配件厂家进行密封报价，确定配件供应商。在包钢、鞍钢两大钢厂钢轨均无现货的情况下，运营保障部多方联系，通过追踪包钢出货渠道，在唐山找到现货钢轨。采购人员现场查看，确认货源钢轨为包钢出厂的QU120新轨，货源可靠，产品质量有保证。此次钢轨采购直接从唐山提货，因运费成本较低，在包钢已经明确涨价的情况下，仍按照未调价前的价格采购钢轨，并指派专人全程监督，保证了施工的使用需求。

轨道配件采购方面，运营保障部在与集装箱公司通力合作完成密封报价评审、确定供货单位后，加大与工程规划部及施工单位的协调力度，确定配件具体使用时间，并根据需求的紧急程度，每天电话沟通、跟踪到货情况，圆满完成了第三港池通用泊位改造一期工程岸桥钢轨及轨道配件的采购工作。

第三港池通用泊位改造一期工程码头主体结构及水域均利用既有设施，西侧309米连接段将系船柱、护舷及轨道全部补齐，将10#、11#泊位的4台16米轨距岸桥搬迁至该部位。东侧431米码头安放新购置的5台30米轨距岸桥。整个工程分为码头区、内贸堆场区和外贸商检区。其中内贸堆场共布置2列9排重箱箱区，近期配备12台轨道式集装箱龙门起重机。外贸商检区设置3个外贸堆场，利用10#、11#泊位的4台轮胎式集装箱龙门起重机。

门机搬迁

三、一期工程项目建设顺利完工

第三港池通用泊位改造一期工程为堆场、道路、管网及设备基础工程，共分为码头区、内贸堆场区、外贸商检区、大门区、大门缓冲区、道路区和供水调节站7个区域。主要内容为：码头轨道和附属设施的改造和完善的施工；堆场、道路铺面及轨道梁基础的施工；外贸商检区轨道梁、面层及附属建（构）筑物的施工；大门及大门缓冲区面层及附属建（构）筑物的施工；供水调节站的施工；水、电、通信、控制等管网及排水沟和电缆沟的施工等。

工程建设单位：唐山港集团股份有限公司。

设计单位：中交第一航务工程勘察设计院有限公司。

施工单位：中交一航局第五工程有限公司。

监理单位：唐山海港港兴监理咨询有限公司。

检测单位：天津港湾工程质量检测中心有限公司。

第三港池通用泊位改造工程于2017年6月1日正式开工建设。

（一）加强工程建设管理

唐山港集团成立了京唐港区第三港池通用泊位改造一期工程项目领导小组，设立项目建设办公室，上下同心，在人力、物力各方面全力支持配合项目的建设。本着适用、精干、能干的原则，从唐山港口实业集团、唐山港集团、首钢码头公司、疏浚公司、监理公司和集装箱公司抽调了人员并迅速到位，设置5个职能部门，为项目建设提供有力的组织保障。

在项目建设过程中遇到重大问题或难以决策的事情时，领导小组及时组织成员单位及相关职能部门负责人召开领导小组会议，集思广益、共同决策，领导小组对重要方案及解决方法及时研究决定，优化了整体布局，明确了发展趋势，提升了建设品位，降低了工程造价。

第三港池改造一期工程建设办公室勇于担当，切实保证项目建设稳步推进，并严格落实领导小组的决定。召开主任办公会，负责该项目建设的集团公司财务部、审计部、纪委等部门主要负责人参加，安排迫切需要完成的工作，解决急需解决的问题，切实保证项目建设稳步推进。对每项工程的资格预审文件、招标文件、最高限价、施工合同条款认真讨论，部门之间积极沟通，保证了公司的合法利益和招投标工作稳步进行。对设计方案、实施方案、重要设备选型、主要构配件生产厂家选择等问题通过会议讨论确定，确定后工程建设办公室等相关部门积极稳步推进。

（二）加强工程质量管理

工程建设办公室明确各自责任，对施工质量进行层层把关，并建立周例会制度，每周通报施工各个阶段出现的问题，同时研究方案整改，严把质量关，确保工程保质保量地按期完成。采取的措施有两项：

一是工程开工前，公司组织由建设、设计、监理及施工单位参加的设计交底和图纸会审。各方提出施工图纸中存在的问题和有疑义的地方，由设计单位给予修改和解答，使设计意图得到正确理解和贯彻。施工过程中保持与设计单位的充分沟通，建设单位与设计单位及时通过电话、邮件等方式保持畅通的联系，发现一处问题解决一处问题，高效地推动工程的进展。

二是施工过程中严把质量控制关。建设方和监理方一起下大力气开展质量控制工作。做好源头控制，严格控制混凝土原材料质量，并不定期抽查搅拌站料单是否符合规范；做好过程控制，监理单位做好旁站，做到每个分项施工时都有监理员在旁监督。在混凝土浇筑过程中，加强对模板清理、振捣工艺的控制，减少混凝土蜂窝、麻面等现象。

（三）加强工程安全管理

按照“安全第一、预防为主、防治结合、综合治理”的指导方针，加强工程安全管理，公司制定了各项安全管理制度，领导和全体员工共同狠抓落实，狠抓事故隐患排查和整治，工程施工过程中未发生任何安全生产事故。

加强对工人的安全教育。要求施工单位对进场人员和新上岗人员进行岗前安全三级教育。对从事电焊、起重等特殊工种人员在经过培训及实际操作获得证书后才允许上岗。召开安全技术交底会，结合实际操作进行交底，确保交底到每一个现场管理人员、每一名施工人员。同时组织施工单位对施工现场的危险源及环境因素进行辨识，将危险源告知全体职工及相关人员，对重大危险源进行挂牌公示、监控。

严格执行施工安全专项费用保障制度。根据公司《安全生产费用管理制度》，要求施工单位在月进度上报时对施工单位安全文明施工措施费使用情况进行汇报，并附依据，确保该费用的合理、足额使用。

做好应急演练工作。在开工前及施工过程中，施工单位进行了消防、急救等应急演练，甲方和监理单位参加并监督。

第三港池通用泊位改造一期工程于2017年12月27日完工。2018年1月31日通过交工验收，6月实现通航。随后陆续完成环保、安全、职业卫生等专项验收。

第二节　北岸通用泊位改造二期工程

京唐港区第三港池北岸改造二期工程建设，是为适应深水化、专业化的港口发展趋势，建设综合型国际化大港的重点建设项目。

一、二期工程的启动

为适应加快港口集装箱运输发展的新形势、新需求，唐山港集团领导审时度势，深入研判，提前谋划安排，依据《唐山港总体规划》，适时启动了第三港池北岸集装箱泊位改造二期工程项目。

2017年7月20日，河北省发改委在石家庄市组织召开了唐山港京唐港区第三港池北岸集装箱泊位改造二期工程前期工作审核会议，河北省交通运输厅、海洋局、港航局，河北海事局，唐山市发改委、港航局，唐山海事局等单位的领导，项目单位唐山港集团和设计单位中交一航院的代表和特邀专家参加了会议。

会上，唐山港集团副总经理李立东介绍了京唐港区第三港池北岸集装箱泊位改造二期工程的相关情况。与会专家、代表听取了设计单位对项目建设背景和建设内容的汇报。经认真审议，一致认为，拟建项目通过对现有泊位进行技术改造，可以快速形成集装箱运输能力，适应京唐港区集装箱吞吐量快速增长的需求，对完善港口功能布局、适应腹地经济发展具有重要作用，项目建设是必要的。项目定位符合唐山港在津冀沿海港口中的功能分工，项目功能和岸线使用符合《唐山港总体规划（修订）》，同意拟建项目按照专家、代表的意见进行下阶段的工作。

二、二期工程概况

第三港池北岸集装箱改造二期工程是在一期工程的基础上，对第三港池北岸线剩余的 764 米岸线（包括 18 ～ 19# 泊位岸线 550 米，20 ～ 22# 泊位东侧岸线 214 米）改造为 2 个 10 万吨级集装箱泊位。码头布置 10 台 30 米轨距、65t-66m 集装箱装卸桥，本段岸线上既有的门机移至其他码头。码头及堆场面层按照第三港池总体规划的集装箱分区布置进行，其范围涵盖第三港池北岸线对应区域；本项目码头前沿水域不需疏浚，港池利用 26 ～ 27# 集装箱泊位已形成港池水域。本项目部分箱量依托货 18 线改造工程的铁路装卸箱量，汽运进出堆场。

改造二期工程设计年吞吐量 150 万 TEU，工程估算总投资 16 亿元，改造工期约 18 个月。

该项目的建设对优化京唐港区功能布局、做大做强集装箱运输、提升港口发展水平具有重要作用。

三、工程前期工作顺利通过审核

2017 年 10 月 11 日，河北省发改委分别以“冀发改函〔2017〕405 号”和“冀发改函〔2017〕406 号”文，对京唐港区第四港池通散泊位和第三港池集装箱泊位改造二期工程出具了前期工作审核意见，标志着两个项目前期工作取得了阶段性的重要进展。

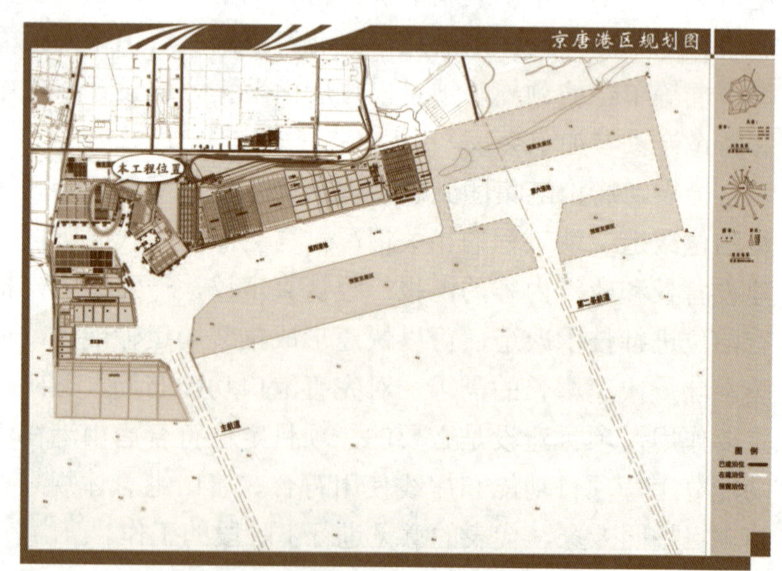

第三港池集装箱泊位改造二期工程位置图

第三节 23～25 #多用途泊位工程建设

第三港池南岸多用途泊位工程项目建设，是建设综合型国际化大港的重点建设项目，更是京唐港区瞄准高质量发展的示范品牌项目。它在广泛关注、支持中不断完善。

一、相关部门出具批复意见

随着京唐港区腹地物流业、装备制造业的蓬勃发展，港口的货种结构也在不断发生变化，木材、汽车、大件等新兴货种运输崭露头角，并呈现出良好的市场前景。为改善港口货种结构，促进临港物流业及装备制造业发展，决定在京唐港区第三港池南岸投资建设 23～25# 通用杂货泊位工程，并开展了相关工作。

2011 年 10 月 19 日，唐山港口实业集团委托中交一航院编制《唐山港京唐港区 23～25# 通用杂货泊位工程可行性研究报告》。

2012 年 6 月 1 日，河北省安监局颁发了《建设项目职业病危害预评价报告许可意见书》。

7 月 10 日，取得河北省住建厅核发的《中华人民共和国建设项目选址意见书》。

11 月 26 日，取得了河北海事局《关于唐山港京唐港区 23～25# 多用途泊位工程通航安全影响论证报告书核准意见的函》。

2013 年 5 月 1 日，河北省国土厅出具了《关于唐山港京唐港区 23～25# 多用途泊位工程项目用地的预审意见》。

5 月 2 日，河北省环保厅下发了《关于唐山港京唐港区 23～25# 多用途泊位工程环境影响报告书的批复》。

8 月 15 日，河北省海洋局出具了《关于唐山港京唐港区 23～25# 多用途泊位工程用海预审意见》。

11月4日，交通运输部经商国家发展改革委，以“交规划发〔2013〕648号”文件，对唐山港京唐港区23～25#多用途泊位工程使用港口岸线作出批复。

2014年3月5日，河北省交通运输厅以“冀交函规〔2014〕185号”文出具了《关于唐山港京唐港区23～25#多用途泊位工程可行性研究报告的审查意见》。

4月29日，受河北省发改委委托，河北省工程咨询研究院在海港经济开发区主持召开了《唐山港京唐港区23～25#多用途泊位工程项目申请报告》《唐山港京唐港区第四港池通用散杂货泊位工程项目申请报告》评估论证会。省发改委、省海洋局、河北海事局，市发改委、市港航管理局、市海洋局、唐山海事局，项目建设单位唐山港口实业集团、唐山港集团，设计单位中交一航院等单位的领导、代表和5位特邀专家参加会议。

会上，唐山港口实业集团总经理王首相介绍了两个工程项目的具体情况。专家组听取了设计单位关于两个项目的规划及建设方案汇报，审查了相关报告等材料。各位专家对报告内容给予肯定，同时提出改进意见。

这次会议的召开，标志着京唐港区23～25#多用途泊位工程和通用散杂货泊位工程项目正式进入核准程序，为下一阶段的设计、施工相关工作打下了良好的基础。

第三港池南岸23～25#多用途泊位工程规划示意图

5月，中交一航院编制完成《唐山港京唐港区23～25#多用途泊位工程可行性研究报告》。工程位于第三港池南岸西段，建设2个7万吨级和

1 个 3 万吨级多用途泊位（远期调整为集装箱泊位），码头岸线长 945 米，其中 7 万吨级泊位结构按靠泊 10 万吨级集装箱船设计，3 万吨级泊位按靠泊 5 万吨级集装箱船设计，3 万吨级多用途泊位兼顾汽车滚装船靠泊。码头岸线组合可满足同时停靠 3 艘 5 万吨级散货船和 1 艘 2 万吨级汽车滚装船要求。

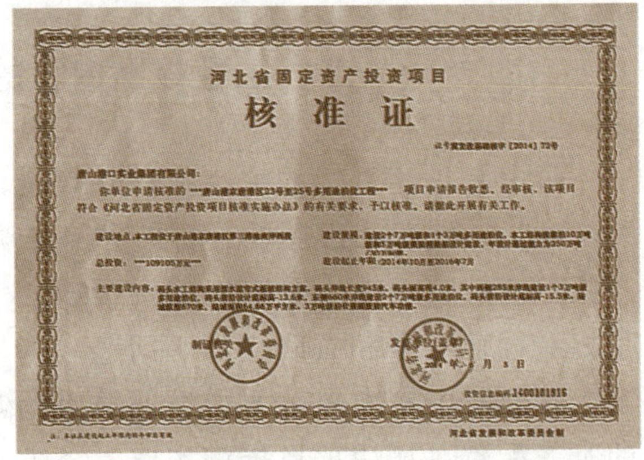
河北省固定资产投资项目

核准证

唐山港口实业集团有限公司：

河北省发展和改革委员会制

“唐山港京唐港区 23 号至 25 号多用途泊位工程”项目核准证

5 月，受唐山港口实业集团委托，中交一航院完成了《唐山港京唐港区 23 ～ 25# 多用途泊位工程项目申请报告》。

6 月 5 日，河北省发改委颁发“冀发改基础核字〔2014〕72 号”《河北省固定资产投资项目核准证》。

河北省固定资产投资项目核准证

冀发改基础核字〔2014〕72 号

唐山港口实业集团有限公司：

你单位申请核准的“唐山港京唐港区 23 号至 25 号多用途泊位工程”项目申请报告收悉。经审核，该项目符合《河北省固定资产投资项目核准实施办法》的有关要求，予以核准。请据此开展有关工作。

建设地点：本工程位于唐山港京唐港区第三港池南岸西段。

建设规模：建设 2 个 7 万吨级和 1 个 3 万吨级多用途泊位，水工结构按靠泊 10 万吨级和 5 万吨级集装箱船舶设计建设，年设计通过能力为 250 万吨 /30 万 TEU。

总投资：109105 万元。

建设起止年限：2014 年 10 月至 2016 年 7 月。

主要建设内容：码头水工结构采用深水遮帘式板桩结构方案。码头岸线长度 945 米，码头面高程 4.0 米，其中西侧 285 米岸线建设 1 个 3 万吨级多用途泊位，码头前沿设计底标高 -13.6 米，东侧 660 米岸线建设 2 个

7 万吨级多用途泊位，码头前沿设计底标高 -15.5 米。陆域纵深 670 米，陆域面积 64.66 万平方米。3 万吨级泊位兼顾滚装汽车功能。

河北省发展和改革委员会

2014 年 6 月 5 日

二、工程核准内容的变更和调整

唐山港集团承运的大宗货种除煤炭、矿石、钢铁和液体化工产品之外，木材、汽车和中厚板等新兴货种呈现快速上升的趋势，已初具规模，与唐山港口实业集团拟建的 23 ～ 25# 多用途泊位工程运输货种相同。为了规避同业竞争和关联交易等问题，满足证监会及证券交易所的规则要求，以及考虑到上市公司通过证券市场融资成本低，更有利于实现资源的有效配置，加快项目推进实施，经唐山港口实业集团与唐山港集团协商，由唐山港集团作为投资主体承建唐山港京唐港区 23 ～ 25# 多用途泊位工程。两公司就变更唐山港京唐港区 23 ～ 25# 多用途泊位工程投资主体事宜签订了相关协议。

2015 年 2 月 27 日，唐山港口实业集团、唐山港集团向唐山市发改委呈报了《关于调整唐山港京唐港区 23 ～ 25 号多用途泊位工程核准内容的请示》。

唐山市发改委以“唐发改基础〔2015〕91 号”文件，转呈河北省发改委《关于调整唐山港京唐港区 23 ～ 25 号多用途泊位工程有关核准内容的请示》。

4 月 16 日，河北省发改委以“冀发改函〔2015〕117 号”文发函《关于变更唐山港京唐港区 23 ～ 25 号多用途泊位工程部分核准内容的复函》。

关于变更唐山港京唐港区 23 ～ 25 号
多用途泊位工程部分核准内容的复函

冀发改函〔2015〕117 号

唐山市发改委：

你委《关于调整唐山港京唐港区 23 ～ 25 号多用途泊位工程有关核准

内容的请示》“唐发改基础〔2015〕91号”收悉。经研究，现就有关事项函复如下：

（一）为适应唐山港京唐港区集装箱业务长远发展及联检部门的监管需要，实现资源的有效配置，同意变更我委冀发改基础核字〔2014〕72号核准证核准的唐山港京唐港区23～25号多用途泊位工程部分核准内容。

（二）同意该工程投资运营主体由原核准的唐山港口实业集团有限公司变更为唐山港集团股份有限公司。

（三）同意该工程堆场面层和轨道梁、堆场装卸设备及综合管网按照集装箱堆场标准设计和建设，增加联检服务设施及相应监管设施，具体设计方案和建设规模在下步设计阶段研究确定。

（四）同意该工程投资估算按照最终确定的设计方案和建设规模做相应调整。

（五）除作上述变更调整外，该项目其他内容仍按我委冀发改基础核字〔2014〕72号核准证执行。

接复函后，请你委协助项目单位抓紧履行初步设计报批及岸线、海域使用等主体变更手续，争取及早开工建设。

工程投资运营主体变更后，唐山港集团股份有限公司开始着手相关工作。

河北省发展和改革委员会

2015年4月16日

2016年7月6日，河北省发改委以“冀发改函〔2016〕249号”文件复函唐山市发改委《关于唐山港京唐港区23号至25号多用途泊位工程核准证有效期延期的复函》：

（一）同意将省发展改革委冀发改基础核字〔2014〕72号核准证有效期延长至2017年7月31日，请你委协调督促项目单位抓紧落实建设条件，加快推进项目进程。

（二）除作上述调整外，该项目其他各项仍按我委冀发改基础核字〔2014〕72号核准证和冀发改函〔2015〕117号文执行。

2017 年 3 月，中交水运规划设计院受唐山港集团委托，编制完成了《唐山港京唐港区 23 号至 25 号多用途泊位工程初步设计审查报告》，对工程进行了投资运营主体和工程有关内容更改后的重新设计审查。

2018 年 2 月 12 日，获得唐山市港航局“唐港航字〔2018〕4 号”《关于唐山港京唐港区 23 号至 25 号多用途泊位工程（水工建筑物及疏浚部分）施工图设计的批复》：

（一）施工图设计文件的建设规模和主要建设内容符合经河北省交通运输厅批准的工程初步设计文件“冀交函基〔2017〕414 号”，即建设 2 个 7 万吨级和 1 个 3 万吨级多用途泊位（水工结构分别按靠泊 10 万吨级和 5 万吨级集装箱船舶设计建设）及相应配套设施，其中 3 万吨级泊位兼顾滚装汽车运输功能。岸线长 945 米。设计年通过能力集装箱 30 万 TEU、木材 40 万立方米、钢材 200 万吨、大件 10 万吨、汽车 6 万辆。

（二）施工图设计执行了国家和行业现行的有关技术标准及规范，主体结构和地基基础的安全性、稳定性和耐久性达到国家和行业现行有关标准和规范的要求。

码头、滚装上岸构筑物及码头西侧直立岸壁的设计使用年限为 50 年，结构安全等级为二级。

新建码头水工结构长度 945 米（其中东侧 79.8 米已在唐山港京唐港区 26 ～ 27# 集装箱泊位工程中按靠泊 10 万吨级集装箱船舶设计建设）；另新建滚装上岸段长 50.7036 米，直立岸壁长 50 米东侧 660 米岸线建设 2 个 7 万吨级泊位（水工结构按靠泊 10 万吨级集装箱船设计建设），码头顶面高程 4.0 米，码头前沿停泊水域宽 82 米，设计底高程 -15.5 米；西侧 285 米岸线建设 1 个 3 万吨级泊位（水工结构按靠泊 5 万吨级集装箱船设计建设），其中码头前沿停泊水域宽 65 米，设计底高程 -13.6 米，回旋圆直径 600 米，设计底高程 -15.5 米。滚装上岸段和直立岸壁主体结构同 5 万吨级码头主体结构，滚装上岸段顶面高程 3.0 米，直立岸壁顶面高程 4.0 米。

1. 东侧 7 万吨级泊位（24 号、25 号泊位）

采用遮帘式地连墙板桩结构。前墙厚为 1.0 米，墙底标高为 -28.0 米，墙顶标高为 -0.8 米，其上浇筑混凝土胸墙。在前地连墙后打设一排遮帘桩，其断面为 1.0 米 ×2.0 米（宽 × 高），间距为 2.7 米，遮帘桩底标高为 -32.0

米，桩顶标高为 -0.8 米，其上浇筑混凝土导梁。前地连墙和遮帘桩顶采用混凝土盖板相连，盖板上浇筑岸机前轨道梁基础。锚碇墙与前墙净距为 40.0 米，墙厚为 1.0 米，墙底标高为 -14.0 米，墙顶标高为 -0.9 米，其上浇筑导梁，导梁顶标高为 2.0 米。前地连墙和遮帘桩之间设置 Φ75 钢拉杆连接，在遮帘桩和锚碇墙之间设置 550 级 Φ85 的钢拉杆连接，拉杆间距为 1.8 米。岸机 1、岸机 2 后轨道梁基础采用 Φ1200 灌注桩，标准段桩底高程均为 -36.0 米，岸机 1、岸机 2 顶升段桩底高程分别为 -38.0 米、-46.0 米。

2. 西侧 3 万吨级泊位（23 号泊位）

采用地连墙板桩结构。前墙厚为 1.2 米，墙底标高为 -27.0 米，墙顶标高为 -0.8 米，其上浇筑混凝土胸墙。锚碇墙与前墙净距为 40.0 米，墙厚 1.0 米，墙底标高为 -14.0 米，墙顶标高为 -0.9 米，其上浇筑导梁，导梁顶标高为 2.0 米。前地连墙和锚碇墙之间设置 Q550 级 Φ80、Φ85 的钢拉杆连接，拉杆间距为 1.8 米。岸机 1、岸机 2 前、后轨道梁基础采用 Φ1200 灌注桩，岸机 1 前轨道梁、岸机 1 后轨道梁、岸机 2 后轨道梁标准段桩底高程分别为 45.0 米、-36.0 米、-36.0 米；岸机 1 后轨道梁、岸机 2 后轨道梁顶升段桩底高程分别为 -46.0 米、-38.0 米、-46.0 米码头滚装上岸段。

3. 码头滚装上岸段

码头滚装上岸段宽度 50.7036 米，主体结构同 5 万吨级码头主体结构，前沿设计水深 -13.6 米，顶面高程 3.0 米。

4. 西侧直立岸壁

码头西侧直立岸壁长 50 米，主体结构同 5 万吨级码头主体结构，前沿设计水深 -13.6 米，顶面高程 4.0 米。

5. 耐久性措施

混凝土结构的水泥采用硅酸盐水泥，水泥强度等级不得低于 42.5；处于浪溅区和水位变动区的胸墙混凝土强度等级采用 C40F300，混凝土抗氯离子渗透性限值混凝土的电通量不大于 1500C；位于水位变动区的混凝土强度等级采用 C35F300，混凝土抗氯离子渗透性限值混凝土的电通量不大于 2000C；胸墙迎海面采用混凝土水泥渗透结晶防腐涂层；水下区混凝土强度等级为 C30；地连墙和遮帘桩钢筋保护层不小于 80 毫米；在混凝土中掺加阻锈剂；钢拉杆采用“两毡三油”进行防腐处理。

（三）码头前沿挖泥应在码头主体结构完成后进行，码头前沿浚深应

在码头全长方向均匀进行，应分层开挖，分层厚度不大于 1.5 米。

（四）施工图设计所提出的施工技术方案基本合理，图纸和说明完整、清晰，可用于工程施工。

（五）严格执行批准后的施工图设计，不得擅自修改、变更。如确需对主体结构等进行重大设计变更，必须报我局批准后方可实施。

（六）尽快组织堆场及辅建区施工图设计工作，按程序将编制完成的施工图设计文件报我局审批。

2017 年 12 月 12 日，唐山港集团在海港开发区交易中心召开评标会，对唐山港京唐港区 23 ～ 25# 多用途泊位工程监理项目进行了公开招标，共有 3 家具有水运工程监理甲级资质的监理单位进行投标，唐山海港港兴监理咨询有限公司凭借综合实力与精心准备中标。

三、工程破土动工

2018 年 3 月 22 日，海港开发区管委会在京唐港区 23 ～ 25# 多用途泊位工程施工现场，组织了海港开发区 2018 年第一季度省、市重点项目集中开工仪式，标志着包括京唐港区 23 ～ 25# 多用途泊位工程项目在内的一批省、市重点项目开始正式破土动工。

唐山港集团副总经理李立东在开工仪式上发言表示，京唐港区 23 ～ 25# 多用途泊位工程是河北省品质工程示范项目，公司将精心组织，倒排工期，挂图作战，以钉钉子的精神确保项目进度，以事争一流的标准

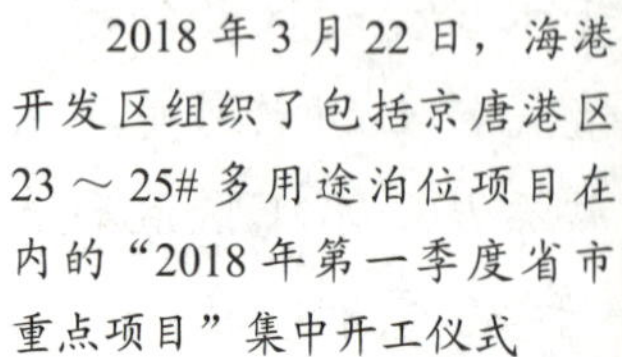
2018 年 3 月 22 日，海港开发区组织了包括京唐港区 23 ～ 25# 多用途泊位项目在内的“2018 年第一季度省市重点项目”集中开工仪式

2018 年 3 月，23～25# 泊位施工现场

打造精品工程，唐山港集团有信心、有决心、有能力把“天然良港”建设好，把“大美海洋”保护好，把港口这一核心战略资源的优势发挥好，为唐山高质量发展做出新的更大贡献。

四、河北省首个全自动集装箱码头建设

2019 年 3 月 15 日，河北省首个全自动集装箱码头——唐山港京唐港区 24～25# 智慧集装箱码头及堆场工程顺利通过河北省水运工程质量安

京唐港区智慧集装箱码头施工现场

全监督局的交工验收。

智慧集装箱码头岸线长945米，堆场面积50万平方米，主要建设2个7万吨级和1个3万吨级泊位，设计通过能力120万TEU/年，总投资18.94亿元。项目采用“高效自动化集装箱码头平行工艺布局”和世界上最先进的集装箱智能管理系统（NAVIS 4.0），堆场首次大比例使用双箱轨道吊，实现了多项技术创新与突破。

该码头是国内继厦门远海、青岛港、上海港之后的第四个自动化集装箱码头。

唐山港京唐港区智慧集装箱码头项目融合了国际最先进的自动化集装箱码头智能软件系统，与智能理货系统同步建设，实现装卸桥、堆场、库房的无人化、智能化、清洁化管理，共取得3项国家专利，实现了自动化集装箱码头建设技术的创新与突破，是河北省水运工程质量安全监督局确认的品质工程示范项目，被省发改委、交通运输厅列入《推进河北省现代化综合交通运输体系建设三年行动方案（2018—2020年）》重点工作任务。

唐山港京唐港区集装箱码头

第二十三章
"一带一路"上的生力军

"一带一路"是习近平总书记提出的共同谱写丝绸之路新篇章、共同建设命运共同体、共同创造美好幸福未来的国际主张。

京唐港区在这一背景下积极作为，东出大海，西联欧亚，唐山首列中欧班列（唐山港—安特卫普）的开通，使京唐港区在"一带一路"建设的舞台上大显身手！

——题记

第一节　打造品牌　抓住机遇

品牌建设是企业发展的根本。多年来，京唐港区在业内树立了良好的形象，并不断拓展、延伸、加强，成为践行“一带一路”倡议的生力军。

一、入围“2015年中国服务业500强”

2015年8月23日，中国企业联合会、中国企业家协会发布了“2015年中国服务业500强”名单，唐山港集团连续第三年进入榜单，较2014年度排名上升34位，升至第364位。

二、荣获两项殊荣

2015年12月15日，唐山港集团荣获“2015年度全国交通运输优质服务示范物流企业”和“全国交通运输行业重点联系物流园区（企业）”两项荣誉。

三、入选国家首批示范工程

2016年6月14日，交通运输部办公厅、国家发改委办公厅联合印发《关于公布第一批多式联运示范工程项目名单的通知》（简称《通知》，下同）。唐山港集团主导申报的“河北省东部沿海—京津冀—西北通道集装箱海铁公多式联运示范工程”项目入选国家首批多式联运示范工程。

该项目利用西北能源外运及出海通道和南北沿海物流通道两条国家级物流大通道，服务京津冀、西北、东部沿海及日本、韩国、蒙古、中亚等境内外四大区域，实现外贸进出口货物、过境货物与京津冀、西北地区集装箱空重箱的科学调配，实现重去重回。同时该项目致力于将唐山港打造

成北京又一便捷的出海通道，通过与天津港集装箱航线的双向互通，促进外贸货物中转联运。

《通知》指出，交通运输部将结合交通运输“十三五”规划实施，对多式联运示范工程内符合支持方向和投资补助条件、示范作用显著的相关项目予以优先支持。同时要求各有关省级交通运输、经济运行调节主管部门对纳入示范工程的重点项目，从土地、财税、融资、市政配套等方面给予大力支持和倾斜，为示范工程顺利实施营造良好的外部环境。

唐山港集团按照《通知》要求和既定项目实施方案加快集装箱多式联运相关项目建设，促进集装箱运输增量、增效，推动唐山港京唐港区加快转型升级步伐，打造环渤海内贸集装箱枢纽港和外贸近洋航线基本港。

四、跻身“国家重点港区”

2016 年 8 月，唐山港京唐港区被交通运输部列入“国家重点港区”名录。跻身“国家重点港区”，使国家对港区基础设施建设投资的资金支持比例由 30% 提升至 50%，有效缓解了地方政府和企业的资金压力，确保港口持续发展。

第二节　创造条件　加强内陆港场站建设

融入“一带一路”，拓展发展空间，服务西北贸易，唐山港集团近年陆续开设多个大西北内陆港，拓展物流覆盖区域，为有关企业提供了更加便捷、高效的国内外贸易通道。

一、加速内陆港布设

（一）唐山港（中鼎）内陆港成立

唐山港集团集装箱海铁公多式联运项目入选国家首批多式联运示范工

程后，为推动唐山港京唐港区转型升级步伐，唐山港集团加速在西北地区设立内陆港，打造综合物流平台，融入国家“一带一路”倡议和京津冀协同发展战略，以增强唐山港集团业务辐射范围，拓展货源渠道，促进集装箱多式联运快速发展，提高货源组织效率，提升唐山港集团综合竞争力。

2016 年 11 月 7 日，唐山港（中鼎）内陆港暨唐山港（山西）物流有限公司成立揭牌仪式在山西省晋中市举行。

唐山市副市长曹全民，晋中市副市长郝向明，太原铁路局局长赵春雷、副局长丁永民，唐山港集团董事长孙文仲、常务副总经理张志辉、副总经理李建振和张小强出席揭牌仪式。

2016 年 11 月 7 日，在山西省晋中市举行的唐山港（中鼎）内陆港暨唐山港（山西）物流有限公司成立揭牌仪式

唐山市政府办公厅、唐山市发改委（口岸办）、唐山市交通运输局、唐山市商务局、唐山海关、河北出入境检验检疫局京唐港办事处、唐山海港开发区、唐山港集团、太原铁路局相关部门负责人以及国内知名集装箱班轮公司、客户及有关合作企业代表参加揭牌仪式。

在揭牌仪式上，唐山市副市长曹全民、晋中市副市长郝向明、太原铁路局局长赵春雷、唐山港集团董事长孙文仲共同揭牌。晋中市副市长郝向明、唐山市副市长曹全民先后讲话。唐山港集团董事长孙文仲致辞。

唐山港（中鼎）内陆港暨唐山港（山西）物流有限公司成立，是唐山港集团集装箱海铁公多式联运项目入选国家首批多式联运示范工程后的重点项目，是推动唐山港京唐港区转型升级的又一力作。唐山港集团在西北地区设立唐山港（山西）物流有限公司、打造综合物流平台，符合国家“一带一路”倡议和京津冀协同发展战略，有利于更好地利用国家、省、市政府对集装箱发展的扶持政策，增强集团业务辐射范围，拓展货源渠道，促进集装箱多式联运快速发展，提高货源组织效率，提升唐山港集团的综合竞争力。

唐山港（山西）物流有限公司坐落于晋中市中鼎物流园区，注册资本1000万元，是唐山港集团旗下的全资子公司。公司设立后，作为集团驻西北地区的综合物流管理运营平台，负责广大西北地区的市场开拓、货源和运输组织、业务合作、综合运营管理等工作。该公司的运营，建立了“全程物流总包＋内陆港场站”的经营模式，集合装卸、发运、代理、贸易、融资等手段，实现多种业务功能融合共进。

（二）唐山港（鄂尔多斯鑫聚源）内陆港揭牌

2017年9月7日，唐山港（鄂尔多斯鑫聚源）内陆港揭牌运营。唐山港（鄂尔多斯鑫聚源）内陆港的合作方内蒙古鄂尔多斯鑫聚源化工有限公司地处中国煤炭资源富集区，是目前中国最具现代化水平的大型煤炭物流企业。

（三）唐山港（乌鲁木齐联宇）等内陆港开通

2017年9月11日，唐山港（乌鲁木齐联宇）内陆港揭牌运营，这是继唐山港集团成功开通山西中鼎内陆港之后，再次在中国西北地区布局的重要货源聚集地。唐山港（乌鲁木齐联宇）内陆港合作方新疆联宇投资有限公司在大宗物资仓储、物流、代理等领域具有雄厚实力。2016年，该公司的“丝绸之路国际多式联运示范工程”与唐山港集团的“东部沿海—京津冀—西北集装箱多式联运示范工程”实现了战略对接，合作开通了京唐港—新疆集装箱海铁联运班列。

新疆内陆港的开通，标志着京唐港区的货源腹地向西北纵深又推进了一大步，此后，唐山港集团加强了在新疆地区的货源组织和市场培植，适时开通至中亚和欧洲的多次直达班列，把中国东南部、西北部地区和中亚、欧洲的货物经京唐港区海铁联运，形成以京唐港为枢纽的国际贸易大通道。

2017年10月31日到12月1日，唐山港集团先后建立了山西朔州内陆港、忻州同庆丰李家坪站内陆港、内蒙古乌海内陆港，标志着唐山港集团“延伸西部业务，服务西北腹地，打造‘丝绸之路’中线和北线‘桥头堡’”的西部战略迈出关键一步。

（四）2018年内陆港再添新成员

2018年5月23日、25日，唐山港集团相继在内蒙古萨拉齐、山西忻州设立了唐山港萨拉齐、安塘内陆港。随后这两个内陆港举行了揭牌运营仪式，标志着唐山、包头、忻州、太原铁路局开启了优势互补、资源共享、平台共建、协同发展的新历程，同时也开启了唐山港集团转型升级发展的新篇章。唐山港集团为全面深入推进唐山市委、市政府“一港双城”[①]战略，加快内陆港建设，完善港口功能，将新设立一批辐射范围广、带动能力强、服务质量优的内陆港，为唐山构建对外开放新格局打造新引擎、新动能。

唐山港萨拉齐、安塘内陆港揭牌仪式

6月28日、29日，唐山港集团在内蒙古巴彦淖尔、呼和浩特连续设立了两个内陆港。7月31日山西大同（晋宏）内陆港开通。8月20日至23日，唐山港集团分别在新疆奎屯、乌鲁木齐、哈密连续设立了3个内陆港，标志着唐山港集团“延伸西部业务，服务西北腹地，打造京津冀和西北地区对接‘一带一路’重要窗口”的西北战略又迈出关键一步。

12月26日，唐山港北京平谷内陆港举行揭牌仪式。唐山市委、市政府将港口作为核心战略资源，狠抓“一港双城”建设，大力发展临港产业，加速推进唐山港综合贸易大港建设。平谷区是北京市重要的物流枢纽基地，随着国家“京津冀协同发展”战略的深入实施，平谷区与唐山市合作日益密切。唐山港平谷内陆港的成立，将平谷陆路口岸优势和唐山港口优势有机结合，为进一步扩大合作搭建新的平台、拓展新的空间。

揭牌仪式上，唐山港集团负责人与平谷马坊物流基地管委会负责人签署了战略合作协议。

唐山港集团深入推进集装箱多式联运示范工程，先后在新疆、内蒙古、山西等地设立了15座内陆港，不断拓展港口腹地范围，已经开通15条海铁联运班列。“日、韩、中、蒙”过境班列实现常态化运营，特别是

① 一港双城：“一港”指唐山港；“双城”指唐山市主城区和曹妃甸滨海新城。

2018 年成功开行的“唐山港至比利时安特卫普”中欧班列，将唐山港集装箱多式联运示范工程成功拓展至中亚、西亚、欧洲，为京津冀和西北地区对接“一带一路”开辟了新的国际物流大通道，进一步扩大了京唐港区的影响力和辐射带动能力，港口的朋友圈不断扩大。

二、集装箱场站建设

（一）与中远集团合作建设集装箱场站

集装箱是世界各港口发展最快、最稳定的运输方式，也是现代化综合大港的标志之一，集装箱泊位已成为国内码头规划建设的重点。为推动集装箱运输发展，河北省政府提出“力争实现‘十二五’末完成 500 万 TEU 吞吐量”的目标，出台了一系列鼓励集装箱运输发展的优惠政策，并着力推进京唐港区在河北港口中率先发展。

2010 年，京唐港区集装箱运输完成 26 万 TEU，其中中远集装箱运输有限公司完成 10.6 万 TEU，占 40.8%。

2011 年 6 月 18 日，唐山港集团与中远集团签署了投资建设“唐山港京唐港区集装箱场站项目”协议书

为进一步提高京唐港区集装箱综合运输能力，2011 年 6 月 18 日，在乐亭新区召开的 2011 年投资环境暨优势产业推介会上，唐山港集团与中远集团签署了投资建设“唐山港京唐港区集装箱场站项目”协议书。该项目由中远集团的控股子公司中远集装箱运输有限公司与唐山港集团合资成立“唐山中远集装箱物流有限公司”。

唐山中远集装箱物流有限公司成立大会于 2011 年 6 月 20 日召开。会议审议通过了《唐山中远集装箱物流有限公司章程》，选举了公司董事、监事。同时召开了唐山中远集装箱物流有限公司一届一次董事会、一届一次监事会。唐山港集团副总经理张志辉出任该公司副董事长，审计部部长陈利俭出任该公司董事，财务部综合财务科科长耿威出任该公司监事，朱振民出任该公司副总经理。

该项目注册资金1.7亿元人民币，中远集装箱运输有限公司持股51%，唐山港集团持股49%，经营范围为集装箱运输、堆存、货物仓储、装卸搬倒、拆装箱、拼箱、物流配送、货运代理、项目开发、集装箱修洗及检验、冷藏箱服务、技术咨询服务、代理报关报验等服务。

唐山港集团与中远集团合作建设的集装箱物流场站2011年7月正式开工。

9月，唐山海港开发区环保局组织专家对《唐山港京唐港集装箱场站工程项目环境影响报告》进行了评审，评审通过后安排报告编制单位按专家评审意见对报告进行了修订，10月8日取得了环保局的批复意见。

10月25日，唐山海港开发区安监局组织召开专家评审会，《唐山港京唐港区集装箱场站工程项目安全预评价报告》顺利通过相关专家的评审。《报告》对集装箱场站建设中的各项安全因素进行了全面分析，对集装箱堆场货种、运行设备、场站操作工艺、场站消防设施等进行了重大危险源辨识，对项目建设的安全条件进行了分析论证。经过海港开发区安监局及相关专家论证，认为《报告》定性定量评价深度适当，安全措施可靠，符合国家安全生产监督管理局下发的相关要求，原则予以通过。

2013年8月，经过两年的建设，集装箱物流场站正式投入使用，其投产运营进一步完善了专业化集装箱码头所需的集装箱场站综合物流服务功能，随着港口集装箱运量的增加，集装箱场站的专业化综合物流服务作用将越来越突出。

集装箱场站工程位于京唐港港区西北侧的综合物流园区最西侧，布置于集装箱码头作业区、杂货码头作业区以北区域，项目占地36万平方米，距京唐港区22#集装箱泊位1000米，地理位置优越。该项目一期工程建设集装箱专业堆场10万平方米，建设6000平方米大型仓库，2000平方米修箱专用场地、冷藏箱场地，配备专业集装箱装卸、拆装设备，具备完善的监控系统和集装箱业务操作系统，具备年50万箱周转能力。远期本场站将完全用于集装箱作业，设计年通过能力为68万TEU，可满足后方堆存、拆装箱、吊装等作业需要。同时还可以满足部分件杂货和钢铁的堆存需要。该项目的建设和运营进一步完善了京唐港区的集装箱运输链条，完善了中远集运集装箱运输功能，促进了集装箱运量的快速增长，对京唐港区和中远集运的长期、可持续发展产生了积极影响。

（二）其他场站建设

一是超细粉装箱场建设。2016 年 4 月 27 日，京唐港区 26 ～ 27# 专业集装箱码头配套设施——超细粉装箱场项目顺利通过了河北省水运工程质量安全监督局组织的交工验收，正式投入使用。

超细粉装箱场位于京唐港区海滨路东侧，设计年超细粉集装箱量 240 万吨，总投资 1200 万元。建设 500 吨超细粉钢板仓 4 座，每仓配备集装箱翻转机 2 台，实现超细粉的装仓、下料及装箱作业。

由于国内港口仓储罐不配套，矿粉船基本采取车船直取装船，超细粉装箱工艺还不成熟，国内没有统一的工艺标准。为此，京唐港区决定先行先试，力争解决此行业短板。经过技术人员的努力，京唐港区超细粉项目顺利投产，有效地解决了散装污染问题，开启了京唐港区超细粉“散改集”新的运输方式，助推了集装箱板块发展。

该项目不仅填补了京唐港区空白，在全国尚属首次使用，实现多项技术创新，超细粉装箱系统获国家实用新型专利。

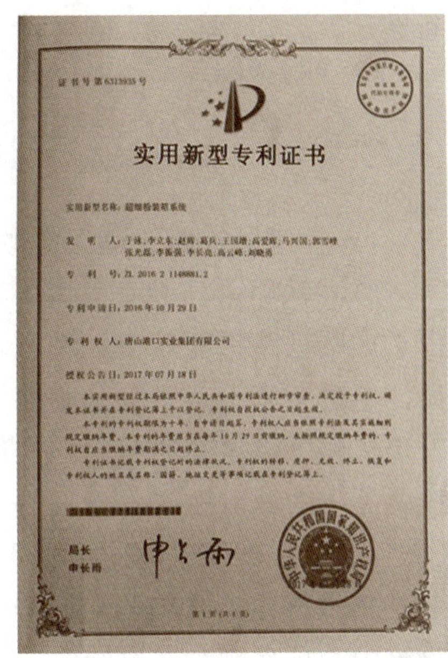
实用新型专利证书

实用新型名称：超细粉装箱系统

专利申请日：2016年10月29日

专利权人：唐山港口实业集团有限公司

授权公告日：2017年07月18日

局长 申长雨

超细粉装箱系统获国家《实用新型专利证书》

二是化工站扩建集装箱铁路装卸场。2015 年 9 月 20 日，《京唐港化工站扩建集装箱铁路装卸场工程开通方案》审查会在太原召开并顺利通过太原铁路局审查。京唐港区化工站扩建集装箱铁路装卸场工程是一项基础设施项目，对实现集装箱海铁联运、促进京唐港区集装箱运量增长具有重要意义。

该工程项目位于京唐港区 26 ～ 27# 集装箱码头纬三路南侧，是京唐港区 26 ～ 27# 集装箱泊位运营生产的配套项目。在既有京唐港液体化工站的基础上，增建到发线 1 条，扩建集装箱整列

装卸线兼到发线2条，有效长度为1050米。工程设计年集装箱吞吐能力为近期8万～10万TEU、远期20万～25万TEU，概算投资1.5985亿元。

京唐港化工站扩建集装箱铁路装卸场工程初步设计于2015年12月通过太原铁路局技术审查，于2016年6月份开工、年内竣工。

集装箱铁路专用装卸场的投入运营，大大提高了京唐港区铁路集装箱装卸能力，提升了服务客户、开拓市场的能力，对腹地经济发展起到了有力的带动作用，对提高集装箱市场竞争力有着深远的影响，对京唐港区更好地融入国家"一带一路"发展倡议起到积极的推动作用。

第三节 无缝对接"一带一路"

依托多式联运示范工程，布局基础设施建设和保税物流仓库建设。开通多式联运项目，物流链向大西北延伸。完善陆海双向网络布局，对接和抢抓"一带一路"发展机遇，使京唐港区在国家物流配送体系中的地位不断提升。

一、完善基础设施

（一）港区铁路改造工程顺利完成

唐港铁路聂庄至东港增二线及东港站改造工程的顺利完成，充分发挥了大秦铁路扩能效益，进一步提高了铁路运力，优化了地区铁路整体布局，促进了唐山京唐港区腹地经济发展。保障东南沿海地区能源供给，进一步优化了港区交通布局，实现了集中整合铁路运输资源、满足区内企业接轨需求的城市规划。

（二）B型保税物流中心通过验收

2017年5月19日，唐山市首家B型保税物流中心——京唐港区保税物流中心项目顺利通过验收。此次验收由石家庄海关、财政部驻河北省财政监察专员办事处、省国税局和国家外汇管理局河北省分局组成的联合验收组完成。石家庄海关党组成员、副关长刘勇军，唐山市副市长、海港开发区党工委书记曹全民，市政府办公厅调研员孙友树，唐山海关关长徐凤仪，海港开发区党工委副书记、管委会主任黄玉刚出席验收会。唐山港集团领导宣国宝、张小强、李立东、张小锐及相关部门负责人参加验收。

验收组一行对报关大厅、视频监控中心、智能卡口、查验平台、巡逻通道、围网等监管和配套设施进行了验收。经过评议，验收组一致认为，京唐港区保税物流中心 0.1 平方千米范围内的基础和监管设施基本符合验收标准，同意京唐港区保税物流中心的基础和监管设施通过验收。

2018 年 7 月 19 日，一批总重 130.48 吨、货值 7.44 万美元的热轧盘条进入唐山港京唐港区保税物流中心（B 型），并将出口至菲律宾。唐山海关关员迅速为其办理了通关手续。这是该中心正式封关运营后开展的首票业务。

2018 年成功引进巴西淡水河谷公司开展保税混矿业务，全年完成混矿保税业务 133 万吨。

截至 2018 年年底，保税物流中心已注册企业 18 家，开展业务 45 票，进出口总额 144 万美元。

唐山港京唐港区保税物流中心项目于 2015 年 11 月经海关总署联合各部委审查后获批，是唐山市首家 B 型保税物流中心，由唐山港集团全资子公司唐山港京唐港区进出口保税储运有限公司负责建设运营，可开展保税仓储、转口贸易、出口退税、国际配送、集装箱服务等业务。建设京唐港区保税物流中心是唐山港集团抢抓“一带一路”和京津冀协同发展机遇的

2017 年 5 月 19 日，唐山港京唐港区保税物流中心（B 型）通过验收

重要举措，填补了唐山市保税物流业务的空白，对唐山市进一步扩大对外交流、发展外向型经济具有重要意义。

（三）期货指定交割仓库顺利注册

2017 年 5 月是大连商品交易所焦煤、焦炭、铁矿石期货 1705 合约的交割月，唐山港京唐港区进出口保税储运公司作为指定交割仓库，为客户顺利完成注册标准仓单焦煤 1.8 万吨、焦炭 0.8 万吨、铁矿石 3 万吨。此次成功完成注册焦炭和铁矿石两个品种的期货标准仓单，是京唐港区期货交割业务的一次历史性突破。

（四）甲醇期货交割库揭牌

2018 年 1 月 17 日，唐山港集团甲醇期货交割库揭牌仪式暨第一届煤化工（甲醇）产业高峰论坛在唐山南湖国际会展中心召开，唐山市副市长曹全民、郑州商品交易所非农总监郭淑华为甲醇交割库设立揭牌，标志着中国北方沿海港口首家甲醇交割库正式落户唐山港京唐港区，这是唐山港集团认真贯彻落实唐山市委十届四次全会精神，推动港口高质量发展的最新成果。

唐山港集团甲醇交割库的设立不仅填补了中国北方沿海港口没有甲醇交割库的空白，而且能够有效带动唐山煤化工产业链、物流链的转型升级，提升国内外甲醇市场活跃度，为唐山建成东北亚经济合作窗口城市提供有力支撑。唐山港集团牢牢把握这一发展机遇，与郑州商品交易所、广大客户以及投资机构进一步加强合作，充分发挥港口交割功能，不断提升京唐港区的开放水平，为国内外甲醇贸易市场注入新的活力，为唐山全面推动高质量发展做出贡献。

甲醇交割库的设立是京唐港区继铁矿石、焦煤、动力煤、焦炭交割库之后的第五个指定交割库。京唐港区致力于打造港口圈内交割品种最为齐全、贸易量最为活跃的港口，有力地推动了京唐港区由装卸大港向贸易大港转变，带动区域经济更好、更快发展。

二、大力发展国内航线和海铁联运

（一）开通南京、宜宾区域港口群

为携手抢抓国家“长江经济带”“一带一路”“京津冀协同发展”三大机遇，提升长江黄金水道和环渤海湾的联通功能，促进长江流域与东北地区、东北亚地区的商贸物流发展，2015 年 4 月 10 日上午，南京区域港口群（南京港、合肥港、马鞍山港、淮安港）、唐山港与宜宾港战略合作签约仪式暨“宜宾—南京—唐山”“宜宾—南京—日本、韩国”集装箱班轮航线开通仪式在南京港举行。作为战略合作协议中的一项重要举措，这条新开通的国内和国际航线为国内西部地区、中部地区和环渤海湾东北地区，乃至东北亚地区串起一条通江达海的水路运输新纽带，通过各港口的统筹协调，配合铁水联运、公水联运系统化运营，将为“北粮南运”“西煤东运”等规模化运输打开新通道，有效提高综合运输的物流链管理服务水平，最大限度降低大宗物资往来的成本。

（二）揭开铁水联运新篇章

为进一步开拓内陆市场，为西北、东北等内陆地区液体化工产品的集散创建更为经济和便捷的运输通道，唐山港集团领导高度重视液化品“铁水联运”建设工作，安排专人跑办铁路的开通和运营手续。为保证列车运输的顺利开通，有关部门详细测算运输成本和熟悉单证、计量等手续的办理，多次组织学习火车操作流程，完善装卸工艺。2015 年 9 月 18 日，顺利完成了第一列载有 10 节罐车的火车接车、对位，该列火车装载沥青 580 吨，运往宁夏华特沥青有限公司。自此，液体化工码头公司掀开了“铁水联运”的新篇章。

液化品铁路运输的开通，拓展了业务市场，为开发新货种提供了有力支持，对海港开发区化工产业的发展起到了积极的促进作用。

（三）开通广州、上海大型班轮航线

2015 年 7 月底，京唐—广州大型班轮上线，加快了广州流向货物的周转速度，显著降低了客户的海运成本。唐山港船货代公司结合上海航线的特点，在京唐—广州大型班轮成功运营的基础上，及时谋划开通京唐—上海班轮航线。利用上海航线特有的码头运输方式，为客户提供更加便捷的港到港、港到门服务，提升京唐港区的服务品牌，让货主、代理以及船东的综合效益不断提高，进而带动京唐港区综合竞争力的提升。

2016 年 1 月 17 日，京唐港—上海的班轮航线顺利开通。此次航线的开通是京唐港区 2016 年班轮航线在上海流向的开局之举，是延展综合物流维度、推动水路运输优化的新举措。

唐山港集团构建公路、铁路、海运综合物流网络，降低客户综合物流

2015年7月30日，京唐至广州大型班轮签约仪式暨客户交流会举行

成本，海运方面通过班轮大型化等手段，依托集、散班轮运输，集装箱海铁多式联运等方式，降低广州、上海方向班轮运价，提高京唐港区箱杂货种综合竞争力，唐山港船货代公司积极谋划班轮船型的调整，合理规划航线布局，以现有班轮航线为基础，逐步完善国内内贸航线的布局，着力推动班轮大型化进程。

（四）实施成品油海铁联运

2016年10月11日，由中国铁路总公司组织的85801次49节成品油罐列车驶入京唐港液化码头公司化工站，列车装载2200吨成品油由京唐港发往北京中石化公司，实现了京唐港区成品油海铁联运的新开局。

自年初以来，面对新的市场形势变化，液体化工码头公司按照唐山港集团整体经营管理的思路和部署，立足生产现状，充分发挥码头自身的功能优势，转变思路，谋求发展。通过深入开展市场调研，充分掌握腹地及周边货源结构和供需情况，迅速把运输服务延伸至全国乃至国际市场。该公司已经成功申请了甲醇海关监管罐项目，引进了外贸甲醇货源。同时以山东地炼成品油运输为业务重点，成功实现海铁联运业务新模式。

（五）启用汽车整车进口口岸

2018年1月17日，唐山港汽车整车进口口岸启用仪式在京唐港区举行。唐山市副市长曹全民、海港开发区管委会主任黄玉刚，唐山港集团董事长宣国宝、唐山港口实业集团总经理张志辉及市发改委、商务局、公安局、唐山海关、检验检疫局京唐港办事处、唐山边检、唐山海事局、中检河北分公司负责同志参加启用仪式。

副市长曹全民宣布唐山港汽车整车进口口岸正式启用。

宣国宝在发言时表示，京唐港区整车进口业务的正式开展，掀开了京唐港区转型升级、跨越发展的新篇章。京唐港区将充分发挥整车进口口岸功能，加大产业链招商力度，不断深化与汽贸龙头企业的互信与合作，积极拓展进口汽车物流仓储、展示销售、金融保险、售后服务、改装检测等全链条服务，努力将京唐港区打造成为环渤海区域重要的进口汽车物流基地，为唐山着力发展海洋经济和临港产业做出更大贡献。

2018 年 1 月 17 日，唐山港汽车整车进口口岸启用仪式在京唐港区举行

装载首批次进口汽车的集装箱，于下午 2 点由“新隆运 28”集装箱货轮运抵京唐港区 11# 泊位卸船，下午 3 点运抵海关监管区。此次进口的汽车为丰田赛纳商务车和雪佛兰科迈罗跑车，汽车由加拿大启运。这批进口整车的到来，结束了河北省几十年来进口汽车需要从天津港或上海港转运的历史，也标志着一个全新的整车进口及配套产业发展在河北迈出了第一步，开启了河北省平行进口汽车的新时代。

2017 年 5 月 28 日，国务院批准唐山港为汽车整车进口口岸后，唐山港集团按照相关要求，迅速完善各类监管、保税场所设施，满足整车进口业务需要。12 月 19 日，唐山港口岸顺利通过河北省人民政府整车进口口岸验收组验收。

第四节 “一带一路”上的生力军

加入国家的大战略，是京唐港人的骄傲。他们在“一带一路”上尽显身手，为中华民族的复兴之梦，添砖加瓦。

一、液体硫黄船开赴日本

2016年5月19日，满载1.15万吨液体硫黄的“THETISIA”轮驶离京唐港区液化码头，由此京唐港区成为中国北方首个卸载万吨液体硫黄船的港口，也标志着京唐港区向“打造中国北方硫黄分拨中心”的目标又迈出了坚实的一步。

“THETISIA”轮是亚洲目前仅有的两条万吨级液体硫黄船之一。中国北方港口因条件制约，万吨级液体硫黄船舶的装卸作业一直处于能力不足的境地。唐山港集团液化码头公司通过准确的市场分析，多举措提高货物存储和装卸能力，经过多方面的不懈努力，终于争取到日本三菱商事公司的支持。

日方代表来京唐港区对堆场和“THETISIA”轮靠泊卸载情况进行了实地考察，对京唐港区的硬件设施与管理水平十分肯定，并希望能够长期合作。

二、“易昇”集装箱班轮驶往韩国

2016年9月1日上午，随着唐山港口实业集团常务副总经理、唐山港国际集装箱码头有限公司董事长张志辉宣布开航令，满载6800吨货物、

京唐港—釜山航线“易昇”轮首航仪式

400 个重箱的“易昇”轮从京唐港区启程首航驶往韩国釜山港。

“易昇”集装箱班轮的开通，增强了京唐港—釜山航线的竞争力及货源吸附能力，标志着中外运集装箱运输有限公司与唐山港集团的合作开启了新的篇章。“易昇”轮总长 113 米，型宽 19 米，本航次由京唐港区驶出，9 月 5 日到达韩国釜山港。

三、“瑞莎”甲醇货轮靠泊液化码头

2016 年 6 月 20 日，作为唐山港集团化工产品运输唯一通道的京唐港区液体化工码头迎来首艘外贸甲醇船。在唐山海关、商检、海事局及边防检查站等相关部门的大力支持下，来自伊朗的“瑞莎”甲醇货轮安全顺利地靠泊京唐港区液化码头，实现了液化码头拥有外贸甲醇海关监管罐的首船作业。

京唐港区不断抢抓机遇，迎接挑战，转变思路，谋求发展，通过召开甲醇运输专题会议，将甲醇运输战略由国内市场转向国际市场，成功申请甲醇海关监管罐项目，引进外贸甲醇货源，以腹地三家甲醇需求方为基础，同时辐射石家庄以东及东北地区甲醇下游市场，打破了本地及周边市场供需弱平衡。

四、日本集装箱航线正式开通

2017 年 3 月 23 日，京唐港区—日本关东（东京、横滨、名古屋）、关西（大阪、神户）集装箱直航航线正式开通，奏响了京唐港区继续织密集装箱航线网络、拓宽海上丝绸之路的强音。

担负该航线运输的“SEOUL TRADER”轮由唐山港国际集装箱码头有限公司的全资子公司上海合德国际物流有限公司与中外运集装箱运输有限公司共同经营，该轮总舱位2664TEU、载重量2万吨，挂靠东京、横滨、名古屋，每周一班。

11 月 16 日，唐山—日本关东、关西集装箱航线全面开通及“仁建唐山”集装箱班轮首航仪式在唐山港京唐港区举行。

全面开通唐山—日本关东、关西集装箱航线和“仁建唐山”轮首航投

作业中的“SEOUL TRADER”轮

入京唐港区集装箱航线运输，对进一步优化京唐港区航运体系，更好地服务客户、服务国家战略具有重要意义。

上海仁建企业发展集团首席执行官陈永祥在首航仪式上表示，唐山—日本关东、关西集装箱航线全面开通，为仁建集团搭建了一个更好的合作平台，“仁建唐山”集装箱班轮快速、高效地带动国内南北贸易的流通，成为京津冀与环渤海地区经济发展的又一个引擎。日本通运株式会社部长浅野英表示，此次与唐山港集团合作开通新航线，必将进一步拉动中日间经贸发展，日本通运集团愿意为此提供全方位的帮助，为中日海运事业发展助一臂之力。

之后，又开通了唐山—潍坊—日本关东、唐山—潍坊—日本关西集装箱航线，标志着京唐港集装箱外贸运输向广阔的海洋拓展，进一步优化了京唐港区航运体系，更好地服务东北亚客户。

五、国际贸易有限公司正式运营

2017 年年初，唐山港集团（北京）国际贸易有限公司（简称“国贸公司”，下同）迁址北京，5月初正式具备运营条件。国贸公司按照“稳妥为先、积极开展”的要求克服未取得银行授信等困难，找准市场机会，在操作现货贸易的同时，辅以期货套期保值，实现了国贸公司业务发展的良好开局。

6月27日，满载7万吨动力煤的“亚拉”号货轮顺利抵达广州港，国贸公司首单自营进口业务进入实际交付阶段。国贸公司业务人员深入多地矿山进行实地考察，在全面了解和掌握一些矿山基本情况的基础上，国贸公司与多家印尼知名矿山达成合作意向，并率先与印尼第三大煤矿 Berau 签署战略合作备忘录。2017年5月23日，国贸公司与 Berau 正式签订第一单供货合同，同期与下游客户签订销售合同，保证了业务购销环节的有序衔接和安全可控。为确保该单的顺利执行，国贸公司对租船、海运等各环节实施全程跟踪服务，并于货物抵港前与相关机构提前沟通，履行通关手续，确保该单业务的圆满完成。

六、唐山首列中欧班列成功开行

2018年4月26日，唐山首列中欧班列开行仪式在唐山港京唐港区举行。唐山市副市长曹全民，比利时驻华使馆参赞爱德华•梵•克莱恩，唐山港集团董事长宣国宝、总经理张小强、副总经理李建振，唐山港口实业集团总经理张志辉及石家庄海关、中铁集装箱公司、中国铁路太原局以及唐山市委办公厅、唐山市发改委、海港开发区管委会、口岸查验单位有关负责同志参加了开行仪式。

唐山港集团董事长宣国宝、中铁集装箱运输公司副总经理袁兴、铁路太原局集团副总经理丁永民、石家庄海关副关长刘勇军、比利时驻华使馆参赞爱德华•梵•克莱恩分别在班列开行仪式上发言。

宣国宝在致辞时表示，唐山港中欧班列的成功开通，构建了以京唐港区为枢纽，覆盖三北、联通中亚、通往欧洲的水陆国际联运网络，是唐山港集团全面推动高质量发展的生动实践，也是唐山市全面融入“一带一路”倡议、加强与沿线国家产能合作的重要举措。唐山港集团将以此为契机，进一步加大货源组织力度，促进国内外货物在唐山港集散，提升班列运行质量，全面打造唐山至欧洲的陆上开放新通道，成为京津冀和西北地区对接“一带一路”的新窗口。

袁兴、丁永民、刘勇军在发言时分别对本次中欧班列的成功开通表示祝贺，并表示，将从铁路运输服务、集疏运体系建设和优化通关流程等方面为有关企业提供帮助，愿意与唐山港集团一道为唐山融入“一带一路”建设、扩大区域经济合作贡献力量。

爱德华•梵•克莱恩在发言时表示，比利时是中国在欧洲的第六大贸易伙伴，是本世纪最开放的经济体之一，安特卫普港是欧洲第二大港，具有400多年的发展历史，以其高度集中的港口工业著称。唐山港至安特卫普中欧班列的开通，不仅搭建了两港之间的合作平台，同时也为两国的经济贸易交流开辟了一条新通道，成为唐山与安特卫普、中国与比利时在教育、文化、旅游、创新等方面的交流平台。

12时08分，曹全民宣布唐山港至安特卫普中欧班列开行。伴随着浑厚的汽笛声，班列从唐山港京唐港区出发。按计划，班列将经北京、呼和浩特、包头、哈密、乌鲁木齐，由阿拉山口口岸出境，途经哈萨克斯坦、俄罗斯、白俄罗斯、波兰、德国，经过16天的运行，于5月12日驶抵比利时安特卫普港铁路货运露天堆场。

唐山中欧班列的成功开通，是全面推动唐山高质量发展的生动实践，也是落实唐山市委、市政府“一港双城”战略的重要举措，以此构建以京唐港为枢纽，覆盖三北、联通中亚、通往欧洲的水陆国际联运网络。

唐山港集团开通的唐山首条中欧班列比传统海运节省至少一半时间，不仅能大幅提高综合交通运输效率，而且将唐山港集装箱多式联运示范工程成功拓展至中亚、西亚、欧洲，构建以京唐港区为枢纽，覆盖三北、联通中亚、通往欧洲的水陆国际联运网络，为京津冀和西北地区对接“一带一路”开辟了新的国际物流大通道。由此，唐山东出大海、西联欧亚的开放新格

首列中欧班列从唐山港京唐港区开往比利时安特卫普

局正在形成，同时为京津冀地区开辟了一条新的中欧班列运行通道。

七、开通北方储运公司集装箱班列

2016 年 6 月 5 日，从太原局宁武站发出的满载块煤的集装箱列车 38009 次顺利抵达唐山北方煤炭储运有限公司专用线 1 股道，标志着北方储运公司集装箱业务正式开通运营，此举也是唐港铁路公司积极发展集装箱运输，将集装箱业务打造成为新的运量增长点的重大举措。

八、开启新疆铁路物流大通道

津唐国际集装箱码头有限公司和唐山港西北物流有限公司千方百计开拓西北市场，深入挖掘铁路货运大动脉潜力，通过多方努力，与新疆联宇投资有限公司展开合作，将原来广西氧化铝散货船运至连云港、宁波、青岛铁路疏港至新疆的运输通道，改为由广西钦州港装箱运至京唐港，集装箱海铁联运疏港至乌鲁木齐。同时将进口氧化铝与新疆信发铝业、天山铝业、大业中能、新疆中泰等企业出疆的铝锭、铝棒、电极、块煤运回京唐港，形成重去重回循环班列。以京唐港区为出海口岸，将新疆联宇投资有限公司所在三葛庄站作为新疆首个内陆港，与山西中鼎内陆港、内蒙古九原物流园等多个班列网点互动，打造一条通道联海陆、多点互通增效力的国家级示范工程，使京唐港区海运、铁路、公路多式联运格局得到延伸放大。

2017 年 1 月 23 日，京唐港至新疆乌鲁木齐首趟满载铝锭等货物的集装箱班列发出，这标志着京唐港至新疆铁路物流大通道正式开启，山西、内蒙古、新疆地区的集装箱班列实现互联互通，唐山港“东部沿海—京津冀—西北通道集装箱海铁公多式联运示范工程”与“新疆生产建设兵团丝绸之路国际多式联运示范工程”两大国家级示范项目有力对接，这是京唐港区“东联西扩”战略的重大突破。

九、打造中国北方甲醇分拨中心

其一，2017 年 2 月 20 日，来自内蒙古白塔站的甲醇列车首次驶入京

唐港区液化码头化工站，这是继液化公司实现成品油海铁联运以来又一标志性进展，对推进京唐港区甲醇业务向多元化发展、逐渐打造北方甲醇分拨中心地位具有重要意义。此次到港甲醇3214吨，共58节罐车，均来自陕蒙地区，经京唐港区下水后航运发往华东地区市场。

作业中的甲醇列车

其二，面对经济下行压力和化工产品市场持续低迷等不利因素，液化码头公司按照集团年初整体工作思路与部署，灵活掌握市场变化，深入了解化工产品客户需求，全力拓展业务市场。随着南北甲醇套利窗口打开，西北陕、蒙甲醇市场与华东市场走势呈现差异化，两地价差不断拉大，北醇南运、西货东运已成为可能。面对这一转变，公司迅速调整业务战略布局，通过组织召开甲醇市场分析会，深入周边腹地走访调研，测算汽运及火运物流成本，针对甲醇火车来港作业进行重点开发等方法，最终成功引进富川化工的甲醇，然后以铁路运输形式集港，并装船南运。

其三，2018年2月5日，来自新疆乌西站的甲醇列车首次驶入液化码头化工站，这是继液化公司实现内蒙古白塔站甲醇“海铁联运”后取得的又一阶段性进展，标志着新疆甲醇列车至京唐港区铁路运输正式开通，对于推动西北甲醇货源港口化及打造京唐港区甲醇集散中心具有重要意义。此次首批到港的甲醇共14节罐车、970吨，均来自新疆地区，经京唐港区下水后航运发往华东地区市场。

其四，唐山港集团围绕国家“一带一路”重要倡议，借助郑州商品交易所获批的甲醇交割库的“金字招牌”，充分发挥铁路优势，以甲醇货种为切入点，进一步拓宽西北集港渠道，提高唐山港集团在甲醇运输领域中的集散能力。通过对新疆甲醇市场的研究及贸易商筛选，最终锁定利津华为化工销售有限公司为攻坚对象，并邀请利津华为及其供货单位新疆新业能源化工有限责任公司多次来港实地考察及洽谈火运甲醇业务。几经努力，终于达成共识，形成利津华为以火车集港方式通过京唐港区装船南运的甲醇中转业务。

十、开行首趟开顶集装箱①煤炭专列

京唐港区严格落实环保部《京津冀及周边地区2017年大气防治工作方案》以及河北省《关于强力推进大气污染综合治理的意见》关于渤海湾港口全面禁止煤炭汽运集港作业的要求，抢抓国家“一带一路”倡议机遇，积极推进“西北战略”，依托海铁公多式联运示范项目，在山西、内蒙古、新疆等地区开展集装箱海铁联运运输业务，先后开通山西朔州、安塘、李家平、大同；内蒙古乌海、鄂尔多斯新街、包头、哈业胡同、公积坂、萨拉齐、呼和浩特；新疆三葛庄等15条海铁联运班列线，通过海铁联运、场内装箱，将货源腹地向内陆延伸至山西、内蒙古、新疆等地。在海铁联运业务稳定的基础上，成功申报各站点35吨开顶箱运输资质，开展35吨开顶箱块煤集港业务，为全面停止煤炭汽运集港作业打下了坚实基础。

2017年8月15日，首趟满载35吨开顶箱集装箱的煤炭列车从山西抵达京唐港区。这是京唐港区积极贯彻落实环保部大气污染防治的工作部署、转变煤炭集港方式的重要举措，从此煤炭汽运集港作业在京唐港区成为历史。

35吨开顶集装箱是中国铁路总公司专门针对大宗散杂货运输设计制造的特种集装箱。均配备集装箱专用平板车，每车装载两个35吨开顶箱集

① 开顶集装箱（open top container）：也称敞顶集装箱，开顶柜。这种集装箱没有刚性箱顶，但有可折式顶梁支撑的帆布、塑料布或涂塑布制成的顶篷，装运时用防水布覆盖顶部，其水密要求和干货箱一样，可用起重机从箱顶上面装卸货物。适合于装载体积高大的大型物和需吊装的重物。

装箱，整列50车，装载煤炭3200吨，相当于100辆运煤汽车的运量。此种煤炭集港方式，一次运量大、运输速度快、货源腹地广，不仅大大提高了煤炭集港效率，还可有效降低综合物流成本，对环境保护的贡献更是非常明显，具有很好的经济效益和社会效益。

十一、开行京唐港—新疆循环班列

进口的氧化铝由广西装船下水海运至京唐港区上岸后，利用循环班列运输至新疆，回程铝锭由新疆装载至京唐港区的班列，再由京唐港区装船下水海运至广东佛山，多式联运路径全程约1.2万千米，为目前国内多式联运最长线路。京唐港—新疆通道的陆海无缝衔接，改变了原有氧化铝、铝锭直发的运输格局，充分发挥了海铁联运的运输优势，也是唐山港申报的“河北省东部沿海—京津冀—西北通道集装箱海铁公多式联运示范工程”与新疆联宇投资申报的“新疆生产建设兵团丝绸之路国际多式联运示范工程”两个国家级示范工程的合作结晶，此项目已申报交通运输部多式联运示范工程典型案例。

京唐港—新疆绿色通道，可揽取每月8万吨氧化铝进口货量，同时引导等量回程铝锭下水，山西物流公司以该项目为基础，加密京唐—新疆列车班次，进一步开发由新疆回程的块煤、PVC、面包铁、番茄酱等货源，并吸附沿线鄯善、哈密等地区的煤炭货源。同时开发新疆至山西内陆区间运输货源，利用区间货物配送后空箱还至山西朔州、安塘、五寨、大同等站台，装载块煤集港，培育京唐—新疆—山西—京唐大循环班列，助推唐山港京唐港区成为国家“一带一路”倡议的重要陆海节点。

2017年8月26日，满载铝锭的京唐港—新疆循环班列驶入京唐港区，列车自新疆三葛庄车站发出，途经兰新、临哈、京包、张集、丰沙、丰双、京哈、迁曹线集港，横跨乌鲁木齐、呼和浩特、北京、太原四个铁路局，全程3071千米，运行时间105小时。这是由唐山港（山西）物流有限公司携手安通控股、新疆联宇投资、信发铝业三家企业共同开通的“途定快速班列”。

第二十四章
以“三个努力建成”为己任 服务区域经济社会发展

京唐港区，区域经济发展的引擎，唐山经济建设和改革开放的战略支撑，河北沿海地区率先发展的重要增长极，环渤海经济圈的重要节点，在“三个努力建成”中发挥着排头兵的作用。

京唐港区，在逆境中勃发，在勃发中奋进，在奋进中辉煌！

——题记

第一节　唐山现代城市形象的亮丽名片

2009年以来，唐山港京唐港区频频见诸新闻媒体，成为报道的热点，使那个曾经被大地震毁灭的唐山树立起了新的形象，更有不少人怀着各不相同的期许，慕名而至，为这里留下了一道道亮丽的风景。

一、主流媒体好评如潮

新闻媒体对京唐港区的报道不仅频率高，而且内容也非常广泛。2014年1月8日，河北新闻网报道了题为《京唐港区去年集装箱运量位居河北省首位》的消息：

据省港航局统计，2013年全年，京唐港区以57.5万TEU的业绩，占全省集装箱运量134万TEU的42.91%，继续位居河北三港四区集装箱运输之首。过去的一年中，京唐港区按照省、市在全省集装箱运输中先行先试率先发展的总体部署，积极致力拓展内贸航线，稳定开发外贸航线，形成了以京唐港区为中转港的内贸中转格局，通过推动"散改集、杂改集"业务和场站、班列建设，不断延伸码头功能，扩展货源腹地，加大了集装箱生成量，拓展了集装箱发展的新空间。2013年，京唐港区完成集装箱运量57.5万TEU，同比增长63%，创历史新高。

2014年9月18日，河北新闻网报道了题为《京唐港区20万吨级通用散杂码头投入运营》的消息：

9月15日，唐山港京唐港区20万吨级通用散杂货泊位码头迎来首轮靠泊作业，正式投产运营。该码头的建成投产极大地满足了京唐港区原矿、镍矿运量迅速增长需求，并进一步促进了京唐港区功能布局调整，有助于码头、航道产能集中释放，顺应了船舶大型化、专业化趋势，提高了京唐港区码头综合运营水平。

此后，河北新闻网又陆续报道了《京唐港区 36 ～ 40# 煤炭泊位工程通过验收》《京唐港区入选全国首批进境粮食指定口岸》《唐山港京唐港区成河北首个突破百万 TEU 港区》《唐山港京唐港区集装箱开通汕头直航航线》《京唐港区集装箱运量今年超 200 万 TEU》《京唐港抢抓“一带一路”建设机遇转型升级》《唐山港大同内陆港揭牌 内陆港山西框架基本形成》等。

人民网陆续报道了《拥抱信息化 实现智能化——唐山港京唐港区智慧港口建设探访》《唐山港京唐港区 25 万吨级航道工程加紧施工》《京企京唐港建循环经济园区》《唐山港京唐港区集装箱吞吐量突破 100 万 TEU》《京唐港开通直航汕头集装箱航线》《京唐港开启集装箱零担货物拼箱海运新模式》等。

报刊、电视台、电台等各种新闻媒体对京唐港区的报道层出不穷……

环渤海新闻网专稿报道《面朝大海 春暖花开》。从 2018 年 4 月 3 日开始，连续 3 篇从不同的侧面报道了京唐港区。开篇是《转型转出新天地——唐山港京唐港区高质量发展调研之一》，文章写道：

3 月，坐落于唐山港京唐港区的津唐国际集装箱码头有限公司，总经理李文勇站在办公室窗前，眼前，是国际集装箱码头繁忙的作业现场；身后，是一张巨幅地图。“去年，公司开通、加密了日韩航线，今年计划开通泰国曼谷、马来西亚关丹等航线。”李文勇指着地图说，这几年港口集装箱运输业务发展势头强劲，对京唐港区高质量发展起到重要作用。

2017 年，唐山港集团各项经营业绩再创新高。前三季度实现净利润 11.02 亿元，在全国 19 家 A 股上市港口企业中排名第三位，仅次于上海港、宁波港；净资产收益率 7.93%，排名第二位。“成绩是转型带来的。”唐山港集团股份有限公司董事会秘书杨光介绍，京唐港区在提高港口传统装卸仓储服务水平的同时，积极发展物流、集装箱、金融业务板块，转型转出一片新天地。

……

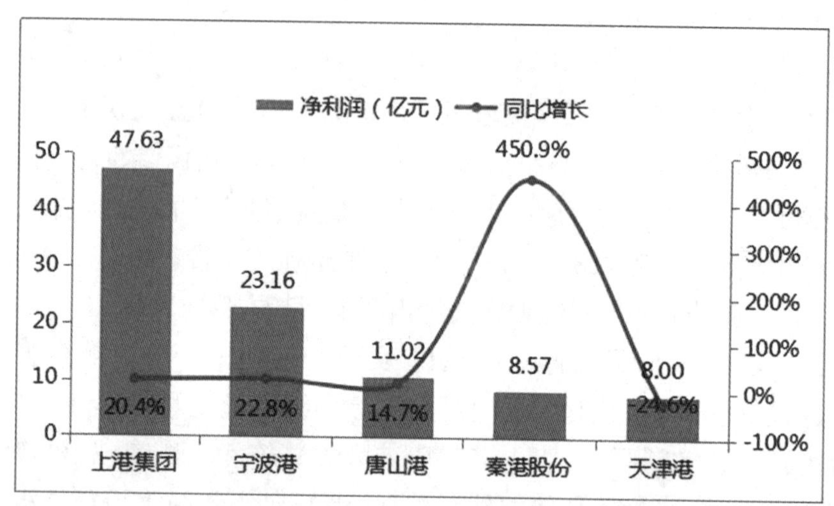

2017 年前三季度 A 股港口上市公司净利润情况

中篇的标题是：《绿色发展出效益——唐山港京唐港区高质量发展调研之二》，文章写道：

新常态下，绿色竞争力已成为衡量一个企业、一个区域竞争力水平的重要组成部分。主导京唐港区建设运营的唐山港集团股份有限公司在践行高质量发展进程中，积极推进绿色港口建设，2015 年被国家交通运输部列入全国首批绿色港口示范工程；2016 年、2017 年，连续两年荣获“交通运输部节能减排示范企业”；2016 年 9 月，代表集团参评的矿石码头公司被中国港口协会授予首批四星级“中国绿色港口”称号，这在全国仅有 9 家。

“绿色发展是高质量发展的核心价值追求之一。集团致力于建设现代化绿色港口，在改善港区环境上加强投入，大力推广绿色能源、绿色装备，产生了良好的社会效益和经济效益。”唐山港集团股份有限公司副总经理张小锐说。

……

下篇标题是《优质服务创品牌——唐山港京唐港区高质量发展调研之三》，文章写道：

“国外有的公司，甚至只接收从京唐港区装船运输的钢材，因为我们装的货质量好、破损率很低。”在唐山港京唐港区采访期间，唐山港集团股份有限公司董事会秘书杨光与记者闲聊时，无意中说了这样一句话。

不就是装船、卸船吗？京唐港区的服务有什么过人之处？没想到通过深入了解，其中别有洞天。

唐山港京唐港区钢材装船作业

文章紧接着用“标准化生产保安全、提质量”“智慧港口提效率、降成本”“好态度赢口碑、树形象”这 3 个实例，论述了京唐港区高质量发展的情况。文章最后写道：

良好的服务，使京唐港区成为很多客户企业的不二之选。公司先后荣获全国五一劳动奖状、中国服务业企业 500 强、河北省交通运输优秀服务品牌、河北省政府质量奖、河北省文明单位等多项殊荣。“优质服务是推动港口高质量发展的内生动力，”杨光说，“公司将以‘客户满意是京唐港人的服务标准’为原则，继续精简业务流程，提高办事效率，提升服务水平，进一步优化营商环境，力争以全方位竞争优势建成沿海港口一流作业公司。”

2018年8月，人民网登载了题为《拥抱信息化 实现智能化——唐山港京唐港区智慧港口建设探访》的文章，文章写道：

唐山港京唐港区集装箱码头岸桥作业

得益于集装箱等业务的不断发展，近年来，唐山港京唐港区所在的唐山港集团利润稳居全国上市港口企业前列。今年上半年，京唐港区集装箱吞吐量超过93万TEU，同比增长14.47%，占全省集装箱吞吐量的一半左右。

集智慧港口、绿色港口、多式联运港口三个交通运输部示范工程于一身，唐山港京唐港区受到颇多关注。近期，多个港口企业、部门代表前来参观学习，就连规模远超京唐港区的天津港代表参观后，都对其建设运营水平赞叹不已。

鲜明的标题，精练的文字，配以大幅照片，画龙点睛，把京唐港区描绘得活灵活现，令人神往！

二、中外宾客纷至沓来

京唐港区的辉煌，不仅在市内、省内屈指可数，而且也是国内外同类港口中的翘楚。人们怀着不尽相同的期待和向往，纷至沓来。

一是慕名而至，参观学习。近10年来，随着京唐港的迅速崛起和蓬勃发展，知名度和美誉度不断提高，逐渐成为享誉八方、驰名中外的明星企业，许多想借鉴其成功经验的中外政界、工商界人士慕名而至，先后来到京唐港参观学习和访问，其中既有一些政府官员，也有不少企业高管。

二是高度关注，考察调研。近些年来，京唐港的发展速度、规模不断加快和扩大，生产经营管理水平、经济实力和市场竞争力大幅度提高，一

些主要生产经营指标位居本地区、本行业的前列，一跃成为举足轻重、对本地乃至海内外经济发展富有影响力、拉动力的龙头企业，因此吸引了国内外各界人士关注的目光，他们相继到京唐港区考察调研，学习借鉴、了解探究其中的经验、做法和奥秘，用以改进和指导本国、本地区、本行业、本部门、本单位的工作。

三是意向客户，寻求合作。近10年来，京唐港建设投资规模越来越大，生产运营形势越来越好，吸引了许多国内外政界、工商界的官员来到颇具发展潜力和光明发展前景的京唐港区寻求业务合作。

四是众望所归，共谋发展。由于京唐港区不断发展壮大，且发展势头强劲，呈现出蓬勃向上的生机和持续发展的活力，特别是这里多年来一直坚持“服务第一、客户至上、诚信为本”的经营方针，连续多年被评为“中国诚信企业”，因此赢得了国内外许多潜在合作者及合作伙伴的充分信赖和大力支持，与京唐港区加强合作、共谋发展成为他们的强烈愿望和积极行动，与京唐港区建立了日益密切、长期友好的合作关系。

第二节　唐山经济社会发展的战略支撑

2009年以来，京唐港区稳健、快速的发展，成为唐山实现沿海与腹地一体化发展的主动力，凸显了它极其重要的战略支撑作用。

一、“三个努力建成”指明唐山发展方向

2016年7月28日，习近平总书记视察唐山时作出重要指示，要求唐山按照“三个努力建成”目标，全面做好改革、发展、稳定各项工作，争取在转变发展方式、调整经济结构、推进供给侧结构性改革等方面走在全省乃至全国前列。牢记嘱托，不忘使命，唐山市瞄准努力建成“东北亚地区经济合作窗口城市、环渤海地区新型工业化基地和首都经济圈重要支点”的目标，砥砺前行，让这座英雄城市再创辉煌。

2013 年“一带一路”倡议的提出，为唐山打造东北亚地区经济合作窗口提供了新的历史机遇。深度参与“一带一路”建设，唐山一步一个脚印：开设内陆港，挺进西北启新元；增设内外贸航线，黄金水道再扬帆；开通中欧班列，通衢欧洲若比邻……几年间，京唐港区陆续建立了华北、西北 15 个内陆港，拥有泊位 41 座，水路通达 70 多个国家（地区）150 多个港口。

唐山，这座拥有 140 年发展史的沿海资源型工业城市，正站在新时代发展的潮头，在习主席亲自提倡的“三个努力建成”目标的指引下，奋力书写着新时代高质量发展的新篇章。

二、京唐港区异军突起成为全市发展标兵

京唐港区多年来一直以做大做强港口为目标，以振兴唐山、促进地方经济发展为己任，在乐亭新区和经济区开发建设过程中砥砺奋进，屡创辉煌。特别是党的十八大以来，以习近平同志为核心的党中央高瞻远瞩，提出创新、协调、绿色、开放、共享的新发展理念，开启“三去一降一补”[①]供给侧结构性改革的新实践，为中国经济标定了前进方向，注入了新的强大动力。

在河北省、唐山市党委和政府的坚强领导下，唐山港集团立足港口改革发展实际，坚持将“五大发展理念”[②]贯穿于港口生产、运营、管理的全过程，把推动港口的深水化、专业化、集装箱化、园区化、生态化作为转型升级的主攻方向，牢牢把握“一带一路”和京津冀协同发展的重大机遇，在转变发展方式、调整经济结构、推进供给侧结构性改革等方面取得了一系列重要成就，港口的开放引领、产业聚集能力实现质的飞跃，管理水平、经营业绩、综合实力位于全国港口前列。

（一）完成重大资产重组　实现整体上市

2015 年 10 月，唐山港集团启动了重大资产重组工作。

为进一步增强在铁矿石、煤炭两大货种上的竞争能力，大幅减少关联交易，增强公司资产和业务的独立性，提高经营业绩，唐山港集团采用发行股份购买资产并募集配套资金的方式进行了重大资产重组。

① 三去一降一补：指去产能、去库存、去杠杆、降成本、补短板。

② 五大发展理念：指创新、协调、绿色、开放、共享。

本次重组主要是公司收购控股股东唐山港口实业集团持有的津航疏浚公司30%股权、唐港铁路公司18.58%股权、曹妃甸实业公司10%股权以及港区6宗土地使用权等。本次重组收购资产的转让价值为21.97亿元，其中11.97亿元以唐山港口实业集团认购公司2.71亿股的方式支付，其余10亿元由公司在资本市场募集资金的方式支付。

重组工作启动后公司领导高度重视，成立专项工作小组，统筹协调，制订详细的重组方案及时间表，根据计划和安排，两公司及中介机构人员定期召开协调会，及时处理各项问题。

2016年上半年，公司两次公布重组预案。4月12日，获得河北省国资委《关于唐山港口实业集团与唐山港集团股份有限公司进行资产重组有关问题的批复》：“同意唐山港口实业集团将持有的津航疏浚公司30%股权、唐港铁路公司18.58%股权、曹妃甸实业公司10%股权及6宗土地和部分固定资产，通过唐山港集团向唐山港口实业集团非公开发行股份和支付部分现金的方式注入唐山港集团；同意唐山港集团进行上述资产重组的同时，向不超过10名特定投资者非公开发行A股股份进行配套融资。”

4月末完成向中国证监会的申报工作。工作小组积极充分准备，加强沟通，与中介机构多次模拟演练，认真准备相关文件及答辩材料。7月25日获得中国证监会上市公司并购重组审核委员会2016年第50次工作会议审核通过；10月12日，中国证监会向公司下发了“证监许可〔2016〕2333号”《关于核准唐山港集团股份有限公司向唐山港口实业集团有限公司发行股份购买资产并募集配套资金的批复》正式核准批文。公司把握市场时机，及时启动路演工作并邀请投资者来公司现场调研，为发行工作的顺利实施奠定了基础。公司结合资本市场形势，选择窗口期适时启动发行，吸引了15家投资者参与了本次发行报价，有效申购资金额27.76亿元，认购倍数为2.78倍，最终以当天市场价格九六折的价格4.16元发行2.4亿股，成功募集配套资金10亿元。本次重组完成后，公司总股本达到45.58亿股。同时，公司及时与登记结算公司及上海交易所沟通联系，完成了股份变更登记及上市申请工作。

2016年12月20日，上海证券交易所发布了《唐山港集团股份有限公司关于发行股份及支付现金购买资产并募集配套资金暨关联交易之发行结果暨股份变动的公告》，标志着唐山港集团资产重组工作圆满收官，实现

了整体上市。

（二）致力于加强资源统筹　港口运量再上新台阶

坚持集团化、体系化的管控模式，实现生产指挥的高度统筹。整合人力资源、业务市场、技术信息、泊位库场等各类资源，把握货物集疏、船舶进出、人机保障、计划安全等关键环节，不断提升全要素生产率，港口货物吞吐量连年实现大幅上扬。

2016年，全港货物吞吐量完成2.71亿吨，是2012年的1.6倍，位居河北港口第一位、全国沿海港口第九位；集装箱运量突破150万TEU，占河北省总量的一半，连年保持30%以上的高速增长，增幅位列全球第二、全国第一，跻身世界集装箱百强港口，展现出引领河北港口转型升级的宏大气势。

（三）致力于延伸产业链　经营业绩实现新跨越

围绕港口装卸、集装箱、物流、金融“四大板块”协调发展，不断拓展业务腹地，构建全程服务的综合物流体，港口货源得到持续、稳定增长。运输货种涵盖煤炭、矿石、钢铁、水泥、粮食、机械设备、集装箱、液化品等10多大类100多个品种，腹地覆盖京津冀以及华北、西北广大地区。

以构建开放型经济新体制为重点，不断推进港口物流产业向中高端迈进。京唐港区保税物流中心（B型）通过验收，全面提升了京唐港的含金量和外贸便利化水平。京唐港区的整车进口口岸资质获国务院正式批准，改写了河北省进口汽车从外地口岸通关的历史。成功获批郑州商品交易所指定甲醇交割仓库，成为北方沿海港口唯一一家甲醇交割仓库。在北京、香港成立平台公司，实现了国际贸易的良好开局。

2016年，在全国17家A股上市港口企业中，唐山港集团实现利润总额16.8亿元，排名第四位；实现净利润13.5亿元，排名第三位，仅次于上海港、宁波港；净资产达148.6亿元，排名第五位，是2012年末的2倍；净资产收益率为12.16%，排名第一位。唐山港集团入选上交所优秀公司治理板块，连续5年获评“中国服务业500强”。

（四）致力于集装箱发展　港口国际化迈出新步伐

坚持将集装箱运输作为融入国际价值链和产业链的切入点，统筹推进集装箱基础设施和集疏运网络建设，加密集装箱内外贸航线布置，积极开辟集装箱新航线和外贸支线，开通内外贸集装箱航线30条，形成了以环渤海内外贸易中转和直达华东、华南主要港口为基础，以直达日韩航线为拓展的集装箱海向运输布局，同时开通至山西、内蒙古等地的集装箱班列线 14 条，构建了东出西联、南北贯通、陆海铁联动的集装箱联运网络和“一带一路”大通道。在陆向布局上，以“东部沿海—京津冀—西北”集装箱多式联运项目成功入选国家首批示范工程为契机，大力实施西北战略，不断扩大港口“朋友圈”。在津冀港口群的合作上，同天津港合资组建津唐国际集装箱码头有限公司，连线天津港欧美干线，实现远洋便捷运输，整合两港集装箱软硬件资源持续做大做强，不仅为河北港口集装箱的发展注入了强大活力，更为京津冀产业合作提供了可供参考复制的样本。在承载能力上，建成了河北省首个大型专业集装箱码头，拥有集装箱泊位 4 个。“十三五”期间，将再打造 4 个全自动集装箱码头。届时，第三港池将全面实现集装箱化，年通过能力将达到 500 万 TEU。

（五）致力于创新驱动　转型升级取得新进展

坚持“顶层设计 + 全员参与经营管理”，变“要我创新”为“我要创新”，大力引导职工在管理制度、作业流程、技术工艺上提建议、做文章。创新，已经成为引领京唐港区发展的第一动力。

坚持将智慧港口建设作为提升港口核心竞争力的长期战略，保持信息技术在港口应用的高度敏感，全力推进生产指挥统筹化、港口装卸智能化、物流服务电商化、口岸通关一体化，推动港口发展的质量变革、效率变革、动力变革。坚持绿色发展新方式。2015 年，唐山港集团获批交通运输部全国绿色示范港口项目。2017 年，包括码头岸电、地源热泵、变频技术应用、信息化等 24 个重点支撑项目经过近 3 年的建设，4 套高压岸电设备、15 套低压岸电设备完成安装调试，成功与靠港船舶对接供电。积极落实大气污染综合治理各项举措，2016 至 2017 年两年间，唐山港集团连续荣获“全国交通运输节能减排示范企业”称号。

（六）致力于港口建设　承载能力实现新突破

港口项目建设坚持精准对接市场需求，着眼长远发展，不摆花架、不练虚功，真正做到了港口项目谋划一批，储备一批，建设一批，港口功能、承载能力实现质的飞跃，在我国港口布局中的战略地位不断提升。

经过多年发展，京唐港区规划面积达到 90 平方千米，已建成 1.5

万～25万吨级泊位44座，形成了集装箱、液体散货、干散货、杂货、综合物流区等五大功能区，成为环渤海地区重要的综合交通运输枢纽和现代物流基地。

（七）致力于企业管理　内控体系实现新提升

全面引入国际质量、安全、环境、能源管理体系和卓越绩效模式，结合公司集团化管理实际，建立了以绩效考核为手段、以全面预算为主线、以安全质量为保障、以风险控制为制衡、以信息化为工具的五大管理体系，经过不断的实践检验和改进提升，现代企业制度日臻完善，靠制度管人、按流程办事已经深入人心，使公司管理从规范化走向了精细化、信息化、国际化，实现了企业管理质的飞跃。公司先后荣获“河北省政府质量奖”“全国实施卓越绩效模式先进企业”称号。

（八）致力于攻坚突破　拓展海陆联运网络

2018年4月26日12时08分，伴随着一阵响亮的汽笛声，满载着集装箱货柜的列车从京唐港区驶出，前往比利时安特卫普，这是首列从京唐港区发出的中欧班列，标志着唐山沟通世界的国际铁路物流大通道由此打通。

港口是唐山的核心战略资源和最大的竞争优势，也是唐山扩大开放、动能转换，实现由大到强战略性转变的根本依托。为此，唐山港集团举全港之力，同时从陆向和海向攻坚突破，全方位推进港口的开放合作。在海向航线布局上，开通内外贸集装箱航线33条，实现了对国内沿海主要港口、韩国釜山港、日本关东和关西港7个基本港的高密度全覆盖。通过京唐港区与天津港的合作，两港的外贸内支线可将京唐港的货物中转至世界各地。在陆向联运网络上，抢抓“一带一路”建设机遇，全国首批示范工程——唐山港集团“东部沿海—京津冀—西北”集装箱

2018年8月21日，唐山港乌鲁木齐（中铁联集）内陆港揭牌

海铁公多式联运项目有力拓展。在山西（晋中、忻州、朔州、大同等地）设立5座内陆港，内蒙古（鄂尔多斯、乌海、呼和浩特、萨拉齐、巴彦淖尔等地）设立5座内陆港，新疆（乌鲁木齐、哈密、奎屯等地）设立4座内陆港，2018年12月26日在北京平谷又设立了1座内陆港。开通连接西北地区海铁联运班列15条，中、日、韩、蒙集装箱海铁联运国际班列稳定运营。

发展实力不断壮大、规模档次不断提升，京唐港区逐步成为河北省综合实力最强、最具发展活力的港口，成为被交通运输部命名的“国家重点港区”，唐山港集团成为全国交通百强企业、全国最具成长性企业和本地区龙头企业。

京唐港区的崛起促进了唐山湾经济区的建设和发展，顺利实现了点带结合、整体联动的区域发展目标，凸显了京唐港区在其中所发挥的重要战略支撑作用。京唐港区为“四点一带”经济区繁荣发展所做出的重大贡献得到了主管部门及各级领导的充分肯定和高度评价，分别被评为“建设国家级经济开发区”骨干企业和振兴唐山先进单位，荣立“建设国家级经济开发区”集体二等功。

第三节　唐山国资企业发展的管理镜鉴

京唐港区作为唐山改革开放的战略支撑点之一，他们所创造的诸多经验为其他国资企业前行发展，提供了借鉴；用骄人的成就，书写了担当。他们的一项项荣誉，是冲锋在前的嘹亮号角。

一、经验的引领带动作用

2009年以来，京唐港区以建设综合型国际化大港为目标，面对国内外错综复杂的形势，不断调整发展思路，始终沿着一条正确的方向奋勇前进，并取得了骄人的成就。他们的经验从多方面给人以启迪。

一是发展定位科学准确。在规划选址上，京唐港区水深岸陡，不淤不冻，港口后方有大面积国有滩涂，不占农田，无须拆迁，适合临港产业聚集；在项目建设上，精准对接市场需求和转型方向，科学把控投资节奏，稳步提升泊位、航道规模和功能，做到了谋划一批，储备一批，建设一批。分别完成和启动实施了一批兴港立港的大项目——河北省第一个大型专业集装箱码头、国内功能最齐全的专业煤炭码头、专业矿石码头、20万吨级和25万吨级航道，港口规模、档次实现质的飞跃，在国内港口布局中的战略地位不断提升；在发展战略上，始终坚持综合型国际化大港目标，明确深水化、专业化、集装箱化、园区化、生态化的发展方向，大力推进港口装卸、集装箱、物流、贸易金融“四大板块”协调发展，以此为引领，港口各项工作朝着既定目标快速推进。

二是体制创新卓有成效。推行创新驱动战略。在全港区资源统筹上，京唐港区逐步形成了区别于其他港口的管理体制和运行机制，实现了统一规划建设、统一运营管理、统一调度指挥。并实行分工负责制，唐山港口实业集团负责港口规划、项目谋划、发展战略等重大问题，承担京唐港区航道、防波堤等公用基础设施建设管理职能，确保港口“生命线”工程集

唐山港京唐港区专业煤炭码头

约高效利用，充分发挥项目孵化器作用，并作为控股股东与上市公司进行良性互动，实现了全港资源统筹优化。唐山港集团负责港口生产运营管理和业务拓展。京唐港区设计通过能力 1.72 亿吨，但实际吞吐量已超过 3 亿吨，最大程度释放了港口潜能；在用工体制改革上，集团在全国港口率先推行服务外包的“协力制”，吸引 10 亿元社会资本注入港口生产，并承接港内短途倒运、堆场装卸等功能，既增加了社会就业，又降低了企业负担。集团拥有职工 3500 人，职工人数仅为同等规模港口的 1/4；在对接资本市场上，唐山港集团 2010 年在上海证券交易所主板上市，开河北港口上市先河。上市以来，港口发展走上了快车道，公司连年入选上交所优秀公司治理板块，连续获评中国服务业 500 强之一。资本市场对公司基本面高度认可，已完成 4 次直接融资，共计 60 亿元，后续股权融资能力在 40 亿元以上。多家银行对集团的信用评级均为“AAA”最高等级，授信额度在 60 亿元以上。上市的成功，不仅满足了港口建设资金需求，而且整合了各类资源，极大提升了京唐港区的市场竞争力和行业话语权，提高了港口的发展速度和运行质量。

三是内生动力不断增强。集团逐步建立健全了现代企业制度，引入了国际标准化质量管理体系卓越绩效管理模式，完善了安全、质量、绩效、预算、信息化五大管理体系，把企业纳入标准化、精细化的经营管理轨道，成为唐山市国资系统中管理最规范、经营业绩最好的企业。集团坚持以服务客户为主线，秉承“以现场保市场，以市场促现场，客户利益最大化”的服务理念，通过加强质量信得过班组和星级现场建设，打造质量和服务的特色品牌，赢得诚信良港、效率快港、平安福港的美誉。集团推行“顶层设计＋全员参与经营管理”的模式，引导和激励职工在作业流程、技术工艺上提建议、勇创新，诞生了 630 余项新工艺、新发明，取得国家实用新型专利 63 项、发明专利

唐山港口实业集团与中交一航院等单位共同研究开发的“深水板桩码头新结构成套技术”获中国水运建设行业协会 2011 年度特等奖

6项、软件著作权16项，4项创新成果获中国港口协会技术发明奖。这些发明创造全部实现了成果转化，促进了集团生产运营又好又快地发展。

四是党建工作凝心聚力。始终把坚持党的领导、加强党的建设作为公司的“根”与“魂”，自觉将“四个意识”落实到思想行动上，朝着市委、市政府指引的方向扎实前进；始终坚持将企业文化寓于党建之中，全港干部职工把“艰苦奋斗、自强不息、事事求好、敢为人先”的企业文化融入血脉，以强烈的忧患意识、责任意识，在竞争中求生存、求发展，使京唐港区从无到有、由弱变强，创造了中国港口发展史上的奇迹；始终坚持一切依靠职工、一切为了职工，为职工发展搭建广阔平台，努力改善职工生产、生活条件。长期以来，公司保持了风清气正的政治生态，全港干部职工保持了和谐稳定、昂扬向上的精神风貌。

二、榜样的模范带动作用

一是坚持诚信为本。2009年12月25日，唐山港集团被中国诚信企业评审委员会评定为“2009年度中国诚信企业”称号，此后又多次获此殊荣。

多年来，唐山港集团在港口发展过程中注重诚信建设，牢固树立诚信经营理念，持续打造“诚信良港”，在社会和业内均树立了良好的信誉和形象。集团在经济活动中以诚信立港，把客户满意作为服务标准，坚持客户价值最大化理念，不断拓展业务范围、提高服务档次，不断提升装卸效率和货运质量，各项服务指标在同类港口中均处领先水平，为客户创造了实实在在的利益。集团坚持做优秀企业公民，努力实现国有资产保值增值，为国家多创收、多缴税，在唐山地区企业中名列前茅。此外，集团积极承担社会责任，有效发挥“北煤南运”重要通道作用，全力支持迎峰度夏电煤抢运及上海世博会能源供应，还通过援建、对口帮扶、募捐等形式参与地方城市建设、生态文明村建设以及国内多处的地震灾区灾后重建。集团社会影响力和美誉度不断攀升，在诚信建设领域赢得了诸多桂冠，近年来荣获了“中国百佳诚信企业”“中国物流最具诚信经营港口”“中国重点商业流通服务企业”“中国诚信企业”等多个称号，在银行和税务系统均保持多个A级以上信誉度。

二是坚持安全第一。2010年1月，河北省水运工程质量安全监督局授予唐山港集团“2009年水运工程质量安全管理先进单位”荣誉称号。2011年3月，唐山港口实业集团荣获唐山市国资委授予的“安全生产先进单位”称号。4月，唐山港集团被河北省安委办授予“2010年度河北省安全生产管理先进单位”荣誉称号。2013年4月，唐山港集团、唐山港口实业集团分别被评为2012年度唐山市国资委安全生产优秀单位和优良单位。安全的港口让客户放心托付，彰显了京唐港区的责任担当，也增进了客户市场的高度信赖，成为推动港口跨越发展的重要支柱。

三是坚持艰苦创业。2010年4月28日，唐山市庆祝“五一”国际劳动节暨劳动模范和先进集体表彰大会在唐山燕山影剧院隆重召开。唐山港口实业集团、唐山港集团双双荣获“2008—2009年振兴唐山先进单位”荣誉称号。

2011年1月16日，由中国企业联合会、企业家协会举办的“2010年度中国企业十大新闻暨最具影响力企业、最受关注企业家和最具成长性企业揭晓盛典暨第八届中国企业发展论坛”在北京人民大会堂隆重举行。唐山港集团荣获2010年度“中国最具成长性企业”称号，这是集团继2005年度之后，再度获此殊荣。唐山港集团是本次大会表彰的唯一一家港口企业，表明该港在全国的知名度、美誉度进一步提升，在企业界的影响力进一步增强。全国优秀企业代表和企业家约300人参加了会议。这次论坛和颁奖活动引起新闻界的广泛关注，《人民日报》、新华社、中央电视台、中央人民广播电台、《经济日报》、《光明日报》等多家国内媒体都进行了宣传报道。

唐山港集团以科学发展观为指导，以服务腹地经济发展为己任，凭借优越的区位优势，着力增强内生动力，提升创新能力，打造服务品牌，仅仅20年时间就走过了其他港口几十年甚至上百年走过的历程，在国家能源战略中的位置日渐突出，港口规模和等级实现了质的飞跃。唐山港集团以卓越的发展业绩受到企业界和港口界的广泛关注，成为渤海湾沿岸的一颗璀璨新星。

2013年，唐山港集团荣获“建设国家级经济开发区”骨干企业称号；唐山港口实业集团荣立“建设国家级经济开发区”集体二等功。2014年，唐山港口实业集团、唐山港集团双双获得“2012—2013年度振兴唐山先进单位”荣誉称号。

四是坚持和谐发展。2011 年 7 月，在中国领导科学研究会、中国合作贸易企业协会、中国企业党建研究中心以及企业党建参考报社共同组织的“建党 90 周年全国企业党建创新论坛暨全国企业党建工作先进单位和全国企业优秀党委书记”的评选活动中，唐山港集团获得“建党 90 周年全国企业党建工作先进单位”荣誉称号，党委书记赵治川荣膺“国有企业优秀党委书记”称号。

2011 年 8 月 15 日至 16 日，全国构建和谐劳动关系先进表彰暨经验交流会在首都人民大会堂隆重召开。党和国家领导人习近平、王兆国、刘云山、张德江等出席会议。会上，人力资源和社会保障部、中华全国总工会、中国企业联合会、中华全国工商业联合会联合对来自全国的 357 家企业进行了表彰，唐山港集团名列其中，被授予“全国模范劳动关系和谐企业”荣誉称号。

唐山港集团一贯非常重视企业和谐劳动关系的创建。多年来，按照中央关于构建和谐劳动关系的要求，坚持“以人为本、发展企业、成就员工”的宗旨使命理念，以集体协商、民主管理为基础，以协调利益关系为核心，以规范的民主程序为保障，注重企业文化建设，注重职工工作、生活条件的改善，积极开展困难职工帮扶活动，自觉履行社会责任，企业和谐劳动关系创建工作成效显著，受到了广大职工的充分信赖和衷心拥护，得到了上级部门的肯定。集团先后荣获全国及省市“模范职工之家”“唐山市职代会星级单位”“唐山市创建科学发展示范工会”等多项荣誉称号。

2011 年 8 月 16 日，唐山港集团被人力资源和社会保障部、中华全国总工会、中国企业联合会、中华全国工商业联合会联合授予“全国模范劳动关系和谐企业”荣誉称号

第四节 促动海港开发区经济加速聚集

崛起的京唐港区对唐山海港经济开发区经济发展的拉动作用是多方面的，不仅创造了财富，更带动了辖区方方面面的发展变化，其综合效益显而易见！

海港开发区规划面积432.4平方千米。经过20多年的开发建设，海港开发区基础设施日臻完善，临港产业不断聚集，经济实力显著提升。

海港经济开发区交通便捷。唐港铁路、迁曹铁路纵贯南北，与国铁干线京山线、京秦线接轨。唐港高速公路、沿海高速公路、平青大公路、沿海公路直达开发区滨海大道，区内道路四通八达，城区路网贯通全区。兴建了文化中心、海韵广场、湖林新河生态公园等一批地标性建筑和恒通花园、盛世景苑等现代化住宅小区。建有完善的污水处理、供气、供水等配

美丽的唐山海港经济开发区一角

套基础设施，具备了较强的城市综合承载能力。发达的交通条件，完善的基础设施，使这一区域具备了承接京津和东北亚经济区辐射，面向海洋、走向世界的现代经济发展条件。随着天津至秦皇岛、北京至唐山曹妃甸城际高速铁路的建设开通，唐山海港经济开发区将进一步融入北京、天津、唐山半小时城市经济圈，为临港产业发展创造了有利条件、奠定了良好的基础。

海港开发区依托港口优势，加速与临港产业对接，引导产业向临港大量聚集，一些临港的支柱产业项目及配套项目纷纷落地。大唐王滩发电厂1#、2# 机组正式并网发电，年产 100 万吨焦炭的唐山佳华煤化工一二期工程、年产 60 万吨热镀锌板的唐山恒通集团涂镀板项目、年产 25 万吨甲醇的开滦煤化工项目、投资 4.9 亿元的煤焦油深加工项目先后竣工投产，液体化工中转站、液体化工仓储、通用化工、聚甲醛、己二酸、冷轧薄板、镀锌彩板、超薄不锈钢、水泥设备制造、麦迪逊建材、大型建材物流中心、玉米和稻谷深加工等重点项目及配套项目工程即将完工或完工大半。精品钢材生产基地、装备制造产业基地、煤化工产业基地、重化工业基地、生产性物流基地、汽车物流华北基地、废钢仓储加工基地逐步建成。

此外以港口为依托，推进规划、推动完成了六大产业园区开发建设。一是推进了临港物流产业园区开发建设，扎实推进中储粮物流、长久汽车物流二期、澳洲进口活牛屠宰加工及冷链物流、仁建集团新型集装箱制造物流项目以及中青旅集团物流园、安通控股多式联运智能物流园、铁路物流园和冷链物流中心建设，进一步提升港口物流产业园区发展水平，把京唐港区逐步建成中国北方生产性物流基地。二是推进了高新技术产业园区开发建设，大力发展生物制药、电子信息、现代轻工等高新技术产业，打造了战略新兴产业集群。三是推进了文化产业园区开发建设，在湖林新河西侧规划建设文化产业带，培育壮大特色文化产业，打造了湖林新河休闲文化品牌，创建了生态宜居滨海新城和国家级休闲度假区。四是推进了特色农业产业园区开发建设，创建万亩水稻市级园区，推进万亩葡萄园区设施棚室建设，不断壮大果蔬种植、皮毛养殖等特色优势产业，培育形成了具有冀东特色的农业产业园区。五是推进了装备制造产业园区开发建设，推进雨田机械制造等项目建设，建成了装备制造产业园区。六是推进了煤化工产业园区开发建设。

坐落在唐山港经济开发区的大唐王滩发电厂

2016年是"十三五"开局之年，也是海港开发区深化改革的攻坚之年，各项工作取得了新进展。全年实现地区生产总值130.3亿元，同比增长8.5%；主营业务收入完成1656亿元，增长20%；规模以上工业企业完成增加值42.4亿元，增长11.3%；全社会固定资产投资完成177.29亿元，增长18.2%；公共财政预算收入9.69亿元，增长5%；出口创汇1899万美元，增长129%。全年有35个开工项目，其中亿元以上项目13个，5亿元以上项目2个。全年实施战略性新兴产业项目11个，认定河北省科技型中小企业25家，科技招商成果转化项目7项，其中引进产业化项目3项、共性关键技术2项，科技服务机构2家。新登记各类市场主体1328家，增长29.03%；新增企业355家，增长24.48%，全区市场主体达5485家，注册企业达1749家。成功获批河北省开发区发展综合示范试点，连续两年获得省财政补助6000万元。

2018年，唐山海港开发区坚持以习近平新时代中国特色社会主义思想为指导，全面对标对表党的十九大战略部署，认真落实习近平总书记"三个努力建成"重要指示和省委"两个率先"目标要求，牢牢把握京津冀协同发展、"一带一路"等重大机遇，充分发挥自身优势，砥砺前行，扎实推动高质量发展。

充分依托港口优势，以煤化工、现代物流、装备制造、节能环保、新能源、新材料等行业为主攻方向，招商引资成效显著。投资 100 亿元的京津冀“一带一路”智慧物流产业城、投资 300 亿元的洪泰智造社区、投资 20 亿元的安通国际多式联运智能物流园等 33 个项目顺利签约，涉及总投资 530.9 亿元。

认真落实港产城融合发展理念，把重点项目建设作为推进“一港双城”（城镇化）建设的主战场，确定重点项目 70 个。以城市建设规划为指导，按照适度超前、功能完善、配套协调、高效可靠的要求加快推进基础设施建设，进一步完善招商项目水、电、路、讯、土方等配套设施，服务保障能力不断提升。

海港开发区主动融入京津冀协同发展大势，围绕全市整体规划要求，结合开发区产业发展实际，明确自身发展定位，瞄准行业领军企业，加快构建支撑高质量发展的现代产业体系。一是围绕省级煤化工特色产业基地，引进世界前沿技术，延长产业链条，发展精细化工产业。二是围绕船舶修造、海洋工程装备、港口机械、工程机械、节能环保等重点产业，打造洁净能源和新装备产业基地。三是围绕放大港口沿海优势，以省级物流产业聚集区为依托，加快建设安通国际多式联运智慧物流园、远成京津冀“一带一路”智慧物流产业城等项目，打造国家级生产性物流基地。四是围绕打造港产城融合体，谋划以大清河为核心、包含中东欧产业园部分区域在内的京津研发成果转化基地。

唐山海港开发区从昔日的一片盐碱滩涂，发展成为一个以现代港口、临港工业、商贸流通为特色，以开放型经济为主体，功能完善、环境优美的现代海滨城市，已经成为河北沿海地区率先发展的重要增长极。

第二十五章
走向未来的国际化大港

十年，砥砺奋进，风雨兼程，京唐港人一路走来，在中国港口发展史上留下了自己闪光的足迹。

如今，大港通四海，泊得天下船。“北方大港”从渤海湾出发，昂首迈向世界，开启高质量发展新征程。

——题记

第一节　十年发展　铸就辉煌

十年发展路，一步一层楼 。本卷《港史》从2009年起始，到2018年，共计十年。十年，有三个关键节点，清晰地彰显了唐山港京唐港区奋斗的历程和创造的辉煌。其一，“十一五”收官之年（2010年）。其二，“十二五”告捷之年（2015年）。其三，“十三五”关键之年（2018年）。每一个节点，京唐港人谈起来都如数家珍。总结走过的艰辛，盘点耀眼的成就，在欢呼中继续奋进。十年光阴，砥砺前行，创造了京唐港速度，成为业内的佼佼者，令世人瞩目！

节点一　“十一五”收官之年（2010年）抢抓机遇　应对危机　建港与运营协调跨越发展

2009—2010年，是本卷《港史》开篇的头两年。在这段时间里，唐山港京唐港区广大干部职工以科学发展观为指导，以人为本，抢抓机遇，统筹规划，加强管理，在国际金融危机冲击、环境极其复杂、挑战异常严峻的情况下，同心同德，同舟共济，推动港口工作实现了一系列重大突破。

一、实现亿吨港口目标

2009年，唐山港集团抓本源、拓市场，港口货物吞吐量持续高幅增长，在经济危机的背景下，一举突破亿吨大关，位居全国沿海港口第十五位，其中，焦煤进口量位居全国第一，钢铁发运量位居全国第三，煤炭发送量位居我国北方“北煤南运”七港第四，矿石接卸量位居全国第九。

2010年，全港区完成货物吞吐量1.18亿吨，其中，公司自营泊位完成7580万吨。“十一五”期间，港口货物吞吐量年均增幅达23.1%。货种结构不断完善，涉及十几大类上百个品种。京唐港人用十几年的时间，走完了其他兄弟港口几十年甚至上百年的历程，京唐港区已经成为我国战略层面的重要口岸。

二、港口建设突飞猛进

（一）港口建设再掀高潮

2009 年，争取国家各部委支持，首钢矿石码头从通用泊位向专业泊位转变，专业矿石码头、26 ～ 27# 专业化集装箱泊位、20 万吨级航道等项目前期工作取得重大进展。

港口建设再掀高潮，完成建港投资 11.62 亿元，其中，10 万吨级航道经过精心组织，当年开工，当年交工，比计划工期提前了 5 个多月，创下京唐港区建港史上又一个新纪录。专业矿石码头挡沙堤、疏浚工程全面开工，累计完成投资 6.05 亿元。20 ～ 22# 泊位已交付使用，为港区增加 560 万吨生产能力，为集装箱发展创造了必备条件。

（二）"立港项目"支持跨越发展

2010 年，公司抢抓国家投资拉动、扩大内需的机遇，未雨绸缪，积极启动 20 万吨级专业矿石码头和 20 万吨级航道"立港项目"，为港口运营生产实现快速发展奠定了坚实基础。20 万吨级航道项目获得省发改委批准，并获得交通运输部 2.286 亿元建设资金补助。20 万吨级矿石码头项目获得国家发改委核准。

"十一五"期间（2006—2010 年），唐山港集团累计完成建港投资 81 亿元，是过去 16 年总和（28 亿元）的 2.9 倍。新建码头 13 座，新增岸线 3200 米，港口综合通过能力从 2005 年的 3028 万吨增长到 7368 万吨，增长 143%。启动了 25 万吨级矿石码头建设，2010 年下半年投产。建成 10 万吨级航道，20 万吨级航道投产在即。实现了港区的西扩、东延，港区规划总面积从 2005 年的 32 平方千米，扩展到 88 平方千米，增加了 57%，其中水域面积从 12.8 平方千米增加到 23 平方千米，陆域面积从 43.3 平方千米增加到 65 平方千米，同时规划了第六港池，为港口的下一步发展留足了空间。

三、经济效益显著提升

2009年，唐山港集团实现利润总额3.18亿元，同比增长70%。实现净利润2.36亿元，同比增长59%。上交税金1.41亿元。到2010年年底，公司总资产达到53.8亿元，收入25亿元，实现利润总额5亿元，分别是2005年（总资产15.72亿元、收入6.51亿、利润2.16亿元）的3.42倍、3.84倍、2.31倍。另据中国港口协会统计，2009年前9个月，公司收入利润率、净资产收益率均位居国内规模以上港口前列。公司已成为赢利能力强、管理更科学的大型港口集团，被评为中国交通百强企业。

四、港口上市重大突破

唐山港集团矢志不渝，挑战自我，上市工作捷报频传。2009年6月30日向中国证监会正式提出申请报告，2010年3月通过中国证监会预审，4月19日通过发行审核委员会审核，准予上市，2010年7月5日，唐山港股份在上海证交所成功上市，成为全国第十四家港口上市公司，开河北省港口企业上市的先河，打开了全省港口建设发展通往资本市场之门。这是京唐港区发展进程中具有里程碑意义的重大事件，为下一步发展搭建了良好的融资平台，增添了前所未有的强大后劲。

五、职工队伍发展壮大

公司人员结构和人力资源得到优化配置。职工总数从2005年的1247人，发展到2010年的2305人；职工平均年龄从35岁降低到31岁。大专以上学历人员1573名，占公司总人数比例，从2005年的39%提高到2010年的68%；本科以上学历人员649名（2005年163人），占公司总人数比例从2005年的13%提高到2010年的28%。公司先后涌现出了全国劳动模范、全国五一劳动奖章获得者，省、市劳动模范、先进工作者、优秀企业家等一大批先进模范人物。

六、职工待遇不断提高

全体职工共享发展成果。平均工资从2005年的月人均1956元，增长到2010年的4900元；2010年，公司为职工缴纳各类保险、住房公积金、企业年金等“五险两金”4500多万元，是2005年（950万元）的4.74倍；并推行了免费就餐和免费发放职业装、洗衣卡等制度，2010年就餐支出510多万元，职业装和洗衣卡支出200多万元；新建职工公寓2万多平方米，组织商品房集体采购近1000套，职工生活不断改善。

七、科学发展唐山典范

唐山港集团注重发展质量，积极推动港口结构调整和发展方式转变，码头功能加快升级、主要货种争先进位。2010年，进口焦煤位居沿海港口第一位，钢铁发运量排名第三位，煤炭下水量在国内北煤南运“北方七港”中排名第四位，进口铁矿石居沿海港口第九位。港口综合发展特征显著，在国家能源、重点物资运输中发挥着重要作用。

绿色港口模式建设取得重要进展。积极走资源消耗低、环境污染小、增长方式优的可持续发展之路，在省内首先发起绿色港口模式创建，并被列入唐山市60个科学发展示范模式之一。推动绿色港口建设，明显改善了港口环境，并荣获唐山市科学发展模式试验示范工作优秀单位称号。

现代企业制度进一步完善。积极推动制度建设，注重细节，狠抓基础，向创新要发展，向管理要效益。法人治理结构健全，运行高效规范，港口管理全面加强。2010年，公司总资产已达98亿元，比2006年增长了1倍。长期股权投资24亿元，是2006年的3倍，公司经济实力显著增强。

公司战略定位显著加强。积极投身唐山科学发展示范区建设，践行“建设大港、服务社会”的宗旨，充分发挥了排头兵作用，市委、市政府赋予公司“唐山港口的建设平台、运营平台、融资平台”的战略定位，港口优先的思想意识在乐亭新区建设中得到强化，港口规划实现扩展，增加规划面积32平方千米，发展空间进一步扩大。

奋斗、拼搏，党政工团齐抓共管，干部职工综合素质显著提升，形成了风清、气正、劲足，人人谋事、人人干事、人人干成事的良好工作氛围。京唐港区快速崛起，改变了唐山乃至河北、北京等周边地区的运输格局和发展环境，更使乐亭新区成为投资热点。唐山港集团开放带动、窗口示范、优化环境等不可替代的重大作用日益凸显。先后荣获了全国五一劳动奖状、全国模范职工之家、全国青年文明号、全国电煤运输先进单位等多项荣誉称号，社会影响力和美誉度与日俱增。

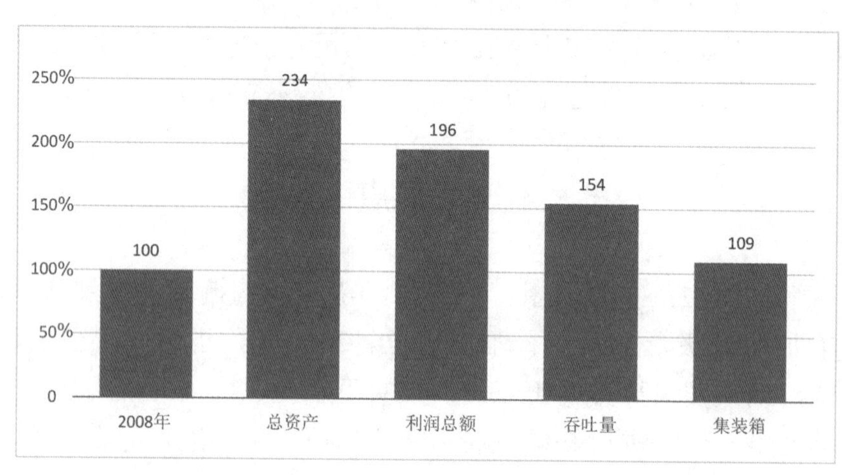

10年发展节点一（2010年）四项指标增长（%）示意图

节点二 “十二五”告捷之年（2015年）
规模迅速扩张 效益持续提升 转型升级稳步推进

“十二五”时期，唐山港集团坚定建设综合型国际化大港的奋斗目标，以人为本，创新驱动，适应新常态，把握新机遇，展示新作为，在环境极其复杂、挑战异常严峻的情况下，干部职工同心同德，同舟共济，推动港口工作稳步向前发展，成绩可圈可点，充满了创业的艰辛，蕴含了奋斗的荣光。

一、港口运量跨越增长

5年来，唐山港集团始终把国际金融危机的冲击作为发展背景，研究新常态，抢抓新机遇，强化新举措，迎难而上，创新发展，加强港口品牌建设，加快发展港口物流，稳步推进港口金融业务，与客户建立战略伙伴关系，特别是新业务、新技术的扩展、应用，显著增进了客户信任，众多举措形成合力，保持生产运营高位稳定运行，港口发展充满活力。

“十二五”时期，货物吞吐量快速增长，跻身 2 亿吨大港俱乐部，特别是 2015 年，全港区完成货物吞吐量 2.33 亿吨，比 2010 年翻了一番，位居全国沿海港口第十三位。其中，焦煤进口量位居全国第一位，煤炭发送量位居我国北方“北煤南运”七港第三位，钢铁发运量位居全国第四位，矿石接卸量位居全国第五位。集装箱运输取得历史性突破，2015 年完成 111.7 万 TEU，占河北港口集装箱总运量的 44.2%，成为全省首个突破百万 TEU 的港区。

二、综合实力明显增强

（一）港口项目建设突飞猛进

5 年来，先后投资 150 亿元，建设了一批决定港口生死存亡的立港项目，到 2015 年年底，唐山港集团总资产达到 170 亿元，净资产 103 亿元，分别是 2010 年的 3.28 倍和 2.95 倍。围绕建设综合型国际化大港目标不动

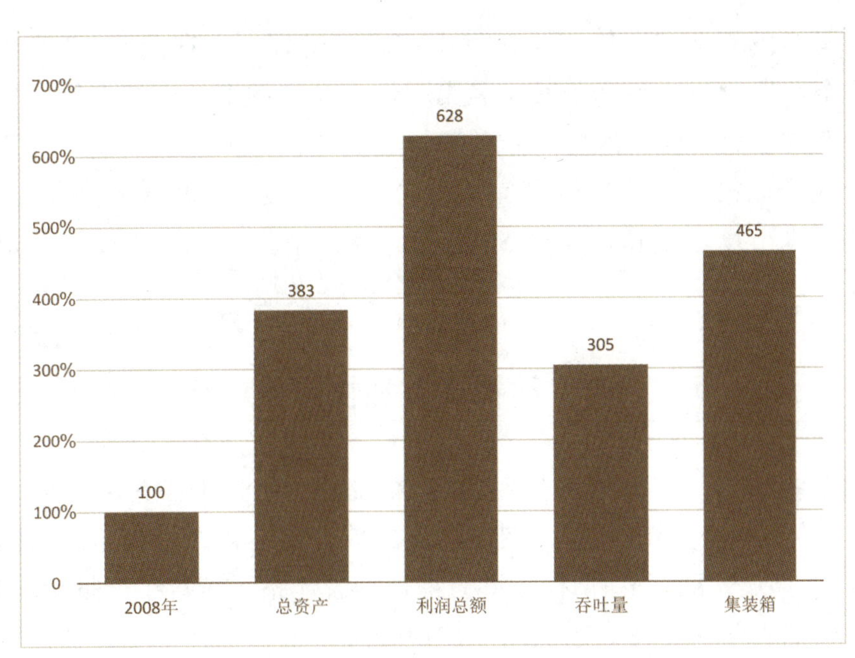

10 年发展节点二（2015 年）四项指标增长（%）示意图

摇，以港口规划为统领，超前谋划项目，狠抓项目建设，先后完成25万吨级矿石码头、20万吨级深水航道和26～27#集装箱专业化泊位等一大批重点工程项目建设，新增设计通过能力1亿吨、集装箱90万TEU，通航等级达到20万吨级以上，相当于再造了一个京唐港区。在此期间，港口布局、层次、等级进一步优化，深水化、专业化、大型化、集约化程度更高，港口市场竞争能力更强，在河北“三港四区”中确立了发展新优势，同时，也奠定了京唐港区“十三五”稳定发展的重要基础。

（二）企业经济效益显著增长

这一时期，唐山港集团把加强管理、提升效益作为建设大港的战略基础，制度规范不断完善，体制创新不断深化，在经济下行压力加大、市场竞争加剧的复杂环境下，精准聚焦，精准发力，努力提质增效，着力内涵发展，助推企业管理进一步规范、企业效益稳步提升，在市国资系统企业中始终排名前列。公司营业收入、利润总额、净利润均保持稳步增长，净资产收益率、销售毛利率在同类散杂货港口中均居第一位。

三、资本市场广受好评

公司的股票上市5年来，在资本市场广受好评，在全国17家主板上市港口企业中，公司利润总额排名第四位，净利润增长率排名第三位，每股收益率排名第二位，净资产收益率排名第一位，入选上交所276家优秀公司治理企业板块，两次顺利完成非公开发行股票再融资工作。5年来，累计从资本市场募集建设资金50亿元，为集团公司下一步发展奠定了坚实基础。

四、结构调整加快步伐

着力调结构、转方式，推动港口深水化、专业化、集装箱化、园区化、生态化，加快港口装卸、港口物流、港口集装箱、港口金融“四大板块”建设，以“互联网+”构建港口综合物流体系，培育了一批新增长点，打造了一批服务新品牌，码头功能加快升级，主要货种争先进位，整体结构不断优化。特别是集装箱运输迎难而上、乘势而为，备受关注，2015年一举突破 100 万 TEU，26 ～ 27# 泊位试运营当年实现达产，成为河北第一个超 100 万 TEU 的港口，班轮航线、业务网点、火车班列、货种结构、重箱比例等各项指标，始终保持河北“三港四区”排头兵地位。

五、多元发展不断提速

这一时期，唐山港口实业集团、唐山港集团把握适度多元化、集团化大战略，投资了水资源项目建设，接手了集装箱、海运业务经营，参与了银行、证券新业态，巩固了码头经营、铁路运输等传统优势，资产规模显著扩大，业务领域不断扩展，将进一步增强上市公司的市场竞争力和公众影响力。

六、和谐港口凝心聚力

这一时期，深入开展党的群众路线教育实践活动、“三严三实”专题教育、“中国梦、大港梦、我的梦”等系列教育实践活动，密切了干群关系、党群关系，公司大家庭和谐向上，干部职工建设国际大港的热情显著提升，凝聚了合力，促进了企业管理进步。“发展港口、成就员工”的企业宗旨和“事事求好、处处争先”的企业文化得到进一步弘扬、贯彻和落实，职工素质全面提升，职工收入不断增长，职工队伍的向心力、自豪感、战斗力不断增强，港口发展与职工进步和谐统一，风雨同舟，矢志前行。

节点三　“十三五”关键之年（2018 年）
传承宏扬　创新提高　大港事业行稳致远

一、经营业绩凯歌高奏

2018 年，全港吞吐量突破 3 亿吨，同比增长 3.35%，其中，集装箱运量突破 230 万 TEU，继续位居河北港口第一位；公司利润总额、净利润在全国 A 股上市港口企业中排名第三位，经营业绩保持稳中有进。

设立中国北方港口唯一的甲醇交割库，甲醇运量完成31.4万吨。新开6条内贸航线、3条外贸航线，航线总数达到39条；西北战略扎实推进，开行唐山港至比利时安特卫普中欧班列，打通了通往欧洲的陆上通道；在山西、内蒙古、新疆、北京等地新设9座内陆港，运行班列18条，多式联运网络不断加密。

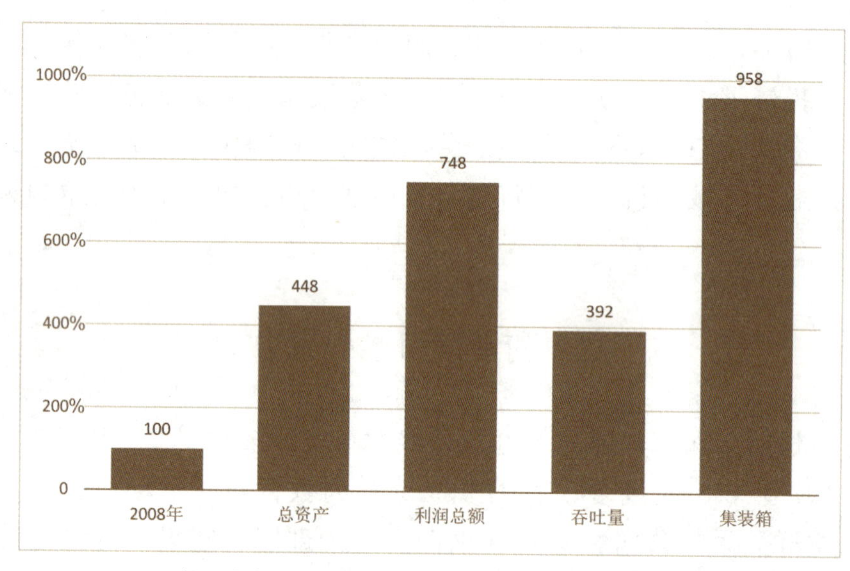

10年发展节点三（2018年）四项指标增长（%）示意图

二、管理体系不断优化

突出质量管理专业性，现场管理更加精细化。全年有2个班组获得全国质量信得过班组称号，5个班组、7个QC小组获得省部级优秀称号，唐山港集团被中国质量协会评为“全国用户满意企业”。唐山港集团主体信用等级由AA+上升到AAA最高等级，拓宽了融资渠道，保障了重点项目资金需求。改进和完善公司法人治理结构，“三会一层”规范运行；完成2017年度现金分红和送股，信息披露工作在上交所考核中保持“良好”等级。加强安全生产管控，制定《安全生产一票否决与约谈管理办法》和公司级、专项部门级、部门级三级培训计划，建立安全培训“一人一档”制度；开展“安全月”“安康杯”主题活动，安全管理的专业水平得到全面提升，增强了港区突发事件应急处置能力。履行集团管控责任，加强“三会”管理，确保出资人职责及时到位；国有资产资源管理有序运行，控股子公司经营向好，浩淼公司、华兴公司、国控公司以及酒店、冀东商厦加强经营管理，实现了保值增值。2018 年，唐山港口实业公司荣获市国资委安全生产优秀单位称号。

三、绿色港口成效显著

成立环境保护委员会，设立 8 个环保专项职能小组；建立了环境应急响应机制，全年执行重污染天气错峰运输指令 182 天；推行绿色运输方式，扶持集装箱化、节能化公路运输方式，新能源车比重持续加大，大力推进“公转铁”；全年环保类投入 7200 余万元；总投资 14 亿元的绿色港口项目顺利通过交通运输部考核验收，为河北港口绿色发展发挥了示范引领作用。

四、智慧港口稳步推进

打造统一门户网站；一体化的港通天下商务平台基本建成，实现了业务相关手续 80% 网上办理，系统的先进性处于港口行业领先水平；完成智慧生产整体设计方案，获得 2018 年中国港口协会科技进步二等奖；集装箱 NAVIS 系统全面上线运行，码头作业实现了可视化远程操控；23 ～ 25# 泊位堆场首次采用全自动双箱轨道吊，效率提升 50%，水平运输实现了无人驾驶电动集卡一次倒运，节能效果和运营效率优于国内先进港口；优化完善门禁系统，提高了车辆通行效率；提高了合同审批效率和管理力度；人力资源管理系统和财务系统完成功能升级，不断适应职能管控要求。

五、工程项目建设提速

注重项目开发、港口规划，成立项目投资领导小组，建立投资项目库；确定港口基础设施、综合物流、能源化工、装备制造、高科技等 9 个领域 22 个拟投资项目，为长远发展精选优选储备项目。东南防波堤工程自开工累计完成投资3.11亿元；25万吨级航道工程全年完成疏浚工程量1447万方，完成施工产值3.99亿元；自开工累计完成投资5.15亿元，完成合同总额的74.03%。年内，25万吨级航道海域使用金获免缴。

第三港池北岸集装箱化泊位改造一期工程完成主体验收和5个专项验收；第四港池25万吨级航道工程顺利推进，累计完成总疏浚量的36%；启动实施铁路装车系统、铁路专用线卸煤线集中设置、第四港池通散泊位、老港区煤炭堆场环保提升等一系列重点工程；矿石码头一期工程及第四港池20万吨级内航道工程荣获“水运交通优质工程奖”，也是全国水运建设行业工程质量最高奖项。

六、党建工作全面加强

深入学习贯彻习近平新时代中国特色社会主义思想和十九大精神，把党建工作要求写入公司章程，为公司发展夯实了思想基础、制度基础；圆满完成党委、纪委换届，支部建设全面加强；深入开展党风廉政建设专项治理，始终保持风清气正的政治生态；唐山港集团党委被中共唐山市委组织部命名为基层党建示范点。

完善《党委议事规则》，党建要求全面嵌入公司治理结构之中，党委会研究作为董事会、经营层决策、执行重大事项的前置程序，得到有效落实；出台《党风廉政建设监督检查管理办法》，加强自查自纠，构建长效机制；完善《中层干部综合考评办法》，激发干部绩效精神，提升了干部管理水平。2018年，两公司先后获得市委年度综合考评优秀单位、市国资委先进基层党组织、唐山市模范职工之家等称号。

组织开展道德模范事迹评选和“大爱唐山，我们的节日”系列主题活动，组织创新成果展，增强了干部职工的社会责任感、集体荣誉感和创新创造的积极性，唐山港集团继续保持省、市两级文明单位荣誉称号。为职工投保团体人身意外险、交通工具乘客意外伤害险、家庭财产综合险，提高了供暖补贴标准；组织开展一系列文体活动，丰富了职工业余文化生活，激发了工作热情。

第二节 奋进新时代 再续新辉煌

1989 年建港以来，一代代京唐港人克服重重艰难险阻，把一个个不可能变为现实，不断从胜利走向胜利，谱写了一曲改天换地的奋斗赞歌。30 年，京唐港发轫于开放、崛起于改革、繁荣于创新，从一片盐碱荒滩蝶变为综合实力位居全国前列的大港。

党的十九大以来，中国特色社会主义进入新时代。伴随着新时代，带来经济社会发展的一系列深刻复杂变革。2018 年，唐山市先后召开了市委十届五次全会、全市推进高质量发展大会、“一港双城”建设工作会议等一系列全局性会议，把港口摆在了更加突出的位置，提出加快建设世界一流综合贸易大港。“世界一流”就是提高全球竞争力，加快由大港向强港转变；“综合”就是做好“港口 +”这篇文章，加快多元化发展；“贸易”就是突出港口贸易功能，带动港产城融合发展。

新时代，新使命。党委书记、董事长宣国宝同志指出，“唐山港京唐港区的发展进入了新阶段。”“这个新阶段，是我港充分释放优势潜能、由规模扩张向质量效益提升加快转变的阶段；是我港成为唐山推进‘三个努力建成’核心战略资源、争当全市高质量发展排头兵的阶段；是我港在‘一带一路’中的枢纽地位日益凸显、努力为国家新一轮对外开放做出更大贡献的阶段；是广大干部职工不忘初心再出发、彰显新时代新担当新作为的阶段。”进入新阶段，全港上下要牢牢把握高质量发展这个根本要求，努力实现港口发展的质量变革、效率变革、动力变革，奋进新时代，展现新作为，再续新辉煌。

奋进新时代，再续新辉煌，必须高举旗帜确保正确发展方向。坚持以习近平新时代中国特色社会主义思想为统领，树牢“四个意识”，坚定“四个自信”，恪守“两个维护”，全面加强党的政治建设、思想建设、组织建设、纪律建设、作风建设和干部队伍建设，坚持党对一切工作的领导，确保企业发展正确的政治方向。坚决贯彻落实创新、协调、绿色、开放、共享的新发展理念，加强战略规划统领，优化资源统筹，加强港口功能结构性调整，不断提升港口规划建设水平。

奋进新时代，再续新辉煌，必须统筹“四大板块”协调发展。进一步做优装卸板块。完善生产指挥体系，统管资源、协调联动、挖掘潜力，使技术效率达到极致。运用网络化信息化提高管理效能、标准化作业水平和作业效率，打造优质服务品牌。运用供应链理念，改进和优化装卸、航运、仓储、倒运、铁路公路运输、理货、供应、维修、结算、生活服务等各环节服务流程，为每个客户制订和实施个性化解决方案，提供全时全过程服务，实现总成本最低，为客户超值增值服务。通过每个人的精心、热心、诚心、细心、耐心，向客户传递我港的诚信力和服务的高端化。进一步做大集装箱板块。全港上下牢固树立“一盘棋”思想，坚定不移合力发展集装箱。做到思想合心、工作合拍、行动合力，打造集装箱发展新模式，增强集装箱发展活力，加快散改集、杂改集步伐，提高集装箱运输现代化水平。在生产统筹上，整合各类资源要素，提升码头运营效率，打造全国第四座自动化集装箱码头；在业务统筹上，发挥班列、班轮、航线、办事处、跨境电商等综合优势，不断加大唐山货源、西北货源、内外贸航线货源开发力度；在航线运营上，整合航运、船舶、管理等资源，降低经营成本，积极争取上级政策和资金支持；在职能管控上，加强发展规划研究，从预算、质量、风控等多个维度加强管理；绩效考核上，从业务、生产、财务三个领域对各成员单位加强考核。进一步加快发展物流板块。用好用足《国家物流枢纽布局和建设规划》将唐山纳入了30个港口型国家物流枢纽承载城市之一的政策红利，加快发展物流板块。以攻坚的姿态，争取铁路集疏运体系配置，加快补齐短板，增强可持续发展能力。建立绿色、智能化的集疏运体系，实现作业流程、物流信息的无缝对接。强化独立经营意识，努力把物流服务拓展到其他港口、园区，开展外部创收，提高赢利能力。通过资本合作、功能联合、平台对接等方式引进战略投资者，打造优势互补、业务协同的合作共同体，参与国家物流枢纽设施建设和运营管理，引导物流业向我港集群发展。积极稳妥发展贸易板块。借助内外部智力支撑，做好发展规划研究。依托港口优势积极推进矿石等大宗散货贸易，提高市场份额，增强行业竞争力。适度超前开展业务创新，稳妥推进传统贸易服务向供应链服务转型，构建集贸易、物流、加工、金融等为一体的服务体系。从工作实际出发对分子公司授权，充分尊重经营主体的自主性、创造性，激发发展活力。统筹业务、物流、生产等方面资源，为贸易板块提供支撑，吸引贸易企业来港发展。坚持"稳"字当头，依法依规经营，对贸易板块合同签订、资金使用、现场管理等重要环节建立全流程的风险防控体系，确保不发生经营风险。

奋进新时代，再续新辉煌，必须以开放创新推进高质量发展。坚持开放强港。深入推进西北战略，加强与铁路局、船公司和物流企业的合资合作，大力拓展全程物流服务，建设区域性物流分拨中心，努力把西北地区打造成集装箱发展的纵深腹地、物流板块的重要支撑、多元化经营新的增长点。以"唐山港平谷内陆港"成立为契机，开展京冀陆港协作，更好地融入京津冀协同发展，为唐山"努力建成首都经济圈重要支点"做贡献。加强与北部湾等港口的跨区域合作，在海铁联运、航线运营、贸易物流等领域谋求互利共赢，使我港物流网络辐射东南沿海及东南亚各港。利用好整车进口、期货交割、跨境电商试验区，实现对外贸易方式多元化、高端化。促进保税功能区开发建设，实现保税业务数量质量双提升。加强与上海振华等大型企业的合作，努力打造以京唐港区为基地，集智能技术研发、港机维保等为一体的产业集群。建设智慧新港。按照"需求导向、适度超前、科学规划、充分预留"的原则，推进信息化与智能化深度融合，打造具有人文特色的智慧港口。加强对船舶、航道、库场、设备等生产数据的分析处理，统筹线上线下资源，整合港口上下游物流信息，突出抓好数据对接与功能融合，努力实现多方广泛互联、人机深度交互，带动生产效率、物流效率、服务效率的全面提升。加大远程操控、无人驾驶等技术的推广应用，开展码头、设备、工属具的更新改造，努力实现生产操作自动化、无人化。对标先进港口，广泛开展技术引进、人才交流、项目合作，确保建设进度和质量。打造生态靓港。站在讲政治、谋发展的高度，以铁的决心、铁的措施、铁的手腕抓环保工作。在"调"上求突破，扎实推进港区功能、货种结构、运输方式调整，推进生产用车电气化转型和大宗散货疏港"公转铁"，全力打造绿色集疏运体系。在"治"上下力气，以港区粉尘治理为主线，加大环保设施投入，改进技术工艺，不断提高环境治理水平。在"降"上见实效，深入推进能源管理体系建设，实施一批节能改造、绿色装备、新能源应用项目，不断提高节能降耗水平。创建平安福港。始终保持临事而惧、半夜惊醒的压力感，扛起责任干、带着队伍干、培养专家干，切实把安全责任落实到岗位、落实到人头，严格再严格、细致再细致，确保万无一失。围绕实现本质安全，在危险岗位、危险环节上推进智能化、无人化，努力提高科技兴安水平。

奋进新时代，再续新辉煌，必须不忘初心大力弘扬企业精神。坚持艰苦奋斗，永远牢记我们建设综合型国际化大港这一初心、永远牢记肩负着唐山破冰向海的光荣使命，永远牢记京唐港人筚路蓝缕的创业历程，始终对党、对港口、对港口人心怀感恩，做到勤以修身，俭以养德，以“二次创业”的精神推动港口高质量发展；坚持自强不息，永不自满、永不懈怠，保持自我加压、奋发作为的精神状态，保持坚韧不拔、百折不挠的顽强意志，敢于战胜一切新困难、新挑战；坚持事事求好，弘扬劳模精神、工匠精神、企业家精神，努力把每项工作做到细致、精致、极致，打造品牌、追求卓越、争创一流；坚持敢为人先，积极应变、主动求变、敢闯敢试，始终保持创新意识、进取精神，干在实处、走在前列，永做改革开放的弄潮儿、创新发展的先行者。

立志百年，寄望长远。习近平总书记指出，一切伟大成就都是接续奋斗的结果。在建港30周年辉煌成就的基础上，传承弘扬，创新提高，接续奋斗，到建港40周年的时候，努力把唐山港京唐港区打造成综合型国际化贸易大港；成为唐山“三个努力建成”的桥头堡、新时代高质量发展的排头兵；成为口岸服务一流、港城优势促动、北部交通发达、辐射带动强劲的国家对外开放门户、“一带一路”倡议枢纽、北方航运中心的重要组成部分。

结语：砥砺奋进谱华章

唐山港京唐港区30年发展的启示

无疑，唐山港的建港和裂变式发展，是世纪之交唐山城市发展史上浓墨重彩的华章。作为唐山港的发端和先行者，京唐港区的担当与作为，在河北省经济发展、中国港口发展、中国沿海经济发展乃至中国改革开放的历史进程中，都有着不可替代的历史地位，在世界建港史上也值得一书。

30年，渤海湾涛声依旧；30年，京唐港面貌日新。当年决策者擘画的身影，已经融入港口发展的史册；当年建设者高亢的歌声，已经飞向了广阔的天际。当我们站在新时代的新起点上、为共和国这个年轻而又生机勃勃的大港修史时，我们在思索：一万多天的狂飙突进和砥砺昌隆，为世人留下了哪些重要的启迪和昭示呢？

总结这些启示，是我们的责任，是时代的需要。

一、拥抱蔚蓝　走向世界

近代一个多世纪以来，唐山一度发全国放眼世界、拥抱蔚蓝之先声。19世纪末叶，开平矿务局的创办，使唐山因煤兴市、秦皇岛因煤建港，一座煤矿托举起了两座城市。唐山的海运，就此拉开了序幕。然而，晚清政府的闭关政策，决定了唐山在拥抱蔚蓝、走向世界的道路上不会走得太远。

20世纪初叶，民主革命的先行者孙中山先生，率先擘画了中国走向世界的宏伟蓝图，而在中国东部沿海建设大港，是这个宏伟蓝图的重要组成部分。他在《建国方略》中提出拟建造三个一级大港，即北方大港、东方大港和南方大港。关于北方大港，他提出：“兹拟建筑不封冻之深水大港于直隶湾中……于有限时期中发达此港，使之与纽约等大。”他在地图上标出的“北方大港”的位置，就是今天唐山港京唐港区的港址，“兹所计划之港，为大沽口、秦皇岛两地之中途，清河、滦河两口之间，沿大沽口、秦皇岛间海岸岬角上”。但在积贫积弱的旧中国，孙中山先生的宏愿终因战乱贫穷而尘封故纸。

新中国成立后，唐山作为一座重工业城市，煤炭、钢铁、水泥、陶瓷、化工等行业在京津唐城市群和全国的工业布局中均居于重要位置。然而，长期以来，唐山市的城市布局一直集中在中心区和东矿区，震后新区逐步发展，形成了三足鼎立的城市总体布局。虽然拥有广阔的岸线及良好的港址资源，面对海洋却没有自己的出海口，对经济发展有“天大好处”的海上通道却始终没有开通，区域经济发展一度受限。

改革开放打开了国门，唐山市的决策者们开始跳出唐山看世界，再一次把着眼点放在经略海洋方面，推进生产力向沿海地带发展，构建唐山市区（含中心区、东矿区、新区）、王滩、南堡“新三角”城市布局。对港口的认识也由最初的“由钢到港”，逐步升华为改变城市内涵和发展路径的战略选择。1991 年 2 月，唐山市委在制订国民经济和社会发展规划、即“八五”计划的建议中，明确提出了加快“新三角”开发建设，港口建设被列为“一号工程”。从此，唐山以港兴市、对外开放战略开始实施。

以港兴市、对外开放，港口具有特殊的战略地位，肩负着特殊的历史使命。分析研究表明：第一，华北地区腹大口小，渤海湾岸长港少，河北省面海而无自己支配的港口，港口的建立，可以肩负河北乃至华北地区在南北运输和对外运输的任务；第二，建设港口及开发区，将成为唐山市一个重要的经济增长点；第三，世纪之交，是唐山市经济由资源型和劳动密集型产业逐渐向资金和技术密集型产业、由内向型经济向外向型经济转变的关键时期，建设高起点、外向型和贸易式的大港和经济开发区，形成高新技术产业和新兴海洋产业的增长点，可以使唐山和河北省的城市经济更快地走向现代化、国际化。

作为唐山实施“以港兴市”战略的重要支撑和关键所在，唐山港于 1989 年 8 月正式开工建设。到 1993 年，唐山港作为国家一类口岸，完成了对国际国内的正式通航。同年，唐山和北京签订联合建港协议，唐山港改称京唐港。2005 年，遵循一城一港、以城命名的国际通行做法，省委省政府、市委市政府决定恢复使用“唐山港”港名。2018 年，唐山港货物吞吐量6.37亿吨，位列全国港口第三位，世界第四位。30年，唐山港以裂变式的速度迅猛发展，创造了中国乃至世界港口史上的奇迹，快速跻身于中国乃至世界大港的行列，完成了世界上许多港口数十年、上百年走过的历程。

由内陆而向海洋，唐山港的建设与发展，对唐山这座城市而言，有着极其深远的影响：实现了零的突破，圆了国人“北方大港”梦，结束了唐山有海无港的历史，具有决定性标志作用；改变了城市性质，资源型工业城市向现代化沿海城市转变，具有里程碑作用；开辟国际国内两个市场，利用国内国际两种资源，调整唐山经济结构，增强唐山经济发展活力，具有示范带动作用；开拓唐山城市发展空间，推进生产力布局向沿海地带发展，奠基新时代唐山“一港双城”战略，具有创新引领作用。

今天，当我们回望“北方大港”由梦想而为现实的百年历程，更加深刻而清晰地认识到，是中国的改革开放催生了唐山港的建设，而唐山港的建设并高速发展，又诠释了改革开放事业的伟大。有人把渤海湾的一系列港口称作祖国项颈上的一串宝石项链，显然，唐山港就是项链上一颗璀璨的明珠。唐山，站在历史巨人的肩膀上，乘着改革开放的东风，坚定地走向了蔚蓝色的大海、走向了世界！

二、发挥优势　定位准确

拥抱海洋的激情，焕发出战天斗地的豪气和敢于争先的锐气。唐山港之所以行稳致远、不断创造奇迹，是建立在对初心与使命的坚守追逐、深刻把握和对机遇、挑战的客观分析、冷静决策的基础之上，唐山港在发挥自己优势的同时，做到准确定位、精准发力。

中国的改革开放，一个重要的内容就是面向海洋，建设海洋经济强国。20世纪80年代，国家提出“环渤海经济圈”的概念，并制订了环渤海经济发展规划。适应国家战略，河北省也把沿海经济的发展、建设沿海经济社会发展强省，作为全省经济发展的重要内容。

依据宏观政策背景，唐山港的建设者们，把唐山港放在省、市战略和中华民族复兴大局之中，对建港及港口的定位进行了冷静而准确的分析。唐山港地处渤海湾及京津冀都市群核心地带，处在京津唐秦四大城市交叉辐射区。占据华北与东北的交通咽喉地带，与国家公路、铁路路网框架紧密相连。后方腹地广阔，货源充足，交通便捷，具有对接东北亚、带动京津冀、辐射大西北、联通欧亚大陆的巨大潜力。直接经济腹地唐山是中国重要的能源、原材料基地和多种农副产品富集地区，已形成煤炭、钢铁、电力、建材、机械、化工、陶瓷、纺织、造纸、食品十大支柱产业，又是沟通东北及华北的商品集散地和运输要道，每年有大量的货物要通过海运抵达世界各地。同时，唐山港还具有巨大的土地资源优势，空间巨大，港口建设不占耕地和城市用地，无须拆迁，符合国家鼓励开发的条件。

在客观冷静分析的基础上，唐山港清晰勾勒出自己的战略定位。根据港口腹地以冶金、能源、建材为主导的产业格局，以及唐山市大力发展以港口为依托的临港工业的战略构想，港口应建设成为以煤炭、铁矿石、钢材、集装箱等为主要服务对象、以工业港为特色的综合性国际贸易口岸。

2015 年 5 月，河北省政府批准《唐山港总体规划（修订）》，指出："唐山港作为我国沿海的地区性重要港口，是我国能源、原材料等大宗物资专业化运输系统的重要组成部分；是华北及京津冀地区重要综合运输枢纽；是京津冀地区协同发展和区域产业结构调整的重要平台；是河北省及唐山市参与东北亚地区经济合作的重要窗口；是实施《河北沿海地区发展规划》、促进河北省及唐山市经济转型升级的重要支撑；是河北省及唐山市沿海地区开发建设的重要基础设施和主要依托。"根据《规划》，唐山港形成了以曹妃甸港区、京唐港区为核心，丰南港区为补充，分工合作、协调互动、共同发展的总体发展格局。京唐港区以满足客户对公用码头的需求为主，建设为腹地经济发展服务的综合性港区，规划面积 90 平方千米，规划建设 6 个港池，逐步形成集装箱码头作业区、液体散货作业区、干散货作业区、杂货码头作业区、通用散杂货码头作业区、综合物流区等 6 个功能区及远景预留发展区。

经过 30 年建设与发展，京唐港区的战略定位已经实现。已建成件杂、散杂、多用途、集装箱专用、矿石专用、煤炭专用、液化品专用等 1.5 万～ 25 万吨级泊位 44 座，年设计通过能力 1.72 亿吨 / 集装箱 216 万 TEU，各类货物堆场 1000 多万平方米，航道等级 20 万吨级，正在开挖建设 25 万吨级航道，乘潮可安全进出 30 万吨级满载船舶。运输货种涵盖煤炭、原盐、粮食、钢材、矿石、纯碱、水泥、集装箱、机械设备、汽车、木材、液化产品等20多大类几百个货物品种。

在国家战略强力支持和带动下，京唐港区以大无畏的精神进军市场，挺立改革开放潮头，港口腹地由京津冀、华北，迅速拓展至广袤的大西北地区，创立国家海铁公多式联运示范工程，先后在北京、山西、陕西、内蒙古、新疆等地建设内陆港16座，运营海铁班列18条，“日、韩、中、蒙”过境班列常态运营，中欧班列直达比利时安特卫普港。水路通达70多个国家，190多个港口，集装箱内外贸航线40条，实现对我国沿海各港、日韩九大基本港的高密度、全覆盖。如今，京唐港区已列入国家《水运“十三五”发展规划》重要港口名录，成为服务京津唐和华北、西北地区，对接国家“一带一路”倡议的区域性重要港口之一，成为唐山市现有经济资源中最具辐射力和凝聚力，最有发展前景的基础性、战略性资源。

正如省委常委、市委书记王浩同志指出的那样：港口是唐山的核心战略资源和最大的竞争优势。新时代，在唐山实现“三个努力建成”“两个率先目标”新征程上，京唐港区作为“一港双城”建设的排头兵重任在肩，前景可期！

三、抢抓机遇　乘势而上

20世纪末叶，党的改革开放政策和世界经济全球化趋势，为中国经济的发展提供了千载难逢的机遇。20世纪80年代唐山港的建设，正是抢抓机遇、乘势而上的结果。

1989年8月，唐山港破土动工，省市党委政府高度重视，大力支持。1991年，唐山市将唐山港的建设列为“一号工程”。1993年，《河北经济振兴大纲》把唐山港的建设列为振兴河北的“龙头工程”。

唐山港的建设者们，牢牢抓住难得的历史机遇，乘势而上，主动作为，在盐碱荒滩上挥洒汗水、拼搏奉献，把历史机遇转化成了港口建设的喜人成果。1991年国内通航，1993年国际通航。2001年，港口货物吞吐量突破1000万吨，货种拓展到散杂、液化品、集装箱、重型装备等十几个大类，数十个品种。到2003年，第一港池、第二港池全部竣工，泊位数量增至16个，码头设计能力达到1200万吨，实现货物吞吐量2083万吨。

在秦皇岛和天津两大百年老港夹缝中诞生的唐山港，把抢抓机遇、乘势而上融入了血脉，成为与生俱来的生命品格。2006 年，十届全国人民代表大会第四次会议表决通过的《国家“十一五”（2006—2010）规划纲要》明确提出：“建设大连、唐山、天津……沿海港口的煤炭、进口油气、进口铁矿石中转运输系统和集装箱运输系统。”标志着唐山港的建设与发展，已经从区域经济战略上升为国家战略。河北省把建设沿海经济社会发展强省摆在了头等位置。京唐港区又一次迎来了重大历史机遇，被推向发展的最前沿。在国家规划的框架下，京唐港区向着建成集装卸、仓储、加工、贸易为一体，多功能、综合性、现代化的国际贸易大港，为新唐山更快更好发展做出新的贡献，为河北发展沿海经济当好排头兵的目标奋进。2009 年，在全球金融危机爆发的大背景下，京唐港区货物吞吐量一举突破 1 亿吨大关，成为全国最年轻的亿吨大港。2010 年，唐山港集团股份有限公司成功登陆上海股票交易所，开河北港口企业上市之先河。在危机冲击中，逆势上扬，成就亿吨港口、上市港口伟业，成为我国港口发展的两大亮点。

时代洪流滚滚向前，京唐港区以赶考的精神，矢志前行，不断加快发展的脚步。2010 年，习近平同志视察唐山，做出了“努力把唐山建成东北亚地区经济合作窗口城市、环渤海地区工业化基地、首都经济圈重要支点”的重要指示。京唐港区再次承担时代大任，聚焦国内一流、国际知名的综合型国际化大港，先后投资 150 多亿元，建成了包括 20 万吨级矿石码头、36 ～ 40# 专业煤炭泊位、26 ～ 27# 专业集装箱泊位、20 万吨级深水航道在内的一大批立港项目，京唐港区深水化、专业化、集装箱化、园区化、生态化战略迈出坚实步伐。

党的十八大以来，以习近平总书记为核心的党中央审时度势，先后提出包括京津冀协同发展、“一带一路”建设在内的一系列治国理政的新思想新理念新战略。主导京唐港区运营的唐山港集团认真贯彻落实党中央决策部署，积极践行新发展理念，着力推进供给侧结构性改革，与天津港集团战略携手，大力发展集装箱业务，成为全省首个突破百万 TEU 的港区，跻身世界百强。集智慧港口、绿色港口、海铁公多式联运示范港口三个交通运输部示范工程于一身，显示出引领河北港口高质量发展的磅礴气势。

2018 年 4 月 26 日 12 时 08 分，伴随着一阵响亮的汽笛声，满载着集装箱货柜的列车由京唐港区驶出，经我国新疆出境一路向西，前往比利时的安特卫普港。唐山港集装箱中欧班列的开通运行，标志着唐山沟通世界的国际铁路物流大通道由此打通，构建了以京唐港区为枢纽，覆盖三北、联通中亚、通往欧洲的水陆国际联运网络。唐山扩大对外开放、深度融入国家“一带一路”倡议的新征程，站在了新的坐标起点上。

“在机遇面前不等待、不观望、不懈怠。”抢抓机遇，乘势而上，京唐港人坚实的发展足迹，为总书记铿锵有力的指示做了最生动的注释。

四、锐意创新　敢为人先

创新精神是一个国家和民族发展的不竭动力。唐山港的建港决策，本身就是创新精神的体现。在30年的建设和发展过程中，锐意创新、敢为人先始终如一。

粉沙淤泥质海岸开挖的航道普遍存在淤积问题，唐山港开工建设时，国内对于粉沙质海岸泥沙运动规律的研究尚未形成成熟的理论，更缺乏实践经验。经过多年的实践及对现场的气象、水文、泥沙的观测以及数学、物理模型试验研究，唐山港的工程技术人员基本摸清了港口泥沙“易起动、沉淀快、铁板沙”的特性及运动规律，较好地掌握了防止和治理航道骤淤的施工工艺，创造性地采用挖入式港池和地下连续墙结构等建港技术。从1989年8月动工兴建到第一港池全面竣工，唐山港采用地连墙结构建成码头岸线1385米，地连墙混凝土浇筑量达4万立方米。唐山港地连墙码头建设的成功，标志着板桩码头理论与实践上的突破，为国内乃至世界上此类港口的总体规划、合理布局、施工建设，收集了可靠的数据，积累了宝贵的经验。此外，循环利用吹填海沙造地，不仅节省资金，加快速度，而且解决了建设土源不足问题，创造了土地资源优势。

港口建设，需要巨额资金。然而，唐山港开工建设的时候，被大地震夷为平地的唐山百废待兴、百业待举，筹集上亿元的建港资金犹如天方夜谭。港口决策者和建设者们，坚持用创新的思维、改革的办法，破解港口建设资金的瓶颈制约。1993年7月17日，唐山市和北京市正式签订《唐山市人民政府、北京市人民政府关于联合建设京唐港的协议》。同年11月12日，两市签订《北京市、唐山市联合建设经营京唐港合同》。联合建港后，唐山港更名为京唐港。

京、唐两市联合建港，被赞誉为河北省“1993年对外联合的杰作”。

在港口建设的关键时期，北京方面投入 1.5 亿元，在当时资金困难的历史条件下，无疑称得上是一笔巨资，为一直受建港资金匮乏掣肘的第一港池建设，化解了燃眉之急。唐山港挂上了“京”字头的金字招牌，大大提高了知名度和招商引资吸引力，众多的国内外客商投资开发建设港区，一批分支企业、分支公司和新兴产业纷至沓来，北京货物和山西煤炭成了京唐港稳定的大宗货源。

继北京投资参股之后，京唐港先后与开滦矿务局、山西晋煤实业总公司合作建设 2 号和 3 号业主泊位，与河北省地方煤炭工业公司合建 6 号煤炭泊位，与韩国三星等国外大型企业共建配套设施，先后筹集了几亿元资金，为港口建设增加了后劲。与此同时，打破单纯依靠自有资金购置设备的传统模式，大胆引进民间资本，完善集疏装卸功能，实行港内货物倒运市场化，形成协力制服务外包，为全国港口界首创。京唐港由此走出了一条跨省市、跨行业、跨所有制联合建港的崭新道路。

如果说，跨省市、跨行业、跨所有制联合建港是破解唐山港建设瓶颈的创新壮举，那么，加快体制机制改革，则是完善港口经营管理、助力港口发展驶入快车道的改革力作。

1988 年 12 月 1 日，成立唐山市港口建设指挥部。1991 年 12 月 13 日，组建唐山港务局。1993 年，随着唐山市和北京市联合建港，唐山港务局更名为京唐港务局。1999 年，党的十五届四中全会通过《中共中央关于国有企业改革和发展若干重大问题的决定》，京唐港管理体制改革随之展开。2000 年 5 月 25 日，唐山港口投资有限公司应势成立，扛起改制大旗。按照《公司法》规定，唐山港口投资有限公司作为主发起人，唐山港口投资有限公司、北京京泰集团、河北建投公司、唐山建投公司等 6 家共同设立京唐港股份有限公司。2003 年 1 月 6 日，京唐港股份有限公司成立暨 14 号、15 号泊位通航庆典隆重举行，标志着京唐港改制顺利完成，河北省首家股份制港口企业正式诞生。

“产权清晰、权责明确、政企分开、科学管理”的现代企业制度，为港口发展增添了强劲动力。全面开始第三港池和第四港池建设，先后建成投产 16 个大型深水泊位，码头等级由原来最大 3.5 万吨级提高到 10 万吨级，港口规模和吞吐能力迅速壮大。建成 7 万吨级航道并实现双向通航，成为全国少数可以航道双向通航的沿海港口之一。港口吞吐量连年跨越式增长，企业各项经济指标连年创历史新高，创造相关就业岗位数万个，京唐港成为唐山经济发展的动力之源、战略支点。

2006年9月6日，京唐港股份有限公司第二届三次董事会通过公司上市决议，正式启动上市准备工作，进入准上市公司运营阶段。经过对各项基本管理制度进行深入研究，科学论证，逐步完善，京唐港股份有限公司以科学完备的制度体系积极稳妥地推进集团化建设进程。2008年3月28日，京唐港股份有限公司正式更名为“唐山港集团股份有限公司”。一个拥有1个分公司、2个全资子公司、10个控股公司、6个参股公司和4个三级公司的港口企业集团正式诞生。2010年7月5日，唐山港集团股份有限公司股票正式登陆上海证券交易所，成为河北首家上市港口企业。唐山港发展一路高歌、捷报频传。2009年吞吐量突破1亿吨，成为全国最年轻的亿吨大港。2013年突破2亿吨。突破1亿吨用20年时间，从1亿吨到突破2亿吨，仅用4年时间，充分展示了体制机制改革给港口带来的旺盛活力。

集装箱运输是港口现代化的标志，恰恰也是河北港口的短板。对此，京唐港人不回避、不退缩，坚持用创新的思维、改革的办法，解难题、谋发展、求突破。2003年，唐山港口投资有限公司与世界500强企业——西班牙德加德斯集团合作，成立京唐港国际集装箱码头公司，承担集装箱业务发展任务。多年来，京唐港区始终坚持把集装箱业务作为港口转型突破口和高质量发展排头兵，统筹各种资源要素，积极争取省政府政策支持，不断加大对集装箱市场的培育开发力度，创造性地开辟了渤海湾内以京唐港区为中转港的内贸中转格局，“一环多干”（环渤海内外贸支线、直达华东华南各港干线）、外贸近洋远洋航线有机结合的集装箱运输网络体系初具规模，集装箱业务进入快速增长期，确立了河北“三港四区”中先行先试、率先发展的重要地位。2015年，京唐港区完成集装箱111.7万TEU，占河北港口总运量的44.2%，成为河北省首个百万TEU港区。2016年，与天津港集团合资合作，组建了津唐国际集装箱码头有限公司，率先实现津冀港口的协同发展。与北京加强合作，在顺义区建立集装箱场站，构建了北京到唐山港的集装箱物流网络。抓住唐山港集团“东部沿海—京津冀—西北”集装箱多式联运项目成功入选国家首批示范工程的契机，先后在山西、内蒙古、新疆等地设立16个内陆港，开通18条海铁联运班列。成功开行“唐山港—安特卫普”唐山首列中欧班列，实现“日、韩、中、

蒙”国际集装箱班列稳定运营，集装箱航线达到40条，集装箱码头承载能力大幅提升，年设计通过能力达到216万TEU。正在建设的23～25#泊位，融入世界最先进的码头智能化管理系统，采用国内首创的设计工艺，建成后，将成为继厦门远海、上海港、青岛港之后的我国第四座自动化集装箱码头。2018年，集装箱吞吐量突破233万TEU，占全省总量的55%，继续保持领跑全省港口集装箱发展的蓬勃气势。

党的十八大以来，中国经济进入新常态，全球经济低迷，对港口发展提出了新挑战，唐山港集团坚持贯彻新发展理念，延伸港口产业链条，着力发展新兴业态，推进港口发展多元化、高端化。京唐港区保税物流中心（B型）全面运营，外贸便利化水平全面提升。整车进口口岸正式启用，结束了河北省进口汽车从外地口岸通关的历史。以唐山获批跨境电商试点城市为契机，加快推进跨境电商业务稳健发展。成功获批郑州商品交易所指定甲醇交割仓库，是北方沿海港口唯一一家，相继开展甲醇、铁矿石、焦煤、动力煤、焦炭5个货种的期货交割业务，成为国内交割品种最齐全的港口。

“唯创新者进、唯创新者强、唯创新者胜。”30年砥砺前行，30年跨越崛起，锐意创新、敢为人先，是京唐港人最鲜明的精神特质，也必将成为推动港口新时代高质量发展的力量源泉、精神柱石。

五、直面竞争　弄潮瀚海

打开中国地图，我们不难看出，沿海港口宛如颗颗宝石镶嵌在祖国东部海岸线上。广州、厦门、上海、宁波、青岛、天津、大连是百年老港，实力雄厚；连云港作为亚欧大陆桥的桥头堡雄踞黄海之滨；改革开放以来国家划定的4个经济特区和14个沿海开放城市，都占尽了沿海港口的天时地利。“C”字形的渤海湾，则分布着烟台、天津、秦皇岛、大连4座国家沿海开放城市，而且每个城市都有自己的建港传统经验和经营优势。环渤海的一系列港口，是祖国颈项上的一串金项链。对于地方政府主导建设的京唐港而言，这浪漫比喻的背后，更多的是压力、是挑战，是一路走来的艰辛与创造，也决定了京唐港人必须在夹缝中求生存、在困境中谋发展。直面竞争、弄潮瀚海，一次次的市场洗礼，成就了京唐港不平凡的发展轨迹。

20世纪90年代末，当京唐港区逐渐立稳脚跟的时候，亚洲金融危机爆发，信贷收紧、业务骤减，突如其来的市场巨变，给港航企业带来巨大冲击。危急关头，京唐港人主动出击、破局求变，采取积极措施推行全员揽货，把质量和信誉视为企业的生命。确定了“抓现场保市场，以市场促现场”的指导思想，以客户满意作为检验全部工作的最高标准，实行全员、全面、全过程管理。不断改进作业工艺，推行服务承诺，严格实行规范化和标准化作业，千方百计提高装卸质量和效率，打造安全港口、效率港口和诚信港口。多项货物装卸效率国内一流，进而确立了响当当的装卸品牌。积极有效的应对举措和全员勠力同心的攻坚，战胜了危机冲击，扩展了市场空间，增进了客户信任，最显性的成果之一，就是货物吞吐量不降反升，2001年，一举突破1000万吨大关，跨入国家千万吨大港行列。

随着港口发展，不断增加的机械设备投入占用大量资金，对新生的京唐港来说，成为当时制约港口发展的瓶颈。早在2000年前后，京唐港就大胆破解体制障碍，创造性地引进民间资本，把港内运输车队和煤炭倒运市场推向了社会。短短几年时间，民间资本投入港口机械设备上千台套，投入资金近10亿元，进而逐步形成“协力制服务外包”模式，不仅盘活了资本，降低了成本，还改善了服务，提高了效率。

2003年年初，京唐港务局改制为京唐港股份有限公司。也是在这一年，全面启动质量体系认证工作，自觉与国际标准对接。以此为基础，逐步探索建立了以绩效考核为手段、全面预算为主线、安全质量为保障、风险控制为制衡、信息化为工具的五大管理体系，实施全面夯基固本工程，不仅提升了企业管理水平，也为京唐港区搏击市场奠定了坚实基础。当2008年国际金融危机席卷全球的时候，京唐港能够化危为机，从容应对，底气十足，其中之一，就是基础实、根基牢。改组成立唐山港集团股份有限公司，进一步优化管理体制；顺应国际港口深水化、大型化、专业化发展趋势，积极调整港区规划，优化功能布局，初步实现“散杂分置、黑白分家”；精准把握项目投资力度，先后谋划建设了一批立港项目，为港口结构调整、转型升级奠定了基础。同时，以企业效益增长为基础，积极推动上市工作进程，借力资本市场谋求长远发展。2010年7月5日，唐山港股票成功登陆上海证券交易所，发行2亿股，募集资金16.4亿元。公司上市取得了历史性突破，成为唐山港发展进程中又一个载入史册的里程碑。从此，京唐港发展巨轮驶入资本市场的蓝海，向着更高更远的宏伟目标奋勇前进。

在激烈的市场风云洗礼中成长壮大起来的京唐港，应对市场的理念不断更新，本领不断增强。立足现代物流理念，致力于提升港口服务水平，着力推进港口装卸、港口物流、贸易金融、集装箱运输“四大业务板块”协调发展，创新物流模式、金融模式、内陆港模式等扩大市场份额。直面竞争、弄潮瀚海，京唐港发展道路越走越宽，港口发展的效益质量连年实现高位增长。2015 年，货物吞吐量完成 2.33 亿吨，比 2010 年翻了一番，集装箱吞吐量 111.7 万 TEU，成为河北首个百万集装箱港区。2016 年完成 2.71 亿吨，首次位居全省“三港四区”第一位，跻身全国沿海港口十强，集装箱突破 150 万 TEU。2017 年完成吞吐量 2.9 亿吨，集装箱突破 200 万 TEU，跻身世界集装箱港口百强。唐山港集团效益连续多年位列 A 股上市港口企业前列，利润总额、净利润仅次于上海港、宁波舟山港，排名第三位。

“弄潮儿向涛头立，手把红旗旗不湿。”习近平总书记在杭州 G20 峰会上引用的这句诗词，恰好也是对京唐港人 30 年搏击市场的生动写照，必将激励一代又一代京唐港人继续直面竞争、勇立潮头。

六、党建领航　兼济担当

习近平总书记指出，坚持党的领导，加强党的建设，是国有企业的根和魂。作为市属国有大型骨干企业，唐山港集团 30 年发展历程，无论体制机制如何改革，无论市场环境如何变化，坚持党的领导、加强党的建设这个根和魂，从未改变、从不动摇。唐山港集团坚持党建引领，把独特的政治优势，与生动的港口实践相融合，转化成了企业坚定前行、创新发展的深厚底蕴、竞争优势。

坚持规范用权，确保科学决策。将党建工作写入公司章程，把党委研究作为董事会、经理层决策的前置程序。把党的领导内嵌到企业法人治理结构之中，切实保证党把方向、管大局、保落实，发挥领导核心和政治核心作用。公司党委班子不断加强自身建设，制定完善并严格执行《“三重一大”决策制度》和《党委会议事规则》，坚持民主管理、民主决策和民主监督，坚持按制度、规矩管人管事，从而有效保证了决策科学、执行落地，自建港以来，没有发生任何大的决策失误，大港事业发展一步一个脚印，行稳致远。

发挥政治优势，保持昂扬斗志。始终坚持党要管党、全面从严治党。特别是党的十八大以来，认真开展党的群众路线教育、“三严三实”专题教育、“两学一做”学习教育和“不忘初心、牢记使命”主题教育实践活动，主题教育与港口发展相结合，凝聚合力，激发活力，全体党员干部牢固树立“四个意识”、始终坚持“四个自信”、坚决做到“两个维护”。始终坚持党管干部，确保正确的选人用人方向。自2003年，公司开始实施中层干部竞聘上岗，按照董事会任期，每三年进行集中竞聘，“能者上、平者让、庸者下”“让有为者有位”“干部自己提拔自己”在公司蔚然成风。基层党组织战斗力不断强化，党员干部先锋模范作用不断凸显，始终是企业发展的中流砥柱。

弘扬优秀文化，凝聚发展合力。30年建设与发展，凝聚形成了“发展港口、成就员工、奉献社会、回报股东”的企业宗旨，“以奉献港口为荣，以有损港口为耻”的企业价值观，“艰苦奋斗、自强不息、事事求好、敢为人先”的企业精神。人塑大港港塑人。如今，这些直白易懂的词句，早已融入港口肌体之中，成为每一名京唐港人的精神价值追求和基本行为准则。积极回应职工的追求，把以人民为中心的思想落到了实处，并贯穿于港口发展、经营管理的全过程。顶层设计+全员创新模式，创新工作室、QC小组、合理化建议平台，创新发展的智慧火焰竞相迸发；技术比武、岗位练兵、技能大赛，岗位建功的实干激情充分涌流；一批批在实践中脱颖而出的先进个人和集体，照亮了大港奋进的壮丽征程；职工大合唱、诗歌朗诵会、摄影书画展、职工运动会、职工休假疗养等活动让人心凝聚、让梦想共鸣。

履行社会责任，体现国企担当。在港口大家庭里，广大职工快乐工作、健康生活，自豪、快乐、友爱，和谐共建，充盈着每一个角落；“三必访、三必谈”，实施五险两金，工资不断增长，职工获得感、归属感、幸福感不断增强；企业好，职工才会好，既是思想共鸣，又是实践指针；发展港口、成就员工，成为企业永恒的主题和亮丽的风景。创建文明单位，开展志愿服务，参与赈灾捐款、精准扶贫、爱心救助，支持世园会、陶博会，帮扶困难企业，助力新农村建设，企业坚实的臂膀，撑起了国有企业的责任与担当。

建港以来，京唐港人牢记初心使命前行，先后荣膺全国五一劳动奖状、全国模范职工之家、全国青年文明号、全国最具成长性企业、全国交通百强企业、全国电煤运输先进单位、全国模范劳动关系和谐企业、中国诚信企业、全国文明诚信示范单位、建党 90 周年全国企业党建工作先进单位、河北省五一劳动奖状、河北省先进集体、河北省文明单位、河北省政府质量奖、河北省企业文化建设示范单位、振兴唐山先进单位、唐山市模范职工之家等多项殊荣。与此同时，数十名干部职工荣获全国劳动模范、全国五一劳动奖章、国务院特殊津贴专家、国家科技进步奖，数百名干部职工获得河北省劳动模范、唐山市劳动模范等各种荣誉，成为这个追逐光荣与梦想的大家庭中最光彩、鲜活的群英谱。

30 年的足迹，30 年的航程，京唐港区在唐山、在河北、在京津冀城市群、在广袤的“三北”大地、在东北亚及泛太平洋地区、在“一带一路”沿线国家，都留下了鲜明的印记。

2019 年，京唐港区迎来建港 30 周年。年初，中共唐山市委、市人民政府决定重点在 10 个方面取得新突破，提出“坚定不移走‘一港双城’之路，在现代化滨海城市建设上实现新突破”“坚定不移做好经略海洋文章，在港口和海洋经济发展上实现新突破”。2 月，中共河北省委、河北省人民政府召开全省沿海经济带建设工作会议，要求“要深入学习贯彻习近平新时代中国特色社会主义思想和党的十九大精神，认真贯彻落实习近平总书记对河北工作重要指示批示和党中央决策部署，统一思想、提高认识，抢抓机遇、奋发作为，加快推进沿海经济带高质量发展，为新时代全面建设经济强省、美丽河北提供有力支撑”。在加快推动港口转型升级、加快做大做强临港产业、加快发展海洋特色产业等方面，提出了具体要求。新时代的发展方位与省市工作部署，以及对港口的特别要求与期待，这些都为京唐港区今后发展指明了方向。三十而立再出发。在中华民族伟大复兴征程上，唐山港集团将坚持以习近平新时代中国特色社会主义思想为指引，不忘初心、继续前进，继续抢抓国家“一带一路”倡议和京津冀协同发展战略机遇，加快转变港口发展方式，以改革释放红利，以创新挖掘潜力，以开放激发活力，以项目凝聚动力，把握高质量发展的前进方向，进一步完善港口基础设施，进一步优化港口功能结构，进一步拓展港口业务领域，进一步提升港口综合服务能力，继续以赶考的姿态和担当，加快推进专业化、深水化、集装化、园区化、生态化“五化”转型，着力推动综合港口、国际港口、物流港口、智慧港口、金融港口、生态港口“六个港口”建设，深化培育和塑造核心竞争优势，推动新时代高质量发展不动摇、不松劲，努力把京唐港区早日建成国内一流、国际知名的综合型国际化贸易大港。

“一切伟大成就都是接续奋斗的结果，一切伟大事业都需要在继往开来中推进。”30 年众志成城，30 年砥砺奋进，30 年春风化雨，30 年谱就华章。对这段历史的最好纪念，就是书写新的辉煌历史；对这段历史的最大致敬，就是创造新的更大奇迹。

我们期待，这个港口在新时代续写华美篇章！

我们祝福，这个港口在新征程上再创新辉煌！

附　录

附录一　唐山港京唐港区主要荣誉称号一览

（2009—2018）

2009年

2月　唐山港集团股份有限公司被河北省安全生产监督管理局授予2008年度河北省安康杯优胜企业。

2月　唐山港集团工会荣获唐山市2008年度宣教文体工作先进单位。

3月　唐山港集团工会被唐山市总工会授予唐山市模范职工之家。

4月　唐山港集团被唐山市总工会、市科学技术局评为2008年度唐山市职工经济技术创新活动先进单位，第二港埠公司技术工艺科被评为唐山市职工先锋号，“京唐港20～22#泊位码头主题结构设计优化”项目被评为唐山市职工经济技术创新活动优秀创新成果奖。

4月　唐山港集团荣获唐山市第十二届职工职业技能大赛优秀组织单位。

7月　唐山港集团荣获河北省公安治安防范工作先进单位。

10月　唐山港集团被唐山市总工会评为2009年度工人报发行工作模范单位。

12月　唐山港集团荣获第三次全国港口普查先进集体称号。

12月　唐山港集团被中国诚信企业评委会评为2009年度中国诚信企业。

12月　唐山港集团被河北省交通运输厅评为第三次全国港口普查先进集体。

12月　唐山港集团工会被唐山市总工会评为开展“共同约定行动”先进单位。

本年　唐山港集团在中国国际海运网组织的2009第六届中国船港服务星光榜评选中获四星级港口称号。

唐山港集团被河北省水运工程质量安全监督局授予2009年水运工程质量安全管理先进单位。

唐山港集团被中共唐山市委、市政府授予2008—2009年度唐山市文明单位。

唐山港口实业集团荣获2008—2009年振兴唐山先进单位。

唐山港集团荣获2008—2009年振兴唐山先进单位。

唐山港集团第二港埠公司荣获2008—2009年度工人先锋号。

唐山港集团被中共唐山市委、市政府授予2008—2009年度军民共建先进单位。

唐山港口实业集团有限公司被中共唐山市委、市政府授予2009年度重点项目建设工作先进单位。

唐山港集团被唐山市精神文明建设委员会办公室、市企业信用管理协会评为2009年度一级诚信企业（AAA）。

唐山港集团被唐山市安监局评为2009年度“安康杯”竞赛优胜企业。

唐山港集团工会被唐山市总工会评为全市工会系统2009年度信息工作先进单位。

唐山港集团工会被唐山市总工会评为2009年度职工技协工作先进集体。

孙文仲　全国五一劳动奖章
　　　　唐山市2008和2009年度“新唐山建设卓越功勋奖”

杨志伟　河北省劳动模范
　　　　唐山市职工经济技术创新活动创新能手

张志辉　河北省公安“治安防范工作先进个人”

李立东　唐山市2009年度重点项目建设先进工作者

张小锐　唐山市职工经济技术创新活动创新能手

宋庆福　唐山市第十二届职工职业技能大赛技术能手

杨立光　唐山市第十二届职工职业技能大赛技术能手

2010年

1月　唐山港集团被唐山市总工会授予唐山市实施职工素质工程先进单位。

5月　唐山港集团被唐山市总工会授予唐山市模范职工之家；液体化工码头分会被授予唐山市模范职工小家。

5月　唐山港口实业集团2010年度业绩考核为A级（优秀）。

6月　唐山港集团荣获唐山市总工会颁发的学习张雪松——读书，敬业，创新演讲比赛组织奖。

9月　唐山港集团被河北省中小企业、省企业联合会、省企业管理咨询协会评为河北省第四届最具影响力和最具成长性企业。

9月　唐山港集团被唐山市总工会评为2010年度工人报发行工作先进单位。

9月　京唐港煤炭港埠有限责任公司被授予2010—2011年度河北省诚信企业。

12月　唐山港集团被河北省总工会授予2010年度河北省企业文化建设示范单位。

本年　唐山港集团被中国诚信企业评选委员会评为2010年度中国诚信企业。

唐山港集团被中国企协、改革发展研究会、企评办公室评为2010年度全国文明诚信示范单位。

唐山港集团被中国企业十大新闻评选委员会评为2010年度最具成长性企业。

唐山港集团被河北省工商行政管理学会评为2010年度重质量守信誉单位。

唐山港集团被河北省诚信企业评选委员会评为河北省诚信企业。

唐山港集团荣获2010年度河北省安全生产管理先进单位。

唐山港集团被河北省交通运输厅评为2010年度全省交通运输系统信息调研工作先进信息直报点。

唐山港口实业集团被唐山市国资委评为2010年度安全生产先进单位，综合办公室被评为安全生产先进集体。

唐山港集团被唐山市精神文明建设委员会、市企业信用管理协会评为2010年度一级诚信企业（AAA）。

唐山港集团被唐山市政府办公厅评为2010年度唐山市政务信息工作先进单位。

唐山港集团荣获2010年度唐山市安全生产先进单位。

唐山港口实业集团项目建设部荣获唐山市2010年度模范职工小家称号。

唐山港集团被唐山市总工会和市科技局评为2010年度唐山市职工经济技术创新活动先进单位，唐山港集团“铁路公司平交路口改造预制整体道床结构工程”项目被评为唐山市职工经济技术创新活动优秀创新成果奖。

唐山港集团被唐山市绿化委员会授予2010年度唐山市唐河上游及南湖生态圈植树先进单位。

孙文仲 河北省第四届最受关注企业家

杨志伟 全国劳动模范

赵治川 河北省企业文化建设先进个人

唐山市劳动模范

付立生 唐山市劳动模范

于学杰 唐山市劳动模范

裴俊先 2010年度唐山市安全生产先进工作者

朱　嵬 唐山市精神文明建设先进工作者

2011年

2月　唐山港集团第二港埠公司门机队被中国海员建设工会全国委员会授予2011年度全国交通建设系统工人先锋号。

3月　唐山港集团荣获唐山市安监局组织的《安全生产法律法规知识竞赛》二等奖。

4月　唐山港集团被河北省总工会授予河北省五一劳动奖状。

4月　唐山港集团被唐山市总工会授予唐山市模范职工之家。

4月　唐山港口实业集团荣获唐山市厂务公开民主管理工作先进单位。

4月　唐山港集团荣获唐山市厂务公开民主管理工作先进单位。

6月　唐山港集团被中国企业党建研究中心评为建党90周年全国企业党建工作先进单位。

7月　唐山港口实业集团项目建设部

被唐山市总工会评为唐山市 2010 年度模范职工小家。

7 月 京唐港煤炭港埠有限责任公司被评为国家 AAA 级信用企业。

7 月 唐山港集团荣获 建党 90 周年全国企业党建工作先进单位称号。

8 月 唐山港集团被国家人力资源和社会保障部、中华全国总工会、中国企业联合会、中华全国工商业联合会授予全国模范劳动关系和谐企业称号。

9 月 唐山港集团被河北省诚信企业评选委员会评为河北省诚信企业。

10 月 唐山港集团被河北省中小企业局、省企业联合会、省企业管理咨询协会评为河北省第五届两星级最具影响力和最具成长性企业。

12 月 唐山港口实业集团被唐山市政府、河北省交通厅授予唐山港货物吞吐量突破 3 亿吨突出贡献单位。

12 月 唐山港集团被唐山市政府、河北省交通运输厅授予唐山港货物吞吐量突破 3 亿吨突出贡献单位。

12 月 唐山港口实业集团“深水板桩码头新结构成套技术开发研究”成果获得 2011 年度中国水运建设行业协会科学技术奖特等奖。

本年 唐山港集团被中国合作贸易企业协会、改革发展研究会、中国企业信用评价中心评为 2011 年度全国文明诚信示范单位。

唐山港集团被中共河北省委、省政府授予河北省 2010—2011 年度文明单位。

唐山港集团被河北省工商学会评为 2011—2012 年度重质量守信誉单位。

唐山港集团被河北省交通运输厅评为 2011 年度全省交通运输系统信息直报点。

唐山港集团荣获 2011 年度河北省诚信企业称号。

唐山港口实业集团获得 2011 年度领导班子综合考评优秀单位。

唐山港集团获得 2011 年度领导班子综合考评优秀单位。

唐山港口实业集团荣获 2010—2011 年度振兴唐山先进单位。

唐山港集团荣获 2010—2011 年度振兴唐山先进单位；唐山港集团第一港埠公司门机队荣获工人先锋号称号。

唐山港口实业集团被中共唐山市委、市政府授予新农村建设帮扶工作先进单位。

唐山港口实业集团荣获唐山市国资委 2011 年度经济运行信息报送工作优秀组织奖。

唐山港集团被唐山市总工会、市安监局评为唐山市 2011 年度“安康杯”竞赛优胜企业。

孙文仲 全国优秀诚信企业家

全国最受关注企业家（2011 年度）

全国交通运输行业十大管理杰出人物

2010—2011 全国水路运输企业管理十大杰出人物

河北省第五届两星级最受

关注企业家
唐山市第六批市管优秀专家
2011 年度综合考评优秀领导干部

赵治川 全国企业优秀党委书记
2011 年度综合考评优秀领导干部

董文才 河北省第六批省管优秀专家
2011 年度综合考评优秀领导干部
唐山市优秀工会之友

王首相 2011 年度综合考评优秀领导干部

于　泳 唐山市第六批市管优秀专家

于学杰 全国五一劳动奖章

李立东 唐山市国资系统安全生产先进个人

葛素霞 唐山市帮扶新农村建设先进工作者

2012 年

1 月 唐山港口实业集团被河北省交通运输厅授予河北省港口吞吐量突破 7 亿吨突出贡献单位。

1 月 唐山港集团被河北省交通运输厅授予河北省港口吞吐量突破 7 亿吨突出贡献单位。

1 月 唐山港口实业集团获得河北省港航系统“百日决战”先进集体。

1 月 唐山港口实业集团获得河北省港航系统政风行风先进集体。

1 月 唐山港口实业集团获得河北省港航系统统计工作先进集体。

1 月 唐山港集团获得河北省港航系统政务信息、新闻宣传先进集体。

1 月 京唐港液化码头有限公司获得河北省港航系统安全生产及隐患大排查大整改先进集体。

2 月 唐山港集团荣获河北省港航系统政务信息、新闻宣传先进集体。

2 月 唐山港口实业集团工会被评为唐山市“素质提升行动”优胜单位。

3 月 唐山港口实业集团被唐山市国资委授予安全生产绩效管理 A 级企业称号，综合办公室被授予安全生产绩效管理工作先进集体。

3 月 唐山港集团工会荣获河北省优秀基层工会组织称号和唐山市工资集体协商行动优胜单位。

4 月 唐山港集团被唐山市总工会授予唐山市模范职工之家。

5 月 唐山港口实业集团“风暴潮对港口水陆域及航道安全影响研究”荣获中国航海学会科学技术奖一等奖。

6 月 唐山港集团工会审查委员会被唐山市总工会评为唐山市 2011 年度工作经审工作先进集体。

10 月 唐山港集团煤炭港埠有限责任公司被河北省诚信企业评选委员会评为河北省诚信企业。

12 月 唐山港口实业集团荣获唐山市厂务公开民主管理示范单位。

12 月 唐山港集团荣获唐山市厂务

公开民主管理示范单位。

12月 唐山港集团荣获唐山市2011年度国有企业财务决算暨2012年度经济运行信息报送工作组织奖。

本年 唐山港集团被中国合作贸易企业协会、中国企业信用评价中心、商务部研究院信用评级与认证中心评为2012年度中国AAA级信用企业。

唐山港集团被河北省档案局评定为河北省企业档案工作目标管理“三星”。

唐山港口实业集团被中共唐山市委授予创先争优基层党组织。

唐山港口实业集团被中共唐山市委、市政府授予唐山市和谐企业。

唐山港口实业集团被中共唐山市委、市政府授予2010—2011年度唐山市文明建设先进单位。

唐山港集团被中共唐山市委、市政府评为2011—2012年度唐山市文明单位。

唐山港集团被唐山市劳动竞赛委员会授予唐山市2012年度劳动竞赛先进单位称号，荣记振兴唐山三等功。

唐山港口实业集团被评为唐山市2012年度安全生产优秀单位和优良单位，唐山港口实业集团项目建设部荣获安全生产先进集体。

唐山港集团被评为唐山市2012年度安全生产优秀单位和优良单位，京唐港煤炭港埠有限责任公司荣获安全生产先进集体。

唐山港集团被唐山市总工会、市安监局评为2012年度唐山市“安康杯”竞赛优胜单位。

唐山港口实业集团被唐山市档案局评为2012年度唐山市档案工作先进集体。

唐山港集团被唐山市档案局评为2012年度唐山市档案工作先进集体。

孙文仲 河北省突出贡献青年专家
河北省港口吞吐量突破7亿吨突出贡献个人

赵治川 唐山市劳动模范

董文才 国务院特殊津贴专家
河北省港口吞吐量突破7亿吨突出贡献个人
河北省港航系统“百日决战”先进个人
唐山市劳动模范

王首相 河北省港口吞吐量突破7亿吨突出贡献个人

金东光 河北省港口吞吐量突破7亿吨突出贡献个人

高　峰 河北省港航系统安全生产及隐患大排查大整改先进个人

党大力 河北省港航系统安全生产及隐患大排查大整改先进个人

李慧哲 2012年河北省质量标兵

马志刚 唐山市劳动模范

葛　兵 唐山市劳动模范

2013年

1月 唐山港集团被唐山市总工会评为唐山市厂务公开民主管理先进单位。

3月 唐山港集团荣获唐山市职工经

济技术创新活动先进单位。

9月 唐山港集团被河北省诚信企业评选委员会办公室评为河北省诚信企业。

12月 唐山港集团被河北省中小企业局、省企业联合会评为河北省第七届最具影响力和最具成长性企业。

12月 京唐港煤炭港埠有限责任公司被河北省企业家协会评为2013年河北省诚信企业。

本年 唐山港集团被中华全国总工会、国家安监总局评为2013年度全国“安康杯”竞赛活动优胜单位。

唐山港口实业集团被河北省人社厅、省博士后管委会授予河北省博士后创新实践基地。

唐山港集团被河北省工商学会评为2012—2013年度重质量守信用单位。

唐山港集团被河北省交通运输厅评为2013年度交通运输政务信息工作先进单位。

唐山港集团被河北省档案局评定为河北省企业档案工作目标管理“四星”。

唐山港口实业集团“京唐港区26～27#集装箱泊位工程、36～40#煤炭泊位工程”被评为2013年度河北省水运工程“平安工地”示范等级项目。

唐山港集团被中共唐山市委、市政府授予2012—2013年度唐山市文明单位。

唐山港口实业集团荣获2012—2013年度振兴唐山先进单位。

唐山港集团荣获2012—2013年度振兴唐山先进单位。

唐山港集团工会被唐山市职工文化体育协会评为2013年度唐山市职工文化体育工作先进单位。

宣国宝 全国“安康杯”竞赛优秀组织者

马志刚 唐山市厂务公开民主管理先进个人

张广敏 唐山市厂务公开民主管理先进个人

李建振 唐山市安全生产先进工作者

葛笑海 唐山市安全生产先进工作者

2014年

2月 唐山港集团荣获全国模范职工之家。

2月 唐山港口实业集团荣获河北省模范职工之家。

3月 唐山港口实业集团被河北省交通运输厅评为河北省交通运输系统重点项目建设创先争优劳动竞赛优秀单位。

3月 唐山外轮理货有限公司理货科被中国外轮理货总公司评为文明示范窗口。

4月 唐山港集团第二港埠公司库场科荣获唐山市工人先锋号称号。

5月 唐山港集团被唐山市总工会、市文明办、市委宣传部、市国资委评为第二届唐山市职工职业道德建设标兵单位，同时荣立“振兴唐山立功竞赛”活动集体三等功。

8月 唐山港口实业集团“京唐港区26～27#集装箱泊位工程码头、港池疏浚工程”被河北省水运工程质监局评为“平安工地”示范等级。

9月 唐山港集团荣获2014年唐山市职工艺术节全健排舞大赛二等奖。

11月 唐山港集团被中共河北省委、省政府授予2012—2013年度河北省文明单位。

11月 唐山港口实业集团获得“清风之城·廉洁唐山”廉政公益广告微电影大赛最具推动力奖。

12月 唐山港集团被河北省质量技术监督局授予服务行业标准化示范单位。

12月 唐山港集团拖轮公司荣获2014年度唐山市海上搜救工作先进单位。

本年 唐山港口实业集团“京唐港区‘粉沙质海岸泥沙运动规律研究及工程应用’项目”获得2014年度国家科技进步奖二等奖。

唐山港集团在《中国证券报》评选的2014年度中国上市公司金牛奖十大榜单中，荣获金牛上市公司百强奖。

唐山港集团被河北省交通运输厅评为2014年度河北省交通运输系统重点项目建设创先争优劳动竞赛优秀单位。

唐山港集团被河北省交通运输厅评为全省交通运输系统政务信息工作2014年度先进集体。

唐山港集团被河北省档案局评定为河北省企业档案工作目标管理“五星”。

孙文仲 国务院政府津贴专家
河北省杰出企业家
河北省省管优秀专家

王首相 河北省劳动模范

和德明 河北省劳动模范

张小锐 唐山市劳动模范

金东光 唐山市劳动模范

吴福利 唐山市劳动模范

王国增 唐山市劳动模范

杜海涛 唐山市劳动模范

马志刚 河北省优秀工会积极分子

杭永兴 河北省优秀工会积极分子

刘井田 唐山市海上搜救先进个人

2015年

1月 唐山港集团被唐山市安全生产委员会授予唐山市安全文化建设示范企业。

2月 唐山港集团被中国物流与采购联合会授予AAAAA物流企业。

6月 唐山港集团被交通运输部授予交通运输企业安全生产标准化达标等级证书（一级）。

6月 唐山港集团荣获唐山市工业转型升级先进企业。

8月 唐山港集团被河北省交通企业协会评为2015年度河北省交通运输优秀服务品牌。

9月 唐山港集团被河北省政府授予河北省政府质量奖。

10月 唐山港集团港机船舶维修公司电气检修班获得河北省质量信得过班

组“推国优”。

11月 唐山港口实业集团“唐山港京唐港区深水航道建设关键技术研究”项目获2015年度中国港口协会科学技术一等奖。

12月 唐山港集团荣获中国国际电子商务中心、北京国泰信用管理有限公司颁发的企业信用等级证书（AAA）。

12月 唐山港集团被中国交通企业管理协会、交通行业优秀企业管理成果评审委员会评为2015年度全国交通运输优质服务示范物流企业和全国交通运输行业重点联系物流园区（企业）。

12月 唐山港集团被河北省质量奖评审委员会、省质量技术监督局评为2015年河北省服务名牌。

本年 唐山港集团被国家“贯彻实施新安法，严格落实各项法律责任”知识竞赛组委会评为“贯彻实施新安法，严格落实各项法律责任”知识竞赛优秀奖。

唐山港集团被中共河北省委、省政府评为2014—2015年度河北省文明单位。

唐山港集团荣获河北省信息化与工业化融合示范企业。

唐山港集团被河北省质量奖评审委员会、省质监局授予2015年度河北省质量奖组织奖。

唐山港口实业集团获得2015年度唐山市委、市政府领导班子考核优秀单位。

唐山港集团被唐山市档案局评为2015年度唐山市档案工作先进集体。

唐山港集团工会被唐山市总工会评为2015年度唐山市模范职工之家。

孙文仲 全国劳动模范

宣国宝 河北省政府特殊津贴专家

于　泳 河北省“三三三人才工程”二层次人才

杜海涛 河北省“能工巧匠”

郝振辉 河北省“能工巧匠”

侯志方 唐山市职工职业技能大赛技术状元

李慧哲 唐山市政府质量奖

2016年

1月 唐山港集团被河北省安全生产委员会授予河北省企业安全生产诚信等级证书（A级）。

3月 京唐港首钢码头有限公司被唐山市安监局授予2015年安全文化建设示范企业称号。

4月 唐山港集团被河北省现代物流协会、省物流与采购联合会评为2015年度河北省物流50强企业。

5月 唐山港口实业集团“三提一创”活动被唐山市文明办评为唐山市文明单位创新工作品牌优秀案例。

6月 唐山港集团被中国交通企业管理协会评为全国交通运输节能减排先进单位。

6月 唐山港集团被河北省质量技术监督局、省工业和信息化厅、省科学技术协会、省总工会、共青团河北省委、

省妇女联合会、省质量协会评为2016年度河北省质量管理小组活动优秀企业。

6月 唐山港集团被唐山市总工会授予模范职工之家。

6月 唐山港集团荣获唐山市职工“安全在我心中”演讲比赛优秀组织奖。

7月 中共唐山港口实业集团党委、唐山港集团党委被唐山市国资委评为先进基层党委；唐山港国际集装箱码头有限公司党支部，唐山港集团第一港埠公司党支部、第二港埠公司党支部、拖轮公司党支部，京唐港首钢码头有限公司党支部被评为先进基层党支部。

9月 唐山港集团被河北省企业管理现代化创新成果审定委员会评为2016年省级三等企业管理现代化创新成果。

9月 京唐港首钢码头有限公司被中国港口协会授予四星级“中国绿色港口”。

11月 唐山港口实业集团“京唐港区东南防波堤工程”被评为2016年河北省水运工程“平安工地”示范项目。

12月 唐山港集团“专业化散货泊位带式输送机洒落料自动回收系统”科技成果，获得2016年度中国港口协会科学技术奖二等奖。

12月 唐山港集团“唐山港车辆智能作业一体化管理系统”科技成果，获得2016年度中国港口协会科学技术奖三等奖。

本年 唐山港集团被中国交通企业管理协会、交通行业优秀企业管理成果评审委员会评为2016全国交通运输先进物流企业。

唐山港口实业集团“京唐港区20万吨级航道工程”荣获2016—2017年度国家优质工程奖。

唐山港口实业集团“京唐港区26～27#泊位工程”荣获河北省港航局科技示范工程。

中共唐山港口实业集团党委获得唐山市国资委2015—2016年度先进基层党组织称号。

中共唐山港口实业集团纪委获得唐山市国资委2015—2016年度先进纪委称号。

唐山港口实业集团被评为唐山市国资委系统2016年度信息工作先进单位。

唐山港集团被唐山市交通安全委员会、市公安交通警察支队评为2016年度交通安全工作先进单位。

唐山港集团被中共唐山市委宣传部、市思想政治工作研究会评为2016年度唐山市思想政治工作先进集体。

孙文仲 河北省优秀共产党员。

宣国宝 河北省五一劳动奖章
唐山市“三个努力建成”十大突出工作先进个人

2017年

2月 京唐港煤炭港埠有限责任公司被河北省文明办、省企业信用促进会评为河北省创建诚信企业先进单位。

2月 唐山港口实业集团“唐山港京唐港区深水航道建设关键技术”项目，

荣获河北省科学技术进步二等奖。

4月　唐山港集团被河北省总工会授予河北省五一劳动奖状。

4月　唐山港集团信息技术公司获得河北省软件与信息服务业优秀企业。

5月　唐山港集团被唐山市总工会评为唐山市模范职工之家。

7月　唐山港集团被中国交通企业管理协会评为交通运输节能减排示范单位。

7月　唐山港集团被河北省质量技术监督局、省工业和信息化厅、省总工会、共青团河北省委、省妇女联合会、省科学技术协会、省质量协会评为2017年度河北省质量管理小组活动优秀企业。

7月　唐山港集团高线装卸优化项目获得河北省交通运输厅2017年度优秀科技成果三等奖。

9月　唐山港集团被河北省诚信企业评选委员会、企业家协会评为2017年河北省诚信企业。

9月　唐山港集团被唐山市企业信用管理协会、市企业信用评价委员会评为唐山市AAA级信用企业。

10月　京唐港煤炭港埠有限责任公司被河北省企业家协会评为2017年河北省诚信企业。

11月　唐山港集团被河北省质量协会评为2017年河北省实施卓越绩效先进单位。

12月　唐山港集团专业化散货泊位带式输送机洒落料自动回收系统项目被河北省质量技术奖励委员会评为一等奖。

12月　唐山港集团铸管专用吊具的研发项目被河北省质量技术奖励委员会评为二等奖。

12月　唐山港集团半自动化钢轨专用组合吊钳的研发项目被河北省质量技术奖励委员会评为三等奖。

本年　京唐港首钢码头有限公司一期工程和第四港池20万吨级内航道工程均荣获2016—2017年度国家水运交通优质工程奖。

唐山港口实业集团荣获河北省水运工程“平安工地”建设示范等级项目。

唐山港口实业集团被中共唐山市委、市政府授予唐山市文明单位。

唐山港口实业集团获得中共唐山市委综合考评优秀单位。

唐山港口实业集团荣获唐山市思想政治工作先进集体。

唐山港口实业集团被唐山市总工会授予唐山市模范职工之家。

唐山港口实业集团荣获唐山市国资委系统先进基层党组织。

唐山港口实业集团荣获唐山市国资委系统安全生产优秀单位。

唐山港口实业集团被评为2017年度唐山市国资委系统信息工作先进单位。

唐山港集团获得中共唐山市委综合考评优秀单位。

津唐国际集装箱码头有限公司被唐山市安监局评为2017年度市级安全文化建设示范单位。

中共京唐港煤炭港埠有限责任公司党支部被“路港贸联创”理事会评为2017年“路港贸联创”文明共建优秀党支部；京唐港煤炭港埠有限责任公司库场部、唐港铁路有限责任公司运输科被评为2017年“路港贸联创”先进集体。

孙文仲 唐山市优秀领导干部

于　泳 河北省管优秀专家

河北省政府科技进步二等奖

赵　辉 河北省政府科技进步二等奖

孙淑存 唐山市精神文明建设先进工作者

樊红玉 唐山市维修电工技术状元

2018年

1月　唐山港口实业集团等单位完成的“深水板桩码头新结构关键技术研究与应用”项目，荣获2017年度国家科学技术进步奖二等奖。

2月　唐山港集团被中国物流与采购联合会评为AAAAA物流企业。

3月　京唐港煤炭港埠有限责任公司被唐山市企业信用管理协会评为唐山市AAA级诚信企业。

4月　唐山港集团专业煤炭码头公司装卸船部被河北省总工会评为2018年河北省工人先锋号。

5月　京唐港煤炭港埠有限责任公司被中国企业联合会授予国家级AAA级诚信企业。

6月　唐山港集团党委被中共唐山市委组织部命名为唐山市基层党组织建设示范点。

8月　京唐港首钢码头有限公司一期工程被中国施工企业管理协会授予2018年度工程建设项目优秀设计成果二等奖。

8月　唐山港集团被评为唐山市2018年度“安全月活动”先进单位。

10月　唐山海港京唐港专业煤炭码头有限公司利器小组QC成果“减少堆取料机单取物料剩余量”被河北省质量协会评为河北省质量科技成果一等奖。

宣国宝 全国五一劳动奖章

唐山市优秀领导干部

唐山市高质量发展先进个人

张志辉 唐山市优秀领导干部

张小强 唐山市优秀领导干部

附录二　唐山港京唐港区大事记 ①

（2009—2018）

2009年

1月1日　神华集团能源股份有限公司副总裁、煤炭运销公司董事长华泽桥率团来唐山港京唐港区调研，双方就增加神华煤炭在京唐港下水量等问题进行交流。

1月5日　京唐港液体化工码头竣工后试运营的第一艘油轮——“太阳希望”号靠泊。将装载唐山佳华煤化工有限公司3000吨煤焦油驶往日本笠冈。

1月6日　唐山港集团股份有限公司董事长孙文仲主持召开党政联席会议，对机构调整、班子成员分工、调资、企业年金及2009年重点工作等议题进行研究。

1月9日　唐山市科学发展示范项目考核组来京唐港区检查绿色港口模式建设情况。

1月9—10日　唐山港集团在北戴河召开总经理办公会。会议审议了公司2008年度工作总结，研究了2009年经营目标和预算；审议了公司编制、企业年金、调资等方案；对生产经营、企业管理及精神文明建设等做出安排部署。

1月13日　国务院发展研究中心产业发展研究室主任钱平凡博士率领建设国家煤炭储备体系和配煤基地课题组来京唐港区调研。

同日　河北海事局召开《京唐港液体化工码头有限公司液体化工和成品油泊位海上污染风险评估与应急设备配备报告》专家评审会。报告通过专家验收。

1月20日　唐山港集团2008年度技术创新成果奖评选活动揭晓。评出一等奖5项、二等奖8项、三等奖11项、1个经济技术创新先进单位和3个示范岗。

2月5日　深圳发展银行天津分行行长周海良一行来京唐港区洽谈合作。双方就融资问题初步达成合作框架协议。

2月10日　唐山港集团召开总结表彰动员大会。会议表彰了2008年度先进集体和先进个人，总结、安排部署工作，客观分析京唐港区的内外环境，制定了“1128”发展战略。

2月11日　唐山“四点一带”领导小组办公室副主任吕来存就唐山港岸线

① 有关港口集体和个人的主要荣誉称号见《附录二　唐山港京唐港区主要荣誉称号一览（2009—2018）》。

规划和功能定位等事宜来京唐港区调研。

2月17日 唐山市安全专项督导组来京唐港区检查指导特种设备安全管理工作。

2月18日 国家发改委基础产业司副司长宋朝义来京唐港区调研。河北省发改委副主任、省重点办主任谢占海陪同调研，唐山市副市长辛志纯汇报唐山港生产运营情况。

3月3日 大连港集团股份有限公司总经理姜鲁宁一行来港区参观考察。

3月5日“真理”号货轮作业完毕安全离港，标志着第一批保税货物正式在京唐港区保税货物堆场运作。

同日 河北省总工会民管部部长刘明伟等来京唐港区，就创建劳动关系和谐企业和“共同约定行动”倡议落实情况进行督导检查。

同日 石家庄海关副关长杨春杰率团来京唐港区考察调研。

3月10日 中共河北省委常委、宣传部部长聂辰席来京唐港区调研。省委常委、市委书记赵勇等陪同。

3月13日 河北省交通运输厅在京唐港区主持召开京唐港区7万吨级航道及配套防波堤工程竣工验收会。该工程通过竣工验收。

3月16日 经中共唐山港集团党委、集团公司研究，决定任命马志刚等8人中层领导职务；决定推荐付立生为工会副主席（中层正职）。经集团公司党政联席会研究，决定聘任单利霞等22人为公司中层领导。

3月26日 铁道部运输局副局长郭玉华率铁道部铁路运输局、太原铁路局等7个单位相关负责人来京唐港区，就铁路货物运输及“C80B”型煤炭大列接卸情况进行指导和部署。

同日 河北省港航管理局在唐山港大厦召开唐山港生产、安全和港口建设工作座谈会。

3月27日 唐山港集团召开三届一次职工（会员）代表大会。会议选举产生了第三届工会委员会，李贵琢任主席，付立生任副主席；周立占任三届经审委员会主任。

3月31日 日本三井物产株式会社物流商品本部部长大森孝生一行来京唐港区参观访问。

4月13日 中共河北省委原常委、常务副省长陈立友致信《唐山港新闻》编辑部，对京唐港区一季度运营成绩和公司发展思路给予充分肯定。

4月14日 太原铁路局副局长闻清良来唐山港现场办公，协调解决运输市场需求增长、铁路运价偏高等具体问题。唐山市副市长辛志纯出席协调会。

4月16日 京唐港区20～22#泊位工程质量及安全验收会举行。该工程已建项目（20#泊位码头主体200米范围内施工项目）顺利通过验收。

4月23日 中远集团深圳远洋运输

股份有限公司副总经理赵玉强到京唐港区考察访问。

同日 唐山市港航局召开京唐港区20～22#通用杂货泊位工程施工图设计审查会。该工程施工图设计通过专家审查。

4月29日 唐山港集团董事长孙文仲荣获全国“五一劳动奖章”，参加了在石家庄召开的河北省表彰劳动模范、先进集体暨庆祝“五一”国际劳动节大会。

4月30日 中共唐山港集团党委书记赵治川召集党委中心组成员集中学习《打造效率唐山创造一流业绩——赵勇同志在全市干部作风建设年动员大会上的讲话》等文件，并进行了交流讨论。

5月5日 中共河北省委常委、常务副省长付志方来京唐港区视察工作。省长助理、省金融办主任江波，市委副书记、市长陈国鹰，市委常委、常务副市长周仲明陪同视察。

5月6日 中共唐山港集团党委副书记李贵琢主持召开专题会议，就防控甲型流感工作的重点、措施和要求进行研究部署。

5月7日 唐山港集团召开第三届三次董事会。会议审议通过了《公司董事会2008年度工作总结和2009年度工作安排的报告》《公司2009年财务预算的议案》《关于聘任王首相同志为唐山港集团股份有限公司总经理的议案》等20项议案。

同日 唐山港集团召开第三届二次监事会。会议审议并通过了《公司监事会2008年度工作总结和2009年度工作安排的报告》。

5月12日 中华全国总工会集体合同部部长张建国，就“和谐劳动关系企业”创建工作和落实“共同约定行动”情况来京唐港区调研。

同日 唐山港集团召开安全生产工作会议。公司副总经理张志辉代表公司安委会与职能部门负责人签订了2009年安全生产责任状。

5月14日 唐山港口投资有限公司和唐山港集团公司召开中层正职干部会议。市委组织部副部长王玉芹宣布市委决定，任命王首相为唐山港集团总经理。

5月15日 国家环保总局原副局长祝光耀、环保部华北督察中心主任熊跃辉一行在河北省环保厅厅长姬振海陪同下来京唐港区考察调研。

5月16日 国家发改委基础产业司司长王庆云一行来京唐港区，就唐山港煤炭下海通道路港衔接工作进行考察。河北省发改委副主任陈永久，交通运输厅副厅长刘广海，唐山市委常委、常务副市长周仲明陪同考察。

5月19日 河北省政府常务副秘书长苏增银一行来京唐港区考察。唐山市领导张义珍、周仲明、邓沛然陪同考察。

同日 以河北省港航局副局长马功文为组长的流感防控督导检查组来京唐港区检查督导甲型H1N1流感防控工作。

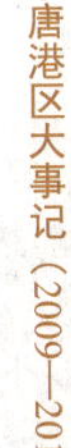

同日 唐山港集团组织召开泉州港—唐山港港口航线推介会。

5月20日 首钢国际贸易工程主任、副总经理苏根生一行来京唐港区考察访问。

5月21日 中共河北省委常委、市委书记赵勇在市委督查室《唐山港集团公司多措并举，化危为机，港口运营呈现逆势上扬的良好局面》调研材料上批示："唐山港做得好，很好！请办公厅转发各地，以鼓舞人心。"

5月25日 河北省政府防控甲型H1N1流感督导检查组来京唐港区检查工作。

5月27日 唐山港集团召开2008年度股东大会。会议审议通过了《公司董事会2008年度工作总结和2009年度工作安排的报告》《监事会2008年度工作总结和2009年度工作安排的报告》《公司2008年财务报告》等13项议案。

同日 唐山港集团召开第三届四次董事会。会议审议通过了《关于申请公开发行股票并上市的议案》《关于授权董事会办理本次发行上市具体事宜的议案》等6项议案。

5月31日 唐山港集团召开绿色港口模式建设专题调度会议。

6月9日 国家海洋局海洋咨询中心召开《京唐港首钢码头有限公司矿石、原辅料及成品泊位工程海域使用论证报告》评审会。该工程海域报告通过评审。

6月10日 石家庄海关在京唐港区召开规范海关监管场所工作会议，了解海关总署171号令落实情况。

6月13日 海关总署加工贸易司司长张皖生一行到京唐港区考察。石家庄海关副关长吴华，唐山市副市长、曹妃甸工业区管委会副主任唐文弘陪同。

6月15日 唐山港集团总经理王首相接受河北电视台《河北新闻联播》节目组的专题采访，全面介绍了京唐港区的发展历程、运营生产情况及发展规划，阐述了京唐港区对腹地，特别是对发展临港产业的重要作用。

6月16日 在第二届河北·曹妃甸临港产业国际合作会议上，董事长孙文仲代表唐山港集团与承德相关领导签署了《关于设立承德内陆港物流有限公司协议书》，合作建设承德内陆港项目正式启动。

同日 河北省金融办党组副书记、副主任甘中达来京唐港区调研。

6月17日 国家发改委副主任徐宪平，中共河北省委常委、常务副省长付志方，一同到京唐港区调研。中共唐山市委副书记、市长陈国鹰，市委常委、常务副市长周仲明陪同调研。

6月18日 唐山港集团和中石化长城润滑油公司联合召开中国石化长城船用润滑油河北地区技术交流会。唐山港集团总经理助理、外供公司董事长姚希东在会上发言。

7月1日　中共唐山港口投资公司、唐山港集团党委举行纪念建党88周年暨“七一”表彰大会，表彰2008—2009年度先进党支部、优秀党务工作者和优秀共产党员，举行新党员入党宣誓仪式。

7月6日　唐山港集团总经理王首相主持召开总经理办公会，研究、部署公司下半年重点工作。

7月7日　中国外轮理货总公司总经理朱建辉一行来京唐港区调研。

7月9日　中共唐山市委副书记、市长陈国鹰率科学发展重点项目观摩团来京唐港区参观考察。

7月10日　天津市外办主任田贵明一行来京唐港区调研。

7月14日　中化国际（控股）股份有限公司副总经理、物流公司事业部总经理张学工一行来京唐港区考察调研。

7月15—17日　唐山港集团2009年重点货主座谈会在内蒙古呼伦贝尔召开。京唐港区支柱货种煤炭、矿石、钢材的200余名重点客户参加会议。

7月17日　河北省发改委财政金融处杨文生处长一行来京唐港区就唐山港集团上市相关工作进行专题调研指导。

同日　河北理工大学科学发展观社会实践活动基地在京唐港区揭牌。

7月22日　唐山市港航局召开京唐港区总体规划调整专题论证报告咨询会议。与会专家认为《报告》提出的思路清晰、内容全面，为京唐港区总体规划调整奠定了基础。

7月29日　大连港集团有限公司董事长邢良忠、总经理孙宏率团来京唐港区考察访问。

8月6日　河北海事局召开京唐港区20#泊位临时靠船安全论证会。京唐港区20#泊位通过临时靠船安全论证。

8月11日　唐山海事局局长李志强一行来港区调研。

8月26日　在第十二届唐山中国陶瓷博览会冠名签约仪式上，唐山港集团获得第十二届唐山中国陶瓷博览会独家冠名权，定名为“唐山港之光”第十二届唐山中国陶瓷博览会。

8月28日　唐山市政府召开京唐港区建港运营20周年座谈会。中共河北省委常委、市委书记赵勇发来贺电，市领导陈国鹰、张国栋、董宝泉、辛志纯出席座谈会。

9月10日　京唐港区两公司党委中心组集体学习。董事长孙文仲就认真贯彻落实廉洁从业等有关规定讲话，党委书记赵治川主持学习。

9月17日　中国长航集团总公司红光港机厂厂长程全红率团来京唐港区考察。

9月18日　河北省劳动人事厅厅长付文才一行来京唐港区检查指导工作。

9月22日　唐山港集团在吉林市雾凇宾馆召开第三届五次董事会。会议讨论通过了《公司董事会2009年度上半

年工作总结和下半年工作安排的报告》《2009年度中期财务报告》《关于投资设立承德市内陆港物流有限公司的议案》等8项议案。

9月24日 全国政协港澳台侨委员会副主任、中国光彩事业促进会副会长、香港合作集团主席胡应湘一行来京唐港区考察工作。唐山市领导周仲明、张艳春、刘建国陪同。

本月 中共河北省委原常委、常务副省长陈立友来京唐港区视察。

10月10日 董事长孙文仲主持召开唐山港集团党政联席会，对下年度工作做出整体安排部署，研究通过了公司干部聘任事宜。

10月14日 北京控股集团股份有限公司董事长王东来京唐港区考察。

10月19日 唐山海事局、江阴海事局、唐山港集团和江阴港口集团股份有限公司举行会晤，对共建唐山—江阴钢铁运输平安航线事项进行研讨。

同日 中共唐山港集团党委书记赵治川赴广西北海、防城两港考察，并参加第六届中国—东盟博览会。

10月20日 唐山港集团董事长孙文仲会见到访的澳大利亚格拉格斯通港首席执行官里欧·苏西诺。双方就焦煤运输合作等问题进行了座谈。

同日 唐山港集团2009年职工职业技能竞赛开幕，赛事设置14个比武项目和5个竞赛项目。竞赛活动于11月底结束。

10月29日 唐山港集团团委召开青年职工座谈会。唐山港集团党委书记赵治川、副书记李贵琢分别讲话，对青年职工提出希望和要求。

11月2日 唐山市国资委副主任董效兵率考核小组来京唐港区，对港口投资公司、唐山港集团高管副职领导干部进行考核。

11月18日 唐山港口实业集团有限公司成立暨揭牌仪式在唐山市举行。该公司在原唐山港口投资有限公司基础上组建成立，属国有独资企业集团。注册资本8.57亿元，覆盖港口建设、码头经营、水路运输、铁路运输、港口疏浚、港口物流等业务领域。

11月25日 宁波港股份有限公司副总裁蔡申康一行来港区参观考察调研。

11月26日 中央第五地方巡查组在副组长管雷的带领下到唐山港巡视工作。中共唐山市委副书记、市长陈国鹰，市委常委、纪委书记邓沛然陪同。

12月10日 张家港市经贸考察团来京唐港区考察。

12月14日 河北海事局召开《唐山港京唐港区船舶通过效率研究成果》课题报告专家评审会。该课题通过专家评审。

12月17日 京唐港区完成货物吞吐量1.0541亿吨，同比增长38%，跨入国内亿吨大港之列。

12月22日 河北海事局召开京唐港区20～22#泊位工程通航验收会。与会专家认为该工程符合通航条件，通过验收。

12月23日 满载5000吨柴油的“建桥518”轮安全靠泊液化码头。京唐港区新增成品油业务。

12月24日 中共唐山市委考核组来京唐港区，对唐山港口实业集团、唐山港集团高层正职领导干部进行考核。

12月28日 京唐港区10万吨级航道疏浚工程及配套防沙导流潜堤工程、导标工程通过交工验收。

本月 京唐港区出口监管仓库顺利通过石家庄海关验收，这是河北省首家通过验收的出口监管仓库。

2010年

1月14日 唐山市科学发展模式试验示范工作考核组对京唐港区绿色港口模式建设项目进行考核。

同日 交通运输部规划院港口规划研究所领导高晖、王福斋一行到京唐港区考察调研。

1月15日 唐山港集团举行总结2009部署2010表彰动员大会，对先进集体、劳动模范、先进工作者进行表彰。

1月21日 河北省原常务副省长陈立友来京唐港区考察工作。

1月28日 沈阳远大企业集团有限公司党委书记、总经济师贺先文，沈阳远大机电装备有限公司总裁陈东等就海港开发区的投资环境到京唐港区考察。

2月4日 大秦线铁路运输协调会议在唐山港大厦召开。

同日 上海振华港机厂总裁康学增在中交一航局五公司总经理朱明春等陪同下到京唐港区考察调研。

2月9日 河北海事局召开京唐港区10万吨级航道工程通航验收会。会议一致认为，京唐港区10万吨级航道工程满足通航验收条件，同意该工程投入使用。

2月23日 唐山港集团第三届六次董事会决议通过，聘任韩功千、张小强为公司副总经理。经党政联席会议研究决定，韩功千兼任液体化工码头有限公司董事长；聘任任文华为京唐港液体化工码头有限公司总经理；陈跃主持唐山市外轮供应有限公司的全面工作。

2月25日 中共唐山海港开发区管委会党工委书记苗德成主持召开推进专业矿石码头项目建设现场办公会。

3月6日 唐山港集团召开第三届七次董事会。董事长孙文仲主持会议。会议审议通过了《公司董事会2009年度工作总结和2010年度工作安排的报告》《公司2009年财务报告》《关于公司2010年财务预算的议案》等14项议案。

同日 唐山港集团召开第三届四次监事会。会议审议通过了《公司监事会2009年度工作总结和2010年度工作安排的报告》。

3月8日　中共唐山港集团党委调整任命赵坤等15人中层行政职务、曹怡民等7人党支部书记职务。

3月19日　唐山港集团召开第三届二次职工（会员）代表大会。大会听取并审议通过了《公司工作报告》《工会工作报告》《提案工作报告》《工会经审工作报告》。增选赵治川为第三届工会委员会委员。

3月26日　唐山港集团召开2009年股东大会。会议审议通过了《公司董事会2009年度工作总结和2010年度工作安排的报告》《公司监事会2009年度工作报告和2010年度工作安排的报告》《公司2009年财务报告》《关于公司2009年度利润分配的议案》等10项议案。

3月30日　唐山港口实业集团召开第一届一次职工（会员）大会。会议选举葛素霞、李宏民、杭永兴、冯树宏、张光磊为第一届工会委员会委员，葛素霞当选为第一届工会委员会主席；选举产生了第一届工会经费审查委员会、女职工委员会；选举产生了职工代表监事。听取并审议通过了《公司工作报告》《工会工作报告》《工会经费审查报告》。

3月31日　唐山港口实业集团召开第一届一次董事会，根据唐山市国资委批复，决定孙文仲、赵治川、董文才、王首相、张志辉、孟玉梅、葛素霞7人任公司第一届一次董事会董事。孙文仲任董事长，赵治川任副董事长。经董事长孙文仲提名，董事会决定聘任董文才为唐山港口实业集团第一届经营班子总经理；经总经理董文才提名，董事会决定聘任陈俊武、李立东、金东光、吴福利为公司第一届经营班子副总经理，聘任孟玉梅为总会计师，聘任于泳为总工程师。会议审议通过了《公司2009年度财务工作报告》《公司2010年度财务预算草案》《关于10万吨级航道导助航设施资产移交的议案》等10余项议案。

4月1日　唐山港集团工会组织公司劳模、优秀班组长、先进工作者代表到唐山轨道客车集团有限公司参观学习。全港掀起学习“金蓝领”张雪松热潮。

4月6日　河北省发改委发文，同意京唐港区20万吨级航道工程项目建设。

4月18日　京唐港区干部职工为玉树地震灾区捐款50万元。

4月19日　经中国证券监督管理委员会股票发行审核委员会2010年第70次会议审核，唐山港集团首发上市申请顺利通过。

4月22日　唐山港集团团委举办2008—2009年度“十大优秀青年”表彰暨先进事迹报告会。

4月26日　唐山港集团经过公开竞聘和党政联席会议差额票决，决定聘任任海涛等7人为中层副职。

4月28日“京唐港—吴泾二电厂准班轮签约仪式”在上海举行。

5月10日　中共唐山港口实业集团、唐山港集团党委共同召开深入开展创先争优活动动员大会。董事长孙文仲、党委书记赵治川就深入开展创先争优活动提出要求。

同日　河北省原常务副省长陈立友来京唐港区考察。

同日　国务院发展研究中心企业所唐山港发展战略项目组来京唐港区，就唐山港口实业集团发展战略研究工作与公司领导进行交流。

5月14日　唐山市港航局和唐山港集团共同召开京唐港区液体化工泊位工程竣工验收会。会议一致通过颁发《港口工程竣工验收鉴定书》。

5月17—18日　受交通运输部综合规划司委托，中交水运规划设计院召开《唐山港京唐港区26～27#专业化集装箱泊位工程可行性研究报告》专家咨询评审会。专家组一致认为，该工程可行性研究报告内容全面，基本达到部颁《港口建设项目可行性研究报告编制办法》的要求，经补充修改后同意上报交通运输部。

5月18日　广州港集团股份有限公司副总经理蔡锦龙到京唐港区考察调研。

5月25日　由日本东海日中海运交流会会长松尾年巳率领的日本中部地区港口物流企业代表团来京唐港区考察。

5月27日　唐山港集团聘请中国高等教育学会秘书学专业委员会名誉会长、国家秘书职业技能鉴定专家委员会主任范立荣教授到港授课，培训办公室工作人员。

6月11日　京唐港矿石码头首座沉箱，在矿石码头西边端头1#位置安装成功。

6月17日　应邀参加乐亭新区投资环境暨优势产业推介会的中外客商，参观考察了京唐港区四号港池。

6月18日　在河北唐山湾乐亭新区投资环境暨优势产业推介会上，唐山港集团成功签约各类建设开发项目18个，总金额达538.87亿元。

同日　宁波镇海区副区长王兆波一行来京唐港区访问。双方就加强合作事宜进行了座谈。

6月19日　国家发改委党组成员、国家物资储备局局长王庆云一行来京唐港区考察工作。

6月29日　中共唐山港口实业集团、唐山港集团党委联合举办纪念党建89周年暨“七一”表彰座谈会。表彰先进党支部、优秀党务工作者和优秀党员。

6月30日　加拿大西部木业公司市场总监布莱尔·罗根、3S木业公司总经理布伦特·宋、恒丰木业公司总经理张向炜、烟台兴源木业有限公司总经理林辉来京唐港区，洽谈木材进口业务。

7月5日　唐山港股票正式在上海证券交易所挂牌上市，唐山市副市长辛志纯和唐山港集团董事长孙文仲共同敲响唐山港股票开市锣。河北省人大常委会原副主任张仕儒，河北证监局局长郭润伟，唐山市领导董宝泉、薛渤珣，上证交易所副总经理周勤业，申证股份有限公司董事长丁国荣，北控集团常务副总经理、京泰集团总经理雷振刚，河北建投交通投资有限责任公司总经理段高升等出席上市仪式。辛志纯、孙文仲分别致辞。

7月6日 中共河北省委常委、市委书记赵勇率唐山市四大班子领导成员和部分单位主要领导观摩考察京唐港区矿石泊位建设施工现场。

同日 唐山港集团2010年第十三届职工职业技能竞赛活动开赛。

7月8日 河北省发改委和省交通运输厅组织专家对《唐山港京唐港区20万吨级航道工程初步设计》进行联合审查。会议认为设计方案合理，达到了交通运输部关于航道工程初步设计编制规定的要求，经修改完善并经相关部门批复后可作为施工图设计的依据。

7月14日 中共河北省委原常委、纪委书记刘善祥来京唐港区参观考察。

7月28日 中海发展股份有限公司货轮公司总经理邱国宣来京唐港区考察。

同日 国家工信部原材料司张德琛处长到京唐港区考察工作。

7月29日 唐山港集团与工商银行唐山分行联合举办商品融资业务推介会，邀请唐山及北京等地的钢材、矿石、煤炭货种30多家贸易企业与实体企业参加会议。

7月30日 最高人民检察院监所厅厅长袁其国一行来京唐港区参观考察。河北省检察院副检察长史建明，中共唐山市委常委、政法委书记许德茂，市检察院检察长梁文平陪同。董事长孙文仲介绍港区建设运营及远景规划情况。

7月31日 京唐港—莱州港集装箱班轮航线正式开通，首航船舶“新华兴6”。

8月6日 国家发改委基础产业司司长黄民一行在河北省发改委副主任陈永久，中共唐山市委常委、常务副市长周仲明陪同下，来京唐港区考察。

8月9日 京唐港区10万吨级航道5万吨级双向通航仪式在16～17#泊位举行。唐山市副市长辛志纯、河北海事局副局长李世新等领导出席。

8月13日 唐山港集团召开第三届九次董事会。会议听取了《关于2010年上半年经营情况及下半年工作安排的报告》，审议通过了《关于2010年半年度报告全文及摘要的议案》《董事、监事和高级管理人员交易买卖公司股票行为规范管理办法》《关于投资建设京唐港区“两仓”（进口保税仓和出口监管仓）项目》《关于聘任高磊为证券事务代表》等9项议案。

同日 唐山港集团召开第三届五次监事会。会议审议通过了《关于审核公司

2010年半年度报告全文及摘要的议案》。

8月17日 中共唐山市国资委纪委书记刘继链到京唐港区检查“三重一大”制度实施、权力运行监控机制建设、工程项目招投标管理等工作开展情况。

8月20日 河北省电视台等6家新闻媒体对唐山港集团绿色港口模式试验示范工作进行专题采访。

8月23日 唐山海事局局长王宝林来京唐港区进行工作调研。

8月25日—9月10日 唐山港集团首次组织科长岗位竞聘，共92个职位114个职数。

8月26日 中共河北省委副书记、省长陈全国在省委常委、中共唐山市委书记赵勇，省长助理、省政府秘书长尹亚力，市委副书记、市长陈国鹰陪同下，到京唐港区视察调研。董事长孙文仲分别汇报乐亭新区开发建设和京唐港区规划发展及建设运营情况。

8月30日 唐山港口实业集团召开第一届二次董事会。会议听取审议通过了《唐山港口实业集团有限公司2010年上半年工作进展及下半年重点工作安排的报告》《公司2010年上半年财务工作报告》《关于成立企划中心的议案》等7项议案。孙文仲董事长对下半年工作提出要求。

8月30日—9月2日 河北省港航局、省水运工程质监局、勘察设计院等单位的领导和专家来港区督查水运工程在建项目。

9月6日 中共唐山市委组织部考评组到京唐港区，对唐山港口实业集团、唐山港集团领导班子进行年度工作考评，孙文仲董事长代表两公司领导班子做工作汇报。

9月9日 华能国际电力股份有限公司总经理刘国跃到京唐港区考察访问。

同日 清华大学继续教育学院副院长吴庚生率华北地区管理培训中心负责同志来京唐港区，就中高级管理人员在清华大学继续教育学院学习人员进行回访。

9月13日 太原铁路局副局长刘俊到京唐港区调研。

9月19日 中共唐山市委书记王雪峰来京唐港区考察调研。董事长孙文仲、党委书记赵治川汇报了港区总体发展规划、运营生产及重点项目建设情况。市领导刘建国、于山等陪同调研。

9月26日 唐山市发改委口岸办在唐山港大厦召开京唐港区20～22#泊位通过口岸对外开放预验收会。会议认为，20～22#泊位码头工程和配套设施较为完善，具备对外国籍船舶开放的基本条件。

9月29日 唐山市第十三届职工职业技能大赛门吊司机比赛在京唐港区18#码头开幕。来自唐山港两个港区的54名选手参赛。

10月8日 包头钢铁（集团）有限责任公司副总经理丁志云带队到京唐港

区考察业务市场。

10月12日 唐山市国资委主任孟宪有到唐山港京唐港区调研，重点了解矿石泊位等重点建设项目的进展情况。

10月14—15日 唐山市国资委召开《唐山港口实业集团发展战略研究报告》专家评审会。会议一致认为《报告》提出的战略思路、战略目标，具有较强的前瞻性，基本符合集团的现状与未来发展需要，具有较好的指导作用。

10月15日 河北省交通运输厅副厅长刘广海一行来京唐港区考察调研。

10月16日 沈阳军区原副司令员佟保存来京唐港区参观考察。

10月18日 江苏镇江船厂有限责任公司建造的5000匹马力全回转拖轮“京唐港拖10号”“京唐港拖11号”拖轮抵达京唐港区。

10月21日 唐山港集团举办上市公司信息披露知识培训，特邀申银万国股份有限公司投资银行部副总经理冯震宇主讲。

10月25日 国家发改委核准批复京唐港首钢码头有限公司工程项目。该项目一期建设1个10万吨级专业化矿石泊位，水工结构预留为20万吨，2个5万吨级通用散货泊位，岸线总长度855米，设计年通过能力1760万吨，项目估算总投资33亿元。

10月29日 唐山市副市长李天然来京唐港区考察调研。

11月4日 上海市人民政府给唐山港集团发来感谢信，对京唐港区多年来从大局出发、克服困难、全力支持上海市煤炭能源供应表示诚挚感谢。

11月8日 中共唐山市委深入开展创先争优活动领导小组办公室向全市推广唐山港集团《立足“五争五创”推进创先争优活动扎实开展》工作经验。

同日 宁波市镇海区人民政府、宁波（镇海）大宗货物海铁联运物流枢纽港管委会领导俞泉云一行到京唐港区开展招商活动。

同日 唐山港集团工会、团委组织2009年市级、公司级劳动模范，优秀中层干部和十大优秀青年29人赴云南考察。

11月9日 京唐港区货物吞吐量再破亿吨大关。全港区累计作业各类船舶5676艘次，完成货物吞吐量10011万吨，同比增长12.5%，较2009年提前38天破亿吨大关。

11月13日 交通运输部规划研究院考察组在省市相关单位领导陪同下，就河北沿海地区综合运输发展规划情况来京唐港区考察调研。

11月16日 台湾中钢铝业股份有限公司总经理魏豊义来京唐港区考察，宁波华扬铝业科技有限公司董事长李培元等陪同。

11月25日 中共北京市委副秘书长秦刚率口岸合作调研组来海港开发区调研并就开展集装箱物流合作事宜进行洽

谈协商。

11月28—29日 国家部委联合调研组综合组、重大基础设施组水利小组、交通能源小组，分别来京唐港区考察，唐山市领导陈国鹰、周仲明、吴海英、徐景田、莫连营陪同调研。

12月14日 河北省国家税务局局长李亚民率队来京唐港区考察工作。

12月16日 中共唐山港集团党委书记赵治川主持召开领导班子民主生活会，主题是贯彻落实《党员领导干部廉洁从政若干准则》，切实加强领导干部作风建设。

12月22日 唐山港集团召开2010年职工工资集体协商会议，行政方首席代表总经理王首相出席会议并讲话，职工方首席代表工会副主席付立生主持会议，副总经理赵坤及双方的协商代表参加会议。

同日 石家庄海关和唐山海关来京唐港区检查唐山港集团海关监管设施建设情况。

12月23日 中共唐山港集团党委召开创先争优"双述双评"活动民主评议会。总经理王首相主持会议，党委书记赵治川讲话。

12月25日 满载加拿大进口原木的"爱河"轮安全靠泊京唐港12#泊位开展木材作业，这是港区首次接卸木材。

12月27日 全长191米、宽36.5米、舱容达33000方，被称为世界第三大的超大型耙吸挖泥船——"达伽马"轮抵达京唐港，投入20万吨级航道疏浚工程。

12月27日 北京市支援合作办交流考察团来京唐港区考察调研。

12月30日 唐山港口实业集团召开总结2010部署2011暨第一届三次职工（会员）大会。会议表彰了2010年度先进集体、先进个人，审议通过了《公司总结2010部署2011工作报告》《公司工会工作报告》《公司工会经费审查报告》。

2011年

1月9日 "帮洋17"轮载着3000吨纯苯起锚驶离液化码头，这是液化码头首次纯苯装船作业。

1月10日 唐山港口实业集团、京唐港首钢码头有限公司召开京唐港区工程建设工作会议，对2011年港口工程建设工作进行安排部署。

1月11日 唐山港集团召开总结2010部署2011表彰动员大会。总经理王首相作题为《团结奋进 求真务实 跨好"十二五"综合型国际化大港建设第一步》的工作报告，董事长孙文仲作题为《以奋发向上、大有作为的精神状态加快京唐港"十二五"向综合型、国际化大港迈进步伐》的讲话。

1月12日 唐山市干部考评考廉组来京唐港区，对唐山港口实业集团、唐山港集团领导班子进行年度考评。

1月20日 浙江供应链协会企业家

考察团和厦门市泉州商会考察团来京唐港区考察。

2月12日 首钢销售公司总经理刘建辉一行来京唐港区考察。双方就共同推进物流场站建设达成共识。

2月15日 唐山港集团召开第三届十二次临时董事会。会议听取并审议通过了《唐山港集团股份有限公司关于公司符合非公开发行股票条件的议案》《唐山港集团股份有限公司关于特定对象非公开发行股票方案的议案》等8项预案。

同日 唐山港集团召开第三届七次临时监事会。会议审议通过了《关于公司符合非公开发行股票条件的预案》《关于向特定对象非公开发行股票方案的预案》等5项预案。

2月22日 唐山港口实业集团召开党政联席会议。会议研究讨论了拟提交公司第一届三次董事会的部分提议及首钢矿石码头公司当前重点工作。

同日 山西中阳钢铁有限公司副总经理李燕东到京唐港区进行商务考察业务洽谈。

3月1日 唐山港集团举行第一期中层干部演讲会。演讲主题是“如何提升执行力”“如何做好团队建设”。

3月2日 唐山港集团召开焦煤供需双方客户座谈会，听取客户意见，改进工作。

3月7日 唐山港口实业集团、唐山港集团董事长孙文仲会见大新华物流控股（集团）有限公司副董事长兼首席执行官李晓明一行。双方就合资合作事宜进行了座谈，对建设钢材、粮食、食品、蔬菜等大型商品交易中心的投资情况达成意愿。

同日 唐山港集团召开ISO14000环境管理体系建设动员会，并组织开展该体系贯标培训。

3月14日 唐山港集团召开第三届十四次董事会。会议听取并审议通过了《公司2010年度董事会工作报告》《公司独立董事2010年述职报告》等11项预案。

同日 唐山港集团召开第三届八次监事会。会议审议通过了《公司监事会2010年度工作报告》《关于审核公司2010年年度报告全文及摘要的预案》。

3月21日 唐山港集团召开2011年第一次临时股东大会。会议审议通过了《关于公司符合非公开发行A股股票条件的议案》《关于向特定对象非公开发行股票方案的议案》等6项议案。450余名社会公众股股东通过网上投票的形式对本次会议议案进行表决。

3月24日 唐山港集团召开第三届三次职工（会员）代表大会。会议审议通过了《公司工作报告》《工会工作报告》《提案工作报告》和《工会经费审查报告》。补选陈晓军、杨志伟、张健、张铁军、赵克飞为第三届工会委员会委员。

3月25日 唐山港口实业集团召开

第一届三次董事会。会议审议通过了《公司 2010 年工作总结和 2011 年工作安排的报告》《公司 2010 年度财务工作报告》等 20 项议案。

3 月 30 日　开滦股份加拿大中和投资有限公司副总经理王发良来京唐港区参观考察。

3 月 31 日　内蒙古自治区交通运输厅水运处处长梁宏文、交通运输部科学研究院副院长石宝林等来京唐港区调研。双方就内蒙古鄂尔多斯至京唐港液化管道输运项目及内蒙古临港产业园选址情况进行座谈交流。

本月　唐山港口实业集团《质量管理体系建设实施方案》正式下发，公司质量管理体系建设正式启动。

4 月 7 日　中远集装箱运输有限公司总会计师邓黄君一行来京唐港调研，双方就合作建设集装箱场站项目进行了座谈。

4 月 8 日　唐山港集团召开 2010 年度股东大会。大会审议通过了《公司 2010 年度董事会工作报告》《公司 2010 年度监事会工作报告》等 8 个报告及议案。

4 月 12 日　北京市口岸考察团，就加强京冀区域合作、促进两地经济贸易发展来京唐港区调研。河北省口岸处处长苏钗，中共唐山市委常委、副市长王久宗等陪同调研并与考察团举行座谈。

同日　唐山港集团举办中层干部职位竞聘演讲答辩会，公开竞聘第一港埠公司副经理 1 名、拖轮公司副经理 2 名和港机船舶维修公司副经理 1 名。

4 月 13 日　河北省口岸办组织召开京唐港区 20 ～ 22# 泊位对外开放验收会。会议一致同意 20 ～ 22# 泊位通过对外开放验收。唐山市副市长李恩久出席会议并讲话。

4 月 18 日　京唐港区专业矿石码头重点配套工程——110 千伏变电站正式启动送电，110 千伏架空线路工程及 110 千伏变电站土建工程和设备安装工程全部结束并投入运行。

4 月 20 日　河北钢铁集团对外贸易有限公司总经理段国绵来京唐港区考察。

4 月 22 日　山西焦煤集团销售总公司领导来京唐港区考察。

4 月 28 日　唐山港集团“爱在唐山湾，情定京唐港”首届青年职工集体婚礼在海韵广场隆重举行。党委书记赵治川、总经理王首相分别为 10 对新人证婚、主婚。

4 月 29 日　唐山港集团召开庆“五一”劳模座谈会。

5 月 3 日　《河北日报》社总编辑张志欣来京唐港区考察。

5 月 4 日　唐山港集团召开纪念“五四”运动 92 周年暨总结表彰大会。表彰 2010—2011 年度“五四”红旗团支部、优秀团干部、优秀共青团员。

同日　中国证监会发行部召开再融资企业见面会，唐山港集团等 6 家企业代表参加会议，公司非公开发行股票进入实质阶段。

5月14日 京唐港区成功接卸开港以来载货量最大的船舶“兴旺”轮，兴旺轮船长291.97米，船宽45米，载重吨179185吨，此航次卸焦煤135808吨。

5月17日 太原铁路局总调度长丁永民一行来京唐港区考察。

5月18日 河北省港航局副局长郝建利带领安全生产检查组来京唐港区检查指导安全生产工作。

5月31日 唐山电视台、《唐山劳动日报》等媒体记者对第六批省管优秀专家、唐山港口实业集团总经理董文才进行采访报道。

5月底 唐山港集团数据库搭建完毕，与唐钢成功进行了物理连接。

6月1日 唐山海关副关长赵凤山、政委朱小亚一行到唐山港口实业集团对落实市综治委《关于确定市综治维稳成员单位联系点的通知》精神进行调研。

6月8日 唐山港集团总经理王首相，副总经理张志辉、宣国宝、张小强一行12人赴唐钢集团考察学习。

6月9日 河北省海洋局组织召开《乐亭县临港产业聚集区（京唐港区）区域建设用海总体规划》听证会。与会代表对该规划的实施表示支持，并形成了听证意见。

6月9—11日 河北证监局局长郭润伟率队来京唐港区指导工作。

6月15日 唐山钢铁集团有限责任公司唐钢国贸分公司、唐钢销售分公司等领导来京唐港区开展业务洽谈。

6月18日 在乐亭新区2011年投资环境暨优势产业推介会上，唐山港集团与中远集团签署了投资建设“唐山港京唐港区集装箱场站项目”协议书。总经理王首相与中远集运总会计师邓黄君代表双方签字。

6月21日 唐山市国资委主任孟宪有一行来京唐港区考察调研。

6月22日 唐山港口实业集团、唐山港集团董事长孙文仲会见由副行长刘建民率领的工商银行河北分行考察组。

7月1日 中共唐山港口实业集团、唐山港集团党委举行庆祝建党90周年暨“七一”表彰大会。董事长孙文仲、党委书记赵治川作重要讲话。7个先进基层党组织、7名优秀党务工作者和38名优秀党员受到表彰。

7月5日 李长安博士率国家社科基金重大项目“实施扩大就业发展战略”课题组来京唐港区考察调研。唐山市人力资源和社会保障局副局长冯保成等陪同调研。

7月9日 广东物资集团公司总经理、党委副书记罗维羽来京唐港区考察访问。

7月19日 东莞市海昌实业有限公司副总经理余举安率考察组到京唐港煤炭港埠有限责任公司考察调研。

7月20日 旭阳煤化工集团有限公

司董事长杨雪岗来京唐港区考察。双方就合作建设液化品储运项目的发展前景进行了研究探讨。

7月25日 唐山港集团办公自动化系统（简称OA系统）开始试运行。

7月26日 “克龙纳斯”轮由乌拉圭装载58570吨大豆，途经新加坡港，随后到达京唐港，这是唐山港集团首次与中央储备粮唐山直属库联合作业。

8月1日 内蒙古自治区人大常委会副主任呼尔查一行来京唐港区考察。就码头建设及未来规划情况等问题与港区领导进行交流。

8月2日 河北省港航局副局长郝建利一行来京唐港区检查指导安全工作，并召开安全生产专题会议。

8月3日 唐山市副市长辛志纯来京唐港区视察。市领导实地察看港口建设、运营现场，听取工作汇报。董事长孙文仲陪同。

8月9日 天津物资集团总公司总经理刘伟平来港考察访问。

8月10日 唐山市国有企业监事会工作会议在唐山港大厦召开。

8月12日 河北省人大常委会原副主任张仕儒来京唐港区视察。

8月15—16日 在全国构建和谐劳动关系先进表彰暨经验交流会上，唐山港集团被授予全国模范劳动关系和谐企业荣誉称号。

8月17日 中共河北省委原常委、纪委书记刘善祥一行来京唐港区参观。

8月23日 唐山港集团2011年非公开发行新股在中国证券登记结算有限责任公司上海分公司完成股份登记。8月24日，上海证券交易所审核通过了公司非公开发行股票的上市申请并发布了《非公开发行股票发行结果暨股份变动公告》，标志着再融资工作顺利完成。此次募集资金8.7亿元，用于收购唐山港口实业集团持有的京唐港首钢码头有限公司60%股权，向京唐港首钢码头有限公司增资，用于项目建设。

8月28日 京唐港区申报的《深水板桩码头新结构成套技术开发》获得2011年度中国水运建设行业协会科学技术奖特等奖。

8月31日 唐山市国资委副主任尹守海一行，到唐山港口实业集团检查考核2011年度投资与项目建设工作。

8月30日—9月4日 唐山港集团分别在云南丽江和香格里拉召开煤炭、焦煤、矿石、钢材等重点货种货主座谈会。党委书记赵治川、总经理王首相等出席会议。

本月 河北省水运工程质量安全监督局召开唐山港京唐港区出口监管仓库工程及2010年出口监管仓库堆场工程交工验收会议。经鉴定，该工程质量合格，通过验收。

9月1日 唐山港集团组织2011年质量月主题承诺签名活动，拉开“质量月”活动的序幕。

9月6日 中共唐山市国资委纪委书记郑胜宏一行到唐山港口实业集团考察调研，听取党风廉政建设和纪检监察工作汇报。

9月7日 京唐港区2011年职工篮球赛圆满结束。

9月14日 中共河北省委党校常务副校长梁志忠来京唐港区调研，参观了京唐港区规划沙盘及二号港池运营现场。

9月25日 京唐港区全港货物吞吐量突破亿吨，较2010年提前45天，达到10015万吨，同比增长22%。完成矿石2188万吨，钢铁1052万吨，煤炭6020万吨，集装箱19.3万TEU，液化产品运量53.8万吨。

9月26日 中国共产党唐山市第九次党代会召开，大会选举产生中共唐山市第九届委员会。公司董事长孙文仲出席会议，并当选中共唐山市第九届委员会委员。

10月10日 天津荣程联合钢铁集团董事长张祥清一行来京唐港区考察。

10月11日 河北省人大内司委副主任牛会栓率企业工资集体协商条例执法检查，来京唐港区检查企业职工工资集体协商条例落实情况。

10月17日 京唐港区20万吨级专业矿石泊位生产设备系统重载联合调试获得圆满成功，进入试生产阶段。

10月19日 河北出入境检验检疫局党组书记、局长贺水山来京唐港区考察。

10月20日 河北省环境保护厅等7部门组成的防陆源污染工作联合检查组来京唐港液体化工码头有限公司检查陆源溢油污染风险防范安全管理情况。

10月24日 唐山港口实业集团召开第一届四次董事会。会议审议通过了《公司上半年工作总结及下半年工作安排的报告》《公司2011年中期财务报告》《关于开展第三港池南岸线23～25#泊位前期工作的议案》等议案。

10月31日—11月4日 中共唐山港集团党委书记赵治川率2010年度劳动模范和优秀中层干部一行20人赴湖南考察。

11月4日 “鸭绿江”轮在京唐港区11#泊位顺利完成91个标准箱装船任务离泊启航驶往韩国釜山港，京唐港—釜山港外贸集装箱班轮航线开通。这是河北港口第一条真正意义上的外贸集装箱班轮航线。

同日 由河北省发改委招投标管理处、市发改委财政金融和招投标处组成的检查组来京唐港区就20万吨级航道工程项目招投标履行情况进行检查调研。

11月10日 唐山港集团召开2011年第二次临时股东大会。会议全票通过两项审议议案。

11月12日 中交上海航道局有限公司董事长兼党委书记宗源远一行来京唐港区考察。

11月22日 唐山市总工会党组成员、副主席马鹤英一行来京唐港区就港区劳务派遣工管理问题进行考察调研。

11月24日 由胡天舒关长率领的首都机场海关考察团来京唐港区考察。

同日 蒙古国政府代表团与来宝集团领导来京唐港区参观考察，洽谈合作。

11月25日 唐山港集团20万吨级矿石码头通航推介会在海港开发区文化中心举行，董事长孙文仲发表讲话。总经理王首相介绍了京唐港区及20万吨级矿石码头建设运营情况。党委书记赵治川主持会议。20万吨级矿石码头及配套的20万吨级航道投入试运营。

11月29日 唐山港集团职工职业技能大赛开幕。大赛设置门机司机、门机电工等13个项目，12月中旬结束。

本月 在全省范围的建设工程质量检测机构能力比对试验中，唐山海港港兴建设工程检测有限公司参加了包括钢材、水泥、混凝土外加剂三类样品的比对试验，涉及检验参数18项，全部评定为合格。

12月2日 唐山港集团召开信息项目建设调度会，通报项目进展情况。

12月8日 河北省沿海开发办公室常务副主任李志军一行来京唐港区考察调研。

12月13日 京唐港区召开项目设计汇报会，对第四港池控制性详细规划、第五港池液体化工作业区控制性详细规划及23～25#通用码头工程可行性研究报告设计过程的有关问题交换意见。

同日 韩国水资源公社事业处处长金在福一行到京唐港区考察调研。

同日 京唐港区两公司理论中心组集体学习。认真学习了《张庆黎同志在省第八次党代会上的报告》《河北省关于加快沿海经济发展促进工业向沿海转移实施意见》等重要文件。孙文仲、赵治川畅谈学习体会。

12月19日 唐山港集团召开党支部工作总结交流会。

同日 唐山港集团继取得质量管理体系认证证书、职业健康安全管理体系认证证书之后，取得环境管理体系认证证书，实现了“三标一体化”。

12月27日 河北省发改委对京唐港区东南防波堤工程可行性研究报告作出批复，东南防波堤项目前期工作取得重大突破。

12月28日 河北省交通运输厅和唐山市政府在南湖紫天鹅庄召开唐山港货物吞吐量突破3亿吨总结表彰大会。市委书记王雪峰，河北省交通运输厅厅长高金浩、副厅长刘广海，唐山市领导张国栋、唐凤岗、辛志纯等出席会议并为获奖单位颁奖。唐山港口实业集团、唐山港集团双双获奖。

同日 河北省交通运输厅副厅长刘广海一行来京唐港区指导工作。

同日 广州港信通公司副总经理胡伟

和北京交通大学企业信息化研究所所长黄磊教授一行来京唐港区就港口信息化建设进行考察。

12月30日 国家发改委主任办公会通过对唐山港京唐港区26～27#集装箱泊位工程项目核准。标志着京唐港区集装箱发展规划进入国家战略布局之中，为京唐港区加快集装箱发展打开了新的广阔空间。

12月31日 京唐港区全年运量达到1.37亿吨，同比增长14.16%，这是京唐港区第三次突破亿吨大关并刷新运量记录。

2012年

1月9日 唐山港集团召开总结2011部署2012暨表彰动员大会。会议表彰了2011年度先进集体和先进个人。董事长孙文仲作了题为《不甘落后 敢为人先 奋力走在河北港口建设发展前列》的讲话。

1月10日 唐山港口实业集团召开总结2011部署2012暨第一届五次职工（会员）大会。会议审议通过了《公司总结2011部署2012工作报告》《公司工会2011年度工作报告》《公司2011年度工会经费审查报告》。

1月19日 京唐港区首次成功接卸“宏运油19”轮汽油6000吨。

1月30日 京唐港区新选划锚地获交通运输部海事局正式批准。获批锚地包括散杂货、化工危险品、大型散货、超大型散货、大型危险品锚地。

同日 铁道部运输局副局长郭玉华一行来京唐港区就加强铁路运力进行考察调研。

2月4日 第三港池工作船泊位项目通过河北省发改委核准。该工程建设将采用地连墙板桩结构，岸线长度161.26米，远期预留满足5000吨级杂货船停靠的能力。

同日 国家发改委办公厅副主任董贺义来京唐港区调研。

2月10日 唐山港集团公司门禁系统大门管理子系统开始试运行。

2月13日 国家海洋局正式批复《乐亭县临港产业聚集区（京唐港区）区域建设用海规划》，用海总面积2349公顷。

2月16日 中共河北省委政策研究室主任王书利一行到京唐港区考察调研。王书利就所关心的港口运输、发展方向等问题与港区领导交换了意见。

2月21日 中共唐山市委考评组来京唐港区对唐山港口实业集团和唐山港集团领导班子进行年度综合考评。

2月27日 中共唐山市委常委、常务副市长王久宗到京唐港区视察。王久宗充分肯定了京唐港区取得的各项成绩。

2月29日 唐山港集团召开安委会扩大会议，深入贯彻省安全生产紧急电视电话会议精神，研究部署近期安全生产工作。

同日 河北远洋运输集团有限公司常务副总裁齐卫众来京唐港区考察访问。

3月13日 中共河北省委常委、副省长聂辰席到京唐港区调研。聂辰席慰问了生产一线干部职工和执勤的边检官兵，听取了董事长孙文仲关于港口建设发展情况的工作汇报。唐山市领导王雪峰、郭竞坤、曹全民陪同调研。

3月14日 山西焦煤集团煤炭销售总公司党委副书记李香莲、副总经理朱彦林一行来京唐港区考察访问。

同日 唐山市国资委考核组来京唐港区对唐山港口实业集团和唐山港集团经营班子2011年度的经营业绩进行考核。

3月16日 唐山港集团召开第三届四次职工（会员）代表大会。会议选举马志刚、王纯生、杨光、杨志伟为公司四届监事会职工监事。表决通过了推荐“全国五一劳动奖章”获得者和市劳动模范候选人。

3月20日 唐山港集团召开第三届十九次董事会。会议审议通过了《公司2011年度总经理工作报告》《公司2011年度董事会工作报告》《公司2011年度利润分配预案》等15项议案。

3月31日—4月6日 唐山港集团组织开展了以“缅怀先人、悼念逝者，缅怀先烈、继承遗志”为主题的“网上祭英烈”活动。

一季度 京唐港区共装卸各类船舶1679艘次，完成货物吞吐量3909万吨，同比增长13.7%。其中，3月份完成1512万吨，同比增长12.6%，再创月度新高。

4月6日 河北省长助理、省金融办主任江波来京唐港区调研。

4月7日 唐山港和韩国京仁港在唐山万达洲际酒店举行“建立友好港口关系协议书”签约仪式，双方正式缔结为友好港口。唐山市副市长辛志纯、唐山港集团党委书记赵治川、韩国水资源公社社长金建镐分别在签约仪式上致辞。

4月20日 唐山市口岸办召开京唐港区矿石码头口岸对外开放预验收会议。会议同意京唐港区矿石码头通过对外开放预验收。

4月26日 中共唐山市委常委、常务副市长王久宗率领开发区重点项目观摩团来京唐港区，对20万吨级专业矿石泊位、20万吨级航道等重点项目建设成果进行观摩考察。

4月28日 河北省港航局召开《唐山港京唐港区东南防波堤工程初步设计》审查会。东南防波堤工程初步设计顺利通过审查。

4月 河北省安全生产监督管理局安全科学技术中心受省安监局委托召开《唐山港京唐港区第三港池工作船泊位工程安全与评价报告》评估论证会。专家认为，《报告》符合相关标准、规范要求，原则通过评审。

5月4日 唐山港集团团委召开“十

大优秀青年”表彰暨先进事迹报告会，对2011年度在港口建设发展事业中涌现出来的优秀青年代表进行表彰。

5月8日 唐山港〔2012〕47号文发布《关于聘任2011年度一二级人才的通知》，研究决定聘任杨立光、耿威等11名员工为公司一二级人才。

5月10日 河北省港航局落实省政府《关于促进河北省沿海集装箱发展的意见》座谈会在京唐港区举行。京唐港区领导赵治川、董文才、王首相、张小强、李文勇等参加会议。

5月17日 唐山主要媒体记者来京唐港区对董事长孙文仲进行联合采访。

5月21日 唐山港集团召开第四届一次职工（会员）代表大会。会议听取并通过了《公司工作报告》《工会工作报告》《提案工作报告》和《工会经审工作报告》；选举赵治川为第四届工会委员会主席，马志刚、商迎平为副主席，周立占为经审委员会主任，肖玉欣为女职工委员会主任。

5月23日 天津海关副关长、天津新港海关关长王家鹏一行到京唐港区考察调研。

同日 唐山港集团发布（唐山港〔2012〕50号）《关于聘任中层副职干部的决定》。召开第四届董事会任期中层副职干部任前集体谈话会。党委书记赵治川对新任干部提出希望和要求，总经理王首相主持会议并宣读了集团公司关于聘任中层副职干部的决定。

5月24日 唐山市创建和谐企业活动及工资集体协商工作督导检查组到唐山港口实业集团就和谐企业创建工作及工资集体协商合同签订、履行情况进行督导检查。

5月26日 中华全国总工会党组成员、纪检组长、书记处书记王瑞生来京唐港区考察指导工作。

5月29日 河北省港航局召开京唐港区20～22#通用杂货泊位工程通过竣工验收会。与会专家认为，20～22#通用杂货泊位工程具备竣工验收条件，同意通过竣工验收。

5月30日 中共唐山市委副书记、市长陈国鹰，副市长李国忠到京唐港区调研。陈国鹰实地考察了专业矿石码头生产作业现场，希望京唐港区继续发挥区域优势，加快发展，在拉动服务全市经济发展方面发挥重要作用。

本月 京唐港区第三港池工作船泊位浅层平板载荷试验完成。

6月8日 京唐港区集装箱场站工程顺利开工。该工程位于港区西北侧的综合物流园区西侧，由唐山港集团和中远集装箱运输有限公司共同出资建设，项目总投资1.7亿元人民币。

6月13日 河北省政府原副秘书长刘印楼来京唐港区考察。董事长孙文仲、党委书记赵治川与省领导进行了座谈，与市水务局领导研究了合资建设的唐山浩淼供水工程有限公司建设进展情况和相关问题。

6月14日　中铁联合物流股份有限公司总经理刘建双一行来京唐港区洽谈合作。

6月29日　中共唐山港口实业集团、唐山港集团党委召开庆祝建党91周年暨创先争优活动表彰大会。表彰先进基层党组织、优秀共产党员、优秀党务工作者。董事长孙文仲、党委书记赵治川分别在会上作重要讲话。

6月底　京唐港区累计完成货物吞吐量8024万吨，同比增长17%。其中，完成矿石运量2637万吨，同比增长67%，煤炭、钢铁、集装箱等主要货种均保持了平稳增长态势。

7月14日　唐山港口实业集团、唐山港集团联合举办第一届职工运动会。董事长孙文仲致开幕词，党委书记赵治川主持开幕式。

7月26日　国家海关总署关务保障司司长于国华一行来京唐港区考察调研。于国华深入集装箱作业现场，对集装箱物品安全卫生情况进行了详细考察。

7月28日　河北省政府党组成员、省政府顾问张和到京唐港区视察指导工作。

7月30日　中共河北省委原常委、常务副省长陈立友考察了京唐港区专业矿石码头。

8月1日　唐山港集团举行向保定市遭受洪涝灾害群众捐款仪式。公司领导孙文仲、赵治川、王首相等带头捐款。共收到干部职工爱心捐款22590元，集团公司为灾区捐款5万元。

8月3日　夜间10时，唐山市副市长辛志纯一行冒暴雨来到京唐港区防汛一线检查指导工作。辛志纯副市长仔细察看了港口防汛情况，在第二港池前场办公楼主持召开了现场办公会。辛志纯代表市委、市政府向奋战在京唐港区和海港开发区抗洪一线的干部职工表示慰问。

8月7日　中煤集团销售公司执行董事宫清超一行到京唐港区考察访问。双方就巩固合作成果、扩大合作领域等进行深入交流。

8月18日　京唐港区已安全接卸各类船舶4240艘次，吞吐量再次突破亿吨大关，完成10001万吨，比2009年提前近4个月。

8月28日　唐山港集团召开2012年第一次临时股东大会。会议审议并通过了《关于资本公积金转增股本的议案》《关于修改公司章程的议案》《关于公司发行中期票据的议案》《关于修改公司章程中利润分配相关条款的议案》4个议案。

9月6日　中国海运集团散货运输公司总经理邱国宣一行来京唐港区考察访问。双方就进一步加强合作，以及目前的钢铁市场形势、工业制造、码头物流、交通运输等交换了意见。

9月27日　交通运输部水运局副局长李天碧来京唐港区考察调研。就集装

箱班轮运输、动力煤下水、铁路运输网络建设、职工劳动生产率等问题进行交流座谈。

10月16日 中共河北钢铁集团国际贸易公司党委书记张占省一行来京唐港区考察。

10月17日 国家海洋局北海区区域用海专项执法检查组来京唐港区检查区域用海实施情况。检查组检查核对了四港池区域用海各项目审批文件，并实地察看了现场。北海总队副总队长林芳忠充分肯定了京唐港区区域用海规划执行情况。

10月20日 海关总署监管司周亚春处长率总署督导检查组来京唐港区检查指导工作。检查组一行实地参观了京唐港矿石码头作业现场、货物堆场、港区卡口和海关监管场所。

11月2日 唐山市人大常委会主任张国栋到京唐港区集装箱场站工程项目现场视察。

11月5日 经唐山港集团领导决策，正式成立唐山港集团信息技术有限公司。信息技术公司注册资金200万元，为唐山港集团的全资子公司。

11月8日 唐山港集团召开内部控制规范体系建设工作启动大会。公司与德勤华永会计师事务所有限公司合作，正式启动公司内部控制管理体系建设项目，对公司内部控制管理体系进行优化。

11月14日 唐山港口实业集团中期票据发行获得成功，募集资金4亿元，实现了公司融资工作新的突破。

11月15日 唐山港集团董事长孙文仲会见中国银行唐山分行行长张琳、副行长崔建涛。双方就国内外金融投资、上市融资等问题交换了意见。

11月20日 郑州商品交易所品种发展部高级专员张书帮一行到京唐港区考察调研，河北证监局副局长宋庆三、唐山市政府金融办主任蒋观勇陪同调研。双方就贸易模式、动力煤运输淡旺季、价格波动等问题进行了交流座谈。

11月28日 唐山市海洋局组织召开26～27#集装箱泊位工程海域使用论证和海洋环境影响评价专家评审会。与会专家认为报告编制依据充分，论证目的明确，现状评价客观，论证评价结论可信，可以作为海洋主管部门审批用海的依据。

12月10日 京唐港矿石码头海关接口系统正式投入运行。该系统由信息中心自主研发，主要用于配合海关对外贸货物的监管工作。

同日 中交天津航道局有限公司董事长钱献国一行来京唐港区考察访问。双方表示将在进一步合作中相互支持，互利共赢，共同发展。

12月19日 中共唐山市委常委、市纪委书记张振县来京唐港区检查指导工作。张振县实地考察了京唐港区生产运营现场。

12月20日 唐山市国资委副主任刘洪威对“唐山港京唐港区集装箱场站工程”项目进行调研。

12月31日 京唐港区36～40#泊位项目获得国家发改委核准。该项目设计建设2个15万吨级（水工结构按靠泊20万吨级散货船建设）煤炭接卸泊位，建设3个10万吨级煤炭装船泊位，预计总投资559377万元。

同日 正在建造的京唐港区首艘清污型拖轮“京唐港拖18”进行到最后调试阶段。“京唐港拖18”轮是国内首艘同时具备浮油回收、消防和围油栏布放功能的全回转拖轮，拥有中国船级社授予的附加标志。

2013年

1月6日 唐山港集团召开总结2012部署2013暨表彰动员大会。表彰2012年先进集体、优秀中层干部和先进个人，总经理王首相作工作报告，董事长孙文仲讲话。

1月7日 唐山港集团董事长孙文仲会见中国工商银行唐山分行行长刘军一行。双方就相关业务合作进行座谈。

1月8日 唐山市政协主席郭彦洪一行到京唐港区集装箱场站工程项目现场视察。

1月11日 唐山港口实业集团召开总结2012部署2013暨第一届七次职工（会员）大会。会议通过了《公司总结2012部署2013工作报告》《2012年度公司工会工作报告》和《2012年度公司工会经费审查报告》。董事长孙文仲讲话。

同日 唐山港口实业集团召开产权代表座谈会，听取7家控、参股公司2012年工作进展情况汇报和派出各产权代表履职述职。

1月18日 河北海事局召开《唐山港京唐港区第三港池工作船泊位工程通航安全评估报告》专家评审会。《评估报告》通过评审。

1月21日“京唐港拖18”轮交接仪式在和睦厅举行。唐山港集团副总经理宣国宝、江苏省镇江船厂（集团）副总经理王少青代表双方在《船舶交接议定书》上签字。

同日 唐山港集团门禁系统正式投入使用。

1月23日 中共唐山市委考评组来到京唐港区，对唐山港口实业集团和唐山港集团领导班子进行年度考评。

1月25日 河北省档案局召开京唐港区20万吨级航道工程项目档案专项验收会。20万吨级航道工程档案顺利通过验收。

1月 由澳大利亚满载250888吨铁矿粉的“武钢”号成功靠泊京唐港区矿石码头，矿石码头试运营以来迎来首艘25万吨级船舶。

2月27日 河北省副省长兼唐山市

委书记姜德果来京唐港区调研。姜德果现场察看了专业矿石泊位生产情况和港口生产运营、重点建设项目，听取了董事长孙文仲的汇报，详细了解京唐港区集装箱运能、在渤海湾港口群集装箱运输格局中的功能定位等问题。

3月1日 唐山港集团举行2013年外贸航线推介会。

3月25日 唐山市安监局局长费连春一行到京唐港区考察指导工作。

3月26日 唐山港集团召开第四届七次、八次董事会。第四届七次董事会听取、审议通过了《公司2012年度总经理工作报告》《公司2012年度董事会工作报告》等25项议案。第四届八次董事会审议通过了《关于审议唐山港集团股份有限公司符合本次非公开发行A股股票条件的议案》《关于审议唐山港集团股份有限公司本次非公开发行A股股票方案的议案》等9项议案。

同日 唐山港集团召开第四届六次、七次监事会。第四届六次监事会审议通过了《公司2012年度监事会工作报告》《公司2012年度利润分配预案》等8项议案。第四届七次监事会审议通过了《关于审议唐山港集团股份有限公司符合本次非公开发行A股股票条件的议案》《关于审议唐山港集团股份有限公司非公开发行A股股票预案的议案》等7项议案。

本月 唐山港口实业集团总经理董文才经国务院常务会议批准2012年享受政府特殊津贴。

4月3日 唐山港口实业集团召开第二届一次董事会。董事长孙文宣读了市委、市国资委关于公司董事会组成人员的决定：唐山港口实业集团第二届董事会由孙文仲、王首相、宣国宝、孟玉梅、陈俊武、李立东、吴福利（职工董事）7人组成，孙文仲同志任董事长。会议审议通过了《关于聘任王首相同志担任公司总经理的议案》等7项议案。决定聘任王首相为总经理，陈俊武、李立东、刘树叁为副总经理，孟玉梅为总会计师。

同日 中共唐山市委、市国资委召开唐山港口实业集团、唐山港集团干部会议。市委组织部常务副部长李全民宣读了市委关于孙文仲任两公司党委书记，王首相任唐山港口实业集团总经理、提名宣国宝任唐山港集团总经理的决定。

4月23日 唐山市国资委考核组到京唐港区考核唐山港口实业集团、唐山港集团2012年度经营业绩完成情况。

5月7日 唐山港集团召开2012年度股东大会。会议审议通过了《2012年度董事会工作报告》《2012年度监事会工作报告》等21项议案。张小强、金东光当选第四届董事会董事。

同日 唐山港集团召开第四届十次监事会。会议选举王首相为公司第四届监事会主席。

5月8日 唐山港集团召开2013年第一次临时股东大会。会议审议通过了

《唐山港集团股份有限公司符合本次非公开发行A股股票条件的议案》《唐山港集团股份有限公司本次非公开发行A股股票方案的议案》等8项议案。

5月9日　承德市双桥区区长方志勇一行到京唐港区考察访问。双方就场站建设等内容进行了深入沟通和交流。

5月10日　满载967重箱货物的“仁建京唐轮”在京唐港区第二港池成功首航。唐山港口实业集团总经理、唐山港国际集装箱码头有限公司董事长王首相宣布开航令，唐山港集团总经理宣国宝致辞。“仁建京唐轮”是首艘以“京唐”命名的集装箱货轮。

5月11日　中国煤炭工业协会会长王显政一行到京唐港区考察调研。双方就港口配煤中心发展、码头运力、进口焦煤供应、动力煤下水等问题交换了意见。

5月13日　唐山港集团投资建设的迁安（京唐港）铁路港口物流工程项目在迁安正式签约。唐山港集团董事长、党委书记孙文仲出席签约仪式并讲话。

5月20日　唐山电视台等媒体记者来京唐港区就人才管理工作专题采访董事长孙文仲。

5月21日　唐山港集团召开矿石码头干部会，宣布矿石码头公司领导任职调整决定：金东光任矿石码头公司董事长，张志辉任副董事长，姚希东任总经理，李杰任党支部书记。

5月27日　据交通运输部公布的2013年第一季度全国港口吞吐量数据显示，唐山港（京唐港、曹妃甸两港区合计）以1.066亿吨的货物吞吐量，在全国港口中的排名升至第五位。

5月28日　深圳市盐田港集团董事长李冰一行到京唐港区参观考察。

5月29日　中国绿色能源发展基金管理委员会主席王彤一行来京唐港区调研。

5月31日　京唐港区集装箱运输完成吞吐量19.05TEU，同比增长72.4%，占河北“三港四区”集装箱吞吐量43.32万TEU的44%，位居河北各港首位。

6月3日　唐山市国资委党建工作考评组来到京唐港区，对唐山港口实业集团党建工作进行年度考评。

6月7日　中共唐山市委常委、唐山军分区政委史学勃一行来京唐港区考察调研。

6月8日　唐山港集团公司召开专题会议，贯彻落实中央、省、市领导安全生产重要指示精神，安排部署集团安全生产工作。

6月13日　中共河北省政府党组副书记、特邀咨询张和，中国开发区协会会长师荣耀，省商务厅副厅长史玉强等来京唐港区就重点项目建设指导工作。

6月14日　河北海事局召开《唐山港京唐港区36～40#煤炭泊位工程通航安全评估报告》专家评审会。《安全评估报告》顺利通过评审。

6月15日 中国开发区协会副秘书长张克勤率科研院所专家、相关领导来京唐港区参观访问。

6月17日 唐山港集团成立以总经理宣国宝为组长的安全生产月活动领导小组，组织实施全国第12个安全生产月活动。

同日 唐山港集团向江苏省镇江船厂（集团）有限公司订购的两艘3200马力拖轮正式开工建造。

6月18日 京唐港区26～27#集装箱泊位工程项目被确定为2013年河北省重点工程、河北省交通运输厅科技示范工程、履行基本建设程序典型示范项目。

6月19日 河北省副省长、中共唐山市委书记姜德果来京唐港区调研。在项目建设现场，姜德果鼓励说，京唐港区要用新的思维、新的理念、新的措施、新的目标，在现有基础上进行新的谋划，实现港、产、区、城互动发展。市委常委、秘书长胡国辉陪同调研。

同日 矿石码头公司接卸的装载16.8万吨秘鲁矿粉的“浙远香港”轮顺利移泊，是矿石码头运营以来首次接卸的新货种。

6月25日 中共唐山市委常委、市纪委书记张振县一行来唐山港集团、唐港铁路公司调研指导工作。

6月26日 唐山市政协副主席杨方一行来京唐港区考察。

6月27日 唐山副市长曹全民来京唐港区调研。

6月28日 河北省交通运输厅召开京唐港区20万吨级航道工程竣工验收会。验收委员会认为，20万吨级航道工程质量总体合格，竣工验收手续完备，同意工程通过竣工验收。

7月1日 唐山港口实业集团、唐山港集团召开庆祝建党92周年暨表彰动员会。表彰在港口建设发展进程中涌现出的先进党组织、先进党务工作者和优秀党员。会后，全体新党员到李大钊纪念馆举行入党宣誓。

7月2日 迁安市九江线材有限公司副总经理李福德一行来京唐港区考察访问。

同日 唐山市国资委检查组到京唐港区对唐山港口实业集团和唐山港集团领导班子建设及中层经管人员管理工作进行检查指导。

7月21日 中共河北省委副书记、省长张庆伟到京唐港区考察调研。副省长、唐山市委书记姜德果，省政府秘书长朱浩文陪同调研。张庆伟一行实地考察了集装箱泊位装卸现场，详细了解了京唐港区总体规划、地理区位以及建港条件、航线运输等情况。张庆伟强调，集装箱运输是衡量港口现代化水平、产业聚集效应、增强区域竞争实力的一把标尺，要大力发展集装箱运输事业，就要以更高的站位，更宽的视野，科学制定发展规划，用好各项出台政策，推进我省集装箱运输事业快速发展。

7月30日 唐山港集团订购的两艘新建7200马力拖轮在江苏省镇江船厂（集团）有限公司正式开工建造。

8月6日 唐山港集团董事长孙文仲会见来访的华电工程（集团）、华电重工董事长孙青松一行。双方就加强沟通、深化合作等问题进行了深入交流。

8月7日 中交天津航道局有限公司董事长康学增一行来京唐港区考察访问。

8月8日 唐山港中远集装箱业务推介会在京唐港区召开。唐山中远集装箱物流有限公司总经理邢振峰介绍了集装箱场站物流业务情况。唐山港集团董事长孙文仲、中远集装箱运输有限公司副总经理朱德章等分别在推介会上致辞。

8月14日 河北省港航局副局长刘东辉率安全检查组到京唐港区检查指导安全生产工作。

8月20日 河北建投交通投资有限责任公司党委书记姚明一行来京唐港区参观考察。

同日 河北省发改委党组副书记、副主任、口岸办主任宋立民一行就推进唐山项目建设情况到京唐港区进行实地考察调研。

同日 唐山港集团召开第四届十二次董事会。会议审议通过了《关于公司2013年半年度报告全文及摘要的议案》《董事会关于公司2013年上半年前次募集资金存放和使用情况的专项报告的议案》等11项议案。

同日 唐山港集团召开第四届十一次监事会。会议审议通过了《关于公司2013年半年度报告全文及摘要的议案》《关于公司2013年上半年前次募集资金存放和使用情况的专项报告的议案》等4项议案。

8月23日 大同煤矿集团董事长张有喜一行到京唐港区考察。

8月28日 珠海港鑫和码头有限公司副总经理梁宝臻一行到京唐港区参观访问。

同日 中国远洋运输（集团）总公司副总裁孙家康一行到京唐港区参观考察。双方就进一步加强业务合作交换了意见。孙家康一行还实地考察了京唐港区集装箱场站项目现场，慰问了中远集团“天隆河”集装箱轮的船员。

本月 河北省人力资源和社会保障厅、省博士后工作管理委员会批准唐山港口实业集团为博士后创新实践基地。

本月 京唐港区集装箱完成60677TEU，单月运量首次突破6万TEU大关。

9月3日 唐山市国资委监事会主席左世中一行来港进行调研。

9月6日 河北省编办体制改革处处长耿兰华一行来港调研。双方就河北港口发展现状、如何拓宽业务渠道等问题交换了意见。

9月17日 河北海事局副局长牛国

旗一行到京唐港区调研。

同日　中交第一航务工程勘察设计院有限公司董事长、党委书记冯仲武一行来港考察下属公司承担的 26～27# 泊位工程施工现场，并与港区领导就港口项目建设工作进行了沟通交流。

9 月 23 日　京唐港区 36～40# 煤炭泊位 110 千伏变电站主体结构顺利封顶，36～40# 煤炭泊位土建工程取得了阶段性成果。

9 月 27 日　中远太平洋有限公司常务副总经理邱晋广一行到京唐港区考察。

10 月 15 日　沧州港集团有限公司纪委书记狄彬一行到京唐港区参观考察。

10 月 23 日　同煤集团副董事长、总经理郭金刚一行到京唐港区考察。

10 月 29 日　唐山市国资委调研组到京唐港区就唐山港口实业集团、唐山港集团党风廉政建设工作进行调研。

10 月 29—31 日　中国质量认证中心河北评审中心专家到唐山港集团进行监督审核。安全质量环保部相关人员配合评审专家对集团各单位进行了审核。

10 月 30 日　中共唐山市委常委、市纪委书记崔晗一行来京唐港区调研。

11 月 5—6 日　中共河北省委党的群众路线教育实践活动领导小组办公室组织省内主要新闻媒体记者来港采访唐山港口实业集团、唐山港集团董事长、党委书记孙文仲。

11 月 11 日　河北省交通运输厅副厅长宋书强一行到京唐港区就港口危险物品管理工作进行调研。

11 月 15 日　河北省原人大常委会副主任白润璋一行到京唐港区考察指导。

11 月 16 日　唐山港国际集装箱码头有限公司中外合资企业投资批准证书注销、工商变更登记、外汇登记证等相关审批程序顺利完成，唐山港口实业集团对集装箱公司的股权收购、重组工作圆满完成。

同日　天津物产集团副总经理张晓轩一行到京唐港区考察。双方就今后合作项目，物流、金融发展方向等问题进行了探讨。

11 月 19 日　上海电气（集团）总公司战略规划部部长孙伟到京唐港区考察。

11 月 19—20 日　唐山市港航局召开京唐港区 36～40# 煤炭泊位工程施工图审查会。专家组一致通过了施工图审查。

11 月 20 日　中海散货运输有限公司副总经理陈小雄一行来京唐港区考察。

11 月 21—23 日　唐山市政府质量奖评审组到京唐港区，就唐山港集团申报市政府质量奖进行现场评审。评审组专家听取了汇报，深入到九区、16# 库、矿石码头等作业现场对生产作业的安全管理、改进创新、服务质量等进行现场评审。

11 月 26 日　中共河北省委组织部干部二处处长王子余一行到京唐港区考察调研。

11月28日　京唐港区36～40#泊位工程取得国家海洋局用海批复。

12月2日　山煤集团副总经理王松涛一行来港考察访问。双方就国际煤炭市场形势和相互关心的动力煤运输、冻煤接卸等问题进行了交流。

12月5日　铁路运输公司改造后的车场4道、8道铁路线路顺利开通。京唐港区新增货位线990延长米，新增货场12400平方米，大大缓解了铁路货位线紧张的局面。

12月7日　广州市番禺区交通运输局局长陈立丰一行到京唐港区考察。

12月14日　由中交一航局五公司承建的京唐港区36～40#专业泊位煤炭码头工程第一标段的沉箱长航拖运任务圆满完成。第一标段共有40座沉箱，自7月28日开始拖运，历时139天。

12月17日　京唐港区26～27#集装箱泊位工程、36～40#煤炭泊位工程被评定为2013年度河北省水运工程“平安工地”示范项目。

同日　唐山海关京唐港H986大型集装箱设备机检查验项目顺利通过竣工验收。

同日　唐山港集团董事长孙文仲会见来访的中交一航局五公司总经理朱明春一行。

12月20日　唐山港集团董事长孙文仲会见了来访的SEW中国投资公司总经理张胜利一行。双方就加强沟通、深化合作等内容进行了深入交流。

12月24日　市中级人民法院党组书记、院长李彦明一行来京唐港区调研。

同日　河北省交通运输厅召开《唐山港京唐港区23～25#多用途泊位工程工程可行性研究报告》审查会。专家组同意该《报告》通过审查。

同日　京唐港区36～40#泊位工程成功取得海域使用证书。

本月　港兴监理公司顺利通过了河北省质量安全监督局、交通运输部工程质量监督局的水运甲级资质定期检验。

本月　第四港池通用散杂泊位工程环评行业预审会召开。该项目顺利通过环评行业预审。

2014年

1月3日　唐山港口实业集团召开总结2013部署2014暨第二届三次职工（会员）大会。会议表决通过了《公司总结2013部署2014工作报告》《公司工会总结2013部署2014工作报告》《2013年度公司工会经费审查报告》和《职工大会决议报告（草案）》。

1月6日　唐山港集团召开总结2013部署2014暨表彰动员大会。2013年度先进集体、劳动模范、先进个人受到表彰，总经理宣国宝作工作报告，董事长孙文仲在讲话中提出，稳中求进、稳中有为、稳中提质，坚定不移地朝着综合

型国际化大港迈进的目标前进。

1月9日　京唐港区36～40#煤炭泊位工程第二标段最后一段地连墙浇筑完成。

1月13日　宁波河北商会会长孙允成率领由宁波思创磁铁公司、宁波禄德化工公司等企业组成的商会考察团到京唐港区考察。

1月20日　京唐港区顺利完成6000吨主焦煤期货交割，这是建港以来的首次期货交割业务。

1月22日　唐山市副市长曹全民，市政协副主席、工商联主席张月仙等来京唐港区就节日期间港口安全生产工作进行督导检查。

2月13日　唐山港集团董事长孙文仲会见来访的工行唐山分行行长刘军一行。双方就金融投资、上市融资等问题交换了意见。

2月14日　京唐港煤炭港埠有限责任公司集中过磅系统改造顺利完成，正式投入使用。

2月20日　唐山港口实业集团、唐山港集团召开党的群众路线教育实践活动动员大会。中共唐山市委督导组组长、市人大常委会副主任李全民出席会议并讲话，董事长孙文仲作动员讲话。

2月24日　北京石材行业协会会长屈德喜一行到京唐港区参观考察。

同日　唐山港集团董事长孙文仲会见天津中远国际货运有限公司总经理王万祥一行。双方就加强合作、促进共同发展进行了交流。

2月26日　唐山港口实业集团、唐山港集团组织开展党的群众路线教育实践活动党委理论中心组第一次集体学习。

3月12日　唐山港集团召开进口木材热处理项目研讨会。来自科研单位的领导和专家，就利用大唐电厂发电余热开展进口木材热处理方式除害课题展开研讨。

3月19日　唐山市港航局局长邸哲敏一行到京唐港区，就26～27#集装箱泊位工程项目进展情况考察调研，并对党的群众路线教育实践活动提出指导意见。

3月25日　首钢国际贸易工程公司销售公司总经理刘建辉一行来京唐港区考察。

3月28日　唐山港集团召开第四届十五次董事会。会议听取并审议通过了《公司2013年度总经理工作报告》《公司2013年度董事会工作报告》《公司2013年度董事会审计委员会年度履职报告》等23项议案。

同日　唐山港集团召开第四届十三次监事会。会议审议通过了《公司2013年度监事会工作报告》《关于审核公司2013年年度报告及全文摘要的议案》《公司2013年度利润分配预案》等9项议案。

3月31日　唐山港集团在上海证券

交易所网站、中国证券报和上海证券报上披露了2013年度报告。

4月1日　唐山市人大常委会副主任李全民带队检查督导唐山港集团党的群众路线教育实践活动开展情况。

4月15日　全国工商联石材业商会市场委员会秘书长刘嘉玮率领30余家石材企业代表到京唐港区参观考察。中共唐山市委常委、常务副市长王久宗陪同考察。

同日　中共唐山市委常委、常务副市长王久宗来京唐港区调研。

4月16日　唐山市人大常委会副主任李全民带领市委考评组对唐山港口实业集团、唐山港集团领导班子和领导干部进行2013年度工作综合考评。

同日　唐山港集团召开第四届四次职工代表大会。会议选举第一港埠公司经理高峰为四届监事会职工监事。

同日　京唐港区口门外测流仪顺利完成布设，信号传输正常。该设备为全国首例可以实时反映水文情况的测流仪。

4月18日　唐山港口实业集团召开第二届三次董事会。会议审议通过了总经理工作报告、财务工作报告、2014年度财务预算草案、20万吨级航道导助航设施移交等8项议案。会议推荐拟出任唐山曹妃甸实业港务有限公司董事、监事、副总经理人选和财达证券有限责任公司监事人选，审议通过了关于调整公司内设机构的议案。

4月24日　唐山港集团召开2013年度股东大会。会议审议通过了《2013年度董事会工作报告》《2013年度监事会工作报告》《2013年度独立董事述职报告》等14项议案。常玲当选第四届董事会董事，荣朝和、马国华、权忠光、郭萍、李冬梅当选第四届董事会独立董事，闫锋、高海英、李瑞奇当选第四届监事会监事。

同日　唐山港集团召开第四届十七次董事会及第四届十五次监事会。审议通过了《关于公司2014年第一季度报告的议案》和《关于调整公司第四届董事会专门委员会委员的议案》两项议案。

5月9日　唐山港集团公司资源交易中心正式启用。

5月15日　京唐港区36～40#泊位翻车机房主体工程竣工。

5月19日　搭载三台堆取料机设备的“海力7”号货轮顺利停靠京唐港区31#泊位，这是36～40#泊位堆场首批抵港的大型设备。36～40#泊位设备安装拉开序幕。

5月20日　唐山港口实业集团总经理王首相主持召开唐山港集团“十三五”规划编制工作专题会议，对“十三五”规划编制工作总体安排进行研究。

5月26日　唐山港集团召开党委会议，总结群众路线教育实践活动第一环节情况，研究筹备第二环节工作。董事长孙文仲主持会议并讲话。

本月 唐山港集团与中国检验认证集团河北有限公司、河北达信检测技术有限公司合资组建设立的唐山港中检检测有限公司项目正式举行签约仪式。

6月5日 京唐港区23～25#多用途泊位工程和京唐港区第四港池通用散杂货泊位工程通过河北省发改委核准。

6月10日 唐山港集团董事长孙文仲会见来访的中交一航局五公司总经理陈冲海、党委书记秦玉柱一行。

6月11日 由国家检验检疫局考核组组长季健清，专家成员陈永青、杨轶组成的质检总局考核组到京唐港区对进口粮食指定口岸进行现场考核验收。

6月14日 唐山港集团举行第二届职工运动会。

6月15日 唐山港集团出资建造的两艘3200马力拖轮顺利抵港，完成交接。

6月19日 交通运输部综合规划司、科学院物流中心调研组一行到京唐港区调研。

6月22日 京唐港区36～40#煤炭泊位辅建区工程主体结构全部完成。

6月24日 河北省港航局副局长刘东辉率检查组来京唐港区开展水运建设市场检查和水运工程质量安全综合督查工作。检查重点是36～40#泊位工程和26～27#泊位工程。

7月1日 唐山港集团召开党的群众路线教育实践活动“三堂会诊”和“反向测评”会议。孙文仲董事长通报了《领导班子征求意见、查摆问题梳理的主要问题》，“两代表一委员”、服务对象以及职工代表现场点评，提出整改建议，填写《反向测评表》。

7月6日 唐山港船舶货运代理有限公司与集装箱公司合作开辟的京唐—江阴集装箱直航航线正式开通。

7月8日 河北省交通运输厅副厅长刘广海到京唐港区检查指导工作，实地考察了26～27#集装箱专用泊位建设现场。

同日 中共河北省委原常委、常务副省长陈立友到京唐港区考察。

7月13日 唐山港集团出资建造的两艘7200马力拖轮——“京唐港拖21号”“京唐港拖22号”顺利抵达京唐港区22号泊位，完成交接。

7月20日 太原铁路局副局长丁永民一行到京唐港区考察调研。

7月21—22日 唐山港集团召开以为民、务实、清廉为主题的领导班子专题民主生活会。唐山市人大常委会副主任、市委第七督导组组长李全民出席会议并讲话。

7月23日 石家庄海关政治部主任王静一行到京唐港区考察。

8月5—6日 河北省水运工程质监局召开京唐港区26～27#集装箱泊位码头和疏浚工程“平安工地”考核、交工验收会。会议认为，26～27#泊位项目“平安工地”建设达到示范等级，同意交工验收。

8月6日　唐山港国贸投资有限公司取得“预包装食品、农产品批发零售”经营资质。

同日　交通运输部水运科学研究院总经济师徐迪一行4人来京唐港区调研，双方就港口形势、“十三五”规划等内容交换了意见。

8月7日　京唐港区36～40#专业煤炭泊位110千伏变电站顺利通过高压冲击，一次启动成功并网运行。

8月13日　河北省商务厅副厅长奚献军一行到京唐港区考察。

8月14日　中储粮油脂津唐基地董事长、党委书记贾树根，副总经理杨旭东到京唐港区考察。

同日　上海电视台、上海广播电台、《解放日报》等多家上海主流新闻媒体采访团来京唐港区就京唐港发展状况、转型升级举措等情况进行集中采访。

8月15日　唐山港集团召开第四届五次职工（会员）代表大会。会议补选金东光、周立占、裴俊先、陈晓军、周福广、孙少仁为第四届工会委员会委员，选举金东光为工会主席；补选金东光、商迎平、赵欣为2014年度职工工资集体协商职工方代表。

8月19日　唐山海关关长许凤仪到京唐港区调研。

8月20日　唐山港集团召开“十三五”规划编制工作推进会议，就“十三五”发展规划初稿进行深入交流研讨，提出修改意见。

9月9日　唐山港口实业集团、唐山港集团2014年职工篮球赛在唐山港大厦篮球场开赛。

9月11日　交通运输部党组成员、运输司司长刘小明一行就京津冀运输服务一体化到京唐港区考察调研。

同日　交通运输部北海航海保障中心主任聂乾震一行来京唐港区调研。

9月12日　唐山港集团独幽城集疏港专用通道系统顺利通过验收，并于当日14时正式通车。

同日　河北海事局主持召开京唐港区26～27#集装箱泊位及第四港池通用散杂货泊位工程通航安全核查验收会议。与会代表和专家认为，两项工程建设内容达到初步设计要求，具备通航条件，即可投入运行。

9月15日　经纬国际设计集团董事长叶青松一行到京唐港区考察。

9月17日　绥中港集团有限公司贸易公司副经理曲明兴一行到京唐港区考察访问。

9月17—18日　唐山港集团董事长孙文仲、总经理宣国宝分别会见了澳大利亚第四大铁矿石供应商FMG集团销售总监刘晓东、商务发展总监庄彬俊一行。

9月22日　青岛港集团董事长、党委书记郑明辉一行来京唐港考察，双方就港口的运营管理、建设发展等问题进

行了深入交流探讨。

9月25日 潍坊市国有资产监督管理委员会主任王志刚、潍坊市港航局局长刘庆祥一行来港调研。

10月13日 太原铁路局副局长王金虎到唐港铁路有限责任公司检查指导第二阶段集中修工作。

10月15日 中共唐山市委书记焦彦龙在市委常委、秘书长胡国辉陪同下到京唐港区调研。在26～27#集装箱泊位项目建设现场，董事长孙文仲汇报了京唐港区项目建设、生产运营和航线开通情况。

同日 京唐港区36～40#泊位码头工程和港池疏浚工程交工验收会召开。河北省水运工程质监局局长马玉臣出席会议。检查组认为，工程质量合格，满足设计和使用要求，同意工程通过竣工验收。

10月16日 河北省工信厅副厅长段润保、唐山市工信局局长盛新丰率领信息技术专家到京唐港区就港口信息化建设进行现场检查指导。

同日 太原铁路局副局长丁永民到唐港铁路公司和唐山港京唐港区调研，并组织召开了太原铁路局港口铁路运输座谈会。

10月24日 国家海洋局北海分局中国海监第二支队会同唐山市海洋局、唐山市海洋局海港分局，在京唐港区就区域建设用海情况进行检查指导。

10月29日 河北省发改委宏观经济研究所所长李岚一行来港调研，实地考察了京唐港区26～27#集装箱泊位。

11月3日 河北海事局主持召开京唐港区36～40#煤炭泊位工程通航安全核查验收会议。经与会专家核查，工程建设内容达到设计要求，具备通航条件，顺利通过通航安全核查验收。

11月5日 河北省港航局副局长郝建利率核验组到京唐港区检查港口设施保安工作。

11月6日 唐山港集团组织召开干部警示教育会。

11月13日 唐山市人大常委会主任安树彦率市人大代表及驻唐全国、省人大代表视察团一行30余人来京唐港区视察。

11月14日 由全国人大环境与资源保护委员会委员、致公党环境与可持续发展委员会主任、国家海洋局北海分局巡视员、副局长吕彩霞带队的“环渤海沿岸陆源污染问题”调研组来港考察调研。

11月21日 唐山港中检检测有限公司召开矿石煤炭采制样系统工程工可研报告交流会。

11月27日 北京经济技术开发区管理委员会副主任绳立成到京唐港区参观考察。

11月29日“京唐港拖5”轮在36～40#泊位前内航道作业过程中，成功营救起离泊大型外籍CAPE船“方达”号一名不慎落水的菲律宾籍船员。

本月 国家质检总局公布了进境粮食指定口岸名单，唐山港口岸顺利通过验收，成为全国首批进境粮食指定口岸。

12月9日 唐山港集团召开筹备设立财务公司启动会。

同日 京唐港区2014年度货物吞吐量累计达到2.0041亿吨，同比增加1543万吨，较2013年提前21天突破2亿吨大关。

12月10日 唐山港中检检测有限公司召开论证会，对矿石码头取制样系统工程方案进行论证研讨。

同日 京唐港区26～27#泊位道路堆场工程及110千伏变电站工程，顺利通过河北省水运工程质监局组织的工程交工验收，同时通过了“平安工地”考核验收。

12月17日 在唐山海事局海上搜救中心举办的2014年度京唐港海域海上搜救工作中，唐山港集团拖轮公司被评为唐山市海上搜救工作先进单位，“京唐港拖8”轮被评为唐山市海港搜救工作先进集体。

12月19日 唐山港集团与上海钢联电子商务股份有限公司举行联合发布会，正式上线发布了“唐山港-mysteel大宗散货价格指数”（英文简称“MTI指数”）。

12月23日 唐山市国资委安全绩效考核组到京唐港区，对唐山港口实业集团、唐山港集团的安全生产工作进行安全管理检查指导。

12月31日 京唐港区2014年全港货物吞吐量完成2.15亿吨。

2015年

1月6日 唐山港集团召开总结2014年部署2015年表彰动员大会暨第五届一次职工代表大会。会议通过了《公司工作报告》《工会工作报告》《提案工作报告》《工会经费审查工作报告》。选举金东光等15人为公司第五届工会委员会委员，周立占等3人为第五届工会经费审查委员会委员，肖玉欣等5人为第五届女职工委员会委员。

1月13日 河北省出入境检验检疫局考核组来京唐港区就电子口岸建设情况进行调研。

1月16日 唐山市国资委主任孟宪有一行来京唐港区考察。

1月18日 捷中友好合作协会监事会主席亚罗斯拉夫·德沃吉克一行来京唐港区26～27#集装箱码头参观考察。副市长陈波陪同考察。

1月20日 惠州市人大常委会副主任李选民一行来京唐港区考察。

1月31日 京唐港区36～40#专业煤炭泊位翻车机房重载试车成功。

2月3日 中交天津航道局有限公司董事长康学增一行来京唐港区访问，就进一步深化双方合作事宜进行交流座谈。

2 月 10 日 河北海事局局长翟久刚一行到京唐港区调研，双方表示将进一步加强交流和沟通，为全省经济发展和建立安全有序的海上交通秩序做出积极贡献。

2 月 25 日 工商银行唐山分行行长刘军一行来京唐港考察，双方就企业融资渠道、金融风险等问题交换了意见。

本月 唐山港集团、京唐港煤炭港埠有限责任公司、京唐港液体化工码头有限公司、京唐港国际集装箱码头有限公司顺利通过中国船级社质量认证公司考评组验收，均达到安全生产标准化一级水平。

本月 根据《河北省交通运输系统重点项目建设创先争优劳动竞赛考核实施办法》安排和要求，经过层层考核、评定，唐山港集团被省交通运输厅评为河北省交通运输系统重点项目建设创先争优劳动竞赛优秀单位。

3 月 6 日 重载大吃水（19.47 米）CAPE 船“茱莉亚”抵达京唐港锚地顺利接靠矿石码头矿 1 泊位。该轮船长 327 米，载重吨 297077 吨，是京唐港区首次接靠 30 万吨级重载大吃水 CAPE 船。

3 月 13 日 韩国前环境部部长李万仪率韩国经贸代表团来京唐港区考察，就加密中韩贸易航线、扩大合作领域进行交流。

同日 天津海事法院院长张勉一行到京唐港区调研，双方就港口金融、物流相关法律合作领域进行沟通，并召开服务京津冀一体化座谈会。

3 月 16 日 中共唐山市委、市国资委考评组来港对唐山港口实业集团、唐山港集团领导班子和领导干部进行年度考评。

3 月 18 日 河北省港航局港口处处长陈汉群一行到京唐港区调研。

3 月 24 日 匈牙利、波兰客商来京唐港考察。

同日 唐山港口实业集团召开内控体系建设实施启动大会。

3 月 26 日“合德京唐”集装箱班轮从京唐港启程首航，该班轮系石狮市信达船运有限公司第一艘以港口命名的集装箱船舶。

3 月 31 日 唐山市副市长杨宝林来京唐港区调研。

4 月 9 日 惠州市港务管理局副局长张顺华，惠州港务集团、惠州金泽物流港有限公司主要负责人携相关贸易公司、物流公司客商来港考察访问。

4 月 10 日 京唐港区、南京区域港口群（南京港、合肥港、马鞍山港、淮安港）与宜宾港签订战略合作协议，开始三方在货物装卸、水水中转、业务拓展、口岸通关、战略规划等方面的正式合作。同时，“宜宾—南京—唐山（环渤海湾）”集装箱班轮航线正式开通。

4 月 14 日 中化国际石油（天津）有限公司经理李锐一行来港考察，双方就成品油周转项目进行洽谈。

4月21日 唐山港集团召开导入卓越绩效模式、争创省政府质量奖启动大会。

同日 河北省商务厅厅长李石一行来京唐港区考察调研。李石一行参观了26～27#集装箱泊位和集装箱现场装卸作业情况。

4月30日 京唐港区创建绿色港口主题性示范项目顺利通过交通运输部组织的专家评审。

5月5日 承德市国资委副主任张岭、监事会主席杨兢诚一行9人来港参观考察，双方就国企改革、转型升级、提质增效等方面进行交流。

5月6日 唐山港集团召开2014年度股东大会。会议审议通过了《2014年度董事会工作报告》《2014年度监事会工作报告》等19项议案。选举孙文仲、米献炜、宣国宝、常玲、张志辉、孟玉梅、金东光、李建振、单利霞、张小强为公司第五届董事会董事，荣朝和、於向平、权忠光、郭萍、李冬梅为公司第五届董事会独立董事；选举王首相、肖湘、李峰、闫锋、高海英、石景、孙秀杰、李瑞奇为公司股东代表监事，与公司职工代表大会选举产生的职工代表监事毕远翔、高峰、王纯生、杨志伟共同组成公司第五届监事会。

同日 唐山港集团召开第五届一次董事会。会议审议通过了《关于选举公司董事长的议案》《关于选举公司副董事长的议案》等9项议案；选举孙文仲为董事长，选举米献炜、张志辉为副董事长，聘任宣国宝为总经理，聘任金东光、李建振、韩功千、赵坤、张小强、李顺平为副总经理，单利霞为财务总监，杨光为董事会秘书，高磊为证券事务代表。确定了第五届董事会四个专门委员会的组成人员。

同日 唐山港集团召开第五届一次监事会。会议审议通过了《关于选举公司监事会主席的议案》，选举王首相为公司监事会主席。

5月19日 大连重工起重集团有限公司总经理、大连华锐重工集团股份有限公司总裁贯祎晶一行来京唐港区考察访问。

同日 河北省工商银行行长史立军一行来京唐港区访问。双方就拓展合作范围，深入研究传统行业+互联网的发展新模式，实现银企合作共赢进行了交流。

5月20日 中国远洋运输（集团）总公司副总经理万敏一行到京唐港区考察，双方就加强集装箱合作事宜进行交流。

5月22日 唐山港口实业集团与南京港（集团）有限公司战略合作框架协议签署仪式在唐山港大厦举行。唐山港口实业集团总经理王首相、南京港集团总经理沈卫新代表双方在战略合作框架协议上签字。

5月27日　唐山市国资委系统警示教育大会在唐山港大厦召开。

6月5日　工信部信息安全协调司处长王宏一行来京唐港区调研指导工作。

6月9日　唐山港口实业集团、唐山港集团董事长孙文仲以《认真践行“三严三实”加快推动综合型国际化大港建设》为题为两公司高中层干部及部分科长讲专题党课。两公司“三严三实”专题教育正式启动。

6月13日　中共唐山市委副书记、代市长丁绣峰来京唐港区调研。副市长曹全民参加调研。丁绣峰实地考察了26～27#集装箱泊位。丁绣峰强调，京唐港区要持续加快集装箱发展步伐，发挥港口优势和带动作用，实现港、产、城联动发展、协调发展。

6月24日　中共唐山市委常委、市纪委书记崔晗来港考察调研水铁联运项目。

6月25日　河北省质量监督局副局长王普增一行在唐山市质量监督局局长路遇的陪同下到京唐港区检查指导工作。

6月30日　北京市朝阳区人大常委会主任佟克克一行60余人来港考察。

7月1日　唐山市质监局副局长孙太远一行到京唐港区调研。

7月9日　唐山市国资委主任孟宪友、中国交通银行唐山市分行行长郭立东一行来京唐港区调研。

7月16日　正道集团（香港）执行董事、中国绿色长城有限公司（美国）董事长刘泉一行来京唐港区考察。

7月30日　京唐至广州大型班轮签约仪式暨客户交流会在唐山港大厦举行。唐山港集团副总经理张小强与广州港股份有限公司副总经理苏兴旺代表双方签订了京唐至广州班轮航线合作协议。

8月6日　京唐港首钢码头有限公司业务大厅网上办单系统投入试运行。

8月13日　唐山市港航管理局局长邸哲敏一行来京唐港区开展安全检查，并召开安全生产工作会议。

同日　石家庄海关副关长刘勇军一行来京唐港区考察。

同日　河北省发改委组成验收组对京唐港区第四港池通用散杂货泊位工程对外开放工作进行验收。验收组认为该项目具备对外开放条件，一致同意通过对外开放验收。

8月19日　唐山港集团召开安全生产专题会议，认真贯彻落实中央和省、市主要领导对8·12天津港爆炸事故的指示精神，研究部署安全生产重点工作。

8月23日　中国企业联合会、中国企业家协会发布了“2015年中国服务业500强”名单，唐山港集团再次进入榜单，排名第364位。

9月8日　中交一航局五公司总经理陈冲海一行来京唐港区访问，双方就港口项目建设、煤炭运输、企业管理等问题交换了意见。

9月14日 北京市东方友谊食品配送公司党委书记孙凤坤一行15人来京唐港区参观考察，双方就冷藏储运、食品物流、集装箱发展状况等进行了交流。

9月15日 石家庄海关关长连文生一行来京唐港区调研。

9月16日 蒙古国浪德斯有限公司总经理乌•格日乐玛，蒙古国交通运输部业务主任勒•宝拉根胡，阿吉耐物流（天津）有限公司总经理照日格图，中华总商会会长马广军来京唐港区参观考察。

同日 上海航道局局长王柏欢一行来京唐港区考察调研，双方就航港口合作、港口货源结构、物流运输模式等问题进行了探讨交流。

9月18日 唐山港集团在液化码头顺利完成了第一列火车接车对位，成功实现了“铁水联运”，首列装载580吨沥青，运往宁夏华特沥青有限公司。

本月 唐山港集团综合电商平台“老呔儿商城”上线试运行。

10月10日 唐山港集团申报的“河北省服务名牌”“河北省质量效益型企业”顺利通过河北省交通运输厅港航管理局现场评审。

10月14日 河北出入境检验检疫局副局长段文仲一行来京唐港区调研指导工作。

10月20日 美国考伯斯公司副总裁中国区运营总裁祝建中一行来京唐港区访问。

10月21日 阿里巴巴集团跨境平台副总裁、高级经理杨彩红一行来京唐港区考察调研。杨彩红一行现场考察了保税仓库、26～27#专业集装箱泊位，双方希望进一步加深了解，寻求更多合作机会。

同日 国务院港澳事务办公室机关党委常务副书记王素兰一行20余人来京唐港区考察。

10月28日 国家质量检验检疫总局动植司副司长李艺娟一行到京唐港区考察调研。

10月29—30日 中共河北省委政策研究室首席研究员、省政策科学研究会副会长兼秘书长马建章一行，到京唐港区进行专题调研。

10月30日 唐山港集团召开“解放思想、抢抓机遇、奋发作为、协同发展”大讨论活动动员会。党委书记、董事长孙文仲作动员讲话。

11月3日 天津中远国际货运有限公司总经理吴士泉，党委书记、副总经理王连欣一行来京唐港区考察。唐山港集团董事长、党委书记孙文仲会见了吴士泉、王连欣一行。双方就进一步拓展合作空间、实现合作共赢进行了座谈。

11月4日 河北省发改委副主任洪继元一行来京唐港区调研。

11月7日 山西焦煤集团董事长武华太一行来京唐港区考察。

11月10日 受河北省发改委委托，

河北省工程咨询院主持召开《唐山港京唐港区25万吨级航道工程可行性研究报告》及《唐山港京唐港区第四港池25万吨级航道工程可行性研究报告》的评估论证会。专家组认为，两个《报告》内容充分，研究深入，达到了工程可行性研究阶段的工作要求。两个《报告》通过专家审查。

11月12日 华电重工股份有限公司总经理王汝贵来港考察调研，双方一致同意继续保持良好沟通机制，深化合作。

11月20日 中东贸易平台执行总裁盖其庆一行来京唐港区考察。盖其庆希望充分发挥中东贸易平台和港口资源优势，共同研讨适合双方发展的项目开发，促进区域经济发展。

11月30日 唐山港口实业集团召开京唐港区东南防波堤工程开工部署会。

同日 2015年度中国港口协会科学技术奖公布，唐山港口实业集团申报的“唐山港京唐港区深水航道建设关键技术研究”项目获一等奖。

12月16日 中共唐山港口实业集团、唐山港集团党委理论学习中心组在党委书记孙文仲主持下，集中学习习近平总书记在党的十八届五中全会第二次全体会议上的讲话等重要文件、《中国共产党纪律处分条例》和《中国共产党廉洁自律准则》。

12月7日 京唐港区保税物流中心（B型）正式获得海关总署批复通过。该中心占地面积18万平方米，总建筑面积4.3万平方米，是对原有保税仓库业务的拓展及延伸。

12月10日 京唐港区完成集装箱吞吐量100万TEU，同比增长26.6%，实现了京唐港区集装箱运输的历史性跨越。

同日 中共保定市纪委书记周省时来京唐港区考察，双方就加强保定企业与港口产业对接，实现两地经济互动发展进行了交流。

12月16日 旭阳化工集团董事长杨雪岗来京唐港区访问。

12月24日 中交天津航道局有限公司董事长、党委书记钟文炜、总经理江标醒一行来京唐港区考察访问。

12月29日 京唐港区26～27#集装箱泊位与第四港池通用散杂货泊位工程安全设施竣工专项验收会召开。验收专家组认为，两个工程安全验收评价报告符合相关安全生产法律、法规、标准的要求，同意通过安全设施竣工专项验收。

12月30日 唐山港集团召开领导班子“三严三实”专题民主生活会，认真开展自我剖析与自我批评。唐山市国资委副主任董效兵莅临民主生活会并进行现场督导。

12月31日 全港全年货物吞吐量完成2.33亿吨，比上年增长8.4%；其中，进口焦煤量位居全国沿海港口第一位，动力煤下水量居北方七港第三位，矿石运量居全国沿海港口第五位，钢材运量居全国沿海港口第四位。

本月 太原铁路局主持召开京唐港化工站扩建集装箱铁路装卸场工程初步设计技术审查会议。京唐港化工站扩建集装箱铁路装卸场工程初步设计通过技术审查。

2016年

1月4日 唐山港口实业集团召开总结2015部署2016暨第二届七次职工（会员）大会。会议审议通过了《公司总结2015部署2016工作报告》《公司工会2015年度工作报告》《2015年度公司工会经费审查报告》和《职工大会决议报告（草案）》。董事长、党委书记孙文仲作重要讲话。

1月5日 唐山港集团召开总结2015部署2016年表彰动员暨第五届二次职工（会员）代表大会。会议审议通过了《公司工作报告》《工会工作报告》《提案工作报告》和《工会经费审查工作报告》。董事长、党委书记孙文仲作重要讲话。

1月14日 河北省交通运输厅召开京唐港区25万吨级航道工程和第四港池25万吨级航道工程初步设计专家审查会。25万吨级航道工程和第四港池25万吨级航道工程顺利通过初步设计审查。

1月17日 京唐港至上海班轮航线正式开通。

1月20日 唐山港集团董事长孙文仲会见来访的中交一航局五公司总经理陈冲海，纪委书记、工会主席崔中久一行。

1月25日 唐山港集团、洋马（上海）公司业务合作与技术支持交流会在唐山港大厦和畅厅召开。

1月27日 神华销售集团有限公司总经理金志刚一行到京唐港区访问。

本月 河北省发改委对京唐港区25万吨级航道工程和第四港池25万吨级航道工程两个项目工可报告分别作出批复。

2月2日 唐山市人大常委会主任安树彦、市政协副主席杨方等一行9人到京唐港区检查安全生产工作。

2月18日 唐山市政协副主席、市委统战部部长张艳春，市政协副主席、市工商联主席张月仙一行到京唐港区参观考察。

2月25日 沧州市副市长曹立志一行来京唐港区考察。

3月6日 全国人大代表、唐山港集团董事长孙文仲在京接受《焦点访谈》栏目采访。央视《焦点访谈》特别报道“问计两会”以“用发展理念引领国家行动”为内容进行了专题报道。董事长孙文仲在访谈中畅谈了在去产能的形势下，唐山港集团挖潜增效，实现量降效益不降的做法。

3月15日 京唐港专业煤炭码头有限公司机械化采制样系统重载试车成功。

3月18日 唐山港集团《创建绿色

港口重点支撑项目阶段性报告》顺利通过了第三方审核。

3月20日 渤海湾第一个装载零担货物的集装箱搭载“新鸿翔86号”轮自京唐运往大连。唐山港国际集装箱码头有限公司携手德邦物流开创零担货物拼箱海运新模式。

3月25日 中共河北省委书记、省人大常委会主任赵克志到京唐港区调研。省委常委、秘书长、统战部部长范照兵，省委常委、唐山市委书记焦彦龙，市委副书记、市长丁绣峰陪同调研。赵克志一行对京唐港区各泊位生产运营情况进行实地调研，听取了唐山港集团董事长孙文仲关于京唐港区开发建设、生产运营、集装箱发展及港区“十三五”规划等情况的汇报。赵克志对京唐港区在经济下行压力下取得的发展业绩给予充分肯定。他指出，京唐港区要深入贯彻五大发展理念，坚持协同发展、转型发展、绿色发展，进一步优化港区功能结构，加快转型升级，以更高的站位、更宽的视野，科学制订发展规划，加快调整集装箱运输模式，推动集装箱物流创新发展，为唐山早日实现“三个努力建成”的奋斗目标、为建设经济强省美丽河北做出应有贡献。

3月29日 中共唐山市委常委、政法委书记刘建国一行来京唐港区调研。

同日 唐山港集团与北京大唐燃料有限公司签订了战略合作意向书。双方就大唐燃料有限公司煤炭在唐山港集团卸车、装船、堆存保管等合作事宜达成高度共识。

4月5日 唐山银监分局局长赵维华一行到京唐港区调研。

同日 唐山市政协主席郭彦洪到京唐港区调研。

4月26日 唐山港集团召开“两学一做”学习教育动员会。党委书记、董事长孙文仲作动员讲话。

4月27日 京唐港区26～27#专业集装箱码头配套设施——超细粉装箱场项目顺利通过了河北省水运工程质量安全监督局组织的交工验收，正式投入使用。

5月5日 唐山港集团召开2015年度股东大会。会议审议并通过了《2015年度董事会工作报告》《关于公司2016年度财务预算的议案》《关于制定〈唐山港集团股份有限公司未来三年（2016—2018年）股东回报规划〉的议案》等12个议案。

同日 京唐港液体化工码头有限公司外贸甲醇海关监管项目成功通过海关监管验收，成为河北省首家通过外贸甲醇海关监管的单位。

同日 中建材供应链管理有限公司董事长、总经理吴翔一行到唐山港集团访问。

同日 谷川联行有限公司总裁汤一弟一行来港考察。

5月6日 唐山市国资委副主任董效兵带领安全生产检查组到京唐港区检查指导安全生产工作。

5月10日 浦发银行总行国际部市场营销处处长朱军一行10人来港考察，洽谈合作。

5月11日 海关总署驻天津特派主任吴幼毅、石家庄海关纪检组长由庆顺一行到京唐港区调研。

5月18日 天津港（集团）有限公司董事长张锐钢、总裁卢伟一行来京唐港区考察。张锐钢希望双方加强业务往来，拓宽合作途径，在打造新型港口进程中不断加强合作，在合作中实现更好、更快发展。

5月19日 满载11500吨液体硫黄的“THETISIA”轮驶离液化码头，唐山港成为中国北方首个卸载万吨液体硫黄船的港口。

5月24日 大秦车务段段长闫德龙一行到京唐港区调研。

5月26日 唐山港集团董事长孙文仲会见了来访的华电重工股份有限公司总经理王汝贵一行。

同日 京唐港区第四港池20万吨级内航道工程项目档案通过河北省档案局组织的专项验收。

本月 唐山港中检检测有限公司矿石采制样系统正式运行，京唐港区的矿石机械自动化采制样工作步入了国内沿海港口前列。

6月6日 大连商品交易所党委书记、理事长李正强，副总经理朱丽红一行来京唐港区访问。

6月8日 唐山市副市长、公安局局长贾文雅率检查组来京唐港区检查安全生产、危化品运输和治超工作。

同日 上海振华重工总裁黄庆丰一行到京唐港区考察。

6月14日 交通运输部办公厅、国家发改委办公厅联合印发《关于公布第一批多式联运示范工程项目名单的通知》，唐山港集团主导申报的河北省“东部沿海—京津冀—西北”通道集装箱海铁公多式联运示范工程入选国家首批多式联运示范工程。

同日 唐山港集团召开管理体系标准换版整合项目启动会暨中高层管理人员质量理念宣贯会，公司管理体系标准换版整合工作全面启动。

6月16日 河北省交通运输厅组成竣工验收委员会，对京唐港首钢码头有限公司一期工程、唐山港京唐港区第四港池20万吨级内航道工程进行竣工验收。两个项目均通过竣工验收。

6月20日 来自伊朗的“瑞莎”甲醇货轮安全顺利靠泊京唐港区液化码头，液化码头迎来首艘外贸甲醇船。

同日 唐山港区网上业务大厅系统船方业务办理正式上线运行。

6月22日 唐山市国资委主任、党委书记张洪山一行到京唐港区考察调研。

6月29日　京唐港区第四港池25万吨级航道工程初步设计获得河北省交通运输厅批复。

7月18日　唐山港集团、天津港集团合资组建唐山集装箱码头有限公司签约仪式在唐山举行。中共河北省委常委、市委书记焦彦龙，天津市交通委党委书记、主任王福山，唐山市领导丁绣峰、安树彦、郭彦洪、周云明，天津港集团董事长张锐钢、总裁卢伟，唐山港集团董事长孙文仲，唐山港口实业集团总经理王首相，唐山港集团总经理宣国宝出席签约仪式。

同日　京唐港首钢码头有限公司辅建区工程、第四港池通用散杂货泊位工程通过填海验收。

7月22日　京唐港首钢码头有限公司取得了河北省交通运输厅颁发的《港口工程竣工验收证书》。

7月27日　北京首钢股份有限公司副总经理王建伟一行到京唐港区考察。

7月28日　中共唐山港口实业集团、唐山港集团党委中心组集中学习习近平总书记在庆祝中国共产党成立95周年大会上的讲话、《中国共产党问责条例》。

7月29日　京唐港首钢码头有限公司取得了唐山市港航局颁发的《港口经营许可证》。

7月30日　唐山市人大常委会主任安树彦来京唐港区传达习近平总书记视察唐山时的重要讲话精神，并就防灾减灾、安全生产工作进行调研。

8月1日　唐山港集团邀请铁道第三勘察设计院集团有限公司，就开展京唐港区铁路规划编制工作进行交流调研，并召开了京唐港区铁路规划编制启动会。

8月2日　河北省港航局党委书记康建新到京唐港区检查指导暑期防汛和安全生产工作。

8月8日　京唐港首钢码头疏港路正式建成并实现全幅通车，实现了京唐港首钢码头有限公司与港口腹地有效连通。

8月18日　新华社等主流新闻媒体组成的开放型试点采访报道组来京唐港区就集装箱发展状况、京津冀协同发展举措等情况进行集中采访。

8月19日　河北港口集团董事长曹子玉一行到京唐港区考察。

8月26日　唐山港集团、大连海事大学合作成立“唐山港发展研究院”签约仪式在唐山港大厦举行。校企双方将围绕航运管理、港口建设、企业经营、人才培养等领域中的基础性、前瞻性问题共同开展研究和实践活动，共同打造航运业人才的培养和实践基地。

本月　京唐港区被交通运输部列入“国家重点港区”名录，京唐港区25万吨级航道工程、第四港池25万吨级航道工程两个项目被列入交通运输部“沿海港口‘十三五’重点建设项目（公共基础设施）”。

本月　京唐港区第三港池通用泊位改

造一期工程取得河北省发改委同意开展前期工作的审核意见。

9月10日 河北海事局组织召开《唐山港京唐港区第三港池通用泊位改造一期工程通航安全影响论证报告》专家评审会。《论证报告》通过评审。

9月12日 京唐港区2016年职工篮球赛开赛。

9月13日 中国银监会非银部副主任周全胜一行到京唐港区调研，河北银监局副局长刘兰计、唐山银监分局局长赵维华等陪同调研。

同日 京唐港区26～27#集装箱泊位工程突发环境事件应急预案通过评审。

9月20日《京唐港化工站扩建集装箱铁路装卸场工程开通方案》顺利通过太原铁路局审查。

9月27日 河北省港航局副局长王志刚带领督导检查组，到京唐港区检查指导危险品安全专项整治行动开展情况。

同日 京唐港区集装箱运量完成100.1万TEU，同比增长34%，较去年提前近两个半月突破百万TEU大关。集装箱班列突破400列。

9月29日 河北省环保厅组成审查组对京唐港区26～27#集装箱泊位工程进行竣工环保验收现场检查。项目通过竣工环保验收。

9月29—30日 河北省环保厅组织召开《唐山港京唐港区第三港池通用泊位改造一期工程环境影响报告书》评审会。环境影响报告书通过审查。

9月30日 唐山港集团董事长、党委书记孙文仲会见来京唐港区考察的中交天津航道局有限公司董事长、党委书记钟文炜一行。

10月4日 SEW中国投资公司董事、总经理张胜利一行到京唐港区考察访问。

10月11日 由中国铁路总公司组织的85801次成品油专列驶入京唐港区液化码头公司化工站，京唐港区实现了成品油海铁联运。

10月13日 太原铁路局副局长丁永民来京唐港区考察调研。

10月15日 唐山港集团第一港埠公司累计完成货物吞吐量4775.6万吨，超出全年吞吐量目标15.6万吨，提前78天完成全年目标。

10月26日 河北省交通运输厅下发《唐山港京唐港区26～27#集装箱泊位工程项目档案专项验收意见的通知》，同意该工程项目档案通过专项验收。

11月7日 唐山港（中鼎）内陆港暨唐山港（山西）物流有限公司成立揭牌仪式在山西省晋中市隆重举行。唐山市副市长曹全民，晋中市副市长郝向明，太原铁路局局长赵春雷、副局长丁永民，唐山港集团董事长孙文仲出席揭牌仪式。曹全民、郝向明、赵春雷、孙文仲共同为唐山港（中鼎）内陆港、唐山港（山西）物流有限公司揭牌。郝向明、曹全民分别在揭牌仪式上致辞。

11月9日 郑州商品交易所交割部部长刘鸿君一行来液化码头公司考察调研。

同日 中交第一航务工程勘察设计院有限公司董事长冯仲武一行来京唐港区考察。

11月10日 唐山市政协副主席、民盟唐山市委主委刘长锁一行来开发区考察调研。

11月15—17日 中国质量认证中心（CQC）河北评审中心专家组对唐山港集团质量（GB/T19001—2008）、环境（GB/T24001—2004）及职业健康安全（GB/T28001—2011）三体系的符合性、充分性和有效性进行了监督审核。唐山港集团通过三标一体化管理体系监督审核。

11月16日 河北边防总队副总队长刘国志一行来唐山港集团，就唐山边检站服务口岸单位情况进行调研走访。唐山港集团董事长孙文仲会见了刘国志一行。

11月18日 尼日利亚拉各斯港董事长克莱门特在中北科技董事长张文东、金宝融公司董事长张凤兰的陪同下到京唐港区考察。

11月25日 上海国际航运研究中心副秘书长张婕姝教授一行来港调研。

本月 京唐港区专业集装箱泊位工程通过了河北省环境保护厅的竣工环境保护验收。

12年8日 唐山海事局副局长胡文新率调研组一行来京唐港区调研。

12月12日 京唐港专业煤炭码头有限公司完成运量6005.33万吨，提前完成全年运量目标。

12月13日 河北省港航局港口处副处长蔡德凯一行5人到京唐港区检查大型船舶减载移泊管理工作。

12月14日 河北省港航局党委书记唐建新率领生产建设安全检查组到京唐港区检查指导安全管理工作。

12月20日 上海证券交易所发布《唐山港集团股份有限公司关于发行股份及支付现金购买资产并募集配套资金暨关联交易之发行结果暨股份变动的公告》，唐山港集团资产重组工作圆满收官。

12月22日 中共唐山港口实业集团、唐山港集团党委中心组集中学习习近平同志《关于新形势下党内政治生活的若干准则》和《中国共产党党内监督条例》等重要文章，观看了警示教育片。

同日 唐山市国资委副主任董效兵一行来港调研检查安全生产工作。

12月27日 唐山港集团、天津港集团合作成立津唐国际集装箱码头有限公司揭牌仪式在唐山市隆重举行。津唐国际集装箱码头有限公司由唐山港集团控股，负责京唐港区集装箱码头的建设、运营和管理。合资公司将整合天津港、唐山港集装箱运输软硬件资源，实现两港之间的集装箱资源统筹和航线共享，着力推动津冀两地集装箱运输跨越发展。

12月31日　京唐港区全年完成货物吞吐量2.71亿吨，同比增长16.3%，实现五年翻一番；完成集装箱吞吐量150.55万TEU，同比增长34.8%，占河北省集装箱运输总量的一半，均位居河北“三港四区”第一位。

2017年

1月3日　唐山港集团合同与法务管理系统正式运行，实现了合同管理的标准化、信息化、流程化和透明化。

1月4日　唐山港口实业集团召开总结2016部署2017暨第二届八次职工（会员）大会。会议表彰了2016年度先进集体、先进个人；听取了《公司总结2016部署2017工作报告》《公司工会2016年度工作报告》《2016年度公司工会经费审查报告》；听取并审议通过了《职工大会决议报告》。

1月5日　唐山港集团召开总结2016部署2017年表彰动员暨第五届三次职工（会员）代表大会。会议审议通过了《公司工作报告》《工会工作报告》《提案工作报告》和《工会经费审查工作报告》。

1月10日　上海德拓信息技术有限公司总裁谢赟一行到京唐港区访问，双方就“智慧港口”、人力资源优化、提升内部职能管控水平、大数据管理及应用等问题进行了深入探讨。

1月14日　河北省交通运输厅组织召开京唐港区26～27#集装箱泊位工程竣工验收会。会议认为，该项目具备竣工验收条件，同意通过竣工验收。

1月16日　中共唐山市委副书记、市长丁绣峰率项目观摩团来京唐港区观摩。丁绣峰实地考察了京唐港区保税物流中心（B型）项目，要求唐山港集团抓紧建设，争取早日达产达效，进一步优化丰富货源结构，提高港口含金量和竞争力，为唐山经济社会发展做出更大贡献。

1月23日　京唐港区至新疆乌鲁木齐的首趟集装箱班列发出。京唐港区至新疆铁路物流大通道正式开启，山西、内蒙古、新疆地区的集装箱班列实现互联互通。

2月6日　石家庄海关党组书记、关长闫伟东一行在唐山市副市长曹全民陪同下到京唐港区考察调研。

2月20日　来自内蒙古白塔站的甲醇列车首次驶入液化码头化工站，京唐港区甲醇业务实现多元化发展。

3月13—14日　河北省交通运输厅在石家庄组成审查委员会，对京唐港区第三港池通用泊位改造一期工程进行初步设计审查。该工程初步设计顺利通过审查。省交通厅于4月16日下发《关于唐山港京唐港区第三港池通用泊位改造一期工程初步设计的批复》。

3月18日　京唐港化工站集装箱铁

路装卸场迎来首列集装箱班列，京唐港区26～27#集装箱铁路装卸场正式投入运营。

3月23日 满载货柜的“SEOUL TRADER”号集装箱货轮从京唐港集装箱码头出发驶往日本关东，京唐港区至日本关东集装箱直航航线正式开通。

3月25日 京唐港液体化工码头有限公司组织召开罐区二期工程验收会。工程通过竣工验收。

4月6日 唐山港集团召开第五届十七次董事会。会议审议通过了《2016年度总经理工作报告》《2016年度董事会工作报告》《关于公司2016年度财务决算的议案》等22项议案。

同日 唐山港集团召开第五届十四次监事会。会议审议通过了《2016年度监事会工作报告》《公司2016年度利润分配预案》《关于审核公司2016年年度报告全文及摘要的议案》等8项议案。

4月11日 中共唐山市委、市国资委考评组来京唐港区，召开唐山港口实业集团、唐山港集团2016年度领导班子考评会议。

4月13日 唐山港口实业集团召开第二届七次董事会。会议审议通过了《总经理工作报告》《财务工作报告》《2017年度财务预算草案》等11项议案。

4月18日 唐山市国资委主任张洪山一行来京唐港区调研指导工作，对唐山港集团2016年度经营业绩进行考核。

4月19日 山西地方铁路集团有限责任公司副董事长、党委副书记、总经理杜振国一行到京唐港区考察。

4月26日 唐山港国际集装箱码头有限公司主办的第一届“合德杯”集装箱装卸技能竞赛在26#集装箱码头举行。来自8个港口集装箱装卸单位、24名选手同台竞赛。

同日 兴业银行河北分行副行长王健一行在唐山分行行长魏旭红的陪同下到京唐港区调研。

4月28日 唐山港网上订舱平台“水运快车”正式上线。

5月3日 中共唐山市委常委、组织部部长、统战部部长陈学民一行来京唐港区调研。

5月10日 唐山港集团召开2016年度股东大会。会议审议通过了《2016年度董事会工作报告》《2016年度监事会工作报告》《关于公司2016年度财务决算的议案》等13项议案。

5月11日 河北省交通运输厅总工程师齐彦锁率督导组到京唐港区就“促投资、稳增长”和“安保维稳”情况进行督导。

5月19日 由石家庄海关党组成员、副关长刘勇军为组长的联合验收组，对京唐港区保税物流中心项目进行验收。京唐港区保税物流中心通过验收。副市长曹全民和验收组组长刘勇军共同签署验收纪要。

5月27日 中共河北省委常委、唐山市委书记焦彦龙到京唐港区保税物流中心一期项目现场调研指导工作，市领导陈学民、付振波、曹全民一同调研。焦彦龙要求，京唐港区要下大力推进供给侧结构性改革，在创新管理机制和构建开放型经济新体制方面先行先试、走在前列，进一步焕发活力、增添动力，成为唐山加快“三个努力建成”，建设国际化沿海强市的排头兵。

5月31日 交通运输部综合规划司副司长苏杰率领调研组到京唐港区考察调研。

6月1日 唐山市副市长孙文仲带领市安监局、市交通局、市质监局负责人，到京唐港区检查指导安全生产工作。孙文仲强调，要时刻保持清醒头脑，绝不能有一丝一毫的懈怠。

6月8日 唐山港集团申报的“港口企业危险货物智能化安全管理示范工程”项目成功入选国家智慧港口示范工程。

6月12日 中共唐山市委组织部在唐山港集团召开全体干部会议，宣布市委关于唐山港口实业集团、唐山港集团主要领导职务的任免决定。市委常委、组织部部长陈学民出席会议。市委决定：宣国宝任唐山港口实业集团、唐山港集团党委书记，提名为唐山港口实业集团、唐山港集团董事长人选；免去其唐山港集团党委副书记职务，不再担任唐山港集团总经理。张志辉任唐山港口实业集团党委副书记，提名为唐山港口实业集团总经理人选。张小强任唐山港集团党委副书记，提名为唐山港集团总经理人选。免去孙文仲唐山港口实业集团、唐山港集团党委书记职务，不再担任两公司董事长。免去王首相唐山港口实业集团党委副书记职务，不再担任唐山港口实业集团总经理。

6月20日 京唐港区第三港池通用泊位改造一期工程施工图设计通过评审。

6月23日 中纪委驻海关总署纪检组组长、海关总署党组成员许罗德一行来京唐港区考察调研。

7月5日 天津港集团董事长张锐钢一行到京唐港区考察。唐山市副市长孙文仲陪同考察。双方就港口集装箱业务服务范围、发展前景，进一步开展深度合作等事宜进行深入探讨。

7月6日 唐山海事局局长刘利军一行就港口生产、建设、运营需求情况到京唐港区调研。

同日 唐山港口实业集团、唐山港集团董事长宣国宝会见中国建设银行唐山分行行长吴俊岭，双方就互联网金融、银企业务板块对接等相关事宜进行了深入探讨。

7月20日 河北省银监局非银处处长张建印一行到京唐港区调研。

同日 广州港集团有限公司总经理蔡锦龙一行到京唐港区考察。

同日　河北省发改委召开京唐港区第三港池北岸集装箱改造二期工程前期工作审核会议。该工程前期工作通过审核。

7月27日　中国远洋海运集装箱有限公司总经理王海民一行到京唐港区考察。

8月10日　河北省原副省长张和一行到京唐港区考察调研。

8月15日　中共河北省委原常委、常务副省长陈立友到京唐港区考察。

同日　首趟满载35吨开顶箱集装箱的煤炭列车从山西抵达京唐港区。这是京唐港区落实环保部大气污染防治工作部署、转变煤炭集港方式的重要举措。

8月18日　中交天津航道局有限公司董事长、党委书记钟文炜一行来京唐港区考察。

9月1日　唐山金融控股集团有限公司董事长王建祥一行到京唐港区考察。

9月7日　京唐港区在内蒙古建设布局的内陆港——唐山港（鄂尔多斯鑫聚源）内陆港揭牌运营。唐山市副市长曹全民、李钦峰，鄂尔多斯市领导分别为内陆港开通揭牌。副市长曹全民、唐山港集团董事长宣国宝在开通仪式上致辞。

9月11日　京唐港区在新疆建设布局的内陆港——唐山港（乌鲁木齐联宇）内陆港揭牌运营。唐山市副市长曹全民、李钦峰，新疆维吾尔自治区经信委领导分别为内陆港开通揭牌。副市长李钦峰、唐山港口实业集团总经理张志辉分别在开通仪式上致辞。

9月12日　唐山港集团召开2017年第一次临时股东大会。会议审议并通过了《关于补选公司第五届监事会非职工监事的议案》《关于公司收购唐山港京唐港区23～25#多用途泊位相关资产的议案》《关于公司收购唐山港京唐港区煤炭中转储运堆场海域使用权的议案》等7个议案。

9月21日　国家质量监督检验检疫总局科技司副司长周举文一行在唐山市副市长曹全民的陪同下到京唐港区考察调研。

9月24日　唐山市副市长李钦峰来京唐港区调研。

9月27日　唐山港口实业集团召开关于集装箱公司股权、26～27#泊位配套资产及23～25#泊位前期费用、相关资产移交部署会。对股权、资产、档案资料移交及财务处理等相关工作进行部署安排。

9月29日　唐山港集团党委召开“树立工作高标准、干出发展新业绩”专题民主生活会。两公司领导班子成员围绕“履职标准是什么、工作差距有什么、整改提高干什么”逐一开展对照检查。

本月　中国企业联合会、中国企业家协会公布2017年中国服务业企业500强名单，唐山港集团以56.3亿元的营业收入再次上榜，名列411位。

本月　石家庄海关关长闫伟东一行到

京唐港区就现场监管、汽车整车进出口项目建设等情况进行调研指导。

10月2日　太原铁路局局长赵春雷一行来京唐港区调研。

10月11日　河北省发改委对京唐港区四港池通散泊位和第三港池集装箱泊位改造二期工程出具了前期工作审核意见，两个项目前期工作取得了阶段性重要进展。

10月17日　河北省港航局局长唐建新率领省交通厅督查组就港口建设、运营、安全、稳定等情况到京唐港区调研指导。

10月18日　中国共产党第十九次全国代表大会在北京人民大会堂隆重召开。唐山港集团领导班子和基层党员干部集中收听收看了大会开幕盛况。

10月31日　唐山港集团召开干部大会，学习传达党的十九大精神。党委书记、董事长宣国宝作学习辅导。

10月31日　唐山港（朔州）内陆港在朔州市平铁煤炭运销有限公司揭牌。唐山市发改委副主任杨文平、朔州市发改委副主任高云为唐山港（朔州）内陆港揭牌。唐山港口实业集团总经理张志辉、唐山港集团副总经理李建振出席揭牌仪式。

11月1日　唐山港（忻州）同庆丰李家坪站内陆港在忻州市五寨县李家坪同庆丰煤炭运销有限公司揭牌。唐山市发改委副主任杨文平，五寨县委副书记武革慧为唐山港（忻州）同庆丰李家平站内陆港揭牌。唐山港口实业集团总经理张志辉、唐山港集团副总经理李建振出席揭牌仪式。

11月2日　唐山市副市长孙文仲一行到京唐港区，就安全生产、环境保护等方面工作进行调研指导。孙文仲要求，京唐港区在按时间节点完成生产任务的同时要严抓安全、环保工作，为全市安全生产、环境保护做出新的贡献。

11月6日　巴基斯坦瓜达尔市市长巴布·古拉伯率考察团来京唐港区参观访问。

11月10日　郑州商品交易所发布关于调整指定甲醇交割仓库的通告，京唐港液体化工码头有限公司成功获批指定甲醇交割仓库，仓库代码为0831。京唐港区成为北方沿海港口唯一一家甲醇指定交割仓库。

11月11日　中国铁路总公司发展和改革部副巡视员王亦军一行到京唐港区调研铁路运输情况。

11月13日　河钢乐亭公司执行董事兼总经理张弛来京唐港区访问。

11月16日　唐山—日本关东、关西集装箱航线全面开通和“仁建唐山”集装箱班轮首航仪式在京唐港区举行。唐山港集团总经理张小强、上海仁建企业发展集团首席执行官陈永祥分别致辞。相关方领导黄玉刚、杨文平、浅野英树、吴学明、陈永祥、张景崧、张志辉共同

按动启航球，唐山—日本关东、关西集装箱航线启动开航。

同日 河北省交通运输厅港航局组织召开京唐港区25万吨级航道工程及第四港池25万吨级航道工程施工图设计审查会。专家组一致通过了两个项目施工图的设计审查。

11月29日 交通运输部规划研究院党委书记王文龙一行，就交通运输大气污染防治工作到京唐港区调研。

11月30日 京唐港区第三港池货18铁路专用线改造工程可行性研究顺利通过技术审查。

12月1日 唐山港（乌海）内陆港揭牌暨唐山港集装箱列车开通仪式在内蒙古乌海市乌达工业园区举行。乌海市市长高世宏、唐山市副市长孙虎、君正集团董事长黄辉、唐山港口实业集团总经理张志辉共同为内陆港揭牌。

12月7日 美国环保局船舶港口项目办公室主任佩内洛普·瑞·麦克丹尼尔（Penelope Rae McDaniel）率美国环保局代表团到京唐港区，就港口发展建设、绿色技术、港铁联运、岸电建设等情况进行考察交流。

12月8日 中信证券投行总经理马尧一行参观京唐港区26～27#集装箱专业泊位。

12月15日 广西钦州市口岸服务中心主任许肇毅率考察团就口岸特殊监管区信息化建设、港口管理制度和运行机制到京唐港区调研。

12月19日 唐山港整车进口口岸顺利通过验收，唐山港成为河北省第一个汽车整车进口口岸，填补了河北省这一领域的空白。

12月24日 唐山港集团成功举办以“我参与 我运动 我健康 我快乐”为主题的首届“唐山港杯”马拉松邀请赛。

12月31日 京唐港区货物吞吐量再创历史新高，完成2.9亿吨，同比增长7.2%。集装箱运量突破200万TEU，继续保持30%以上的高速增长，实现了两年翻番的历史性突破。

2018年

1月4日 中共河北省委常委、唐山市委书记王浩一行来京唐港区调研。王浩实地考察了26～27#专业集装箱泊位作业现场，详细了解了集装箱航线布设、泊位等级功能等情况，对集装箱发展寄予厚望。指出，京唐港区要抓住“一带一路”、京津冀协同发展等国家战略深入实施的重大机遇，充分发挥好港口独特的资源优势，优化港口功能，完善港口配套设施，加快港口、产业、城市融合，拉动区域经济快速发展，走好港产城一体化发展路子。

同日 唐山港口实业集团召开总结2017部署2018暨第二届九次职工（会员）大会。会议审议通过了《关于2017

年度公司工作报告的决议（草案）》《公司工会工作报告的决议（草案）》《关于2017年度工会经审报告的决议（草案）》。

同日　唐山港集团董事长宣国宝会见上海振华重工董事长朱连宇。

1月5日　唐山港集团召开总结2017部署2018表彰动员暨第五届六次职工代表大会。会议听取审议了《公司工作报告》《工会工作报告》《提案工作报告》和《工会经费审查工作报告》。

1月6日　远成物流城集团董事长余为梁一行在唐山市副市长曹全民陪同下来京唐港区考察。

1月12日　中国船舶燃料有限责任公司副总经理徐骕一行到京唐港区考察调研。双方就码头等级、设备设施建设、油品存储等问题进行深入探讨。

1月17日　唐山港汽车整车进口口岸启用仪式在京唐港区举行。唐山市副市长曹全民宣布唐山港汽车整车进口口岸正式启用。装载首批次进口汽车的集装箱由“新隆运28”集装箱货轮运抵京唐港区11#泊位卸船。

同日　唐山港集团甲醇期货交割库揭牌仪式暨第一届煤化工（甲醇）产业高峰论坛在南湖国际会展中心召开。唐山市副市长曹全民、郑州商品交易所非农总监郭淑华为甲醇交割库设立揭牌。副市长曹全民、董事长宣国宝分别致辞。

1月19日　《河北日报》报业集团唐山分社社长王小勇，《燕赵都市报》冀东版总编辑王军伍一行到京唐港区参观考察。

1月23日　唐山市国资委督导组来京唐港区开展2017年度安全生产绩效考核暨安全生产大检查“回头看”活动。

1月24日　远成物流城集团董事长余为梁、投资副总裁河田一辉一行来京唐港区参观访问。

1月31日　中共唐山港口实业集团委员会召开第三次党员大会。会议选举产生了中共唐山港口实业集团第三届委员会，书记：宣国宝，委员：张志辉、韩功千、董国兵、孟玉梅、于泳、刘树叁；选举产生了中共唐山港口实业集团纪律检查委员会，书记：董国兵，委员：孙淑存、赵辉。

同日　唐山港口实业集团召开第三届一次工会会员大会。大会审议通过了《唐山港口实业集团有限公司第三届一次会员大会选举办法》，选举产生了第三届工会委员会，主席：刘树叁，委员：孙淑存、陈书奎、冯树宏、葛兵。

2月5日　来自新疆乌西站的甲醇列车首次驶入液化码头化工站，新疆甲醇列车至京唐港铁路运输正式开通。

2月6日　全国总工会经济保护部副部长侯波率调研组一行就“安康杯”竞赛开展情况到京唐港区调研。

2月8日　河北海事局局长翟久刚一行就电煤运输、港口生产经营计划、海事部门对港口帮扶等情况到京唐港区调研。

2月24日 北京首钢股份有限公司副总经理李景超一行到京唐港区调研。

3月5日 唐山港集团铁路运输有限责任公司新轨道衡体与传感器和车号天线接线调试成功，新轨道衡正式投入使用。

3月7日 唐山市港航局港口处检查组来京唐港区检查指导安全工作。

3月8日 乌海市副市长梁树平、刘素红一行到京唐港区考察调研。

3月9日 唐山市国资委副主任董效兵一行到京唐港区督导检查安全生产工作。

3月14日 广州港股份有限公司总经理邓国生一行到京唐港区考察调研。

3月20日 国家电投集团江苏滨海港航有限公司总经理韩鸿一行来港考察访问。

3月22日 海港开发区管委会在京唐港区23～25#多用途泊位施工现场举行省市重点项目集中开工仪式。

同日 唐山港集团召开无人电动集卡技术交流会，特邀上海振华重工智慧产业集团来港，就“无人电动集卡”技术进行讨论、交流。

3月27日 《唐山市口岸发展规划》编制专家组到京唐港区就口岸建设、发展情况进行考察调研。

3月28日 北海航海保障中心秦皇岛航标处召开《第四港池25万吨级航道工程助航设施布置方案》《25万吨级航道工程助航设施布置方案》《23号至25号多用途泊位工程助航设施布置方案》审查会及第三港池通用泊位改造一期工程助航设施效能验收会。京唐港区4个项目均顺利通过航标设置审查及航标效能核查验收。

3月29日 河北省交通运输厅党组副书记、副厅长王普清到京唐港区，就集装箱发展情况进行调研。

3月30日 唐山港集团董事长宣国宝会见交通银行唐山分行行长郭立冬。

4月4日 唐山港集团党委书记、董事长宣国宝会见汇丰银行工商金融部总经理李天赞一行。

4月11日 河钢集团承钢公司副董事长张振全一行到京唐港区考察调研。

4月13日 唐山港口实业集团召开第三届一次董事会。会议选举产生了第三届董事会，由宣国宝、张志辉、张小强、韩功千、孟玉梅、董国兵、刘树叁（职工董事）7名董事组成。审议通过了《2017年度总经理工作报告》《2017年度财务工作报告的议案》等7项议案。

4月16日—19日 唐山港集团聘请道尔有限公司全晶丽等4名专业老师，对公司管理人员进行质量意识及高级审核技能提升培训。

4月19日 中共唐山市委考核组来京唐港区考评唐山港口实业集团、唐山港集团领导班子和领导干部。

4月23日 唐山港集团召开党委理论学习中心组学习会。集中学习《习近平总书记在第十三届全国人民代表大会第一次会议上的讲话》等文件。

同日 唐山港口实业集团在世界读书日举办职工读书交流会。

4月25日 唐山港集团召开2017年度股东大会。会议审议通过了《2017年度董事会工作报告》等11项议案。选举产生了第六届董事会、监事会。董事会由宣国宝等10名非独立董事和荣朝和等5名独立董事组成；监事会由张志辉等6名非职工监事和高峰等6名职工监事组成。第六届一次董事会选举宣国宝为董事长，米献炜为副董事长；聘任张小强为总经理，金东光、李建振、李顺平、李立东、张小锐为副总经理，单利霞为财务总监，杨光为董事会秘书。第六届一次监事会选举张志辉为监事会主席。

4月26日 唐山港至安特卫普中欧班列开行。开行仪式上，唐山市副市长曹全民宣布中欧班列开行；董事长宣国宝、中铁集装箱运输有限责任公司副总经理袁兴、铁路太原局集团有限公司副总经理丁永民、石家庄海关副关长刘勇军、比利时驻华使馆参赞爱德华·梵·克莱恩分别致辞。满载着集装箱货柜的列车从京唐港区驶出，前往比利时安特卫普。

4月27日 唐山港集团召开2017年度职业技能竞赛总结表彰会。王相金、史润伟、郑瑞锋、李文桐4人荣获2017年度金牌工人称号；赵静超等27人被评为2017年度技术能手。

4月28日 唐山市国资委安全督导检查组到京唐港区进行安全生产督导检查。

5月5日 日照港总经理刘国田一行来京唐港区参观考察。

5月8日 新长江集团总裁戴纪明一行到京唐港区考察。

5月9日 河北海事局局长翟久刚一行到京唐港区调研。唐山市副市长曹全民陪同调研。

同日 中远海运散货运输有限公司副总经理陈小雄一行到京唐港区考察调研。

5月15日 河北省港航局副局长张玉龙率调研组就港口生产运营情况到京唐港区考察调研。

同日 唐山港集团参加“河北辖区上市公司2018年度投资者网上集体接待日”活动，通过全景网络互动平台与投资者就热点问题进行互动交流。

5月16日 唐山港集团与上海振华智慧产业集团举行联合实施的“无人驾驶电动集卡”试验项目启动会。

同日 唐山港集团召开协力单位质量管理体系建设启动会，协力单位质量管理体系正式启动建设。

5月18日 首列由京唐港区始发，

装载3200多吨铁矿石的运输专列直达滦南站，实现了港口到企业的大运量、低排放运输。

5月23日　中国铁路呼和浩特局集团有限公司总经理柴随周一行来京唐港区调研。

5月23日、25日　唐山港相继在内蒙古萨拉齐、山西忻州设立了唐山港萨拉齐、安塘内陆港，唐山市政协副主席张会春等出席揭牌仪式。京唐港区领导张志辉、李建振、杨光参加揭牌活动。

5月28日　郑州商品交易所高级经理沈凯欣带领甲醇期现市场调研团一行来京唐港区考察调研。

5月30日　唐山市人大常委会副主任魏文忠一行来京唐港区考察调研。

6月1日　唐山港口实业集团、唐山港集团召开“安全生产月”活动启动会议。活动主题为“自主管理、巩固提升”。

6月28日、29日　唐山港集团在内蒙古巴彦淖尔、呼和浩特分别设立内陆港。唐山市人大常委会副主任魏文忠出席揭牌仪式，京唐港区领导张志辉、李建振、赵长玺参加揭牌仪式。

6月28日　唐山港集团召开第七届安全生产论坛。副总经理李顺平出席会议并作主旨发言。

同日　唐山港集团党委召开安全生产暨理论学习中心组集中学习会。传达省市政府以及市国资委安全生产工作会议精神，就做好暑期安全生产工作提出要求。

本月　中共唐山港集团党委被中共唐山市委组织部命名唐山市基层党组织建设示范点。

7月3日　河北省绿色港口建设现场推进会在黄骅港召开。唐山港集团总经理张小强做了题为“创新驱动 精准发力，全力推进绿色港口主题示范项目建设”的发言。

7月5日　董事长宣国宝会见中国银行唐山分行行长魏建平一行。双方就企业创新机制建立、资金风险防控等进行座谈。

7月11日　中共唐山市委常委、市纪委书记刘德明来京唐港区调研。

同日　中交一航局第五工程有限公司总经理张春明、党委书记毕克俊一行来京唐港区访问。

7月13日　由省、市港航局主办、唐山港集团承办的2018年河北省港口设施保安演习在京唐港区27#泊位成功举行。

7月17日　唐山港集团召开京唐港区绿色港口建设验收审核启动会，部署验收审核准备工作。

7月18日　河北海事局局长齐利平一行到京唐港区就港口安全工作进行考察调研。

7月20日　太原铁路局召开京唐港铁路专用线卸煤线集中设置工程可行性

研究报告审查和京唐港铁路专用线（货18线）改造工程初步设计审查会议。两项目通过技术审查。

7月21日—22日　唐山港中检检测有限公司顺利通过了中国合格评定国家认可委员会（CNAS）评审组的现场评审。

7月23日　中共唐山港集团党委理论学习中心组，集中学习习近平总书记两次视察唐山时的重要指示以及省委、市委主要领导同志的讲话精神。

本月　唐山港集团安全环保部环保科技研究中心成立。

8月6日　唐山港口实业集团召开总经理办公会。会议研究通过了公司薪酬制度改革实施方案。

8月8日　唐山港集团召开以“认清新形势、迎接新挑战”为主题的经营工作会议。会议提出调整思路、稳定发展，加快从追求运量向追求质量、追求效益转变。

同日　河北广播电视台《河北新闻联播》采访组到京唐港区进行采访。

8月10日　唐山港集团董事长宣国宝会见来访的华电重工常务副总经理赵胜国一行。

8月14日—17日　由交通运输部水运局等6单位组成的水运建设市场督查组，到京唐港区检查督导工程建设情况。

8月20日—23日　唐山港分别在新疆奎屯、乌鲁木齐、哈密连续建立内陆港。唐山市人大常委会副主任毕开艾，京唐港区领导宣国宝、张志辉、赵长玺出席内陆港揭牌仪式。

8月28日　载有渤港集团337个集装箱1万吨沫煤的“仁建宁波”货船从京唐港出发抵达目的港江阴港集装箱码头。京唐港区迈出电煤运输“散改集”第一步。

8月31日　河北省应急救援指挥中心主任李力斌一行到京唐港区调研。

同日　中国铁路太原局集团有限公司副总经理孙雁胜一行到京唐港区考察。

同日　唐山港集团启动以“问题导向改进提升”为主题的质量月活动。

本月　中共唐山港口实业集团党委开展2018年度“建阵地、强党性、促发展、开新篇”主题系列活动。

9月3日　中共唐山港集团党委中心组召开学习暨巡视整改专题民主生活会。集中学习《中国共产党巡视工作条例》、《中央巡视工作规划（2018—2022）》等重要文件。

9月7日　中国铁路太原局集团有限公司在太原召开京唐港铁路专用线（货18线）改造工程施工图设计技术审查会。工程施工图设计顺利通过技术审查。

9月11日　唐山港集团2018年职工篮球比赛正式拉开赛事。

9月12日　唐山港集团举行“安康杯”第一届安全生产岗位技能竞赛。

9月13日　河北省交通运输厅召开

京唐港区绿色港口主题性项目预考核验收会。京唐港区绿色港口主题性项目顺利通过预考核验收。

同日 中国铁路太原局集团有限公司总经理陈玉柱一行来京唐港区调研。

9月14日 唐山港集团召开京唐港区第四港池北岸矿石及原辅料堆场工程竣工环保验收会。该项目通过竣工环境保护验收。

同日 装载着韩国咖啡集装箱货柜的韩国釜山集装箱班轮“开平”轮如期抵达锚地，京唐港区进出口保税储运有限公司成功引进韩国进口商品。

9月27日 中共唐山港集团委员会召开第三次代表大会。会议审议通过了《唐山港集团股份有限公司党委工作报告》《唐山港集团股份有限公司纪委工作报告》《唐山港集团股份有限公司党委关于党费收缴、使用和管理情况的报告》。选举产生了中共唐山港集团第三届委员会，书记：宣国宝，委员：张小强、金东光、赵长玺、李建振、单利霞、李顺平；选举产生了中共唐山港集团第三届纪律检查委员会，书记：金东光，委员：蔺建勋、马志刚、陈晓军、裴俊先。

9月29日 唐山市国资委安全检查组，就“国庆节”节前安全生产工作来京唐港区检查指导。

同日 唐山中远海运集装箱物流有限公司获“移动式罩棚”实用新型专利证书。

10月8日—10日 河北省交通运输厅督查组一行，对京唐港区25万吨级航道工程、东南防波堤工程、23～25#多用途泊位工程、第四港池25万吨级航道工程等4个港口在建项目，进行2018年度水运建设市场督查。在建港口项目顺利通过省交通厅监督检查。

10月9日 中共唐山市委副书记、市长丁绣峰率市观摩团来京唐港区智慧集装箱码头项目现场实地观摩。董事长宣国宝汇报项目建设情况。丁绣峰市长充分肯定了智慧集装箱码头项目。

10月12日 装载4744.693吨的甲醇船舶“丰海31”轮顺利离泊，驶向印度尼西亚。这是京唐港区首艘甲醇出口船舶。

同日 唐山市国资委主任张洪山率所辖企业负责人到京唐港区参观调研。

10月16日 唐山港集团召开创新推进会暨经济效益奖颁奖会，对专业化散货泊位带式输送机洒落料自动回收系统项目等15个创新项目和创新人才进行表彰奖励，奖励金额高达44.43万元。

10月19日 唐山港集团2018年职工职业技能竞赛开幕。

10月20日 新疆哈密市副市长付剑伟一行到京唐港区考察调研。双方就哈密内陆港运营，拓展两地企业合作空间等进行了座谈。

10月22日—29日 唐山港集团董事长宣国宝在集团业务、煤炭、生产、集装箱、职能管控等五大领域开展调研。

10月24日 远海明华资产管理有限公司董事长元徽一行来京唐港区走访洽谈。

10月25日 中交天津航道局有限公司董事长、党委书记钟文炜一行来京唐港区走访。

同日 唐山市职工之家建设现场推进会在京唐港区召开。唐山港集团副总经理金东光出席会议并发表讲话。

10月26日 神华黄骅港务有限责任公司董事长刘林一行来京唐港区参观考察。

10月29日 唐山海港港兴建设工程检测有限公司通过河北省质量技术监督局资质认定简易扩项审批。

10月30日 河北省交通运输厅召开《唐山港京唐港区东南防波堤工程初步设计变更报告》审查会。《变更报告》通过审查。

10月31日 工商银行唐山分行行长韩晓坤一行来京唐港区访问、座谈。

本月 唐山港集团申报的“基于数据驱动的智慧港口创新工程”和“工业控制系统信息安全防护体系”两个项目，入选2018年度河北省互联网与先进制造业融合发展重点项目。

11月1日 唐山港集团董事长宣国宝会见河北省资产管理有限公司董事长满翔宇。

11月2日 天津中远海运集装箱运输有限公司总经理钱明一行到京唐港区调研。

11月6日 中共唐山市委巡查组到京唐港区指导工作。

11月14日 唐山海关关长许凤仪一行到唐山港保税物流中心调研指导工作。

11月13日—14日 唐山港集团组织开展了2018年度管理体系外部监督审核工作。外审组专家对公司的体系运行情况给予较高评价。

11月16日 唐山港集团第六届董事会任期科长集中竞聘工作圆满完成。150名竞聘人员竞聘成功。

同日 中共唐山港集团党委、纪委组织第六届董事会任期163名科级干部任前集中谈话暨警示教育活动。

11月20日—23日 董事长宣国宝一行赴广西北部湾港各港区，就延伸海铁联运网络、促进港口跨区域合作进行考察交流。

11月22日 交通运输部召开京唐港区绿色港口主题性项目考核验收会。京唐港区绿色港口主题性项目以优秀等级通过考核验收。

11月22日—23日 唐山市外轮供应有限公司顺利通过质量管理体系再认证审核。

11月25日 唐山华兴海运有限公司通过2018年度水路运输企业资质评估。

11月27日 日照港集团岚山港务公司副总经理杨健、日照黄金海岸装卸公司副总经理刘斌一行来港参观考察。

11月30日 天津港（集团）有限公司党委书记褚斌一行到京唐港区考察。

同日 拖轮公司“拖18”轮紧急出航，成功救助在京唐港区3#锚地锚泊的外轮“kwossos wave”轮上一名突发疾病的船员及时就医，受到外轮船东及该船舶代理的感谢。

12月6日 唐山港集团召开集团重点工程调度会，总经理张小强主持会议。

12月10日 津唐国际集装箱码头有限公司12小时作业完成2597箱，效率达到216.4M/H，创造了船时效率新纪录。

12月11日 唐山港集团召开2018年集中审核总结沟通与结果评议会议，唐山港集团实施体系运行员统筹后首次集中审核工作顺利收官。

12月12日 唐山港集团召开2018年度能源体系审核启动会，全面启动能源体系外审工作。

12月17日—18日 中共唐山港集团党委副书记赵长玺带领帮扶工作组，深入海港经济开发区王滩镇苏各庄村，对两户边缘贫困户进行精准帮扶。

12月18日—19日 在中国质量协会组织的“2018年满意中国年会”上，唐山港集团被评为“2018年全国用户满意企业（2018年市场质量信用等级AA级）”。会上，唐山港集团公司管理者代表陈利俭发表了《服务赢得客户，质量铸造品牌》的主题演讲，并宣读了《市场质量信用承诺倡议书》。

12月20日 唐山港集团召开重点工作调度会，专题研究与北部湾港集团战略合作事项。

12月25日 唐山海事局局长杨庆义一行来港就进一步加强与港口协调互动，精准服务进行调研。

12月26日 唐山港平谷内陆港在北京市平谷区马坊物流基地揭牌成立。唐山市副市长曹全民出席揭牌仪式并为唐山港平谷内陆港揭牌。京唐港区领导张志辉、赵长玺、李文勇参加揭牌活动。唐山港集团与平谷马坊物流基地签署了战略合作协议。

本月 中共唐山港口实业集团、唐山港集团党委组织领导班子成员深入开展履行“一岗双责”和廉洁自律履职情况总结活动。